2024
详解版

高中物理
奥林匹克竞赛

主　编　蓝　润
本册主编　佘运建

全真试题

全国联赛卷

长江出版传媒　湖北科学技术出版社

图书在版编目（CIP）数据

高中物理奥林匹克竞赛全真试题．全国联赛卷　2024 详解版 / 蓝涧主编．—武汉：湖北科学技术出版社，2023.6

ISBN 978-7-5706-2502-4

Ⅰ．①高…　Ⅱ．①蓝…　Ⅲ．①中学物理课－高中－教学参考资料　Ⅳ．①G634.73

中国国家版本馆 CIP 数据核字（2023）第 109755 号

高中物理奥林匹克竞赛全真试题．全国联赛卷　2024 详解版
GAOZHONG WULI AOLINPIKE JINGSAI QUANZHEN SHITI.
QUANGUO LIANSAIJUAN 2024 XIANGJIEBAN

责任编辑：彭永东
责任校对：秦　艺　　　　封面设计：胡　博

出版发行：湖北科学技术出版社
地　　址：武汉市雄楚大街 268 号（湖北出版文化城 B 座 13—14 层）
电　　话：027-87679451　　　　邮　　编：430070

印　　刷：荆州市翔羚印刷有限公司　　　　邮　　编：434000

880×1230　1/16　　17.25 印张　　350 千字
2023 年 6 月第 1 版　　　　2023 年 6 月第 1 次印刷
定　　价：48.00 元

前　　言

数理化奥林匹克竞赛是覆盖面最广的一种群众性竞赛活动，几乎覆盖了全国各地每一所学校。各级各类的竞赛活动旨在拓宽学生的知识视野，激发学生的学习兴趣，培养学生的思维品质、动手能力，发展学生的个性特长。同时，竞赛活动对促进教师自身素质的提高，促进教学改革的深入开展和教学质量的提高，也起到了积极的作用。

然而竞赛试题内容广博，命题新颖，思路开阔，对学生的综合素质和创新要求较高。当父母看到孩子做不出训练题目想帮一把却又感到无助之时，总感叹自己手中没有一本好书，不是太难，就是太易，或是太偏，或是缺少系统性，面对太多的竞赛资料又总觉得有些茫然。我们的许多教师也为竞赛书太多太滥大伤脑筋，为辅导竞赛缺少一个既有系统性而又不超竞赛大纲的书而犯愁。为此我们广泛收集，将近几年的小学、初中、高中的全国部分省市的数理化竞赛试题进行精选，将全国数理化竞赛试题进行汇总，并吸收部分国际竞赛的典型试题，汇编成这套丛书。书中通过对试卷的全面分析和研究，对每道赛题都逐一进行了详细的解析，力求通俗易懂，化难为易，既便于学生自学，也便于家长和教师参考。本套丛书力求体现以下特点：

1. 导向性。全面反映了近几年中、小学数理化竞赛的题型以及所考查的知识点和解题方法，从而可以看出未来竞赛命题的走向和原则。

2. 新颖性。所选内容均是经过我们筛选的近几年的国际国内竞赛试题，不仅内容新，题目新颖，而且精彩有趣。

3. 精巧性。许多试题虽有一定难度，但难而不怪，高而可攀。当然，解答时须具备较强的分析推理能力和灵活运用知识的能力。我们在解析时，注意做到语句通俗、简明，思路清晰、简捷，有的还配有图表说明，便于学生理解。对于一题多解，选用的是其中一两种较为简便或典型的方法。这对拓展学生思路，启迪思维，发展智力，将有很大的帮助。

4. 实用性。本丛书中前半部分是试题，后半部分是解析。可供学生在赛前进行检测，检测后再对照答案掌握和理解解题方法。这样既便于学生使用，也便于家长和教师参考。

5. 权威性。本丛书是由在各级奥赛中辅导学生屡夺金牌的特、高级教师和国家级奥林匹克优秀教练员编写。

参加本书编写的有：陈锐、佘运建、卫桂芳、吴虹、张又元、彭钢、胡建新、黄敬伟、王前礼、库乐畅、李定章、李宏量、陈绪明、高烈、方炜、谢晓林、李东洲、王成辉、段江涛、肖春鹏、沈若书、刘建、李琴、高宇。

由于时间仓促和水平有限，编写中难免有不足之处，敬请广大读者提出宝贵意见。希望本套丛书铺就您的金牌之路。

编　者

2021 年 2 月

CONTENTS

目录

2011年第二十八届全国中学生物理竞赛预赛试题

思考笔记

一、选择题. 本题共5小题，每小题6分. 在每小题给出的4个选项中，有的小题只有1个选项符合题意，有的小题有多个选项符合题意.

1. 常用示波器中的扫描电压 u 随时间 t 变化的图线是(　　).

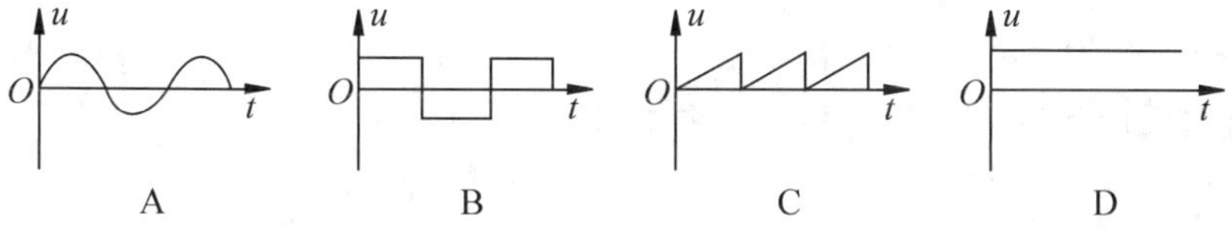

图1

2. 下面列出的一些说法中正确的是(　　).

A. 在温度为20℃和压强为1个大气压时，一定量的水蒸发为同温度的水蒸气，在此过程中它所吸收的热量等于其内能的增量

B. 有人用水银和酒精制成两种温度计，他都把水的冰点定为0度，水的沸点定为100度，并都把0刻度与100刻度之间均匀等分成同数量的刻度，若用这两种温度计去测量同一环境的温度(大于0度小于100度)时，两者测得的温度数值必定相同

C. 一定量的理想气体分别经过不同的过程后，压强都减小了，体积都增大了，则从每个过程中气体与外界交换的总热量看，在有的过程中气体可能是吸收了热量，在有的过程中气体可能是放出了热量，在有的过程中气体与外界交换的热量为0

D. 地球表面一平方米所受大气的压力，其大小等于这一平方米表面单位时间内受上方作热运动的空气分子对它碰撞的冲量，加上这一平方米以上的大气的重量

3. 把以空气为介质的两个平行板电容器 a 和 b 串联，再与电阻 R、电动势为 E 的直流电源按如图2方式连接. 平衡后，若把一块玻璃板插入电容器 a 中，则再达到平衡时，(　　).

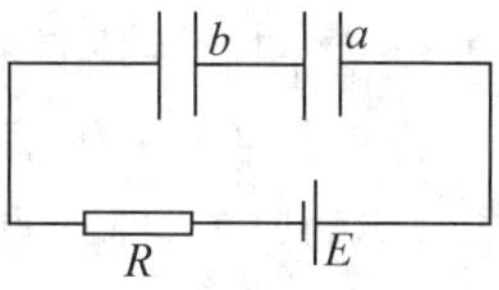

图2

A. 与玻璃板插入前比，电容器 a 两极间的电压增大了

B. 与玻璃板插入前比，电容器 a 两极间的电压减小了

C. 与玻璃板插入前比，电容器 b 贮存的电能增大了

D. 玻璃板插入过程中电源所做的功等于两电容器贮存总电能的增加量

4. 多电子原子核外电子的分布形成若干壳层，K壳层离核最近，L壳层次之，M壳层更次之……每一壳层中可容纳的电子数是一定的，当一个壳层中的电子填满后，余下的电子将分布到次外的壳层. 当原子的内壳层中出现空穴时，较外壳层中的电子将跃迁至空穴，并以发射光子(X光)的形式释放出多余的能量，但亦有一定的概率将跃迁中放出的能量传给另一个电子，使此电子电离，这称为俄歇(Auger)效应，这样电离出来的电子叫俄歇电子. 现用一能量为40.00keV的光子照射Cd(镉)原子，击出Cd原子中K层一个电子，使该壳层出现空穴，已知该K层电子的电离能为26.8keV. 随后，Cd原子的L层中一个电子跃迁到K

层，而由于俄歇效应，L 层中的另一个电子从 Cd 原子射出，已知这两个电子的电离能皆为 4.02keV，则射出的俄歇电子的动能等于(　　).

A. (26.8－4.02－4.02)keV　　B. (40.00－26.8－4.02)keV

C. (26.8－4.02)keV　　D. (40.00－26.8＋4.02)keV

5. 一圆弧形的槽，槽底放在水平地面上，槽的两侧与光滑斜坡 AA'、BB' 相切，相切处 A、B 位于同一水平面内，槽与斜坡在竖直平面内的截面如图 3 所示. 一小物块从斜坡 AA' 上距水平面 AB 的高度为 $2h$ 处沿斜坡自由滑下，并自 A 处进入槽内，到达 B 后沿斜坡 BB' 向上滑行，已知到达的最高处距水平面 AB 的高度为 h；接着小物块沿斜坡 BB' 滑下并从 B 处进入槽内反向运动，若不考虑空气阻力，则(　　).

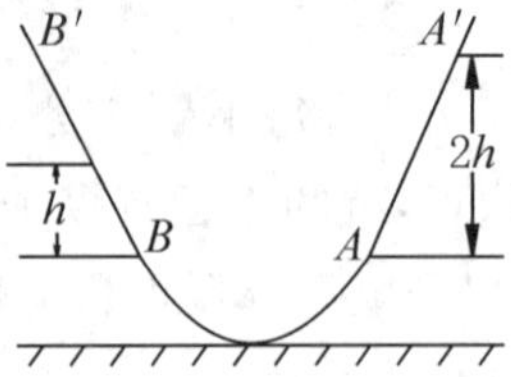

图 3

A. 小物块再运动到 A 处时，速度变为零

B. 小物块未运动到 A 处时，速度已变为零

C. 小物块不仅能再运动到 A 处，并能沿斜坡 AA' 向上滑行，上升的最大高度为 $2h$

D. 小物块不仅能再运动到 A 处，并能沿斜坡 AA' 向上滑行，上升的最大高度小于 h

二、填空题和作图题.

6. (6 分)在大气中，将一容积为 0.50m^3 的一端封闭一端开口的圆筒筒底朝上筒口朝下竖直插入水池中，然后放手. 平衡时，筒内空气的体积为 0.40m^3. 设大气的压强与 10.0m 高的水柱产生的压强相同，则筒内外水面的高度差为________.

7. (10 分)近年来，由于“微结构材料”的发展，研制具有负折射率的人工材料的光学性质及其应用，已受人们关注. 对正常介质，光线从真空射入折射率为 n 的介质时，入射角和折射角满足折射定律公式，入射光线和折射光线分布在界面法线的两侧；若介质的折射率为负，即 $n<0$，这时入射角和折射角仍满足折射定律公式，但入射光线与折射光线分布在界面法线的同一侧. 现考虑由共轴的两个薄凸透镜 L_1 和 L_2 构成的光学系统，两透镜的光心分别为 O_1 和 O_2，它们之间的距离为 s. 若要求以与主光轴成很小夹角的光线从 O_1 入射，从 O_2 出射，并且出射光线与入射光线平行，则可以在 O_1 和 O_2 之间放一块具有负折射率的介质平板，介质平板的中心位于 O_1O_2 的中点，板的两个平行的侧面与主光轴垂直，如图 4 所示. 若介质的折射率 $n=-1.5$，则介质板的厚度，即垂直于主光轴的两个平行侧面之间的距离 $d=$________.

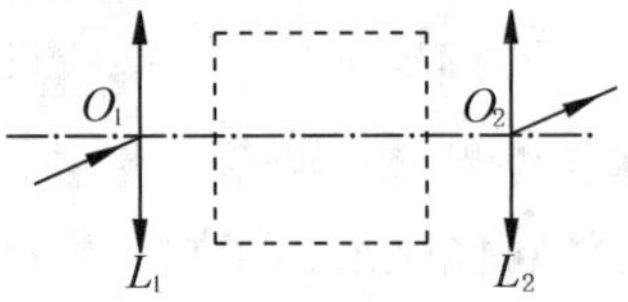

图 4

8. (10 分)已知：规定一个 K(钾)原子与一个 Cl(氯)原子相距很远时，他们的相互作用势能为 0；从一个 K 原子中移走最外层电子形成 K^+ 所需的能量(称为电离能)为 E_K，一个 Cl 原子吸收一个电子形成 Cl^- 释放的能量(称为电子亲和能)为 E_{Cl}；K^+(视为质点)与 Cl^-(视为质点)之间的吸引力为库仑力，电子电荷量的大小为 e，静电力常量为 k，利用以上知识可知，当 KCl 中 K^+ 与 Cl^- 之间的库仑相互作用势能为 0 时，K^+ 与 Cl^- 之间的距离 r 可表示为__________. 若已知 $E_K=4.34\text{eV}$，$E_{Cl}=3.62\text{eV}$，$k=9.0\times10^9\text{N}\cdot\text{m}^2\cdot\text{C}^{-2}$，$e=1.60\times10^{-19}\text{C}$，则 $r=$________ m.

9. (10 分)光帆是装置在太空船上的一个面积很大但很轻的帆，利用太阳光对帆的光压，可使太空船在太空中飞行. 设想一光帆某时刻位于距离太阳为 1 天文单位(即日地间的平均距离)处，已知该处单位时间内通过垂直于太阳光辐射方向的单位面积的辐射能量 $E=1.37\times10^{3}\mathrm{J\cdot m^{-2}\cdot s^{-1}}$，设平面光帆的面积为 $1.0\times10^{6}\mathrm{m}^{2}$，且其平面垂直于太阳光辐射方向，又设光帆对太阳光能全部反射(不吸收)，则光帆所受光的压力约等于________N.

10. (20 分)有两个电阻 1 和 2，它们的阻值随所加电压变化而改变，从而它们的伏安特性即电压和电流不再成正比关系(这种电阻称为非线性电阻). 假设电阻 1 和电阻 2 的伏安特性图线分别如图 5 所示. 现先将这两个电阻并联，然后接在电动势 $E=9.0\mathrm{V}$、内电阻 $r_0=2.0\Omega$ 的电源上. 试利用题给的数据和图线在题图中用作图法读得所需的数据，进而分别求出电阻 1 和电阻 2 上消耗的功率 P_1 和 P_2. 要求：

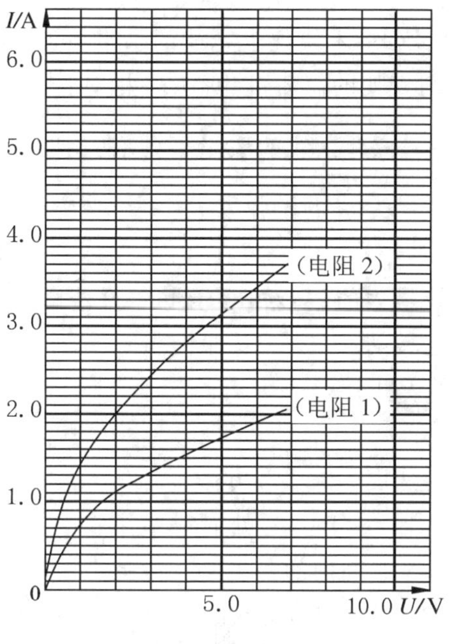

图 5

(1)在题图上画出所作的图线(只按所画图线评分，不要求写出画图的步骤及理由).

(2)从图上读下所需物理量的数据(取两位有效数字)，分别是________.

(3)求出电阻 R_1 上消耗的功率 $P_1=$________，电阻 R_2 上消耗的功率 $P_2=$________.

三、计算题.

11. (17 分)宇航员从空间站(绕地球运行)上释放了一颗质量 $m=500\mathrm{kg}$ 的探测卫星. 该卫星通过一条柔软的细轻绳与空间站连接，稳定时卫星始终在空间站的正下方，到空间站的距离 $l=20\mathrm{km}$. 已知空间站的轨道为圆形，周期 $T=92\mathrm{min}$，取地球半径 $R=6.400\times10^{3}\mathrm{km}$，地球同步卫星到地面的高度为 $H_0=3.6000\times10^{4}\mathrm{km}$，地球自转周期 $T_0=24\mathrm{h}$.

(1)忽略卫星拉力对空间站轨道的影响，求卫星所受轻绳拉力的大小.

(2)假设某一时刻卫星突然脱离轻绳. 试计算此后卫星轨道的近地点到地面的高度、远地点到地面的高度和卫星运行的周期.

12. (17 分)如图 6 所示，某同学选了一个倾角为 θ 的斜坡，他骑在自行车刚好能在不踩踏板的情况下让自行车沿斜坡匀速向下行驶，现在他想估测沿此斜坡向上匀速行驶的功率，为此他数出在上坡过程中某一只脚蹬踩踏板的圈数 N(设不间断地匀速蹬)，并测得所用的时间 t，再测得下列相关数据：自行车和人的总质量 m、轮盘半径 R_1、飞轮半径 R_2、车后轮半径 R_3. 试导出估测功率的表达式. 已知上、下坡过程中斜坡及空气作用于自行车的阻力大小相等，不论是在上坡，还是在下坡过程中，车轮与坡面接触处都无滑动. 不计自行车内部各部件之间因相对运动而消耗的能量.

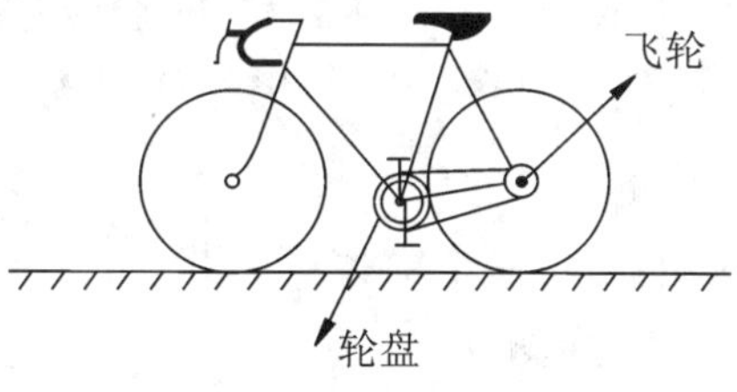

图 6

13. (20 分)电荷量为 q 的正电荷，均匀分布在由绝缘材料制成的质量为 m、半径为 R 的均匀细圆环上，现设法加外力使圆环从静止开始，绕通过环心垂直于环面的轴线匀加速转动.试求从开始转动到环的角速度达到某一值 ω_0 的整个过程中外力所做的功.已知转动带电圆环的等效电流为 I 时,等效电流产生的磁场对整个以圆环为周界的圆面的磁通量 $\Phi=kI$,k 为一已知常量.不计电荷做加速运动所产生的辐射效应.

14. (20分)如图7所示,一木块位于光滑的水平桌面上,木块上固定一支架,木块与支架的总质量为 M.一摆球挂于支架上,摆球的质量为 m,$m<\frac{1}{2}M$,摆线的质量不计.初始时,整个装置处于静止状态.一质量为 m 的子弹以大小为 v_0、方向垂直于图面向里的速度射入摆球并立即停留在球内,摆球和子弹便一起开始运动.已知摆线最大的偏转角小于90°,在小球往返运动过程中摆线始终是拉直的,木块未发生转动.

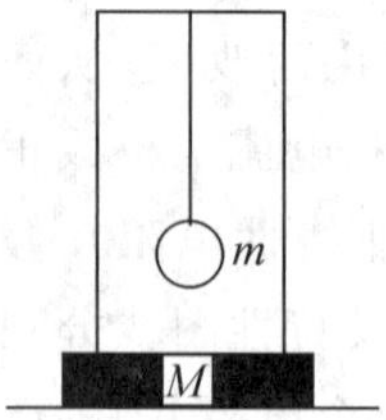

图7

(1)求摆球上升的最大高度.

(2)求木块的最大速率.

(3)求摆球在最低处时速度的大小和方向.

15. (20分)图中坐标原点 $O(0,0)$ 处有一带电粒子源,向 $y\geqslant0$ 一侧沿 Oxy 平面内的各个不同方向发射带正电的粒子,粒子的速率都是 v,质量均为 m,电荷量均为 q.有人设计了一方向垂直于 Oxy 平面、磁感应强度的大小为 B 的均匀磁场区域,使上述所有带电粒子从该磁场区域的边界射出时,均能沿 x 轴正方向运动.试求出此边界线的方程,并画出此边界线的示意图.

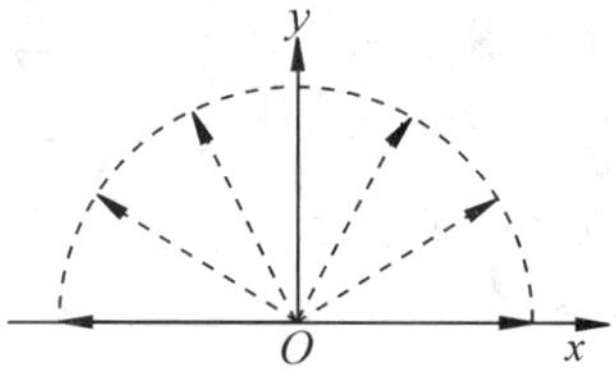

图8

16. (20分)在海面上有三艘轮船,船 A 以速度 u 向正东方向航行,船 B 以速度 $2u$ 向正北方向航行,船 C 以速度 $2\sqrt{2}u$ 向东偏北45°方向航行.在某一时刻,船 B 和 C 恰好同时经过船 A 的航线并位于船 A 的前方,船 B 到船 A 的距离为 a,船 C 到船 A 的距离为 $2a$.若以此时刻作为计算时间的零点,求在 t 时刻 B、C 两船间距离的中点 M 到船 A 的连线 MA 绕 M 点转动的角速度.

2011年第二十八届全国中学生物理竞赛复赛试题

思考笔记

一、(20分)如图1所示,哈雷彗星绕太阳 S 沿椭圆轨道逆时针方向运动,其周期 T 为76.1年.1986年它过近日点 P_0 时,与太阳 S 的距离 $r_0=0.590\text{AU}$,AU是天文单位,它等于地球与太阳的平均距离.经过一段时间,彗星到达轨道上的 P 点,SP 与 SP_0 的夹角 $\theta_P=72.0°$.已知:$1\text{AU}=1.50\times10^{11}\text{m}$,引力常量 $G=6.67\times10^{-11}\text{m}^3\cdot\text{kg}^{-1}\cdot\text{s}^{-2}$,太阳质量 $m_S=1.99\times10^{30}\text{kg}$.试求 P 到太阳 S 的距离 r_P 及彗星过 P 点时速度的大小及方向(用速度方向与 SP_0 的夹角表示).

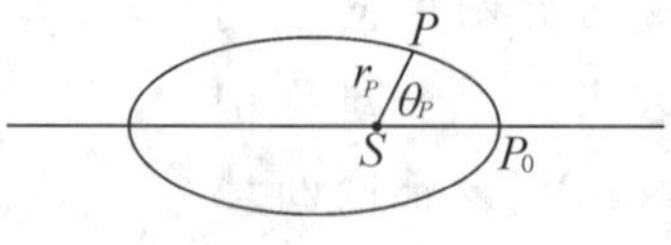

图1

二、(20分)质量均匀分布的刚性杆 AB、CD 按如图2所示放置,A 点与水平地面接触,与地面间的静摩擦因数为 μ_A,B、D 两点与光滑竖直墙面接触,杆 AB

和 CD 接触处的静摩擦因数为 μ_C，两杆的质量均为 m，长度均为 l.

(1)已知系统平衡时 AB 杆与墙面的夹角为 θ，求 CD 杆与墙面的夹角 α 应满足的条件(用 α 及已知量满足的方程式表示).

(2)若 $\mu_A=1.00$，$\mu_C=0.866$，$\theta=60.0°$，求系统平衡时 α 的取值范围(用数值计算求出).

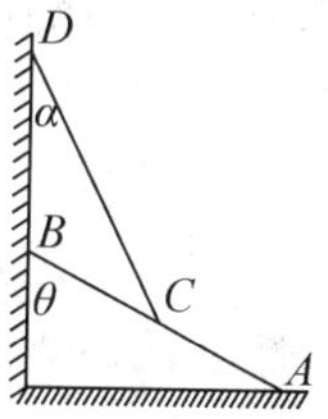

图 2

三、(25 分)在人造卫星绕星球运行的过程中，为了保持其对称轴稳定在规定指向，一种最简单的办法就是让卫星在其运行过程中同时绕自身的对称轴旋转.但有时为了改变卫星的指向，又要求减慢或者消除卫星的旋转.减慢或者消除卫星旋转的一种方法就是所谓的"YO-YO"消旋法，其原理如图 3 所示.

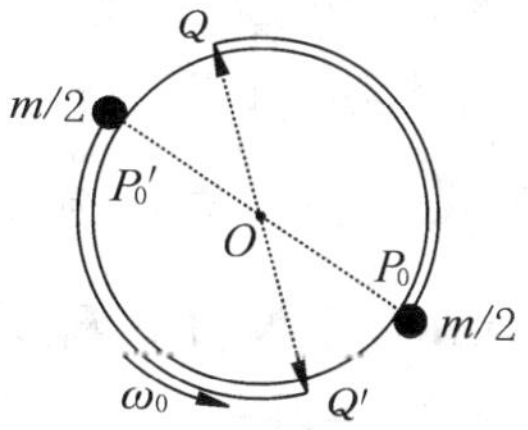

图 3

设卫星是一半径为 R、质量为 M 的薄壁圆筒，其横截面如图 3 所示.图中 O 是圆筒的对称轴.两条足够长的、不可伸长的、结实的、长度相等的轻绳的一端分别固定在圆筒表面上的 Q、Q'(位于圆筒直径两端)处，另一端各拴有一质量为 $m/2$ 的小球.正常情况下，绳绕在圆筒外表面上，两小球用插销分别锁定在圆筒表面上的 P_0、$P_0{}'$处，与卫星形成一体，绕卫星的对称轴旋转.卫星自转的角速度为 ω_0.若要使卫星减慢或停止旋转(消旋)，可瞬间撤去插销释放小球，让小球从圆筒表面甩开，在甩开的整个过程中，从绳与圆筒表面相切点到小球的那段绳都是拉直的.当卫星转速逐渐减小到零时，立即使绳与卫星脱离，解除小球与卫星的联系，于是卫星停止转动.已知此时绳与圆筒的相切点刚好在 Q、Q'处.试求：

(1)当卫星角速度减至 ω 时绳拉直部分的长度 l.

(2)绳的总长度 L.

(3)卫星从 ω_0 到停转所经历的时间 t.

四、(20 分)空间某区域存在匀强电场和匀强磁场，在此区域建立直角坐标系 $O\text{-}xyz$，如图 4 所示.匀强电场沿 x 方向，电场强度 $\vec{E}_1=E_0\vec{i}$，匀强磁场沿 z 方向，磁感应强度 $\vec{B}=B_0\vec{k}$，E_0、B_0 为已知常量，$\vec{i}$、$\vec{k}$ 分别为 x 方向和 z 方向的单位矢量.

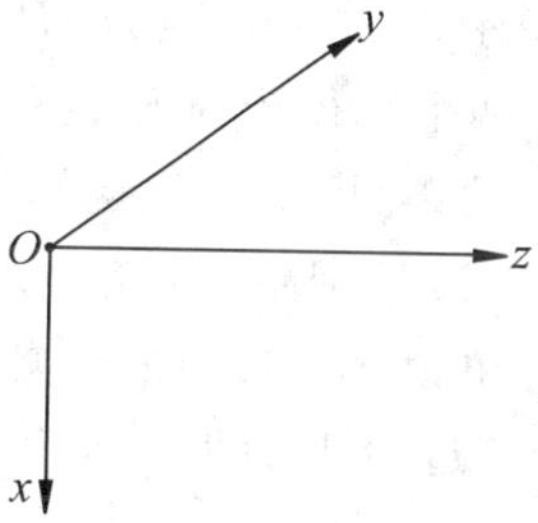

图 4

(1)有一束带电量都为 $+q$、质量都为 m 的粒子，同时从 Oyz 平面内的某点射出，它们的初速度均在 Oyz 平面内，速度的大小和方向各不相同.问经过多少时间这些粒子又能同时回到 Oyz 平面内？

(2)现在该区域内再增加一个沿 z 方向随时间变化的匀强电场，电场强度 $\vec{E}_2=(E_0\cos\omega t)\vec{k}$，式中 $\omega=\dfrac{qB_0}{m}$.若有一电荷量为 $+q$、质量为 m 的粒子，在 $t=0$ 时刻从坐标原点 O 射出，初速度 $\vec{v}_0$ 在 Oyz 平面内，试求以后此粒子的坐标随时间变化的规律(不计粒子所受重力以及各带电粒子之间的相互作用，也不考虑变化的电场产生的磁场).

五、(15 分)如图 5，半导体 PN 结太阳能电池是根据光生伏打效应工作的.当有光照射 PN 结时，PN 结两端会产生电势差，这就是光生伏打效应.当 PN 结两端接有负载时，光照使 PN 结内部产生由负极指向正极的电流，即光电流，照射光的强度恒定时，光电流也是恒定的，已知该光电流为 I_L；

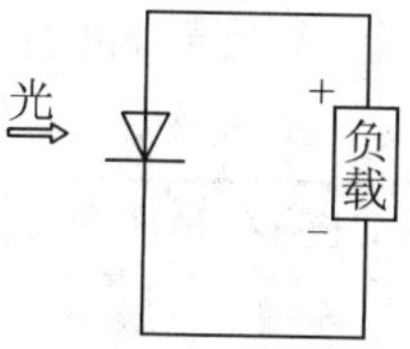

图 5

同时,PN 结又是一个二极管,当有电流通过负载时,负载两端的电压 U 使二极管正向导通,其电流为 $I_D=I_0(e^{U/U_T}-1)$,式中 U_T 和 I_0 在一定条件下均为已知常数.

(1)在照射光的强度不变时,通过负载的电流 I 与负载两端的电压 U 的关系式为 $I=$________. 太阳能电池的短路电流 $I_S=$________,开路电压 $U_{OC}=$________,负载功率 $P=$________.

(2)已知一硅 PN 结太阳能电池的 $I_L=95\text{mA}$, $I_0=4.1\times10^{-9}\text{mA}$, $U_T=0.026\text{V}$. 则此太阳能电池的开路电压 $U_{OC}=$________ V. 若太阳能电池的输出功率最大时,伏在两端的电压可近似表示为 $U_{mP}=U_T\ln\dfrac{1+I_L/I_0}{1+U_{OC}/U_r}$,则 $U_{mP}=$________ V. 太阳能电池输出的最大功率 $P_{\max}=$________ mW. 若负载为欧姆电阻,则输出最大功率时,负载电阻 $R=$________ Ω.

六、(20 分)图 6 所示为圆柱形汽缸,汽缸壁绝热,汽缸的右端有一小孔与大气相通,大气的压强为 p_0. 用一热容量可忽略的导热隔板 N 和一绝热活塞 M 将汽缸分为 A、B、C 三室,隔板与汽缸固连,活塞相对汽缸可以无摩擦地移动但不漏气. 汽缸的左端 A 室中有一电加热器 Ω. 已知在 A、B 室中均盛有 1 摩尔同种理想气体,电加热器加热前,系统处于平衡状态,A、B 两室中气体的温度均为 T_0,A、B、C 三室的体积均为 V_0. 现通过电加热器对 A 室中气体缓慢加热,若提供的总热量为 Q_0,试求 B 室中气体的末态体积和 A 室中气体的末态温度(设 A、B 两室中 1 摩尔气体的内能为 $U=\frac{5}{2}RT$,式中 R 为普适气体常量,T 为绝对温度).

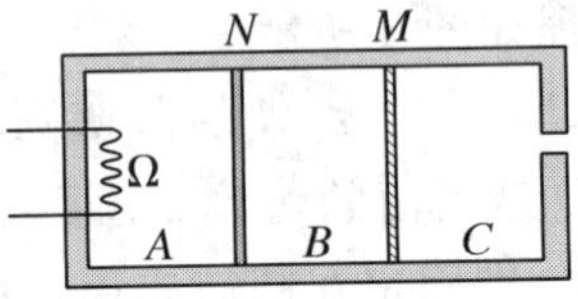

图 6

七、(20 分)如图 7 所示,L 是一焦距为 $2R$ 的薄凸透镜,MN 为其主光轴. 在 L 的右侧与它共轴地放置两个半径皆为 R 的很薄的球面镜 A 和 B. 每个球面镜的凹面和凸面都是能反光的镜面. A、B 顶点间的距离为 $3R/2$,在 B 的顶点 C 处开一个透光的小圆孔(圆心为 C),圆孔的直径为 h. 现于凸透镜 L 左方距 L 为 $6R$ 处放一与主轴垂直的高度也为 $h(h\ll R)$ 的细短杆 PQ(P 点在主轴上). PQ 发出的光经 L 后,其中一部分穿过 B 上的小圆孔正好成像在球面镜 A 的顶点 D 处,形成物 PQ 的像 I.

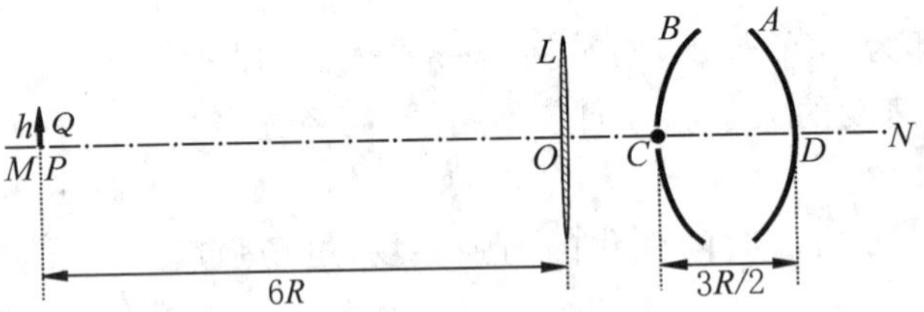

图 7

(1)像 I 与透镜 L 的距离等于________________________.

(2)形成像 I 的光线经 A 反射,直接通过小孔后经 L 所成的像 I_1 与透镜 L 的距离等于________________________.

(3)形成像 I 的光线经 A 反射,再经 B 反射,再经 A 反射,最后通过 L 成像为 I_2,将 I_2 的有关信息填在下表中.

I_2 与 L 的距离	I_2 在 L 左方,还是右方	I_2 的大小	I_2 是正立,还是倒立	I_2 是实像,还是虚像

(4)物 PQ 发出的光经 L 后未进入 B 上小圆孔 C 的那部分光最后通过 L 成

像为 I_3，将 I_3 的有关信息填在下表中.

I_3 与 L 的距离	I_3 在 L 左方，还是右方	I_3 的大小	I_3 是正立，还是倒立	I_3 是实像，还是虚像

八、(20 分)有一核反应，其反应式为 ${}_1^1\text{p}+{}_1^3\text{H}\to{}_2^3\text{He}+{}_0^1\text{n}$，反应中所有粒子的速度均远小于光速.

已知 ${}_1^1\text{p}$、${}_0^1\text{n}$、${}_1^3\text{H}$ 核、${}_2^3\text{He}$ 核的静止质量分别为 $m_\text{p}=1.007276u$，$m_\text{n}=1.008665u$，$m_{{}_1^3\text{H}}=3.015501u$，$m_{{}_2^3\text{He}}=3.014932u$. u 是原子的质量单位，$1u$ 对应的能量为 931.5MeV，结果取三位有效数字. 试问：

(1)它是吸能反应，还是放能反应，反应能 Q 为多少？

(2)在该核反应中，若 ${}_1^3\text{H}$ 静止，入射质子的阈能 T_{th} 为多少？阈能是使该反应能够发生的入射粒子的最小动能(相对实验室参考系).

(3)已知在该反应中入射质子的动能为 1.21MeV，若所产生中子的出射方向与质子的入射方向成 60.0°角，则该中子的动能 T_n 为多少？

2012 年第二十九届全国中学生物理竞赛预赛试题

思考笔记

一、选择题. 本题共 5 小题，每小题 6 分. 在每小题给出的 4 个选项中，有的小题只有 1 个选项符合题意，有的小题有多个选项符合题意.

1. 下列说法中正确的是(　　).

A. 水在 0℃时密度最大

B. 一个绝热容器中盛有气体，假设把气体中分子速率很大的如大于 v_A 的分子全部取走，则气体的温度会下降，此后气体中不再存在速率大于 v_A 的分子

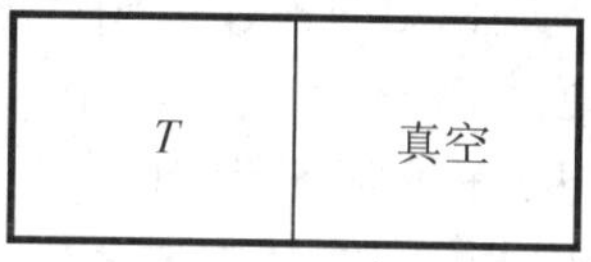

图 1

C. 杜瓦瓶的器壁是由两层玻璃制成的，两层玻璃之间抽成真空，抽成真空的主要作用是既可降低热传导，又可降低热辐射

D. 图 1 所示为一绝热容器，中间有一隔板，隔板左边盛有温度为 T 的理想气体，右边为真空，现抽掉隔板，则气体的最终温度仍为 T

2. 如图 2 所示，一半径为 R、电荷量为 Q 的带电金属球，球心位置 O 固定，P 为球外一点，几位同学在讨论 P 点的场强时，有下列一些说法，其中正确的是(　　).

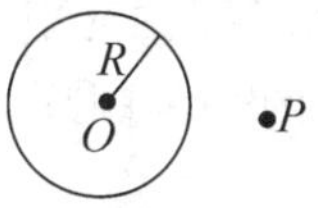

图 2

A. 若 P 点无限靠近球表面，因为球表面带电，根据库仑定律可推知，P 点的场强趋于无穷大

B. 因为在球内场强处处为 0，若 P 点无限靠近球表面，则 P 点的场强趋于 0

C. 若 Q 不变，P 点的位置也不变，而令 R 变小，则 P 点的场强不变

D. 若保持 Q 不变，而令 R 变大，同时始终保持 P 点极靠近球表面处，则 P 点的场强不变

3. 图 3 中 L 为一薄凸透镜，ab 为一发光圆面，二者共轴，S 为与 L 平行放置的屏，已知这时 ab 可在屏上成清晰的像. 现将透镜切除一半，只保留主轴以上的一半透镜，这时 ab 在 S 上的像(　　).

A. 尺寸不变，亮度不变　　　　B. 尺寸不变，亮度降低

C. 只剩半个圆，亮度不变　　　D. 只剩半个圆，亮度降低

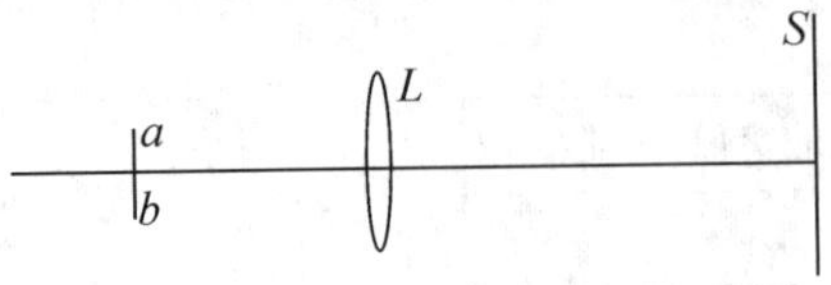

图 3

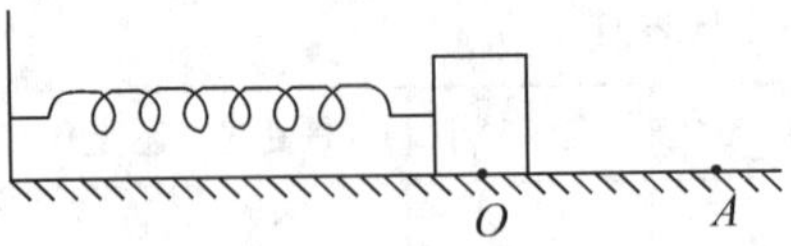

图 4

4. 如图 4，一轻质弹簧，一端固定在墙上，另一端连一小物块，小物块放在摩擦因数为 μ 的水平面上，弹簧处在自然状态，小物块位于 O 点. 现用手将小物块向右移到 A 处，然后静止释放小物块，发现小物块开始向左移动，则(　　).

A. 小物块可能停在 O 点

B. 小物块停止以后所受的摩擦力必不为 0

C. 小物块无论停在 O 点的左边还是右边，停前所受的摩擦力的方向和停后所受摩擦力的方向两者既可能相同，也可能相反

D. 小物块在通过 O 点后向右运动直到最远处的过程中，速度的大小总是减小；小物块在由右边最远处回到 O 点的过程中，速度的大小总是增大

5. 如图 5 所示，一内壁光滑的圆锥，轴线 OO' 是竖直的，顶点 O 在下方，锥角为 2α，若有两个相同的小珠(均视为质点)，在圆锥的内壁上沿不同的圆轨道运动，则有(　　).

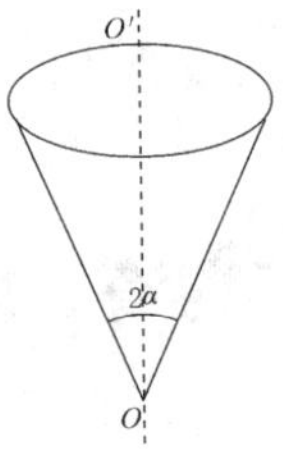

图 5

A. 它们的动能相同

B. 它们运动的周期相同

C. 锥壁对它们的支撑力相同

D. 设顶点 O 为势能零点，它们的动能与势能之比相同

二、填空题和作图题.

6. (6 分)铀 238($^{238}_{92}\mathrm{U}$)是放射性元素，若衰变时依次放出 α、β、β、α、α、α、α、α、β、β、α、β、β、α 粒子，最终形成稳定的核 $^{Y}_{X}\mathrm{Pb}$，则其中 X=________，Y=________.

7. (10 分)在寒冷地区，为了防止汽车挡风玻璃窗结霜，可用通电电阻加热. 图 6 所示为 10 根阻值皆为 3Ω 的电阻条，和一个内阻为 0.5Ω 的直流电源，现在要使整个电路中电阻条上消耗的功率最大.

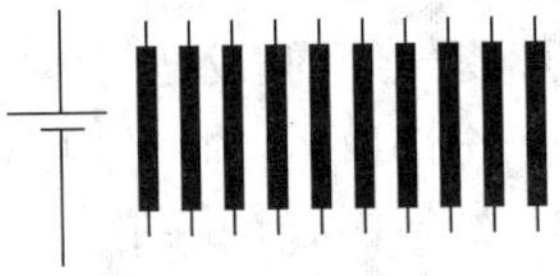
图 6

(1)应选用________根电阻条.

(2)在图中画出电路连线.

8. (10 分)已知：光子有质量，但无静止质量，在重力场中也有重力势能. 若从地面上某处将一束频率为 ν 的光射向其正上方相距为 d 的空间站，d 远小于地球半径，令空间站接收到的光的频率为 ν'，则 $\nu'-\nu=$________，已知地球表面附近的重力加速度为 g.

9. (10 分)如图 7 所示，两物块叠放在一起，下面物块位于光滑水平桌面上，其质量为 m，上面物块的质量为 M，两物块之间的静摩擦因数为 μ. 现从静止出发对下面物块施以随时间 t 变化的水平推力 $F=\gamma t$，其中 γ 为一常量，则从力开始作用到两物块刚发生相对运动所经过的时间等于________，此时物块的速度等于________.

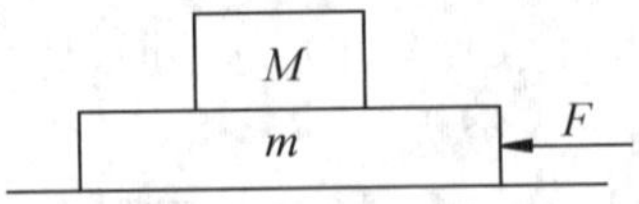

图 7

10. (16 分)图 8 中 K 是密封在真空玻璃管内的金属电极，它受光照射后能释放出电子；W 是可以透光的窗口，光线通过它可照射到电极 K 上；C 是密封在真空玻璃管内圆筒形的收集电极，它能收集 K 所发出的光电子. R 是接在电池组 E(电压足够高)两端的滑动变阻器，电极 K 通过导线与串联电池组的中心端 O 连接；Ⓖ是用于测量光电流的电流计. 已知当某一特定频率的单色光通过窗口照

射电极 K 时，能产生光电子. 当滑动变阻器的滑动接头处在某一点 P 时，可以测到光电流，当滑动头向右移动时，电流计的示数增大，使滑动头继续缓慢向右不断移动时，电流计的示数的变化情况是______________. 当滑动变阻器的滑动接头从 P 点缓慢向左不断移动时，电流计的示数的变化情况是______________. 若测得用频率为 ν_1 的单色光照射电极 K 时遏止电压为 U_1，频率为 ν_2 的单色光照射电极 K 时的遏止电压为 U_2，已知电子的电荷量为 e，则普朗克常量 $h=$________，金属电极 K 的逸出功 $W_0=$________.

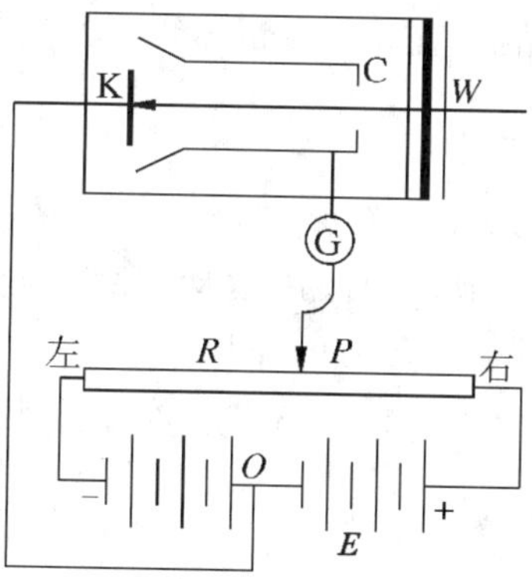

图 8

三、计算题.

11. (18 分)如图 9 所示，一根跨越某固定的水平光滑细杆的柔软、不可伸长的轻绳，两端各系一个质量相等的小球 A 和 B，球 A 刚好接触地面，球 B 被拉到与细杆同样高度的水平位置，当球 B 到细杆的距离为 l 时，绳刚好拉直，在绳被拉直时释放球 B，使球 B 从静止开始向下摆动，求球 A 刚要离开地面时球 B 与其初始位置的高度差.

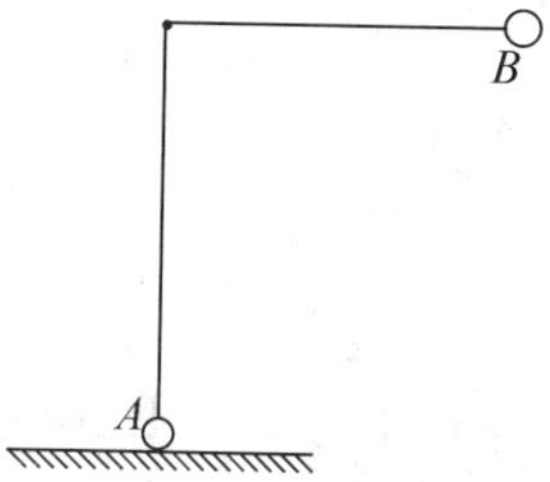

图 9

12. (20 分)一段横截面积 $S=1.0\text{mm}^2$ 的铜导线接入直流电路中，当流经该导线的电流 $I=1.0\text{A}$ 时，该段铜导线中自由电子定向运动的平均速度 u 为多大？已知，每个铜原子有一个“自由电子”，每个电子的电荷量 $q=1.6\times10^{-19}\text{C}$，铜的密度 $\rho=8.9\text{g/cm}^3$，铜的摩尔质量 $\mu=64\text{g/mol}$，阿伏伽德罗常数 $N_0=6.02\times10^{23}\text{mol}^{-1}$.

13. (20 分)电荷量分别为 q 和 Q 的两个带异号电荷的小球 A 和 B(均可视为点电荷)，质量分别为 m 和 M. 初始时刻，B 的速度为 0，A 在 B 的右方，且与 B 相距 l_0，A 具有向右的初速度 v_0，并还受到一向右的作用力 f 使其保持匀速运动，某一时刻，两球之间可以达到最大距离.

(1)求此最大距离.

(2)求从开始到两球间距离达到最大的过程中 f 所做的功.

14. (20 分)由双原子分子构成的气体，当温度升高时，一部分双原子分子会分解成两个单原子分子，温度越高，被分解的双原子分子的比例越大，于是整个气体可视为由单原子分子构成的气体与由双原子分子构成的气体的混合气体. 这种混合气体的每一种成分都可视作理想气体. 在体积 $V=0.045\text{m}^3$ 的坚固容器中，盛有一定质量的碘蒸气，现于不同温度下测得容器中蒸气的压强如下：

T/K	1073	1473
p/Pa	2.099×10^5	4.120×10^5

试求温度分别为 1073K 和 1473K 时该碘蒸气中单原子分子碘蒸气的质量与碘的总质量之比. 已知碘蒸气的总质量与一摩尔双原子碘分子的质量相同，普适气体常量 $R=8.31\text{J}\cdot\text{mol}^{-1}\cdot\text{K}^{-1}$.

15. (20 分)图 10 中 L 是一根通电长直导线，导线中的电流为 I. 一电阻为 R、每边长为 $2a$ 的导线方框，其中两条边与 L 平行，可绕过其中心并与长直导线平行的轴线 OO' 转动，轴线与长直导线相距 b，$b>a$，初始时刻，导线框与直导线共面. 现使线框以恒定的角速度 ω 转动，求线框中的感应电流的大小. 不计导线框的自感,已知电流为 I 的长直导线在距导线 r 处的磁感应强度大小为 $k\frac{I}{r}$,其中 k 为常量.

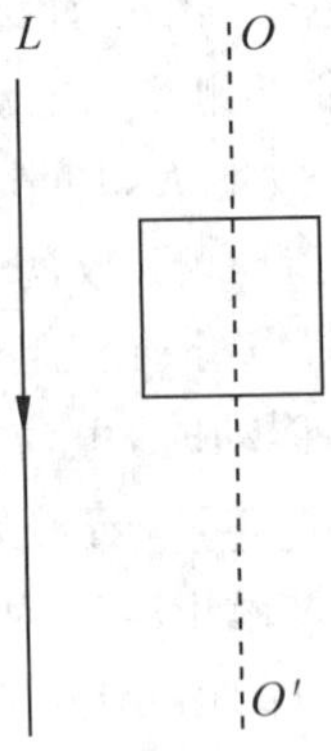

图 10

16. (20 分)一质量为 $m=3000\text{kg}$ 的人造卫星在离地面的高度为 $H=180\text{km}$ 的高空绕地球做圆周运动,那里的重力加速度 $g=9.3\text{m}\cdot\text{s}^{-2}$. 由于受到空气阻力的作用,在一年时间内,人造卫星的高度要下降 $\Delta H=0.50\text{km}$. 已知物体在密度为 ρ 的流体中以速度 v 运动时受到的阻力 F 可表示为 $F=\frac{1}{2}\rho ACv^2$,式中 A 是物体的最大横截面积,C 是拖曳系数,与物体的形状有关. 当卫星在高空中运行时,可以认为卫星的拖曳系数 $C=1$,取卫星的最大横截面积 $A=6.0\text{m}^2$. 已知地球的半径为 $R_0=6400\text{km}$. 试由以上数据估算卫星所在处的大气密度.

2012 年第二十九届全国中学生物理竞赛复赛试题

思考笔记

一、(17 分)设:有一咸水湖足够深,湖面宽阔而平静. 初始时将一体积很小的匀质正立方体物块在湖面上由静止开始释放,释放时物块的下底面和湖水表面恰好相接触. 已知湖水的密度为 ρ,物块的边长为 b,密度为 ρ',且 $\rho'<\rho$. 在只考虑物块受重力和液体浮力作用的情况下,求物块从初始位置出发往返一次所需的时间.

二、(23 分)设想在地球赤道平面内有一垂直于地面延伸到太空的轻质电梯,电梯顶端可超过地球的同步卫星高度 R(从地心算起)延伸到太空深处. 这种所谓的太空电梯可用于低成本地发射绕地人造卫星,其发射方法是将卫星通过太空电梯匀速地提升到某高度,然后启动推进装置将卫星从太空电梯发射出去.

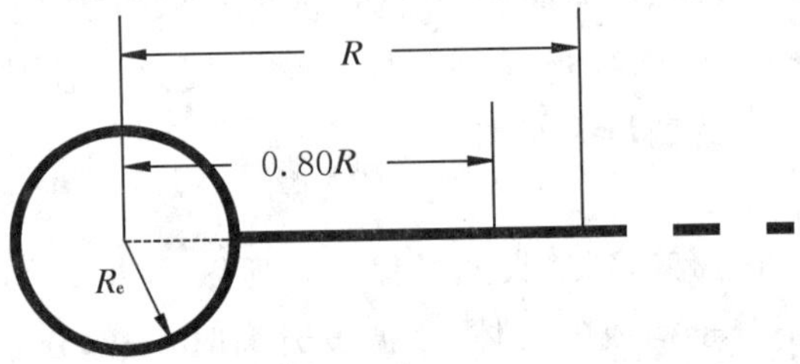

图 1

已知:地球质量 $M=6.0\times10^{24}\text{kg}$,半径 $R_e=6.4\times10^6\text{m}$;引力恒量 $G=6.7\times10^{-11}\text{N}\cdot\text{m}^2\cdot\text{kg}^{-2}$;地球自转周期 $T_e=24\text{h}$;假设卫星与太空电梯脱离后只受地球引力作用.

1. 如图 1,设在某次发射时,卫星在太空电梯中极其缓慢地匀速上升. 该卫星在上升到 $0.80R$ 处意外地和太空电梯脱离(脱离时卫星相对于太空电梯上脱离处的速度可视为零)而进入太空.

(1)论证卫星脱落后不会撞击地面.

(2)如果卫星脱落后能再次和太空电梯相遇,即可在它们相遇时回收该卫星. 讨论该卫星从脱落时刻起,在 0～12h 及 12～24h 两个时间段内被太空电梯回收的可能性.

2. 如果太空电梯地点位于东经 110°处,在太空电梯上离地心距离为 R_x 处有一卫星从电梯脱离(脱离时卫星相对于太空电梯上脱离处的速度可视为 0),脱离后该卫星轨道刚好能和赤道某处相切,而使卫星在该点着地,试求卫星着地点的经度(提示:此问要用数值方法求解高次方程).

三、(25分)如图2所示,两根刚性轻杆 AB 和 BC 在 B 端牢固粘接在一起,AB 延长线与 BC 的夹角 α 为锐角,杆 BC 长为 l,杆 AB 长为 $l\cos\alpha$. 在杆的 A、B 和 C 三点各固连一质量均为 m 的小球,构成一刚性系统. 整个系统放在光滑水平桌面上,桌面上有一固定的光滑竖直挡板,杆 AB 的延长线与挡板垂直. 现使该系统以大小为 v_0、方向沿 AB 的速度向挡板平动. 在某时刻,小球 C 与挡板碰撞,碰撞结束时球 C 在垂直于挡板方向的分速度为零,且球 C 与挡板不粘连. 若使球 C 碰撞后,球 B 先于球 A 与挡板相碰,求夹角 α 应满足的条件.

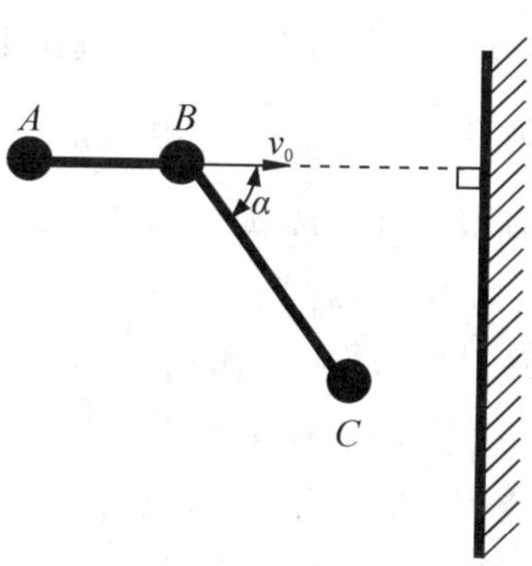

图2

四、(21分)如图3所示,虚线小方框是由 $2n$ 个电容器联成的有限网络;虚线大方框是并联的两个相同的无限网络. 此无限网络的结构是:从左到中间,每个电容器的右极板与两个电容器的左极板相连,直至无穷;从中间到右,每两个电容器的右极板与一个电容器的左极板相连,直至联结到一个电容器为止. 网络中的所有电容器都是完全相同的平行板真空电容器,其极板面积为 S,极板间距为 $d(d\ll\sqrt{S})$. 整个电容网络体系与一内电阻可忽略不计的电池连接,电池电动势恒定,大小为 ε. 忽略电容器的边缘效应,静电力常量 k 已知.

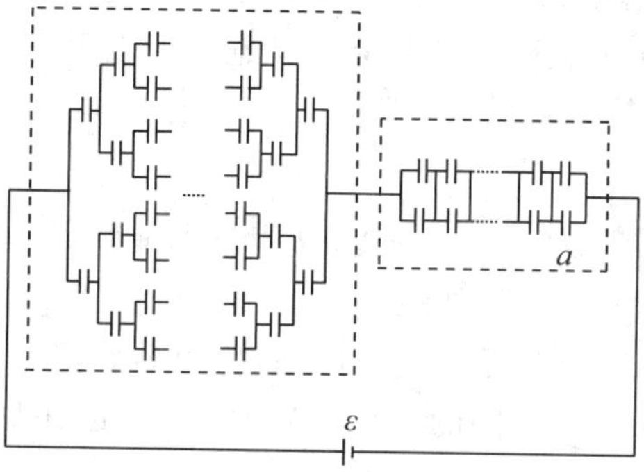

图3

1. 若将虚线小方框中标有 a 的电容器的右极板缓慢地向右拉动,使其两极板的距离变为 $2d$. 求在拉动极板过程中电池所做的功和外力所做的功.

2. 在电容器 a 两极板的距离变为 $2d$ 后,再将一块与电容器 a 的极板形状相同、面积也为 S、带电荷量为 $Q(Q>0)$ 的金属薄板沿平行于 a 的极板方向全部插入电容器 a 中,使金属薄板距电容器 a 左极板的距离为 x,求此时电容器 a 的左极板所带的电荷量.

五、(25分)如图4所示,两个半径不等的用细金属导线做成的同心圆环固定在水平桌面上. 大圆环半径为 R_1,小圆环表面绝缘,半径为 R_2 $(R_2\ll R_1)$,两圆环导线每单位长度电阻均为 r_0,它们处于匀强磁场中,磁感应强度大小为 B,方向竖直向下. 一根每单位长度电阻为 r_1 的长直金属细杆放在大圆环平面上,并从距圆环中心左侧为 $R_1/100$ $(R_1/100>R_2)$ 的 AB 位置,沿水平面以速度 v 匀速向右滑动到相对于大圆环中心与 AB 对称的位置 CD,滑动过程中金属杆始终与大圆环保持密接. 假设金属杆和大圆环的电流在小圆环处产生的磁场均可视为匀强磁场. 试求在上述滑动过程中通过小圆环导线横截面的电荷量.

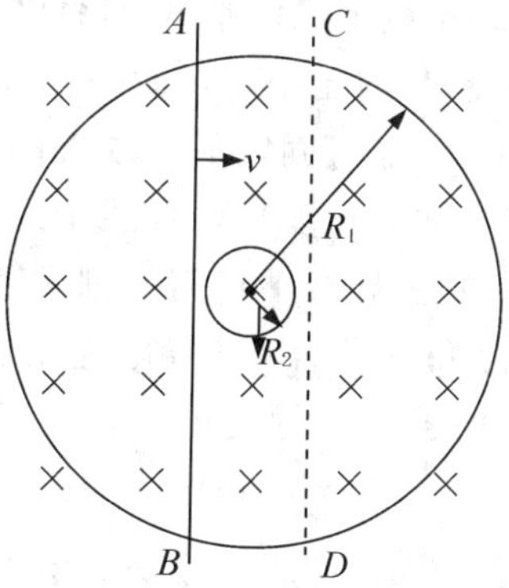

图4

提示:当半径为 R、长度为 l 的一段圆弧导线通有电流 I 时,圆弧电流在圆心处产生的磁感应强度大小为 $B=k_m\dfrac{Il}{R^2}$,方向垂直于圆弧所在平面且与圆弧电流的方向满足右手螺旋法则；无限长直导线通有电流 I 时，电流在距直导线距离为 r 处产生的磁感应强度 B 的大小为 $B=k_m\frac{2I}{r}$，其中 k_m 是已知常量.

六、(15 分)如图 5 所示，刚性绝热容器 A 和 B 水平放置，一根带有绝热阀门和多孔塞的绝热刚性细短管把容器 A、B 相互连通. 初始时阀门是关闭的，A 内装有某种理想气体，温度为 T_1；B 内为真空. 现将阀门打开，气体缓慢通过多孔塞后进入容器 B 中. 当容器 A 中气体的压强降到与初始时 A 中气体压强之比为 α 时，重新关闭阀门. 设最后留在容器 A 内的那部分气体与进入容器 B 中的气体之间始终无热量交换，求容器 B 中气体质量与气体总质量之比. 已知：1 摩尔理想气体的内能为 $u=CT$，其中 C 是已知常量，T 为绝对温度；一定质量的理想气体经历缓慢的绝热过程时，其压强 p 与体积 V 满足过程方程 $pV^{\frac{C+R}{C}}=$常量，其中 R 为普适气体常量. 重力影响和连接管体积均忽略不计.

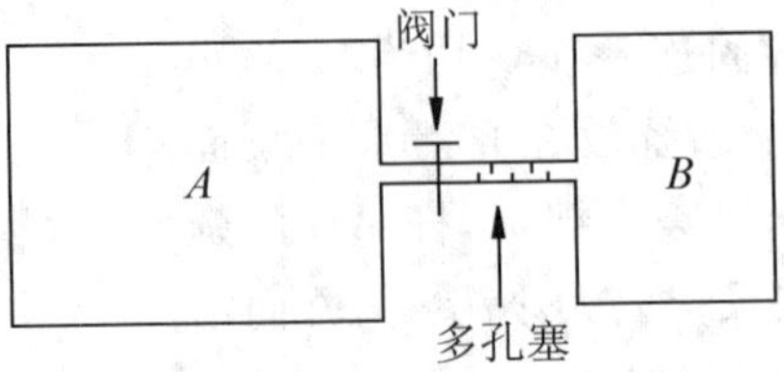

图 5

七、(16 分)图 6 中 L_1 为一薄凸透镜，Q 为与光轴垂直放置高等于 2.00cm 的线状物，已知 Q 经 L_1 成一实像，像距为 40.0cm. 现于 L_1 的右方依次放置薄凹透镜 L_2、L_3 和薄凸透镜 L_4 以及屏 P，它们之间的距离如图 6 所示，所有的透镜都共轴，屏与光轴垂直，L_2、L_3 焦距的大小均为 15.0cm. 已知物 Q 经上述四个透镜最后在屏上成倒立的实像，像高为 0.500cm.

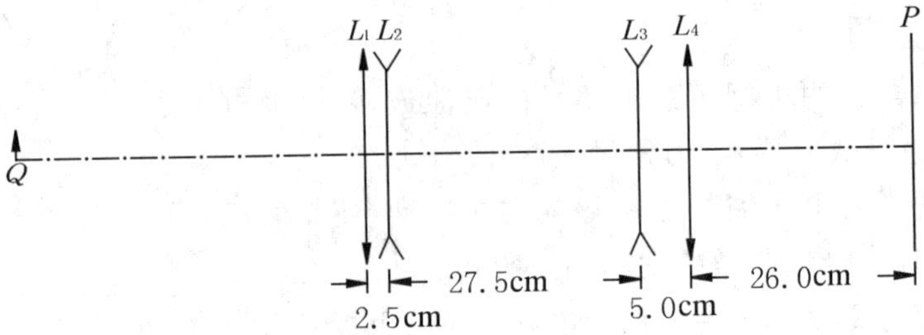

图 6

1. L_1 的焦距大小为________ cm，L_4 的焦距大小为________ cm.

2. 现保持 Q、L_1、L_4 和 P 位置不变，而沿光轴平移 L_2 和 L_3，最后在屏上成倒立的实像，像高为 1.82cm，此时 L_2 到 L_1 的距离为________ cm，L_3 到 L_4 的距离为________ cm(最后结果保留至小数点后一位).

八、(18 分)如图 7 所示，竖直固定平行放置的两条相同长直导线 1 和 2 相距为 a($a\ll$长直导线的长度)，两导线中通有方向和大小都相同的稳恒电流，电流方向向上. 导线中正离子都是静止的，每单位长度导线中正离子的电荷量为 λ；形成电流的导电电子以速度 v_0 沿导线向下匀速运动，每单位长度的导线中导电电子的电荷量为 $-\lambda$. 已知：单位长度电荷量为 η 的无限长均匀带电直导线在距其距离为 r 处产生的电场强度的大小为 $E=k_e\frac{2\eta}{r}$，其中 k_e 是常量；当无限长直导线通有稳恒电流 I 时，电流在距导线距离为 r 处产生磁场的磁感应强度大小为 $B=k_m\frac{2I}{r}$，其中 k_m 是常量. 试利用狭义相对论中的长度收缩公式求常量 k_e 和 k_m 的比值.

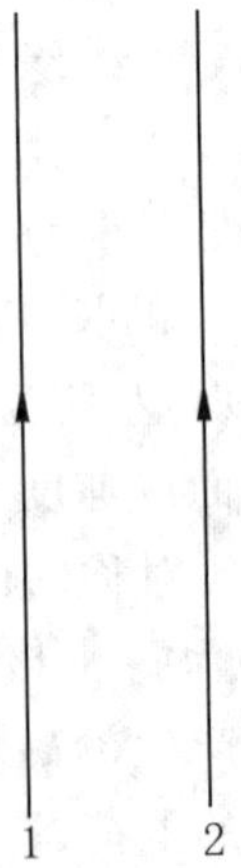

图 7

提示：忽略重力，正离子和电子的电荷量与惯性参照系的选取无关，真空中的光速为 c.

2013年第三十届全国中学生物理竞赛预赛试题

思考笔记

一、选择题.本题共5小题,每小题6分.在每小题给出的4个选项中,有的小题只有1个选项符合题意,有的小题有多个选项符合题意.

1. 下列说法中正确的是(　　).

A. 一束单色光从真空射入玻璃时,在玻璃表面处发生折射现象,这与光在玻璃中的传播速度不同于真空中的速度有关

B. 白纸上有两个非常靠近的小黑斑,实际上是分开的,没有重叠部分.但通过某一显微镜所成的像却是两个连在一起的没有分开的光斑,这与光的衍射现象有关

C. 雨后彩虹的形成与光的全反射现象有关

D. 老年人眼睛常变为远视眼,这时近处物体通过眼睛所成的像在视网膜的前方(瞳孔与视网膜之间),故看不清

2. 图1中A、B为两块金属板,分别与高压直流电源的正负极相连.一个电荷量为q、质量为m的带正电的点电荷由靠近A板处静止释放(不计重力作用).已知当A、B两板平行、两板的面积很大且两板间的距离很小时,它刚到达B板时的速度为u_0,在下列情况下以u表示点电荷刚到达B板时的速度,则(　　).

A. 若A、B两板不平行,则$u<u_0$

B. 若A板的面积很小,B板的面积很大,则$u<u_0$

C. 若A、B两板间的距离很大,则$u<u_0$

D. 不论A、B两板是否平行、两板的面积大小及两板间的距离是多少,u都等于u_0

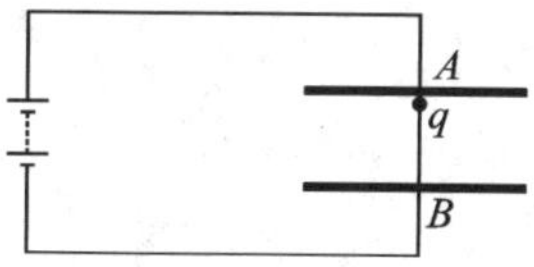

图1

3. α粒子和β粒子都沿垂直于磁场方向射入同一匀强磁场中,发现这两种粒子沿相同半径的圆轨道运动.若α粒子的质量为m_1,β粒子的质量为m_2,则α粒子与β粒子的动能之比(用m_1和m_2表示)是(　　).

A. $\frac{m_2}{m_1}$　　B. $\frac{m_1}{m_2}$　　C. $\frac{m_1}{4m_2}$　　D. $\frac{4m_2}{m_1}$

4. 由玻尔理论可知,当氢原子中的核外电子由一个轨道跃迁到另一个轨道时,有可能(　　).

A. 发射出光子,电子的动能减少,原子的势能减少

B. 发射出光子,电子的动能增加,原子的势能减少

C. 吸收光子,电子的动能减少,原子的势能增加

D. 吸收光子,电子的动能增加,原子的势能减少

5. 如图2所示,两条虚线之间为一光学元件所在处,AB为其主光轴,P是一点光源,其傍轴光线通过此光学元件成像于Q点.该光学元件可能是(　　).

A. 薄凸透镜

B. 薄凹透镜

C. 凸球面镜

D. 凹球面镜

图2

二、填空题和作图题.

6.（8分）国际上已规定^{133}Cs原子的频率 $f=9192631770$ Hz（没有误差），则秒的定义为__________. 国际上已规定一个公认的光速值 $c=299792458$ m/s（没有误差），长度单位由时间单位导出，则米的定义为____________.

7.（8分）如图3所示，质量为 m_1 的小滑块，沿一倾角为 θ 的光滑斜面滑下，斜面的质量为 m_2，置于光滑的水平桌面上. 设重力加速度为 g，斜面在水平桌面上运动的加速度的大小为____________.

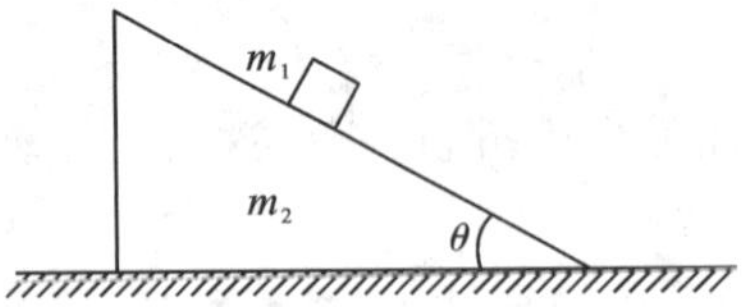

图 3

8.（8分）一线光源，已知它发出的光包含三种不同频率的可见光，若要使它通过三棱镜分光，最后能在屏上看到这三种不同频率的光谱线，则除了光源、三棱镜和屏外，必需的器件至少还应有______. 其中一个的位置应在______和________之间，另一个的位置应在_________和________之间.

9.（12分）如图4所示，A 为放在水平光滑桌面上的长方形物块，在它上面放有物块 B 和 C，A、B、C 的质量分别为 m、$5m$、m. B、C 与 A 之间的静摩擦因数和滑动摩擦因数皆为0.10. K 为轻滑轮，绕过轻滑轮连接 B 和 C 的轻细绳都处于水平放置. 现用沿水平方向的恒定外力 F 拉滑轮，使 A 的加速度等于 $0.20g$，g 为重力加速度. 在这种情况时，B、A 之间沿水平方向的作用力大小等于______，C、A 之间沿水平方向的作用力大小等于_______，外力 F 的大小等于______.

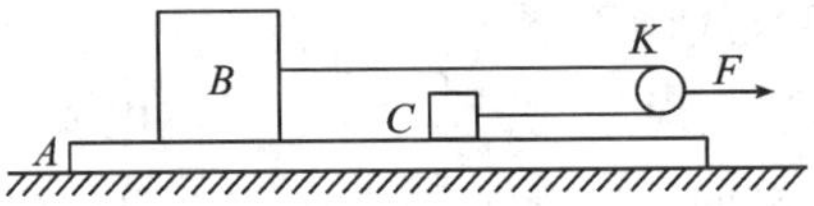

图 4

10.（14分）(1) 在做"把电流表改装成电压表"的实验中，必须测出电流表的内阻和用标准电压表对改装成的电压表进行校准. 某同学对图5所示的器材进行了连接，使所连成的电路只要控制单刀双掷开关的刀位和调节电阻箱及变阻器，不需改动连线就能完成以下实验操作：

①在电阻箱断路的条件下测出电流表的内阻；

②对改装成的电压表的所有刻度进行校准.

试在图中画出该同学的全部连线.

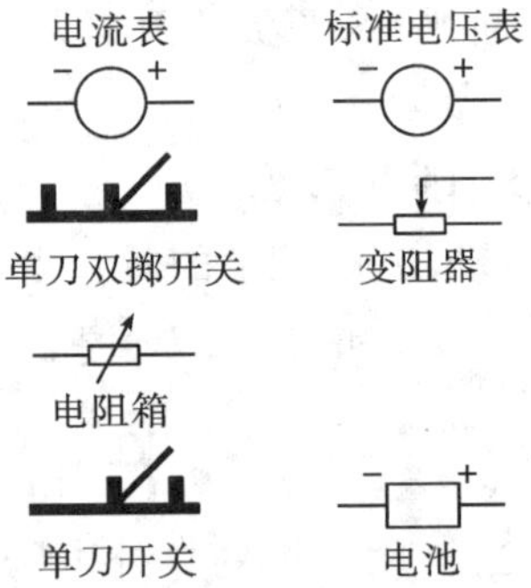

图 5

(2) 有一块横截面为矩形的长板，长度在81 cm与82 cm之间，宽度在5 cm与6 cm之间，厚度在1 cm与2 cm之间. 现用直尺（最小刻度为mm）、卡尺（游标为50分度）和千分尺（螺旋测微器）去测量此板的长度、宽度和厚度，要求测出的最后一位有效数字是估读的. 试设想一组可能的数据填在下面的空格处. 板的长度为______cm，板的宽度为______cm，板的厚度为______cm.

三、计算题.

11.（20分）在水平地面某处，以相同的速率 v_0 沿不同的抛射角分别抛射两个小球 A 和 B，它们的射程相同. 已知小球 A 在空中运动的时间为 T_A，求小球 B 在空中运动的时间 T_B. 重力加速度大小为 g，不考虑空气阻力.

12.（20分）从地球上看太阳时，对太阳直径的张角 $\theta=0.53°$，取地球表面上纬度为1°的长度 $l=110\,\text{km}$，地球表面处的重力加速度 $g=10\,\text{m/s}^2$，地球公转的周期 $T=365$ 天. 试仅用以上数据计算地球和太阳的密度之比. 假设太阳和地球都是质量均匀分布的球体.

13.（16分）一个用电阻丝绕成的线圈，浸没在量热器所盛的油中，油的温度为0℃，当线圈两端加上一定电压后，油温渐渐上升，0℃时温度升高的速率为 $5.0\ \text{K}\cdot\text{min}^{-1}$，持续一段时间后，油温上升到30℃，此时温度升高的速率为 $4.5\ \text{K}\cdot\text{min}^{-1}$，这是因为线圈的电阻与温度有关. 设温度为 θ℃时线圈的电阻为 R_θ，温度为0℃时线圈的电阻为 R_0，则有 $R_\theta=R_0(1-\alpha\theta)$，$\alpha$ 称为电阻的温度系数. 试求此线圈电阻的温度系数. 假设量热器及其中的油以及线圈所构成的系统温度升高的速率与该系统吸收的热量的速率（即单位时间内吸收的热量）成正比；油加热过程中加在线圈两端的电压恒定不变；系统损失的热量可忽略不计.

14.（18分）如图6所示，1 mol 理想气体，由压强与体积关系的 p-V 图中的状态 A 出发，经过一缓慢的直线过程到达状态 B，已知状态 B 的压强与状态 A 的压强之比为 $\frac{1}{2}$，若要使整个过程的最终结果是气体从外界吸收了热量，则状态 B 与状态 A 的体积之比应满足什么条件？已知此理想气体每摩尔的内能为 $\frac{3}{2}RT$，R 为普适气体常量，T 为热力学温度.

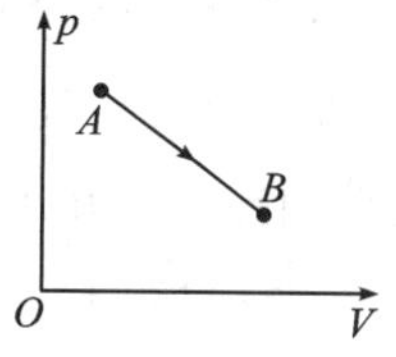

图 6

15.（23分）如图7所示，匝数为 N_1 的原线圈和匝数为 N_2 的副线圈绕在同一闭合铁芯上，副线圈两端与电阻 R 相连，原线圈两端与平行金属导轨相连. 两轨之间的距离为 L，其电阻可不计. 在虚线的左侧，存在方向与导轨所在平面垂直的匀强磁场，磁场的磁感应强度大小为 B，pq 是一质量为 m、电阻为 r 与导轨垂直放置的金属杆，它可在导轨上沿与导轨平行的方向无摩擦地滑动. 假设任意时刻通过线圈每一匝的磁通量相同，两个线圈的电阻、铁芯中包括涡流在内的各种损耗都忽略不计，且变压器中的电磁场完全限制在变压器铁芯中. 现于 $t=0$ 时刻开始施一外力，使杆从静止出发以恒定的加速度 a 向左运动. 不考虑连接导线的自感. 若已知在某时刻 t 时，原线圈电流的大小为 I_1.

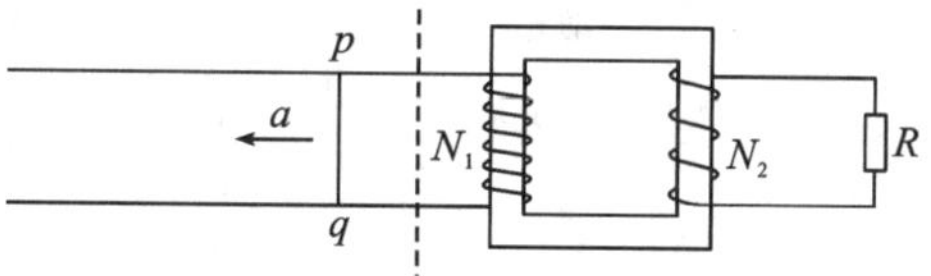

图 7

（1）求此时刻外力的功率.

（2）此功率转化为哪些其他形式的功率或能量变化率？试分别求出它们的大小.

16.（23分）如图8所示，以质量为 m、半径为 R 的绝缘材料制成的薄球壳，均匀带正电，电荷量为 Q，球壳下面有与球壳固连的底座，底座静止在光滑的水平面上. 球壳内部有一劲度系数为 η 的轻弹簧（质量不计），弹簧始终处于水平位置，其一端与球壳内壁固连，另一端恰好位于球心处，球壳上开有一个小孔 C，小孔位于过球心的水平线上. 在此水平线上离球壳很远的 O 处有一质量也为 m、电荷量也为 Q 的带正电的点电荷 P，它以足够大的初速度 v_0 沿水平的 OC 方向开始运动. 并知 P 能通过小孔 C 进入球壳内，不考虑重力和底座的影响，已知静电力常量为 k，求 P 从刚进入 C 孔到出来所经历的时间.

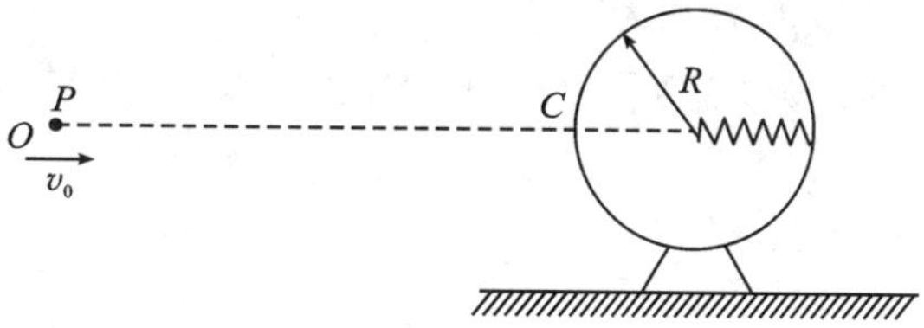

图 8

2013年第三十届全国中学生物理竞赛复赛试题

思考笔记

一、(15分)如图1所示，一半径为R、内侧光滑的半球面固定在地面上，开口水平且朝上. 一小滑块在半球面内侧最高点处获得沿球面的水平速度，其大小为v_0($v_0 \neq 0$). 求滑块在整个运动过程中可能达到的最大速率(重力加速度的大小为g).

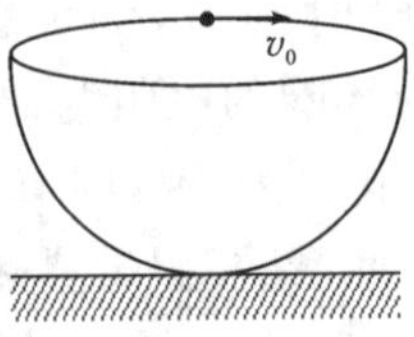

图1

二、(20分)一长为$2l$的轻质刚性细杆位于水平的光滑桌面上，杆的两端分别固定一质量为m的小物块D和一质量为αm(α为常数)的小物块B，杆可绕通过小物块B所在端的竖直固定转轴无摩擦地转动. 一质量为m的圆环C套在细杆上(C与杆密接)，可沿杆滑动，圆环C与杆之间的摩擦可忽略. 一轻质弹簧原长为l，劲度系数为k，两端分别与小环C和物块B相连. 一质量为m的小滑块A在桌面上以垂直于杆的速度飞向物块D，并与之发生完全弹性正碰，碰撞时间极短. 碰撞时圆环C恰好静止在距轴为r($r>l$)处.

1. 若碰前滑块A的速度为v_0，求碰撞过程中轴受到的作用力的冲量.

2. 若碰后物块D、C和杆刚好做匀速转动，求碰前滑块A的速度v_0应满足的条件.

三、(25分)一质量为m、长为L的匀质细杆，可绕其一端光滑的水平轴O在竖直平面内自由转动. 杆在水平状态由静止开始下摆.

1. 令$\lambda=\dfrac{m}{L}$表示细杆质量的线密度. 当杆以角速度ω绕其一端光滑的水平轴O在竖直平面内转动时，其转动动能可表示为$E_k=k\lambda^{\alpha}\omega^{\beta}L^{\gamma}$，式中$k$为待定的没有单位的纯常数. 已知在同一单位制下，两物理量当且仅当其数值和单位都相等时才相等. 由此求出α、β和γ的值.

2. 已知系统的动能等于系统的质量全部集中在质心时随质心一起运动的动能和系统在质心系(随质心平动的参考系)中的动能之和，求常数k的值.

3. 试求当杆摆至与水平方向成θ角时在杆上距O点为r处的横截面两侧部分的相互作用力. 重力加速度的大小为g.

提示：如果$X(t)$是t的函数，而$Y[X(t)]$是$X(t)$的函数，则$Y[X(t)]$对t的导数为

$$\frac{\mathrm{d}Y[X(t)]}{\mathrm{d}t}=\frac{\mathrm{d}Y}{\mathrm{d}X}\cdot\frac{\mathrm{d}X}{\mathrm{d}t}$$

例如，函数$\cos\theta(t)$对自变量t的导数为

$$\frac{\mathrm{d}\cos\theta(t)}{\mathrm{d}t}=\frac{\mathrm{d}\cos\theta}{\mathrm{d}\theta}\cdot\frac{\mathrm{d}\theta}{\mathrm{d}t}$$

四、(20分)图2中所示的静电机由一个半径为R，与环境绝缘的开口(朝上)金属球壳形的容器和一个带电液滴产生器G组成. 质量为m、带电量为q的球形液滴从G缓慢地自由掉下(所谓缓慢，意指在G和容器口之间总是只有一滴液滴). 液

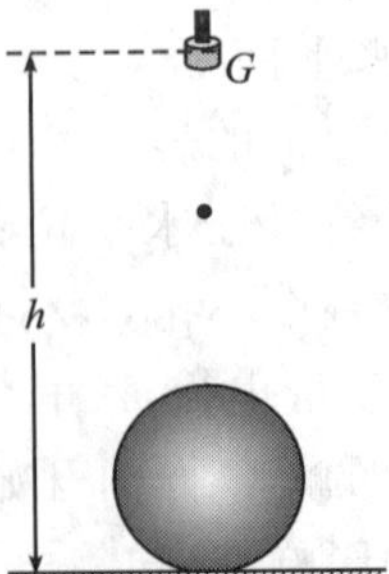

图2

滴开始下落时相对于地面的高度为 h. 设液滴很小，容器足够大，容器在达到最高电势之前进入容器的液体尚未充满容器. 忽略 G 的电荷对正在下落的液滴的影响. 重力加速度的大小为 g. 若容器初始电势为 0，求容器可达到的最高电势 U_{max}.

五、(25 分)平行板电容器的两极板分别位于 $z=\pm\frac{d}{2}$ 的平面内，电容器起初未被充电. 整个装置处于均匀磁场中，磁感应强度的大小为 B，方向沿 x 轴负方向，如图 3 所示.

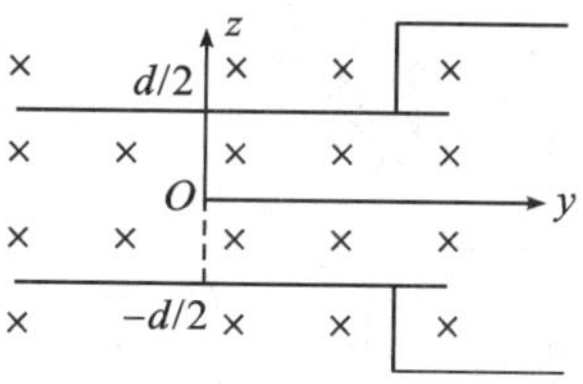

图 3

1. 在电容器参考系 S 中只存在磁场；而在以沿 y 轴正方向的恒定速度 $(0,v,0)$[这里 $(0,v,0)$ 表示为沿 x、y、z 轴正方向的速度分量分别为 0、v、0，以下类似]相对于电容器运动的参考系 S' 中，可能既有电场 (E'_x,E'_y,E'_z)，又有磁场 (B'_x,B'_y,B'_z). 试在非相对论情形下，从伽利略速度变换，求出在参考系 S' 中电场 (E'_x,E'_y,E'_z) 和磁场 (B'_x,B'_y,B'_z) 的表达式. 已知电荷量和作用在物体上的合力在伽利略变换下不变.

2. 现在让介电常数为 ε 的电中性液体(绝缘体)在平行板电容器两极板之间匀速流动，流速大小为 v，方向沿 y 轴正方向. 在相对液体静止的参考系(即相对于电容器运动的参考系) S' 中，由于液体处在第 1 问所述的电场 (E'_x,E'_y,E'_z) 中，其正、负电荷会因电场力作用而发生相对移动(即所谓极化效应)，使得液体中出现附加的静电感应电场，因而液体中总电场强度不再是 (E'_x,E'_y,E'_z)，而是 $\frac{\varepsilon_0}{\varepsilon}(E'_x,E'_y,E'_z)$，这里 ε_0 是真空的介电常数. 这将导致在电容器参考系 S 中电场不再为零. 试求电容器参考系 S 中电场的强度以及电容器上、下极板之间的电势差(结果用 ε_0、ε、v、B、d 表示).

六、(15 分)温度开关用厚度均为 0.20mm 的钢片和青铜片作感温元件. 在温度为 20℃时，将它们紧贴，两端焊接在一起，成为等长的平直双金属片. 若钢和青铜的线膨胀系数分别为 1.0×10^{-5}/度和 2.0×10^{-5}/度. 当温度升高到 120℃时，双金属片将自动弯成圆弧形，如图 4 所示. 试求双金属片弯曲的曲率半径(忽略加热时金属片厚度的变化).

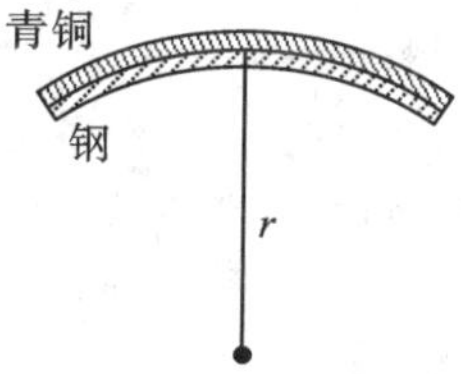

图 4

七、(20 分)一斜劈形透明介质劈尖，尖角为 θ，高为 h. 今以尖角顶点为坐标原点，建立坐标系如图 5 所示；劈尖斜面实际上是由一系列微小台阶组成的，在图 5 中看来，每一个小台阶的前侧面与 xz 平面平行，上表面与 yz 平面平行. 劈尖介质的折射率 n 随 x 而变化，$n(x)=1+bx$，其中常数 $b>0$. 一束波长为 λ 的单色平行光沿 x 轴正方向照射劈尖；劈尖后放置一薄凸透镜，在劈尖与薄凸透镜之间放一挡板，在挡板上刻有一系列与 z 方向平行、沿 y 方向排列的透光狭缝，如图 6 所示. 入射光的波面(即与平行入射光线垂直的平面)、劈尖底面、挡板平面都与 x 轴垂直，透镜的主光轴为 x 轴. 要求通过各狭缝的透射光彼此在透镜焦点处得到加强而形成亮纹. 已知第一条狭缝位于 $y=0$ 处；物和像之间各光线的光程相等.

1. 求其余各狭缝的 y 坐标.

2. 试说明各狭缝彼此等距排列能否仍然满足上述要求.

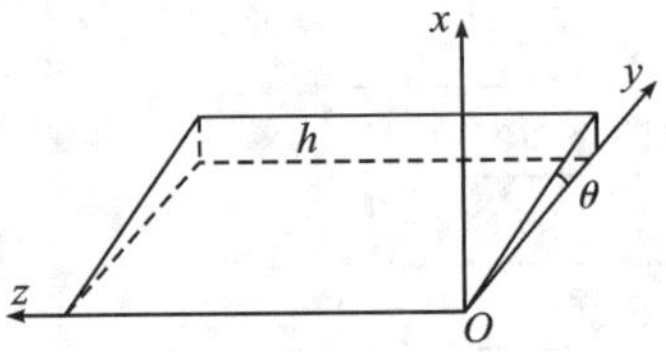

图 5

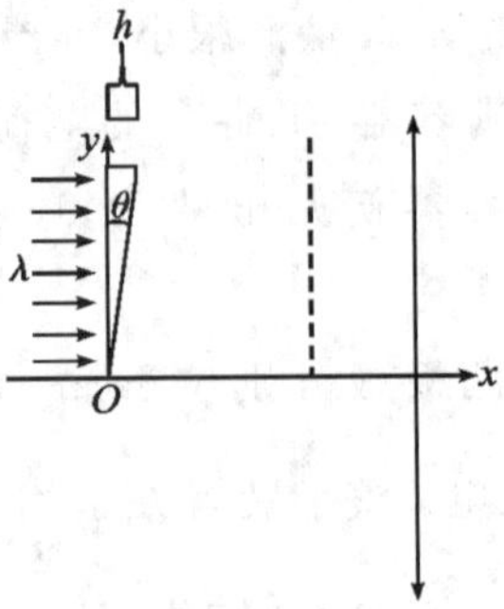

图 6

八、(20 分)光子被电子散射时，如果初态电子具有足够的动能，以至于在散射过程中有能量从电子转移给光子，则该散射被称为逆康普顿散射. 当低能光子与高能电了发生对头碰撞时，就会出现逆康普顿散射. 已知电子的静止质量为 m_e，真空中的光速为 c. 若能量为 E_e 的电子与能量为 E_γ 的光子相向对碰.

1. 求散射后光子的能量.

2. 求逆康普顿散射能够发生的条件.

3. 如果入射光子的能量为 2.00 eV，电子的能量为 1.00×10^9 eV，求散射后光子的能量. 已知 $m_e=0.511\times10^6\,\text{eV}/c^2$. 计算中有必要时可利用近似：如果 $|x|\ll1$，有 $\sqrt{1-x}\approx1-\frac{1}{2}x$.

2014 年第三十一届全国中学生物理竞赛预赛试题

思考笔记

一、选择题. 本题共 5 小题，每小题 6 分，在每小题给出的 4 个选项中，有的小题只有 1 个选项符合题意，有的小题有多个选项符合题意.

1. 一线膨胀系数为 α 的正立方体物块，当膨胀量较小时，其体膨胀系数等于(　　).

A. α　　B. $\alpha^{1/3}$　　C. α^3　　D. 3α

2. 按如下原理制作一个可直接测量液体密度的杆秤，称为密度秤，其外形和普通的杆秤差不多，装秤钩的地方吊着一体积为1 cm^3的较重的合金块，杆上有表示液体密度数值的刻度. 当秤砣放在 Q 点处时秤杆恰好平衡，如图 1 所示，当合金块完全浸没在待测密度的液体中时，移动秤砣的悬挂点，直至秤杆恰好重新平衡，便可直接在杆秤上读出液体的密度. 下列说法中错误的是(　　).

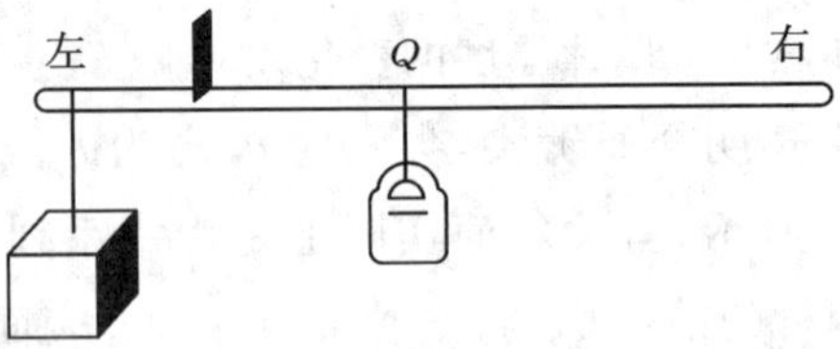

图 1

A. 密度秤的零点刻度在 Q 点

B. 秤杆上密度读数较大的刻度在较小的刻度的左边

C. 密度秤的刻度都在 Q 点的右侧

D. 密度秤的刻度都在 Q 点的左侧

3. 如图所示，一列简谐横波在均匀的介质中沿 x 轴正向传播，P_1 和 P_2 两质点的平衡位置在 x 轴

图 2

上，它们相距 60 cm，当 P_1 质点在平衡位置处向上运动时，P_2 质点在波谷位置，若波的传播速度为24 m/s，则该波的频率可能为(　　).

A. 50 Hz　　B. 60 Hz　　C. 400 Hz　　D. 410 Hz

4. 电磁驱动是与炮弹发射、航空母舰上飞机弹射起飞有关的一种新型驱动方式，电磁驱动的原理如图 3 所示，当直流电流突然加到一固定线圈上，可以将置于线圈上的环弹射出去. 现在同一个固定线圈上，先后置有分别用钢、铝和硅制成的形状、大小和横截面积均相同的三种环. 当电流突然接通时，它们所受到的推力分别为 F_1、F_2 和 F_3. 若环的重力可忽略，下列说法中正确的是(　　).

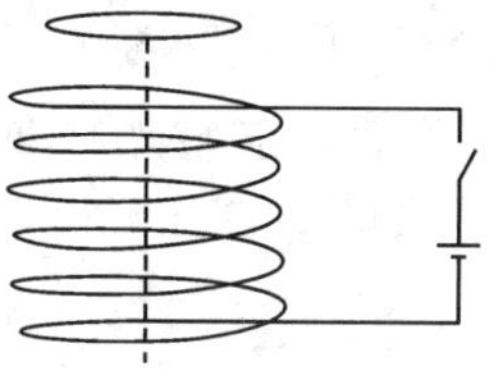

图 3

A. $F_1>F_2>F_3$　　B. $F_2>F_3>F_1$

C. $F_3>F_2>F_1$　　D. $F_1=F_2=F_3$

5. 质量为 m_A 的 A 球，以某一速度沿光滑水平面向静止的 B 球运动，并与 B 球发生弹性正碰. 假设 B 球的质量 m_B 可选取为不同的值，则(　　).

A. 当 $m_B=m_A$ 时，碰后 B 球的速度最大

B. 当 $m_B=m_A$ 时，碰后 B 球的动能最大

C. 在保持 $m_B>m_A$ 的条件下，m_B 越小，碰后 B 球的速度越大

D. 在保持 $m_B<m_A$ 的条件下，m_B 越大，碰后 B 球的动量越大

二、填空题.

6. (10 分)用国家标准一级螺旋测微器(直标度尺最小分度为 0.5 mm，丝杆螺距为 0.5 mm，套管上分为 50 个刻度)测量小球的直径. 测微器的初始读数如图 4 所示，其值为______mm，测量时如图 5 所示，其值为______mm，测得小球的直径 $d=$______mm.

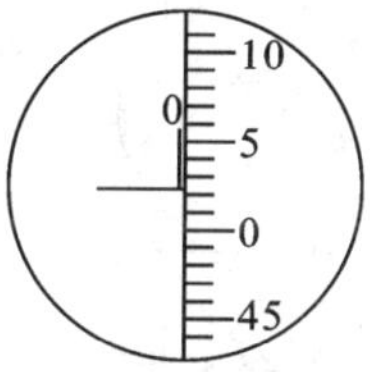

图 4

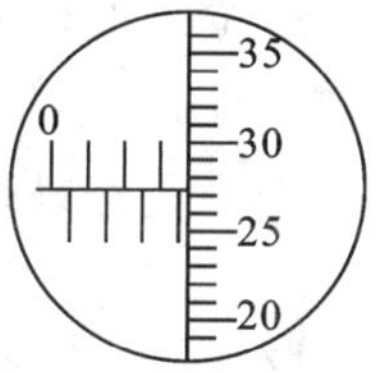

图 5

7. (10 分)为了缓解城市交通拥堵问题，杭州市交通部门在禁止行人步行的十字路口增设“直行待行区”(行人可从天桥或地下通道过马路)，如图 6 所示. 当其他车道的车辆右拐时，直行道上的车辆可以提前进入“直行待行区”；当直行绿灯亮起时，可从“直行待行区”直行通过十字路口. 假设某十字路口限速50km/h，“直行待行区”的长度为 12m，从提示进入“直行待行区”到直行绿灯亮起的时间为 4s. 如果某汽车司机看到上述提示时立即从停车线由静止开始匀加速直线运动，运动到“直行待行区”的前端虚线处直行绿灯刚好亮起，汽车的总质量为 1.5t，汽车运动过程中受到的阻力恒为车重的 0.1 倍，则该汽车的行驶加速度为_______，在这 4s 内汽车发动机所做的功为_______(重力加速度大小取 10m/s^2).

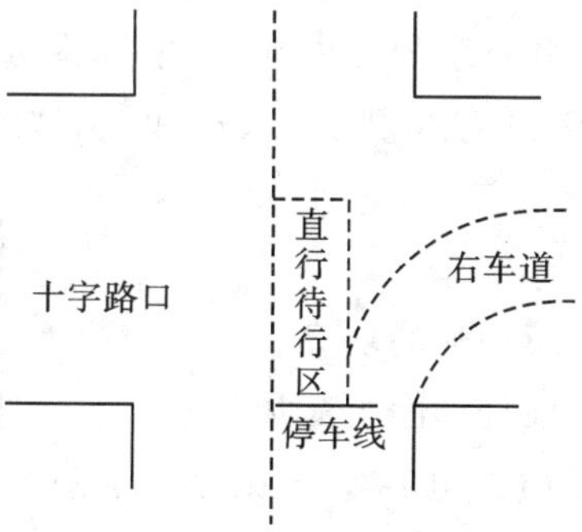

图 6

8. (10 分)如图 7，两个薄透镜 L_1 和 L_2 共轴放置，已知 L_1 的焦距 $f_1=f$，L_2 的焦距 $f_2=-f$，两透镜间的距离也是 f，小物体位于物面 P 上，物距 $u_1=3f$.

(1)小物体经过这两个透镜成的像在 L_2 的______边,到 L_2 的距离为______,是______(填"实"或"虚")像、______(填"正"或"倒")像,放大率为______.

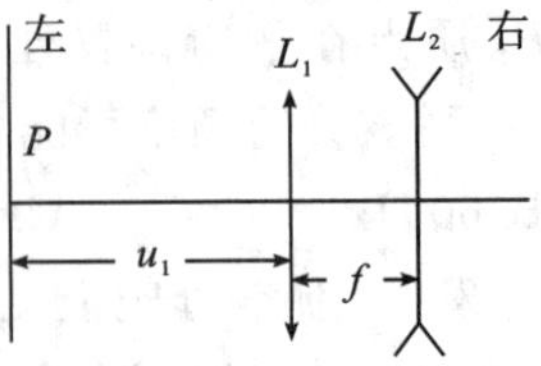

图 7

(2)现把两个透镜位置调换,若还要使给定的原物体在原像处成像,两透镜作为整体应沿光轴向________边移动距离________.这个新的像是________(填"实"或"虚")像、________(填"正"或"倒")像,放大率为________.

9.(10 分)图 8 中所示汽缸的缸壁是绝热的.缸内隔板 A 是导热的,它固定在缸壁上.活塞 B 是绝热的,它与缸壁的接触是光滑的,但不漏气.B 的上方为大气.A 与 B 之间以及 A 与缸底之间都盛有 n mol同种理想气体,系统在开始时处于平衡状态.现通过电炉丝 E 对气体缓慢加热,在加热过程中,A、B 之间的气体经历__________过程.A 下方的气体经历__________过程;气体温度每上升 1K,A、B 之间的气体吸收的热量与 A 下方的气体净吸收的热量之差等于__________.已知普适气体常量为 R.

图 8

10.(10 分)宇宙空间某区域有一磁感应强度大小为 $B=1.0\times10^{-9}$ T 的均匀磁场,现有一电子绕磁力线做螺旋运动.该电子绕磁力线旋转一圈所需的时间间隔为________s;若该电子沿磁场方向的运动速度为 $1.0\times10^{-2}c$(c 为真空中光速的大小),则它在沿磁场方向前进 1.0×10^{-3} 光年的过程中,绕磁力线转了________圈.已知电子的电荷量为 1.60×10^{-19} C,电子的质量为 9.11×10^{-31} kg.

三、计算题.

11.(15 分)如图 9,一水平放置的厚度为 d、折射率为 n 的平行玻璃砖,下表面镀银(成反射镜).一物点 A 位于玻璃砖的上方距玻璃砖的上表面为 h 处.观察者在 A 点附近看到了 A 点的像.A 点的像到 A 点的距离等于多少?不考虑光经玻璃砖上表面的反射.

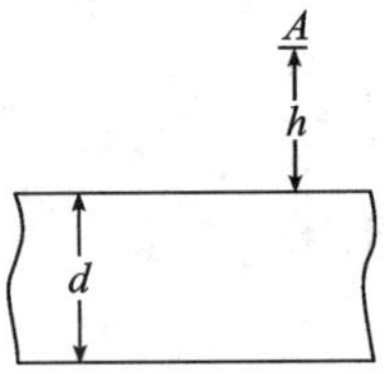

图 9

12.(20 分)通常电容器两极板间有多层电介质,并有漏电现象.为了探究其规律性,采用如图 10 所示的简单模型,电容器两极板的面积均为 S.其间充有两层电介质 1 和 2,第 1 层电介质的介电常数、电导率(即电阻率的倒数)和厚度分别为 ε_1、σ_1 和 d_1,第 2 层电介质的则为 ε_2、σ_2 和 d_2.现在两极板加一直流电压 U,电容器处于稳定状态.

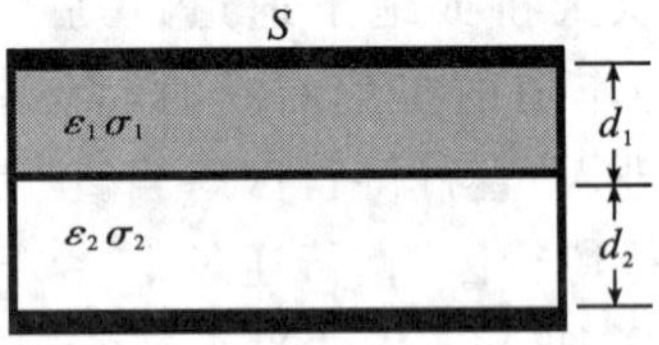

图 10

(1)画出等效电路图.

(2)计算两层电介质所损耗的功率.

(3)计算两介质交界面处的净电荷量.

提示:充满漏电电介质的电容器可视为一不漏电电介质的理想电容和一纯电阻的并联电路.

13.(20 分)如图 11 所示,一绝缘容器内部为立方体空腔,其长和宽分别为 a 和 b,厚度为 d,其两侧等高处装有两根与大气相通的玻璃管(可用来测量液体两侧的压强差).容器内装满密度为 ρ 的导电液体,容器上下两端装有铂电极 A 和 C,这样就构成了一个液体电阻,该液体电阻置于一方向与容器的厚度方向平行

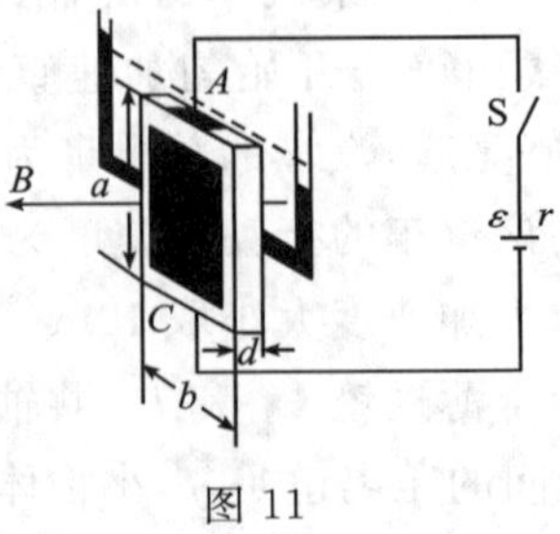

图 11

的均匀恒定的磁感应强度为 B 的磁场中，并通过开关 S 接在一电动势为 ε、内阻为 r 的电池的两端，闭合开关. 若稳定时两侧玻璃管中液面的高度差为 h，重力加速度的大小为 g，求导电液体的电导率 σ.

14. (20 分) 1 mol 理想气体经历一循环过程 1-2-3-1，如图 12 所示. 过程 1-2 是等压过程，过程 3-1 是通过 p-T 图原点的直线上的一段，描述过程 2-3 的方程为 $c_1p^2+c_2p=T$，式中 c_1 和 c_2 都是待定的常量，p 和 T 分别是气体的压强和绝对温度. 已知气体在状态 1 的压强、绝对温度分别为 p_1 和 T_1，气体在状态 2 的绝对温度以及在状态 3 的压强和绝对温度分别为 T_2、p_3 和 T_3，气体常量为 R.

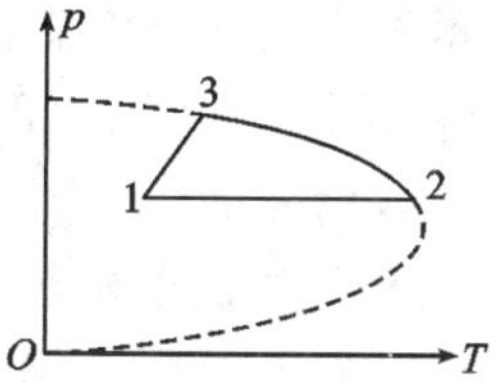

图 12

(1) 求常量 c_1 和 c_2 的值.

(2) 将过程 1-2-3-1 在 p-V 图示上表示出来.

(3) 求该气体在一次循环过程中对外做的总功.

15. (20 分) 1 个 ω 介子飞行时衰变成静止质量均为 m 的 3 个 π 介子，这 3 个 π 介子的动量共面. 已知衰变前后介子运动的速度都远小于光在真空中的速度 c，衰变后的 3 个 π 介子的动能分别为 T_1、T_2 和 T_3，且第 1 个 π 介子、第 2 个 π 介子飞行方向之间的夹角为 θ_1，第 2 个 π 介子、第 3 个 π 介子飞行方向之间的夹角为 θ_2(图 13)；介子的动能等于介子的能量与其静止时的能量(即其静止质量与 c^2 的乘积)之差. 求 ω 介子在衰变前的飞行方向(用其飞行方向与衰变后的第 2 个 π 介子的飞行方向的夹角即图中的 φ 角表示)及其静止质量.

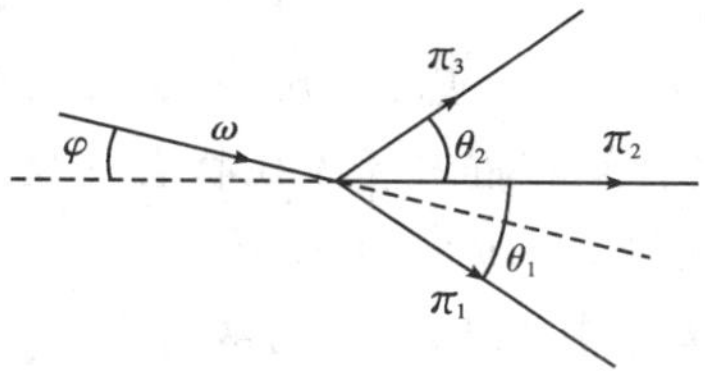

图 13

16. (25 分) 一圆盘沿顺时针方向绕过圆盘中心 O 并与盘面垂直的固定水平转轴以匀角速度 $\omega=4.43\,\text{rad/s}$ 转动. 圆盘半径 $r=1.00\,\text{m}$，圆盘正上方有一水平天花板. 设圆盘边缘各处始终有水滴被甩出，现发现天花板上只有一点处有水. 取重力加速度的大小 $g=9.80\,\text{m/s}^2$.

(1) 求天花板相对于圆盘中心 O 点的高度.

(2) 求天花板上有水的那一点的位置坐标.

2014 年第三十一届全国中学生物理竞赛复赛试题

思考笔记

一、(12 分) 2013 年 6 月 20 日，女航天员王亚平在"天宫一号"目标飞行器里成功进行了我国首次太空授课. 授课中的一个实验展示了失重状态下液滴的表面张力引起的效应. 视频中可发现漂浮的液滴处于周期性的"脉动"中(平时在地球表面附近，重力的存在会导致液滴下降太快，以至于很难观察到液滴的这种"脉动"现象). 假设液滴处于完全失重状态，液滴的上述"脉动"可视为液滴形状的周期性的微小变化(振动)，如图 1 所示.

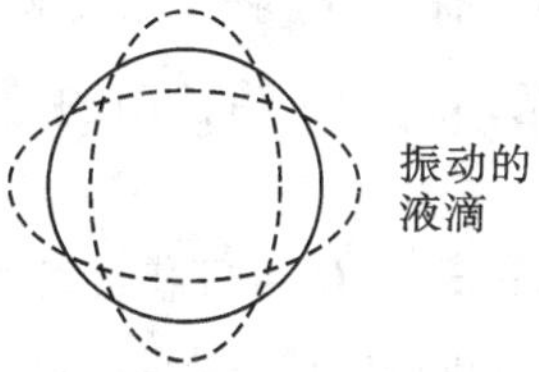

图 1

(1)该液滴处于平衡状态时的形状是________.

(2)决定该液滴振动频率 f 的主要物理量是________________________

________.

(3)按后面括号中提示的方法导出液滴振动频率与上述物理量的关系式(提示:若认为 a、b、c 是决定该液滴振动频率的相互独立的主要物理量,可将液滴的振动频率 f 与 a、b、c 的关系式表示为 $f \propto a^{\alpha} b^{\beta} c^{\gamma}$,其中指数 α、β、γ 是相应的待定常数).

二、(16 分)一种测量理想气体的摩尔热容比 $\gamma \equiv C_p/C_V$ 的方法(Clement-Desormes 方法)如图 2 所示:大瓶 G 内装满某种理想气体,瓶盖上通有一个灌气(放气)开关 S,另接出一根 U 形管作为压强计 M. 瓶内外的压强差通过 U 形管右、左两管液面的高度差来确定. 初始时,瓶内外的温度相等,瓶内气体的压强比外面的大气压强稍高,记录此时 U 形管液面的高度差 h_i. 然后打开 S,放出少量气体,当瓶内外压强相等时,即刻关闭 S. 等待瓶内外温度又相等时,记录此时 U 形管液面的高度差 h_f. 试由这两次记录的实验数据 h_i 和 h_f,导出瓶内气体的摩尔热容比 γ 的表达式(提示:放气过程时间很短,可视为无热量交换;且 U 形管很细,可忽略由高度差变化引起的瓶内气体在状态变化前后的体积变化).

图 2

三、(20 分)如图 3 所示,一质量为 m、底边 AB 的长为 b、等腰边长为 a、质量均匀分布的等腰三角形平板,可绕过光滑铰链支点 A 和 B 的水平轴 x 自由转动;图中原点 O 位于 AB 的中点,y 轴垂直于板面斜向上,z 轴在板面上从原点 O 指向三角形顶点 C. 今在平板上任一给定点 $M_0(x_0, 0, z_0)$ 加一垂直于板面的拉力 F.

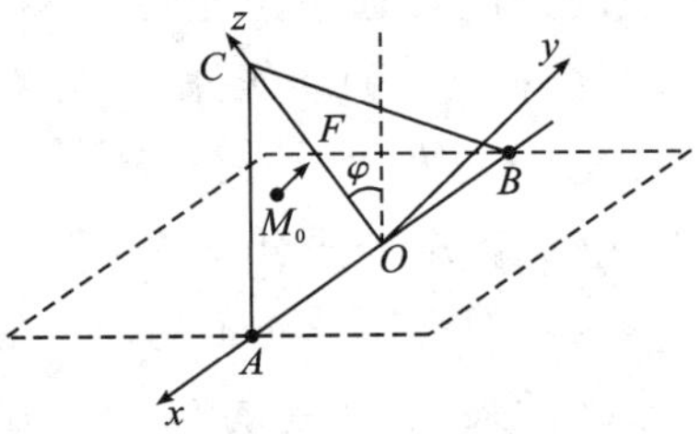

图 3

1. 若平衡时平板与竖直方向所成的角度为 φ,求拉力 F 以及铰链支点对三角形板的作用力 N_A 和 N_B.

2. 若在三角形平板上缓慢改变拉力 F 的作用点 M 的位置,使平衡时平板与竖直方向所成的角度仍保持为 φ,则改变后作用点 M 形成的轨迹满足什么条件时,可使铰链支点 A 或 B 对板的作用力的垂直平板的分量在 M 变动过程中保持不变?

四、(24 分)如图 4 所示,半径为 R、质量为 m_0 的光滑均匀圆环,套在光滑竖直细轴 OO' 上,可沿 OO' 轴滑动或绕 OO' 轴旋转. 圆环上串着两个质量均为 m 的小球. 开始时让圆环以某一角速度绕 OO' 轴转动,两小球自圆环顶端同时由静止开始释放.

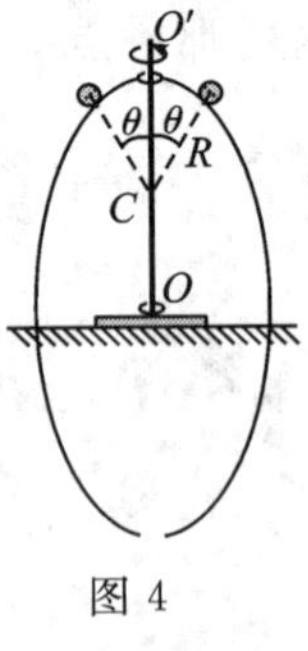

图 4

1. 设开始时圆环绕 OO' 轴转动的角速度为 ω_0,在两小球从环顶下滑过程中,应满足什么条件,圆环才有可能沿 OO' 轴上滑?

2. 若小球下滑至 $\theta = 30°$(θ 是过小球的圆环半径与 OO' 轴的夹角)时,圆环就开始沿 OO' 轴上滑,求开始时圆环绕 OO' 轴转动的角速度 ω_0、在 $\theta = 30°$ 时圆环绕 OO' 轴转动的角速度 ω 和小球相对于圆环滑动的速率 v.

五、(20 分)如图 5 所示,现有一圆盘状发光体,其半径为 5 cm,放置在一焦距为 10 cm、半径为 15 cm 的凸透镜前,圆盘与凸透镜的距离为 20 cm,透镜后放置一半径大小可调的圆形光阑和一个接收圆盘像的光屏. 图中所有光学元件相对于光轴对称放置. 请在几何光学近轴范围内考虑下列问题,并忽略像差和衍射效应.

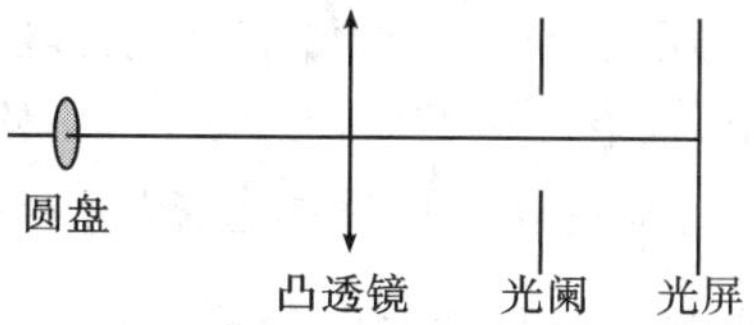

图 5

1. 未放置圆形光阑时，给出圆盘像的位置、大小和形状.

2. 若将圆形光阑放置于凸透镜后方 6 cm 处. 当圆形光阑的半径逐渐减小时，圆盘的像会有什么变化？是否存在某一光阑半径 r_a，使得此时圆盘像的半径变为第 1 问中圆盘像的半径的一半？若存在，请给出 r_a 的数值.

3. 若将圆形光阑移至凸透镜后方 18 cm 处，回答第 2 问中的问题.

4. 圆形光阑放置在哪些位置时，圆盘像的大小将与圆形光阑的半径有关？

5. 若将图中的圆形光阑移至凸透镜前方 6 cm 处，回答第 2 问中的问题.

六、(22 分)如图 6 所示，一电容器由固定在共同导电底座上的 $N+1$ 片对顶双扇形薄金属板和固定在可旋转的导电对称轴上的 N 片对顶双扇形薄金属板组成，所有顶点共轴，轴线与所有板面垂直，两组板面各自在垂直于轴线的平面上的投影重合，板面扇形半径均为 R，圆心角均为 θ_0($\frac{\pi}{2}\leqslant\theta_0<\pi$)；固定金属板和可旋转的金属板相间排列，两相邻金属板之间距离均为 s. 此电容器的电容 C 值与可旋转金属板的转角 θ 有关. 已知静电力常量为 k.

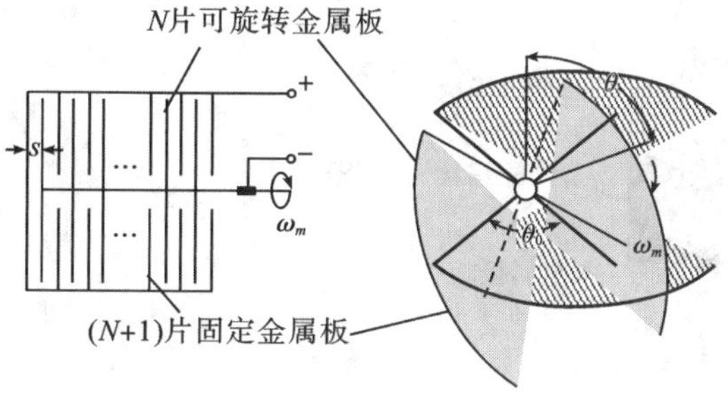

图 6

1. 开始时两组金属板在垂直于轴线的平面上的投影重合，忽略边缘效应，求可旋转金属板的转角为 $\theta(-\theta_0\leqslant\theta\leqslant\theta_0)$时电容器的电容 $C(\theta)$.

2. 当电容器的电容接近最大时，与电动势为 E 的电源接通充电(充电过程中保持可旋转金属板的转角不变)，稳定后断开电源，求此时电容器极板所带电荷量和驱动可旋转金属板的力矩.

3. 假设 $\theta_0=\frac{\pi}{2}$，考虑边缘效应后，第 1 问中的 $C(\theta)$可视为在其最大值和最小值之间光滑变化的函数

$$C(\theta)=\frac{1}{2}(C_{\max}+C_{\min})+\frac{1}{2}(C_{\max}-C_{\min})\cos 2\theta$$

式中 $C_{\max}$ 可由第 1 问的结果估算，而 $C_{\min}$ 是因边缘效应计入的，它与 $C_{\max}$ 的比值 λ 是已知的. 若转轴以角速度 ω_m 匀速转动，且 $\theta=\omega_m t$，在极板间加一交流电压 $\mu=\mu_0\cos\omega t$. 试计算电容器在交流电压作用下能量在一个变化周期内的平均值，并给出该平均值取最大值时所对应的 ω_m.

七、(26 分)Z-箍缩作为惯性约束核聚变的一种可能方式，近年来受到特别重视，其原理如图 7 所示. 长为 20 mm、直径为 5 μm 的钨丝组成的两个共轴的圆柱面阵列，瞬间通以超强电流，钨丝阵列在安培力的作用下以极大的加速度向内运动，即所谓自箍缩效应；钨丝的巨大动量转移到处于阵列中心直径为毫米量级的氘氚

靶球上，可以使靶球压缩后达到高温高密度状态，实现核聚变. 设内圈有 N 根钨丝(可视为长直导线)均匀地分布在半径为 r 的圆周上，通有总电流 $I_{内}=2\times10^{7}\,\mathrm{A}$；外圈有 M 根钨丝，均匀地分布在半径为 R 的圆周上，每根钨丝所通过的电流同内圈钨丝. 已知通有电流 i 的长直导线在距其 r 处产生的磁感应强度大小为 $k_m\dfrac{i}{r}$，式中比例常量 $k_m=2\times10^{-7}\,\mathrm{T\cdot m/A}=2\times10^{-7}\,\mathrm{N/A^2}$.

1. 若不考虑外圈钨丝，计算内圈某一根通电钨丝中间长为 ΔL 的一小段钨丝所受到的安培力.

2. 若不考虑外圈钨丝，内圈钨丝阵列熔化后形成了圆柱面，且箍缩为半径 $r=0.25\,\mathrm{cm}$ 的圆柱面时，求柱面上单位面积所受到的安培力，这相当于多少个大气压？

3. 证明沿柱轴方向通有均匀电流的长圆柱面，圆柱面内磁场为零，即通有均匀电流外圈钨丝的存在不改变前述两小题的结果.

4. 当 $N\gg1$ 时，则通有均匀电流的内圈钨丝在外圈钨丝处的磁感应强度大小为 $k_m\dfrac{I_{内}}{R}$，若要求外圈钨丝柱面每单位面积所受到的安培力大于内圈钨丝柱面每单位面积所受到的安培力，求外圈钨丝圆柱面的半径 R 应满足的条件.

5. 由安培环路定理可得沿柱轴方向通有均匀电流的长圆柱面外的磁场等于该圆柱面上所有电流移至圆柱轴后产生的磁场，请用其他方法证明此结论(计算中可不考虑图中支架的影响).

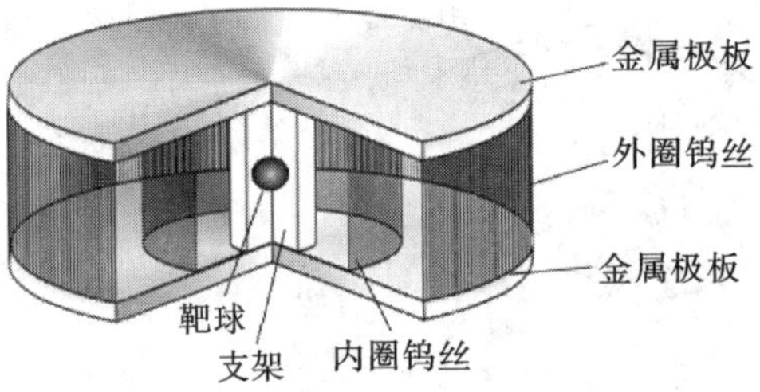

图 7

八、(20 分)天文观测表明，远处的星系均离我们而去. 著名的哈勃定律指出，星系离开我们的速度大小 $v=HD$，其中 D 为星系与我们之间的距离，该距离通常以百万秒差距(Mpc)为单位；H 为哈勃常数，最新的测量结果为 $H=67.80\,\mathrm{km/(s\cdot Mpc)}$. 当星系离开我们远去时，它发出的光谱线的波长会变长(称为红移). 红移量 z 被定义为 $z=\dfrac{\lambda'-\lambda}{\lambda}$，其中 λ' 是我们观测到的星系中某恒星发出的谱线的波长，而 λ 是实验室中测得的同种原子发出的相应谱线的波长，该红移可用多普勒效应解释. 绝大部分星系的红移量 z 远小于 1，即星系退行的速度远小于光速. 在一次天文观测中发现从天鹰座的一个星系中射来的氢原子光谱中有两条谱线，它们的频率 ν' 分别为 $4.549\times10^{14}\,\mathrm{Hz}$ 和 $6.141\times10^{14}\,\mathrm{Hz}$. 由于这两条谱线处于可见光频率区间，可假设它们属于氢原子的巴耳末系，即为由 $n>2$ 的能级向 $n=2$ 的能级跃迁而产生的光谱(已知氢原子的基态能量 $E_0=-13.60\,\mathrm{eV}$，真空中的光速 $c=2.998\times10^{8}\,\mathrm{m/s}$，普朗克常量 $h=6.626\times10^{-34}\,\mathrm{J\cdot s}$，电子的电荷量 $e=1.602\times10^{-19}\,\mathrm{C}$).

1. 该星系发出的光谱线对应于实验室中测出的氢原子的哪两条谱线？它们在实验室中的波长分别是多少？

2. 求该星系发出的光谱线的红移量 z 和该星系远离我们的速度大小 v.

3. 求该星系与我们的距离 D.

2015 年第三十二届全国中学生物理竞赛预赛试题

思考笔记

一、选择题. 本题共 5 小题,每小题 6 分,在每小题给出的 4 个选项中,有的小题只有 1 个选项符合题意,有的小题有多项符合题意.

1. 2014 年 3 月 8 日凌晨 2 点 40 分,马来西亚航空公司一架波音 777-200 飞机与管制中心失去联系. 2014 年 3 月 24 日晚,初步确定失事地点位于南纬 30°52′、东经 115°52′的澳大利亚西南城市珀斯附近的海域. 有一颗绕地球做匀速圆周运动的卫星,每天上午同一时刻在该区域正上方对海面拍照,则(　　).

A. 该卫星一定是地球同步卫星

B. 该卫星轨道平面与南纬 31°52′所确定的平面共面

C. 该卫星运行周期一定是地球自转周期的整数倍

D. 地球自转周期一定是该卫星运行周期的整数倍

2. $^{238}_{92}U$(铀核)衰变为$^{222}_{88}Rn$(氡核)要经过(　　).

A. 8 次 α 衰变,16 次 β 衰变　　B. 3 次 α 衰变,4 次 β 衰变

C. 4 次 α 衰变,16 次 β 衰变　　D. 4 次 α 衰变,4 次 β 衰变

3. 如图 1,一半径为 R 的固定的光滑绝缘圆环,位于竖直平面内;环上有两个相同的带电小球 a 和 b(可视为质点),只能在环上移动,静止时两小球之间的距离为 R. 现用外力缓慢推左球 a 使其到达圆环最低点 c,然后撤除外力. 下列说法正确的是(　　).

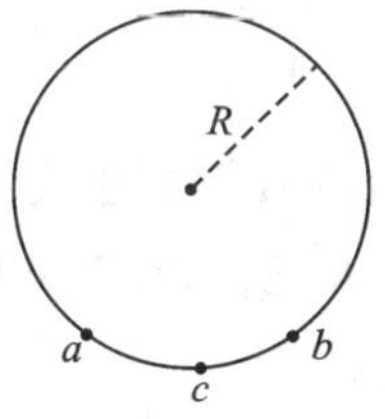

图 1

A. 在左球 a 到达 c 点的过程中,圆环对 b 球的支持力变大

B. 在左球 a 到达 c 点的过程中,外力做正功,电势能增加

C. 在左球 a 到达 c 点的过程中,a、b 两球的重力势能之和不变

D. 撤除外力后,a、b 两球在轨道上运动过程中系统的能量守恒

4. 如图 2,O 点是小球平抛运动抛出点;在 O 点有一个频闪点光源,闪光频率为 30 Hz;在抛出点的正前方,竖直放置一块毛玻璃,小球初速度与毛玻璃平面垂直. 在小球抛出时点光源开始闪光. 当点光源闪光时,在毛玻璃上有小球的一个投影点. 已知图中 O 点与毛玻璃水平距离 $L=1.20\ \text{m}$,测得第一、二个投影点之间的距离为 0.05 m. 取重力加速度 $g=10\ \text{m/s}^2$. 下列说法正确的是(　　).

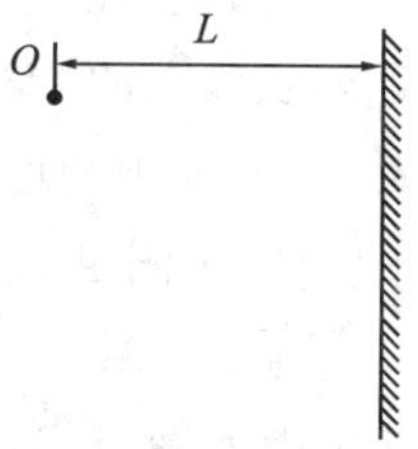

图 2

A. 小球平抛运动的初速度为 4 m/s

B. 小球平抛运动过程中,在相等时间内的动量变化不相等

C. 小球投影点的速度在相等时间内的变化量越来越大

D. 小球第二、三个投影点之间的距离 0.15 m

5. 某同学用电荷量计(能测出一段时间内通过导体横截面的电荷量)测量地磁场强度,完成了如下实验. 如图 3,将面积为 S、电阻为 R 的矩形导线框 $abcd$ 沿图示方位水平放置于地面上某处,将其从图示位置绕东西轴转 180°,测得通过线框的电荷量为 Q_1;将其从图示位置绕东西轴转 90°,测得通过线框的电荷量为

Q_2.该处地磁场的磁感应强度大小为(　　).

A. $\frac{R}{S}\sqrt{\frac{Q_1^2}{4}+Q_2^2}$

B. $\frac{R}{S}\sqrt{Q_1^2+Q_2^2}$

C. $\frac{R}{S}\sqrt{\frac{Q_1^2}{2}+Q_1Q_2+Q_2^2}$

D. $\frac{R}{S}\sqrt{Q_1^2+Q_1Q_2+Q_2^2}$

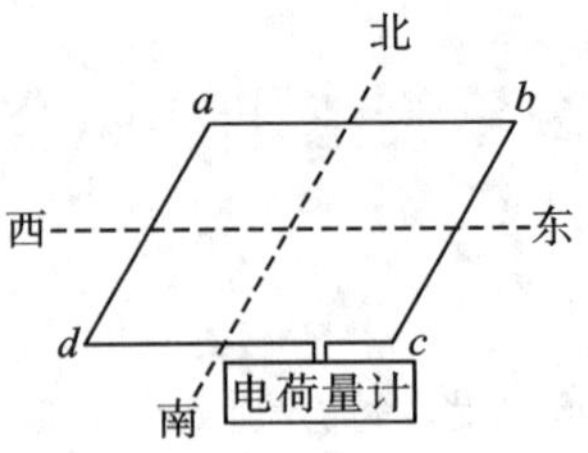

图 3

二、填空题.

6. (10分)水平力 F 方向确定,大小随时间的变化如图4所示;用力 F 拉静止在水平桌面上的小物块,在 F 从0开始逐渐增大的过程中,物块的加速度 a 随时间变化的图像如图5所示.重力加速度大小为 $10\,m/s^2$.由图示可知,物块与水平桌面间的最大静摩擦力为________;物块与水平桌面间的动摩擦因数为________;在0~4 s时间内,合外力对物块所做的功为________.

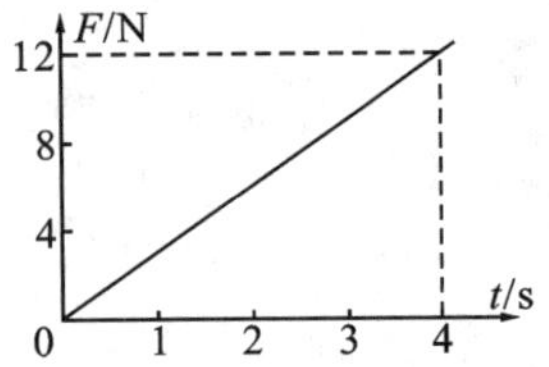

图 4

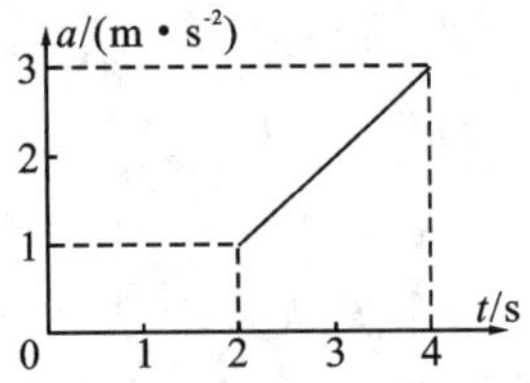

图 5

7. (10分)如图6,物块 A、C 置于光滑水平桌面上,通过轻质滑轮和细绳悬挂物块 B,物块 A、B 的质量均为2kg,物块 C 的质量为1kg,重力加速度大小为 $10\,m/s^2$.

(1)若固定物块 C,释放物块 A、B,则物块 A、B 的加速度之比为______;细绳的张力为______.

(2)若三个物块同时由静止释放,则物块 A、B 和 C 加速度之比为________________________.

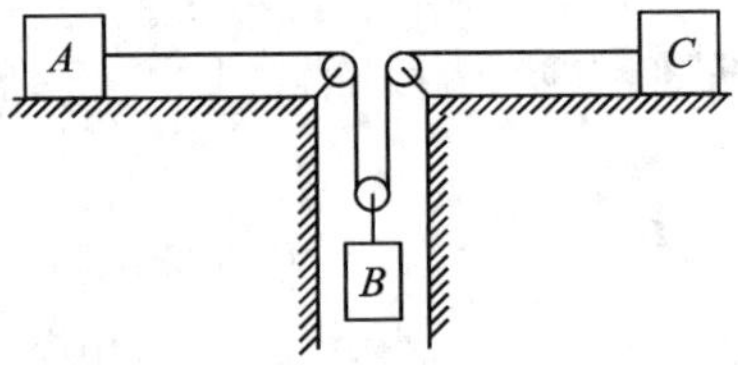

图 6

8. (10分)2011年8月中国发射的宇宙飞船"嫦娥二号"在完成探月任务后,首次从绕月轨道飞向日地延长线上的拉格朗日点,在该点,"嫦娥二号"和地球一起同步绕太阳做圆周运动.已知太阳和地球的质量分别为 M_S 和 M_E,日地距离为 R.该拉格朗日点离地球的距离 x 满足的方程为________________,由此解得 $x\approx$________.[已知当 $\lambda\ll1$ 时,$(1+\lambda)^n\approx1+n\lambda$]

9. (10分)在"利用电流传感器(相当于理想电流表)测定干电池电动势和内阻"的实验中,某同学利用两个电流传感器和定值电阻 $R_0=2000\ \Omega$ 以及滑动变阻器,设计了如图7所示的电路,进行实验.该同学测出的实验数据如下表所示

	1	2	3	4	5
I_1(mA)	1.35	1.30	1.20	1.10	1.05
I_2(A)	0.30	0.40	0.60	0.80	0.90

表中 I_1 和 I_2 分别是通过电流传感器1和2的电流.该电流的值通过数据采集器输入计算机,数据采集器和计算机对原电路的影响可忽略.

(1)在图8中绘出 $I_1\sim I_2$ 图线;

(2)由 $I_1\sim I_2$ 图线得出,被测电池的电动势为______V,内阻为______Ω.

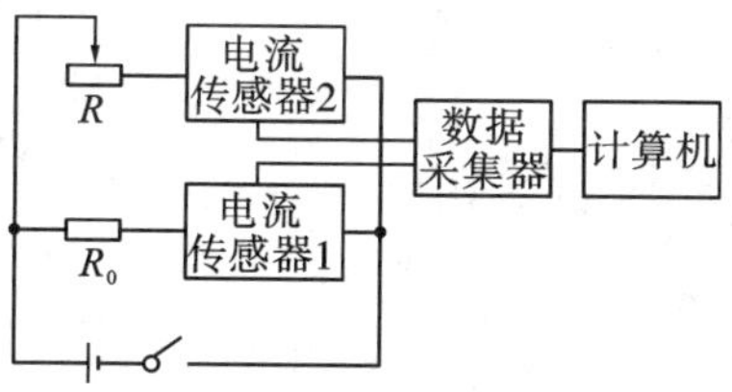

图 7

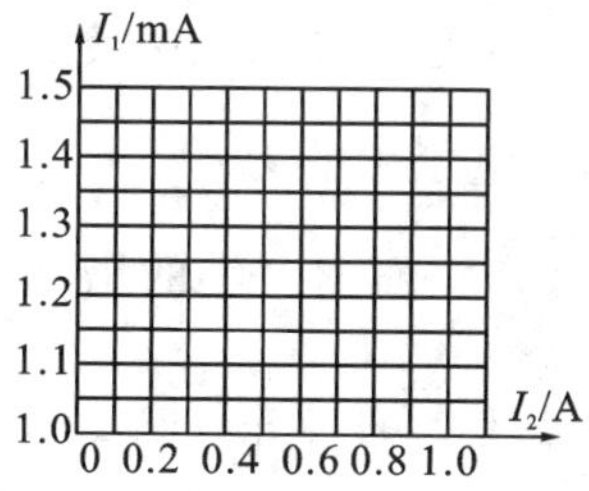

图 8

10. (10 分)某金属材料发生光电效应的最大波长为 λ_0,将此材料制成一半径为 R 的圆球,并用绝缘线悬挂于真空室内.若以波长为 $\lambda(\lambda<\lambda_0)$ 的单色光持续照射此金属球,该金属球发生光电效应所产生光电子的最大初动能为__________,此金属球可带的电荷量最多为__________.(设无穷远处电势为零,真空中半径为 r、带电量为 q 的导体球的电势为 $U=k\dfrac{q}{r}$)

三、计算题.

11. (20 分)某机场候机楼结构简化图如图 9 所示:候机楼侧壁是倾斜的,用钢索将两边斜壁系住,在钢索上有许多竖直短钢棒将屋面支撑在钢索上.假设每边斜壁的质量为 m,质量分布均匀;钢索与屋面(包括短钢棒)的总质量为 $\dfrac{m}{2}$,在地面处用铰链与水平地面连接,钢索固定于斜壁上端以支撑整个屋面,钢索上端与斜壁的夹角为 $30°$;整个系统左右对称.求:

(1)斜壁对钢索的拉力的大小;

(2)斜壁与地面的夹角.

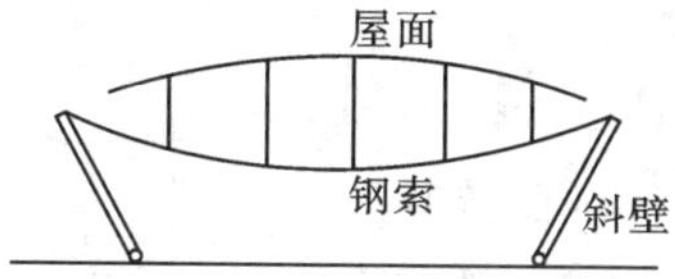

图 9

12. (20 分)从左至右在同一水平地面上依次有 3 个质点 a、b、c,且三者共线,a 与 b 相距 l_1,b 与 c 相距 l_2.现同时将它们从其初始位置抛出.已知质点 b 以初速度 v_0 竖直上抛,质点 c 以某一初速度竖直上抛.设在这 3 个质点的运动过程中,a 能碰到质点 b 和 c;并假设质点 a 的质量远大于质点 b 的质量,且 a 与 b 碰撞时间极短.求质点 c 的初速度 v_0 和质点 a 的初速度所满足的条件.所求的结果均用题中的已知量表示出来.

13. (20 分)有一块长条形的纯净半导体硅,其横截面积为 $2.5\ \text{cm}^2$,通有电流 2mA 时,其内自由电子定向移动的平均速率为 7.5×10^{-5} m/s,空穴定向移动的平均速率为 2.5×10^{-5} m/s.已知硅的密度为 $2.4\times10^3\ \text{kg/m}^3$,原子量是 28.电子的电荷量大小为 $e=1.6\times10^{-19}$ C.若一个硅原子至多只释放一个自由电子,试估算此半导体材料中平均多少个硅原子中才有一个硅原子释放出自由电子?阿伏伽德罗常数为 $N_0=6.02\times10^{23}\ \text{mol}^{-1}$.

14. (20 分)如图 10 所示,电子感应加速器利用变化的磁场来加速电子.电子绕平均半径为 R 的环形轨道(轨道位于真空管道内)运动,磁感应强度方向与环形轨道平面垂直.电子被感应电场加速,感应电场的方向与环形轨道相切.电子电荷量为 e.

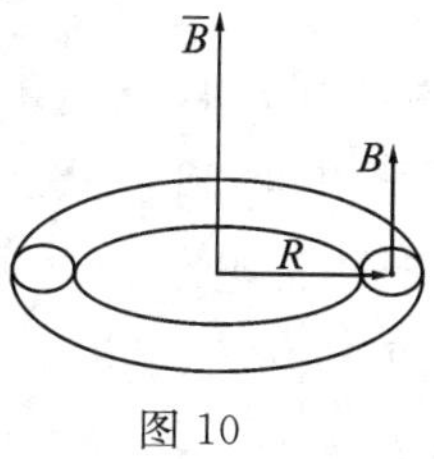

图 10

(1)设电子做圆周运动的环形轨道上的磁感应强度大小的增加率为$\frac{\Delta B}{\Delta t}$,求在环形轨道切线方向感应电场作用在电子上的力;

(2)设环形轨道平面上的平均磁感应强度大小的增加率为$\frac{\Delta \overline{B}}{\Delta t}$,试导出在环形轨道切线方向感应电场作用在电子上的力与$\frac{\Delta \overline{B}}{\Delta t}$的关系;

(3)为了使电子在不断增强的磁场中沿着半径不变的圆轨道加速运动,求$\frac{\Delta B}{\Delta t}$和$\frac{\Delta \overline{B}}{\Delta t}$之间必须满足的定量关系.

15.(20分)如图11,导热性能良好的汽缸A和B高度均为h(已除开活塞的厚度),横截面积不同,竖直浸没在温度为T_0的恒温槽内,它们的底部由一细管连通(细管容积可忽略).两汽缸内各有一个活塞,质量分别为$m_A=2m$和$m_B=m$,活塞与汽缸之间无摩擦,两活塞的下方为理想气体,上方为真空.当两活塞下方气体处于平衡状态时,两活塞底面相对于汽缸底的高度均为$\frac{h}{2}$.现保持恒温槽温度不变,在两活塞上面同时各缓慢加上同样大小的压力,让压力从零缓慢增加,直至其大小等于$2mg$(g为重力加速度)为止,并一直保持两活塞上的压力不变;系统再次达到平衡后,缓慢升高恒温槽的温度,对气体加热,直至汽缸B中活塞底面恰好回到高度为$\frac{h}{2}$处.求:

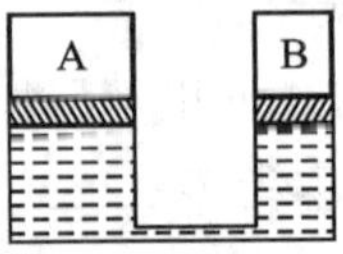

图11

(1)两个活塞的横截面积之比$S_A:S_B$;

(2)汽缸内气体的最后的温度;

(3)在加热气体的过程中,气体对活塞所做的总功.

16.(20分)如图12所示,一垂直放置的高为15.0 cm的圆柱形中空玻璃容器,其底部玻璃较厚,底部顶点A点到容器底平面中心B点的距离为8.0 cm,底部上沿为一凸起的球冠,球心C点在A点正下方,球的半径为1.75 cm.已知空气和容器玻璃的折射率分别为$n_0=1.0$和$n_1=1.56$.只考虑近轴光线成像.已知:当$\lambda \ll 1$时,$\sin\lambda \approx \lambda$.

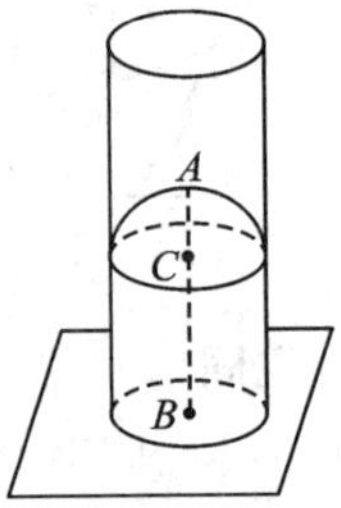

图12

(1)当容器内未装任何液体时,求从B点发出的光线通过平凸玻璃柱,在玻璃柱对称轴上所成的像的位置,并判断像的虚实;

(2)当容器内装满折射率为1.30的液体时,求从B点发出的光线通过平凸玻璃柱的上表面折射后所成像点的位置,并判断这个像的虚实.

2015年第三十二届全国中学生物理竞赛复赛试题

思考笔记

一、(15分)在太阳内部存在两个主要的核聚变反应过程:碳循环和质子-质子循环.其中碳循环是贝蒂在1938年提出的,碳循环反应过程如图1所示.图1中p、e^+和ν_e分别表示质子、正电子和电子型中微子;粗箭头表示循环反应进行的先后次序.当从循环图顶端开始,质子p与^{12}C核发生反应生成^{13}N核,反应按粗箭头所示的次序进行,直到完成一个循环后,重新开始下一个循环.已知e^+、p和

He 核的质量分别为 0.511 MeV/c^2、1.0078 u 和 4.0026 u（1u≈931.494 MeV/c^2），电子型中微子 ν_e 的质量可以忽略.

（1）写出图中 X 和 Y 代表的核素；

（2）写出一个碳循环所有的核反应方程式；

（3）计算完成一个碳循环过程释放的核能.

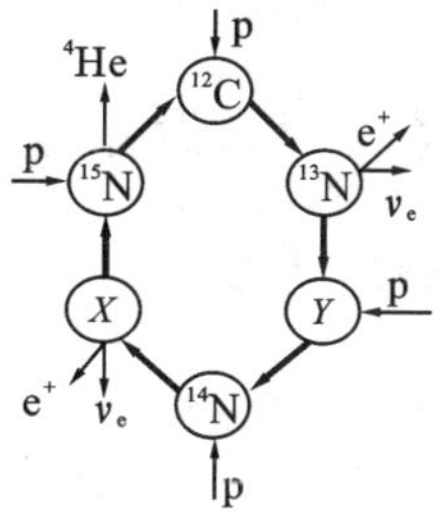

图 1

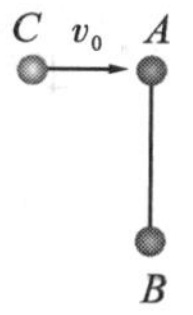

图 2

二、（15 分）如图 2，在光滑水平桌面上有一长为 L 的轻杆，轻杆两端各固定一质量均为 M 的小球 A 和 B. 开始时细杆静止；有一质量为 m 的小球 C 以垂直于杆的速度 v_0 运动，与 A 球碰撞. 将小球和细杆视为一个系统.

（1）求碰后系统的动能（用已知条件和球 C 碰后的速度表示）；

（2）若碰后系统动能恰好达到极小值，求此时球 C 的速度和系统的动能.

三、（20 分）如图 3，一质量分布均匀、半径为 r 的刚性薄圆环落到粗糙的水平地面前的瞬间，圆环质心速度 v_0 与竖直方向成 θ（$\frac{\pi}{2}<\theta<\frac{3\pi}{2}$）角，并同时以角速度 ω_0（ω_0 的正方向如图中箭头所示）绕通过其质心 O 且垂直环面的轴转动. 已知圆环仅在其所在的竖直平面内运动，在弹起前刚好与地面无相对滑动，圆环与地面碰撞的恢复系数为 k，重力加速度大小为 g. 忽略空气阻力.

（1）求圆环与地面碰后圆环质心的速度和圆环转动的角速度；

（2）求使圆环在与地面碰后能竖直弹起的条件和在此条件下圆环能上升的最大高度；

（3）若让 θ 角可变，求圆环第二次落地点到首次落地点之间的水平距离 s 随 θ 变化的函数关系式、s 的最大值以及 s 取最大值时 r、v_0 和 ω_0 应满足的条件.

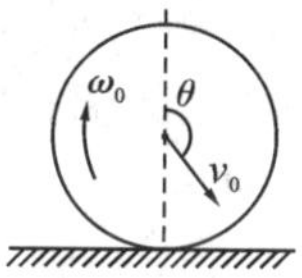

图 3

四、（25 分）如图 4，飞机在距水平地面（xz 平面）等高的航线 KA（沿 x 正方向）上，以大小为 v（v 远小于真空中的光速 c）的速度匀速飞行；机载雷达天线持续向航线正右侧地面上的被测固定目标 P 点（其 x 坐标为 x_P）发射扇形无线电波束（扇形的角平分线与航线垂直），波束平面与水平地面交于线段 BC（BC 随着飞机移动，且在测量时应覆盖被测目标 P 点），取 K 点在地面的正投影 O 为坐标原点. 已知 BC 与航线 KA 的距离为 R_0. 天线发出的无线电波束是周期性的等幅高频脉冲余弦波，其频率为 f_0.

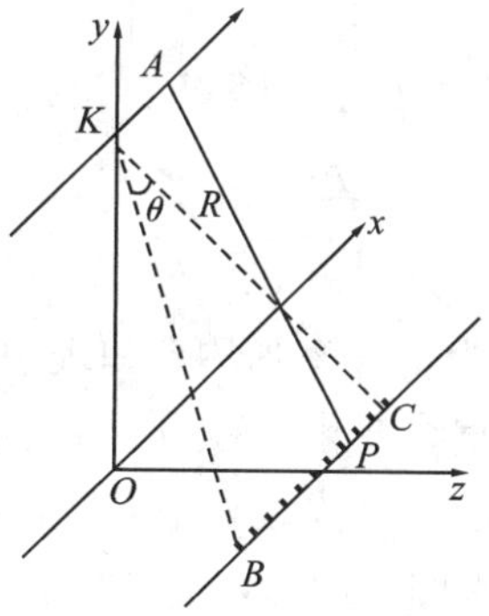

图 4

（1）已知机载雷达天线经过 A 点（其 x 坐标为 x_A）及此后朝 P 点相继发出无线电波信号，由 P 反射后又被机载雷达天线接收到，求接收到的回波信号的频率与发出信号的频率之差（频移）.

（2）已知 BC 长度为 l_s，讨论上述频移分别为正、零或负的条件，并求出最大的正、负频移.

(3)已知 $R_0 \gg L_s$，求从 C 先到达 P 点直至 B 到达 P 点过程中最大频移与最小频移之差(带宽)，并将其表示成扇形波束的张角 θ 的函数.

已知：当 $|y| \ll 1$ 时，$\sqrt{1+y^2} \approx 1+\frac{y^2}{2}$.

五、(20 分)如图 5，"田"字形导线框置于光滑水平面上，其中每个小正方格每条边的长度 l 和电阻 R 分别为 0.10 m 和 1.0 Ω. 导线框处于磁感应强度 $B=1.0$ T的均匀磁场中，磁场方向竖直向下，边界(如图中虚线所示)与 de 边平行. 今将导线框从磁场中匀速拉出，拉出速度的大小为 $v=2.0$ m/s，方向与 de 边垂直，与 ae 边平行. 试求将导线框整体从磁场中拉出的过程中外力所做的功.

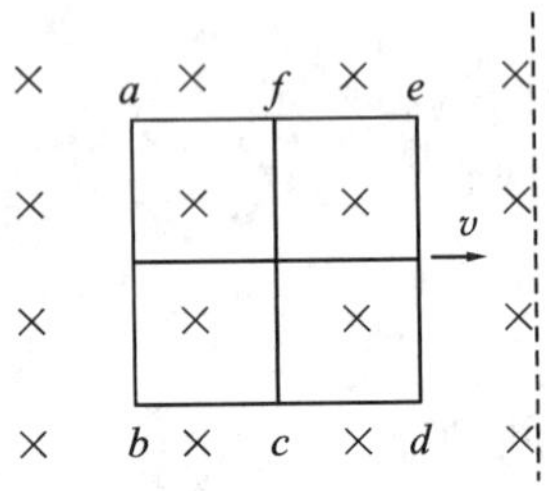

图 5

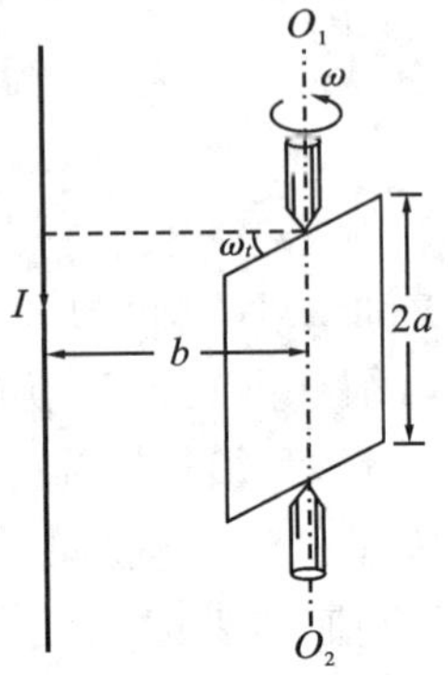

图 6

六、(23 分)如图 6，一固定的竖直长导线载有恒定电流 I，其旁边有一正方形导线框，导线框可围绕过对边中心的竖直轴 O_1O_2 转动，转轴到长直导线的距离为 b. 已知导线框的边长为 $2a(a<b)$，总电阻为 R，自感可忽略. 现使导线框绕轴以匀角速度 ω 逆时针(沿轴线从上往下看)方向转动，以导线框平面与长直导线和竖直轴所在平面重合时开始计时. 求在 t 时刻

(1)导线框中的感应电动势 E；

(2)所需加的外力矩 M.

七、(22 分)如图 7，1 mol 单原子理想气体构成的系统分别经历循环过程 $abcda$ 和 $abc'a$. 已知理想气体在任一缓慢变化过程中，压强 p 和体积 V 满足函数关系 $p=f(V)$.

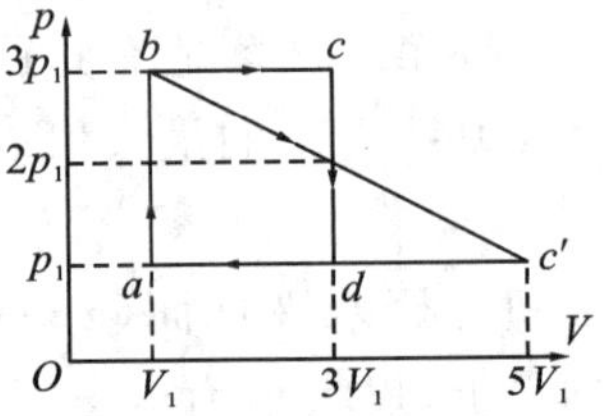

图 7

(1)试证明：理想气体在任一缓慢变化过程的摩尔热容可表示为 $C_\pi = C_V + \dfrac{pR}{p+V\dfrac{dp}{dV}}$

式中，C_V 和 R 分别为定容摩尔热容和理想气体常数；

(2)计算系统经 bc' 直线变化过程中的摩尔热容；

(3)分别计算系统经 bc' 直线过程中升降温的转折点在 p-V 图中的坐标 A 和吸放热的转折点在 p-V 图中的坐标 B；

(4)定量比较系统在两种循环过程的循环效率.

八、(20 分)如图 8，介质薄膜波导由三层均匀介质组成：中间层 1 为波导薄膜，其折射率为 n_1，光波在其中传播；底层 0 为衬底，其折射率为 n_0；上层 2 为覆盖层，折射率为 n_2；$n_1>n_0 \geq n_2$. 光在薄膜层 1 里来回反射，沿锯齿形向波导延伸方向传播. 图中，θ_{ij} 是光波在介质 j 表面上的入射角，θ_{ij} 是光波在介质 j 表面上的折射角.

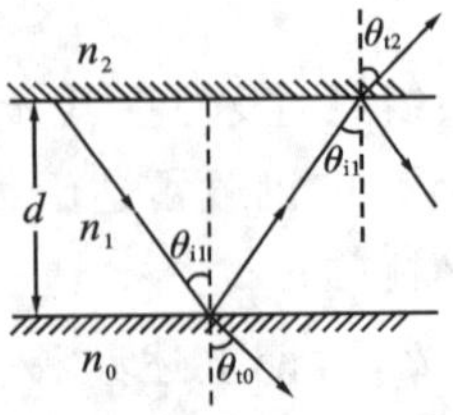

图 8

(1)入射角 θ_{i1} 在什么条件下光波可被完全限制在波导薄膜里(即光未折射到衬底层和覆盖层中)?

(2)已知波导薄膜的厚度为 d,求能够在薄膜波导中传输的光波在该介质中的最长波长 λ_{max}.

已知:两介质 j 与 k 的交界面上的反射系数(即反射光的电场强度与入射光的电场强度之比)为 $r_{jk}=\dfrac{n_j\cos\theta_{ij}-n_k\cos\theta_{tk}}{n_j\cos\theta_{ij}+n_k\cos\theta_{tk}}=|r_{jk}|e^{-i\varphi_{jk}}$

式中,θ_{ij} 和 θ_{tj} 分别是光波在介质 j 的表面上的入射角和折射角,其余类推;正弦函数和余弦函数在复数域中可定义为

$$\sin\theta=\frac{e^{i\theta}-e^{-i\theta}}{2i},\cos\theta=\frac{e^{i\theta}+e^{-i\theta}}{2}$$

2016年第三十三届全国中学生物理竞赛预赛试题

思考笔记

一、选择题.本题共5小题,每小题6分,在每小题给出的4个选项中,有的小题只有1个选项符合题意,有的小题有多项符合题意.

1. 如图1所示,球心在坐标原点 O 的球面上有三个彼此绝缘的金属环,它们分别与 x-y 平面、y-z 平面、z-x 平面与球面的交线(大圆)重合,各自通有大小相等的电流,电流的流向如图中箭头所示.坐标原点处的磁场方向与 x 轴、y 轴、z 轴的夹角分别是( ).

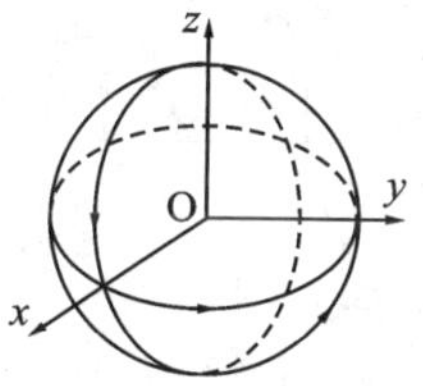

图 1

A. $-\arcsin\frac{1}{\sqrt{3}},-\arcsin\frac{1}{\sqrt{3}},-\arcsin\frac{1}{\sqrt{3}}$

B. $\arcsin\frac{1}{\sqrt{3}},-\arcsin\frac{1}{\sqrt{3}},-\arcsin\frac{1}{\sqrt{3}}$

C. $\arcsin\frac{1}{\sqrt{3}},\arcsin\frac{1}{\sqrt{3}},-\arcsin\frac{1}{\sqrt{3}}$

D. $\arcsin\frac{1}{\sqrt{3}},\arcsin\frac{1}{\sqrt{3}},\arcsin\frac{1}{\sqrt{3}}$

2. 从楼顶边缘以大小为 v_0 的初速度竖直上抛一小球;经过 t_0 时间后在楼顶边缘从静止开始释放另一小球.若要求两小球同时落地,忽略空气阻力,则 v_0 的取值范围和抛出点的高度应为( ).

A. $\frac{1}{2}gt_0\leqslant v_0<gt_0,h=\frac{1}{2}gt_0^2\left(\dfrac{v_0-gt_0}{v_0-\frac{1}{2}gt_0}\right)^2$

B. $v_0\neq gt_0,h=\frac{1}{2}gt_0^2\left(\dfrac{v_0-\frac{1}{2}gt_0}{v_0-gt_0}\right)^2$

C. $\frac{1}{2}gt_0\leqslant v_0<gt_0,h=\frac{1}{2}gt_0^2\left(\dfrac{v_0-\frac{1}{2}gt_0}{v_0-gt_0}\right)^2$

D. $v_0\neq\frac{1}{2}gt_0,h=\frac{1}{2}gt_0^2\left(\dfrac{v_0-gt_0}{v_0-\frac{1}{2}gt_0}\right)^2$

3. 如图 2，四个半径相同的小球(构成一个体系)置于水平桌面的一条直线上，其中一个是钕永磁球(标有北极 N 和南极 S)，其余三个是钢球；钕球与右边两个钢球相互接触. 让另一钢球在钕球左边一定距离处从静止释放，逐渐加速，直至与钕球碰撞，此时最右边的钢球立即以很大的速度被弹开. 对于整个过程的始末，下列说法正确的是(　　).

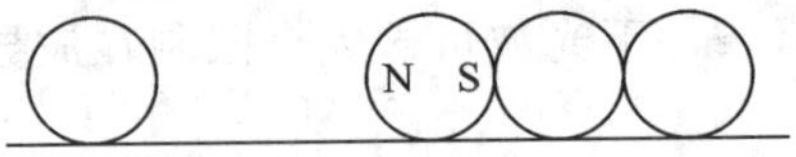

图 2

A. 体系动能增加，体系磁能减少　　B. 体系动能减少，体系磁能增加

C. 体系动能减少，体系磁能减少　　D. 体系动能增加，体系磁能增加

4. 如图 3，一带正电荷 Q 的绝缘小球(可视为点电荷)固定在光滑绝缘平板上，另一绝缘小球(可视为点电荷)所带电荷(其值可任意选择)用 q 表示，可在平板上移动，并连在轻弹簧的一端，轻弹簧的另一端连在固定挡板上；两小球的球心在弹簧的轴线上. 不考虑可移动小球与固定小球相互接触的情形，且弹簧的形变处于弹性限度内. 关于可移动小球的平衡位置，下列说法正确的是(　　).

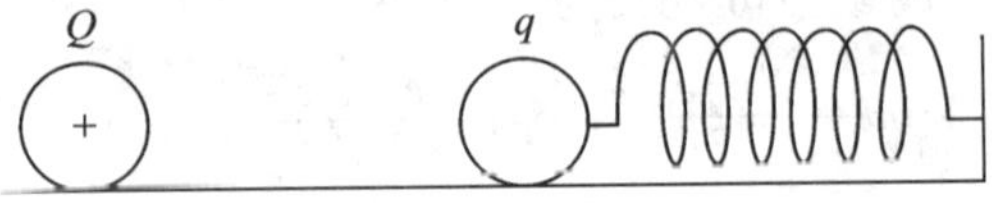

图 3

A. 若 $q>0$，总有一个平衡的位置

B. 若 $q>0$，没有平衡位置

C. 若 $q<0$，可能有一个或两个平衡位置

D. 若 $q<0$，没有平衡位置

5. 如图 4，小物块 a、b 和 c 静置于光滑水平地面上. 现让 a 以速度 V 向右运动，与 b 发生弹性正碰，然后 b 与 c 也发生弹性正碰. 若 b 和 c 的质量可任意选择，碰后 c 的最大速度接近于(　　).

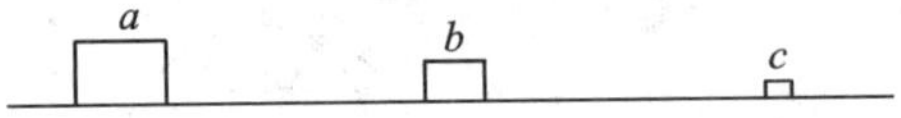

图 4

A. $2V$　　B. $3V$　　C. $4V$　　D. $5V$

二、填空题.

6. (10 分)2016 年 2 月 11 日美国国家科学基金会宣布：美国的“激光干涉引力波天文台”(LIGO)的两台孪生引力波探测器首次直接探测到了引力波. 该引力波是由 13 亿光年之外的两颗黑洞在合并的最后阶段产生的. 初始质量分别为 29 倍太阳质量和 36 倍太阳质量的两颗黑洞，合并成了一颗 62 倍太阳质量、高速旋转的黑洞；亏损的质量以引力波的形式释放到宇宙空间. 这亏损的质量为________ kg，相当于________ J 的能量. 已知太阳质量约为 2.0×10^{30} kg，光在真空中的速度为 3.0×10^{8} m.

7. (10 分)在一水平直线上相距 18 m 的 A、B 两点放置两个波源. 这两个波源振动的方向平行、振幅相等、频率都是 30 Hz，且有相位差 π. 它们沿同一条直线在其两边的媒质中各激起简谐横波. 波在媒质中的传播速度为 360 m/s. 这两列波在 A、B 两点所在直线上因干涉而振幅等于原来各自振幅的点有________个，它们到 A 点的距离依次为________________________ m.

8. (10 分)如图，以 a、b 为端点的线圈 1 的自感为 L_1，以 c、d 为端点的线圈 2 的自感为 L_2，互感为 M(线圈 1 中电流的变化在线圈 2 中产生的感应电动势与线圈 1 中电流随时间的变化率成正比，比例系数称为互感 M_{21}；且 $M_{12}=M_{21}=M$). 若将两线圈 1 和 2 首尾相接(顺接)而串联起来，如图 5 所示，则总自感为

________;若将两线圈1和2尾尾相接(反接)而串联起来,如图6所示,则总自感为________.

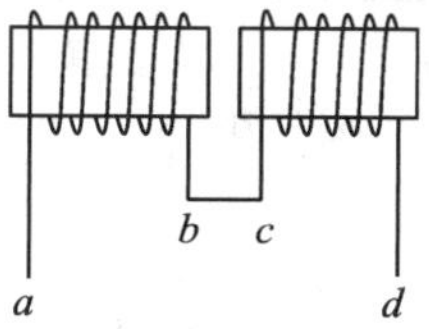

图5

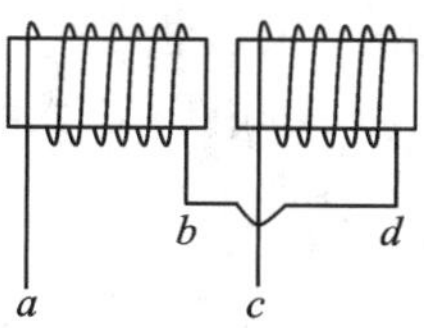

图6

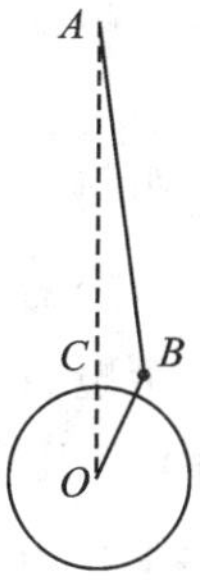

图7

9.(10分)如图7,一小角度单摆的轻质摆杆的长度$AB=L$,地球半径$OC=R$,单摆的悬点到地面的距离$AC=L$.已知地球质量为M,引力常量为G.当$L\ll R$时,单摆做简谐运动的周期为________;当$L\gg R$时,单摆做简谐运动的周期为________.悬点相对于地球不动,不考虑地球自转.

10.(10分)μ^-子与电子的性质相似,其电量与电子相同,而质量m_μ约为电子的206.8倍.用μ^-子代替氢原子中的电子就形成μ^-子-氢原子,μ^-子-氢原子的线状光谱与氢原子具有相似的规律.μ^-子-氢原子基态的电离能为________eV,μ^-子-氢原子从第二激发态跃迁到第一激发态发出的光子的波长为________Å.已知质子质量m_p是电子的1836倍,氢原子基态的电离能为13.605 eV;光在真空中的速度为2.998×10^8 m/s,普朗克常量为4.136×10^{-15} eV·s.(按玻尔理论计算时,在μ^-子-氢原子中若仍将质子视为不动,则μ^-子相当于质量为$\frac{m_\mu m_p}{m_\mu+m_p}$的带电粒子)

三、计算题.

11.(20分)一足球运动员1自A点向球门的B点踢出球,已知A、B之间的距离为s,球自A向B的运动可视为水平地面上的匀速直线运动,速率为u.另一足球运动员2到AB连线的距离为l,到A、B两点的距离相等.运动员1踢出球后,运动员2以匀速v沿直线去拦截该球.设运动员2开始出发去拦截球的时刻与球被运动员1踢出的时刻相同.

(1)如果运动员2能拦截到球,求运动员2开始出发去拦截球直至拦截到球的时间间隔、球被拦截时球到A点的距离、球到运动员2出发点的距离和运动员2运动的方向与A、B连线的夹角;

(2)求为了使运动员2能拦截到球,u、v、s和l应当满足的条件.

12.(20分)一固体星球可近似看作半径为R(足够大)的球形均匀的固体,构成星球的物质的密度为ρ,引力常量为G.

(1)考虑星球表面山体的高度.如果山高超出某一限度,山基便发生流动(可认为是山基部分物质熔化的结果,相当于超出山的最高限的那块固体物质从山顶移走了),从而使山的高度减低.山在这种情况下其高度的小幅减低可视为一小块质量的物质从山顶移至山底.假设该小块物质重力势能的减小与其全部熔化所需要的能量相当,山体由同一种物质构成,该物质的熔化热为L,不考虑温度升到熔点所需要能量,也不考虑压强对固体熔化热的影响.试估计由同一种物质构成的山体高度的上限.

(2)若由同一种物质构成的山高的上限不大于$R/10$,试估计在此条件下由同一种物质构成的星球半径的下限.

(3)月亮是一个固体星球,其密度和半径分别为3.34×10^3 kg/m^{3}和1.7×10^6 m.假设月亮全由SiO_2构成,SiO_2的熔化热为2.4×10^5 J/kg.已知$G=6.67\times10^{-11}$ N·m^2/kg^2.估计月球上的山体高度与月球半径比值的上限.

13.（20 分）真空中平行板电容器两极板的面积均为 S，相距 d，上、下极板所带电量分别为 Q 和 $-Q(Q>0)$．现将一厚度为 t、面积为 $S/2$（宽度和原来的极板相同，长度是原来极板的一半）的金属片在上极板的正下方平行插入电容器，将电容器分成如图 8 所示的 1、2、3 三部分．不考虑边缘效应．静电力常量为 k．试求：

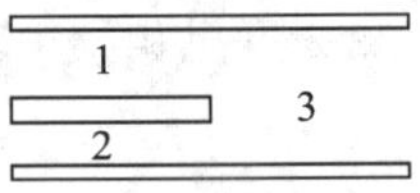

图 8

（1）插入金属片以后电容器的总电容；

（2）金属片上表面所带电量；

（3）1、2、3 三部分的电场强度；

（4）插入金属片过程中外力所做的功．

14.（20 分）如图 9，两个相同的正方形刚性细金属框 $ABCD$ 和 $A'B'C'D'$ 的质量均为 m，边长均为 a，每边电阻均为 R；两框部分地交叠在同一平面内，两框交叠部分长为 l，电接触良好．将整个系统置于恒定的匀强磁场中，磁感应强度大小为 B_0，方向垂直于框面（纸面）向纸面内．现将磁场突然撤去，求流过框边重叠部分 $A'D$ 的横截面的总电荷量．不计摩擦、重力和框的电感．

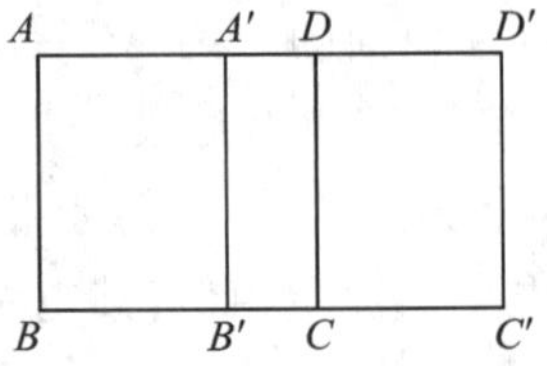

图 9

15.（20 分）牛顿曾观察到一束细日光射到有灰尘的反射镜上面会产生干涉条纹．为了分析这一现象背后的物理，考虑如图 10 所示的简单实验．一平板玻璃的折射率为 n，厚度为 t，下表面涂有水银反射层，上表面撒有滑石粉（灰尘粒子）．观察者 O 和单色点光源 L（光线的波长为 λ）的连线垂直于镜面（垂足为 N），$LN=a$，$ON=b$．反射镜面上的某灰尘粒子 P 与直线 ON 的距离为 $r(b>a\gg r>t)$．观察者可以观察到明暗相间的环形条纹．

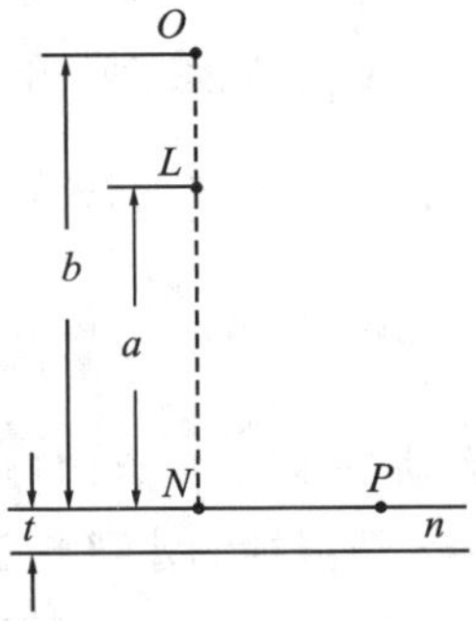

图 10

（1）求第 m 个亮环到 N 点的距离；

（2）若 $n=1.63$，$a=0.0495$ m，$b=0.245$ m，$t=1.1\times10^{-5}$ m，$\lambda=680$ nm，求最小亮环（$m=1$）的半径．

已知：当 $x\ll1$，$\sin x\approx x$，$\sqrt{1+x}\approx1+\frac{x}{2}$．

16.（20 分）充有水的连通软管常常用来检验建筑物的水平度．但软管中气泡会使得该软管两边管口水面不在同一水平面上．为了说明这一现象的物理原因，考虑如图 11 所示的连通水管（由三段内径相同的 U 形管密接而成），其中封有一段空气（可视为理想气体），与空气接触的四段水管均在竖直方向；且两个有水的 U 形管两边水面分别等高．此时被封闭的空气柱的长度为 L_a．已知大气压强为 P_0、水的密度为 ρ、重力加速度大小为 g，$L_0=P_0/(\rho g)$．现由左管口添加体积为 $\Delta V=xS$ 的水，S 为水管的横截面积，在稳定后：

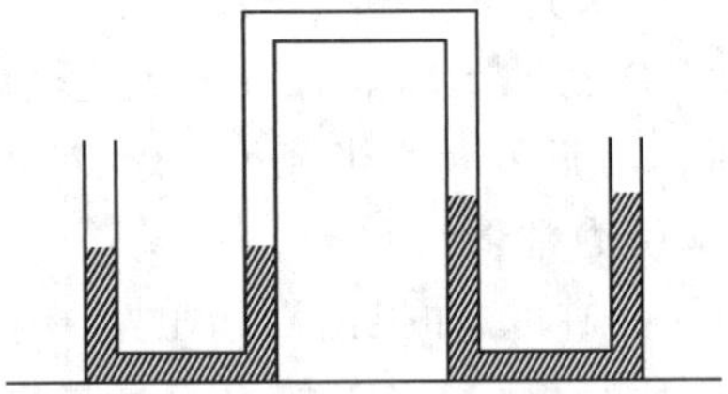
图 11

（1）求两个有水的 U 形管两边水面的高度的变化和左管添水后封闭的空气柱的长度；

（2）当 $x\ll L_0$、$L_a\ll L_0$ 时，求两个有水的 U 形管两边水面的高度的变化（用 x 表出）以及空气柱的长度．已知当 $z\ll1$，$\sqrt{1+z}\approx1+\frac{1}{2}z$．

2016年第三十三届全国中学生物理竞赛复赛试题

一、(20分)如图1,上、下两个平凸透光柱面的半径分别为 R_1、R_2,且两柱面外切;其剖面(平面)分别平行于各自的轴线,且相互平行;各自过切点的母线相互垂直.取两柱面切点 O 为直角坐标系 $O\text{-}XYZ$ 的原点,下侧柱面过切点 O 的母线为 X 轴,上侧柱面过切点 O 的母线为 Y 轴.一束在真空中波长为 λ 的可见光沿 Z 轴负方向傍轴入射,分别从上、下柱面反射回来的光线会发生干涉;借助于光学读数显微镜,逆着 Z 轴方向,可观测到原点附近上方柱面上的干涉条纹在 $X\text{-}Y$ 平面的投影.R_1 和 R_2 远大于傍轴光线干涉区域所对应的两柱面间最大间隙.空气折射率为 $n_0=1.00$.试推导第 k 级亮纹在 $X\text{-}Y$ 平面的投影的曲线方程.

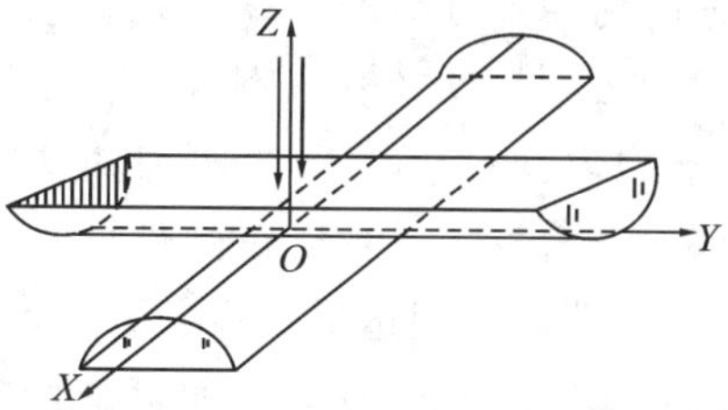

图 1

已知:a.在两种均匀、各向同性的介质的分界面两侧,折射率较大(小)的介质为光密(疏)介质;光线在光密(疏)介质的表面反射时,反射波存在(不存在)半波损失.任何情形下,折射波不存在半波损失.伴随半波损失将产生大小为 π 的相位突变.b.当 $|x|\ll 1$,$\sin x\approx x$.

二、(20分)某秋天清晨,气温为4.0 ℃,一加水员到实验园区给一内径为2.00 m、高为2.00 m的圆柱形不锈钢蒸馏水罐加水.罐体导热良好.罐外有一内径为4.00 cm的透明圆柱形观察柱,底部与罐相连(连接处很短),顶部与大气相通,如图2所示.加完水后,加水员在水面上覆盖一层轻质防蒸发膜(不溶于水,与罐壁无摩擦),并密闭了罐顶的加水口.此时加水员通过观察柱上的刻度看到罐内水高为1.00 m.

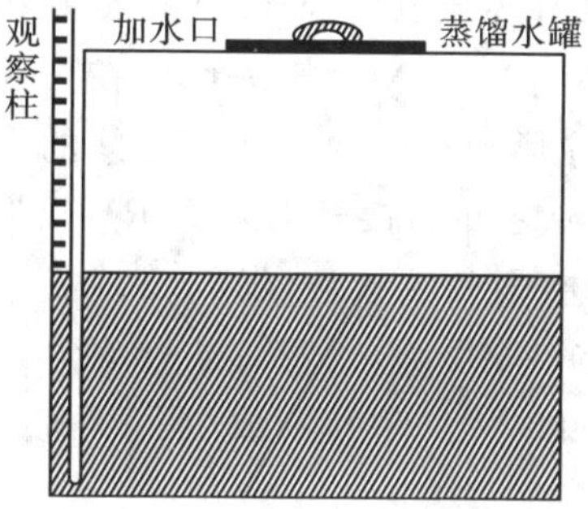

图 2

(1)从清晨到中午,气温缓慢升至24.0 ℃,问此时观察柱内水位为多少?假设中间无人用水,水的蒸发及罐和观察柱体积随温度的变化可忽略.

(2)从密闭水罐后至中午,罐内空气对外做的功和吸收的热量分别为多少?求这个过程中罐内空气的热容量.

已知罐外气压始终为标准大气压 $p_0=1.01\times10^5$ Pa,水在4.0 ℃时的密度为 $\rho_0=1.00\times10^3\ \mathrm{kg\cdot m^{-3}}$,水在温度变化过程中的平均体积膨胀系数为 $\kappa=3.03\times10^{-4}\ \mathrm{K^{-1}}$,重力加速度大小为 $g=9.80\ \mathrm{m\cdot s^{-2}}$,绝对零度为 -273.15 ℃.

三、(20分)木星是太阳系内质量最大的行星(其质量约为地球的318倍).假设地球与木星均沿圆轨道绕太阳转动,两条轨道在同一平面内.将太阳、地球和木星都视为质点,忽略太阳系内其他星体的引力;且地球和木星之间的引力在有太阳时可忽略.已知太阳和木星质量分别为 m_s 和 m_j,引力常量为 G.地球和木星绕太阳运行的轨道半径分别是 r_e 和 r_j.假设在某个时刻,地球与太阳的连线和木星与太阳的连线之间的夹角为 θ.这时若太阳质量突然变为零,求:

(1)此时地球相对木星的速度大小 v_{ej} 和地球不被木星引力俘获所需要的最

小速率 v_0.

(2)试讨论此后地球是否会围绕木星转动，可利用(1)中结果和数据 $m_s \approx 2.0\times10^{30}$ kg、$m_j \approx 1.9\times10^{27}$ kg、木星公转周期 $T_j \approx 12$ y.

四、(20 分)如图 3 所示，蹦极是年轻人喜爱的运动. 为研究蹦极过程，现将一长为 L、质量为 m、当仅受到绳本身重力时几乎不可伸长的均匀弹性绳的一端系在桥沿 b，绳的另一端系一质量为 M 的小物块(模拟蹦极者)；假设 M 比 m 大很多，以至于均匀弹性绳受到绳本身重力和蹦极者的重力向下拉时会显著伸长，但仍在弹性限度内. 在蹦极者从静止下落直至蹦极者到达最下端、但未向下拉紧绳之前的下落过程中，不考虑水平运动和可能的能量损失. 重力加速度大小为 g.

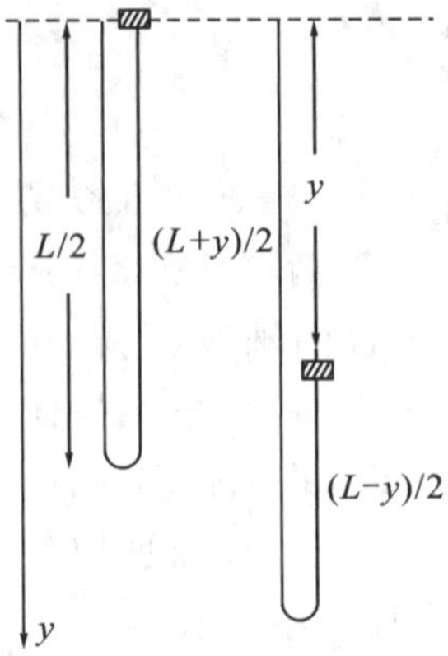

图 3

(1)求蹦极者从静止下落距离 $y(y<L)$ 时的速度和加速度的大小，蹦极者在所考虑的下落过程中的速度和加速度大小的上限.

(2)求蹦极者从静止下落距离 $y(y<L)$ 时，绳在其左端悬点 b 处张力的大小.

五、(20 分)一种拉伸传感器的示意图如图 4 所示：它由一半径为 r_2 的圆柱形塑料棒和在上面紧密缠绕 $N(N\gg1)$ 圈的一层细绳组成；绳柔软绝缘，半径为 r_1，外表面均匀涂有厚度为 $t(t\ll r_1\ll r_2)$、电阻率为 ρ 的石墨烯材料；传感器两端加有环形电极(与绳保持良好接触). 未拉伸时，缠绕的绳可视为 N 个椭圆环挨在一起放置；该椭圆环面与圆柱形塑料棒的横截面之间的夹角为 θ(图 4)，相邻两圈绳之间的接触电阻为 R_c. 现将整个传感器沿塑料棒轴向朝两端拉伸，绳间出现 n 个缝隙，每个缝隙中刚好有一整圈绳，这圈绳被自动调节成由一个未封闭圆环和两段短直线段(与塑料棒轴线平行)串接而成(图 5). 假设拉伸前后 θ、r_1、r_2、ρ、t 均不变.

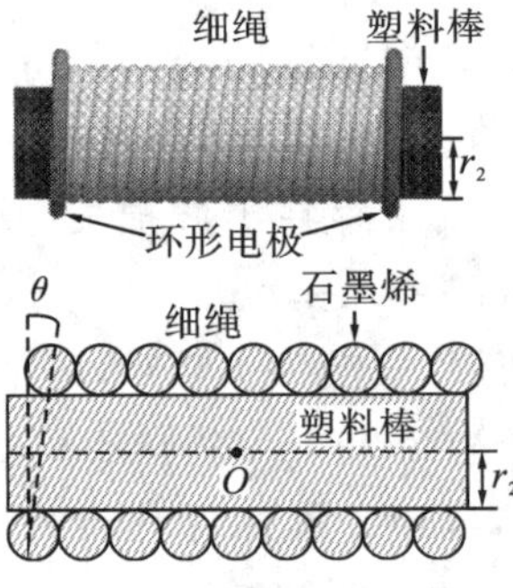

图 4　未拉伸

(1)求拉伸后传感器的伸长率 ε(ε 是传感器两电极之间距离的伸长与其原长之比)和两环形电极间电阻的变化率；

(2)在传感器两环形电极间通入大小为 I 的电流，求此传感器在未拉伸及拉伸后，在塑料棒轴线上离塑料棒中点 O 距离为 D(D 远大于传感器长度)的 P 点(图中未画出)处沿轴向的磁感应强度.

已知：长半轴和短半轴的长度分别为 a 和 b 的椭圆的周长为 $\pi\left(3\,\dfrac{a+b}{2}-\sqrt{ab}\right)$，其中 $b\neq0$.

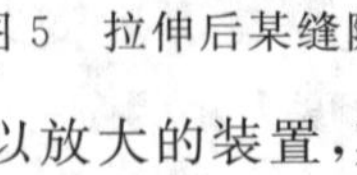
图 5　拉伸后某缝隙

六、(20 分)光电倍增管是用来将光信号转化为电信号并加以放大的装置，其结构如图 6 所示：它主要由一个光阴极、n 个倍增级和一个阳极构成；光阴极与第 1 倍增级、各相邻倍增级及第 n 倍增级与阳极之间均有电势差 V；从光阴极逸出的电子称为光电子，其中大部分(百分比 η)被收集到第 1 倍增级上，余下的被直接收集

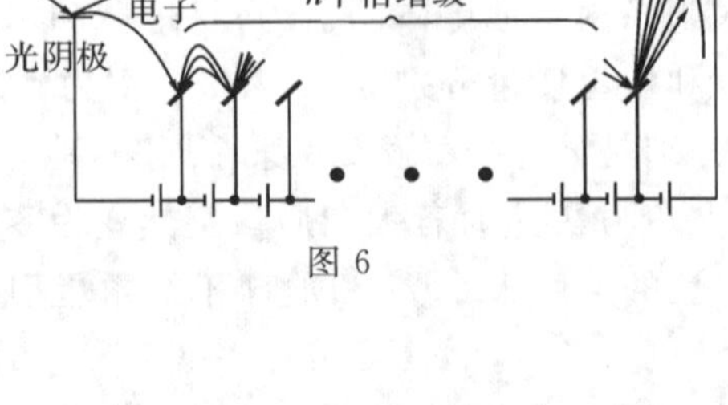

图 6

到阳极上；每个被收集到第 i 倍增级($i=1,\cdots,n$)的电子在该电极上又使得 $\delta(\delta>1)$个电子逸出；第 i 倍增级上逸出的电子有大部分(百分比 σ)被第 $i+1$ 倍增级收集，其他被阳极收集；直至所有电子被阳极收集，实现信号放大. 已知电子电荷量绝对值为 e.

(1)求光电倍增管放大一个光电子的平均能耗，已知 $\delta\sigma>1,n\gg1$；

(2)为使尽可能多的电子从第 i 倍增级直接到达第 $i+1$ 倍增级而非阳极，早期的光电倍增管中，会施加垂直于电子运行轨迹所在平面(纸面)的匀强磁场. 设倍增级的长度为 a 且相邻倍增级间的几何位置如图 7 所示，倍增级间电势差引起的电场很小可忽略. 所施加的匀强磁场应取什么方向以及磁感应强度大小为多少时，才能使从第 i 倍增级垂直出射的能量为 E_e 的电子中直接打到第 $i+1$ 倍增级的电子最多？磁感应强度大小为多少时，可以保证在第 $i+1$ 倍增级上至少收集到一些从第 i 倍增级垂直出射的能量为 E_e 的电子？

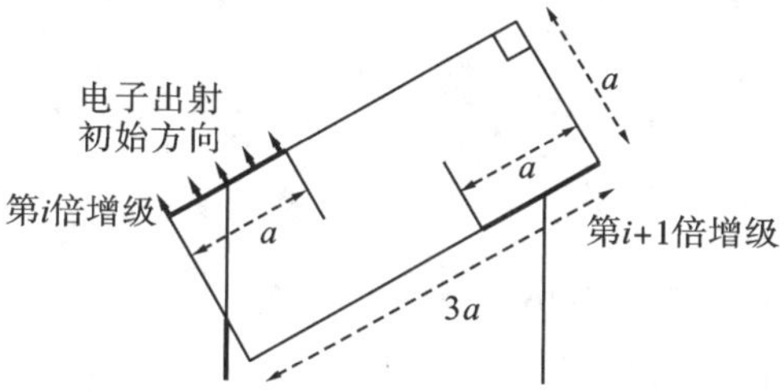

图 7

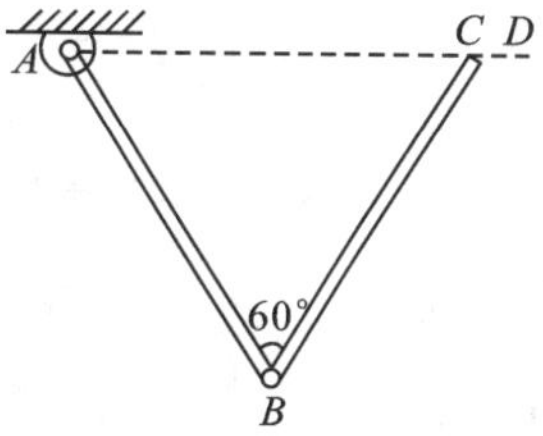

图 8

七、(20 分)如图 8，两根质量均匀分布的杆 AB 和 BC，质量均为 m，长均为 l，A 端被光滑铰接到一固定点(即 AB 杆可在竖直平面内绕 A 点无摩擦转动). 开始时 C 点有外力保持两杆静止，A、C 在同一水平线 AD 上，A、B、C 三点都在同一竖直平面内，$\angle ABC=60^\circ$. 某时刻撤去外力后两杆始终在竖直平面内运动.

(1)若两杆在 B 点固结在一起，求：

(i)初始时两杆的角加速度；

(ii)当 AB 杆运动到与水平线 AD 的夹角为 θ 时，AB 杆绕 A 点转动的角速度.

(2)若两杆在 B 点光滑铰接在一起(即 BC 杆可在竖直平面内绕 B 点无摩擦转动)，求初始时两杆的角加速度以及两杆间的相互作用力.

八、(20 分)质子是由更小的所谓“部分子”构成的. 欧洲大型强子对撞机(LHC)是高能质子-质子对撞机，质子束内单个质子能量为 $E=7.0\ \text{TeV}(1\ \text{TeV}=10^3\ \text{GeV}=10^{12}\ \text{eV})$，两束能量相同的质子相向而行对撞碎裂，其中相撞的两个部分子 a、b 相互作用湮灭产生一个新粒子. 设部分子 a、b 的动能在质子能量中所占的比值分别为 x_a、x_b，且远大于其静能.

(1)假设两个部分子 a、b 对撞湮灭产生了一个静质量为 $m_s=1.0\ \text{TeV}/c^2$ 的新粒子 S，求 x_a 和 x_b 的乘积 x_ax_b；

(2)假设新粒子 S 产生后衰变到两个光子，在新粒子 S 静止的参考系中，求两光子的频率；

(3)假设新粒子 S 产生后在其静止坐标系中衰变到两个质量为 $m_A=1.0\ \text{GeV}/c^2$ 的轻粒子 A，每个轻粒子 A 再衰变到两个同频率的光子，求在这个坐标系中这两个光子动量之间的夹角.

已知：当 $\alpha\ll1$，$\sin\alpha\approx\alpha$；普朗克常量 $h=6.63\times10^{-34}\ \text{J}\cdot\text{s}$，电子电荷量绝对值 $e=1.60\times10^{-19}\ \text{C}$.

2017年第三十四届全国中学生物理竞赛预赛试题

思考笔记

一、选择题(本题共5小题,每小题6分).

1. 下述实验或现象中,能够说明光具有粒子性的是(　　).

A. 光的双缝干涉实验　　B. 黑体辐射

C. 光电效应　　D. 康普顿效应

2. 系统1和系统2质量相等,比热容分别为 C_1 和 C_2,两系统接触后达到共同温度 T;整个过程中与外接(两系统之外)无热交换.两系统初始温度 T_1 和 T_2 的关系为(　　).

A. $T_1=\frac{C_2}{C_1}(T-T_2)-T$　　B. $T_1=\frac{C_1}{C_2}(T-T_2)-T$

C. $T_1=\frac{C_1}{C_2}(T-T_2)+T$　　D. $T_1=\frac{C_2}{C_1}(T-T_2)+T$

3. 假设原子核可视为均匀球体.质量数为 A 的中重原子核的半径 R 可近似地用公式 $R=R_0A^{1/3}$ 表示,其中 R_0 为一常量.对于核子数相同的原子核,下列说法正确的是(　　).

A. 质量密度是基本相同的　　B. 电荷密度是基本相同的

C. 表面积是基本相同的　　D. 体积是基本相同的

4. 一颗人造地球通信卫星(同步卫星)对地球的张角能覆盖赤道上空东经 $\theta_0-\Delta\theta$ 到东经 $\theta_0+\Delta\theta$ 之间的区域.已知地球半径为 R_0,地球表面处的重力加速度为 g,地球自转周期为 T. $\Delta\theta$ 的值等于(　　).

A. $\arcsin\left(\frac{4\pi^2R_0}{T^2g}\right)^{1/3}$　　B. $2\arcsin\left(\frac{4\pi^2R_0}{T^2g}\right)^{1/3}$

C. $\arccos\left(\frac{4\pi^2R_0}{T^2g}\right)^{1/3}$　　D. $2\arccos\left(\frac{4\pi^2R_0}{T^2g}\right)^{1/3}$

5. 有3种不同波长的光,每种光同时发出、同时中断,且光强都相同,总的光强为 I,脉冲宽度(发光持续时间)为 τ,光脉冲的光强 I 随时间 t 的变化如图1所示.该光脉冲正入射到一长为 L 的透明玻璃棒,不考虑光在玻璃棒中的传输损失和端面反射损失.在通过玻璃棒后光脉冲的光强 I 随时间 τ 的变化最可能的图示是(虚线部分为入射前的总光强随时间变化示意图)(　　).

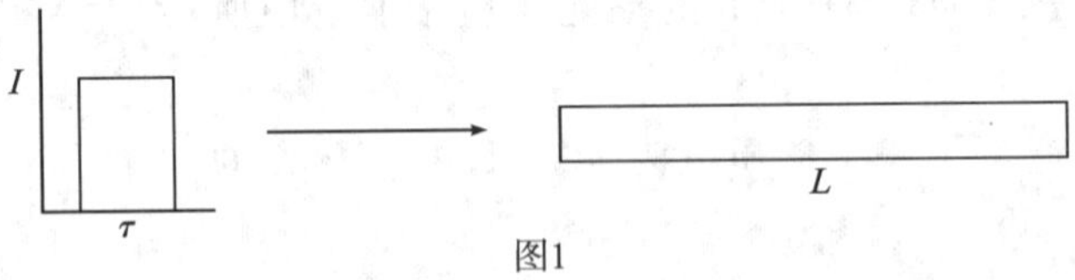

图1

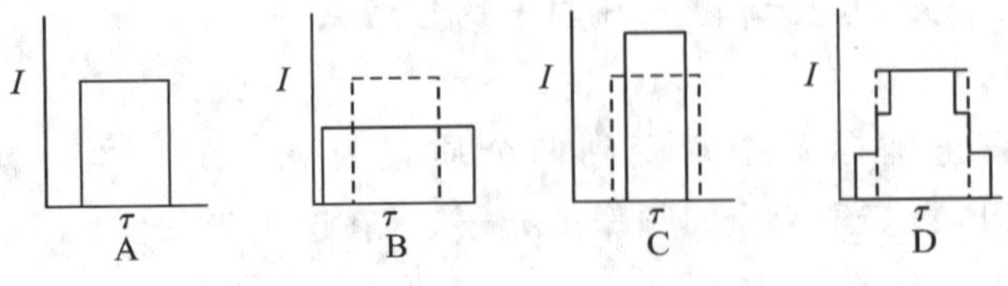

二、填空题.

6. (10分)如图2,一个球冠形光滑凹槽深度 $h=0.050$m,球半径为20m.现将一质量为0.10kg的小球放在凹槽边缘从静止释放.重力加速度大小为9.8m/s^2.小球由

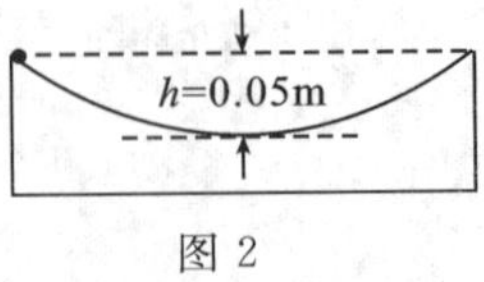

图2

凹槽最高点滑到最低点所用时间为________ s.

7. (10 分)先用波长为 λ_1 的单色可见光照射杨氏双缝干涉实验装置；再加上波长为 $\lambda_2(\lambda_2>\lambda_1)$ 的单色可见光照射同一杨氏双缝干涉实验装置. 观察到波长为 λ_1 的光干涉条纹的1、2级亮纹之间原本是暗纹的位置出现了波长为 λ_2 的光的干涉条纹的1级亮纹，则两种光的波长之比 $\lambda_2:\lambda_1=$________.

8. (10 分)某一导体通过反复接触某块金属板来充电. 该金属板初始电荷量为 $6\mu C$，每次金属板与导体脱离接触后，金属板又被充满 $6\mu C$ 的电荷量. 已知导体第一次与金属板接触后，导体上带的电荷量为 $2\mu C$；经过无穷次接触，导体上所带的电荷量最终为________.

9. (10 分)如图3，一焦距为20cm的薄透镜位于 $x=0$ 平面上，光心位于坐标原点 O，光轴与 x 轴重合. 在 $z=0$ 平面内的一束平行光入射到该透镜上，入射方向与光轴的夹角为30°. 该光束通过透镜后汇聚点的位置坐标为________.

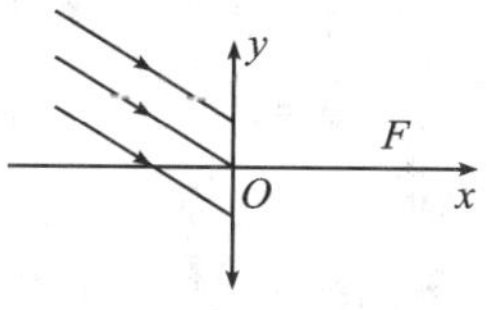

图 3

10. (10 分)一质量为 m 的小球与一劲度系数为 k 的弹簧连接，置于光滑水平桌面上，弹簧的另一端与固定墙面相连，小球做一维自由振动，弹簧的伸缩方向与小球的振动方向一致. 在一沿此弹簧长度方向以速度 v 做匀速直线运动的参考系里观察，此时弹簧和小球构成的系统的机械能________(填“守恒”或“不守恒”). 理由是____.

三、计算题.

11. (20 分)某电视节目中演示了一个用三根火柴棍和细棉线悬挂起一瓶或多瓶矿泉水的实验，如图4所示. A、B、C为三根相同的火柴棍，火柴棍长为 l，细实线为棉线，棉线的直径为 $d(d\ll l)$. 火柴棍A的一半在水平桌面内，另一半在桌面外，火柴棍A与桌面上表面的边沿垂直；桌面厚度为 h；O是火柴棍A的中点与桌面边沿的接触点；棉线紧贴桌沿绕过A，压在水平火柴棍C的两端；火柴棍B的一端顶在火柴棍A的球状头部(可近似忽略球状头部的尺寸)，另一端顶在火柴棍C的中点. 这样的结构可以稳定地悬挂起一瓶或多瓶矿泉水.

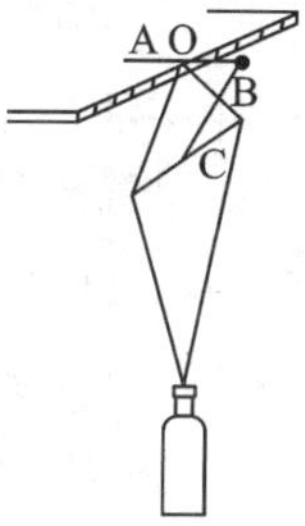

图 4

(1)如果没有火柴棍B和C，光靠A是否可以悬挂起一瓶矿泉水？为什么？

(2)加上火柴棍B和C，小心挂上重物时，火柴棍A会在过A的竖直平面内绕O点有一个角位移. 通过火柴棍B的带动，压在火柴棍C两端的棉线将绕桌面下表面的边沿转动一个很小的角度；只要角度大小合适，可使整个系统达到稳定平衡. 求平衡时该角度的大小.

已知火柴棍与桌沿、火柴棍与棉线以及火柴棍之间都足够粗糙(即可以没有滑动)，而且它们的质量与重物相比均可忽略.

12. (20 分)如图5，一边长为 L 的正方形铜线框 $abcd$ 可绕水平轴 ab 自由转动，一竖直方向上的外力 F 作用在 cd 边的中点. 整个线框置于方向竖直方向上的均匀磁场中，磁感应强度大小随时间变化. 已知该方形线框铜线的电导率(即电阻率的倒数)为 α，铜线的半径为 r_0，质量密度为 ρ，重力加速度大小为 g.

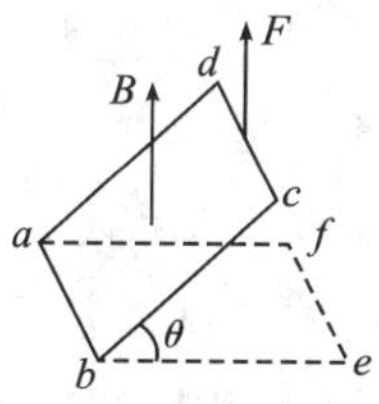

图 5

(1)当框平面与水平面 $abef$ 的夹角为 θ 时,求该方形线框所受的重力矩.

(2)当框平面与水平面 $abef$ 的夹角为 θ 时,框平面恰好处于平衡状态.求此时线框中 cd 边所受到的磁场 B 的作用力的大小与外力的大小 F 之间的关系式.

(3)随着磁感应强度大小随时间的变化,可按照(2)中的关系式随时调整外力 F 的大小以保持框平面与水平面 $abef$ 的夹角总为 θ.在保持夹角 θ 不变的情形下,已知在某一时刻外力为零时,磁感应强度大小为 B,求此时磁感应强度随时间的变化率 $\left|\frac{\Delta B}{\Delta t}\right|$.

13. (20 分)横截面积为 S 和 $2S$ 的两圆柱形容器按图 6 所示方式连接成一汽缸,每个圆筒中各置有一活塞.两活塞间的距离为 l,用硬杆相连,形成"工"字形活塞,它把整个汽缸分割成三个气室,其中Ⅰ、Ⅲ室密闭摩尔数分别为 v 和 $2v$ 的同种理想气体,两个气室内都有电加热器;Ⅱ室的缸壁上开有一小孔,与大气相通;1mol 该种气体能为 CT(C 是气体摩尔热容量,T 是气体的绝对温度).当三个气室中气体的温度均为 T_1 时,"工"字形活塞在汽缸中恰好在图所示的位置处于平衡状态,这时Ⅰ室内气柱长亦为 1,Ⅱ室内空气的摩尔数为 $\frac{3}{2}v_0$.已知大气压不变,汽缸壁和活塞都是绝热的,不计活塞与汽缸之间的摩擦.现通过电热器对Ⅰ、Ⅲ两室中的气体缓慢加热,直至Ⅰ室内气体的温度升为其初始状态温度的 2 倍时,活塞左移距离 d.已知理想气体常数为 R.求:

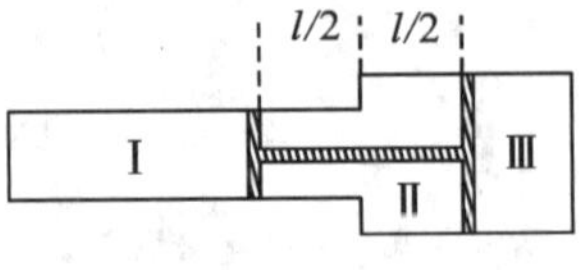

图 6

(1)Ⅲ室内气体初态气柱的长度;

(2)Ⅲ室内气体末态的温度;

(3)此过程中Ⅰ、Ⅲ室密闭气体吸收的总热量.

14. (20 分)把沿 x 方向通有电流(x 方向的电场强度为 E_x)的长方体形的半导体材料,放在沿 z 方向的匀强磁场中,半导体材料的六个表面分别与相应的坐标平面平行;磁感应强度大小为 B_z.在垂直于电场和磁场的 $+y$ 或 $-y$ 方向将产生一个横向电场 E_y,这个现象称为霍尔效应,由霍尔效应产生的电场称为霍尔电场.实验表面霍尔电场 E_y 与电流的电流密度 J_x 和磁感应强度 B_z 的乘积成正比,即 $E_y=R_H J_x B_z$,比例系数 R_H 称为霍尔系数.

某半导体材料样品中有两种载流子:空穴和电子.空穴和电子在单位电场下的平均速度(即载流子的平均速度与电场成正比的比例系数)分别为 μ_p 和 $-\mu_n$,空穴和电子的数密度分别为 p 和 n,电荷分别为 e 和 $-e$,试确定该半导体材料的霍尔系数.

15. (20 分)如图 7 某根水平固定的长滑杆上有 $n(n\geqslant 3)$ 个质量相同的滑扣(即可以滑动的圆环),每个相邻的两个滑扣(极薄)之间有不可伸长的柔软轻质细线相连,细线长度均为 L,滑扣在滑杆上滑行的阻力大小恒为滑扣对滑杆正压力大小的 μ 倍.开始时所有滑扣可近似地看成挨在一起(但未相互挤压);今给第 1 个滑扣一个初速度使其在滑杆上开始向左滑行(平动);在滑扣滑行的过程中,前、后滑扣之间的细线拉紧后都以共同的速度向前滑行,但最后一个(即第 n 个)滑扣固定在滑杆边缘.已知从第 1 个滑扣开始的 $(n-1)$ 个滑扣相互之间都依次拉紧,继续滑行距离 $l(0<l<L)$ 后静止,且所有细线拉紧过程中的时间间隔极短.求:

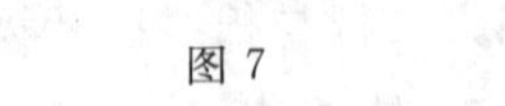

图 7

(1)滑扣1的初速度的大小；

(2)整个过程中克服摩擦力所做的功；

(3)整个过程中仅仅由于细线拉紧引起的总动能损失.

16.(20分)如图8,两劲度系数均为k的同样的轻弹性绳的上端固定在一水平面上,下端悬挂一质量为m的小物块.平衡时,轻弹性绳与水平面的夹角为α_0,弹性绳长度为l_0.现将小滑块向下拉一段微小的距离后从静止释放.

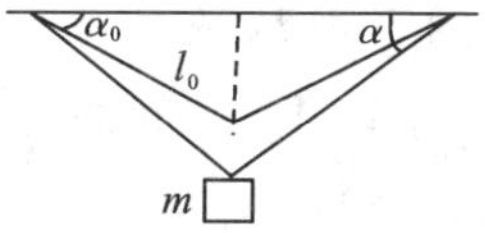

图 8

(1)证明小物块做简谐运动；

(2)若$k=0.50\text{N/m}$、$m=50\text{g}$、$\alpha_0=30°$、$l_0=2.0\text{m}$,重力加速度$g=9.8\text{m/s}^2$,求小物块做简谐振动的周期T；

(3)当小物块下拉的距离为0.010m时,写出此后该小物块相对于平衡位置的偏离随时间变化的方程.已知:当$x\ll1$时,$\frac{1}{1+x}\approx1-x$,$\sqrt{1+x}\approx1+\frac{1}{2}x$.

2017年第三十四届全国中学生物理竞赛复赛试题

思考笔记

一、(40分)一个半径为r、质量为m的均质实心小圆柱被置于一个半径为R、质量为M的薄圆筒中,圆筒和小圆柱的中心轴均水平,横截面如图1所示.重力加速度大小为g.试在下述两种情形下,求小圆柱质心在其平衡位置附近做微振动的频率;

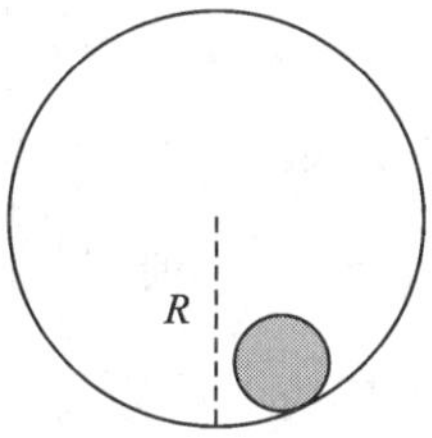

图 1

(1)圆筒固定,小圆柱在圆筒内底部附近做无滑滚动;

(2)圆筒可绕其固定的光滑中心细轴转动,小圆柱仍在圆筒内底部附近做无滑滚动。

二、(40分)如图2,星体P(行星或彗星)绕太阳运动的轨迹为圆锥曲线

$$r=\frac{k}{1+\varepsilon\cos\theta}$$

式中,r是P到太阳S的距离,θ是矢径SP相对于极轴SA的夹角(以逆时针方向为正),$k=\frac{L^2}{GMm^2}$,L是P相对于太阳的角动量,$G=6.67\times10^{-11}\text{N}\cdot\text{m}^2/\text{kg}^2$为引力常量,$M\approx1.99\times10^{30}\text{kg}$为太阳的质量,$\varepsilon\approx\sqrt{1+\frac{2EL^2}{G^2M^2m^3}}$为偏心率,$m$和$E$分别为$P$的质量和机械能.假设有一颗彗星绕太阳运动的轨道为抛物线,地球绕太阳运动的轨道可近似为圆,两轨道相交于C、D两点,如图2所示.已知地球轨道半径$R_E\approx1.49\times10^{11}\text{m}$,彗星轨道近日点$A$到太阳的距离为地球轨道半径的三分之一,不考虑地球和彗星之间的相互影响.求彗星

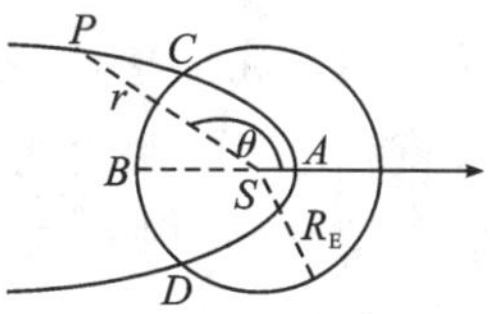

图 2

(1)先后两次穿过地球轨道所用的时间;

(2)经过C、D两点时速度的大小.

已知积分公式$\int \frac{x\mathrm{d}x}{\sqrt{x+a}}=\frac{2}{3}(x+a)^{\frac{3}{2}}-2a(x+a)^{\frac{1}{2}}+C$,式中$C$是任意常数.

三、(40分)如图3,一质量为M的载重卡车A的水平车板上载有一质量为m的重物B,在水平直公路上以速度v_0做匀速直线运动,重物与车厢前壁间的距离为$L(L>0)$.因发生紧急情况,卡车突然制动.已知卡车车轮与地面间的动摩擦因数和最大静摩擦因数均为μ_1,重物与车厢底板间的动摩擦因数和最大静摩擦因数均为$\mu_2(\mu_2<\mu_1)$,若重物与车厢前壁发生碰撞,则假定碰撞时间极短,碰撞后重物与车厢前壁不分开。重力加速度大小为g.

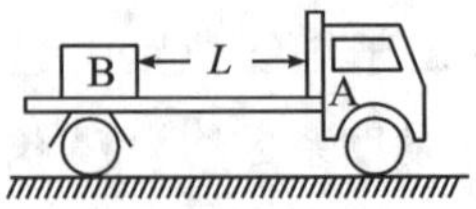

图 3

(1)若重物和车厢前壁不发生碰撞,求卡车从制动开始到卡车停止的过程所花的时间和走过的路程、重物从制动开始到重物停止的过程所花的时间和走过的路程,并导出重物B与车厢前壁不发生碰撞的条件;

(2)若重物和车厢前壁发生碰撞,求卡车从制动开始到卡车和重物都停止的过程所经历的时间、卡车走过的路程,以及碰撞过程中重物对车厢前壁的冲量.

四、(40分)如俯视图4,在水平面内有两个分别以O点与O_1点为圆心的导电半圆弧内切于M点,半圆O的半径为$2a$,半圆O_1的半径为a;两个半圆弧和圆O的半径ON围成的区域内充满垂直于水平面向下的匀强磁场(未画出),磁感应强度大小为B;其余区域没有磁场.半径OP为一均匀细金属棒,以恒定的角速度ω绕O点顺时针旋转,旋转过程中金属棒OP与两个半圆弧均接触良好.已知金属棒OP电阻为R,两个半圆弧的电阻可忽略.开始时P点与M点重合.在$t(0\leqslant t\leqslant\frac{\pi}{\omega})$时刻,半径$OP$与半圆$O_1$交于$Q$点.求:

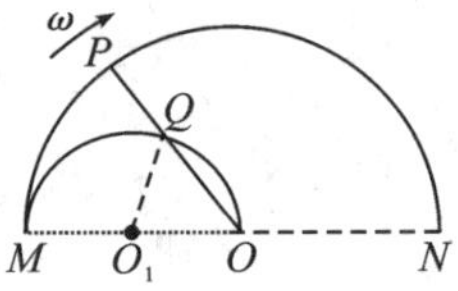

图 4

(1)沿回路$QPMQ$的感应电动势;

(2)金属棒OP所受到的原磁场B的作用力的大小。

五、(40分)某种回旋加速器的设计方案如俯视图5a所示,图中粗黑线段为两个正对的极板,其间存在匀强电场,两极板间电势差为U.两个极板的板面中部各有一狭缝(沿OP方向的狭长区域),带电粒子可通过狭缝穿越极板(图5b);两细虚线间(除开两极板之间的区域)既无电场也无磁场;其他部分存在匀强磁场,磁感应强度方向垂直于纸面.在离子源S中产生的质量为m、带电量为$q(q>0)$的离子,由静止开始被电场加速,经狭缝中的O点进入磁场区域,O点到极板右端的距离为D,到出射孔P的距离为bD(常数b为大于2的自然数).已知磁感应强度大小在零到$B_{\max}$之间可调,离子从离子源上方的O点射入磁场区域,最终只能从出射孔P射出.假设如果离子打到器壁或离子源外壁则即被吸收.忽略相对论效应,求:

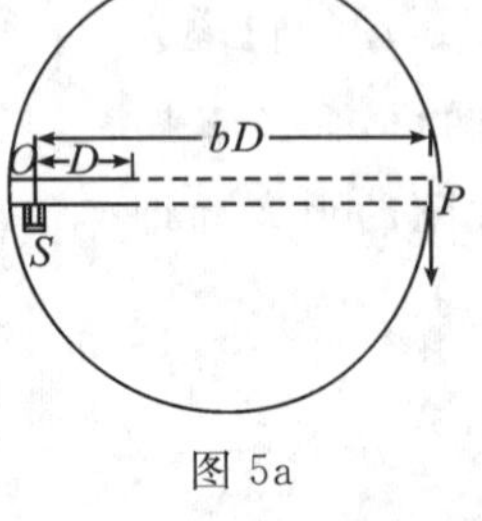

图 5a

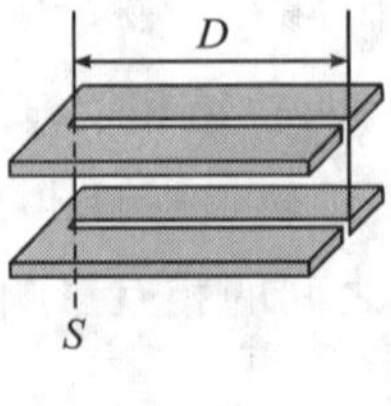

图 5b

(1)可能的磁感应强度B的最小值;

(2)磁感应强度 B 的其他所有可能值；

(3)出射离子的能量最大值.

六、(40 分)1914 年，弗兰克·赫兹用电子碰撞原子的方法使原子从低能级激发到高能级，从而证明了原子能级的存在. 加速电子碰撞自由的氢原子，使某氢原子从基态激发到激发态. 该氢原子仅能发出一条可见光波长范围(400～760nm)内的光谱线. 仅考虑一维正碰.

(1)求该氢原子能发出的可见光的波长；

(2)求加速后电子动能 E_k 的范围；

(3)如果将电子改为质子，求加速质子的加速电压的范围.

已知 $hc=1240\text{nm}\cdot\text{eV}$，其中 h 为普朗克常量，c 为真空中的光速；质子质量近似为电子质量的 1836 倍，氢原子在碰撞前的速度可忽略.

七、(40 分)如图 6 所示为气体压强－体积图，摩尔数为 v 的双原子理想气体构成的系统经历一正循环过程(正循环指沿图中箭头所示的循环)，其中自 A 到 B 为直线过程，自 B 到 A 为等温过程. 双原子理想气体的定容摩尔热容为 $\frac{5R}{2}$，R 为气体常量.

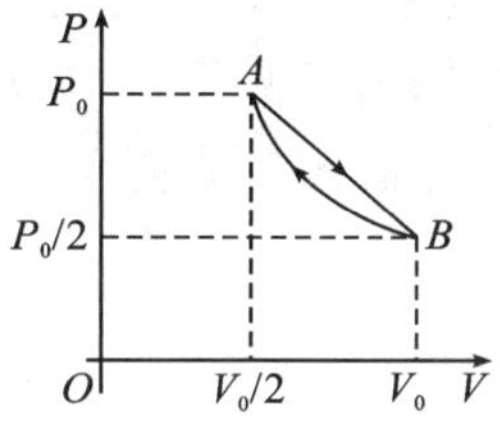

图 6

(1)求直线 AB 过程中的最高温度；

(2)求直线 AB 过程中气体的摩尔热容量随气体体积变化的关系式，说明气体在直线 AB 过程各段体积范围内是吸热过程还是放热过程，确定吸热和放热过程发生转变时的温度 T_c；

(3)求整个直线 AB 过程中所吸收的净热量和一个正循环过程中气体对外所做的净功.

八、(40 分)菲涅尔透镜又称同心圆阶梯透镜，它是由很多个同轴环带套在一起构成的，其迎光面是平面，折射面除中心是一个球冠外，其他环带分别是属于不同球面的球台侧面，其纵剖面如图 7 所示. 这样的结构可以避免普通大口径球面透镜既厚又重的缺点. 菲涅尔透镜的设计主要是确定每个环带的齿形(即它所属球面的球半径和球心)，各环带都是一个独立的(部分)球面透镜，它们的焦距不同，但必须保证具有共同的焦点(即图 7 中 F 点). 已知透镜材料的折射率为 n，从透镜中心 O(球冠的顶点)到焦点 F 的距离(焦距)为 f(平行于光轴的平行光都能经环带折射后会聚到 F 点)，相邻环带的间距为 d(d 很小，可忽略同一带内的球面像差；d 又不是非常小，可忽略衍射效应). 求：

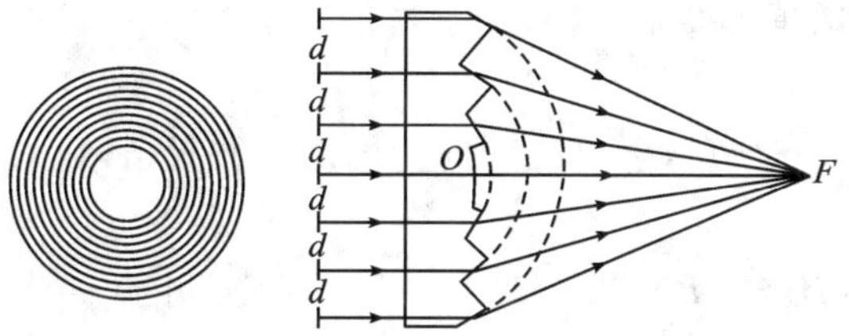

图 7

(1)每个环带所属球面的球半径和球心到焦点的距离；

(2)该透镜的有效半径的最大值和有效环带的条数.

2018 年第三十五届全国中学生物理竞赛预赛试题

思考笔记

一、选择题(本题共 5 小题,每小题 6 分).

1. 居里夫人发现了元素钋(Po),其衰变的核反应方程式为

$$ {}^{a}_{b}\mathrm{Po} \to {}^{c}_{d}\alpha + {}^{206}_{82}\mathrm{Pb} + {}^{e}_{f}\gamma $$

其中 a,b,c,d,e,f 的值依次为(　　).

A. 211、84、4、2、1、0　　B. 210、84、4、2、0、0

C. 207、84、1、1、0、1　　D. 207、83、1、1、0、0

2. 如图 1,一劲度系数为 k 的轻弹簧上端固定在天花板上,下端连接一质量为 m 的小球,以小球的平衡位置 O 作为坐标原点,x 轴正方向朝下.若取坐标原点为系统势能的零点,则当小球位于坐标为 x_0 的位置时,系统的总势能为(　　).

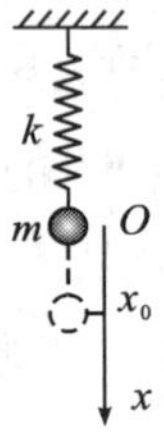

图 1

A. $\frac{1}{2}kx_0^2-mgx_0$　　B. $\frac{1}{2}k(x_0+\frac{mg}{k})^2-mgx_0$

C. $\frac{1}{2}k(x_0+\frac{mg}{k})^2$　　D. $\frac{1}{2}kx_0^2$

3. 库仑扭摆装置如图 2 所示,在细银丝下悬挂一根绝缘棒,棒水平静止;棒的两端各固定一相同的金属小球 a 和 b,另一相同的金属小球 c 固定在插入的竖直杆上,三个小球位于同一水平圆周上,圆心为棒的悬点 O.细银丝自然悬挂时,a、c 球对 O 点的张角 $\alpha=4°$.现在使 a 和 c 带相同电荷,库仑力使细银丝扭转,张角 α 增大,反向转动细银丝上端的旋钮可使张角 α 变小;若将旋钮缓慢反向转过角度 $\beta=30°$,可使小球 a 最终回到原来位置,这时细银丝的扭力矩与球 a 所受球 c 的静电力的力矩平衡.设细银丝的扭转回复力矩与银丝的转角 β 成正比.为使最后 a、c 对 O 点的张角 $\alpha=2°$,旋钮相对于原自然状态反向转过的角度应为(　　).

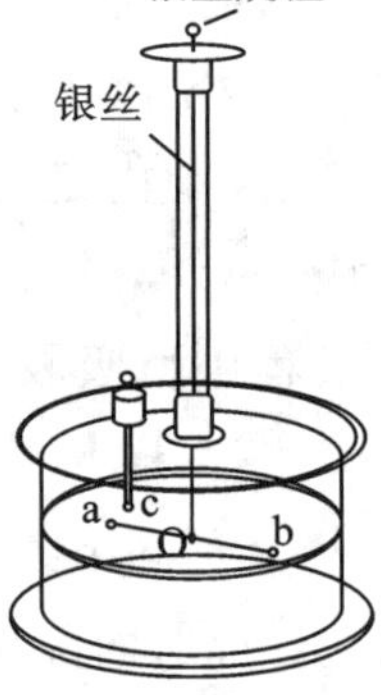

图 2

A. $\beta=45°$　　B. $\beta=60°$　　C. $\beta=90°$　　D. $\beta=120°$

4. 霍尔传感器的结构如图 3 所示,图中 H 为一块长方体半导体薄片,外加磁场的磁感应强度 B 和外加电流 I 的方向如相应箭头所示(B 与长方体的前后两个表面及电流 I 均垂直),电压表(可判断直流电压的正负)按图中方式与 H 的上下表面相连.以下测量方法中,能正确得到霍尔电压的值的是(　　).

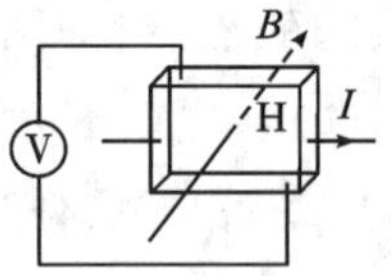

图 3

A. 直接读出电压表的示数

B. 保持磁场方向不变,改变电流方向($I\to -I$),求出改变前后的两次测量值之差的一半

C. 保持电流方向不变,改变磁场方向($B\to -B$),求出改变前后的两次测量值之差的一半

D. 同时改变电流方向和磁场方向($I\to -I,B\to -B$),求出改变前后的两次测量值之和的一半

5. 图 4a 和图 4b 分别表示某理想气体体系经历的两个循环过程;前者由甲过程(实线)和绝热过程(虚线)组成,后者由乙过程(实线)和等温过程(虚线)组

成. 下列说法正确的是(　　).

A. 甲、乙两过程均放热

B. 甲、乙两过程均吸热

C. 甲过程放热,乙过程吸热

D. 甲过程吸热,乙过程放热

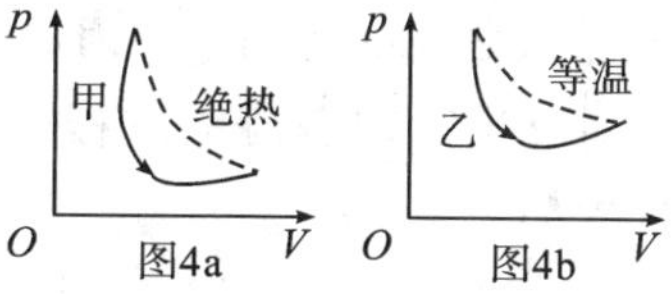

图 4

二、填空题.

6. (10 分)田径场上某同学将一铅球以初速度 v_0 抛出,该铅球抛出点的高度为 H. 铅球在田径场上的落点与铅球抛出点的最大水平距离为____________________,对应的抛射角为____________________. 重力加速度大小为 g.

7. (10 分)两颗人造地球卫星 A 和 B 都在同一平面内的圆轨道上运行,绕向相同,卫星 A 的轨道半径为 r. 某时刻,B 恰好在 A 的正上方 h 高处,$h \ll r$. A 运行一周时,B 在 A 的后方,且 A、B 对地心的张角为____________,经过时间____________,B 又重新在 A 的正上方. 已知地球半径为 R,重力加速度大小为 g.

8. (10 分)如图 5,一长为 L 的均质细杆 AB 由固定的两个水平细轴 C、D 支撑在竖直平面内,C、D 间距为 d;杆的 A 端置于轴 C 下,杆与轴之间的静摩擦因数为 μ,杆与水平面的夹角为 θ. 为使杆保持平衡,L/d 的值必须满足的条件是________________和________________同时成立.

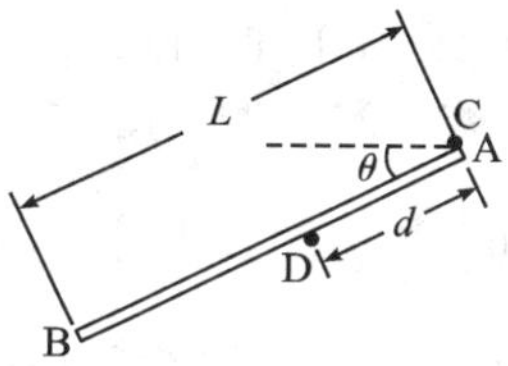

图 5

9. (10 分)将一阻值可变的电阻分别与一节新电池或者一节旧电池相连,电阻的端电压 U 和通过的电流 I 的关系如 U-I 图 6 所示. 现将上述新、旧电池顺联(两电池的电动势同向)后对一电阻阻值为 2.25Ω 的负载供电,负载电功率与电源非静电力做功的总功率的比值为____________,旧电池非静电力的功率和它本身消耗的电功率的比值为____________.

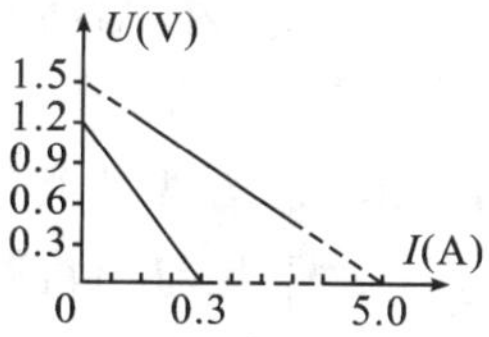

图 6

10. (10 分)在任意给定温度 T(热力学温度)下,单位波长黑体热辐射功率最大值对应的波长 λ_{max} 满足 $\lambda_{max}T=b$(b 为常量);黑体单位面积上的热辐射功率 $P=\sigma T^4$(σ 为常量). 假定地球与太阳以及人体均可视为黑体. 已知 $\lambda_{max}^{(太阳)}=5.0\times10^{-7}$m,日地距离约为太阳半径的 200 倍,$\lambda_{max}^{(人体)}=9.3\times10^{-6}$m. 由此可估算出,太阳表面的温度约为____________℃,地球表面的平均温度约为____________℃.

三、计算题.

11. (20 分)考虑水平地面上一辆自行车和骑车人构成的系统,如图 7 所示(骑车人未画出). 取后轮着地点为原点 O,x 轴过原点水平向右,y 轴过原点竖直向上,前轮着地点为 $A(l,0)$,系统(假设为刚体)质量为 m,质心为 $C(x_C,y_C)$. 已知重力加速度大小为 g,假定车轮与地面之间的静摩擦因数足够大,且前轮的滚动摩擦力可忽略. 求:

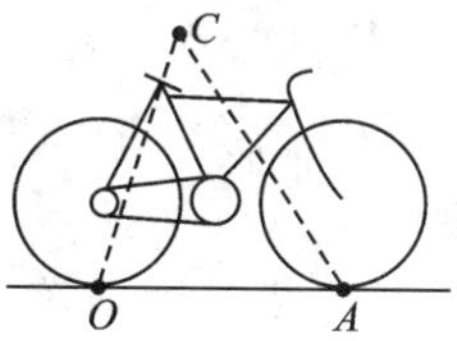

图 7

(1)前、后轮与地面之间正压力的大小;

(2)骑车人开始蹬踏自行车时,在保证安全的条件下自行车可达到的最大加速度.

12. (20 分)如图 8,一质量为 M、足够长的长方形平板静止于光滑的水平地面上;平板左端与劲度系数为 k 的水平轻弹簧相连,弹簧的另一端固定在墙面上;

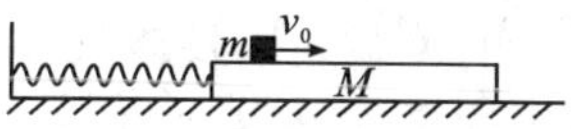

图 8

平板上面有一质量为 m 的小物块. 在 $t=0$ 时刻，平板静止，而小物块以某一速度向右开始运动. 已知小物块与平板之间的滑动摩擦因数为 μ，重力加速度大小为 g.

(1)证明：在小物块相对于平板向右滑动过程中，平板的运动是简谐运动，求该简谐运动的振幅、频率(周期).

(2)若平板从 $t=0$ 时刻开始运动至四分之一周期时，恰好小物块第一次相对于平板静止. 求：

(ⅰ)小物块初速度的值；

(ⅱ)平板在运动四分之一周期的过程中产生的热量.

13. (20 分)如图 9，两根内径相同的绝缘细管 AB 和 BC，连接成倒“V”字形，竖直放置，连接点 B 处可视为一段很短的圆弧；两管长度均为 $l=2.0\text{m}$，倾角 $\alpha=37°$，处于方向竖直向下的匀强电场中，场强大小 $E=1.0\times10^4\text{V/m}$. 一质量 $m=1.0\times10^{-4}\text{kg}$、带电量 $-q=-2.0\times10^{-7}\text{C}$ 的小球(小球直径比细管内径稍小，可视为质点)，从 A 点由静止开始在管内运动，小球与 AB 管壁间的滑动摩擦因数为 $\mu_1=0.50$，小球与 BC 管壁间的滑动摩擦因数为 $\mu_2=0.25$. 小球在运动过程中带电量保持不变. 已知重力加速度大小 $g=10\text{m/s}^2$，$\sin37°=\dfrac{3}{5}$. 求：

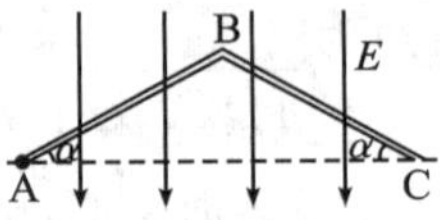

图 9

(1)小球第一次运动到 B 点时的速率 v_B；

(2)小球第一次速度为零的位置与 B 点之间的距离 S_1；

(3)小球从开始运动直至静止，在 AB 管中运动的总路程 S_{AB} 和在 BC 管中运动的总路程 S_{BC}.

14. (20 分)如图 10，MC、PD 为两条间距 $L=0.50\text{m}$、足够长的平行光滑导轨，MP 水平且与导轨垂直，导轨与水平面的夹角 $\theta=30°$，导轨底端连接一电阻值 $R=2.0\Omega$ 的电阻；导轨的 MC 段与 PD 段长度均为 $l=4.5\text{m}$，电阻均为 $r=2.25\Omega$，且电阻分布均匀；一根质量 $m=0.20\text{kg}$、电阻可忽略的金属棒，置于导轨底端，与导轨垂直并接触良好；整个装置处于磁感应强度大小 $B=2.0\text{T}$、方向垂直于导轨平面向上的匀强磁场中. 现在对金属棒施加一沿导轨平面向上且平行于导轨的拉力 F，使棒从静止开始以加速度 $a=1.0\text{m/s}^2$ 沿导轨平面向上做匀加速直线运动. 重力加速度大小 $g=10\text{m/s}^2$.

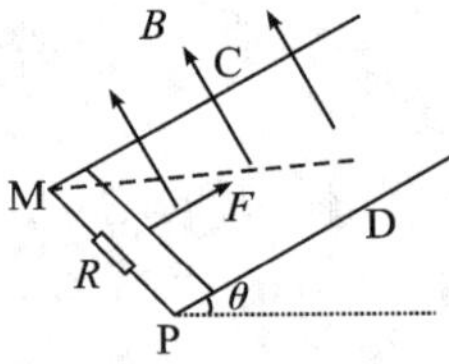

图 10

(1)从金属棒开始运动的瞬间计时，求金属棒中电流与时间 t 的关系式；

(2)求在金属棒开始运动至其到达 CD 位置的过程中拉力 F 的最大值.

15. (20 分)如图 11，左边试管由一段 24.0cm 长的水银柱封住一段高为 60.0cm、温度为 300.0K 的理想气体柱，上水银面与管侧面小孔相距 16.0cm，小孔右边用一软管连接一空的试管. 一控温系统可持续升高或降低被封住的气体柱的温度，当气体温度升高到一定值时水银会从左边试管通过小孔溢出到右边试管中. 左边试管竖直放置，右边试管可上下移动，上移时可使右边试管中的水银回流到左边试管内，从而控制左边试管中水银柱的长度. 大气压强为 76.0cmHg.

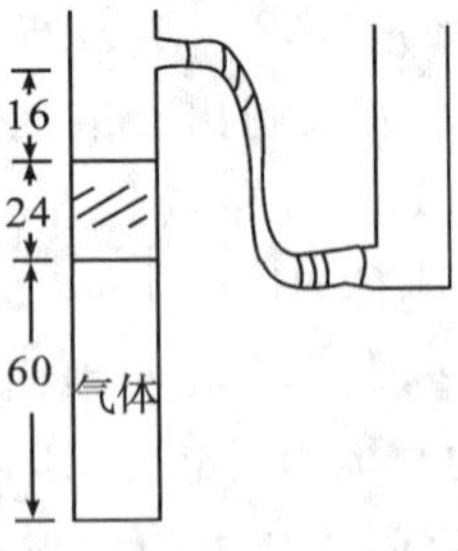

图 11

(1)在左边试管中水银上表面与小孔平齐的条件下，求被封住的气体平衡态的温度 T 与水银柱长度 x 的关系式以及该气体平衡态可能的最高温度；

(2)已知被封住的气体处在温度为 384.0K 的平衡状态，求左边试管中水银柱可能的长度. 数值计算保留至一位小数.

16.(20分)要在一张照片上同时拍摄物体的正面和几个不同侧面的像,可以在物体的后面放两个直立的大平面镜AO和BO,使物体和它对两个平面所成的像都摄入照相机,如图12a所示.图12b为俯视图.图12a中带箭头的圆圈P代表一个人的头部(其尺寸远小于OC的长度),白色半圆圈代表人的脸部,此人正面对着照相机镜头;涂黑色的半圆代表脑后的头发;箭头表示头顶上的帽子.若两平面镜之间的夹角为72°,设人头的中心恰好位于两平面镜夹角的平分面上,且照相机到人的距离远大于人到平面镜的距离.

(1)试在图12b中标出P的所有像的方位示意图;

(2)在图12c的方框中画出照片上得到的所有的像(分别用空白和黑色表示脸和头发,用箭头表示头上的帽子).

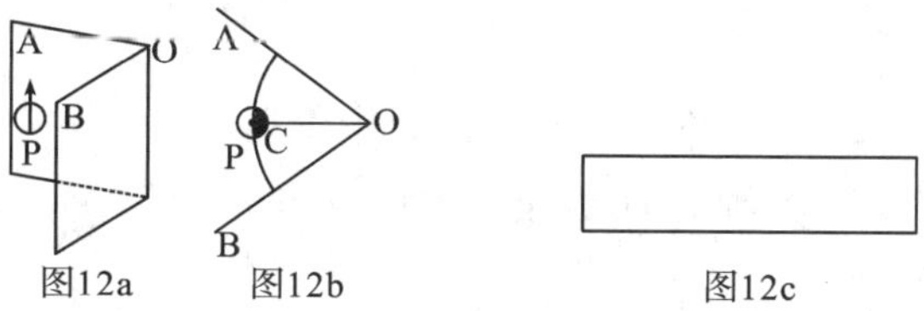

图12a　图12b　图12c

图12

2018年第三十五届全国中学生物理竞赛复赛试题

思考笔记

一、(40分)假设地球是一个质量分布各向同性的球体,地球自转及地球大气的影响可忽略.从地球上空离地面高度为h的空间站发射一个小物体,该物体相对于地球以某一初速度运动,初速度方向与其到地心的连线垂直.已知地球半径为R,质量为M,引力常量为G.

(1)若该物体能绕地球做周期运动,其初速度的大小应满足什么条件?

(2)若该物体的初速度大小为v_0,且能落到地面,求其落地时速度的大小和方向(即速度与其水平分量之间的夹角)以及它从开始发射直至落地所需的时间.

已知:对于$c<0$,$\Delta=b^2-4ac>0$,有

$$\int\frac{x\mathrm{d}x}{\sqrt{a+bx+cx^2}}=\frac{\sqrt{a+bx+cx^2}}{c}-\frac{b}{2(-c)^{3/2}}\arcsin\frac{2cx+b}{\sqrt{\Delta}}+C$$

式中C为积分常数.

二、(40分)如图1,一劲度系数为k的轻弹簧左端固定,右端连一质量为m的小球;弹簧水平,它处于自然状态时小球位于坐标原点O;小球可在水平地面上滑动,它与地面之间的动摩擦因数为μ.初始时小球速度为零,将此时弹簧相对于其原长的伸长记为$-A_0$($A_0>0$,但A_0并不是已知量).重力加速度大小为g,假设最大静摩擦力等于滑动摩擦力.

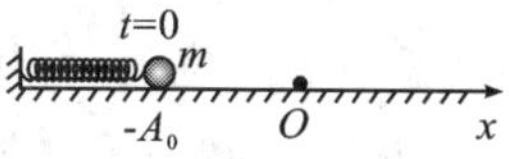

图1

(1)如果小球至多只能向右运动,求小球最终静止的位置和此种情形下A_0应满足的条件;

(2)如果小球完成第一次向右运动至原点右边后,至多只能向左运动,求小球最终静止的位置和此种情形下A_0应满足的条件;

(3)如果小球只能完成n次往返运动(向右经过原点,然后向左经过原点,算1次往返),求小球最终静止的位置和此种情形下A_0应满足的条件;

(4)如果小球只能完成 n 次往返运动，求小球从开始运动直至最终静止的过程中运动的总路程.

三、(40 分)如图 2，一质量为 M、长为 l 的匀质细杆 AB 自由悬挂于通过坐标原点 O 点的水平光滑转轴上(此时，杆的上端 A 未在图中标出，可视为与 O 点重合)，杆可绕通过 O 点的轴在竖直平面(即 x-y 平面，x 轴正方向水平向右)内转动；O 点相对于地面足够高，初始时杆自然下垂；一质量为 m 的弹丸以大小为 v_0 的水平速度撞击杆的打击中心(打击过程中轴对杆的水平作用力为零)并很快嵌入杆中. 在杆转半圈至竖直状态时立即撤除转轴. 重力加速度大小为 g.

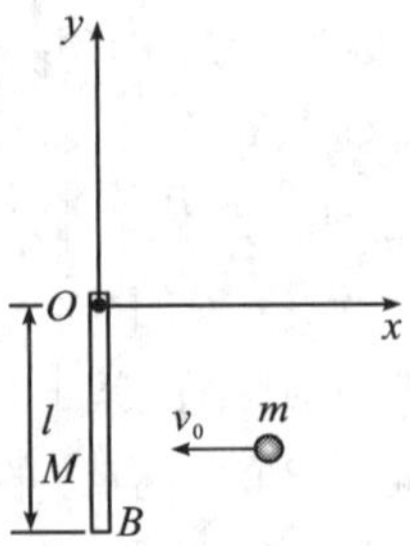

图 2

(1)求杆的打击中心到 O 点的距离；

(2)求撤除转轴前，杆被撞击后转过 $\theta(0\leqslant\theta<\pi)$ 角时转轴对杆的作用力；

(3)以撤除转轴的瞬间为计时零点，求撤除转轴后直至杆着地前，杆端 B 的位置随时间 t 变化的表达式 $x_B(t)$ 和 $y_B(t)$；

(4)求在撤除转轴后，杆再转半圈时 O、B 两点的高度差.

四、(40 分)Ioffe-Pritchard 磁阱可用来束缚原子的运动，其主要部分如图 3 所示. 四根均通有恒定电流 I 的长直导线 1、2、3、4 都垂直于 x-y 平面，它们与 x-y 平面的交点是边长为 $2a$、中心在原点 O 的正方形的顶点，导线 1、2 所在平面与 x 轴平行，各导线中电流方向已在图中标出. 整个装置置于匀强磁场 $\boldsymbol{B}_0=B_0\boldsymbol{k}$($\boldsymbol{k}$ 为 z 轴正方向单位矢量)中. 已知真空磁导率为 μ_0.

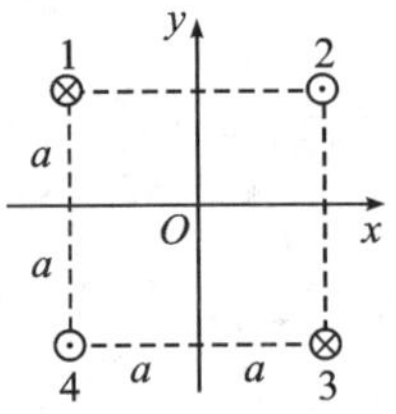

图 3

(1)求电流在通电导线外产生的总磁场的空间分布；

(2)电流在原点附近产生的总磁场的近似表达式，保留至线性项；

(3)将某原子放入磁阱中，该原子在磁阱中所受的磁作用束缚势能正比于其所在位置的总磁感应强度 $\boldsymbol{B}_{\text{tot}}$ 的大小，即磁作用束缚势能 $V=\mu|\boldsymbol{B}_{\text{tot}}|$，$\mu$ 为正的常量. 求该原子在原点 O 附近所受磁场的作用力；

(4)在磁阱中运动的原子最容易从 x-y 平面上什么位置逸出？求刚好能够逸出磁阱的原子的动能.

五、(40 分)塞曼发现了钠光 D 线在磁场中分裂成三条，洛伦兹根据经典电磁理论对此做出了解释，他们因此荣获 1902 年诺贝尔物理学奖. 假定原子中的价电子(质量为 m，电荷量为 $-e$，$e>0$)受到一指向原子中心的等效线性回复力 $-m\omega_0^2\boldsymbol{r}$($\boldsymbol{r}$ 为价电子相对于原子中心的位矢)作用，做固有圆频率为 ω_0 的简谐振动，发出圆频率为 ω_0 的光. 现将该原子置于沿 z 轴正方向的匀强磁场中，磁感应强度大小为 B(为方便起见，将 B 参数化为 $B=\frac{2m}{e}\omega_L$).

(1)选一绕磁场方向匀角速转动的参考系，使价电子在该参考系中做简谐振动，导出该电子运动的动力学方程在直角坐标系中的分量形式并求出其解；

(2)将(1)问中解在直角坐标系中的分量形式变换至实验室参考系的直角坐标系；

(3)证明在实验室参考系中原子发出的圆频率为 ω_0 的谱线在磁场中一分为三；并对弱磁场(即 $\omega_L\ll\omega_0$)情形，求出三条谱线的频率间隔.

已知：在转动角速度为 $\boldsymbol{\omega}$ 的转动参考系中，运动电子受到的惯性力除惯性离心力外还受到科里奥利力作用，当电子相对于转动参考系运动速度为 v' 时，作用于电子的科里奥利力为 $\boldsymbol{f}_c=-2m\boldsymbol{\omega}\times\boldsymbol{v}'$.

六、(40 分)如图 4,太空中有一由同心的内球和球壳构成的实验装置,内球和球壳内表面之间为真空. 内球半径为 $r=0.200\text{m}$,温度保持恒定,比辐射率为 $e=0.800$;球壳的导热系数为 $\kappa=1.00\times10^{-2}\,\text{J}\cdot\text{m}^{-1}\cdot\text{s}^{-1}\cdot\text{K}^{-1}$,内、外半径分别为 $R_1=0.900\text{m}$、$R_2=1.00\text{m}$,外表面可视为黑体;该实验装置已处于热稳定状态,此时球壳内表面比辐射率为 $E=0.800$. 斯特藩常量为 $\sigma=5.67\times10^{-8}\,\text{W}\cdot\text{m}^{-2}\cdot\text{K}^{-4}$,宇宙微波背景辐射温度为 $T=2.73\text{K}$. 若单位时间内由球壳内表面传递到球壳外表面的热量为 $Q=44.0\text{W}$,求:

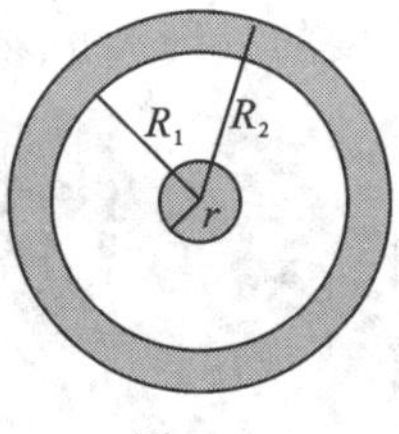

图 4

(1)球壳外表面温度 T_2;(2)球壳内表面温度 T_1;(3)内球温度 T_0.

已知:物体表面单位面积上的辐射功率与同温度下的黑体在该表面单位面积上的辐射功率之比称为比辐射率. 当辐射照射到物体表面时,物体表面单位面积吸收的辐射功率与照射到物体单位面积上的辐射功率之比称为吸收比. 在热平衡状态下,物体的吸收比恒等于该物体在同温度下的比辐射率. 当物体内某处在 z 方向(热流方向)每单位距离温度的增量为 $\frac{\mathrm{d}T}{\mathrm{d}z}$ 时,物体内该处单位时间在 z 方向每单位面积流过的热量为 $-\kappa\frac{\mathrm{d}T}{\mathrm{d}z}$,此即傅立叶热传导定律.

七、(40 分)用波长为 633nm 的激光水平照射竖直圆珠笔中的小弹簧,在距离弹簧 4.2m 的光屏(与激光水平照射方向垂直)上形成衍射图像,如图 5a 所示. 其右图与 1952 年拍摄的首张 DNA 分子双螺旋结构 X 射线衍射图像(图 5b)十分相似.

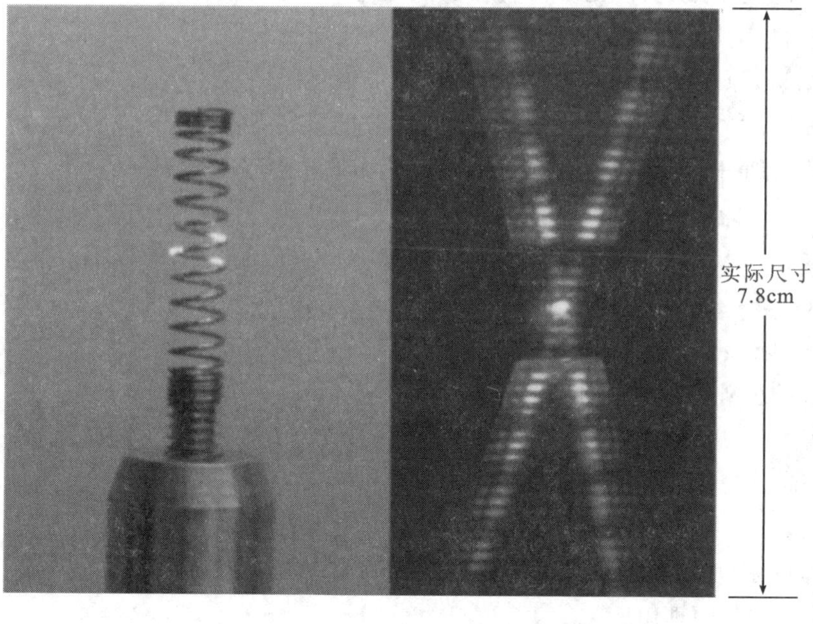

图 5a

(1)利用图 5a 右图中给出的尺寸信息,通过测量估算弹簧钢丝的直径 d_1,弹簧圈的半径 R 和弹簧的螺距 p;

(2)图 5b 是用波长为 0.15nm 的平行 X 射线照射 DNA 分子样品后,在距离样品 9.0cm 的照相底片上拍摄的. 假设 DNA 分子与底片平行,且均与 X 射线照射方向垂直. 根据图 5b 中给出的尺寸信息,试估算 DNA 螺旋结构的半径 R' 和螺距 p'.

说明：由光学原理可知，弹簧上两段互成角度的细铁丝的衍射、干涉图像与两条成同样角度、相同宽度的狭缝的衍射、干涉图像一致.

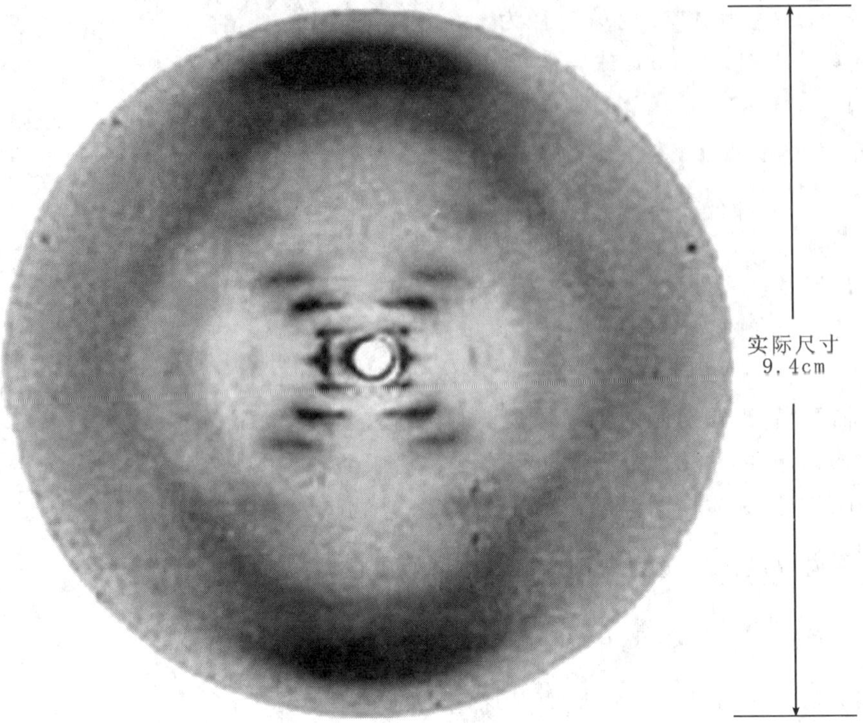

图 5b

图 5b（黑色表示 X 射线曝光较强。中心零级亮纹不可见，1 级亮纹刚好可见，2、3、5 级较清晰，4 级亮纹因 DNA 双螺旋结构的关系“失踪”了）

八、（40 分）1958 年穆斯堡尔发现的原子核无反冲共振吸收效应（即穆斯堡尔效应）可用于测量光子频率极微小的变化. 穆斯堡尔因此荣获 1961 年诺贝尔物理学奖. 类似于原子的能级结构，原子核也具有分立的能级，并能通过吸收或放出光子在能级间跃迁. 原子核在吸收和放出光子时会有反冲，部分能量转化为原子核的动能（即核反冲能）. 此外，原子核的激发态相对于其基态的能量差并不是一个确定值，而是在以 E_0 为中心、宽度为 2Γ 的范围内取值的. 对于 ^{57}Fe 从第一激发态到基态的跃迁，$E_0=2.31\times10^{-15}$ J，$\Gamma\approx3.2\times10^{-13}E_0$. 已知质量 $m_{Fe}\approx9.5\times10^{-26}$ kg，普朗克常量 $h=6.6\times10^{-34}$ J·s，真空中的光速 $c=3.0\times10^{8}$ m·s^{-1}.

（1）忽略激发态的能级宽度，求核反冲能，以及在考虑核反冲和不考虑核反冲的情形下，^{57}Fe 从第一激发态跃迁到基态发出的光子的频率之差；

（2）忽略激发态的能级宽度，求核反冲能，以及在考虑核反冲和不考虑核反冲的情形下，^{57}Fe 从基态跃迁到激发态吸收的光子的频率之差；

（3）考虑激发态的能级宽度，处于第一激发态的静止原子核 $^{57}Fe^*$ 跃迁到基态时发出的光子能否被另一个静止的基态原子核 ^{57}Fe 吸收而跃迁到第一激发态 $^{57}Fe^*$（如发生则称为共振吸收）？并说明理由.

（4）现将 ^{57}Fe 原子核置于晶体中，该原子核在跃迁过程中不发生反冲. 现有两块这样的晶体，其中一块静止晶体中处于第一激发态的原子核 $^{57}Fe^*$ 发射光子，另一块以速度 V 运动的晶体中处于基态的原子核 ^{57}Fe 吸收光子. 当速度 V 的大小处于什么范围时，会发生共振吸收？如果由于某种原因，到达吸收晶体处的光子频率发生了微小变化，其相对变化为 10^{-10}，试设想如何测量这个变化？（给出原理和相关计算）

2019年第三十六届全国中学生物理竞赛复赛试题

思考笔记

一、(40分)如图1a,旅行车上有一个半径为R的三脚圆凳(可视为刚性结构),三个相同凳脚的端点连线(均水平)构成边长为a的等边三角形,凳子质心位于其轴上的G点.半径为r的一圆筒形薄壁茶杯放在凳面上,杯底中心位于凳面中心O点处,茶杯质量为m(远小于凳子质量),其中杯底质量为$\frac{m}{5}$(杯壁和杯底各自的质量分布都是均匀的),杯高为H(与杯高相比,杯底厚度可忽略).杯中盛有茶水,茶水密度为ρ.重力加速度大小为g.

(1)为了使茶水杯所盛茶水尽可能多并保持足够稳定,杯中茶水的最佳高度是多少?

(2)现该茶水杯的底面边缘刚好缓慢滑移到与圆凳的边缘内切于D点时静止(凳面边有小凸缘,可防止物体滑出;凳面和凳面边的凸缘各自的质量分布都是均匀的),且$OD\perp AC$(图1b),求此时旅行车内底板对各凳脚的支持力相对于滑移前(该茶水杯位于凳面中心处)的改变.

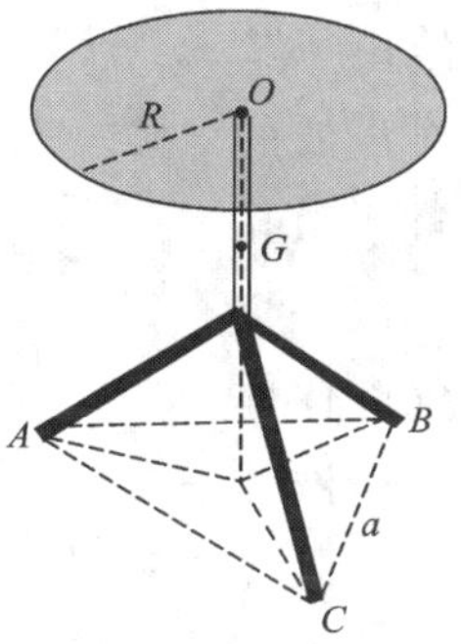

图1a

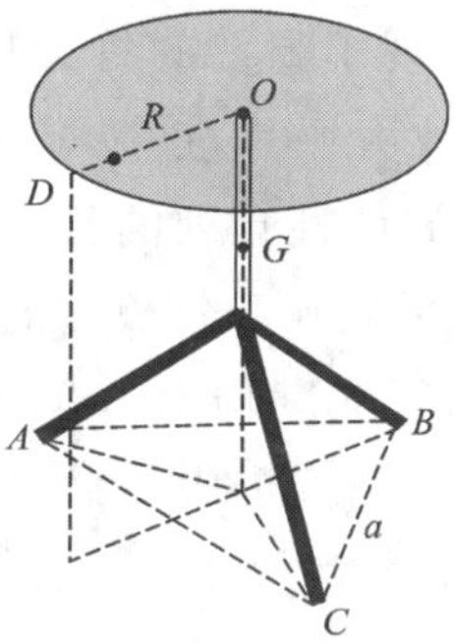

图1b

二、(50分)农用平板车的简化模型如图2所示,两车轮的半径均为r(忽略内外半径差),质量均为m(车轮辐条的质量可忽略),两车轮可绕过其中心的光滑细车轴转动(轴的质量可忽略);车平板长为l、质量为$2m$,平板的质心恰好位于车轮的轴上;两车把手(可视为细直杆)的长均为$2l$、质量均为m,且把手前端与平板对齐.平板、把手和车轴固连成一个整体,车轮、平板和把手各自的质量分布都是均匀的.重力加速度大小为g.

(1)该平板车的车轮被一装置(图中未画出)卡住而不能前后移动,但仍可绕车轴转动.将把手提至水平位置由静止开始释放,求把手在与水平地面碰撞前的瞬间的转动角速度.

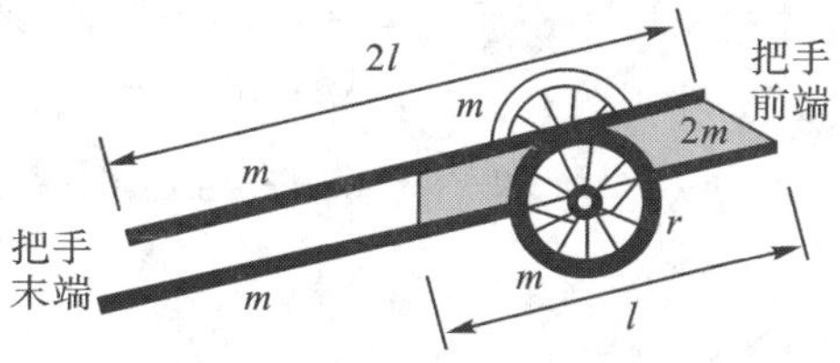

图2 农用平板车的简化模型

(2)在把手与水平地面碰撞前的瞬间立即撤去卡住两车轮的装置,同时将车轮和轴锁死,在碰后的瞬间立即解锁,假设碰撞时间较短(但不为零),碰后把手末端在竖直方向不反弹.已知把手与地面、车轮与地面之间的滑动摩擦因数均为μ(最大静摩擦力等于滑动摩擦力).求在车轮从开始运动直至静止的过程中,车轴移动的距离.

三、(40 分)某电磁轨道炮的简化模型如图 3 所示，两圆柱形固定导轨相互平行，其对称轴所在平面与水平面的夹角为 θ，两导轨的长均为 L、半径均为 b、每单位长度的电阻均为 λ，两导轨之间的最近距离为 d(d 很小). 一质量为 m(m 较小)的金属弹丸(可视为薄片)置于两导轨之间，弹丸直径为 d、电阻为 R，与导轨保持良好接触. 两导轨下端横截面共面，下端(通过两根与相应导轨同轴的、较长的硬导线)与一电流为 I 的理想恒流源(恒流源内部的能量损耗可不计)相连. 不考虑空气阻力和摩擦阻力，重力加速度大小为 g，真空磁导率为 μ_0. 考虑一弹丸自导轨下端从静止开始被磁场加速直至射出的过程.

(1)求弹丸在加速过程中所受到的磁场作用力；

(2)求弹丸的出射速度；

(3)求在弹丸加速过程中任意时刻以及弹丸出射时刻理想恒流源两端的电压；

(4)求在弹丸的整个加速过程中理想恒流源所做的功；

(5)在 $\theta=0°$ 的条件下，若导轨和弹丸的电阻均可忽略，求弹丸出射时的动能与理想恒流源所做的功之比.

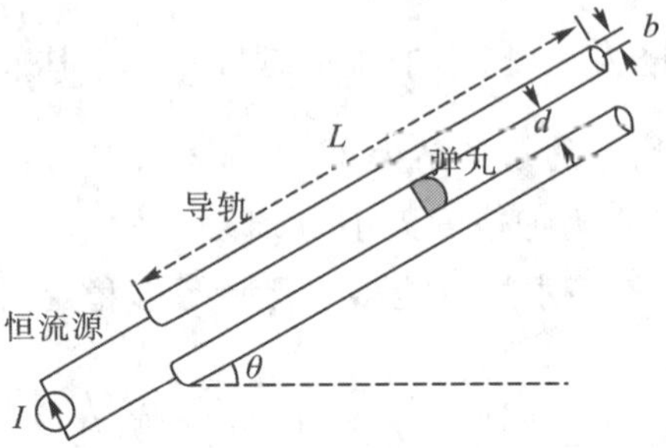

图 3　某电磁轨道炮的简化模型

四、(40 分)2016 年 9 月，G20 峰会在杭州隆重召开，其会议厅的装饰设计既展示出中国建筑的节能环保理念，又体现了浙江的竹文化特色. 图 4a 给出了其部分墙面采用的微孔竹板装饰的局部放大照片，该装饰同时又实现了对声波的共振吸收. 竹板上有一系列不同面积、周期性排列的长方形微孔，声波进入微孔后导致微孔中的空气柱做简谐振动. 单个微孔和竹板后的空气层，可简化成一个亥姆霍兹共振器，如图 4b 所示. 假设微孔深度均为 l、单个微孔后的空气腔体体积均为 V_0、微孔横截面积记为 S. 声波在空气层中传播可视为绝热过程，声波传播速度 v_s 与空气密度 ρ 及体积弹性模量 κ 的关系为

$$v_s=\sqrt{\frac{\kappa}{\rho}}$$

其中 κ 是气体压强的增加量 Δp 与其体积 V 相对变化量之比

$$\kappa=-\frac{\Delta p}{\Delta V/V}=-V\frac{\Delta p}{\Delta V}$$

已知标准状态(273K，1atm $=1.01\times10^5$ Pa)下空气(可视为理想气体)的摩尔质量 $M_{mol}=29.0$ g/mol，热容比 $\gamma=\frac{7}{5}$，气体普适常量 $R=8.31$ J/(K·mol).

(1)求标准状态下空气的密度和声波在空气中的传播速度 v_s；

(2)求上述亥姆霍兹共振器吸收声波的频率(用 v_s、S、l、V_0 表示)；

(3)为了吸收频率分别为 120Hz 和 200Hz 的声波，相应的两种微孔横截面积之比应为多少？

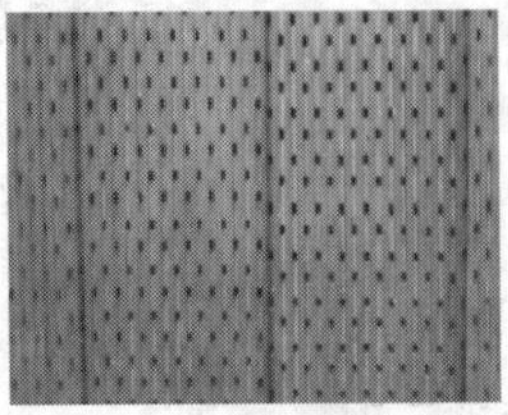

图 4a　微孔竹板墙照片(局部)

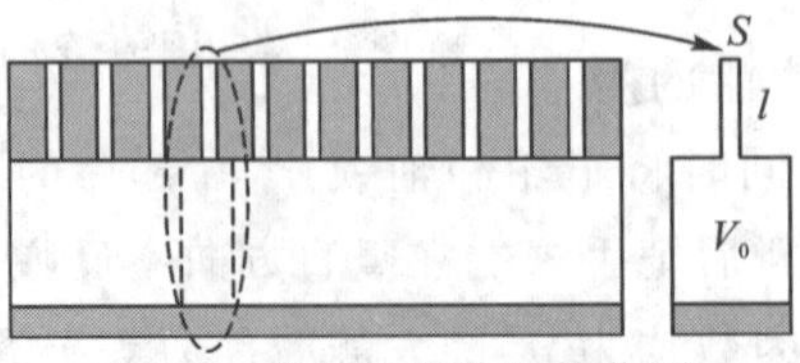

图 4b　微孔竹板装置简化图及对应的亥姆霍兹共振器模型

五、(40分)图5是基于全内反射原理制备的折射率阶跃型光纤及其耦合光路示意图.光纤内芯直径 $50\mu m$,折射率 $n_1=1.46$;它的玻璃外包层的外径为 $125\mu m$,折射率 $n_2=1.45$.氦氖激光器输出一圆柱形平行光束,为了将该激光束有效地耦合进入光纤传输,可以在光纤前端放置一微球透镜进行聚焦和耦合,微球透镜的直径 $D=3.00$ mm,折射率 $n=1.50$.已知激光束中心轴通过微球透镜中心,且与光纤对称轴重合.空气折射率 $n_0=1.00$.

(1)为了使光线能在光纤内长距离传输,在光纤端面处光线的最大入射角 θ 应为多大?

(2)若光束在透镜聚焦过程中满足近轴条件,为了使平行激光束刚好聚焦于光纤端面(与光纤对称轴垂直)处,微球透镜后表面中心顶点 O 与光纤端面距离应为多大?

(3)为了使进入光纤的全部光束能在光纤内长距离传输,平行入射激光束的直径最大不能超过多少?

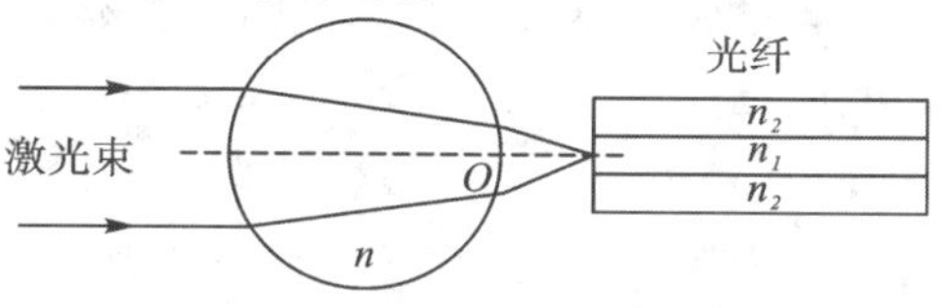

图5 激光束经微球透镜耦合进入光纤

六、(40分)宇宙射线中有大量高速飞行的 π 介子,它们会衰变成 μ 子和 μ 型反中微子 $\bar{v}_\mu$

$$\pi \to \mu + \bar{v}_\mu$$

已知 π 介子和 μ 子的静止质量分别为 $m_\pi=139.57061\text{MeV}/c^2$ 和 $m_\mu=105.65837\text{MeV}/c^2$,反中微子 $\bar{v}_\mu$ 的静止质量近似为零.在实验室参照系中测得 π 介子的飞行速度大小为 $v=0.965c$($c=3.00\times10^8$ m/s 为真空中的光速).

(1)求上述衰变过程产生的 μ 子的最大速率和最小速率;

(2)上述衰变产生的 μ 子从距离地面10000m的高空竖直向下飞行,已知静止的 μ 子的半衰期 $T_{\frac{1}{2}}^{(0)}=1.523\mu s$,求地面观察者能够观测到的 μ 子的最大概率.

七、(70分)闪电是地球上最壮丽的自然现象之一.人们对闪电进行了大量研究,近年来还观测到闪电导致的瞬间发光和伽马射线暴等新现象.闪电通常由雷电云(离地6~12km)放电产生,多数闪电发生在云内,少数到达地面.由于云内冰状颗粒相互碰撞,小颗粒冰晶带正电,随气流上浮到云层上端;较大颗粒带负电,下坠到云层底端(见图6),云中闪电中和了云内的正负电荷,而云地闪电则把负电荷释放到地面.

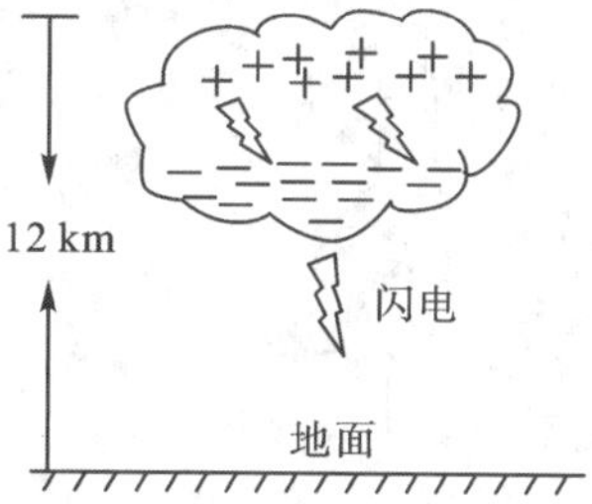

图6 雷电云的电荷分布

(1)利用高空气球携带的电场测量仪测量高空中某圆柱形空域雷电云内的电场,其强度可视为均匀分布,大小为0.15MV/m.该圆柱区域的中轴线垂直于地面,半径为2.5km,高度为1.0km.求该区域上下两端的电势差、正电荷总量以及携带的总电能.已知真空介电常量 $\varepsilon_0=8.85\times10^{-12}$ F/m.

(2)在起电过程中,雷电云上下两端电荷会随时间指数增加.当地表电场大于1.0kV/m时,就会发生云地闪电,因此地表电场很少超过10kV/m.假定(1)中所述的雷电云从高空缓慢整体下移,直至其负电荷层离地高度为6.0km时暂时保持稳定,地面为良导体,试估算此雷电云正下方产生的地表电场强度.

(3)云地闪电通常由带电云底端带负电的冰晶颗粒尖端放电触发,先形成一条指向地面的放电细路径(直径为厘米量级),该细路径随时间向下延伸,并导致周围空气不断电离，逐渐形成以原细路径(横截面大小可视为不变)为轴的粗圆柱形带电体，最后接近地面形成云地闪电通道. 该闪电通道垂直于地面，所带负电荷总量为 2.5C(原细放电路径内所带电量相对很小)，闪电通道(中心放电细路径除外)内部电场强度大小相等. 假设闪电通道的长度远大于其直径，闪电通道的直径远大于中心放电细路径的直径，且在闪电通道连通云地前的极短时间内，闪电通道内部的电荷分布可视为稳定分布. 已知大气的电场击穿阈值为 3.0MV/m，试估算该云地闪电通道的直径，并导出闪电通道(中心放电细路径除外)内的电荷密度径向分布的表达式.

(4)球形闪电(球闪)的微波空泡模型认为球闪是一个球形等离子体微波空腔(空泡). 当闪电微波较弱时，不足以形成微波空泡，会向太空辐射，穿透电离层，可被卫星观测到. 实际上，卫星确实观测到了这种微波辐射. 但卫星观测信号易受电离层色散的干扰，携带探测器的高空气球可到达雷电云上方观测，以避免此类干扰. 为了在离地 12km 的高空观测闪电发出的微波信号，需要在该区域悬浮一个载荷(包括气球材料和探测器)为 50kg 的高空氦气球，求此气球在高空该区域悬浮时的体积. 已知在离地 12km 的高度以下，大气温度随高度每升高 1km 下降5.0K，地面温度 $T_0=290\text{K}$，地面压强 $p_0=1.01\times10^5\text{Pa}$，空气摩尔质量 $M=29\text{g/mol}$；气球内氦气密度(在离地高度 12km 处的值) $\rho_{\text{He}}=0.18\text{kg/m}^3$. 重力加速度 $g=9.8\text{m/s}^2$，气体普适常量 $R=8.31\text{J/(K·mol)}$.

2020 年第三十七届全国中学生物理竞赛预赛试题

思考笔记

一、选择题(本题 30 分，含 5 小题，每小题 6 分).

1. 有两个同样的梯子，其顶部用合页连在一起，在两梯中间某相对的位置用一轻绳系住，便形成了人字梯. 如图 1 所示，将两个同样的人字梯甲、乙放置于水平地面上，甲梯用的绳更长一些. 当某人先后站在甲、乙两梯顶端时，下述说法正确的是(   ).

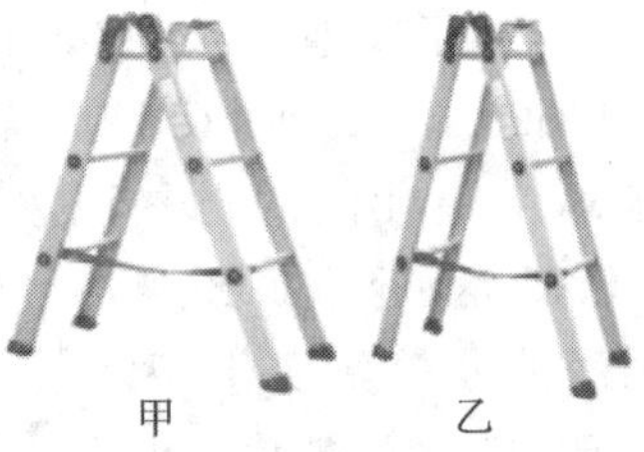

图 1

A. 甲梯所受地面的支持力一定较大

B. 甲、乙两梯所受地面的支持力一定相等

C. 绳子被张紧时，甲梯所受地面的摩擦力一定比乙梯的大

D. 绳子被张紧时，甲梯所受地面的摩擦力一定比乙梯的小

2. 某飞机(图 2a)起落架结构如图 2b 所示. 当驱动杆甲转动时，通过杆上螺纹带动连杆乙，实现轮子的收放。忽略空气对轮子的阻力. 不考虑地球自转. 下述说法正确的是(   ).

图 2a

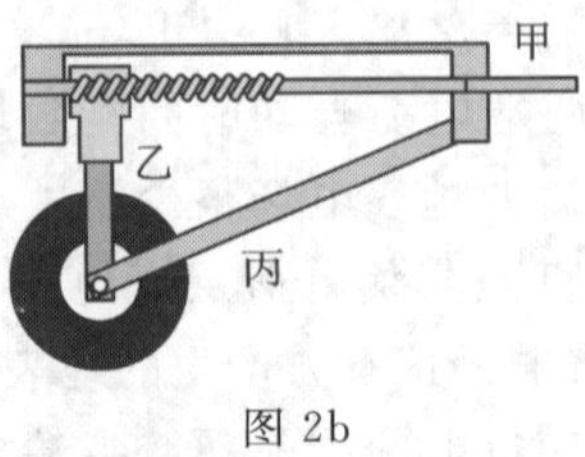

图 2b

A. 飞机在着陆瞬间，连杆乙、丙对轮轴的合力竖直向下

B. 飞机在着陆瞬间，连杆乙、丙对轮轴的合力竖直向上

C. 飞机沿直线匀速飞行时，连杆乙、丙对轮轴的合力竖直向上

D. 轮子受到的重力与连杆乙、丙对轮轴的合力是一对作用力与反作用力

3. 某电动汽车自重2.0t，其电池额定容量为50kW·h. 车行驶时受到的阻力约为车重的十分之一. 电池瞬时功率最高可达90kW，理论续航里程为400km. 国家电网的充电桩可在电池额定容量的30%～80%范围内应用快充技术(500V，50A)充电，而便携式充电器(220V，16A)可将电池容量从零充至100%；不计充电电源的内阻. 当汽车电池剩余电量为其额定值的30%时，下列说法正确的是(　　).

A. 汽车至少还能行驶130km

B. 用国家电网充电桩将电池容量充至其额定值的80%，理论上需要40min

C. 用便携式充电器将电池电量充至其额定值的80%，理论上需要7h以上

D. 此电动汽车的最高行驶速度可超过130km/h

4. 甲、乙两车在同一平直公路上以相同速度30m/s同向行驶，甲车在前，乙车在后，两车距离100m. 从 $t=0$ 时起，甲、乙两车的加速度随时间变化如图3所示. 取运动方向为正方向，下面说法正确的是(　　).

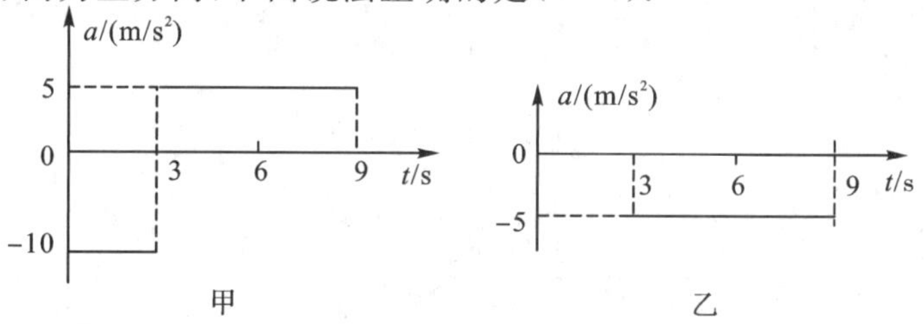

图3

A. $t=3s$ 时刻两车距离最近　　B. $t=9s$ 时刻两车距离为100m

C. 3～9s内乙车做匀减速运动　　D. $t=9s$ 时刻乙车速度为零

5. 在生产纺织品、纸张等绝缘材料过程中，为了实时监控材料的厚度，生产流水线上设置如图4所示的传感器，其中甲、乙为平行板电容器的上、下两个固定极板，分别接在恒压直流电源的两极上. 当通过极板间的材料厚度增大时，下列说法正确的是(　　).

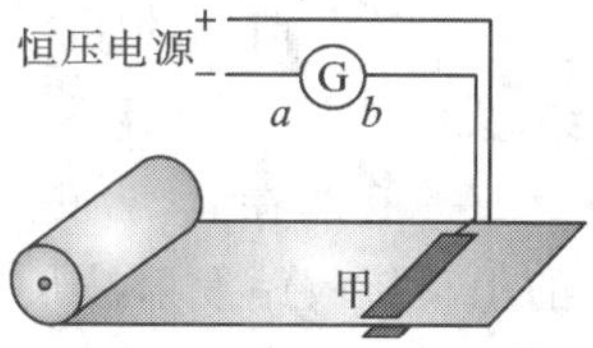

图4

A. 有负电荷从 b 向 a 流过灵敏电流计G

B. 甲、乙两板间材料内的电场强度不变

C. 乙板上的电荷量变小

D. 甲、乙平行板构成的电容器的电容增大

二、填空题.

6. (10分)某同学在原地进行单手运球训练中发现，让篮球从静止开始下落并自由反弹，弹起的最大高度比原来低20cm. 为了让球每次都能弹回到原来的高度，当球回到最高点时，向下拍打一次球，每分钟拍打100次，篮球质量为600g. 取重力加速度大小为 $10m/s^2$. 不计空气阻力和拍球瞬间的能量损失，则该同学每次拍打小球需做功为________J，拍打小球的平均功率为________W.

7. (10分)如图5，导电物质为电子的霍尔元件长方体样品置于磁场中，其上下表面均与磁场方向垂直，其中的1、2、3、4是霍尔元件上的四个接线端. 若开关 S_1 处于断开状态、开关 S_2 处于闭合状态，电压表示数为0；当开关 S_1、S_2 闭合后，三个电表都有明显示数. 已知由于温度非均匀性等因素引起的其他效应可忽略，则接线端2的电势________(填“低于”“等于”或“高于”)接线端4的电势；若将电源 E_1、E_2 均反向接入电路，电压表的示数________(填“正负号改变，大小不变”“正负号和大小都不变”或“正负号不变，大小改变”).

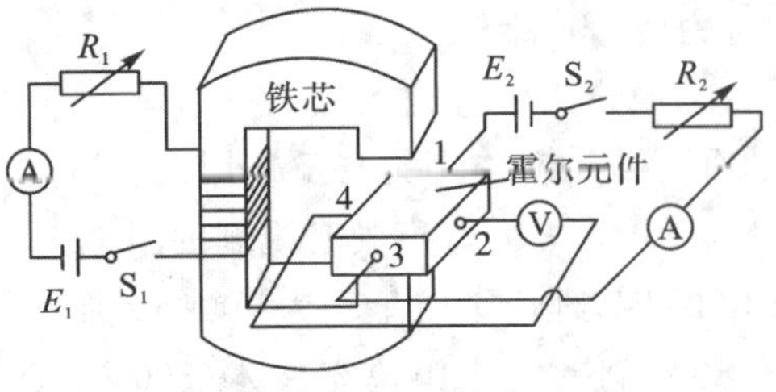

图 5

8. (10 分)为了提高风力发电的效率,我国目前正逐步采用变桨距(即调节风机叶片与风轮平面之间的夹角,当风速小时使叶片的迎风面积增大,当风速超过一定限度时使叶片的迎风面积减小,以稳定其输出功率)控制风力发电机替代定桨距控制风力发电机. 图 6a 所示中风力发电机每片叶片长度为 54m,定桨距风机和变桨距风机的功率与风速的对应关系如图 6b 所示,所处地域全大风速均为 7.5m/s,空气密度为 1.29kg/m^3,煤的热值为 $2.9\times10^7\text{J/kg}$. 每小时进入一台变桨距控制风力发电机的风的初始动能与完全燃烧________ kg 煤所放出的热量相当,变桨距控制风力发电机将风能转化成电能的效率为________%.

图 6a

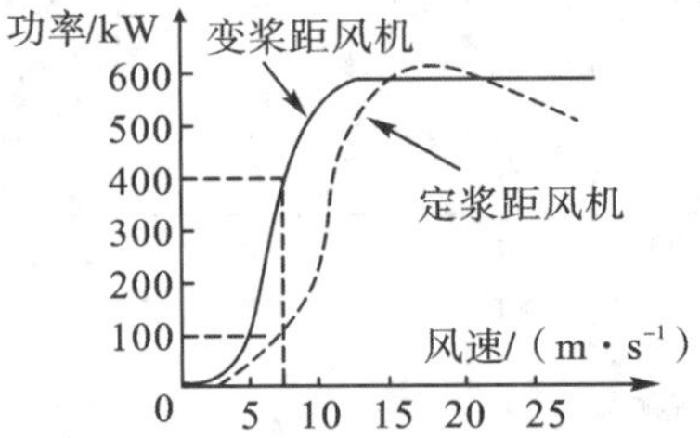

图 6b

9. (10 分)我国"玉兔号"月球车利用太阳能电池产生的电能进行驱动. 月球车总质量为 140kg,所安装的太阳能电池的电动势为 45V,内阻为 10Ω,正常工作时电池的输出功率为 45.0W. 月球车在某次正常工作时,从静止出发沿直线行驶,经过 5.0s 后速度达到最大为 0.50m/s. 假设此过程中月球车所受阻力恒定,电池输出功率的 80%转化为用于牵引月球车前进的机械功率. 在此运动过程中,月球车所受阻力大小为________ N,前进的距离约为________ m.

10. (10 分)海平面能将无线电波全反射,反射波与入射波之间存在由于反射造成的半个波长的相位突变. 一艘船在其离海平面高度为 25m 的桅杆上装有发射天线,向位于海岸高处的山顶接收站发射波长在 2~4m 范围内的无线电波. 当船驶至与接收站的水平距离 L 越接近 2000m,山顶接收站所接收到的信号越弱;当 $L=2000\text{m}$ 时失去无线电联系. 山顶接收站海拔高度为 150m. 船上天线发出的无线电波中有一部分直接传播到接收站,另一部分经海平面反射后传播到接收站,两列波的几何波程差为________ m,该无线电波的实际波长为________ m.

三、计算题.

11. (20 分)大气中存在可自由运动的带电粒子,其密度随距地面高度的增加而增大,离地面 50km 以下的大气可视为具有一定程度漏电(即电阻率较大)的物质,离地面 50km 以上的大气可视为带电粒子密度非常高的良导体,地球本身带负电,其周围空间存在电场。离地面 50km 处的大气层与地面之间的电势差约为 $U=3.0\times10^5\text{V}$. 由于电场的作用,地球处于放电状态。但大气中频繁发生雷暴又对地球充电,从而保证了地球周围电场强度大小恒定不变. 统计表明,雷暴每秒带给地球的平均电荷量约为 $q=1.8\times10^3\text{C}$. 已知地球半径 $r=6.4\times10^3\text{km}$. 求离地面 50km 以下的大气层(漏电大气层)的平均电阻率和该大气层向地球的平均漏电功率.

12. (20分)潜艇从海水高密度区域驶入低密度区域,浮力顿减,潜艇如同汽车那样掉下悬崖,称之为“掉深”,曾有一些潜艇因此沉没.某潜艇总质量为 3.0×10^3 t,在高密度海水区域水下200m沿水平方向缓慢潜航,如图7所示.当该潜艇驶入海水低密度区域时,浮力突然降为 2.4×10^7 N;10s后,潜艇官兵迅速对潜艇减重(排水),此后潜艇以 $1.0\mathrm{m/s^2}$ 的加速度匀减速下沉,速度减为零后开始上浮,到水下200m处时立即对潜艇加重(加水)后使其缓慢匀减速上浮,升到水面时速度恰好为零.取重力加速度为 $10\mathrm{m/s^2}$,不计潜艇加重和减重的时间和水的黏滞阻力.求:

(1)潜艇“掉深”达到的最大深度(自海平面算起);

(2)潜艇为阻止“掉失”减重后的质量以及升到水面时的质量.

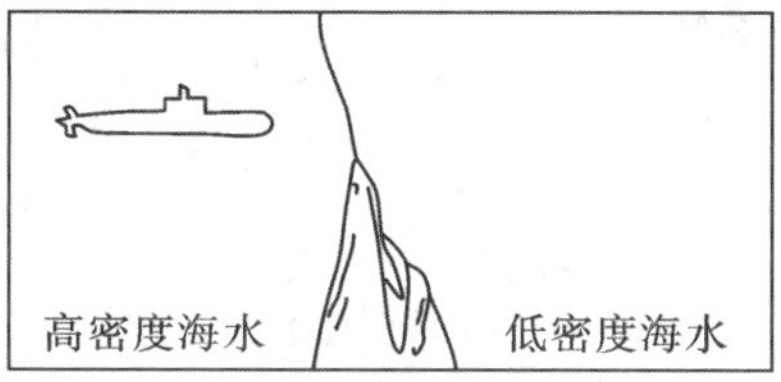

图7

13. (20分)如图8,一半径 $r=50$ cm的球形薄壁玻璃鱼缸内充满水,水中有一条小鱼.玻璃和水的折射率都是 $n=4/3$.观察者在不同位置和不同角度对玻璃鱼缸里的鱼进行观察.

(1)当鱼位于鱼缸的中心时,求观察者看到的鱼的表观位置和横向放大率;

(2)当鱼位于某些位置时,有时观察到鱼缸里的鱼“消失”,试找出鱼可能“消失”的位置范围以及观察者的观测位置范围,并于图中标出,并作简要说明.

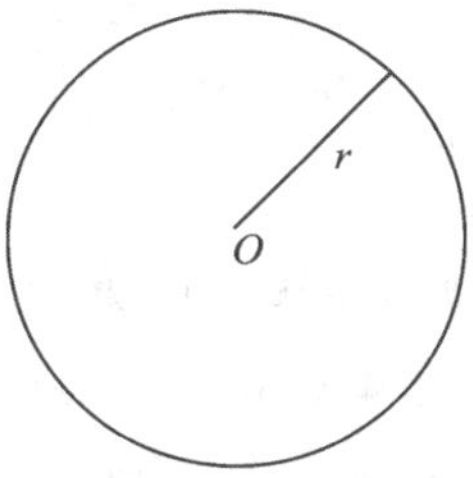

图8

14. (20分)球磨机利用旋转圆筒驱动锰钢球对矿石颗粒进行冲击和剥磨。如图9,某球磨机圆筒半径为 R,绕其(水平)对称轴匀速旋转.球磨机内装有矿石颗粒和一个质量为 m 的锰钢小球,钢球与筒壁之间摩擦因数足够大.若圆筒转速较低,球磨机内的钢球达到一定高度后会因为其本身的重量沿圆筒内壁滑滚下落(被称为处于泻落状态),此时矿石被钢球剥磨;若圆筒旋转的角速度超过某临界值,钢球随着圆筒旋转而不下落(被称为处于离心状态),球磨机研磨作用停止;若圆筒的角速度介于上述两情形之间,钢球沿圆筒内壁上升至某一点后会脱离圆筒落下(被称为处于抛落状态)冲击筒中的矿石粉,此时矿石被冲磨.重力加速度大小为 g.求:

(1)能使球磨机正常工作的圆筒转动角速度的范围;

(2)能使钢球对矿石的冲击作用最大时的圆筒转动角速度以及钢球对矿石的最大冲击功.可利用不等式:设 a_1,a_2,…,a_n 均为正数,则

$$\sqrt[n]{a_1a_2\cdots a_n}\leqslant\frac{a_1+a_2+\cdots+a_n}{n}$$

等号当且仅当 $a_1=a_2=\cdots=a_n$ 时成立.

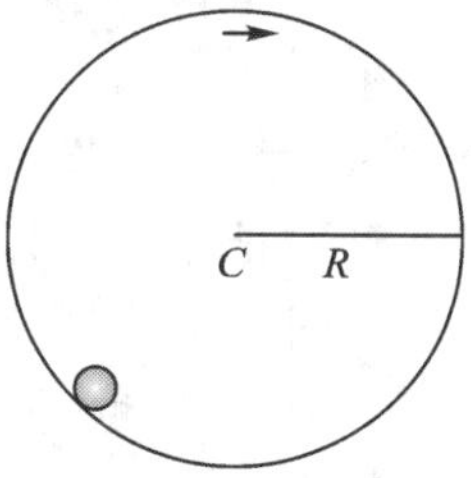

图9

15. (20分)如图10,间距为 L 的两根平行光滑金属导轨 MN、PQ 放置于同一水平面内,导轨左端连接一阻值为 R 的定值电阻,导体棒 a 垂直于导轨放置在导轨上,在 a 棒左侧和导轨间存在竖直向下的匀强磁场,磁感应强度大小为 B,在 a 棒右侧有一绝缘棒 b,b 棒与 a 棒平行,且与固定在墙上的轻弹簧接触但不相

连，弹簧处于压缩状态且被锁定．现解除锁定，b 棒在弹簧的作用下向左移动，脱离弹簧后以速度 v_0 与 a 棒碰撞并黏在一起．已知 a、b 棒的质量分别为 m、M，碰撞前后，两棒始终垂直于导轨，a 棒在两导轨之间的部分的电阻为 r，导轨电阻、接触电阻以及空气阻力均忽略不计，a、b 棒总是保持与导轨接触良好．不计电路中感应电流的磁场，求：

(1)弹簧初始时的弹性势能和 a 棒中电流的方向；

(2)a 棒从开始运动到停止的过程中产生的焦耳热 Q；

(3)在 a 棒从开向左滑行直至滑行距离为 x 的过程中通过定值电阻的电量 q.

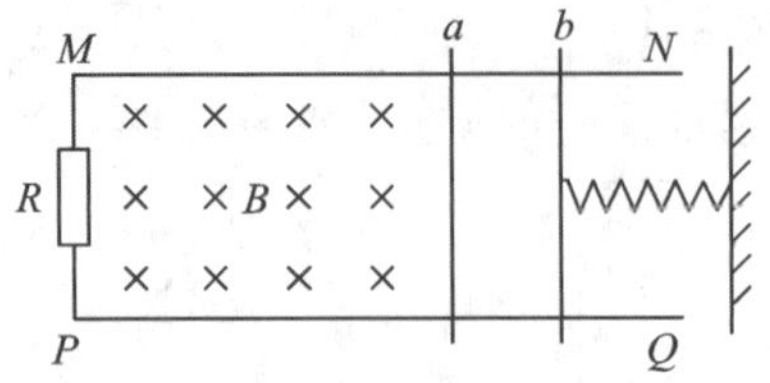

图 10

16.(20 分)线性涡流制动是磁悬浮列车高速运行过程中进行制动的一种方式．某研究所制成如图 11 所示的车和轨道模型来定量模拟磁悬浮列车的涡流制动过程．车厢下端有电磁铁系统固定在车厢上，能在长 $L_1=0.600\text{m}$、宽 $L_2=0.200\text{m}$ 的矩形区域内产生沿竖直方向的匀强磁场，磁感应强度可随车速的减小而自动增大(由车内速度传感器控制)，但最大不超过 $B_1=2.00\text{T}$，长大于 L_1、宽也为 L_2 的单匝矩形线圈间隔铺设在轨道正中央，其间隔也为 L_2，每个线圈的电阻为 $R_1=0.100\Omega$，导线粗细忽略不计．在某次实验中，模型车速度为 $v_0=20.0\text{m/s}$ 时，启动电磁铁制动系统，车立即以加速度 $a=2.00\text{m/s}^2$ 做匀减速直线运动；当磁感应强度增加到 2.00T 后，磁感应强度保持不变，直到模型车停止运动．已知模型车的总质量为 $m_1=36.0\text{kg}$，不计空气阻力，不考虑磁场边缘效应的影响．求：

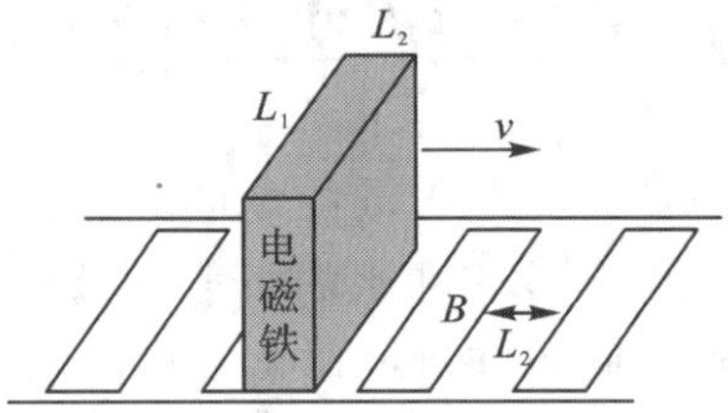

图 11

(1)电磁铁磁场的磁感应强度达到最大时，模型车的速度；

(2)模型车的制动距离．

2020 年第三十七届全国中学生物理竞赛复赛试题

思考笔记

一、(40 分)高铁运行的平稳性与列车的振动程度密切相关，列车上安装的空气弹簧可以有效减振．某高铁测试实验采用的空气弹簧模型由主气室(气囊)和附加气室(容积不变)构成，如图 1 所示．空气弹簧对簧上负载竖直向上的作用力由气囊内被压缩的空气产生的弹力提供．簧上负载处于平衡状态时，主气室内气体的压强和体积分别为 p_{10} 和 V_{10}，附加气室的容积为 V_2，大气压强为 p_0．空气弹簧竖直向上的作用力 F 与主气室内气体压强和大气压强之差的比值称为空气弹簧的有效承载面积 A_c．已知空气的定容摩尔热容 $C_V=\frac{5}{2}R$(R 是普适气体常量)．假设在微振幅条件下主气室内气体的体积 V_1 和有效承载面积 A_c 均可视为空气弹簧(气囊)的承载面相对于其平衡位置的竖直位移 y(向下为正)的线性函数，变化率分别为常量$-\alpha(\alpha>0)$和$\beta(\beta>0)$.

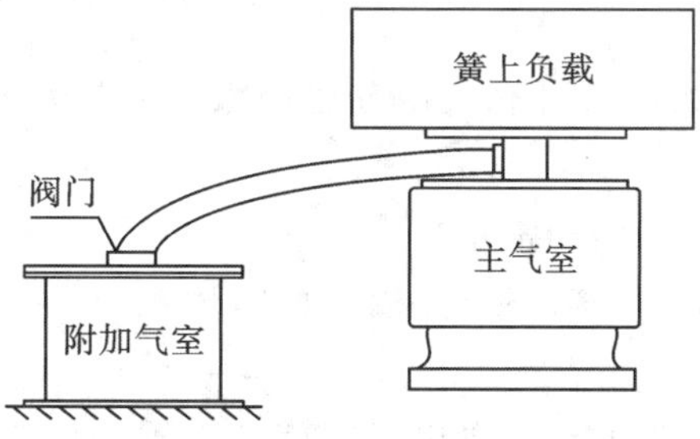

图 1

(1)附加气室未与主气室连通(阀门关闭),试在下述两种情形下,导出空气弹簧的劲度系数$K=\mathrm{d}F/\mathrm{d}y$与其有效承载面积$A_c$之间的关系;

(ⅰ)上下乘客(主气室内气体压强和体积的变化满足等温过程);

(ⅱ)列车运行中遇到剧烈颠簸(主气室内气体压强和体积变化满足绝热过程).

(2)主气室连通附加气室(阀门打开)后,在上述两种情形下,导出空气弹簧的劲度系数K与其有效承载面积A_c之间的关系.主气室与附加气室之间连通管道的容积可忽略.

二、(40 分)一质量为m、半径为R的均质实心母球静置于水平桌面上,母球与桌面之间的滑动摩擦因数为μ。将球杆调整到位于过球心的竖直平面内保持水平,并击打母球上半部,球杆相对于球心所在水平面的高度为$R/2$,击打时间极短;母球获得的冲量大小为P,方向水平.假设最大静摩擦力等于滑动摩擦力.重力加速度大小为g.

(1)问击打后经过多长时间母球开始做纯滚动?求母球达到纯滚动时球心的运动速度;

(2)记母球达到纯滚动时(以此时刻为计时零点)母球上与桌面接触点为B,求此后的t'时刻球上B点的位置、速度与加速度.

三、(40 分)负微分电阻效应是指某些电路或电子元件(如隧道二极管)在特定的电压范围内其电流随端电压增加而减少的特性,该效应可在电路中维持高频振荡并输出放大的交流信号.在图 2 所示的简化电路中,D 为一隧道二极管,其左侧由一定值电阻R、一电感L和一电容C串联组成,回路交流电流记为$i(t)$;其右侧由一理想的高频扼流圈 RFC(直流电阻为零,完全阻断交流信号)和一理想恒压直流电源V_0组成,回路直流电流记为$I(I\gg|i(t)|)$,已标示电流正方向.D 始终处在特定电压范围内,这时其电阻值为$-R_0(R_0>0$,且为一定值).

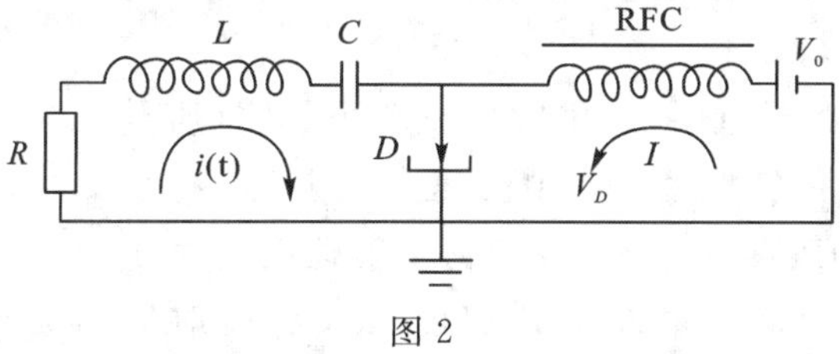

图 2

(1)已知$t=0$时,$i(0)=0$,$i(0)=\beta\neq0$($\dot{a}$表示a对t微商):交流电流随时间的变化满足

$$i(t)=\alpha_1 e^{\beta_1 t}+\alpha_2 e^{\beta_2 t},(\alpha_1、\beta_1、\alpha_2、\beta_2\text{ 为待定常量})$$

试确定常量α_1、β_1、α_2、β_2,以确定任意时刻t的交流电流$i(t)$;

(2)试说明在什么条件下左侧回路中会发生谐振?并求在发生谐振的情形下左侧回路中电流$i_H(t)$和谐振频率f_H;

(3)试说明在什么条件下左侧回路中会发生 RLC 阻尼振荡？一并求此时左侧回路中电流 $i_D(t)$和振荡频率 f_D；

(4)已知该隧道二极管 D 正常工作(即能保持其具有负微分电阻效应)的范围为

$$V_{min}\leqslant V_D\leqslant V_{max},(V_{min}、V_{max}为已知常量)$$

试求该隧道二极管上交流部分可能达到的最大平均功率 $\bar{P}_{max}$ 以及此时理想恒压直流电源的输出电压 V_0.

四、(40 分)劳伦斯(E. O. Lawrence)在 1930 年首次提出了回旋加速器的原理：用两个半圆形磁场，使带电粒子沿圆弧形轨道旋转，反复通过两半圆缝隙间的高频电场加速而获得较高能量. 他因这个极富创意的方案而获得了 1939 年的诺贝尔物理学奖.

(1)目前全球最大的回旋加速器是费米实验室中的高能质子同步加速器 Tevatron(粒子运行最大回旋圆轨道的周长为 $L_{max}=6436\text{m}$)，可以将一质子加速到的最大能量为 $E_{P.max}^{(tevatron)}=1.00\times10^6\,\text{MeV}$. 假设质子在被加速过程中始终在垂直于均匀磁场的平面内运动，不计电磁辐射引起的能量损失。求该同步加速器 Tevatron 将质子加速到上述最大能量所需要的磁感应强度的最小值 B_{min}.

(2)高能入射质子轰击静止的质子(靶质子)，可产生反质子 $\bar{p}$，反应式为

$$p+p\to p+p+p+\bar{p}$$

求能产生反质子时入射质子的最小动能，并判断第(1)问中的 Tevatron 加速的质子是否可以轰击静止的靶质子而产生反质子.

已知数据：质子质量 $m_p=938.3\text{MeV}/c^2$，真空中的光速 $c=3.00\times10^8\,\text{m/s}$.

五、(40 分)星际飞行器甲、乙、丙如图 3 所示：在惯性系 Σ(坐标系 $O\text{-}xy$)中观测到飞行器甲和乙在同一直线上朝 y 轴负方向匀速飞行，飞行器丙在另一直线上朝 y 轴正方向匀速飞行；两条飞行直线相互平行，相距 d. 三艘飞行器的速度在惯性系 Σ 中分别为 $v_{甲\Sigma}=(-2c/3)\hat{y}$、$v_{乙\Sigma}=(-c/3)\hat{y}$、$v_{丙\Sigma}=(2c/3)\hat{y}$($\hat{y}$ 是沿 y 轴正方向的单位矢量)，图中飞行器旁的箭头表示其飞行速度的方向。假设飞行器甲、乙、丙的尺寸远小于 d.

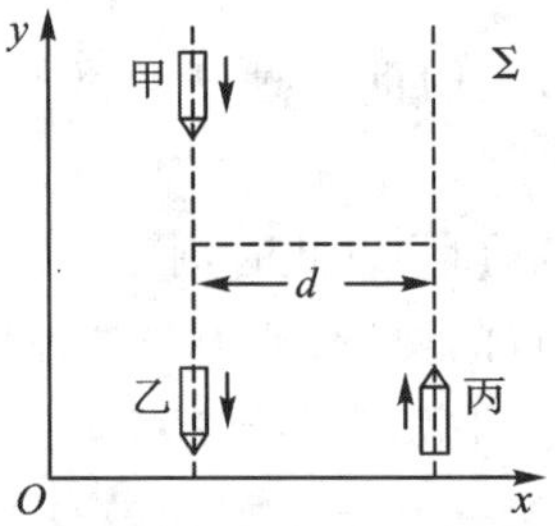

图 3

(1)某时刻，飞行器甲向乙发射一个光信号，乙收到该信号后立即将其反射回甲. 据甲上的原子钟读数，该光信号从发出到返回共经历了时间$(\Delta t_{光信号})_甲=T$. 试求分别从惯性系 Σ 和乙上的观测者来看，光信号从甲发出到返回甲，所经历的时间各是多少？从甲上的观测者来看，从甲收到返回的光信号到甲追上乙需要多少时间？

(2)当飞行器甲和丙在惯性系 Σ 中相距最近时，从甲发射一个小货物(质量远小于飞行器的质量，尺寸可忽略)，小货物在惯性系 Σ 中的速度大小为 $v_{货\Sigma}=3c/4$. 为了让丙能接收到该货物，从甲上的观测者来看，该货物发射速度的大小和方向是多少？从乙上的观测者来看，货物从甲发射到被丙接收所需时间$(\Delta t_货)_乙$是多少？

六、(40 分)光纤陀螺仪是一种能够精确测定运动物体方位的光学仪器，它是现代航海、航空和航天等领域中被广泛使用的一种惯性导航仪器。光纤陀螺仪导航主要基于下述效应：在一个半径为 R、以角速度 Ω 转动的光纤环路(图 4a)中，从固定在环上的分束器 A 分出的两束相干光分别沿逆时针

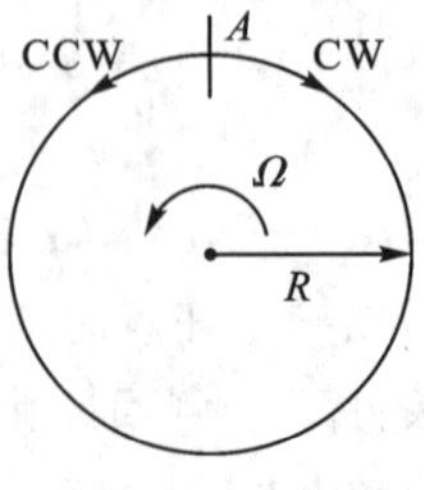

图 4a

(CCW)和顺时针(CW)方向传播后回到 A，两者的光程不一样. 检测两束光的相位差或干涉条纹的变化，可确定该光纤环路的转动角速度 Ω. 真空中的光速为 c.

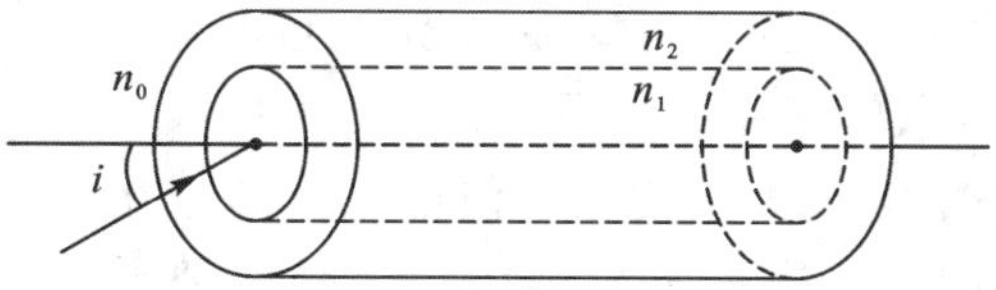

图 4b

(1)如图 4b，光纤由内、外两层介质构成，内、外层介质的折射率分别为 n_1、n_2($n_1>n_2$). 为了使光能在光纤内传输，光在输入端口(端口外介质的折射率为 n_0)的入射角 i 应满足什么条件？

(2)考虑沿环路密绕 N 匝光纤，首尾相接于分束器 A，光纤环路以角速度 Ω 沿逆时针方向旋转。从 A 分出两束相干光沿光纤环路逆时针和顺时针方向传播，又回到 A. 已知光传播介质的折射率为 n_1，两束光在真空中的波长为 λ_0，问两束相干光分别沿光纤环路逆时针和顺时针方向传播的时间 t_{CCW} 和 t_{CW} 为多少？这两束光的相位差为多少？试指出该相位差与介质折射率 n_1 之间的关系.

(3)为了提高陀螺系统的微型化程度，人们提出了谐振式光学陀螺系统。该系统中含有一个沿逆时针方向旋转的光学环形腔，其半径为 R，旋转角速度为 Ω($R\Omega\ll c$)，已知腔中的介质折射率为 n，在腔内存在沿逆时针和顺时针方向传播的两类共振模式。当环形腔静止时，这些模式的波长 λ_{m0} 由周期边界条件 $2\pi R=m\lambda_{m0}$ 决定，其中 m 为正整数，称为共振模式的级次. 当环形腔旋转时，同一级次(均为 m)的沿顺时针和逆时针方向传播的共振模式存在一个共振频率差 Δf，试导出环形腔转动角速度 Ω 与该共振频率差 Δf 之间的关系.

七、(40 分)激光干涉引力波天文台(LIGO)2015 年首次探测到了十亿光年外双黑洞并合产生的引力波，证实了爱因斯坦理论关于存在引力波和黑洞的预言. 黑洞并合过程分为三个阶段：第一阶段(旋近阶段)，两黑洞围绕系统质心在同一平面内做近似圆周的运动(图 5)，损失的机械能转化为引力辐射能，两者螺旋式逐渐靠近；第二阶段(并合阶段)，双黑洞并合为一个黑洞；第三阶段(衰荡阶段)，并合的黑洞弛豫至平衡状态，成为一个稳定的旋转黑洞. 在旋近阶段，若忽略黑洞的自转和大小，则双黑洞均可视为质量分别恒为 M 与 m 的质点，它们之间距离 L 随时间而逐渐减小. 假定系统除了辐射引力波外无其他能量耗散，不考虑引力辐射的反作用，可用牛顿引力理论进行近似处理.

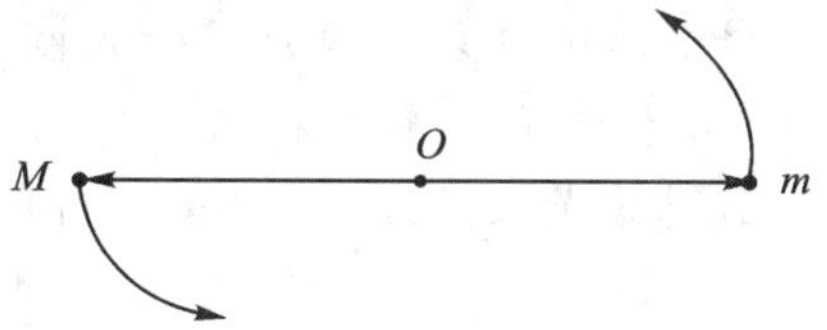

图 5

(1)引力波辐射功率除了与引力常量 G 成正比之外，还可能与两黑洞的质量 M 与 m、两黑洞之间的距离 L、系统绕质心的转动惯量 I、转动角速度 ω 和辐射引力波的传播速度(其大小等于真空中的光速 c)有关，试选取描述转动体系辐射的三个物理量与 G 一起导出引力波辐射功率的表达式(假设其中可能待定的无量纲比例常数为 α)；

(2)若在初始时刻 $t=0$ 时两黑洞之间的距离为 L_0，且引力波辐射功率表达式中的无量纲比例常数 α 是已知的，求两黑洞从 $t=0$ 时开始绕系统质心旋转 360°所需要的时间；

(3)当两黑洞从 $t=0$ 时开始绕系统质心旋转多少度时，它们间的距离恰好是其初始距离的一半？

八、(40分)将电传输信号调制到光信号的过程称为电光调制.电光调制器的主要工作原理是电光效应：以铌酸锂电光晶体为例，其折射率在电场作用下发生变化，从而改变输入光束的光程，使电信号信息转移到光信号上.电光调制器光路图如图6a所示，P_1、P_2分别为起偏器和检偏器，两者结构相同但偏振方向相互垂直，图中$P_1(\parallel x_1)$、$P_2(\parallel x_2)$表示P_1、P_2的偏振方向分别与x_1、x_2坐标轴平行，长度为l、厚度为d的电光晶体置于P_1、P_2之间，晶体两端面之间加有电压V(以产生沿x_1方向的电场，强度大小为E)；真空中波长为λ_0的光波经过起偏器$P_1(\parallel x_1)$后沿x_3方向入射至电光晶体，折射后分为两束偏振方向(分别与快轴x_1'和慢轴x_2'平行)相互垂直的光波，x_1'轴与x_1轴、x_2'轴与x_2轴均成45°夹角；电光晶体内沿x_1'、x_2'方向的折射率分别为

$$\begin{cases} n_{x_1'}=n_o-\dfrac{1}{2}n_o^3\gamma E \\ n_{x_2'}=n_o+\dfrac{1}{2}n_o^3\gamma E \end{cases}$$

其中n_o为o光的折射率，y为常量，由晶体本身性质决定：两束光从电光晶体出射后经1/4波片，最终由检偏器$P_2(\parallel x_2)$获取.

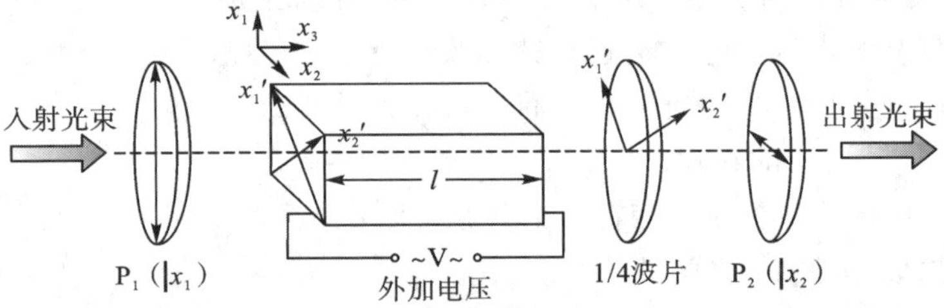

图6a

(1)一束圆频率为ω的光入射到电光晶体左端面，电场强度为

$$\begin{cases} E_{x_1'}=E_0\cos\omega t \\ E_{x_2'}=E_0\cos\omega t \end{cases}$$

求光通过电光晶体后的相位变化和光强变化：当出射光束之间的相位差为π时，电光晶体起到一个"1/2波片"的作用，此时所用的外加电压称为半波电压V_π，求V_π.

(2)设外加电信号电压为

$$V=V_m\sin\omega_m t\,(V_m\ll V_\pi)$$

ω_m是调制信号频率.若光波不经过1/4波片而直接进入检偏器P_2，求出射光束的光强透过率(出射光与入射光强度之比)与电信号电压的关系。只有在电光调制器的透过率与调制电压具有良好的线性关系时，电信号转移到光信号后信号才不失真。求光线经过1/4波片和检偏器P_2时，出射的光束光强透过率与电信号电压的关系，并指出1/4波片所起的作用.

(3)电光调制器的等效电路如图6b左半部所示：电光晶体置于两平行板电极间，两平行板间的电光晶体可等效为由电阻R和电容C的电阻—电容并联电路：V为外加信号电压，R_m为调制电源和导线的电阻，通常满足$R\gg R_m$.

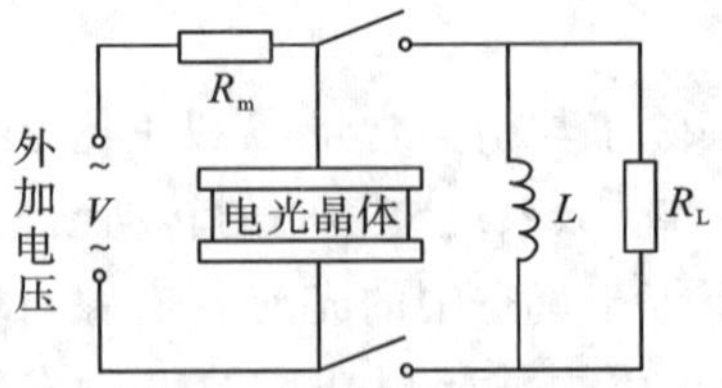

图6b

试证明：在图6b中开关断开的情形下，当$\omega_m\gg(R_mC)^{-1}$，实际加载至电光晶体上的电压V_c满足$|V_c|\ll|V|$，即调制效率极低.

(4)为了提高调制效率，添加(即将图6b中开关合上)如图6b右半部所示的并联谐振回路(图中，R_L为负载电阻，L为线圈的电感)，试证明$V_c|\approx|V|$.

2021 年第三十八届全国中学生物理竞赛预赛试题

思考笔记

一、选择题(本题 60 分,含 5 小题,每小题 12 分.)

1. 如图 1 所示,一轻弹簧左端固定,右端连接一物块.弹簧的劲度系数为 k,物块质量为 m,物块与桌面之间的滑动摩擦因数为 μ.重力加速度大小为 g.现以恒力 $F(F>\mu mg)$将物块自平衡位置开始向右拉动,则系统的最大势能为(　　).

A. $\frac{1}{2k}F^2$　　B. $\frac{2}{k}F^2$

C. $\frac{1}{2k}(F-\mu mg)^2$　　D. $\frac{2}{k}(F-\mu mg)^2$

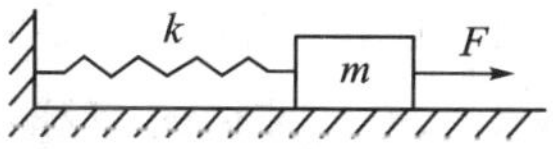

图 1

2. L 型的细铜棒在磁感应强度为 B 的匀强磁场中运动,已知 L 型棒两边相互垂直,长度均为 l,运动速度大小均为 v,则铜棒两端电势差的最大值为(　　).

A. $\frac{1}{2}Blv$　　B. Blv　　C. $\sqrt{2}Blv$　　D. $2Blv$

3. 氢原子的基态能量为-13.6eV.由一个电子和一个正电子结合成的束缚态(即所谓电子偶素)的基态能量近似为(　　).

A. -1.2eV　　B. -3.4eV　　C. -6.8eV　　D. -27.2eV

4. 关于放射性元素的半衰期,下列说法正确的是(　　).

A. 某种放射性元素的半衰期为 T,那么经过时间 T 该放射性元素的原子核个数一定下降为原来的一半

B. 不同种的放射性元素的半衰期长短差别很大,因此同种放射性元素在不同状态下也可能具有不同的半衰期

C. 半衰期是表征放射性元素衰变快慢的物理量,故可通过放射性同位素的衰变来测定时间

D. 若有某种放射性元素的原子 100 个,经过一个半衰期,该种放射性元素的原子个数可能还是 100 个,只是概率很小

5. 在如图 2 所示的电路中,电源电动势为 5V,内阻不计,$R_1=2\Omega$,$R_2=8\Omega$,$R_3=4\Omega$,$R_4=6\Omega$,电容器的电容 $C=10\mu$F.先将开关 S 闭合,待电路稳定后断开 S,则断开 S 后流经 R_4 的电荷量为(　　).

A. 2μC　　B. 3μC

C. 4μC　　D. 5μC

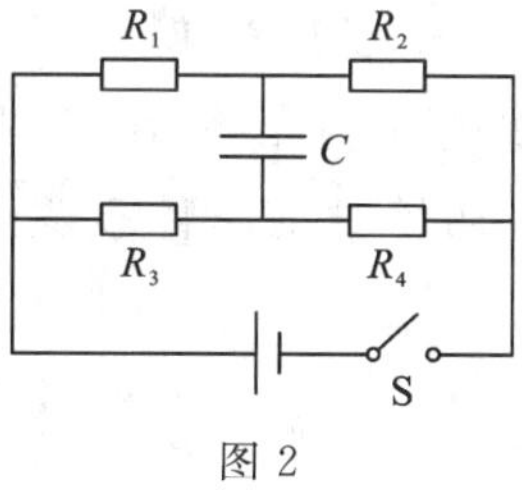

图 2

二、填空题(本题 100 分,每小题 20 分,每空 10 分)

6. 2020 年 11 月 24 日,嫦娥五号发射升空,成为我国首个从月球采样返回的航天器.已知月球质量为 7.4×10^{22}kg,月球半径为 1.7×10^{3}km,引力常量为 6.67×10^{-11}N·m^2/kg^2,该探测器从月球起飞的第一宇宙速度为________,第二宇宙速度为________.(结果保留两位有效数字).

7. 一粒水银珠竖直地掉在光滑的水平玻璃板上,分成三粒小水银珠 1、2、3,以相等的速率沿三个方向在玻璃板上运动,如图 3 所示.图中,小水银珠 1 与 2、2 与 3、3 与 1 的运动方向之间的夹角分别为 90°、150°、120°.小水银珠 1、2 的质量之比 $m_1:m_2$ 为________,小水银珠 2、3 的质量之比 $m_2:m_3$ 为________.

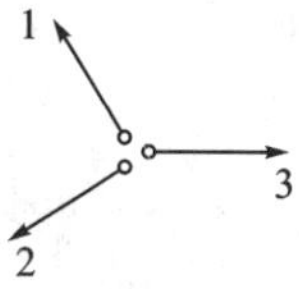

图 3

8. 一质量为 m、半径为 R 的均质小球静止在水平桌面上，小球和桌面之间的动摩擦因数为 μ，最大静摩擦力等于滑动摩擦力，重力加速度大小为 g. 用一根水平轻杆击打小球，击打位置位于球心所在的水平面上，击打方向正对球心，击打时间极短，小球获得的水平冲量为 P. 从击打结束开始经________时间后小球开始纯滚动，小球开始纯滚动时的速度为________. 已知小球绕球心的转动惯量为 $\frac{2}{5}mR^2$.

9. 气温为 25℃时，在体积为 V 的导热容器中装有湿度为 80%、压强为 p(干燥空气与水蒸气的分压之和)的空气. 保持温度不变，当容器体积缓慢压缩为________时开始有水蒸气液化；此时固定容器体积，将温度降低到 0℃后，容器内的压强为________. 设 25℃和 0℃时水的饱和蒸汽压分别为 p_1 和 p_2，液化后生成的水的体积可忽略.

10. 等厚干涉常被用来检测工件的表面平整度. 如图 4a 所示，在经过加工的工件表面放一块薄光学平板玻璃，平板玻璃和工件表面的夹角为 θ(θ 很小). 用波长为 λ 的单色光垂直照射工件，垂直于工件表面观测时干涉条纹的间距为________；若观测到如图 4b 所示的干涉条纹畸变，则说明工件表面是________(填“下凹”或“上凸”)的.

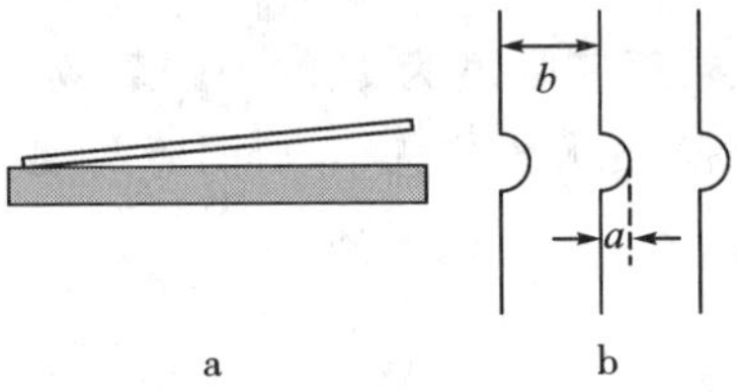

图 4

三、计算题(本题 240 分，共 6 小题，每小题 40 分.)

11. (40 分)如图 5 所示，物块 a、b 叠放在一倾角为 θ 的物块 c 的斜面上，物块 c 置于水平地面上. 已知物块 a、b、c 的质量均为 m，物块 b 的上表面水平且足够宽，重力加速度大小为 g. 不计所有接触面的摩擦. 开始时，用外力使 a、b、c 均处于静止状态；撤除该外力后，则在 b 到达斜面 c 的底端之前，各物块运动的加速度以及物块 a、b 之间和物块 b、c 之间的正压力大小.

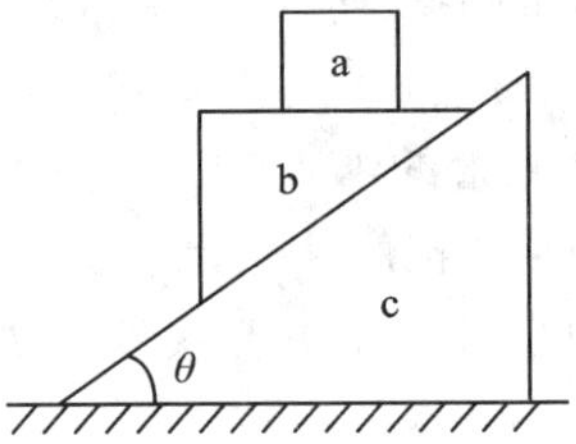

图 5

12. (40 分)如图 6 所示，长度为 L、质量为 m 的均匀金属杆两端靠在垂直于水平面的直角绝缘导轨上，导轨的两臂分别沿水平与竖直方向. 初始时刻金属杆静止，与竖直导轨成 30°角. 不计一切摩擦.

(1)试求当杆下滑到与竖直导轨成 60°角时杆的质心的速度；

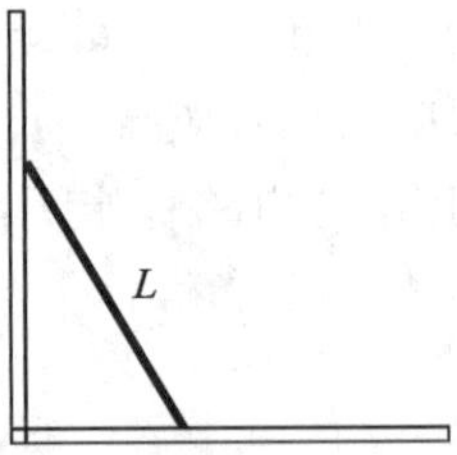

图 6

(2)假设存在垂直于导轨所在平面(纸面)向里的匀强磁场，磁感应强度大小为 B，求当杆下滑到与竖直导轨成 60°角时杆两端的感应电动势.

13. (40 分)6 个小朋友在操场上玩追逐游戏. 开始时，6 个小朋友两两间距离相等，构成一正六边形. 然后每个小朋友均以不变的速率 v 追赶前面的小朋友(即小朋友 1 追 2、2 追 3、3 追 4、4 追 5、5 追 6、6 追 1)，在此过程中，每个小朋友的运动方向总是指向其前方的小朋友. 已知某一时刻 $t_0=0$，相邻两个小朋友的距离为 l，如图 7 所示. 试问：

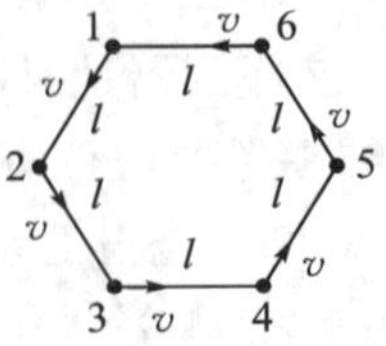

图 7

(1)从 t_0 时刻开始，又经过多长时间后面的小朋友可追到前面的小朋友？

(2)从 t_0 时刻开始，直至追上前面的小朋友，每个小朋友又跑了多少路程？

(3)在 t_0 时刻，每个小朋友的加速度大小是多少？

14. (40 分)如图 8 所示，一薄凹透镜焦距为 -20.00cm，一点光源 P 位于该透镜左边并在透镜主轴的正上方，P 在该透镜主轴上的投影距透镜中心 O 点 32.00cm，P 离光轴距离为 0.30cm. 透镜的右边 40.00cm 处有一曲率半径为 10.00cm 的凹面镜，其反射面对着透镜并垂直于主轴放置. 试在近轴近似条件下，求最终点光源 P 所成的像点 P' 相对于 P 点的位置；并说明此像是实像还是虚像.

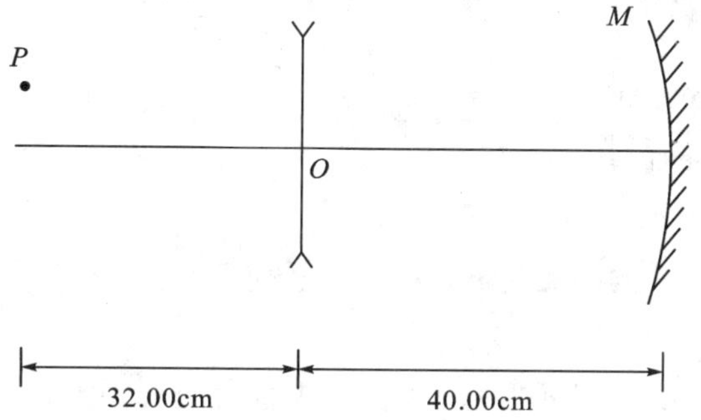

图 8

15. (40 分)如图 9 所示，横截面积为 S 的密闭容器直立在桌面上，容器中有一质量为 M 的活塞将容器分为 A、B 两室，A 室容积为 V_1，活塞与器壁之间的摩擦可忽略. A 室中有质量为 m 的氦气，B 室中有水蒸气和少量液态水. 保持温度不变，将容器缓慢水平放置，B 室中仍有液态水. 已知当前温度下水蒸气饱和蒸汽压为 p，水的汽化热为 L，氦气和水蒸气的摩尔质量为 μ_1 和 μ_2. 重力加速度大小为 g. 水的体积可忽略. 求容器从竖直放置到水平放置的过程中.

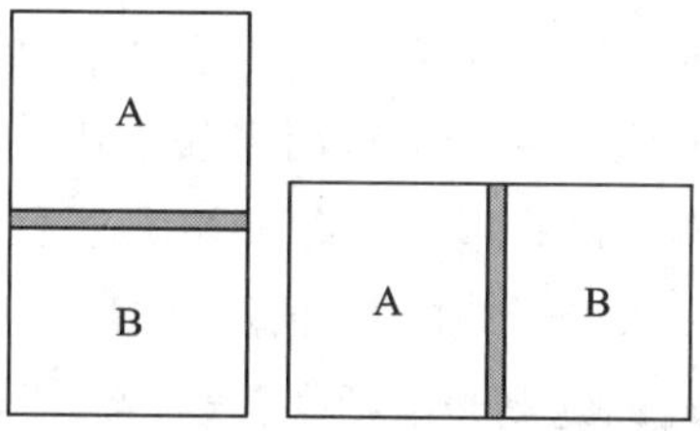

图 9

(1)A 室体积的改变；

(2)B 室从外界吸收的热量.

16. (40 分)运算放大器是模拟信号处理的重要元件. 其电路元件符号如图 10a 所示，理想的运算放大器有正向(+)、反向(−)两个输入端和一个输出端，在工作时，运算放大器两个输入端的电势相等，但是并没有电流流入或流出运算放大器.

(1)若正向输入端接地，试给出如图 10b 所示的连接电路的输出电压 U_{out} 和输入电压 U_{in} 之间的关系.

(2)如图 10c 所示，运算放大器正向和反向输入端均有信号输入. 试给出输出电压 U_{out} 与输入信号 U_{in1} 和 U_{in2} 之间的关系；并指出当 R_1、R_2、R_3 和 R_f 之间满足何种关系时有 $U_{\text{out}}=U_{\text{in2}}-U_{\text{in1}}$.

(3)若将(1)中图 10b 中的 R_f 换成电容 C，并输入如图 10d 所示的方波电压，试画出输出电压 U_{out} 的波形.

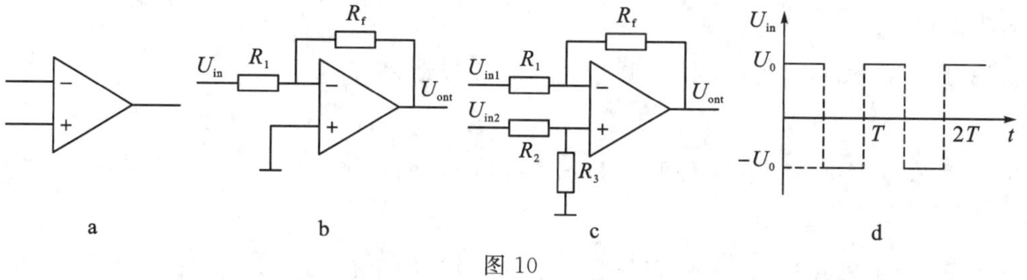

图 10

2021 年第三十八届全国中学生物理竞赛复赛试题

思考笔记

一、(1)一宽束平行光正入射到折射率为 n 平凸透镜左侧平面上，会聚于透镜主轴上的点 F，系统过主轴的截面如图 1 所示. 已知凸透镜顶点 O 到点 F 的距离为 r_0. 试在极坐标系中求所示平凸透镜的凸面形状，并表示成直角坐标系中的标准形式.

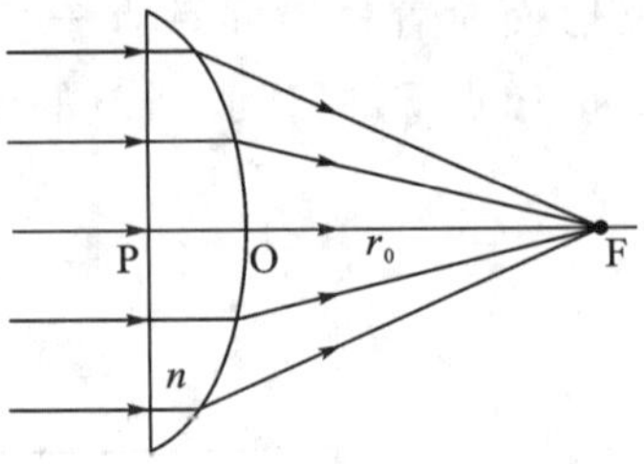

图 1

(2)在如图 1 所示的光学系统中，共轴地插入一个折射率为 n' 的平凹透镜(平凹透镜的平面在凹面的右侧，顶点在 O、F 点之间的光轴上，到 F 的距离为 r'_0，$r'_0<r_0$)，使原来汇聚到点 F 的光线经平凹透镜的凹面折射后平行向右射出.

(Ⅰ)在极坐标系中求所插入的平凹透镜的凹面形状，并表示成直角坐标系中的标准形式；

(Ⅱ)已知通过平凸透镜后的汇聚光线与主轴的夹角 θ 的最大值为 θ_{max}，求入射平行圆光束与出射平行圆光束的横截面半径之比.

二、如图 2 所示，一端开口的薄壁玻璃管竖直放置，开口朝上，玻璃管总长 $l=75.0\text{cm}$，横截面积 $S=10.0\text{cm}^2$，玻璃管内用水银封闭一段理想气体，水银和理想气体之间有一薄而轻的绝热光滑活塞，气柱高度与水银柱高度均为 $h=25.0\text{cm}$. 已知该理想气体初始温度 $T_0=400\text{K}$，定体摩尔热容 $C_V=\frac{5}{2}R$，其中 $R=8.31\text{J}/(\text{mol}\cdot\text{K})$为普适气体常量；水银密度 $\rho=13.6\times10^3\text{kg/m}^3$，大气压强 $p_0=75.0\text{cmHg}$，重力加速度大小 $g=9.80\text{m/s}^2$.

图 2

(1)过程 A：对封闭的气体缓慢加热，使水银上液面恰好到达玻璃管开口处，求过程 A 中封闭气体对外所做的功；

(2)过程 B：继续对封闭气体缓慢加热，直至水银恰好全部流出为止(薄活塞恰好与玻璃管开口平齐)，通过计算说明过程 B 能否缓慢稳定地发生? 计算过程 B 中封闭气体所吸收的热量.

忽略玻璃管和水银的热膨胀效应. 计算结果保留三位有效数字.

三、如图 3 所示，一个半径为 r 的均质超球向上、下两个固定的平行硬板之间发射，与两板接连碰撞 3 次后，几乎返回原处；取 x 轴水平向右，y 轴竖直向下，z 轴正向按右手螺旋确定. 开始时球心速度的水平分量为 v_{0x}，z 方向的分量为 0，球绕过球心的轴(平行于 z 轴)的角速度大小为 ω_{0z}：($\omega_{0z}<v_{0x}/r$). 不考虑重力.

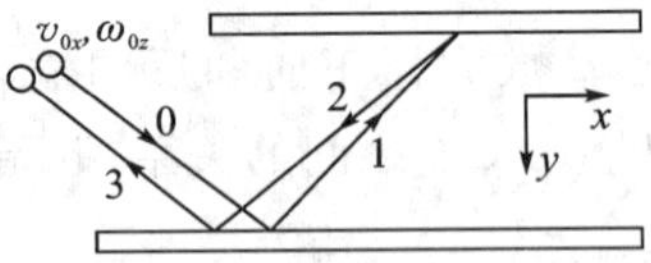

图 3

(1)求超球与板碰撞第 1 次后球心速度的水平分量 v_{1x} 和球转动的角速度 ω_{1z}；

(2)求超球与板碰撞第 2 次后球心速度的水平分量 v_{2x} 和球转动的角速度 ω_{2z}；

(3)求超球与板碰撞第 3 次后球心速度的水平分量 v_{3x} 和球转动的角速

度 ω_{3z}.

提示:已知一质量为 m、半径为 r 的均质球体绕过球心的轴的转动惯量为 $J=2mr^2/5$;超球是一种硬质橡皮球体,它在硬板面上的反跳可视为是完全弹性的,换言之,在接触点无滑动,它在接触点受到静摩擦力与正压力时产生的切向形变和法向形变可视为是弹性的,为简化起见,假设这两种形变是彼此无关的(因而相应的弹力各自均为保守力).

四、一枚小的永磁针可视为一个半径很小的电流环,其磁矩 μ 大小为 $\mu=IS$(I 为固有不变的环电流强度,$S=\pi R^2$,R 为电流环的半径),方向与电流环所在的平面垂直,且与电流方向成右手螺旋关系,如图 4 所示. 两枚小磁针 A 和 B 的磁矩大小保持不变均为 μ,质量均为 m. 取竖直向下的方向为 z 轴正方向建立坐标系. 将 A 固定在坐标系的原点 O 上,其磁矩方向沿 x 轴正方向;将 B 置于 A 的正下方. 已知真空的磁导案为 μ_0,重力加速度大小为 g.

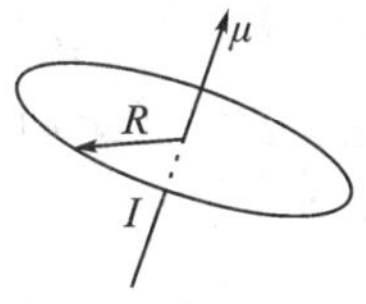

图 4

(1)假设 B 的磁矩方向与 x 轴成 θ 角,其质心坐标为 $(0,0,z)$ $(z\gg R)$,求 A、B 之间的相互作用势能.

(2)假设 z 不变,求 B 可以处于稳定平衡时与 x 轴所成的角 $\theta_{稳}$(所谓稳定平衡是指:在小扰动下,B 的磁矩指向若偏离了 $\theta_{稳}$,则仍有回到原来指向的趋势).

(3)现假设 z 可以变化,但 B 的磁矩与 x 轴所成的角 $\theta=\theta_{稳}$,求 B 的受力平衡位置,并说明此平衡位置是否为稳定平衡位置(所谓不稳定平衡是指:在小的扰动下,B 在重力的作用下掉落,或者被 A 吸附过去).

五、原子激光制冷是一种利用激光使原子减速、降低原子温度的技术. 冷原子实验中减速原子束流的塞曼减速装置如图 5 所示:一束与准直后的原子束流反向传播的单频激光与原子发生散射,以达到使原子减速的目的. 原子和光子的散射过程可理解为原子吸收光子、随即各向同性地发射相同能量光子的过程. 单位时间内一个原子散射光子的数目称为散射速率. 当原子的能级与激光频率共振时,原子散射光子的散射速率最大,减速效果最好. 然而,在正常情况下,当原子速度改变(被减速)后,由于多普勒效应,原子与激光不再共振,造成减速暂停. 塞曼减速装置利用原子跃迁频率会受磁场影响的特性(塞曼效应:原子的能级会受到外磁场影响,从而能级间跃迁所吸收的光的频率也会受到外磁场的影响),利用随空间变化的磁场来补偿多普勒效应的影响,使原子在减速管中处处与激光共振,直至将原子减速至接近静止.

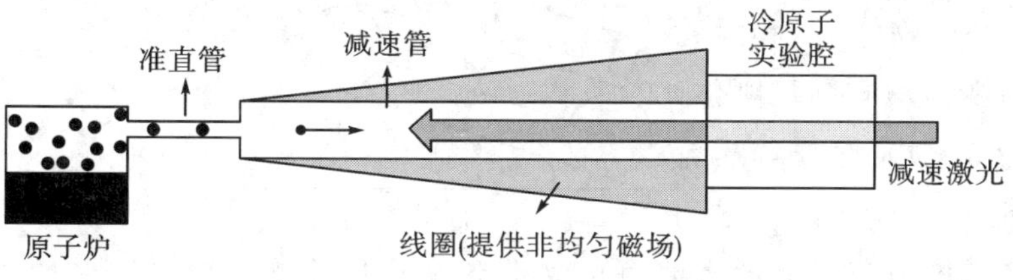

图 5

(1)考虑被加热到 350℃ 的 ^{40}K 原子气体,问准直后(假设准后原子只有一个方向的自由度)的原子的方均根速率 v_0 是多少?

(2)激光与对应的原子跃迁共振时,原子对光子的散射速率为 $\Gamma=500\times10^6\,\mathrm{s}^{-1}$. 已知用于减速原子的激光波长是 670nm,问原子做减速运动时的加速度 a 为多少?将具有方均根速率 v_0 的 ^{40}K 原子一直被激光共振减速至静止所需的距离是多少？

(3)不考虑磁场的影响，试计算激光频率应该比原子静止时的激光共振频率减小多少才能与以方均根速率 v_0.(向着光源方向)运动的原子发生共振跃迁？

(4)已知在磁场的作用下，原子对应的跃迁的频率随磁感应强度变大而线性变小(塞曼效应)

$$f_0(B)=f_0(B=0)+\beta B$$

式中，系数 $\beta=-1.00\times10^{10}\ \mathrm{Hz/T}$. 假设在准直管出口处($z=0$)^{40}K 原子以均方根速率 v_0 朝激光射来的方向运动，同时假设在准直管出口处($z=0$)的磁感应强度 B 为 0. 为了使原子在减速管中(直至原子减速至接近静止)处处被激光共振减速，需要加上随着离准直管出口处距离 z 而变化的磁场来补偿多普勒效应的影响. 试求需要加上的磁场的磁感应强度 $B(z)$ 与 z 的关系.

已知普朗克常量 $h=6.626\times10^{-34}\ \mathrm{Js}$，玻尔兹曼常量 $k_B=1.38\times10^{-23}\ \mathrm{J/K}$，单位原子质量 $1u=1.66\times10^{-27}\ \mathrm{kg}$.

六、如图 6，在真空中有两个同轴放置的无限长均匀带电的薄壁圆筒，圆筒的半径分别为 r_1 和 r_2；在平行于筒轴方向上，单位长度内、外圆筒的质量均为 m，单位长度内、外圆筒分别带有 $q(q>0)$、$-q$ 的电荷. 两个圆筒均可以各自绕其中心轴自由旋转. 已知真空的介电常量(电容率)和磁导率分别为 ε_0 和 μ_0.

(1)计算在距离轴 r 处的电场强度；

(2)当内外圆筒以相同的角速度 ω 同向旋转时，求空间中的磁感应强度分布.

(3)若在内圆筒处($r=r_1$)，从静止释放一个质量为 μ，电荷量为 Q(Q 与 q 同号)的点电荷，试分析当 ω 满足什么条件时，此点电荷能够在电磁场的作用下到达外圆筒处($r=r_2$).

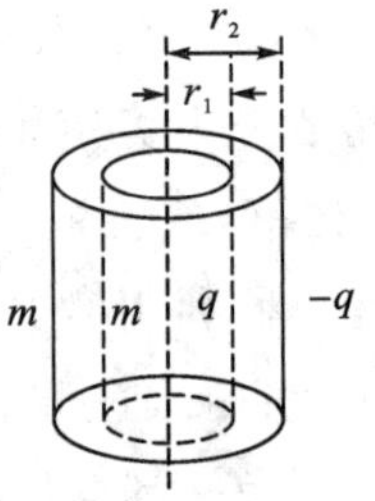

图 6

(4)若初始时内、外圆筒均静止，现对外圆筒施加一力矩使其开始旋转，当外圆筒的角速度达到 Ω 时，试计算

(Ⅰ)内圆筒转动的角速度 ω；

(Ⅱ)在从初始时直至外圆筒的角速度达到 Ω 的整个过程中，沿轴向单位长度的外圆筒所受到的外力矩(不包括两圆筒感应电磁场作用力的力矩)M 的总冲量矩 J；

(Ⅲ)沿轴向单位长度的内、外圆筒的总的机械角动量 L.

七、一简化的汽车力学模型如图 7 所示：半径为 r、质量均为 m 前轮(两个前轮视为一个物体 m)和后轮(两个后轮视为一个物体 m)分别视为均质圆柱刚体，前后轮轴相距 L；刚体车身质量为 M，质心位于前后轮轴正中，且与两轮轴所在平面相距 h. 车轮与地面之间的滑动摩擦因数为 μ(假定最大静摩擦力等于滑动摩擦力). 忽略空气阻力；忽略车轮转动过程中转轴受到的摩擦力矩. 重力加速度大小为 g. 任一半径为 r、质量为 m 的均质圆柱相对于中心轴的转动惯量为 $J=\frac{1}{2}mr^2$.

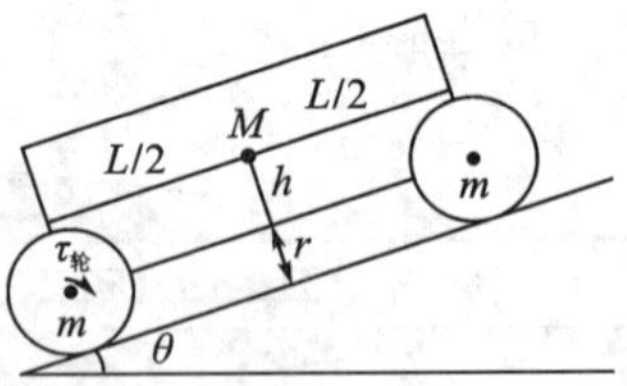

图 7

(1)假定某时刻汽车在倾角为 θ 的斜坡(斜面)上无滑动地向上加速运动，车身的加速度为 a；前后轮与地面的正压力均大于零，分别求出前轮和后轮与地面的正压力 $N_{前}$ 和 $N_{后}$. 据此确定为了使前轮不离开地面，加速度的最大安全值

$a_{安全}$(此后始终假定 $a<a_{安全}$).

(2)假定汽车在倾角为 θ 的斜坡上做加速运动.在时刻 t,车身上的发动机向后轮提供的顺时针的力矩为 $\tau_{轮}$.忽略车轮旋转时与车身之间的摩擦,并假定车轮与地面摩擦系数 μ 足够大使得车轮与地面之间不发生滑动.求车身此时的加速度 a.

(3)发动机和车轮通过变速器连接,假定变速器的机械效率为100%,发动机转速 ω 是车轮转速 $\omega_{轮}$ 的 r_i 倍(变速比).根据前面结论分别计算A型电动汽车在水平地面($\theta=0$)和30度上坡($\theta=30°$)的最大加速度 $a(0°)$ 和 $a(30°)$.计算为了使这两种情况下车轮与地面不发生滑动,摩擦系数 μ 需要的最小值 $\mu_{\min}$.本问可利用的数据:A型电动汽车的参数 $M=1.8\times10^3$ kg,$h=0.1$m,$r=0.40$m,$L=2.9$m,发动机最大输出力矩 $\tau=4.0\times10^2$N·m,变速比 $r_i=10$,车轮质量 m 相对于车身质量可忽略;$g=9.8\text{m}\cdot\text{s}^{-2}$.

数值结果保留两位有效数字.

八、一简化电动汽车模型如图8所示,半径为 r、质量均为 m 前轮(两个前轮视为一个物体 m)和后轮(两个后轮视为一个物体 m)分别视为均质圆柱刚体;刚体车身质量为 M,质心位于前后轮轴正中.忽略空气阻力;忽略车轮转动过程中转轴受到的摩擦力矩.

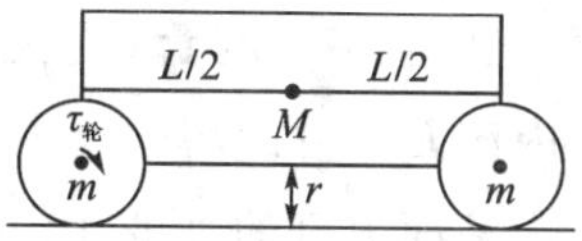

图8

(1)很多电动汽车的发动机是永磁直流电机.在简化模型中,电机动子线圈始终在匀强恒定磁场 B 中运动并垂直切割磁力线,切割磁力线的线圈导线总长度为 l,转动轨迹的半径为 $r_{线圈}$,线圈总电阻为 $R_{线圈}$,线圈自感可忽略.为线圈提供电流的电池的开路电压为 V,内阻为 $R_{内}$.若电机运动部分之间摩擦可忽略,求电机的输出力矩 τ 与电机转速 ω 之间的关系 $\tau(\omega)$,最大输出力矩 $\tau_{\max}$,输出力矩为零时的最大转速 $\omega_{\max}$,以及最大输出功率 $P_{\max}$.为方便此后的计算,将 $\tau(\omega)$ 中涉及的常量用 $\tau_{\max}$、$\omega_{\max}$ 和 $P_{\max}$ 表示.

(2)考虑水平地面上汽车从 $t=0$ 时刻的静止状态开始加速的过程,已知在车轮与地面之间不发生滑动的情形下,车身质心在时刻 t 的加速度大小 a 满足

$$a=\frac{\tau_{轮}/r}{M+3m}$$

式中,$\tau_{轮}$ 是此时车身上的电机向后轮提供的顺时针的力矩.电机和车轮通过变速器连接,假定变速器的机械效率为100%,电机转速与车轮转速之比(变速比)为 r_i.求车速 $v(t)$ 与时间 t 之间的关系.

(3)利用A型汽车的参数数值,以及电机的最大输出功率 $P_{\max}=2.0\times10^2$kW,根据(2)的结果,计算车速从零增加到 $v_f=100$km/h 所需的时间.计算这个加速过程消耗的电池能量(以kWh为单位),以及电池能量转化为机械能的效率.本问可利用的数据和结果:A型电动汽车的参数 $M=18\times10^3$kg,$r=0.40$m,$L=2.9$m,电机最大输出力矩 $\tau=40\times10^2$N·m,电机转速与车轮转速之比(变速比)$r_i=10$,车轮质量 m 相对于车身质量可忽略.任一半径为 r、质量为 m 的均质圆柱相对于中心轴的转动惯量为 $J=\frac{1}{2}mr^2$.

数值结果保留两位有效数字.

2022年第三十九届全国中学生物理竞赛预赛试题

思考笔记

一、选择题(本题60分,含5小题,每小题12分.)

1. 1964年10月16日,中国第一枚原子弹试爆成功.该原子弹核反应物的主要成分是^{235}U.天然^{235}U是不稳定的,它将通过若干次α衰变和β衰变最终成为稳定的元素Pb.^{235}U衰变形成的稳定的Pb同位素为(　　).

A. ^{204}Pb　　B. ^{205}Pb　　C. ^{206}Pb　　D. ^{207}Pb

2. 将相同材料做成的两根内径不同、两端开口的圆柱形毛细管竖直插入某种与管壁浸润的液体内.下列说法正确的是(　　).

A. 毛细管内液面都下降,且液面与管壁接触处比液面中间低

B. 毛细管内液面都上升,且液面与管壁接触处比液面中间高

C. 内径小的毛细管内液面上升的高度比内径大的高

D. 内径小的毛细管内液面上升的高度比内径大的低

3. 三个质量皆为m的小球a、b、c由三段长度皆为l的不可伸长的轻细线L_1、L_2、L_3相继连接,竖直悬挂,并处于静止状态,如图1所示.在某一时刻,小球a、b受到水平方向的冲击,分别获得向右、向左的大小为v的速度.此时,中间那段细线L_2的张力大小为(　　).

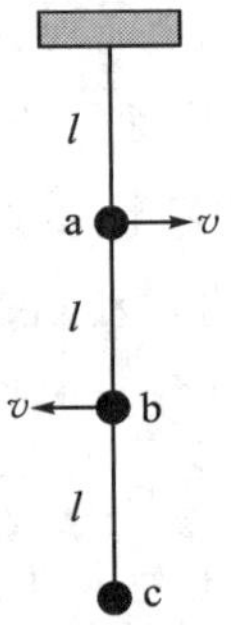

图1

A. $2mg$　　B. $2mg+\frac{4mv^2}{l}$

C. $2mg+\frac{5mv^2}{l}$　　D. $2mg+\frac{11mv^2}{l}$

4. 如图2所示,由两块相距为0.50mm的薄金属板L、M构成的平行板电容器,被屏蔽在一个金属盒K内,连接M端的导线同时与K相连,金属盒上壁与L板相距0.25mm,下壁与M板相距亦为0.25mm,金属板面积为30×40mm^2.忽略电容器的边缘效应.从L、M两端测得被屏蔽后的电容器的电容与屏蔽前的电容之比为(　　).

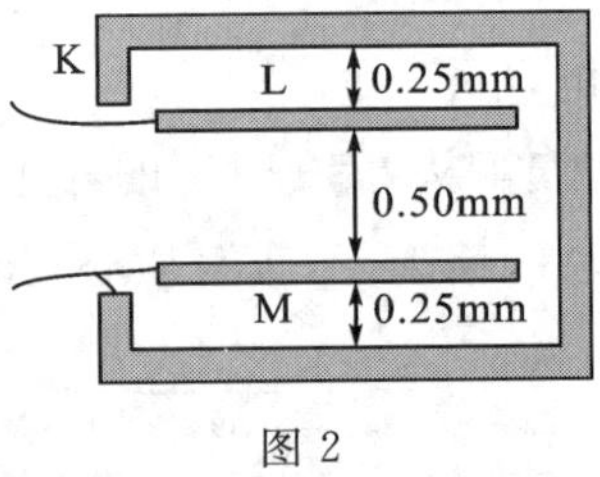

图2

A. 1∶2　　B. 2∶1　　C. 3∶1　　D. 4∶1

5. 已知铜的质量密度约为8.9g/cm^3,相对原子量约为64.设铜导体导电时,每个铜原子贡献1个自由电子.已知电子电量为1.602×10^{-19}C,阿伏伽德罗常数为6.02×10^{23}mol^{-1}.在一根圆截面半径为1mm的铜导线通过4.5A的电流时,电子平均定向漂移速度大小约为(　　).

A. 0.01mm/s　　B. 0.1mm/s　　C. 1mm/s　　D. 1cm/s

二、填空题(本题100分,每小题20分,每空10分.)

6. (20分)一航空母舰上的舰载机从静止开始在水平甲板上做直线加速运动,直至离开甲板起飞,如图3所示.已知舰载机在甲板上运动时所受到的甲板对它的阻力

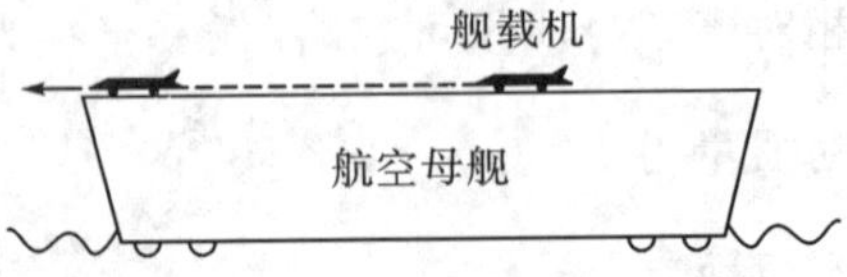

图3

的大小是其正压力大小的 μ 倍；当舰载机速度大小为 v 时，舰载机受到与运动方向相反的空气阻力大小为 bv^2，受到垂直于运动方向的升力大小为 cv^2，b、c 为常量，且 $b>\mu c>0$. 假设驾驶员一开始就将舰载机的推力设置为允许的恒定值 F，且推力沿着机身向前的方向，舰载机在离开甲板之前的瞬间其速度已经逼近最大. 此最大速度的大小为________，对应的航空母舰甲板对舰载机的正压力大小为________. 已知舰载机质量为 m，重力加速度大小为 $g(bmg>cF)$.

7. (20分)1mol 的理想气体经历一个准静态膨胀过程，其(绝对)温度 T 随其体积 V 变化的过程图线 T-V 是一条抛物线，抛物线最高点是$(2V_0,\frac{4}{3}T_0)$，起点是(V_0,T_0)，终点是$(3V_0,T_0)$. 在此过程中，气体经历的准静态 P-V 图线的方程为 $P=$________；气体对外做功为________.

8. (20分)用 6 条相同的均匀电阻丝搭建一个正四面体框架 OABC，D 是 BC 边的中点，从 O、D 两点分别引出导线(忽略导线电阻和接触电阻)，并通以电流 I，如图 4 所示. 已知每条电阻丝的电阻为 r. 在正四面体框架 OABC 中，AB 段电阻丝上的电流为________ I；O、D 之间的电阻为________ r.

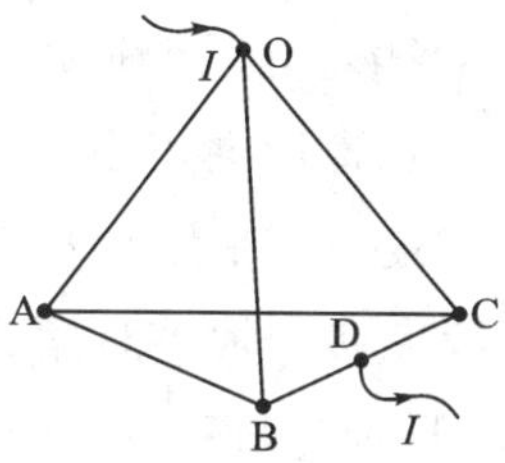

图 4

9. (20分)将氢原子的核外电子代之以 μ 子，便形成所谓 μ 子-氢原子. μ 子的质量可取为电子质量的 207 倍，其电量与电子相同. 已知质子质量是电子质量的 1836 倍. μ 子-氢原子和氢原子的里德堡常量之比为________；μ 子-氢原子和氢原子的第 2 激发态的电离能之比为________.

10. (20分)有一物(其厚度和宽度可忽略)不易或不宜接近. 可以用下面的方法测其高度：在离此物适当距离 L 处，竖立一屏幕，让一个薄凸透镜在此物和屏幕之间移动，使该物(可视为傍轴小物)在屏幕上两次分别呈现出清晰实像；测得两次像高分别为 Y_1 与 Y_2. 已知物高垂直于光轴. 该物体高度为________；该透镜焦距为________.

三、计算题(本题 240 分，共 6 小题，每小题 40 分.)

11. (40分)如图 5 所示，将待测凸透镜放在一个标准件(平凹透镜)上. 用波长为. 的单色平行光垂直(即垂直于平凸透镜的上平面)傍轴照射，构成一套平凸－平凹内切结构的干涉装置；其中 R_1、$R_2(R_2>R_1)$ 分别为两内切球面透镜的曲率半径.

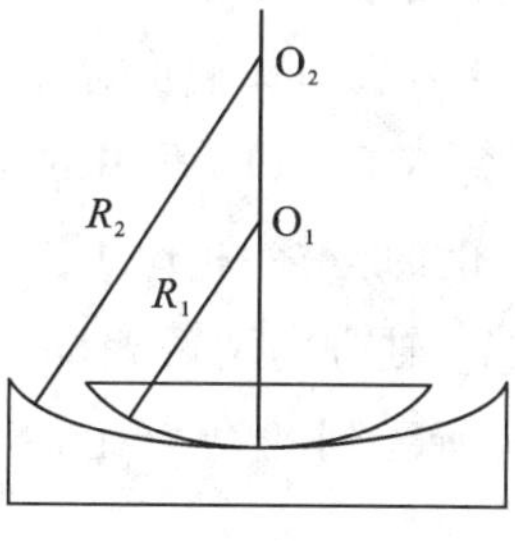

图 5

(1)试推导干涉图案中第 k 级(k 为整数)亮环、暗环的半径公式；

(2)试证：第 $k+m$ 级(m 为任一给定正整数)和第 k 级亮环(或暗环)半径平方之差是一个与 k 无关的常量，并推导测量入射光波长的公式；

(3)试将第(1)问的结果推广到两凸透镜在顶点外切的平凸-平凸外切干涉结构和平凸-平板干涉装置，从而得到统一的干涉图案分布规律[即第(1)、(2)问结果]的公式.

12. (40分)为了理解与沉船打捞有关的物理过程，考虑下列简单模型. 将打捞装置简化为一个两端开口、内壁光滑、横截面积为 s 的柱形长玻璃管，竖直固定使其上沿刚好没入温度为 $T=300\text{K}$ 的水中；而沉船则简化为一密度为 ρ、高度为

h 的柱形活塞，下边缘被挡在距水平面高度为 H 的位置，活塞的上部玻璃管里充满水，如图 6 所示. 现从管下部向管内充入气体(可视为理想气体)，推动活塞缓慢上浮. 设大气压强为 P_{atm}，水的密度为 ρ_w ($\rho_w<\rho$)，普适气体常量为 R.

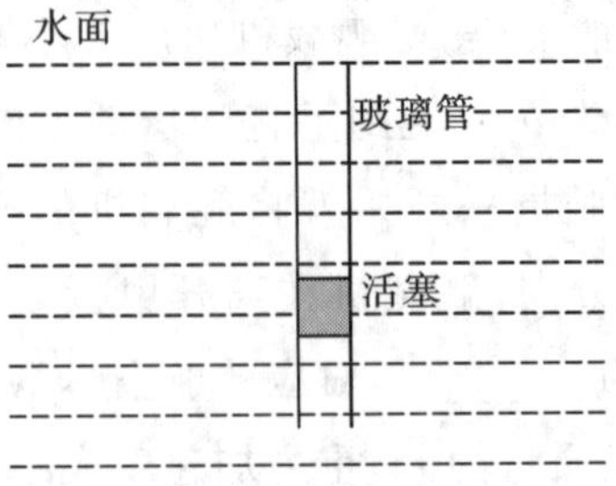

图 6

(1)试求充入多少 mol 的气体后可以使得活塞刚好开始上浮？忽略气体质量.

(2)上问中充入的气体推动活塞上升，当活塞上沿趋于与水面平齐时，额外施加向下的压力可使活塞维持受力平衡状态，求平衡时此额外压力的大小.

已知 $\rho=5\rho_w$，$\rho_w=1.0\times10^3$kg/m^3，$P_{atm}=1.0\times10^5$Pa，$H=10.0$m，$h=1.0$m，$s-1.0$m^2，重力加速度大小 $g-10$m/s^2，普适气体常量 $R=8.3$J/(mol·K).

13. (40 分)中国空间站在距地面约 390km 的近圆形轨道上运行，运行轨道面与赤道面夹角约为 42°，运行速率约为 7.7km/s. 已知重力加速度大小约 9.8m/s^2，地球自转周期约为 24h，空间站绕转方向和地球自转方向如图 7 所示. 假设地球为质量分布均匀的球体.(不得引用本题未给出的数据和常量)

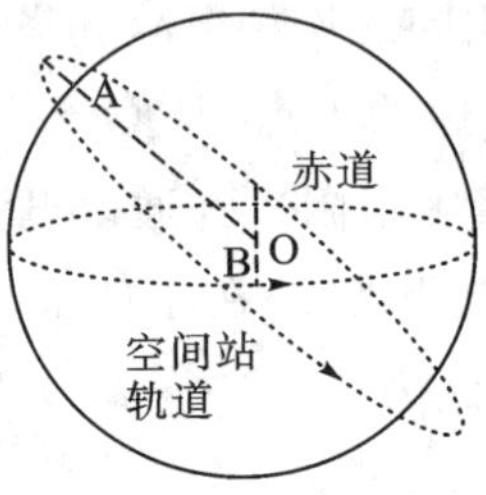

图 7

(1)求空间站绕地球转动的周期；

(2)空间站通过北纬 42°的某地 A 点正上方之后第一次到达赤道，此时，空间站在赤道上的 B 地的正上方. 求 B、A 两点的经度之差.

14. (40 分)一质量为 $M=1000$kg 的封闭车厢在水平地面上运动. 车厢内底面水平. 车厢内一乘客试通过车厢内的实验来研究车厢在水平地面上的运动. 他在车厢底面上建立与底面固连的平面直角坐标系(xOy 系)，并在坐标原点 O 放置一质量为 $m=5.0$kg 的物块 A. 在 $t=0$ 时，A 从静止开始运动. 在 $0\leqslant t\leqslant15s$. 时间段内，A 在 xOy 系中 x、y 方向上的速度 v_x、v_y 与时间 t 的关系分别如图 8a、8b 所示. 已知物块 A 与车厢内底面之间滑动摩擦系数为 $\mu=0.20$，重力加速度大小 $g=10$m/s^2.

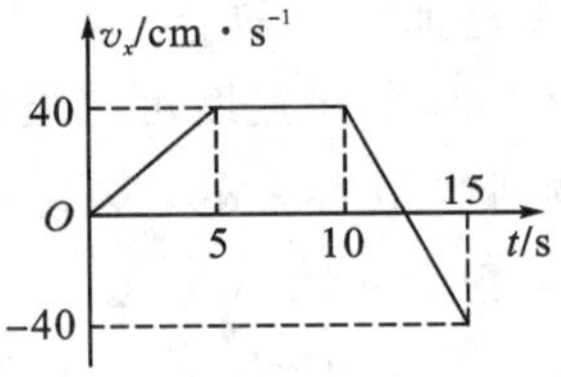

图 8a

(1)求 $t=15$s 时，物块 A 在 xOy 系中的位置；

(2)在地面上建立静止的坐标系 $x'O'y'$，使 x' 轴、y' 轴分别与 xOy 系的 x 轴、y 轴方向两两相同. 求在坐标系 $x'O'y'$ 中，车厢在 x' 方向所受到的合力在整个过程($0\leqslant t\leqslant15s$)中的冲量.

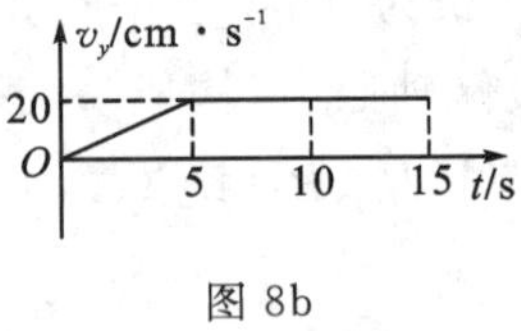

图 8b

15. (40 分)微通道板电子倍增管是利用入射电子经过微通道时的多次反射放大信号强度的一种电子器件，如图 9a 所示. 设一电子刚好从一直径为 d、高为 h 的正圆柱形微通道的含轴截面(即虚拟的轴所在的截面)的一角射入此面内，进入微通道，入射速度大小为 v_0，入射方向与通道壁母线(与轴平行)之间的夹角为 θ. 假设每个电子撞入内壁后撞出 n 个次级电子. 通道内有沿轴向的匀强电场，电场强度为大小为 E. 忽略重力和各级电子间相互作用，电子电量的绝对值为 e，电子质量为 m.

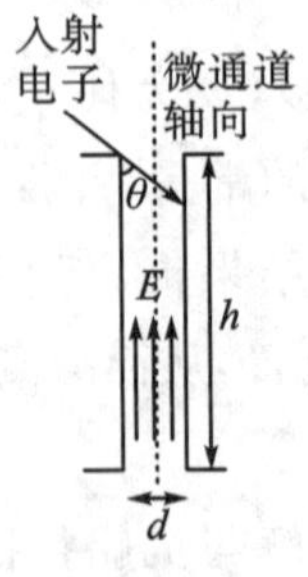

图 9a

(1)如果 $n=1$,假设原电子的轴向动量在撞击后保持不变,垂直于轴的方向的动量被完全反弹,则电子会在通道内撞击通道壁多少次?

(2)如果 $n=2$,假设原电子的轴向动量被通道壁完全吸收,垂直于轴的动量被完全反弹并被垂直出射的次级电子均分,假设电子刚好在撞击通道末端后离开.欲使信号电量被放大到至少 2^p 倍(p 为正整数),则 h 至少要多大?

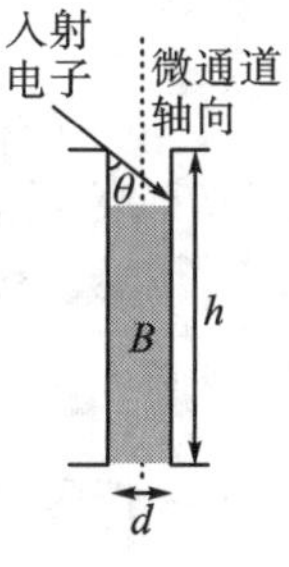

图 9b

(3)如果 $n=2$,且通道中并不存在匀强电场,而是在第 1 次撞击位置以下有匀强磁场,磁感应强度大小为 B,方向垂直于纸面向外,如图 9b 所示.仍假设电子的轴向动量被通道壁完全吸收,垂直方向的动量被完全反弹并被垂直出射的次级电子均分.假设整个过程中所有电子均不会撞击左侧孔壁,电子最终刚好飞出通道,则 h 最大可为多少?

16. (40 分)施特恩-盖拉赫实验对原子物理学和量子力学的发展有重大作用.为简化起见,只考虑氢原子中电子的轨道运动的贡献.已知氢原子质量为 m_H,电子质量为 m_e($m_e \ll m_H$),电子电量的绝对值为 e,$\hbar=\dfrac{h}{2\pi}$,h 为普朗克常量,真空介电常量为 ε_0.不考虑重力.

(1)按照玻尔模型,氢原子中处于第 n 定态圆轨道的电子的圆周运动会形成绕核的环电流,求环电流大小表达式 I_n;

(2)一面积为 S 的矩形环电流 I 处于一磁场中,环电流方向为逆时针方向,磁场方向平行于 x 轴方向,如图 10a 所示.已知磁场在 y 方向是均匀的;但在 z 方向均匀变化,且 z 方向单位距离的磁感应强度之差为 B'_z(称之为梯度磁场,B'_z 为 z 方向磁场的梯度).求环电流所受合力 F 大小及方向;

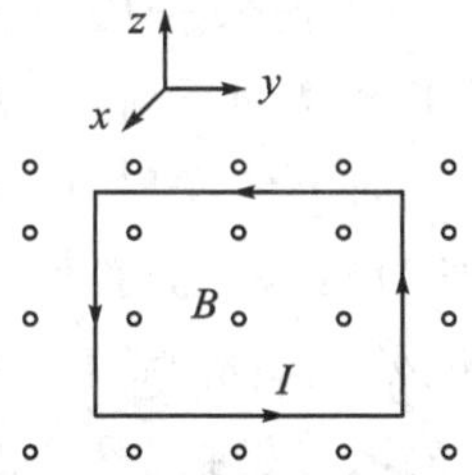

图 10a

(3)小圆形环电流在同样的梯度磁场中受力与矩形环电流满足同样规律.如图 10b 所示,水平速度为 v_0 的氢原子通过同样的沿 z 方向均匀变化的梯度磁场,磁场区宽度为 d,出磁场区以后打到距离磁场区为 D 的竖直接收屏上.假如磁场始终垂直于环电流平面,求环电流顺时针方向的原子与逆时针方向的原子击打在接收屏上位置在 z 方向的距离 z_n.

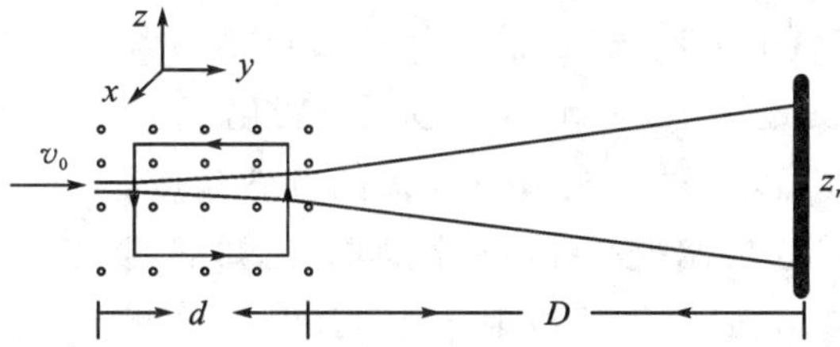

图 10b

(注:此题是模拟施特恩-盖拉赫实验条件的一个简化模型,实际实验装置的磁场分布与题设中的描述并不完全相符.)

2022年第三十九届全国中学生物理竞赛复赛试题

思考笔记

一、(40分)迈克尔逊干涉仪是光学干涉仪中最常见的一种,发明者是美国物理学家阿尔伯特·亚伯拉罕·迈克尔逊.最初设计迈克尔逊干涉仪的目的是为测量“以太”(假想的传播光的媒质)的漂移速度,目前它广泛应用于精密测量.迈克尔逊干涉仪的光路图如图1a所示:

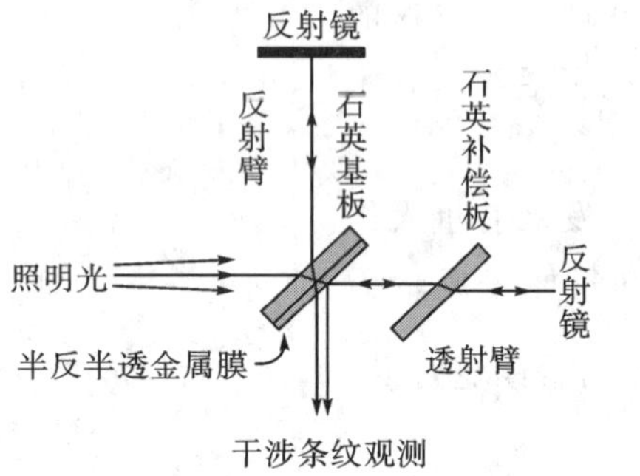

图1a

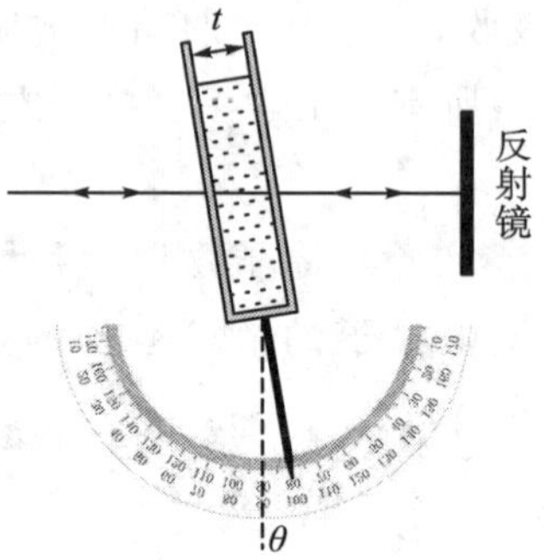

图1b

照明光为单色激光,入射光经过半反半透的镜子分为沿干涉仪的两个臂(反射臂和透射臂)传播的两束光.半反半透镜与入射光轴方向之间的夹角为45°,反射臂和透射臂相互垂直.在两个臂端上各放置与相应的臂垂直的反射镜,反射镜可以沿臂的方向移动.反射和透射光线经反射镜反射,再次经过半反半透镜透射和反射,两束光在空间重叠,发生干涉.如果照明光为发散光源,我们观察到的干涉条纹为同心圆环.半反半透镜是在一个平整的石英基板上蒸镀一层薄金属膜制成,迈克尔逊干涉仪中参与叠加的两束光都经过半反半透镜的反射,一束光是在石英和金属界面上的反射,另一束光是在空气和金属界面上的反射.因为反射界面不同,所以两束光反射时相位突变不同,两者的差异为$\Delta\varphi$,下面我们通过实验测量$\Delta\varphi$.开始时,观察到干涉场中心是亮斑,干涉场最外侧是亮圆环,一共20个亮条纹(计及中心亮斑).现在缓慢调节一个臂的反射镜,让反射镜沿臂的方向平移,观察到干涉条纹发生明暗变化,并发现同心圆环条纹越来越稀疏.干涉场中心明暗变化了23个周期,干涉场最外侧的明暗变化了20个周期.(本题中,条纹数目均视为精确计数值,干涉仪两臂的长度在cm量级.)

(1)求相位突变差异$\Delta\varphi$.

(2)反射镜移动后,可以观察到多少个干涉亮条纹(计及中心亮斑)?

(3)使用此干涉仪测量某一透明液体的折射率,将扁平的石英空槽插入迈克尔逊干涉仪的一个臂,使得石英槽的表面与臂的方向垂直.然后调节石英槽与臂之间的夹角,使之改变$\theta=5.00°$;在角度改变过程中,干涉场中心明暗变化了10个周期.现将待测液体注入石英槽,如图1b所示.再次调节石英槽的倾斜角度,使其恢复到与臂垂直,在此过程中,干涉场中心明暗变化了17个周期.已知照明光波长为633nm,石英槽内壁间距为$t=2.00\text{mm}$,空气的折射率为1.00.求待测液体的折射率.

二、(40分)某长直弹簧由涂了绝缘漆的磷铜细丝绕制N匝而成,可视为横截面半径为r的长直螺线管.弹簧原长为$l_0(l_0\gg r)$,劲度系数为k.假设在弹簧形变过程中，螺线管始终可视为均匀密绕的，其横截面半径的变化可忽略. 不计边缘效应、漏磁和重力. 真空磁导率为 μ_0.

(1)用恒流源通过柔软导线对螺线管通以不变的电流 I_0，通电期间用外力使弹簧处处无形变. 缓慢撤除外力后，弹簧达到新的平衡位置(但仍可压缩或拉伸)，此时的长度记为 l_p.

(Ⅰ)试导出可求解 l_p 的代数方程(但不必求解)，并求通电弹簧在其平衡位置附近发生小幅度形变时的等效弹性系数 k_{eff}(表达式中可以含有参量 l_p)；

(Ⅱ)求能实现上述平衡状态的 I_0 的取值范围(表达式中不得含有参量 l_p).

(2)改变(1)问中的通电条件，如果弹簧螺线管两端先用电阻为零的柔软理想导线连接形成回路，并假设弹簧螺线管电阻也为零，且在初始时回路已加载电流 I'_0，并用外力使弹簧处处无形变. 缓慢撤除外力后，弹簧达到新的平衡位置(但仍可压缩或拉伸)，此时的长度记为 l'_p. 试求 l'_p、以及通电弹簧在其平衡位置附近发生小幅度形变时的等效弹性系数 k'_{eff}.

三、(40 分)如图 2，将质量为 m、半径为 R 的匀质实心球从倾角为 θ 的无限长固定斜面上发射，已知球心初速度垂直于斜面，大小为 V，球初始的自转角速度为零. 为方便描述实心球此后的运动，在斜面参考系中建立如图 2 所示的平面直角坐标系，其中 x 轴沿斜面向下，y 轴垂直于斜面向上. 假设球与斜面的碰撞是弹性的，碰撞时间极短，且碰撞前、后的瞬间球垂直于斜面的速度大小不变. 进一步假设斜面足够粗糙，以至于在球与斜面的碰撞过程中，其间摩擦力足够大、接触点无相对滑动. 已知球绕其直径的转动惯量为 $I=\frac{2}{5}mR^2$，求

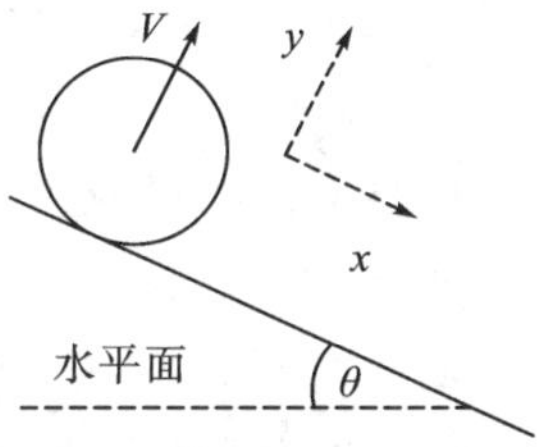

图 2

(1)第 1 次碰撞前的球心速度和球的自转角速度；

(2)第 1 次碰撞后的球心速度和球的自转角速度；

(3)第 n 次碰撞后球心沿着 x 轴方向的速度以及球的自转角速度；

(4)前 n 次碰撞过程中斜面对球施加的总冲量.

四、(60 分)如图 3，一根长度为 $2a$、质量为 m 的匀质刚性细杆，其一端有一小孔，嵌套在半径为 R 的水平圆环的点 P 处(P 是圆环上的固定点)；点 P(连同杆)随圆环一起绕圆环中心轴以恒定角速度 ω 转动；同时，杆可绕点 P 无摩擦地转动，且杆和圆环矢径 OP 始终在同一竖直平面内；杆与竖直方向之间夹角为 θ. 重力加速度大小为 g.

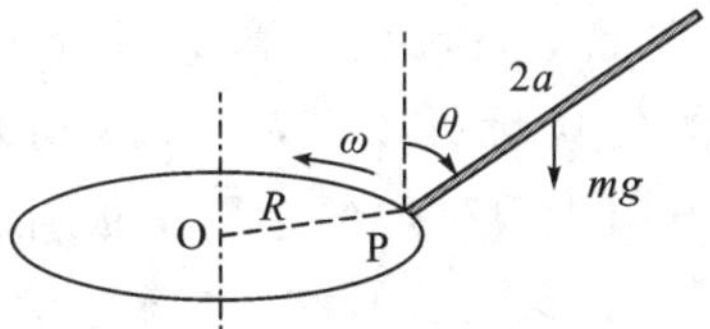

图 3

(1)将所有类型的保守力做功都与势能变化相联系，试分别在实验室系 L 和在随矢径 OP 转动的转动参考系 S 中，写出杆的机械能表达式(表达式中可以含有 $\dot{\theta}$)；

(2)在 S 参考系中导出杆处于平衡位形时，θ 所需满足的条件；

(3)在 S 参考系中，对于第(2)问中得到的结果，利用图解法分析 θ 取值在Ⅰ$(0\leqslant\theta<\pi/2)$、Ⅱ$(\pi/2\leqslant\theta<\pi)$、Ⅲ$(\pi\leqslant\theta<3\pi/2)$和Ⅳ$(3\pi/2\leqslant\theta<2\pi)$象限中，分别可能出现的杆的平衡位形的数目，以及相应的 a、R、ω 各参量之间需要满足的条件；

(4)在 S 参考系中，分象限画出对杆所受到的相对于点 P 的力矩有贡献的受

力示意图(对于分布性的力，仅需示意性地画出其对点 P 力矩有贡献的等效合力)，查看是否可能出现平衡位形，以检验(3)中分析的结果；

(5)试讨论(3)中所确定的杆的各个平衡位形的稳定性.

五、(40 分)两根相同的理想轻弹簧，劲度系数均为 k、自然长度均为 0. 两弹簧之间以一质量为 m 的小球相连. 将弹簧 1 空着的一端悬挂于天花板上，整个系统自然下垂，初始时静止. 已知两弹簧中任意一个一旦被拉伸至临界长度(该临界长度大于$\frac{mg}{k}$，这里 g 表示重力加速度的大小)便会被拉断.

实验发现，如果缓慢地拉动下面的弹簧 2 的下端，上面的弹簧 1 将被拉断. 如果快速地拉动，则很有可能拉断下面的弹簧 2.

(1)设加载于弹簧 2 下端的作用力随时间变化的关系为 $F(t)$，写出弹簧 1 的长度 $x_1(t)$ 及小球加速度 $\ddot{x}_1(t)$ 所满足的运动方程.

(2)在一个简单模型中，假设 $F(t)$ 与时间 t 的关系为

$$F(t)=\begin{cases}0 & t<0\\ at & t\geqslant 0\end{cases}$$

其中 a 为大于零的常量，它的大小对应力加载的快慢. 求在该力的作用下弹簧 1、2 在 $t(t>0)$ 时刻的长度 $x_1(t)$、$x_2(t)$.

(3)记某一弹簧先被拉断的时刻为 t_0，根据(2)中的结果，

(Ⅰ)求使弹簧 1 必然先被拉断所对应的 a 取值范围；

(Ⅱ)对于并非必然使弹簧 1 先被拉断的 a 取值，分析使弹簧 1 先被拉断的时刻 t_0 需满足的条件(表达式中可含有 a)；

(Ⅲ)求弹簧 2 先被拉断的可能性与 a 取值大小的关系，并用此关系说明题述实验现象.

(4)给定临界长度为 L，要确保弹簧 2 先被拉断，试确定 a 需满足的关系式. 有无可能两弹簧同时被拉断？若有，试求出能让两弹簧同时达到临界长度 L 所对应的 a 满足的关系式.

六、(60 分)金属内部有温度梯度时可以在其两端产生电动势，该效应被应用于热电偶温度计等. 为了分析此现象，现建立一个简单的经典玩具模型，如图 4 所示：一厚度为 $2L$、沿着 y、z 方向无限延展的金属平板，位于 $-L<x<L$ 区域；而 $|x|>L$ 区域为真空，电场为零. 将金属内的导电电子视为在空间均匀的正电荷背景上运动的经典理想气体. 没有温度梯度时，呈电中性的金属内部的电子是完全均匀分布的，其数密度为 n_0；有温度梯度时，金属内的温度是 x 的函数，$T(x)=T_0+\delta T(x)$，且 $|\delta T(x)|\ll T_0$. 在(局域)热平衡状态下，金属内电子数密度 $n(x)=n_0+\delta n(x)$ 会略微偏离 n_0，$|\delta n(x)|\ll n_0$. 金属内部也会有很小的沿 x 方向的电场 $E_x(x)$. 金属表面 $x=\pm L$ 内侧也分别有很小的面电荷密度 σ_+ 和 σ_-. 已知电子质量为 m，所带电荷为 $-e(e>0)$. 忽略重力，玻尔兹曼常量为 k_B.

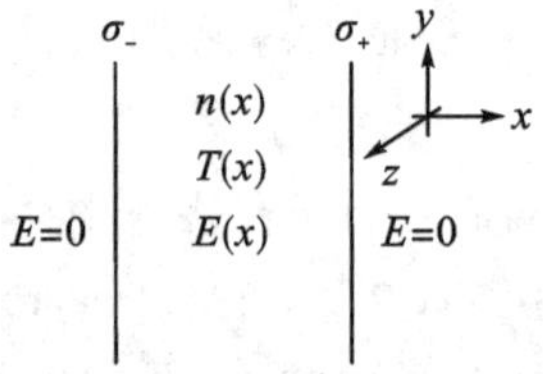

图 4

(1)粒子数密度 $n(x)$ 的不均匀性会引起粒子的扩散. 若在时间间隔 $\mathrm{d}t$ 内通过 yz 平面上面积为 $\mathrm{d}A$ 的粒子数为 $j_x\mathrm{d}A\mathrm{d}t$，则 j_x 被称为粒子流密度. 粒子扩散流密度 $j_x(x)$ 满足斐克(Fick)定律

$$j_x(x)=-D\frac{\mathrm{d}}{\mathrm{d}x}n(x)$$

式中 D 是扩散系数

$$D=c\,\frac{\sqrt{T(x)}}{n(x)}$$

这里，c 是已知常量．在平衡状态下，金属内部应该没有净的电流，因此前述的电子扩散流会被内部电场产生的漂移电流抵消．为简化起见，设金属的电阻率 ρ 是与 $n(x)$、$T(x)$ 等无关的已知常量．求金属板内部电场 $E_x(x)$ 的表达式$\left[用\ n(x)、T(x)、\frac{\mathrm{d}}{\mathrm{d}x}n(x)和其他常量表出\right]$．

(2)试由静电场高斯定理导出 $E_x(x)$ 满足的微分方程；并利用(1)的结果消去电场 $E_x(x)$，导出 $n(x)$ 满足的微分方程和边界条件．真空介电常量为 ε_0．(提示：净的电荷密度包含正电荷背景)

(3)将(2)中方程线性化，即只保留 δn、δT 等小量的线性项，解出 $\delta n(x)$(解中可包含 σ_+ 和 σ_-)．

(4)假设金属内存在温度梯度，即 $\delta T(x)$ 不为零，但在任意 x 处电子气(可视为理想气体)处于局域热平衡；电子气中的电子受到电场 $E_x(x)$ 的作用，但厚度为 $\mathrm{d}x$ 的薄层内的电子气仍处于宏观的力学平衡状态．试导出 $\delta T(x)$ 满足的微分方程，并将其线性化．再利用(3)的结果，求出 $\delta T(x)$．

(5)根据(3)和(4)的结果，求出金属两端($x=-L$ 和 $x=+L$)的电势差和温度差的比值(即金属的 Seebeck 系数 S)

$$S=\frac{U(L)-U(-L)}{T(L)-T(-L)}$$

附注：对金属温差电现象的正确分析必须考虑电子的量子效应，本题目中的简化经典模型并不适用于真实情况．

七、(40 分)欧洲核子研究中心的大型强子对撞机上进行了高能铅核—铅核碰撞的实验，碰撞后的初始产物可视为温度很高的“火球”，其内的物质主要由静止质量很小、速度极其接近于光速的夸克组成．本题忽略该物质中除夸克外的其他组分，将其视为“夸克物质”，并将夸克都近似视为质点，夸克之间除相互碰撞的瞬间外无相互作用，碰撞过程中粒子数目守恒，其速度分布是各向同性的．已知温度为 T 时，在任一动量大小区间$[p,p+\mathrm{d}p]$内，夸克物质中能量为 E 的夸克粒子的分布比率(概率分布密度)正比于 $\mathrm{e}^{-\frac{E}{k_\mathrm{B}T}}4\pi p^2\mathrm{d}p$，其中玻尔兹曼常量 k_B 或理想气体普适常量 R 视为已知量．

(1)试在本题模型近似下，导出夸克物质的状态方程(用压强 P 与能量密度平均值 u 之间的关系表出)．

(2)试在本题模型近似下，导出夸克物质以压强 P、粒子数密度 n 和温度 T 之间的关系表述的状态方程．

(3)试在本题模型近似下，求夸克物质的定体摩尔热容 C_V 和热容比 γ(定压摩尔热容与定体摩尔热容的比值)．

(4)假设铅核-铅核碰撞的早期产物形成的“火球”近似为球形，半径约为 $3.0\times10^{-15}\,\mathrm{m}$，其中的夸克物质温度约为 $400\,\mathrm{MeV}/k_\mathrm{B}$．此后，“火球”迅速膨胀降温，至温度约为 $150\,\mathrm{MeV}/k_\mathrm{B}$ 时，夸克物质中的夸克开始被束缚在一起形成质子和中子．假设“火球”的膨胀降温过程可近似为准静态的绝热过程，求出质子和中子刚刚形成时“火球”的半径．

参考答案与提示

2011年第二十八届全国中学生物理竞赛预赛试题

思考笔记

一、1. C　2. C　3. BC　4. A　5. D

二、6. 2.5m　7. $\frac{3}{5}s$　8. $\frac{ke^2}{E_K - E_{Cl}}$　2.0×10^{-9}　9. 9

10. (1)如图所示.

(2)并联电阻两端的电压 $U_0=2.3$V,通过电阻 1 的电流 $I_{10}=1.2$A,通过电阻 2 的电流 $I_{20}=2.2$A.

(3)2.8W　4.9W

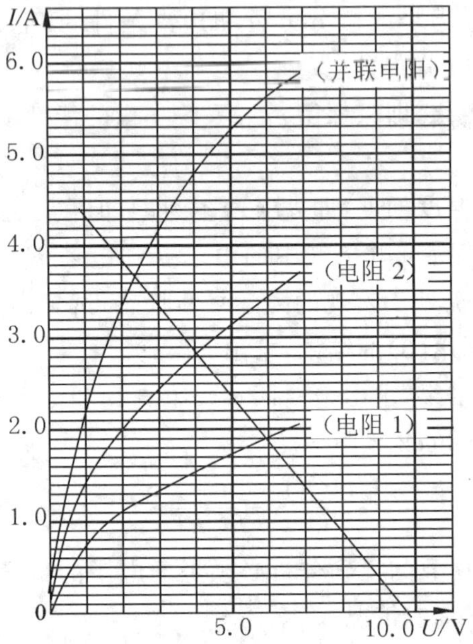

第 10 题图

三、11. (1)设空间站离地面的高度为 H,因为同步卫星的周期和地球自转周期相同,根据开普勒第三定律以及题意有

$$\frac{(R+H)^3}{(R+H_0)^3}=\frac{T^2}{T_0^2} \quad ①$$

即

$$H=(R+H_0)\left(\frac{T}{T_0}\right)^{2/3}-R \quad ②$$

代入数据得

$$H=376\text{km} \quad ③$$

卫星的高度

$$h=H-l=356\text{km} \quad ④$$

卫星在细绳的拉力 F 和地球引力作用下跟随空间站一起绕地球做周期为 T 的圆周运动,有

$$G\frac{Mm}{(R+h)^2}-F=m\left(\frac{2\pi}{T}\right)^2(R+h) \quad ⑤$$

式中 G 为万有引力常量,M 为地球质量.空间站在地球引力作用下绕地球做周期为 T 的圆周运动,故有

$$G\frac{Mm'}{(R+H)^2}=m'\left(\frac{2\pi}{T}\right)^2(R+H) \quad ⑥$$

式中 m' 为空间站的质量.由⑤、⑥式得

$$F=m\left(\frac{2\pi}{T}\right)(R+h)\left[\frac{(R+H)^2}{(R+h)^2}-1\right] \quad ⑦$$

将③、④式及其他有关数据代入⑦式得

$$F=38.2\text{N} \quad ⑧$$

(2)细绳脱落后,卫星在地球引力作用下绕地球运动的轨道为一椭圆.在脱落的瞬间,卫星的速度垂直于卫星与地心的连线,所以脱落点必是远地点(或近地点),由④式可知,此点到地面的高度

$$h=356\text{km} \quad ⑨$$

设卫星在近地点(或远地点)的高度为 h',速度为 v',根据开普勒第二定律有

$$(R+h')v'=\frac{2\pi}{T}(R+h)^2 \quad ⑩$$

根据机械能守恒有

$$\frac{1}{2}mv'^2-G\frac{Mm}{R+h'}=\frac{1}{2}m\left(\frac{2\pi}{T}\right)^2(R+h)^2-G\frac{Mm}{R+h} \quad ⑪$$

联立⑩、⑪式并利用⑥式得

$$h'=\frac{(R+h)^4}{2(R+H)^3-(R+h)^3} \qquad ⑫$$

代入有关数据有

$$h'=238\text{km} \qquad ⑬$$

由⑨、⑬式可知，远地点到地面的高度为 356km，近地点到地面的高度为 238km.

设卫星的周期为 T'，根据开普勒第三定律，卫星的周期

$$T'=\left(\frac{2R+h+h'}{2R+2H}\right)^{3/2}T \qquad ⑭$$

代入数据得

$$T'=90.4\text{min} \qquad ⑮$$

12. 解法一：

因为下坡时自行车匀速行驶，可知阻力大小

$$f=mg\min\theta \qquad ①$$

由题意，自行车沿斜坡匀速向上行驶时，轮盘的角速度

$$\omega=\frac{2\pi N}{t} \qquad ②$$

设轮盘边缘的线速度为 v_1，由线速度的定义有

$$v_1=\omega R_1 \qquad ③$$

设飞轮边缘的线速度为 v_2，后车轮边缘的线速度为 v_3，因为轮盘与飞轮之间用链条连接，它们边缘上的线速度相同，即

$$v_1=v_2 \qquad ④$$

因飞轮与后车轮的转动角速度相同，故有

$$\frac{v_2}{v_3}=\frac{R_2}{R_3} \qquad ⑤$$

因车轮与坡面接触处无滑动，在车后轮绕其中心轴转动一周的时间 T 内，车后轮中心轴前进的路程

$$\Delta s=2\pi R_3 \qquad ⑥$$

而

$$T=\frac{2\pi R_3}{v_3} \qquad ⑦$$

车后轮的中心轴前进的速度即自行车行驶速度的大小

$$v=\frac{\Delta s}{T} \qquad ⑧$$

由以上有关各式得

$$v=\frac{2\pi NR_1R_3}{R_2t} \qquad ⑨$$

人骑自行车上坡的功率为克服阻力 f 的功率加上克服重力沿斜面分力的功率，即

$$P=fv+mgv\sin\theta \qquad ⑩$$

由①、⑨、⑩式得

$$P=\frac{4mg\pi NR_1R_3}{R_2t}\sin\theta \qquad ⑪$$

解法二：

因下坡时自行车匀速行驶，若自行车出发点的高度为 h，则克服阻力所做的功 W_f 等于势能的减少，有

$$W_f=mgh \qquad ⑫$$

用 s 表示自行车行驶的路程，有

$$h=s\sin\theta \qquad ⑬$$

自行车沿斜坡匀速向上行驶时，骑车者所做的功 W 等于克服阻力的功 W_f 与势能

增量 mgh 之和，即

$$W=W_f+mgh \tag{14}$$

设骑车者蹬踩踏板 N 圈到达下坡时的出发点，因踏板转 N 圈可使后轮转 NR_1/R_2 圈，所以自行车行驶的距离 s 为

$$s=\frac{NR_1}{R_2}\cdot 2\pi R_3 \tag{15}$$

由⑫、⑬、⑭、⑮式得

$$W=\frac{4\pi NR_1R_3}{R_2}\cdot mg\sin\theta \tag{16}$$

上式除以所用时间 t，即得骑车者功率

$$P=\frac{W}{t}=\frac{4\pi NR_1R_3}{R_2t}\cdot mg\sin\theta \tag{17}$$

13. 当环的角速度到达 ω_0 时，环的动能

$$E_k=\frac{1}{2}m(R\omega_0)^2 \tag{1}$$

若在时刻 t，环转动的角速度为 ω，则环上电荷所形成的等效电流

$$I=\frac{q}{2\pi R}R\omega=\frac{\omega q}{2\pi} \tag{2}$$

感应电动势

$$\varepsilon=\frac{\Delta\Phi}{\Delta t}=k\,\frac{\Delta I}{\Delta t} \tag{3}$$

由②、③式得

$$\varepsilon=k\,\frac{q}{2\pi}\cdot\frac{\Delta\omega}{\Delta t} \tag{4}$$

环加速转动时，要克服感应电动势做功，功率为

$$P_1=\varepsilon I \tag{5}$$

因为是匀加速转动，所以 ω 和 I 都随时间 t 线性增加. 若角速度从零开始增加到 ω_0 经历的时间为 t_0，则有

$$\omega_0=\frac{\Delta\omega}{\Delta t}t_0 \tag{6}$$

若与 ω_0 对应的等效电流 I_0，则在整个过程中克服感应电动势做的总功

$$W_1=\frac{1}{2}\varepsilon I_0t_0 \tag{7}$$

由以上有关各式得

$$W_1=k\,\frac{\omega_0^2q^2}{8\pi^2} \tag{8}$$

外力所做的总功

$$W=W_1+E_k=k\,\frac{\omega_0^2q^2}{8\pi^2}+\frac{1}{2}mR^2\omega_0^2 \tag{9}$$

14. (1)由于子弹射入摆球至停留在球内经历的时间极短，可以认为在这个过程中摆球仅获得速度但无位移. 设摆球(包括停留在球内的子弹)向前(指垂直于图面向里)的速度为 u，由动量守恒定律有

$$mv_0=2mu \tag{1}$$

摆球以速度 u 开始向前摆动，木块亦发生运动. 当摆球上升至最高时，摆球相对木块静止，设此时木块的速度为 v，摆球上升的高度为 h，因水平方向动量守恒以及机械能守恒有

$$2mu=(2m+M)v \tag{2}$$

$$mu^2=\frac{1}{2}(2m+M)v^2+2mgh \tag{3}$$

联立①、②、③解得

$$h=\frac{Mv_0^2}{8(2m+M)g} \quad ④$$

(2)摆球升到最高后相对木块要反向摆动.因为在摆球从开始运动到摆线返回到竖直位置前的整个过程中,摆线作用于支架的拉力始终向斜前方,它使木块向前运动的速度不断增大;摆线经过竖直位置后,直到摆线再次回到竖直位置前,摆线作用于支架的拉力将向斜后方,它使木块速度减小,所以在摆线(第一次)返回到竖直位置的那一时刻,木块的速度最大,方向向前.

以 v' 表示摆线位于竖直位置时木块的速率,u' 表示此时摆球的速度(相对桌面),当 $u'>0$,表示其方向水平向前.反之,则水平向后.因水平方向动量守恒以及机械能守恒,故有

$$2mu=2mu'+Mv' \quad ⑤$$

$$mu^2=mu'^2+\frac{1}{2}Mv'^2 \quad ⑥$$

联立①、⑤、⑥式可得摆线位于竖直位置时木块速度的大小

$$v'=0 \quad ⑦$$

$$v'=\frac{2mv_0}{2m+M} \quad ⑧$$

⑦式对应于子弹刚射入摆球但木块尚未运动时木块的速度,它也是摆球在以后相对木块往复运动过程中摆线每次由后向前经过竖直位置时木块的速度;而题中要求的木块的最大速率为⑧式,它也是摆球在以后相对木块的往复运动过程中摆线每次由前向后经过竖直位置时木块的速度.

(3)在整个运动过程中,每当摆线处于竖直位置时,小球便位于最低处.当子弹刚射入摆球时,摆球位于最低处,设这时摆球的速度为 u,由①式得

$$u=\frac{1}{2}v_0 \quad ⑨$$

方向水平向前.当摆球第一次回到最低处时,木块速度最大,设这时摆球的速度为 u',由①、⑤、⑥、⑧式可得

$$u'=\frac{m-\frac{1}{2}M}{M+2m}v_0 \quad ⑩$$

其方向向后.当摆球第二次回到最低处时,由⑦式木块速度减至0,设这时摆球的速度为 u'',由①、⑤、⑥式可得

$$u''=u=\frac{1}{2}v_0 \quad ⑪$$

方向向前,开始重复初始的运动.

15. 先设磁感应强度为 B 的匀强磁场方向垂直 xy 平面向里,且无边界.考察从粒子源发出的速率为 v、方向与 x 轴夹角为 θ 的粒子,在磁场的洛伦兹力作用下粒子做圆周运动,圆轨道经过坐标原点 O,且与速度方向相切,若圆轨道的半径为 R,有

$$qvB=m\frac{v^2}{R} \quad ①$$

得

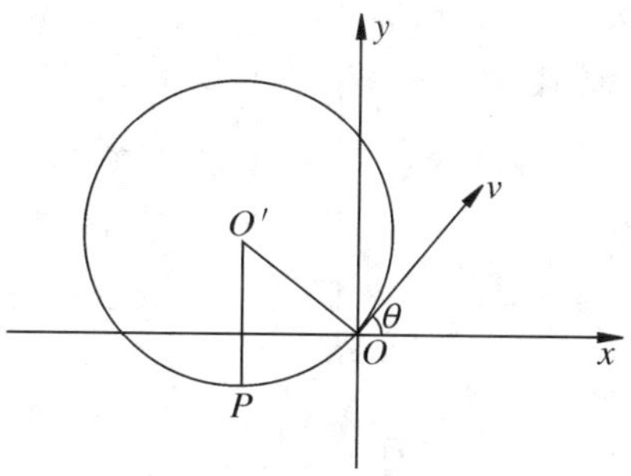

第 15 题图(1)

$$R=\frac{mv}{qB} \quad ②$$

圆轨道的圆心 O' 在过坐标原点 O 与速度方向垂直的直线上,至原点的距离为 R,如图(1)所示.通过圆心 O' 作平行于 y 轴的直线与圆轨道交于 P 点,粒子运动到 P 点时其速度方向恰好是沿 x 轴正方向,故 P 点就在磁场区域的边界上.对于不同入射方向的粒子,

对应的 P 点的位置不同，所有这些 P 点的连线就是所求磁场区域的边界线. P 点的坐标为

$$x=-R\sin\theta \quad ③$$

$$y=-R+R\sin\theta \quad ④$$

这就是磁场区域边界的参数方程，消去参数 θ，得

$$x^2+(y+R)^2=R^2 \quad ⑤$$

由②、⑤式得

$$x^2+(y+\frac{mv}{qB})^2=\frac{m^2v^2}{q^2B^2} \quad ⑥$$

这是半径为 R、圆心 O'' 的坐标为 $(0,-R)$ 的圆，作为题所要求的磁场区域的边界线，应是如图(2)所示的半个圆周，故磁场区域的边界线的方程为

$$x^2+(y+\frac{mv}{qB})^2=\frac{m^2v^2}{q^2B^2}(x\leqslant0,y\leqslant0) \quad ⑦$$

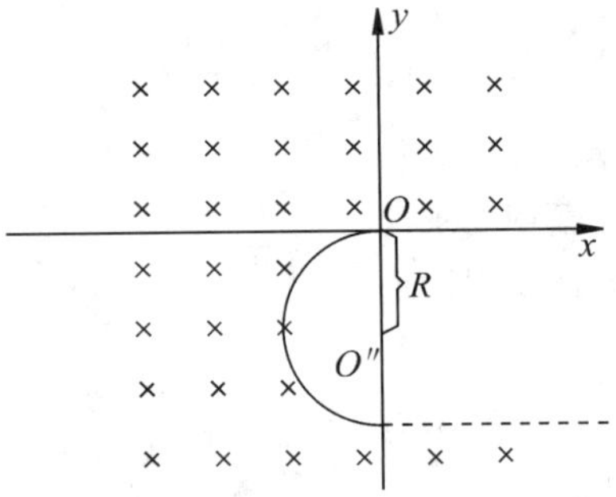

第 15 题图(2)

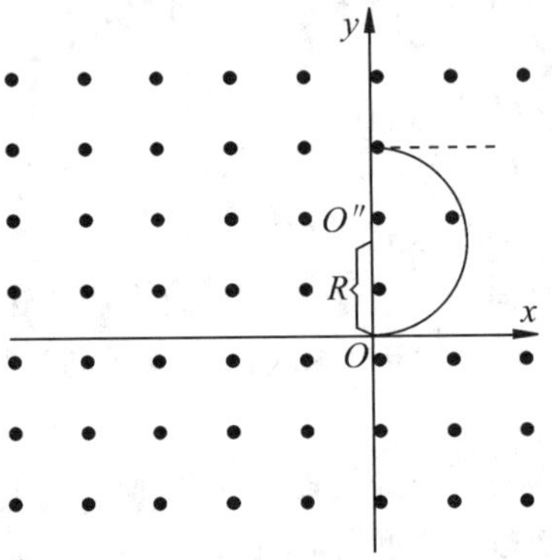

第 15 题图(3)

若磁场方向垂直于 xy 面向外，则磁场的边界线为如图(3)所示的半圆，磁场区域的边界线的方程为

$$x^2+(y-R)^2=R^2(x\geqslant0,y\geqslant0) \quad ⑧$$

或

$$x^2+(y-\frac{mv}{qB})^2=\frac{m^2v^2}{q^2B^2}(x\geqslant0,y\geqslant0) \quad ⑨$$

证明同前.

16. 以 $t=0$ 时刻船 A 所在的位置为坐标原点 O，作如图(1)所示平面直角坐标系 Oxy，x 轴指向正东，y 轴指向正北. 可以把船 C 的速度分解成沿正东方向的分速度 v_x 和沿正北方向的分速度 v_y 两个分量. 根据题意有

$$v_x=v_y=2u \quad ①$$

在 t 时刻，三船的位置如图(1)所示. B、C 二船在 y 方向的位移相等，两船的连线 BC 与 x 轴平行，两船间的距离

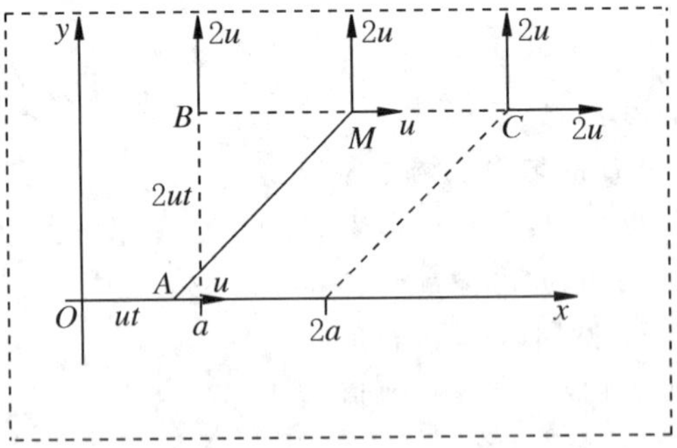

第 16 题图(1)

$$\overline{BC}=a+2ut \quad ②$$

BC 的中点 M 到 B 的距离为 $\frac{1}{2}a+ut$. 中点 M 的坐标分别为

$$x_M=a+\frac{1}{2}a+ut=\frac{3}{2}a+ut \quad ③$$

$$y_M=2ut \quad ④$$

可见 M 点沿 x 方向的速度为 u，沿 y 方向的速度为 $2u$，在 $t=0$ 时刻 BC 的中点在 x 轴

上，其 x 坐标为 $\frac{3}{2}a$.

在与 M 点固连的参考系中考察，并建立以 M 为原点的直角坐标系 $Mx'y'$，x' 轴与 x 轴平行，y' 轴与 y 轴平行，则相对 M，船 A 速度只有沿 $-y'$ 方向的分量，有

$$u_{\Delta M}=u_{\Delta My'}=-2u \quad ⑤$$

在时刻 t，船 A 在坐标系 $Mx'y'$ 的坐标为

$$x'_A=-\frac{3}{2}a \quad ⑥$$

$$y'_A=u_{AM}t \quad ⑦$$

可以把 A 船的速度分解为沿连线 MA 方向的分量 u_{AM1} 和垂直于连线 MA 方向的分量 u_{AM2}，u_{AM1} 使连线 MA 的长度增大，u_{AM2} 使连线 MA 的方向改变，如图(2)所示. 若用 R 表示 t 时刻连线 MA 的长度，则连线 MA 绕 M 点转动的角速度

$$\omega=\frac{u_{AM2}}{R} \quad ⑧$$

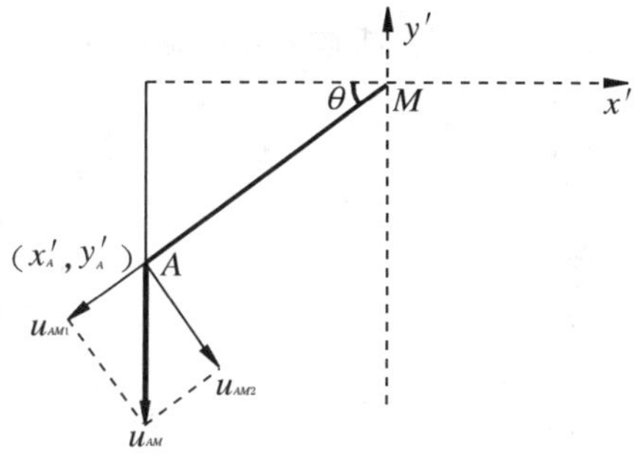

第 16 题图(2)

若 MA 与 x' 轴的夹角为 θ，则有

$$u_{AM2}=u_{AM}\cos\theta \quad ⑨$$

而

$$\cos\theta=\frac{|x'_A|}{R} \quad ⑩$$

$$R=\sqrt{x'^2_A+y'^2_A} \quad ⑪$$

由⑤、⑥、⑦、⑧、⑨、⑩式得

$$\omega=\frac{12au}{9a^2+16u^2t^2} \quad ⑫$$

2011 年第二十八届全国中学生物理竞赛复赛试题

一、解法一：

取直角坐标系 Oxy，原点 O 位于椭圆的中心，则哈雷彗星的椭圆轨道方程为

$$\frac{x^2}{a^2}+\frac{y^2}{b^2}=1 \quad ①$$

a、b 分别为椭圆的半长轴和半短轴，太阳 S 位于椭圆的一个焦点处，如图(1)所示.

以 T_e 表示地球绕太阳运动的周期，则 $T_e=1.00$ 年；以 a_e 表示地球到太阳的距离（认为地球绕太阳做圆周运动），则 $a_e=1.00\text{AU}$，根据开普勒第三定律有

$$\frac{a^3}{a_e^3}=\frac{T^2}{T_e^2} \quad ②$$

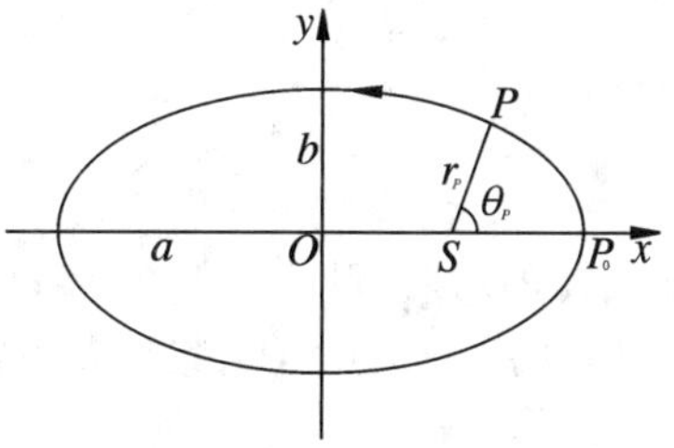

第一题图(1)

设 c 为椭圆中心到焦点的距离，由几何关系得

$$c=a-r_0 \quad ③$$

$$b=\sqrt{a^2-c^2} \quad ④$$

由图(1)可知，P 点的坐标

$$x=c+r_P\cos\theta_P \quad ⑤$$

$$y=r_P\sin\theta_P \quad ⑥$$

把⑤、⑥式代入①式化简得

$$(a^2\sin^2\theta_P+b^2\cos^2\theta_P)r_P^2+2b^2cr_P\cos\theta_P+b^2c^2-a^2b^2=0 \quad ⑦$$

根据求根公式可得

$$r_P=\frac{b^2(a-c\cos\theta_P)}{a^2\sin^2\theta_P+b^2\cos^2\theta_P} \quad ⑧$$

由②、③、④、⑧式，并代入有关数据得

$$r_P=0.896\text{AU} \quad ⑨$$

可以证明，彗星绕太阳做椭圆运动的机械能为

$$E=-\frac{Gmm_s}{2a} \quad ⑩$$

式中 m 为彗星的质量．以 v_P 表示彗星在 P 点时速度的大小，根据机械能守恒定律有

$$\frac{1}{2}mv_P^2+\left(-\frac{Gmm_s}{r_P}\right)=-\frac{Gmm_s}{2a} \quad ⑪$$

得

$$v_P=\sqrt{Gm_s}\cdot\sqrt{\frac{2}{r_P}-\frac{1}{a}} \quad ⑫$$

代入有关数据得

$$v_P=4.39\times10^4\text{m}\cdot\text{s}^{-1} \quad ⑬$$

设 P 点速度方向与 SP_0 的夹角为 φ[图(2)]，根据开普勒第二定律有

$$r_Pv_P\sin[\varphi-\theta_P]=2\sigma \quad ⑭$$

其中 σ 为面积速度，并有

$$\sigma=\frac{\pi ab}{T} \quad ⑮$$

由⑨、⑬、⑭、⑮式，并代入有关数据可得

$$\varphi=127° \quad ⑯$$

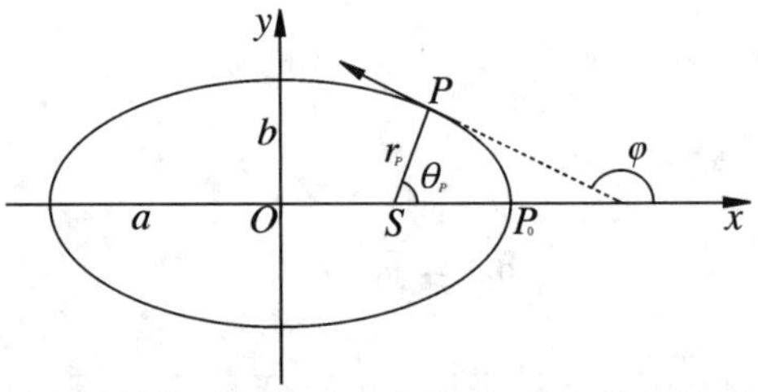

第一题图(2)

解法二：

取极坐标，极点位于太阳 S 所在的焦点处，由 S 引向近日点的射线为极轴，极角为 θ，取逆时针方向为正向，用 r、θ 表示彗星的椭圆轨道方程为

$$r=\frac{p}{1+e\cos\theta} \quad ⑰$$

其中 e 为椭圆偏心率，p 是过焦点的半正焦弦，若椭圆的半长轴为 a，根据解析几何可知

$$p=a(1-e^2) \quad ⑱$$

将⑱式代入⑰式可得

$$r=\frac{a(1-e^2)}{1+e\cos\theta} \quad ⑲$$

以 T_e 表示地球绕太阳运动的周期，则 $T_e=1.00$ 年；以 a_e 表示地球到太阳的距离(认为地球绕太阳做圆周运动)，则 $a_e=1.00\text{AU}$，根据开普勒第三定律有

$$\frac{a^3}{a_e^3}=\frac{T^2}{T_e^2} \quad ⑳$$

在近日点，$\theta=0$，由⑲式可得

$$e=1-\frac{r_0}{a}$$ ㉑

将 θ_P、a、e 的数据代入⑲式即得

$$r_P=0.895\text{AU}$$ ㉒

可以证明，彗星绕太阳做椭圆运动的机械能

$$E=-\frac{Gmm_s}{2a}$$ ㉓

式中 m 为彗星的质量. 以 v_P 表示彗星在 P 点时速度的大小，根据机械能守恒定律有

$$\frac{1}{2}mv_P^2+\left(-\frac{Gmm_s}{r_P}\right)=-\frac{Gmm_s}{2a}$$ ㉔

可得

$$v_P=\sqrt{Gm_s}\cdot\sqrt{\frac{2}{r_P}-\frac{1}{a}}$$ ㉕

代入有关数据得

$$v_P=4.39\times10^4\ \text{m}\cdot\text{s}^{-1}$$ ㉖

设 P 点速度方向与极轴的夹角为 φ，彗星在近日点的速度为 v_0，再根据角动量守恒定律有

$$r_Pv_P\sin(\varphi-\theta_P)=r_0v_0$$ ㉗

根据㉔式，同理可得

$$v_0=\sqrt{Gm_s}\cdot\sqrt{\frac{2}{r_0}-\frac{1}{a}}$$ ㉘

由㉒、㉖、㉗、㉘式，并代入其他有关数据得

$$\varphi=127^\circ$$ ㉙

二、(1)建立如图所示坐标系 Oxy. 两杆的受力情况如图所示. f_1 为地面作用于杆 AB 的摩擦力，N_1 为地面对杆 AB 的支持力，f_2、N_2 为杆 AB 作用于杆 CD 的摩擦力和支持力，N_3、N_4 分别为墙对杆 AB 和 CD 的作用力，mg 为重力. 取杆 AB 和 CD 构成的系统为研究对象，系统平衡时，由平衡条件有

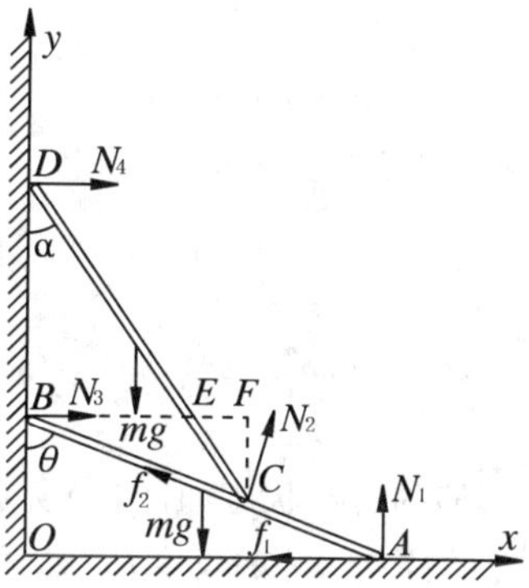

第二题图

$$N_4+N_3-f_1=0$$ ①

$$N_1-2mg=0$$ ②

以及对 A 点的力矩

$$\frac{1}{2}mgl\sin\theta+mg\left(l\sin\theta-\frac{1}{2}l\sin\alpha\right)-N_3l\cos\theta-N_4(l\cos\theta+l\cos\alpha-CF)=0$$

即

$$\frac{3}{2}mgl\sin\theta-\frac{1}{2}mgl\sin\alpha-N_3l\cos\theta-N_4(l\cos\theta+l\cos\alpha-CF)=0$$ ③

式中 CF 待求. F 是过 C 的竖直线与过 B 的水平线的交点，E 为 BF 与 CD 的交点. 由几何关系有

$$CF=l\sin\alpha\cot\theta$$ ④

取杆 CD 为研究对象，由平衡条件有

$$N_4+N_2\cos\theta-f_2\sin\theta=0$$ ⑤

$$N_2\sin\theta+f_2\cos\theta-mg=0$$ ⑥

以及对 C 点的力矩

$$N_4l\cos\alpha-\frac{1}{2}mgl\sin\alpha=0$$ ⑦

解以上各式可得

$$N_4=\frac{1}{2}mg\tan\alpha$$ ⑧

$$N_3=\left(\frac{3}{2}\tan\theta-\frac{1}{2}\tan\alpha-\frac{\sin\alpha}{\cos\alpha}+\frac{1}{2}\cdot\frac{\tan\alpha\sin\alpha}{\sin\theta}\right)mg \quad ⑨$$

$$f_1=\left(\frac{3}{2}\tan\theta-\frac{\sin\alpha}{\cos\theta}+\frac{1}{2}\cdot\frac{\tan\alpha\sin\alpha}{\sin\theta}\right)mg \quad ⑩$$

$$N_1=2mg \quad ⑪$$

$$N_2=\left(\sin\theta-\frac{1}{2}\tan\alpha\cos\theta\right)mg \quad ⑫$$

$$f_2=\left(\cos\theta+\frac{1}{2}\tan\alpha\sin\theta\right)mg \quad ⑬$$

CD 杆平衡的必要条件为

$$f_2\leqslant\mu_C N_2 \quad ⑭$$

由⑫、⑬、⑭式得

$$\tan\alpha\leqslant\frac{2(\mu_C\sin\theta-\cos\theta)}{\mu_C\cos\theta+\sin\theta} \quad ⑮$$

AB 杆平衡的必要条件为

$$f_1\leqslant\mu_A N_1 \quad ⑯$$

由⑩、⑪、⑯式得

$$\frac{\tan\alpha\sin\alpha}{\sin\theta}-\frac{2\sin\alpha}{\cos\theta}\leqslant4\mu_A-3\tan\theta \quad ⑰$$

因此，使系统平衡，α 应满足的条件为⑮式和⑰式.

(2)将题给的数据代入⑮式可得

$$\alpha\leqslant\arctan0.385=21.1^\circ \quad ⑱$$

将题给的数据代入⑰式，经数值计算可得

$$\alpha\geqslant19.5^\circ \quad ⑲$$

因此，α 的取值范围为

$$19.5^\circ\leqslant\alpha\leqslant21.1^\circ \quad ⑳$$

三、解法一：

(1)设在 t 时刻，小球和圆筒的运动状态如图(1)所示，小球位于 P 点，绳与圆筒的切点为 T，P 到 T 的距离即绳的拉直部分的长度 l，圆筒的角速度为 ω，小球的速度为 v. 小球的速度可以分解成沿着绳子方向的速度 v_1 和垂直于绳子方向的速度 v_2 两个分量. 根据机械能守恒定律和角动量守恒定律有

$$\frac{1}{2}M(R\omega_0)^2+\frac{1}{2}m(R\omega_0)^2=\frac{1}{2}M(R\omega)^2+\frac{1}{2}m(v_1^2+v_2^2) \quad ①$$

$$MR^2\omega_0+mR^2\omega_0=MR^2\omega+mRv_1+mlv_2 \quad ②$$

因为绳子不可伸长，v_1 与切点 T 的速度相等，即

$$v_1=R\omega \quad ③$$

解①、②、③式得

$$\omega=\frac{(M+m)R^2-ml^2}{(M+m)R^2+ml^2}\omega_0 \quad ④$$

$$v_2=\frac{2(M+m)R^2l}{(M+m)R^2+ml^2}\omega_0 \quad ⑤$$

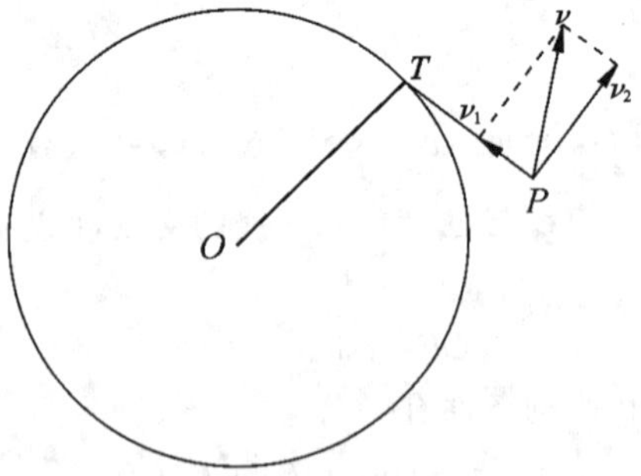

第三题图(1)

由④式可得

$$l=R\sqrt{\frac{M+m}{m}\cdot\frac{\omega_0-\omega}{\omega_0+\omega}} \quad ⑥$$

这便是在卫星角速度减至 ω 时绳的拉直部分的长度 l.

(2)由⑥式，当 $\omega=0$ 得

$$L=R\sqrt{\frac{M+m}{m}} \quad ⑦$$

这便是绳的总长度 L.

(3)如图(2)所示,从时刻 t 到 $t+\Delta t$,切点 T 跟随圆筒转过一角度 $\Delta\theta_1=\omega\Delta t$,由于绳子的拉直部分的长度增加了 Δl,切点相对圆筒又转过一角度 $\Delta\theta_2=\dfrac{\Delta l}{R}$,到达 T' 处,所以在 Δt 时间内,切点转过的角度

$$\Delta\theta=\Delta\theta_1+\Delta\theta_2=\omega\Delta t+\frac{\Delta l}{R} \quad ⑧$$

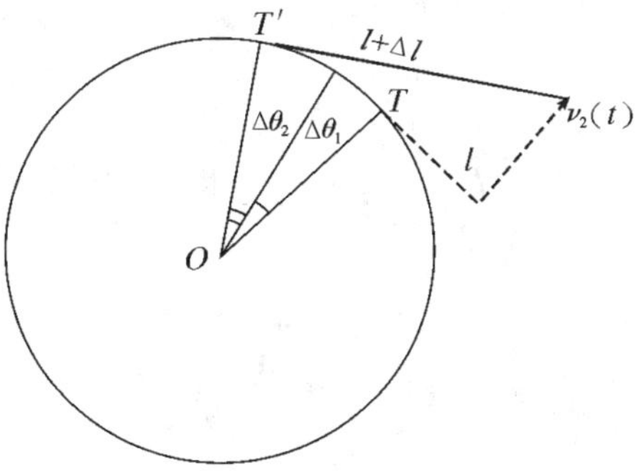

第三题图(2)

切点从 T 变到 T' 也使切线方向改变了一个同样的角度 $\Delta\theta$,而切线方向的改变是小球具有垂直于绳子方向的速度 v_2 引起的,故有

$$\Delta\theta=\frac{v_2\Delta t}{l} \quad ⑨$$

由①、②、③式得

$$v_2=l(\omega_0+\omega) \quad ⑩$$

由⑧、⑨、⑩式得

$$\Delta l=R\omega_0\Delta t \quad ⑪$$

⑪式表示 l 随 t 均匀增加,故 l 由 0 增加到 L 所需的时间为

$$t_s=\frac{L}{\omega_0 R}=\frac{1}{\omega_0}\sqrt{\frac{M+m}{m}} \quad ⑫$$

解法二:

(1)撤去插销后两个小球的运动情况相同,故可取一个小球作为对象进行研究,先研究任何时刻小球的速度.

在 t 时刻,相对卫星系统质心参考系小球运动状态如图(3)所示,绳子的拉直部分与圆筒面的切点为 T,小球到切点 T 的距离即绳的拉直部分的长度为 l,小球到转轴 O 的距离为 r,圆筒的角速度为 ω. 由于圆筒的转动和小球相对圆筒的运动,绳将展开,切点位置和绳的拉直部分的长度都要改变.

首先考察小球相对于圆筒的运动. 在 t 时刻,OT 与固定在圆筒上的半径 OP_0 的夹角为 Φ,如图(4)所示. 由于小球相对圆筒的运动,经过时间 Δt,切点从圆筒上的 T 点移到 T' 点,OT' 与 OP_0 的夹角变为 $\Phi+\Delta\Phi$,绳的拉直部分的长度由 l 变为 l',小球由 P 运动到 P',$\overrightarrow{PP'}$ 便是小球相对圆筒的位移. 当 Δt 很小时 $l\approx l'$,故

$$|\overrightarrow{PP'}|=l'\Delta\Phi\approx l\Delta\Phi \quad ⑬$$

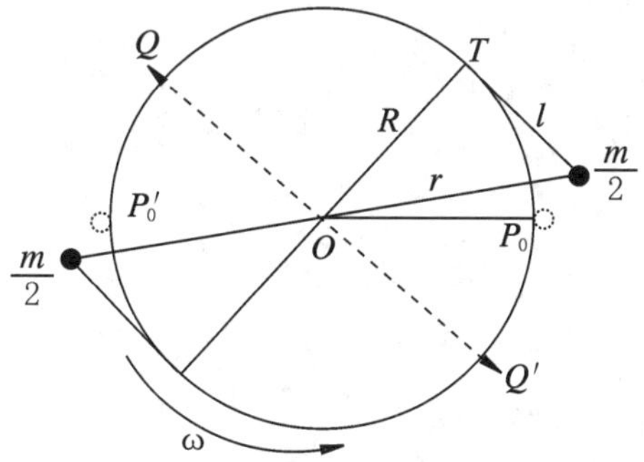

第三题图(3)

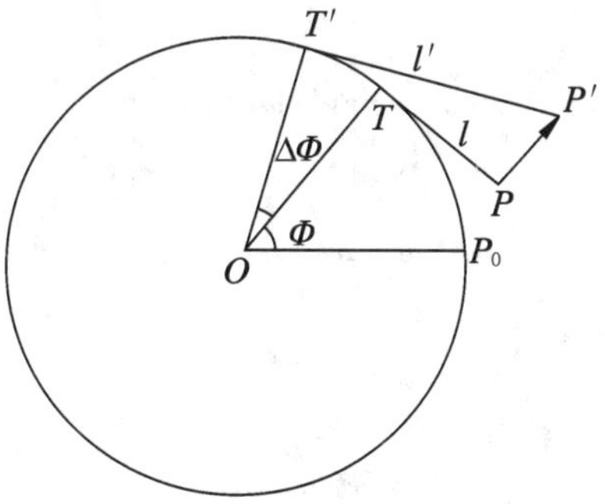

第三题图(4)

于是小球相对圆筒的速度大小为

$$v_\Phi=l\frac{\Delta\Phi}{\Delta t}=l\omega_\Phi \quad ⑭$$

方向垂直于 TP,ω_Φ 是切点相对圆筒转动的角速度.

再考察圆筒相对质心参考系的转动，即与圆筒固连在一起的转动参考系相对质心参考系的运动. 当圆筒的角速度为 ω 时，位于转动参考系中的 P 点(小球所在处)相对质心系的速度

$$v_\omega = r\omega \tag{15}$$

方向垂直于 OP. 可以把 v_ω 分解成沿着 TP 方向的分量 $v_{\omega1}$ 和垂直 TP 方向的分量 $v_{\omega2}$，如图(5)所示，即

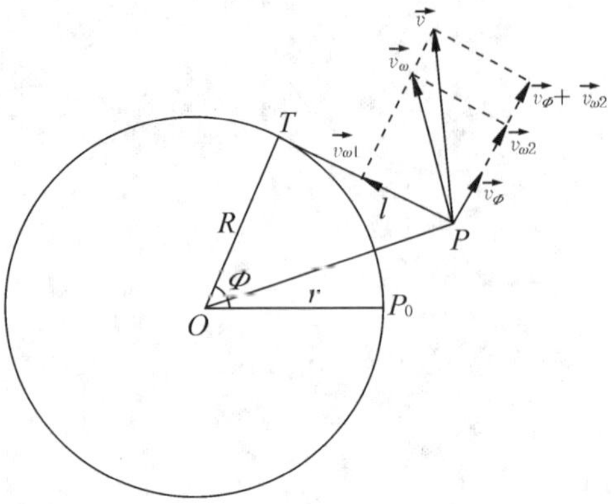

第三题图(5)

$$v_{\omega1} = R\omega \tag{16}$$

$$v_{\omega2} = l\omega \tag{17}$$

小球相对质心系的速度 $\vec{v}$ 是小球相对圆筒的速度和圆筒参考系中的 P 点相对质心系速度的合成，由图(5)可得 $\vec{v}$ 的大小

$$v = \sqrt{v_{\omega1}^2 + (v_{\omega2+v_\Phi})^2} \tag{18}$$

因为

$$l = R\Phi \tag{19}$$

故有

$$v = R\sqrt{\omega^2 + (\omega + \omega_\Phi)^2 \Phi^2} \tag{20}$$

因为系统不受外力作用，故系统的动能和角动量守恒，故有

$$\frac{1}{2}M(R\omega_0)^2 + \frac{1}{2}mR^2\omega_0^2 = \frac{1}{2}M(R\omega)^2 + \frac{1}{2}mv^2 \tag{21}$$

$$MR^2\omega_0 + mR^2\omega_0 = MR^2\omega + mRv_{\omega1} + ml(v_{\omega2} + v_\Phi) \tag{22}$$

由⑳、㉑式有

$$\omega_0^2 = \omega^2 + \frac{m}{M+m}(\omega + \omega_\Phi)^2\Phi^2 \tag{23}$$

由⑭、⑯、⑰、⑲、㉒式得

$$\omega_0 = \omega + \frac{m}{M+m}\Phi^2(\omega + \omega_\Phi) \tag{24}$$

由㉓、㉔式得

$$\omega_0 + \omega = \omega + \omega_\Phi$$

故有

$$\omega_\Phi = \omega_0 \tag{25}$$

上式说明绳子与圆筒的切点相对圆筒转动的角速度等于卫星的初始角速度，是一个恒量，将㉕式代入㉔式得

$$\Phi = \sqrt{\frac{M+m}{m}\left(\frac{\omega_0 - \omega}{\omega_0 + \omega}\right)} \tag{26}$$

由⑲、㉖式得

$$l = R\sqrt{\frac{M+m}{m}\left(\frac{\omega_0 - \omega}{\omega_0 + \omega}\right)} \tag{27}$$

这便是在卫星角速度减至 ω 时绳的拉直部分的长度 l.

(2)由㉗式,当 $\omega=0$ 时得绳的总长度,即

$$L=R\sqrt{\frac{M+m}{m}} \tag{28}$$

(3)因 ω_Φ 是一个恒量,Φ 随时间 t 的变化规律为

$$\Phi=\omega_0 t \tag{29}$$

当 $\omega=0$ 时,由㉖式可得卫星停旋时

$$\Phi_s=\sqrt{\frac{M+m}{m}} \tag{30}$$

设卫星停转所用的时间为 t_s,由㉙、㉚式得

$$t_s=\frac{\Phi_s}{\omega_0}=\frac{1}{\omega_0}\sqrt{\frac{M+m}{m}} \tag{31}$$

四、(1)根据题意,粒子的初速度只有 y 方向和 z 方向的分量,设它们为 v_{0y} 和 v_{0z}. 因为粒子在 z 方向不受电场力和磁场力作用,故粒子在 z 方向以初速度 v_{0z} 做匀速运动.

粒子在 Oxy 平面内的运动可以看作由以下两部分运动的合成:可把粒子在 y 方向的初速度表示为

$$v_{0y}=-v_{0y1}+v_{0y}+v_{0y1} \tag{1}$$

其中

$$v_{0y1}=-\frac{E_0}{B_0} \tag{2}$$

沿 y 负方向. 与 v_{0y1} 相关的磁场力

$$f_{Bx}=-qv_{0y1}B_0 \tag{3}$$

沿 x 负方向. 粒子受到的电场力

$$f_E=f_{Ex}=qE_0 \tag{4}$$

沿 x 正方向. 由②、③、④式可知,粒子在 x 方向受到的电场力和磁场力正好抵消,故粒子以大小为 $\frac{E_0}{B_0}$ 的速度沿 $-y$ 方向运动. 除此之外,由①式可知,粒子还具有初速度

$$v_{0y2}=v_{0y}+\frac{E_0}{B_0} \tag{5}$$

沿 y 正方向,与 v_{0y2} 相关的磁场力使粒子以速率 v_{0y2} 在 Oxy 平面内做匀速圆周运动,以 r 表示圆周运动的半径,有

$$qv_{0y2}B_0=m\frac{v_{0y2}^2}{r} \tag{6}$$

可得

$$r=\frac{mv_{0y2}}{qB_0} \tag{7}$$

由周期的定义和⑦式可得圆周运动的周期

$$T=\frac{2\pi m}{qB_0} \tag{8}$$

⑧式表明,粒子运动的周期与粒子在 y 方向的初速度无关. 经过时间 T 或 T 的整数倍,所考察的粒子就能同时回到 Oyz 平面.

(2)增加的电场 $\vec{E_2}$ 对粒子在 Oxy 平面内的运动无影响,但粒子在 z 方向要受到此电场力作用. 以 a_z 表示在此电场力作用下的加速度,有

$$ma_z=qE_0\cos\omega t \tag{9}$$

或

$$a_z=\frac{qE_0}{m}\cos\omega t \tag{10}$$

这是简谐运动的加速度,因而有

$$a_z = -\omega^2 z \quad ⑪$$

由⑩、⑪式可得

$$z = -\frac{1}{\omega^2} \cdot \frac{qE_0}{m}\cos\omega t \quad ⑫$$

因未增加电场时，粒子在 z 方向做初速度为 v_{0z} 的匀速运动，增加电场后，粒子在 z 方向的运动是匀速运动与简谐运动的叠加，即有

$$z = v_{0z}t - \frac{1}{\omega^2} \cdot \frac{qE_0}{m}\cos\omega t \quad ⑬$$

粒子在 Oxy 平面内的运动不受电场 $\vec{E}_2$ 的影响. 设 ω_0 为粒子在 Oxy 平面内做圆周运动的角速度，则有

$$\omega_0 = \frac{2\pi}{T} = \frac{qB_0}{m} \quad ⑭$$

由图示可得与圆周运动相联系的粒子坐标随时间 t 的变化关系

$$x' = r(1-\cos\omega_0 t) \quad ⑮$$

$$y' = r\sin\omega_0 t \quad ⑯$$

考虑到粒子在 y 方向还具有速度为 v_{0y1} 的匀速运动，并利用②、⑤、⑦、⑭式以及已知条件，可得带电粒子的运动规律：

$$x = \frac{m}{qB_0}\left(v_{0y} + \frac{E_0}{B_0}\right)\left(1-\cos\frac{qB_0}{m}t\right) \quad ⑰$$

$$y = -\frac{E_0}{B_0}t + \frac{m}{qB_0}\left(v_{0y} + \frac{E_0}{B_0}\right)\sin\frac{qB_0}{m}t \quad ⑱$$

$$z = v_{0z}t - \frac{mE_0}{qB_0^2}\cos\frac{qB_0}{m}t \quad ⑲$$

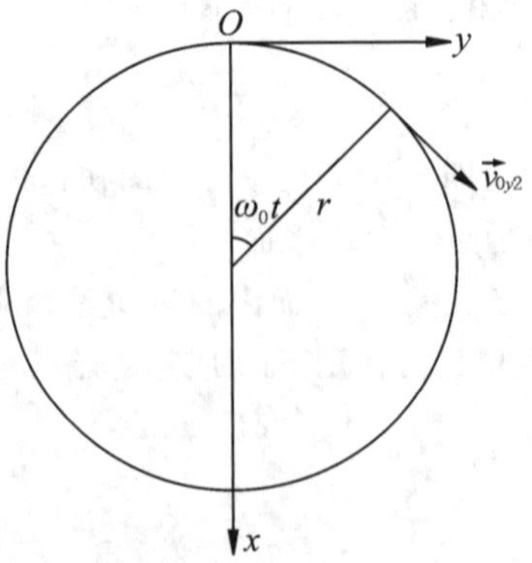

第四题图

五、(1) $I_L - I_0(e^{\frac{U}{U_T}} - 1)$　I_L

$U_T\ln\left(1+\frac{I_L}{I_0}\right)$　$UI_L - UI_0(e^{\frac{U}{U_T}} - 1)$

(2) 0.62　0.54　49　6.0

六、在电加热器对 A 室中气体加热的过程中，由于隔板 N 是导热的，B 室中气体的温度要升高，活塞 M 将向右移动. 当加热停止时，活塞 M 有可能刚移到汽缸最右端，亦可能尚未移到汽缸最右端，当然亦可能活塞已移到汽缸最右端但加热过程尚未停止.

设加热恰好能使活塞 M 移到汽缸的最右端，则 B 室气体末态的体积

$$V_B = 2V_0 \quad ①$$

根据题意，活塞 M 向右移动过程中，B 中气体压强不变，用 T_B 表示 B 室中气体末态的温度，有

$$\frac{V_0}{V_0} = \frac{T_B}{T_B} \quad ②$$

由①、②式得

$$T_B = 2T_0 \quad ③$$

由于隔板 N 是导热的，故 A 室中气体末态的温度

$$T_A = 2T_0 \quad ④$$

下面计算此过程中的热量 Q_m.

在加热过程中，A 室中气体经历的是等容过程，根据热力学第一定律，气体吸收的热量等于其内能的增加量，即

$$Q_A = \frac{5}{2}R(T_A - T_0) \quad ⑤$$

由④、⑤式得

$$Q_A=\frac{5}{2}RT_0 \quad ⑥$$

B 室中气体经历的是等压过程，在此过程中 B 室气体对外做功为

$$W_B=p_0(V_B-V_0) \quad ⑦$$

由①、⑦式及理想气体状态方程得

$$W_B=RT_0 \quad ⑧$$

内能改变为

$$\Delta U_B=\frac{5}{2}R(T_B-T_0) \quad ⑨$$

由④、⑨式得

$$\Delta U_B=\frac{5}{2}RT_0 \quad ⑩$$

根据热力学第一定律和⑧、⑩式，B 室气体吸收的热量为

$$Q_B=\Delta U_B+W_B=\frac{7}{2}RT_0 \quad ⑪$$

由⑥、⑪ 式可知电加热器提供的热量为

$$Q_m=Q_A+Q_B=6RT_0 \quad ⑫$$

若 $Q_0=Q_m$，B 室中气体末态的体积为 $2V_0$，A 室中气体末态的温度为 $2T$.

若 $Q_0>Q_m$，则当加热器供应的热量达到 Q_m 时，活塞刚好到达汽缸最右端，但这时加热尚未停止，只是在以后的加热过程中气体的体积保持不变，故热量 Q_0-Q_m 是 A、B 中气体在等容升温过程中吸收的热量. 由于等容过程中气体不做功，根据热力学第一定律，若 A 室中气体末态的温度为 T'_A，有

$$Q_0-Q_m=\frac{5}{2}R(T'_A-2T_0)+\frac{5}{2}R(T'_A-2T_0) \quad ⑬$$

由⑫、⑬式可求得

$$T'_A=\frac{Q_0}{5R}+\frac{4}{5}T_0 \quad ⑭$$

B 室中气体末态的体积

$$V'_B=2V_0 \quad ⑮$$

若 $Q_0<Q_m$，则隔板尚未移到汽缸最右端，加热停止，故 B 室中气体末态的体积 V''_B 小于 $2V_0$，即 $V''_B<2V_0$. 设 A、B 两室中气体末态的温度为 T''_A，根据热力学第一定律，注意到 A 室中气体经历的是等容过程，其吸收的热量

$$Q_A=\frac{5}{2}R(T''_A-T_0) \quad ⑯$$

B 室中气体经历的是等压过程，吸收热量

$$Q_B=\frac{5}{2}R(T''_A-T_0)+p_0(V''_B-V_0) \quad ⑰$$

利用理想气体状态方程，上式变为

$$Q_B=\frac{7}{2}R(T''_A-T_0) \quad ⑱$$

由上可知

$$Q_0=Q_A+Q_B=6R(T''_A-T_0) \quad ⑲$$

所以 A 室中气体末态的温度

$$T''_A=\frac{Q_0}{6R}+T_0 \quad ⑳$$

B 室中气体末态的体积

$$V''_B=\frac{V_0}{T_0}T''_A=\left(\frac{Q_0}{6RT_0}+1\right)V_0 \quad ㉑$$

七、(1)$3R$　　(2)$6R$

(3)

I_2 与 L 的距离	I_2 在 L 左方还是右方	I_2 的大小	I_2 是正立还是倒立	I_2 是实像还是虚像
$6R$	右方	$2h$	倒立	虚像

(4)

I_3 与 L 的距离	I_3 在 L 左方还是右方	I_3 的大小	I_3 是正立还是倒立	I_3 是实像还是虚像
$18R$	左方	2	倒立	实像

八、(1)反应能

$$Q=[(m_p+m_{^3_{\rm H}})-(m_{^3_{\rm He}}+m_n)]c^2 \quad ①$$

式中 c 为光速. 代入数据得

$$Q=-0.764\text{MeV} \quad ②$$

上式表明这是一吸能核反应.

(2)解法一:

为了求入射质子阈能,反应前后各粒子都应沿同一直线运动. 设质子的入射速度大小为 v_p,反应后 $^3_2$He 的速度大小为 $v_{^3_{\rm He}}$,中子的速度大小为 v_n,根据动量守恒和能量守恒有

$$m_p v_p = m_{^3_{\rm He}} v_{^3_{\rm He}} + m_n v_n \quad ③$$

$$\frac{1}{2}m_p v_p^2 = \frac{1}{2}m_{^3_{\rm He}} v_{^3_{\rm He}}^2 + \frac{1}{2}m_n v_n^2 + |Q| \quad ④$$

由③、④式得

$$\left(\frac{m_n^2+m_n m_{^3_{\rm He}}}{m_{^3_{\rm He}}}\right)v_n^2 - 2\frac{m_p m_n}{m_{^3_{\rm He}}}v_p v_n + \left(\frac{m_p^2+m_p m_{^3_{\rm He}}}{m_{^3_{\rm He}}}\right)v_p^2 + 2|Q| = 0 \quad ⑤$$

令

$$a=\frac{m_n^2+m_{^3_{\rm He}} m_n}{m_{^3_{\rm He}}} \quad ⑥$$

$$b=-\frac{2m_p m_n v_p}{m_{^3_{\rm He}}} \quad ⑦$$

$$c=\frac{m_p^2-m_p m_{^3_{\rm He}}}{m_{^3_{\rm He}}}v_p^2+2|Q| \quad ⑧$$

把⑥、⑦、⑧式代入⑤式得

$$av_n^2+bv_n+c=0 \quad ⑨$$

⑨式有解的条件是

$$b^2-4ac\geqslant 0 \quad ⑩$$

由⑥、⑦、⑧式可知,c 可能大于零,亦可能小于零. 若 $c<0$,则⑩总成立,中子速度一定有解,反应一定能发生;若 $c>0$,则由⑥、⑦、⑧、⑩式得

$$\frac{1}{2}m_p v_p^2 \geqslant \frac{m_n+m_{^3_{\rm He}}}{m_n+m_{^3_{\rm He}}-m_p}|Q| \quad ⑪$$

即只有当入射质子的动能满足⑪式时,中子速度才有解,反应才能发生,所以入射质子的阈能为

$$T_{th}=\left(1+\frac{m_p}{m_n+m_{^3_{\rm He}}-m_p}\right)|Q| \quad ⑫$$

利用①式,在忽略 $|Q|^2$ 项的情况下,⑫式可简化为

$$T_{th}=\left(1+\frac{m_p}{m_{^3_{\rm He}}}\right)|Q| \quad ⑬$$

代入有关数据得

$$T_{th}=1.02\text{MeV} \quad ⑭$$

(3)由动量守恒和能量守恒有

$$m_p\vec{v}_p=m_{^3_{\rm He}}+m_n\vec{v}_n \quad ⑮$$

$$\frac{1}{2}m_p v_p^2=\frac{1}{2}m_{^3He}v_{^3He}^2+\frac{1}{2}m_n v_n^2+|Q| \qquad ⑯$$

以 θ 表示反应中产生的中子的速度方向与入射质子的速度方向的夹角，如图所示.

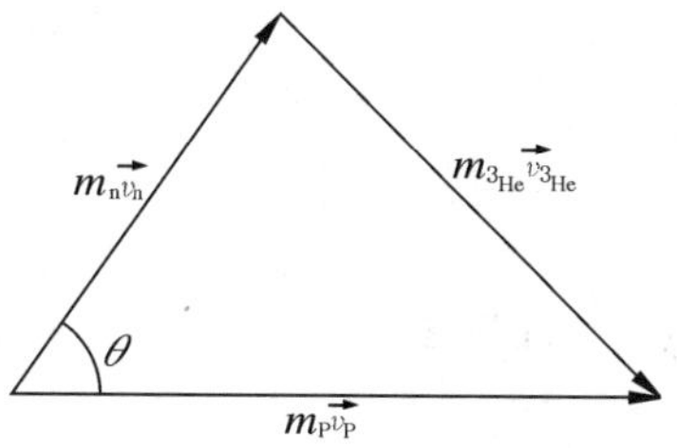

第八题图

根据余弦定律有

$$(m_{^3He}v_{^3He})^2=(m_n v_n)^2+(m_p v_p)^2-2m_n m_p v_n v_p\cos\theta \qquad ⑰$$

令

$$T_p=\frac{1}{2}m_p v_p^2 \qquad ⑱$$

$$T_n=\frac{1}{2}m_n v_n^2 \qquad ⑲$$

$$T_{^3He}=\frac{1}{2}m_{^3He}v_{^3He}^2 \qquad ⑳$$

把⑱、⑲、⑳式代入⑮、⑯式得

$$|Q|=T_p-T_{^3He}-T_n \qquad ㉑$$

$$2m_{^3He}T_{^3He}=2m_n T_n+2m_p T_p-2\sqrt{2m_p T_p}\cdot\sqrt{2m_p T_p}\cos\theta \qquad ㉒$$

由㉑、㉒式，消去 $T_{^3He}$ 后，得

$$T_n-2\frac{\sqrt{m_n m_p T_p}}{m_{^3He}+m_n}\cos\theta\cdot\sqrt{T_n}-\frac{(m_{^3He}-m_p)T_p-|Q|m_{^3He}}{m_{^3He}+m_n}=0 \qquad ㉓$$

令

$$S=\frac{\sqrt{m_n m_p T_p}}{m_{^3He}+m_n}\cos\theta, R=\frac{(m_{^3He}-m_p)T_p-|Q|m_{^3He}}{m_{^3He}+m_n} \qquad ㉔$$

得

$$T_n-2S\sqrt{T_n}-R=0 \qquad ㉕$$

根据题给的入射质子的动能和第 1 问求得的反应能 $|Q|$ 的值，由㉑式可知 $R>0$，故㉕式符合物理意义的解为

$$\sqrt{T_n}=S+\sqrt{S^2+R} \qquad ㉖$$

将具体数据代入㉔、㉖式中，有

$$T_n=0.132\text{MeV} \qquad ㉗$$

解法二：

为了研究阈能，只考虑碰撞前后各粒子都沿同一直线运动的情况. 若碰撞后 $^3_2$He 和中子的速度相同，即粘在一起运动(完全非弹性碰撞)，则在碰撞过程中损失的机械能最多，若所损失的机械能正好等于反应能，则入射质子的动能最小，这最小动能便是阈能. 设质子的入射速度大小为 v_p，反应后 $^3_2$He 和中子的速度大小为 v，根据动量守恒和能量守恒有

$$m_p v_p=(m_{^3He}+m_n)v \qquad ㉘$$

$$\frac{1}{2}m_p v_p^2=\frac{1}{2}(m_{^3He}+m_n)v^2+|Q| \qquad ㉙$$

由㉘、㉙式得

$$\frac{1}{2}m_p v_p^2=\frac{m_n+m_{^3He}}{m_n+m_{^3He}-m_p}|Q| \qquad ㉚$$

所以阈能为

$$T_{th}=\left(1+\frac{m_p}{m_n+m_{^3He}-m_p}\right)|Q| \quad ㉛$$

利用①式，并注意到

$$\frac{|Q|}{m_{^3H}c^2}\ll 1$$

有

$$\frac{1}{m_n+m_{^3He}-m_p}=\frac{1}{m_{^3H}\left(1+\frac{|Q|}{m_{^3H}c^2}\right)}=\frac{1}{m_{^3H}}\left(1-\frac{|Q|}{m_{^3H}c^2}\right)$$

在忽略$|Q|^2$项的情况下，㉛式可简化为

$$T_{th}=\left(1+\frac{m_p}{m_{^3H}}\right)|Q| \quad ㉜$$

代入有关数据得

$$T_{th}=1.02\text{MeV} \quad ㉝$$

解法三：

在牛顿力学中可以证明，质点系的总动能可以表示为质点系的总质量乘以质心速度的平方，然后加上各质点相对质心运动的动能，即质心动能与各质点相对质心运动的动能之和．若质点系不受外力作用，则质点系的动量守恒，质心速度不变，故质心动能亦恒定不变；如果质点系内部的相互作用导致质点系机械能的变化，则可变化的机械能只能是各质点相对质心运动的动能．在本题中，如果质子 p 与氚$^3_1$H 发生反应后，生成的中子 n 和氦$^3_2$He 相对质心都静止，则质子 p 与氚$^3_1$H 相对质心运动的动能之和全部转化成反应能，反应后系统的动能只有质心的动能，在这种情况下，转化成其他形式能量的机械能最多，入射质子的动能最小，这最小动能便是阈能，所以入射质子的阈能等于系统质心的动能与反应能之和．

以v'_p和$v'_{^3H}$分别表示质子 p 和氚$^3_1$H 相对质心的速度，有

$$|Q|=\frac{1}{2}m_p v'^2_p+\frac{1}{2}m_{^3H}v'^2_{^3H} \quad ㉞$$

因为系统质心的速度

$$v_c=\frac{m_p v_p}{m_p+m_{^3H}} \quad ㉟$$

而

$$v'_p=v_p-v_c=\frac{m_{^3H}v_p}{m_p+m_{^3H}} \quad ㊱$$

$$v'_{^3H}=0-v_c=-\frac{m_p v_p}{m_p+m_{^3H}} \quad ㊲$$

由㉞、㊱、㊲式得

$$|Q|=\frac{m_{^3H}}{m_p+m_{^3H}}\cdot\frac{1}{2}m_p v_p^2 \quad ㊳$$

在牛顿力学中，系统的总质量是恒定不变的，这就导致系统质心的动能在反应前后恒定不变的结论，但在本题中，损失掉的机械能导致系统总质量的变化，使反应前系统的总质量与反应后系统的总质量不相等，即$m_p+m_{^3H}\neq m_n+m_{^3He}$．如果仍沿用牛顿力学的结论，对一个孤立系统，其质心速度是不会改变的，故反应后质心的动能应为

$$E_c=\frac{1}{2}(m_n+m_{^3He})v_c^2=\frac{1}{2}(m_p+m_{^3H})v_c^2+\frac{1}{2}\cdot\frac{|Q|}{c^2}v_c^2$$

而

$$\frac{1}{2}\cdot\frac{|Q|}{c^2}v_c^2=\frac{1}{2}\cdot\frac{|Q|}{c^2}\cdot\frac{m_p^2v_p^2}{(m_p+m_{^3H})^2}=\frac{|Q|}{c^2}\cdot\frac{m_p}{m_p+m_{^3H}}\cdot\frac{|Q|}{m_{^3H}}$$

由此可见，在忽略$|Q|^2$的条件下

$$\frac{1}{2}(m_n+m_{^3He})v_c^2=\frac{1}{2}(m_p+m_{^3H})v_c^2$$

而入射质子的阈能

$$T_{th}=\frac{1}{2}(m_p+m_{^3H})v_c^2+|Q| \quad ㊴$$

由㉟、㊳、㊴式得

$$T_{th}=\left(1+\frac{m_p}{m_{^3H}}\right)|Q| \quad ㊵$$

代入有关数据得

$$T_{th}=1.02\text{MeV} \quad ㊶$$

2012年第二十九届全国中学生物理竞赛预赛试题

一、**1.** D　**2.** C　**3.** B　**4.** AC　**5.** CD

二、**6.** 82　206　**7.** (1)6　(2)如图所示.

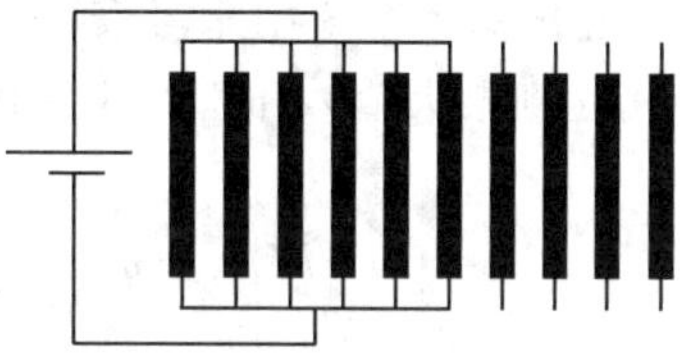
第7题图

8. $-\frac{gd}{c^2}v$　**9.** $\frac{(M+m)\mu g}{\gamma}$　$\frac{\mu^2g^2(M+m)}{2\gamma}$

10. 逐渐增大，最后趋向一恒定值　逐渐减小，最后变到零　$e\frac{V_1-V_2}{v_1-v_2}$　$\frac{V_1v_2-V_2v_3}{v_1-v_2}e$

三、**11.** 设球A刚要离开地面时连接球B的绳与其初始位置的夹角为θ，如图所示，这时球B的速度为v，绳对球B的拉力为T，根据牛顿定律和能量守恒，有

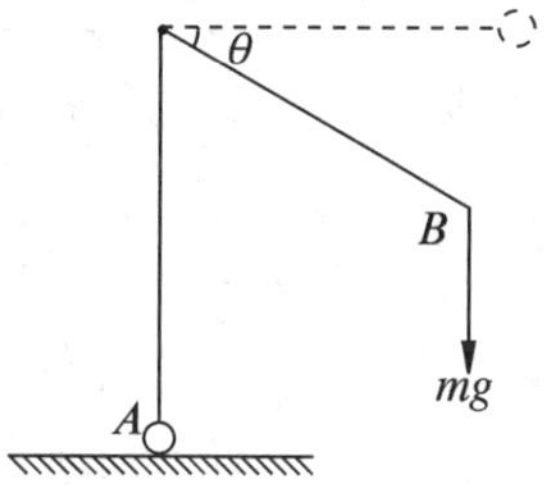

第11题图

$$T-mg\sin\theta=m\frac{v^2}{l} \quad ①$$

$$\frac{1}{2}mv^2=mgl\sin\theta \quad ②$$

当A球刚要离开地面时，有

$$T=mg \quad ③$$

以h表示所求的高度差，则有

$$h=l\sin\theta \quad ④$$

由①、②、③、④式得

$$h=\frac{1}{3}l \quad ⑤$$

12. 设单位体积中自由电子数为n，则有

$$\frac{I}{S}=nqu \quad ①$$

而

$$n=\frac{\rho}{\mu}N_0 \quad ②$$

由以上两式得

$$u=\frac{\mu I}{\rho qSN_0} \quad ③$$

代入已知数据得

$$u=7.5\times10^{-5}\text{m/s} \quad ④$$

13. 解法一：

(1)由于A球始终以恒定的速度v_0运动，故随A球一起运动的参考系S'为惯性系.

在参考系S'中，因为A球静止，故作用于A球的外力f不做功，A、B两球构成的系统能量守恒.当两球间的距离为l_0时，B球以初速度v_0向左运动，随着B球远离A球，其动能在库仑力作用下逐渐变小，两球的静电势能增大，当B球动能减少到0时，

A、B 间距达到最大值 l_M，由能量守恒定律有

$$-k\frac{Qq}{l_M}=\frac{1}{2}Mv_0^2-k\frac{Qq}{l_0} \quad ①$$

解得

$$l_M=\frac{2kQql_0}{2kQq-Mv_0^2l_0} \quad ②$$

(2)为了计算变力 f 做的功，应回到初始时 B 球相对它静止的参考系 S 来考察问题. 相对 S 系，当两球间的距离为 l_0 时，A 球的速度为 v_0，B 球的速度为 0；当两球的速度相等时，两球间距离达到最大值 l_M，由功能关系，在这过程中，变力 f 做的功

$$W=[\frac{1}{2}(M+m)v_0^2-k\frac{Qq}{l_M}]-[\frac{1}{2}mv_0^2-k\frac{Qq}{l_0}] \quad ③$$

由②、③式得

$$W=Mv_0^2 \quad ④$$

解法二：

在开始时 B 球相对它静止的参考系 S 中来考察问题. 初始时，A 球的速度为 v_0，B 球的速度为 0，当两球间距离达到最大值 l_M 时，两球的速度相等，都是 v_0，根据动量定理和功能关系有

$$J=(m+M)v_0-mv_0 \quad ⑤$$

$$W=\frac{1}{2}(m+M)v_0^2-k\frac{qQ}{l_M}-\left(\frac{1}{2}mv_0^2-k\frac{qQ}{l_M}\right) \quad ⑥$$

式中 J 和 W 分别是在所考察过程中变力 f 的冲量和功. 在所考察过程中某一时间间隔 Δt_i 内，f_i 的冲量为 $\Delta J_i=f_i\Delta t_i$，在所考察的过程中，f 的总冲量

$$J=\sum_i\Delta J_i=\sum_i f_i\Delta t_i \quad ⑦$$

在 Δt_i 时间内，A 球的位移 $\Delta s_i=v_0\Delta t_i$，力 f_i 做的功为 $\Delta W_i=f_i\Delta s_i=f_iv_0\Delta t_i$，在所考察的过程中，$f$ 的总功

$$W=\sum_i\Delta W_i=\sum_i f_iv_0\Delta t_i \quad ⑧$$

由以上四式得

$$k\frac{Qq}{l_M}=-\frac{1}{2}Mv_0^2+k\frac{Qq}{l_0} \quad ⑨$$

由⑨式得

$$l_M=\frac{2kQql_0}{2kQq-Mv_0^2l_0} \quad ⑩$$

把⑩式代入⑥式得

$$W=Mv_0^2 \quad ⑪$$

14. 以 m 表示碘蒸气的总质量，m_1 表示蒸气的温度为 T 时单原子分子的碘蒸气的质量，μ_1、μ_2 分别表示单原子分子碘蒸气和双原子分子碘蒸气的摩尔质量，p_1、p_2 分别表示容器中单原子分子碘蒸气和双原子分子碘蒸气的分压强，则由理想气体的状态方程有

$$p_1V=\frac{m_1}{\mu_1}RT \quad ①$$

$$p_2V=\frac{m-m_1}{\mu_2}RT \quad ②$$

其中，R 为理想气体常量.

根据道尔顿分压定律，容器中碘蒸气的总压强 p 满足关系式

$$p=p_1+p_2 \quad ③$$

设

$$\alpha=\frac{m_1}{m} \quad ④$$

为单原子分子碘蒸气的质量与碘蒸气的总质量的比值，注意到

$$\mu_1=\frac{1}{2}\mu_2 \qquad ⑤$$

由以上各式解得

$$\alpha=\frac{\mu_2 V}{mR}\cdot\frac{p}{T}-1 \qquad ⑥$$

代入有关数据可得，当温度为 1073K 时，

$$\alpha=0.06 \qquad ⑦$$

当温度为 1473K 时，

$$\alpha=0.51 \qquad ⑧$$

15. 当线框绕转轴转过 $\theta=\omega t$ 的角度时，其位置如图(1)所示，俯视图如图(2)所示.当线框以角速度 ω 绕 OO' 转动时，线框与轴线平行的两条边的速度都是 v，且

$$v=a\omega \qquad ①$$

L 中的电流产生的磁场在这两条边所在处的磁感应强度分别为

$$B=k\frac{I}{r} \qquad ②$$

和

$$B'=k\frac{I}{r'} \qquad ③$$

式中 r 和 r' 分别为这两条边到 L 的距离，线框的两条边的速度 v 的方向与 B 和 B' 的方向间的夹角分别为 α 和 α'. 由电磁感应定律，线框的感应电动势为

$$\varepsilon=2Bav\sin\alpha+2B'av\sin\alpha' \qquad ④$$

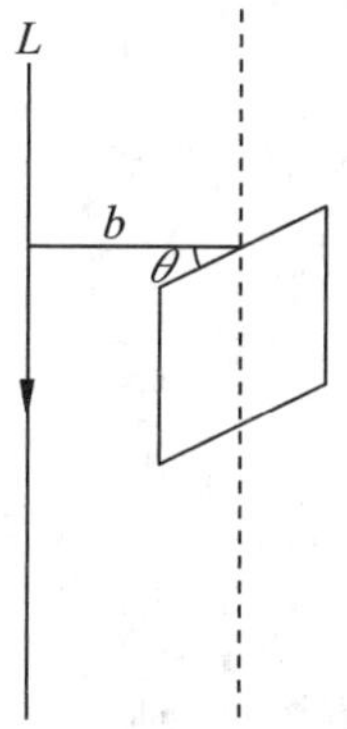

第 15 题图(1)

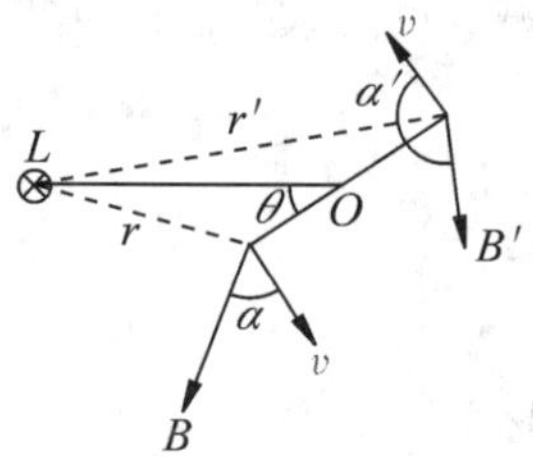

第 15 题图(2)

注意到

$$\frac{\sin\theta}{r}=\frac{\sin(\pi-\alpha)}{b}=\frac{\sin\alpha}{b} \qquad ⑤$$

$$\frac{\sin\theta}{r'}=\frac{\sin(\pi-\alpha')}{b}=\frac{\sin\alpha'}{b} \qquad ⑥$$

以及

$$r^2=a^2+b^2-2ab\cos\theta \qquad ⑦$$

$$r'^2=a^2+b^2+2ab\cos\theta \qquad ⑧$$

由以上各式得

$$\varepsilon=2kla^2b\omega\left(\frac{1}{a^2+b^2-2ab\cos\omega t}+\frac{1}{a^2+b^2+2ab\cos\omega t}\right)\sin\omega t \qquad ⑨$$

由欧姆定律得线框中的感应电流

$$i=\frac{\varepsilon}{R} \qquad ⑩$$

由⑨、⑩式得

$$i=\frac{2kla^2b\omega}{R}\left(\frac{1}{a^2+b^2-2ab\cos\omega t}+\frac{1}{a^2+b^2+2ab\cos\omega t}\right)\sin\omega t \qquad ⑪$$

16. 设一年前、后卫星的速度分别为 v_1、v_2，根据万有引力定律和牛顿定律有

$$G\frac{Mm}{R_1^2}=m\frac{v_1^2}{R_1} \quad ①$$

$$G\frac{Mm}{R_2^2}=m\frac{v_2^2}{R_2} \quad ②$$

式中G为万有引力恒量，M为地球的质量，R_1和R_2分别为一年前、后卫星轨道的半径，即

$$R_1=R_0+H \quad ③$$

$$R_2=R_0+H-\Delta H \quad ④$$

卫星在一年时间内动能的增量

$$\Delta E_k=\frac{1}{2}mv_2^2-\frac{1}{2}mv_1^2 \quad ⑤$$

由①、②、⑤式得

$$\Delta E_k=\frac{1}{2}GMm\left(\frac{1}{R_2}-\frac{1}{R_1}\right) \quad ⑥$$

由③、④、⑥式可知，$\Delta E_k>0$，表示在这个过程中卫星的动能是增加的. 在这个过程中卫星引力势能的增量

$$\Delta E_p=-GMm\left(\frac{1}{R_2}-\frac{1}{R_1}\right) \quad ⑦$$

$\Delta E_p<0$ 表示在这个过程中卫星的引力势能是减少的. 卫星机械能的增量

$$\Delta E=\Delta E_K+\Delta E_P \quad ⑧$$

由⑥、⑦、⑧式得

$$\Delta E=-\frac{1}{2}GMm\left(\frac{1}{R_2}-\frac{1}{R_1}\right) \quad ⑨$$

$\Delta E<0$ 表示在这个过程中卫星的机械能是减少的. 由③、④式可知，因R_1、R_2非常接近，利用

$$R_1-R_2=\Delta H \quad ⑩$$

$$R_1R_2=R_1^2 \quad ⑪$$

⑨式可表示为

$$\Delta E=-\frac{1}{2}\cdot\frac{GMm}{R_1^2}\Delta H \quad ⑫$$

卫星机械能减少是因为克服空气阻力做了功. 卫星在沿半径为R的轨道运行一周的过程中空气作用于卫星的阻力做的功

$$W_1=-F\cdot 2\pi R=-\rho\pi ACRv^2 \quad ⑬$$

根据万有引力定律和牛顿定律有

$$G\frac{Mm}{R^2}=m\frac{v^2}{R} \quad ⑭$$

由⑬、⑭式得

$$W_1=-\rho\pi ACGM \quad ⑮$$

⑮式表明卫星在绕轨道运行一周过程中空气阻力做的功是一恒量，与轨道半径无关. 卫星绕半径为R的轨道运行一周经历的时间

$$T=\frac{2\pi R}{v} \quad ⑯$$

由⑭、⑯式得

$$T=2\pi R\sqrt{\frac{R}{GM}} \quad ⑰$$

由于在一年时间内轨道半径变化不大，可以认为T是恒量，且

$$T=2\pi R_1\sqrt{\frac{R_1}{GM}} \quad ⑱$$

以τ表示一年的时间，有

$$\tau=3600\times365\times24=3.15\times10^{7}\,\text{s} \quad ⑲$$

卫星在一年时间内做圆周运动的次数

$$n=\frac{\tau}{T} \quad ⑳$$

在一年时间内卫星克服空气阻力做的功

$$W=nW_1 \quad ㉑$$

由功能关系有

$$W=\Delta E \quad ㉒$$

由⑮、⑱、⑳、㉑、㉒式，并利用 $G\frac{M}{R_1^2}=g$ 得

$$\rho=\frac{m\Delta H}{\tau ACR_1\sqrt{R_1 g}} \quad ㉓$$

代入有关数据得

$$\rho=1.54\times10^{-13}\,\text{kg}\cdot\text{m}^{-3} \quad ㉔$$

2012年第二十九届全国中学生物理竞赛复赛试题

一、由于湖面足够宽阔而物块体积很小，所以湖面的绝对高度在物块运动过程中始终保持不变．因此，可选湖面为坐标原点并以竖直向下方向为正方向建立坐标系，以下简称 x 系．设物块下底面的坐标为 x，在物块未完全浸没入湖水时，其所受到的浮力为

$$f_b=b^2x\rho g\,(x\leqslant b) \quad ①$$

式中 g 为重力加速度．物块的重力为

$$f_g=b^3\rho' g \quad ②$$

设物块的加速度为 a，根据牛顿第二定律有

$$b^3\rho' a=f_g-f_b \quad ③$$

将①、②式代入③式得

$$a=\frac{\rho g}{\rho' b}\left(x-\frac{\rho'}{\rho}b\right) \quad ④$$

将 x 系坐标原点向下移动 $\rho' b/\rho$ 而建立新的坐标系，简称 X 系．新旧坐标的关系为

$$X=x-\frac{\rho'}{\rho}b \quad ⑤$$

把⑤式代入④式得

$$a=\frac{\rho g}{\rho' b}x \quad ⑥$$

⑥式表示物块的运动是简谐振动．若 $X=0$，则 $a=0$，对应于物块的平衡位置．由⑤式可知，当物块处于平衡位置时，物块下底面在 x 系中的坐标为

$$x_0=\frac{\rho'}{\rho}b \quad ⑦$$

物块运动方程在 X 系中可写为

$$X(t)=A\cos(\omega t+\varphi) \quad ⑧$$

利用参考圆可将其振动速度表示为

$$V(t)=-A\omega\sin(\omega t+\varphi) \quad ⑨$$

式中 ω 为振动的圆频率

$$\omega=\sqrt{\frac{\rho g}{\rho' b}} \quad ⑩$$

在⑧、⑨式中 A 和 φ 分别是振幅和初相位，由初始条件决定．在物块刚被释放时，即 $t=0$ 时刻有 $x=0$，由⑤式得

$$X(0)=-\frac{\rho'}{\rho}b \quad ⑪$$

$$V(0)=0 \qquad ⑫$$

由⑧、⑨、⑩、⑪、⑫式得

$$A=\frac{\rho'}{\rho}b \qquad ⑬$$

$$\varphi=\pi \qquad ⑭$$

将⑩、⑬、⑭式分别代入⑧、⑨式得

$$X(t)=\frac{\rho'}{\rho}b\cos(\omega t+\pi) \qquad ⑮$$

$$V(t)=-\sqrt{\frac{\rho'}{\rho}gb}\sin(\omega t+\pi) \qquad ⑯$$

由⑮式可知，物块再次返回到初始位置时恰好完成一个振动周期；但物块的运动始终由⑮式表示是有条件的，那就是在运动过程中物块始终没有完全浸没在湖水中．若物块从某时刻起全部浸没在湖水中，则湖水作用于物块的浮力变成恒力，物块此后的运动将不再是简谐振动，物块再次返回到初始位置所需的时间也就不再全由振动的周期决定．为此，必须研究物块可能完全浸没在湖水中的情况．显然，在 x 系中看，物块下底面的坐标为 b 时，物块刚好被完全浸没；由⑤式知在 X 系中这一临界坐标值为

$$X=X_b=\left(1-\frac{\rho'}{\rho}\right)b \qquad ⑰$$

即物块刚好完全浸没在湖水中时，其下底面在平衡位置以下 X_b 处．注意到在振动过程中，物块下底面离平衡位置的最大距离等于振动的振幅 A，下面分两种情况讨论：

(1)$A\leqslant X_b$．由⑬、⑰式得

$$\rho\geqslant 2\rho' \qquad ⑱$$

在这种情况下，物块在运动过程中至多刚好全部浸没在湖水中．因而，物块从初始位置起，经一个振动周期，再次返回至初始位置．由⑩式得振动周期

$$T=\frac{2\pi}{\omega}=2\pi\sqrt{\frac{\rho' b}{\rho g}} \qquad ⑲$$

物块从初始位置出发往返一次所需的时间

$$t_1=T=2\pi\sqrt{\frac{\rho' b}{\rho g}} \qquad ⑳$$

(2)$A>X_b$．由⑬、⑰式得

$$\rho<2\rho' \qquad ㉑$$

在这种情况下，物块在运动过程中会从某时刻起全部浸没在湖水表面之下．设从初始位置起，经过时间 t_1 物块刚好全部浸入湖水中，这时 $X(t_1)=X_b$．由⑮、⑰式得

$$\frac{\rho'}{\rho}\cos(\omega t_1+\pi)=1-\frac{\rho'}{\rho} \qquad ㉒$$

取合理值，有

$$t_1=\sqrt{\frac{\rho' b}{\rho g}}\left[\pi-\arccos\left(\frac{\rho}{\rho'}-1\right)\right] \qquad ㉓$$

由上式和⑯式可求得这时物块的速度为

$$V(t_1)=-\sqrt{\frac{\rho'}{\rho}gb}\cdot\sqrt{1-\left(\frac{\rho}{\rho'}-1\right)^2} \qquad ㉔$$

此后，物块在液体内做匀减速运动，以 a' 表示加速度的大小，由牛顿定律有

$$a'=\frac{\rho-\rho'}{\rho'}g \qquad ㉕$$

设物块从刚好完全浸入湖水到速度为零时所用的时间为 t_2，有

$$V(t_1)-a't_2=0 \qquad ㉖$$

由㉔、㉕、㉖得

$$t_2=\frac{\rho'}{(\rho-\rho')}\sqrt{\frac{b\rho'}{g\rho}}\cdot\sqrt{1-\left(\frac{\rho}{\rho'}-1\right)^2} \qquad ㉗$$

物块从初始位置出发往返一次所需的时间为

$$t_{\pi}=2(t_1+t_2)=2\sqrt{\frac{b\rho'}{g\rho}}\left[\pi-\arccos\left(\frac{\rho}{\rho'}-1\right)\right]+\frac{2\rho'}{(\rho-\rho')}\sqrt{\frac{b\rho'}{g\rho}}\cdot\sqrt{1-\left(\frac{\rho}{\rho'}-1\right)^2} \quad ㉘$$

二、1. (1)通过计算卫星在脱离点的动能和万有引力势能可知,卫星的机械能为负值. 由开普勒第一定律可推知,此卫星的运动轨道为椭圆(或圆),地心为椭圆的一个焦点(或圆的圆心),如图所示. 由于卫星在脱离点的速度垂直于地心和脱离点的连线,因此脱离点必为卫星椭圆轨道的远地点(或近地点);设近地点(或远地点)离地心的距离为 r,卫星在此点的速度为 v,由开普勒第二定律可知

$$rv=(0.80R)^2\omega \quad ①$$

式中 $\omega(=2\pi/T_e)$ 为地球自转的角速度. 令 m 表示卫星的质量,根据机械能守恒定律有

$$\frac{1}{2}mv^2-\frac{GMm}{r}=\frac{1}{2}m(0.80R)^2\omega^2-\frac{GMm}{0.80R} \quad ②$$

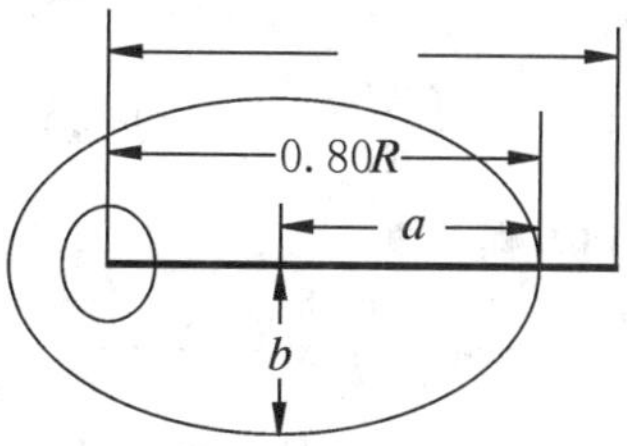

第二题图

由①、②式解得

$$r\approx0.28R \quad ③$$

可见该点为近地点,而脱离处为远地点.

[③式结果亦可由关系式

$$-\frac{GMm}{r+0.80R}=\frac{1}{2}m(0.80R)^2\omega^2-\frac{GMm}{0.80R}$$

直接求得.]

同步卫星的轨道半径 R 满足

$$\frac{GM}{R^2}=R\omega^2 \quad ④$$

由③、④式代入数据得

$$r\approx1.2\times10^4\,\text{km} \quad ⑤$$

可见近地点到地心的距离大于地球半径,因此卫星不会撞击地球.

(2)由开普勒第二定律可知卫星的面积速度为常量,从远地点可求出该常量为

$$\sigma_s=\frac{1}{2}(0.80R)^2\omega \quad ⑥$$

设 a 和 b 分别为卫星椭圆轨道的半长轴和半短轴,由椭圆的几何关系有

$$a\approx\frac{0.28R+0.80R}{2} \quad ⑦$$

$$b\approx\sqrt{a^2-\left(\frac{0.80-0.28}{2}\right)^2R^2} \quad ⑧$$

卫星运动的周期 T 为

$$T=\frac{\pi ab}{\sigma_s} \quad ⑨$$

代入相关数值可求出

$$T\approx9.5\text{h} \quad ⑩$$

卫星刚脱离太空电梯时恰好处于远地点,根据开普勒第二定律可知此时刻卫星具有最小角速度,其后的一周期内其角速度都应不比该值小,所以卫星始终不比太空电梯转动得慢;换言之,太空电梯不可能追上卫星. 设想自卫星与太空电梯脱离后经过 $1.5T$(约 14h),卫星到达近地点,而此时太空电梯已转过此点,这说明在此前卫星尚未追上太空电梯. 由此推断在卫星脱落后的 0～12h 内二者不可能相遇;而在卫星脱落后 12～24h 内卫星将完成两个多周期的运动,同时太空电梯完成一个运动周期,所以在 12～24h 内二者必相遇,从而可以实现卫星回收.

2. 根据题意,卫星轨道与地球赤道相切点和卫星在太空电梯上的脱离点分别为其轨道的近地点和远地点. 在脱离处的总能量为

$$\frac{1}{2}m(R_x\omega)^2-\frac{GMm}{R_x}=-\frac{GMm}{R_x+R_e} \quad ⑪$$

此式可化为

$$\left(\frac{R_x}{R_e}\right)^3\left(1+\frac{R_x}{R_e}\right)=\frac{2GM}{\omega^2 R_e^3} \quad ⑫$$

这是关于 R_x 的四次方程，用数值方法求解可得

$$R_x=4.7R_x\approx3.0\times10^4\,\text{km} \quad ⑬$$

[R_x 亦可用开普勒第二定律和能量守恒定律求得，令 v_e 表示卫星与赤道相切点，即近地点的速率，则有

$$R_e v_e=R_x^2\omega$$

和

$$\frac{1}{2}mv_e^2-\frac{GMm}{R_e}=\frac{1}{2}m(R_x\omega)^2-\frac{GMm}{R_x}$$

由以上两式联立可得到方程

$$\left(\frac{R_x}{R_e}\right)^5-\left(\frac{R_x}{R_e}\right)^3-\frac{2GM}{\omega^2R_e^3}\cdot\frac{R_x}{R_e}+\frac{2GM}{\omega^2R_e^3}=0$$

其中除 R_x 外其余各量均已知，因此这是关于 R_x 的五次方程. 同样可以用数值方法解得 R_x.]

卫星从脱离太空电梯到与地球赤道相切经过了半个周期的时间，为了求出卫星运行的周期 T'，设椭圆的半长轴为 a'，半短轴为 b'，有

$$a'=\frac{R_x+R_e}{2} \quad ⑭$$

$$b'=\sqrt{a'^2-\left(\frac{R_x-R_e}{2}\right)^2} \quad ⑮$$

因为面积速度可表示为

$$\sigma'_s=\frac{1}{2}R_x^2\omega \quad ⑯$$

所以卫星的运动周期为

$$T'=\frac{\pi a'b'}{\sigma'_s} \quad ⑰$$

代入相关数值可得

$$T'\approx6.8\text{h} \quad ⑱$$

卫星与地球赤道第一次相切时已在太空运行了半个周期，在这段时间内，如果地球不转动，卫星沿地球自转方向运行 180°，落到西经(180°－110°)处与赤道相切. 但由于地球自转，在这期间地球同时转过了 $\omega T'/2$ 角度，地球自转角速度 $\omega=360°/24\text{h}=15°/1\text{h}$，因此卫星与地球赤道相切点位于赤道的经度为西经

$$\theta=180°-110°+\frac{\omega T'}{2}\approx121° \quad ⑲$$

即卫星着地点在赤道上约西经 121°处.

三、解法一：

如图(1)所示，建立直角坐标 Oxy，x 轴与挡板垂直，y 轴与挡板重合，碰撞前体系质心的速度为 v_0，方向沿 x 轴正方向，以 P 表示系统的质心，以 v_{px} 和 v_{py} 表示碰撞后质心的速度分量，J 表示墙作用于小球 C 的冲量的大小. 根据质心运动定理有

$$-J=3mv_{Px}-3mv_0 \quad ①$$

$$0=3mv_{Py}-0 \quad ②$$

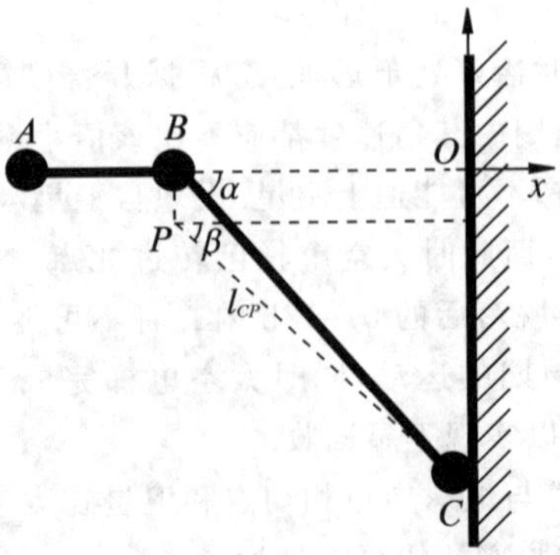

第三题图(1)

由①、②式得

$$v_{Px}=\frac{3mv_0-J}{3m} \quad ③$$

$$v_{Py}=0 \quad ④$$

可在质心参考系中考察系统对质心的角动量.在球 C 与挡板碰撞过程中,质心的坐标为

$$x_P = -l\cos\alpha \quad ⑤$$

$$y_P = -\frac{1}{3}l\sin\alpha \quad ⑥$$

球 C 碰挡板前,三小球相对于质心静止,对质心的角动量为零;球 C 碰挡板后,质心相对质心参考系仍是静止的,三小球相对质心参考系的运动是绕质心的转动,若转动角速度为 ω,则三小球对质心 P 的角动量

$$L = m\omega l_{AP}^2 + m\omega l_{BP}^2 + m\omega l_{CP}^2 \quad ⑦$$

式中 l_{AP}、l_{BP} 和 l_{CP} 分别是 A、B 和 C 三球到质心 P 的距离,由图(1)可知

$$l_{AP}^2 = l^2\cos^2\alpha + \frac{1}{9}l^2\sin^2\alpha \quad ⑧$$

$$l_{BP}^2 = \frac{1}{9}l^2\sin^2\alpha \quad ⑨$$

$$l_{CP}^2 = l^2\cos^2\alpha + \frac{4}{9}l^2\sin^2\alpha \quad ⑩$$

由⑦、⑧、⑨、⑩式得

$$L = \frac{2}{3}ml^2\omega(1+2\cos^2\alpha) \quad ⑪$$

在碰撞过程中,质心有加速度,质心参考系是非惯性参考系,在质心参考中考察动力学问题时,必须引入惯性力.但作用于质点系的惯性力的合力通过质心,对质心的力矩等于零,不影响质点系对质心的角动量,故在质心参考系中,相对质心角动量的变化仍取决于作用于球 C 的冲量 J 的冲量矩,即有

$$J\cdot\frac{2}{3}l\sin\alpha = L \quad ⑫$$

(也可以始终在惯性参考系中考察问题,即把桌面上与体系质心重合的那一点作为角动量的参考点,则对该参考点⑫式也成立.)

由⑪、⑫式得

$$\omega = \frac{J\sin\alpha}{ml(1+2\cos^2\alpha)} \quad ⑬$$

球 C 相对于质心参考系的速度分量分别为

$$v_{CPx} = -\omega l_{CP}\sin\beta = -\omega(l\sin\alpha - |y_P|) \quad ⑭$$

$$v_{CPy} = -\omega l_{CP}\cos\beta = -\omega l\cos\alpha \quad ⑮$$

球 C 相对固定参考系的速度的 x 分量为

$$v_{Cx} = v_{CPx} + v_{Px} \quad ⑯$$

由③、⑥、⑬、⑯式得

$$v_{Cx} = -\frac{J}{m(1+2\cos^2\alpha)} + v_0 \quad ⑰$$

根据题意有

$$v_{Cx} = 0 \quad ⑱$$

由⑰、⑱式得

$$J = mv_0(1+2\cos^2\alpha) \quad ⑲$$

由⑬、⑲式得

$$\omega = \frac{v_0\sin\alpha}{l} \quad ⑳$$

球 A 若先于球 B 与挡板发生碰撞,则在球 C 与挡板碰撞后,整个系统至少应绕质心转过 $\pi/2$ 角,即杆 AB 至少转到沿 y 方向,如图(2)所示.系统绕质心转过 $\pi/2$ 所需时间

$$t=\frac{\frac{1}{2}\pi}{\omega} \quad ㉑$$

在此时间内质心沿 x 方向向右移动距离

$$\Delta x=v_{Px}t \quad ㉒$$

若

$$|y_P|+\Delta x>|x_P| \quad ㉓$$

则球 B 先于球 A 与挡板碰撞. 由⑤、⑥、⑭、⑯、⑱、㉑、㉒、㉓式得

$$\alpha>\arctan\frac{3}{1+\pi} \quad ㉔$$

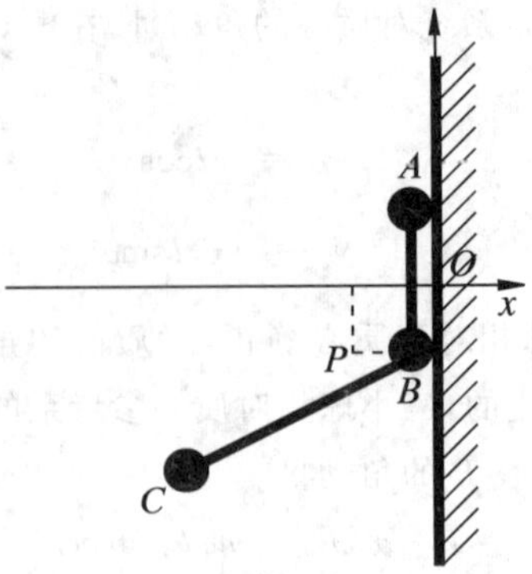

第三题图(2)

即

$$\alpha>36^\circ \quad ㉕$$

解法二：

如图(3)所示，建立直角坐标系 Oxy，x 轴与挡板垂直，y 轴与挡板重合，以 v_{Ax}、v_{Ay}、v_{Bx}、v_{By}、v_{Cx} 和 v_{Cy} 分别表示球 C 与挡板碰撞后 A、B 和 C 三球速度的分量，根据题意有

$$v_{Cx}=0 \quad ㉖$$

以 J 表示挡板作用于球 C 的冲量的大小，其方向沿 x 轴的负方向，根据质点组的动量定理有

$$-J=mv_{Ax}+mv_{Bx}-3mv_0 \quad ㉗$$

$$0=mv_{Ay}+mv_{By}+mv_{Cy} \quad ㉘$$

以坐标原点 O 为参考点，根据质点组的角动量定理有

$$Jl\sin\alpha=mv_{Ay}(l\cos\alpha+l\cos\alpha)+mv_{By}l\cos\alpha+mv_0 l\sin\alpha \quad ㉙$$

因为连接小球的杆都是刚性的，故小球沿连接杆的速度分量相等，故有

$$v_{Ax}=v_{Bx} \quad ㉚$$

$$v_{Cy}\sin\alpha=v_{By}\sin\alpha-v_{Bx}\cos\alpha \quad ㉛$$

$$v_{Ax}\cos\theta-v_{Ay}\sin\theta=-v_{Cy}\sin\theta \quad ㉜$$

㉜式中 θ 为杆 AB 与连线 AC 的夹角，由几何关系有

$$\cos\theta=\frac{2\cos\alpha}{\sqrt{1+3\cos^2\alpha}} \quad ㉝$$

$$\sin\theta=\frac{\sin\alpha}{\sqrt{1+3\cos^2\alpha}} \quad ㉞$$

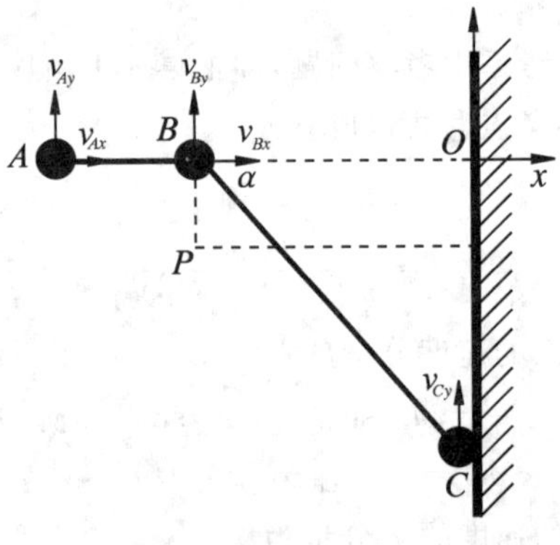

第三题图(3)

解以上各式得

$$J=mv_0(1+2\cos^2\alpha) \quad ㉟$$

$$v_{Ax}=v_0\sin^2\alpha \quad ㊱$$

$$v_{Ay}=v_0\sin\alpha\cos\alpha \quad ㊲$$

$$v_{Bx}=v_0\sin^2\alpha \quad ㊳$$

$$v_{By}=0 \quad ㊴$$

$$v_{Cy}=-v_0\sin\alpha\cos\alpha \quad ㊵$$

按题意，自球 C 与挡板碰撞结束到球 A(也可能球 B)碰撞挡板墙前，整个系统不受外力作用，系统的质心做匀速直线运动. 若以质心为参考系，则相对质心参考系，质心是静止不动的，A、B 和 C 三球构成的刚性系统相对质心的运动是绕质心的转动. 为了求出转动角速度，可考察球 B 相对质心的速度. 由⑪、⑫、⑬、⑭、⑮式，在球 C 与挡板碰撞刚结束时系统质心 P 的速度

$$v_{Px}=\frac{mv_{Ax}+mv_{Bx}+mv_{Cx}}{3m}=\frac{3}{2}v_0\sin^2\alpha \quad ㊶$$

$$v_{Py}=\frac{mv_{Ay}+mv_{By}+mv_{Cy}}{3m}=0 \quad ㊷$$

这时系统质心的坐标为

$$x_P=-l\cos\alpha \quad ㊸$$

$$y_P=-\frac{1}{3}l\sin\alpha \quad ㊹$$

不难看出，此时质心 P 正好在球 B 的正下方，至球 B 的距离为 $|y_P|$，而球 B 相对质心的速度

$$v_{BPx}=v_B-v_{Px}=\frac{1}{3}v_0\sin^2\alpha \quad ㊺$$

$$v_{BPy}=0 \quad ㊻$$

可见此时球 B 的速度正好垂直 BP，故整个系统对质心转动的角速度

$$\omega=\frac{v_{BPx}}{|y_P|}=\frac{v_0\sin\alpha}{l} \quad ㊼$$

若使球 A 先于球 B 与挡板发生碰撞，则在球 C 与挡板碰撞后，整个系统至少应绕质心转过 $\pi/2$，即杆 AB 至少转到沿 y 方向，如图(4)所示. 系统绕质心转过 $\pi/2$ 所需时间

$$t=\frac{\frac{1}{2}\pi}{\omega} \quad ㊽$$

在此时间内质心沿 x 方向向右移动的距离

$$\Delta x=v_{Px}t \quad ㊾$$

若

$$|y_P|+\Delta x>|x_P| \quad ㊿$$

则球 B 先于球 A 与挡板碰撞. 由以上有关各式得

$$\alpha>\arctan\frac{3}{1+\pi} \quad (51)$$

即

$$\alpha>36° \quad (52)$$

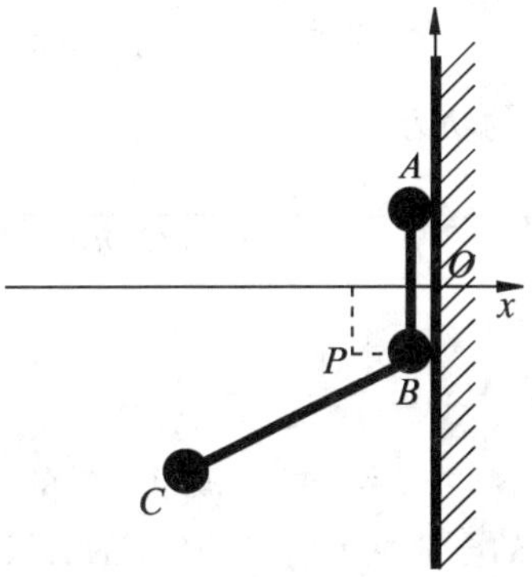

第三题图(4)

四、1. 虚线小方框内 $2n$ 个平行板电容器每两个并联后再串联，其电路的等效电容 C_{t1} 满足下式

$$\frac{1}{C_{t1}}=\frac{n}{2C} \quad ①$$

即

$$C_{t1}=\frac{2C}{n} \quad ②$$

式中

$$C=\frac{S}{4\pi kd} \quad ③$$

虚线大方框中无限网络的等效电容 C_{t2} 满足下式

$$\frac{1}{C_{t2}}=2\left(\frac{1}{2C}+\frac{1}{4C}+\frac{1}{8C}+\cdots\right) \quad ④$$

即

$$C_{t2}=\frac{C}{2} \quad ⑤$$

整个电容网络的等效电容为

$$C_t=\frac{C_{t1}C_{t2}}{C_{t1}+C_{t2}}=\frac{2C}{n+4} \quad ⑥$$

等效电容器带的电量(即与电池正极连接的电容器极板上电量之和)

$$q_t=C_t\varepsilon=\frac{S\varepsilon}{(n+4)2\pi kd} \quad ⑦$$

当电容器 a 两极板的距离变为 $2d$ 后，$2n$ 个平行板电容器联成的网络的等效电容 C'_{t1} 满足下式

$$\frac{1}{C'_{t1}}=\frac{n-1}{2C}+\frac{2}{3C} \tag{8}$$

由此得

$$C'_{t1}=\frac{6C}{3n+1} \tag{9}$$

整个电容网络的等效电容为

$$C'_t=\frac{C'_{t1}C_{t2}}{C'_{t1}+C_{t2}}=\frac{6C}{3n+13} \tag{10}$$

整个电容网络的等效电容器带的电荷量为

$$q'_t=C'_t\varepsilon-\frac{3S\varepsilon}{(3n+13)2\pi kd} \tag{11}$$

在电容器 a 两极板的距离由 d 变为 $2d$ 后，等效电容器所带电荷量的改变量为

$$\Delta q_t=q'_t-q_t=-\frac{S\varepsilon}{(3n+13)(n+4)2\pi kd} \tag{12}$$

电容器储能变化为

$$\Delta U=\frac{1}{2}(C'_t\varepsilon-C'_t\varepsilon^2)=-\frac{S\varepsilon^2}{2(3n+13)(n+4)2\pi kd} \tag{13}$$

在此过程中，电池所做的功为

$$A=\Delta q_t\varepsilon=-\frac{S\varepsilon^2}{(3n+13)(n+4)2\pi kd} \tag{14}$$

外力所做的功为

$$A'=\Delta U-A=\frac{S\varepsilon^2}{2(3n+13)(n+4)2\pi kd} \tag{15}$$

2. 设金属薄板插入电容器 a 后，a 的左极板所带的电荷量为 q'，金属薄板左侧所带的电荷量为 $-q'$，右侧所带的电荷量为 $(q'+Q)$，a 的右极板所带的电荷量为 $-(q'+Q)$，与 a 并联的电容器左右两极板所带的电荷量分别为 q'' 和 $-q''$. 由于电容器 a 和与其并联的电容器两极板电压相同，所以有

$$\frac{q''}{C}=\frac{q'}{\dfrac{S}{4\pi kx}}+\frac{(q'+Q)}{\dfrac{S}{4\pi k(2d-x)}} \tag{16}$$

由②、⑯式得

$$q'+q''=3q'+Q\frac{2d-x}{d} \tag{17}$$

上式表示电容器 a 左极板和与其并联的电容器左极板所带的电荷量的总和，也是虚线大方框中有限网络的等效电容 C_{t2} 所带的电荷量（即与电池正极连接的电容器的极板上电荷量之和）.

整个电容网络两端的电压等于电池的电动势，即

$$\frac{q'+q''}{C_{t2}}+(n-1)\frac{q'+q''}{2C}+\frac{q''}{C}=\varepsilon \tag{18}$$

将②、⑤、⑰式代入⑱式得电容器 a 左极板所带的电荷量

$$q'=\frac{S\varepsilon}{(3n+13)2\pi kd}-\frac{(n-5)(2d-x)}{(3n+13)d}Q \tag{19}$$

五、 如图(1)所示，当长直金属杆在 AB 位置以速度 v 水平向右滑动到时，因切割磁力线，在金属杆中产生由 B 指向 A 的感应电动势的大小为

$$\varepsilon=BLv \tag{1}$$

式中 L 为金属杆在 AB 位置时与大圆环两接触点间的长度，由几何关系有

$$L=2\sqrt{R_1^2-\left(\frac{R_1}{100}\right)^2}\approx 2R_1 \tag{2}$$

在金属杆由 AB 位置滑动到 CD 位置过程中，金属杆与大圆环接触的两点之间的长度 L 可视为不变，近似为 $2R_1$.

在此过程中感应电动势大小始终为

$$\varepsilon=2BR_1v \quad ③$$

以 I、I_1 和 I_2 分别表示金属杆、左圆弧和右圆弧中的电流，方向如图(1)所示，以 U_{AB} 表示 A、B 两端的电压，由欧姆定律有

$$U_{AB}=I_1l_1r_0 \quad ④$$

$$U_{AB}=I_2l_2r_0 \quad ⑤$$

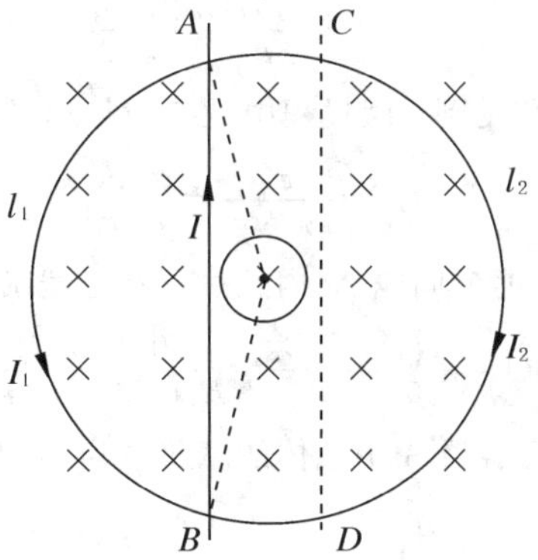

第五题图(1)

式中 l_1 和 l_2 分别为左圆弧、右圆弧的弧长. 根据提示，l_1 和 l_2 中的电流在圆心处产生的磁感应强度的大小分别为

$$B_1=k_m\frac{I_1l_1}{R_1^2} \quad ⑥$$

$$B_2=k_m\frac{I_2l_2}{R_1^2} \quad ⑦$$

B_1 方向竖直向上，B_2 方向竖直向下.

由④、⑤、⑥、⑦式可知整个大圆环电流在圆心处产生的磁感应强度为

$$B_0=B_2-B_1=0 \quad ⑧$$

无论长直金属杆滑动到大圆环上何处，上述结论都成立，于是在圆心处只有金属杆的电流 I 所产生的磁场.

在金属杆由 AB 滑动到 CD 的过程中，金属杆都处在圆心附近，故金属杆可近似视为无限长直导线，由提示，金属杆在 AB 位置时，杆中电流产生的磁感应强度大小为

$$B_3=k_m\frac{2I}{\frac{R_1}{100}} \quad ⑨$$

方向竖直向下. 对应图(1)的等效电路如图(2)，杆中的电流

$$I=\frac{\varepsilon}{R+\frac{R_{左}R_{右}}{R_{左}+R_{右}}} \quad ⑩$$

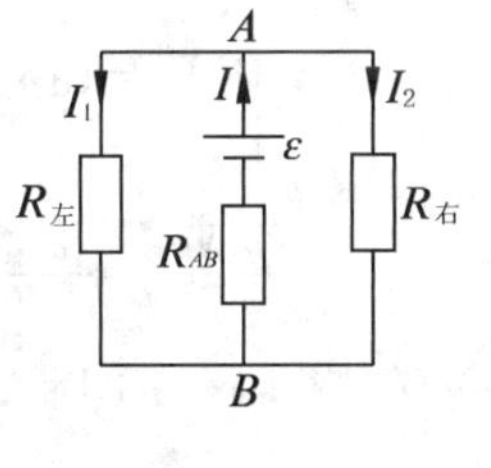

第五题图(2)

其中 R 为金属杆与大圆环两接触点间这段金属杆的电阻，$R_{左}$ 和 $R_{右}$ 分别为金属杆左右两侧圆弧的电阻，由于长直金属杆非常靠近圆心，故

$$R_{AB}\approx 2R_1r_1,R_{左}=R_{右}\approx\pi R_1r_0 \quad ⑪$$

利用③、⑨、⑩、⑪式可得

$$B_3=\frac{800k_mvB}{R_1(4r_1+\pi r_0)} \quad ⑫$$

由于小圆环半径 $R_2\ll R_1$，小圆环圆面上各点的磁场可近似视为均匀的，且都等于长直金属杆在圆心处产生的磁场. 当金属杆位于 AB 处时，穿过小圆环圆面的磁通量为

$$\phi_{AB}=\pi R_2^2B_3 \quad ⑬$$

当长直金属杆滑到 CD 位置时，杆中电流产生的磁感应强度的大小仍由⑬式表示，但方向相反，故穿过小圆环圆面的磁通量为

$$\phi_{CD}=\pi R_2^2(-B_3) \quad ⑭$$

在长直金属杆以速度 v 从 AB 移动到 CD 的时间间隔 Δt 内，穿过小圆环圆面的磁通量的改变量为

$$\Delta\phi=\phi_{CD}-\phi_{AB}=-2\pi R_2^2B_3 \quad ⑮$$

由法拉第电磁感应定律可得，在小圆环中产生的感应电动势大小为

$$\varepsilon_1=-\frac{\Delta\phi}{\Delta t}=\frac{2\pi R_2^2 B_3}{\Delta t} \quad ⑯$$

在长直金属杆从 AB 移动到 CD 过程中，在小圆环导线中产生的感应电流为

$$I_1-\frac{\varepsilon_1}{2\pi R_2 r_0}=\frac{R_2 B_3}{r_0 \Delta t} \quad ⑰$$

于是，利用⑫、⑰式，在时间间隔 Δt 内通过小环导线横截面的电荷量为

$$Q=I_1\Delta t=\frac{R_2 B_3}{r_0}=\frac{800k_m vBR_2}{R_1 r_0(4r_1+\pi r_0)} \quad ⑱$$

六、设重新关闭阀门后容器 A 中气体的摩尔数为 n_1，B 中气体的摩尔数为 n_2，则气体总摩尔数为

$$n=n_1+n_2 \quad ①$$

把两容器中的气体作为整体考虑，设重新关闭阀门后容器 A 中气体温度为 T'_1，B 中气体温度为 T_2，重新关闭阀门之后与打开阀门之前气体内能的变化可表示为

$$\Delta U=n_1 C(T'_1-T_1)+n_2 C(T_2-T_1) \quad ②$$

由于容器是刚性绝热的，按热力学第一定律有

$$\Delta U=0 \quad ③$$

令 V_1 表示容器 A 的体积，初始时 A 中气体的压强为 p_1，关闭阀门后 A 中气体压强为 αp_1，由理想气体状态方程可知

$$n=\frac{p_1 V_1}{RT_1} \quad ④$$

$$n_1=\frac{(\alpha p_1)V_1}{RT'_1} \quad ⑤$$

由以上各式可解得

$$T_2=\frac{(1-\alpha)T_1 T'_1}{T'_1-\alpha T_1}$$

由于进入容器 B 中的气体与仍留在容器 A 中的气体之间没有热量交换，因而在阀门打开到重新关闭的过程中留在容器 A 中的那部分气体经历了一个绝热过程，设这部分气体初始时的体积为 V_{10}（压强为 p_1 时），则有

$$p_1 V_{10}^{\frac{C+R}{C}}=(\alpha p_1)V_1^{\frac{C+R}{C}} \quad ⑥$$

利用状态方程可得

$$\frac{p_1 V_{10}}{T_1}=\frac{(\alpha p_1)V_1}{T'_1} \quad ⑦$$

由①、②、③、④、⑤、⑥、⑦式得，阀门重新关闭后容器 B 中气体质量与气体总质量之比

$$\frac{n_2}{n}=\frac{2-\alpha^{\frac{R}{C+R}}-\alpha^{\frac{C}{C+R}}}{2-\alpha-\alpha^{\frac{R}{C+R}}} \quad ⑧$$

七、**1.** 19.2　10.2　　**2.** 20.3　4.2

八、在相对于正离子静止的参考系 S 中，导线中的正离子不动，导电电子以速度 v_0 向下匀速运动；在相对于导电电子静止的参考系 S' 中，导线中导电电子不动，正离子以速度 v_0 向上匀速运动. 下面分四步进行分析：

第一步，在参考系 S' 中，考虑导线 2 对导线 1 中正离子施加电场力的大小和方向. 若 S 系中一些正离子所占据的长度为 l，则在 S' 系中这些正离子所占据的长度变为 l'_+，由相对论中的长度收缩公式有

$$l'_+=l\sqrt{1-\frac{v_0^2}{c^2}} \quad ①$$

设在参考系 S 和 S' 中，每单位长度导线中正离子的电荷量分别为 λ 和 λ'_+，由于离子的电荷量与惯性参考系的选取无关，故

$$\lambda'_+ l'_+=\lambda l \quad ②$$

由①、②式得

$$\lambda'_{+}=\frac{\lambda}{\sqrt{1-\frac{v_0^2}{c^2}}} \quad ③$$

设在 S 系中一些导电电子所占据的长度为 l，在 S' 系中这些导电电子所占据的长度为 l'_{-}，则由相对论中的长度收缩公式有

$$l=l'\sqrt{1-\frac{v_0^2}{c^2}} \quad ④$$

同理，由于电子电荷量的值与惯性参考系的选取无关，便有

$$-\lambda=\frac{\lambda'}{\sqrt{1-\frac{v_0^2}{c^2}}} \quad ⑤$$

式中，$-\lambda$ 和 λ' 分别为在参考系 S 和 S' 中单位长度导线中导电电子的电荷量.

在参考系 S' 中，导线 2 单位长度所带的电荷量为

$$\lambda'=\lambda'_{+}+\lambda'_{-}=\frac{\lambda}{\sqrt{1-\frac{v_0^2}{c^2}}}+(-\lambda)\sqrt{1-\frac{v_0^2}{c^2}}=\frac{\lambda}{\sqrt{1-\frac{v_0^2}{c^2}}}\cdot\frac{v_0^2}{c^2} \quad ⑥$$

它在导线 1 处产生的电场强度的大小为

$$E'=\frac{2k_e\lambda'}{a}=\frac{2k_e\lambda v_0^2}{c^2a\sqrt{1-\frac{v_0^2}{c^2}}} \quad ⑦$$

电场强度方向水平向左. 导线 1 中电荷量为 q 的正离子受到的电场力的大小为

$$f'_{e+}=qE'=\frac{2k_eq\lambda v_0^2}{c^2a\sqrt{1-\frac{v_0^2}{c^2}}} \quad ⑧$$

电场力方向水平向左.

第二步，在参考系 S' 中，考虑导线 2 对导线 1 中正离子施加磁场力的大小和方向. 在参考系 S' 中，以速度 v_0 向上运动的正离子形成的电流为

$$I'=\lambda'_{+}v_0=\frac{\lambda v_0}{\sqrt{1-\frac{v_0^2}{c^2}}} \quad ⑨$$

导线 2 中的电流 I' 在导线 1 处产生的磁场的磁感应强度大小为

$$B'=\frac{2k_mI'}{a}=\frac{2k_m\lambda v_0}{a\sqrt{1-\frac{v_0^2}{c^2}}} \quad ⑩$$

磁感应强度方向垂直纸面向外. 导线 1 中电荷量为 q 的正离子所受到的磁场力的大小为

$$f'_{m+}=qv_0B'=\frac{2k_mq\lambda v_0^2}{a\sqrt{1-\frac{v_0^2}{c^2}}} \quad ⑪$$

方向水平向右，与正离子所受到的电场力的方向相反.

第三步，在参考系 S 中，考虑导线 2 对导线 1 中正离子施加的电场力和磁场力的大小和方向. 由题设条件，导线 2 所带的正电荷与负电荷的和为零，即

$$\lambda+(-\lambda)=0 \quad ⑫$$

因而，导线 2 对导线 1 中正离子施加的电场力为零，即

$$f_{e+}=0 \quad ⑬$$

注意到在 S 系中，导线 1 中正离子不动，则

$$v_{1+}=0 \quad ⑭$$

导线 2 对导线 1 中正离子施加的磁场力为零，即

$$f_{m+}=qv_{1+}B=0 \quad ⑮$$

式中 B 是在 S 系中导线 2 的电流在导线 1 处产生的磁感应强度的大小. 于是,在 S 系中,导线 2 对导线 1 中正离子施加的电场力和磁场力的合力为零.

第四步,已说明在 S 系中导线 2 对导线 1 中正离子施加的电场力和磁场力的合力为零. 如果导线 1 中正离子还受到其他力的作用,所有其他力的合力必为零(因为正离子静止). 在 S' 系中,导线 2 对导线 1 中正离子施加的电场力和磁场力的合力的大小为

$$f'=f'_{m+}-f'_{e+} \quad ⑯$$

因为相对 S' 系,上述可能存在的其他力的合力仍应为零,而正离子仍处在匀速运动状态,所以⑯式应等于零,故

$$f'_{m+}=f'_{e+} \quad ⑰$$

由⑧、⑪、⑰式得

$$\frac{k_e}{k_m}=c^2 \quad ⑱$$

2013 年第三十届全国中学生物理竞赛预赛试题

一、1. AB **2.** D **3.** D **4.** BC **5.** D

二、6. ^{133}Cs 跃迁时所对应的电磁波振动 9192631770 个周期的时间　光在真空中在$\frac{1}{299792458}$秒的时间内所传播的距离的长度

7. $\frac{m_1\sin\theta\cos\theta}{m_2+m_1\sin^2\theta}g$ **8.** 两个凸透镜　光源　三棱镜　三棱镜　屏

9. 0.10 mg　10 mg　2.2 mg

10. (1)连线如图所示.

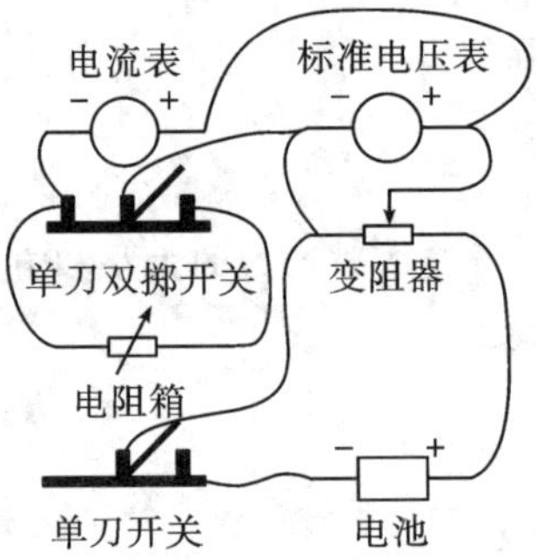

第 10 题图

(2)81.52　5.532　1.8424(答案不唯一)

三、11. 取抛射点为坐标原点,x 轴沿水平方向,y 轴沿竖直方向,抛射角为 θ. 从抛出时刻开始计时(即 $t=0$),对任何斜抛小球有

$$x=v_0t\cos\theta \quad ①$$

$$y=v_0t\sin\theta-\frac{1}{2}gt^2 \quad ②$$

消去 t 后,小球运动的轨迹方程为 $y=x\tan\theta-\frac{g}{2v_0^2\cos^2\theta}x^2$ ③

取 $y=0$,解出的 x 即为射程 d,即 $d=\frac{v_0^2\sin2\theta}{g}$ ④

利用④式可得小球在空中运动的时间

$$T=\frac{d}{v_0\cos\theta}=\frac{2v_0\sin\theta}{g} \quad ⑤$$

以 θ_A 表示小球 A 的抛射角,θ_B 表示小球 B 的抛射角,要两小球射程相同,由④式可知

$$\sin2\theta_A=\sin2\theta_B \quad ⑥$$

则 $2\theta_A=\pi-2\theta_B$ ⑦

由⑤式可知，小球 A 和小球 B 在空中运行的时间分别为

$$T_A=\frac{2v_0\sin\theta_A}{g} \quad ⑧$$

$$T_B=\frac{2v_0\sin\theta_B}{g} \quad ⑨$$

联立⑦、⑧、⑨式可得 $T_B=\dfrac{\sqrt{4v_0^2-(T_Ag)^2}}{g}$ ⑩

12. 地球绕太阳运行时，由万有引力定律和牛顿定律有

$$G\frac{M_sM_e}{r^2}=M_e(\frac{2\pi}{T})^2r \quad ①$$

其中 G 为万有引力恒量，M_e、M_s 分别为地球和太阳的质量，r 为日地间距离，T 为地球公转周期. 令 R_s 表示太阳半径，有

$$\theta=\frac{2R_s}{r} \quad ②$$

由①、②式得 $G\dfrac{M_s}{R_s^3}=8(\dfrac{2\pi}{T})^2(\dfrac{1}{\theta})^3$ ③

对地球表面处质量为 m 的物体，由万有引力定律和牛顿定律有

$$G\frac{M_em}{R_e^2}=mg \quad ④$$

式中 R_e 为地球半径，依题意有 $2\pi R_e=360l$ ⑤

代入上式得 $G\dfrac{M_e}{R_e^3}=\dfrac{\pi g}{180l}$ ⑥

令 ρ_s、ρ_e 分别表示太阳和地球的密度，则有

$$\rho_s=\frac{M_s}{\frac{4}{3}\pi R_s^3},\rho_e=\frac{M_e}{\frac{4}{3}\pi R_e^3} \quad ⑦$$

由③、⑥、⑦式解得 $\dfrac{\rho_s}{\rho_e}=\dfrac{gT^2\theta^2}{180l\times32\pi}$ ⑧

代入数据解得 $\dfrac{\rho_s}{\rho_e}=3.92$ ⑨

13. 量热器、油和线圈构成的系统在单位时间内吸收的热量等于通过线圈的电流的电功率. 设加在线圈两端的电压为 U，当线圈的电阻为 R_0 时，电流的功率

$$P_0=\frac{U^2}{R_0} \quad ①$$

根据题意，有 $v_0=kP_0$ ②

式中 v_0 表示 0℃时系统升温的速率，k 为比例系数.

同理当油温为 0℃时，有

$$P_{30}=\frac{U^2}{R_{30}} \quad ③$$

$$v_{30}=kP_{30} \quad ④$$

式中 v_{30} 表示 30℃时系统升温的速率.

由①、②、③、④式得

$$\frac{R_{30}}{R_0}=\frac{v_{30}}{v_0}=1+30\alpha \quad ⑤$$

代入数据解得 $\alpha=3.7\times10^{-3}$ ⑥

14. 令 ΔU 表示系统内能的增量，Q 和 W 分别表示系统吸收的热量和外界对系统所做的功，由热力学第一定律，有

$$\Delta U=Q+W \quad ①$$

令 T_1、T_2 分别表示状态 A 和状态 B 的温度，有

$$\Delta U=\frac{3}{2}R(T_2-T_1) \quad ②$$

令 p_1、p_2 和 V_1、V_2 分别表示状态 A、B 的压强和体积，由②式和状态方程可得

$$\Delta U=\frac{3}{2}(p_2V_2-p_1V_1) \quad ③$$

气体膨胀对外界做功，做功大小等于 p-V 图图线下所围的面积

$$W=-\frac{1}{2}(p_2+p_1)(V_2-V_1) \quad ④$$

要系统吸热，即 $Q>0$，由以上各式解得

$$\frac{3}{2}(p_2V_2-p_1V_1)+\frac{1}{2}(p_2+p_1)(V_2-V_1)>0 \quad ⑤$$

按题意有 $\frac{p_2}{p_1}=\frac{1}{2}$，代入上式得 $\frac{V_2}{V_1}>\frac{3}{2}$ ⑥

15. (1)令 F 表示此时刻外力的大小，v 表示此时杆的速度，P 表示外力的功率，则有

$$Fv=Fat \quad ①$$

在 t 时刻，由牛顿第二定律，有

$$F-BI_1L=ma \quad ②$$

由以上两式得 $P=(ma+BI_1L)at$ ③

(2)在 t 时刻，杆运动产生的电动势为

$$E=BLat \quad ④$$

令 E_1、E_2 分别表示原、副线圈两端的电动势，并有 $E_1=E$，U_1、U_2 分别表示原、副线圈两端的电压，I_1 表示副线圈中的电流，由欧姆定律有

$$E_1=E=U_1+I_1r \quad ⑤$$

$$E_2=U_2=I_2R \quad ⑥$$

根据题的假设，利用法拉第电磁感应定律有

$$\frac{E_1}{E_2}=\frac{N_1}{N_2} \quad ⑦$$

联立④、⑤、⑥、⑦式可得

$$U_1=BLat-I_1r \quad ⑧$$

$$U_2=\frac{N_2}{N_1}(BLat-I_1r) \quad ⑨$$

$$I_2=\frac{N_2}{N_1R}(BLat-I_1r) \quad ⑩$$

外力的功率转化为其他能的功率，其他能的功率如下：

杆的动能的变化率为 $P_{Ek}=ma^2t$ ⑪

电阻 r 上消耗的功率为 $P_r=I_1^2r$ ⑫

电阻 R 上消耗的功率为 $P_R=I_2^2R=\frac{N_2^2}{N_1^2R}(BLat-I_1r)^2$ ⑬

变压器内场能的变化率为

$$W_B=U_1I_1-U_2I_2=(BLI_1at-I_1^2r)-\frac{N_2^2(BLat-I_1r)^2}{N_1^2R} \quad ⑭$$

16. 以固定的光滑水平面为参照系，选开始时 C 所处的空间固定点为原点，沿水平向右为 x 轴的正方向. 设 P 到达 C 孔时的速度为 v_1，球壳的速度为 v_2，由动量守恒和能量守恒(规定 P 与球相距无限远时电势能为零)，有

$$mv_0=mv_1+mv_2 \quad ①$$

$$\frac{1}{2}mv_0^2=\frac{1}{2}mv_1^2+\frac{1}{2}mv_2^2+k\frac{Q^2}{R} \quad ②$$

P 进入 C 后，因均匀带电球壳内场强为零，故 P 和球壳都做匀速运动，相对速度为 v_1-v_2，若经过时间 t_1，P 与弹簧的左端相接触，因走过的相对距离为 R，故有

$$t_1=\frac{R}{v_1-v_2} \quad ③$$

由以上各式得 $t_1=R(v_0^2-\frac{4kQ^2}{Rm})^{-\frac{1}{2}}$ ④

此后，弹簧将被压缩，以 x_1 和 x_2 分别表示弹簧两端的位置(即 P 和球壳右端的位置)，则弹簧的形变为

$$X=R-(x_1-x_2) \quad ⑤$$

以 a_1 和 a_2 分别表示 P 和球壳的加速度，由胡克定律和牛顿第二定律有

$$ma_1=-\eta X \quad ⑥$$

$$ma_2=\eta X \quad ⑦$$

得

$$m(a_1-ma_2)=2\eta X \quad ⑧$$

即两者的相对运动为简谐运动，其周期为

$$T=2\pi\sqrt{\frac{m}{2\eta}} \quad ⑨$$

P 与弹簧接触的运动过程中的时间为

$$t_2=\frac{T}{2}=\pi\sqrt{\frac{m}{2\eta}} \quad ⑩$$

P 返回过程离开弹簧时，因弹性碰撞，交换速度，故 P 的速度变为 v_2，球壳的速度变为 v_1，此后 P 相对球壳的速度仍为 v_1-v_2，但方向向左，所以从 P 与弹簧分开至 P 返回到 C 孔的时间为

$$t_3=t_1=R(v_0^2-\frac{4kQ^2}{Rm})^{-\frac{1}{2}} \quad ⑪$$

故 P 刚进入 C 孔出来所经历的时间为

$$t=t_1+t_2+t_3=\pi\sqrt{\frac{m}{2\eta}}+2R(v_0^2-\frac{4kQ^2}{Rm})^{-\frac{1}{2}} \quad ⑫$$

2013 年第三十届全国中学生物理竞赛复赛试题

一、以滑块和地球为系统，它在整个运动过程中机械能守恒. 滑块沿半球面内侧运动时，可将其速度 v 分解成纬线切向(水平方向)分量 v_φ 及经线切向分量 v_θ. 设滑块质量为 m，在某中间状态时，滑块位于半球面内侧 P 处，P 和球心 O 的连线与水平方向的夹角为 θ. 由机械能守恒得

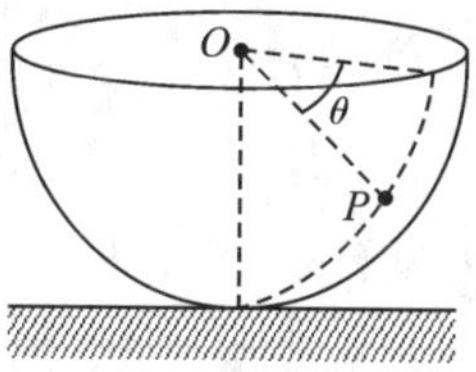

第一题图

$$\frac{1}{2}mv_0^2=-mgR\sin\theta+\frac{1}{2}mv_\varphi^2+\frac{1}{2}mv_\theta^2 \quad ①$$

这里已取球心 O 处为重力势能零点，以过 O 的竖直线为轴. 球面对滑块的支持力通过该轴，力矩为零；重力相对于该轴的力矩也为零. 所以在整个运动过程中，滑块相对于轴的角动量守恒，故

$$mv_0R=mv_\varphi R\cos\theta \quad ②$$

由①式，最大速率应与 θ 的最大值相对应

$$v_{\max}=v(\theta_{\max}) \quad ③$$

而由②式，θ 不可能达到 $\frac{\pi}{2}$. 由①和②式，θ 的最大值应与 $v_\theta=0$ 相对应，即

$$v_\theta(\theta_{\max})=0 \quad ④$$

将 $v_\theta(\theta_{\max})=0$ 代入①式，并与②式联立，得

$$v_0^2\sin^2\theta_{\max}-2gR\sin\theta_{\max}(1-\sin^2\theta_{\max})=0 \quad ⑤$$

以 $\sin\theta_{\max}$ 为未知量，方程⑤的一个根是 $\sin\theta=0$，即 $\theta=0$，这表示初态，其速率为最小值，不是所求的解. 于是 $\sin\theta_{\max}\neq0$，约去 $\sin\theta_{\max}$，方程⑤变为

$$2gR\sin^2\theta_{\max}+v_0^2\sin\theta_{\max}-2gR=0 \quad ⑥$$

其解为

$$\sin\theta_{\max}=\frac{v_0^2}{4gR}\left(\sqrt{1+16\frac{g^2R^2}{v_0^4}}-1\right) \qquad ⑦$$

注意到本题中 $\sin\theta\geqslant 0$，方程⑥的另一解不合题意，舍去．将⑦式代入①式得，当$\theta=\theta_{\max}$时，有

$$v_\varphi^2=\frac{1}{2}\left(v_0^2+\sqrt{v_0^4+16g^2R^2}\right) \qquad ⑧$$

考虑到④式有

$$v_{\max}=\sqrt{v_\varphi^2}=\sqrt{\frac{1}{2}\left(v_0^2+\sqrt{v_0^4+16g^2R^2}\right)} \qquad ⑨$$

二、1. 由于碰撞时间 Δt 很小，弹簧来不及伸缩碰撞已结束．设碰后 A、C、D 的速度分别为 v_A、v_C、v_D，显然有

$$v_D=\frac{2l}{r}v_C \qquad ①$$

以 A、B、C、D 为系统，在碰撞过程中，系统相对于轴不受外力矩作用，其相对于轴的角动量守恒，即

$$mv_D2l+mv_Cr+mv_A2l=mv_02l \qquad ②$$

由于轴对系统的作用力不做功，系统内仅有弹力起作用，所以系统机械能守恒．又由于碰撞时间 Δt 很小，弹簧来不及伸缩碰撞已结束，所以不必考虑弹性势能的变化．故

$$\frac{1}{2}mv_D^2+\frac{1}{2}mv_C^2+\frac{1}{2}mv_A^2=\frac{1}{2}mv_0^2 \qquad ③$$

联立①、②、③式解得

$$v_C=\frac{4lr}{8l^2+r^2}v_0,\ v_D=\frac{8l^2}{8l^2+r^2}v_0,\ v_A=-\frac{r^2}{8l^2+r^2}v_0 \qquad ④$$

设碰撞过程中 D 对 A 的作用力为 F'_1，对 A 用动量定理有

$$F'_1\Delta t=mv_A-mv_0=-\frac{4l^2+r^2}{8l^2+r^2}2mv_0 \qquad ⑤$$

方向与 v_0 方向相反．

于是，A 对 D 的作用力为 F_1，其冲量为

$$F_1\Delta t=\frac{4l^2+r^2}{8l^2+r^2}2mv_0 \qquad ⑥$$

方向与 v_0 方向相同．

以 B、C、D 为系统，设其质心离转轴的距离为 x，则

$$x=\frac{mr+m2l}{(\alpha+2)m}=\frac{2l+r}{\alpha+2} \qquad ⑦$$

质心在碰后瞬间的速度为

$$v=\frac{v_C}{r}x=\frac{4l(2l+r)}{(\alpha+2)(8l^2+r^2)}v_0 \qquad ⑧$$

轴与杆的作用时间也为 Δt，设轴对杆的作用力为 F_2，由质心运动定理有

$$F_2\Delta t+F_1\Delta t=(\alpha+2)mv=\frac{4l(2l+r)}{8l^2+r^2}mv_0 \qquad ⑨$$

由此得

$$F_2\Delta t=\frac{r(2l-r)}{8l^2+r^2}2mv_0 \qquad ⑩$$

方向与 v_0 方向相同．

因而，轴受到杆的作用力的冲量为

$$F'_2\Delta t=-\frac{r(2l-r)}{8l^2+r^2}2mv_0 \qquad ⑪$$

方向与 v_0 方向相反．

注意:因弹簧处在拉伸状态,碰前轴已受到沿杆方向的作用力;在碰撞过程中还有与向心力有关的力作用于轴. 但有限大小的力在无限小的碰撞时间内的冲量趋于零,已忽略.

2. 值得注意的是,①、②、③式是当碰撞时间极短以至于弹簧来不及伸缩的条件下才成立的. 如果弹簧的弹力恰好提供滑块 C 以速度 $v_C=\dfrac{4lr}{8l^2+r^2}v_0$ 绕过 B 的轴做匀速圆周运动的向心力,即

$$k(r-l)=m\frac{v_C^2}{r}=\frac{16l^2r}{(8l^2+r^2)^2}mv_0^2 \quad ⑫$$

则弹簧总保持其长度不变,①、②、③式是成立的. 由⑫式得碰前滑块 A 的速度 v_0 应满足的条件

$$v_0=\frac{(8l^2+r^2)}{4l}\sqrt{\frac{k(r-l)}{mr}} \quad ⑬$$

可见,为了使碰撞后系统能保持匀速转动,碰前滑块 A 的速度大小 v_0 应满足⑬式.

三、**1.** 当杆以角速度 ω 绕过其一端的光滑水平轴 O 在竖直平面内转动时,其动能是关于独立变量 λ、ω 和 L 的函数,按题意可表示为

$$E_k=k\lambda^\alpha\omega^\beta L^\gamma \quad ①$$

式中,k 为待定常数(单位为 1).

令长度、质量和时间的单位分别为[L]、[M]和[T](它们可视为相互独立的基本单位),则 λ、ω、L 和 E_k 的单位分别为

$$[\lambda]=[M][L]^{-1} \quad ②$$

$$[\omega]=[T]^{-1} \quad ③$$

$$[L]=[L] \quad ④$$

$$[E_k]=[M][L]^2[T]^{-2} \quad ⑤$$

在一般情形下,若[q]表示物理量 q 的单位,则物理量 q 可写为

$$q=(q)[q] \quad ⑥$$

式中(q)表示物理量 q 在取单位[q]时的数值. 这样,①式可写为

$$(E_k)[E_k]=k(\lambda)^\alpha(\omega)^\beta(L)^\gamma[\lambda]^\alpha[\omega]^\beta[L]^\gamma \quad ⑦$$

在由②表示的同一单位制下,上式即

$$(E_k)=k(\lambda)^\alpha(\omega)^\beta(L)^\gamma \quad ⑧$$

$$[E_k]=[\lambda]^\alpha[\omega]^\beta[L]^\gamma \quad ⑨$$

将⑤式代入⑨式得

$$[M][L]^2[T]^{-2}=[M]^\alpha[L]^{\gamma-\alpha}[T]^{-\beta} \quad ⑩$$

由于并未规定基本单位[L]、[M]和[T]的绝对大小,因而⑩式对于任意大小的[L]、[M]和[T]均成立,于是

$$\alpha=1,\beta=2,\gamma=3 \quad ⑪$$

所以

$$E_k=k\lambda\omega^2L^3 \quad ⑫$$

2. 由题意,杆的动能为

$$E_k=E_{k,c}+E_{k,r} \quad ⑬$$

其中

$$E_{k,c}=\frac{1}{2}mv_c^2=\frac{1}{2}(\lambda L)\left(\frac{L}{2}\omega\right)^2 \quad ⑭$$

注意到杆在质心系中的运动可视为两根长度为$\dfrac{L}{2}$的杆过其公共端(即质心)的光滑水平轴在铅直平面内转动. 因而,杆在质心系中的动能 $E_{k,r}$ 为

$$E_{k,r}=2E_k\left(\lambda,\omega,\frac{L}{2}\right)=2k\lambda\omega^2\left(\frac{L}{2}\right)^3 \quad ⑮$$

将⑫、⑭、⑮式代入⑬式得

$$k\lambda\omega^2 L^3=\frac{1}{2}\lambda L\left(\frac{L}{2}\omega\right)^2+2k\lambda\omega^2\left(\frac{L}{2}\right)^3 \quad ⑯$$

由此解得

$$k=\frac{1}{6} \quad ⑰$$

于是

$$E_k=\frac{1}{6}\lambda\omega^2 L^3 \quad ⑱$$

3. 以细杆与地球为系统，下摆过程中机械能守恒

$$E_k=mg\left(\frac{L}{2}\sin\theta\right) \quad ⑲$$

由⑱、⑲式得

$$\omega=\sqrt{\frac{3g\sin\theta}{L}} \quad ⑳$$

以在杆上距 O 点为 r 处的横截面外侧长为 $(L-r)$ 的那一段为研究对象，该段质量为 $\lambda(L-r)$，其质心速度为

$$v'_c=\omega\left(r+\frac{L-r}{2}\right)=\omega\frac{L+r}{2} \quad ㉑$$

设另一段对该段的切向力为 T（以 θ 增大的方向为正方向），法向（即与截面相垂直的方向）力为 N（以指向 O 点方向为正向），由质心运动定理得

$$T+\lambda(L-r)g\cos\theta=\lambda(L-r)a_t \quad ㉒$$

$$N-\lambda(L-r)g\sin\theta=\lambda(L-r)a_n \quad ㉓$$

式中 a_t 为质心的切向加速度的大小

$$a_t=\frac{\mathrm{d}v'_c}{\mathrm{d}t}=\frac{L+r}{2}\frac{\mathrm{d}\omega}{\mathrm{d}t}=\frac{L+r}{2}\frac{\mathrm{d}\omega}{\mathrm{d}\theta}\frac{\mathrm{d}\theta}{\mathrm{d}t}=\frac{3(L+r)g\cos\theta}{4L} \quad ㉔$$

而 a_n 为质心的法向加速度的大小

$$a_n=\omega^2\frac{L+r}{2}=\frac{3(L+r)g\sin\theta}{2L} \quad ㉕$$

由㉓、㉔、㉕、㉖式解得

$$T=\frac{(L-r)(3r-L)}{4L^2}mg\cos\theta \quad ㉖$$

$$N=\frac{(L-r)(5L+3r)}{2L^2}mg\sin\theta \quad ㉗$$

四、设在某一时刻球壳形容器的电量为 Q. 以液滴和容器为体系，考虑一滴液滴从带电液滴产生器 G 出口自由下落到容器口的过程. 根据能量守恒有

$$mgh+k\frac{Qq}{h-R}=\frac{1}{2}mv^2+2mgR+k\frac{Qq}{R} \quad ①$$

式中 v 为液滴在容器口的速率，k 是静电力常量. 由此得液滴的动能为

$$\frac{1}{2}mv^2=mg(h-2R)-k\frac{Qq(h-2R)}{(h-R)R} \quad ②$$

从上式可以看出，随着容器电量 Q 的增加，落下的液滴在容器口的速率 v 不断变小；当液滴在容器口的速率为零时，不能进入容器，容器的电量停止增加，容器达到最高电势. 设容器的最大电量为 Q_{max}，则有

$$mg(h-2R)-k\frac{Q_{max}q(h-2R)}{(h-R)R}=0 \quad ③$$

由此得

$$Q_{max}=\frac{mg(h-R)R}{kq} \quad ④$$

容器的最高电势为

$$V_{max}=k\frac{Q_{max}}{R} \tag{⑤}$$

由④、⑤式得

$$V_{max}=\frac{mg(h-R)}{q} \tag{⑥}$$

五、1. 一个带电量为 q 的点电荷在电容器参考系 S 中的速度为 (u_x,u_y,u_z)，在运动的参考系 S' 中的速度为 (u'_x,u'_y,u'_z). 在参考系 S 中只存在磁场 $(B_x,B_y,B_z)=(-B,0,0)$，因此这个点电荷在参考系 S 中所受磁场的作用力为

$$F_x=0 \tag{①}$$

$$F_y=-qu_zB \tag{②}$$

$$F_z=qu_yB \tag{③}$$

在参考系 S' 中可能既有电场 (E'_x,E'_y,E'_z)，又有磁场 (B'_x,B'_y,B'_z)，因此点电荷 q 在参考系 S' 中所受电场和磁场的作用力的合力为

$$F'_x=q'(E'_x+u'_yB'_z-u'_zB'_y) \tag{④}$$

$$F'_y=q'(E'_y-u'_xB'_z+u'_zB'_x) \tag{⑤}$$

$$F'_z=q'(E'_z+u'_xB'_y-u'_yB'_x) \tag{⑥}$$

两参考系中电荷、合力和速度的变换关系为

$$q'=q \tag{⑦}$$

$$(F'_x,F'_y,F'_z)=(F_x,F_y,F_z) \tag{⑧}$$

$$(u'_x,u'_y,u'_z)=(u_x,u_y,u_z)-(0,v,0) \tag{⑨}$$

由①～⑨式可知电磁场在两参考系中的电场强度和磁感应强度满足

$$E'_x+(u_y-v)B'_z-u_zB'_y=0 \tag{⑩}$$

$$E'_y-u_xB'_z+u_zB'_x=-u_zB \tag{⑪}$$

$$E'_z+u_xB'_y-(u_y-v)B'_x=u_yB \tag{⑫}$$

它们对于任意的 (u_x,u_y,u_z) 都成立，故

$$(E'_x,E'_y,E'_z)=[0,0,vB] \tag{⑬}$$

$$(B'_x,B'_y,B'_z)=(-B,0,0) \tag{⑭}$$

可见两参考系中的磁场相同，但在运动的参考系 S' 中出现了沿 z 方向的匀强电场.

2. 现在，电中性液体在平行板电容器两极板之间以速度 $(0,v,0)$ 匀速运动. 电容器参考系 S 中的磁场会在液体参考系 S' 中产生由⑬式给出的电场. 这个电场会把液体极化，使得液体中的电场为

$$(E'_x,E'_y,E'_z)=\frac{\varepsilon_0}{\varepsilon}(0,0,vB) \tag{⑮}$$

为了求出电容器参考系 S 中的电场，我们再次考虑电磁场的电场强度和磁感应强度在两个参考系之间的变换，从液体参考系 S' 中的电场和磁场来确定电容器参考系 S 中的电场和磁场. 考虑一带电量为 q 的点电荷在两参考系中所受的电场和磁场的作用力. 在液体参考系 S' 中，这力 (F'_x,F'_y,F'_z) 如④、⑤、⑥式所示. 它在电容器参考系 S 中的形式为

$$F_x=q(E_x+u_yB_z-u_zB_y) \tag{⑯}$$

$$F_y=q(E_y-u_xB_z+u_zB_x) \tag{⑰}$$

$$F_z=q(E_z+u_xB_y-u_yB_x) \tag{⑱}$$

利用两参考系中电荷、合力和速度的变换关系由⑦、⑧、⑨、⑮式得

$$E_x+u_yB_z-u_zB_y=0 \tag{⑲}$$

$$E_y-u_xB_z+u_zB_x=-u_zB \tag{⑳}$$

$$E_z+u_xB_y-u_yB_x=\frac{\varepsilon_0vB}{\varepsilon}+(u_y-v)B \tag{㉑}$$

对于任意的(u_x,u_y,u_z)都成立，故

$$(E_x,E_y,E_z)=\left[0,0,\left(\frac{\varepsilon_0}{\varepsilon}-1\right)vB\right] \tag{22}$$

$$(B_x,B_y,B_z)=(-B,0,0) \tag{23}$$

可见，在电容器参考系 S 中的磁场仍为原来的磁场，现由于运动液体的极化，也存在电场，电场强度如㉒式所示.

注意到㉒式所示的电场为均匀电场，由它产生的电容器上、下极板之间的电势差为

$$V=-E_zd \tag{24}$$

由㉒、㉔式得

$$V=\left(1-\frac{\varepsilon_0}{\varepsilon}\right)vBd \tag{25}$$

六、设弯成的圆弧半径为 r，金属片原长为 l，圆弧所对的圆心角为 ϕ，钢和青铜的线膨胀系数分别为 α_1 和 α_2，钢片和青铜片的温度由 $T_1=20℃$ 升高到 $T_2=120℃$ 时的伸长量分别为 Δl_1 和 Δl_2.

对于钢片有

$$\left(r-\frac{d}{2}\right)\phi=l+\Delta l_1 \tag{1}$$

$$\Delta l_1=l\alpha_1(T_2-T_1) \tag{2}$$

式中 $d=0.20$ mm.

对于青铜片有

$$\left(r+\frac{d}{2}\right)\phi=l+\Delta l_2 \tag{3}$$

$$\Delta l_2=l\alpha_2(T_2-T_1) \tag{4}$$

联立以上各式得

$$r=\frac{2+(\alpha_1+\alpha_2)(T_2-T_1)}{2(\alpha_2-\alpha_1)(T_2-T_1)}d=2.0\times10^2\ \text{mm} \tag{5}$$

七、1. 考虑射到劈尖上某 y 值处的光线，计算该光线由 $x=0$ 到 $x=h$ 之间的光程 $\delta(y)$. 将该光线在介质中的光程记为 δ_1，在空气中的光程记为 δ_2. 介质的折射率是不均匀的，光入射到介质表面时，在 $x=0$ 处，该处介质的折射率 $n(0)=1$；射到 x 处时，该处介质的折射率 $n(x)=1+bx$. 因为折射率随 x 线性增加，所以光线从 $x=0$ 处射到 $x=h_1$（h_1 是劈尖上 y 值处光线在劈尖中传播的距离）处的光程 δ_1 与光通过折射率等于平均折射率为

$$\bar{n}=\frac{1}{2}[n(0)+n(h_1)]=\frac{1}{2}(1+1+bh_1)=1+\frac{1}{2}bh_1 \tag{1}$$

的均匀介质的光程相同，即

$$\delta_1=\bar{n}h_1=h_1+\frac{1}{2}bh_1^2 \tag{2}$$

忽略透过劈尖斜面相邻小台阶连接处的光线（事实上，可通过选择台阶的尺度和挡板上狭缝的位置来避开这些光线的影响），光线透过劈尖后其传播方向保持不变，因而有

$$\delta_2=h-h_1 \tag{3}$$

于是

$$\delta(y)=\delta_1+\delta_2=h+\frac{1}{2}bh_1^2 \tag{4}$$

由几何关系有

$$h_1=y\tan\theta \tag{5}$$

故

$$\delta(y)=h+\frac{b}{2}y^2\tan^2\theta \tag{6}$$

从介质出来的光经过狭缝后仍平行于 x 轴，狭缝的 y 值应与对应介质的 y 值相同，这些平行光线会聚在透镜焦点处

对于 $y=0$ 处，由上式得

$$\delta(0)=h \quad ⑦$$

y 处与 $y=0$ 处的光线的光程差为

$$\delta(y)-\delta(0)=\frac{b}{2}y^2\tan^2\theta \quad ⑧$$

由于物像之间各光线的光程相等，故平行光线之间的光程差在通过透镜前和会聚在透镜焦点处时保持不变；因而⑧式在透镜焦点处也成立．为使光线经透镜会聚后在焦点处彼此加强，要求两束光的光程差为波长的整数倍，即

$$\frac{b}{2}y^2\tan^2\theta=k\lambda,k=1,2,3,\cdots \quad ⑨$$

由此得

$$y=\sqrt{\frac{2k\lambda}{b}}\cot\theta=A\sqrt{k},A=\sqrt{\frac{2\lambda}{b}}\cot\theta \quad ⑩$$

除了位于 $y=0$ 处的狭缝外，其余各狭缝对应的 y 坐标依次为

$$A,\sqrt{2}A,\sqrt{3}A,\sqrt{4}A,\cdots \quad ⑪$$

2. 各束光在焦点处彼此加强，并不要求⑪中各项都存在．将各狭缝彼此等距排列仍可能满足上述要求．事实上，若依次取 $k=m,4m,9m,\cdots$ 其中 m 为任意正整数，则

$$y_m=\sqrt{m}A,y_{4m}=2\sqrt{m}A,y_{9m}=3\sqrt{m}A,\cdots \quad ⑫$$

这些狭缝显然彼此等间距，且相邻狭缝的间距均为 $\sqrt{m}A$，光线在焦点处依然相互加强而形成亮纹．

八、**1.** 设碰撞前电子、光子的动量分别为 $p_e(p_e>0)$、$p_\gamma(p_\gamma<0)$，碰撞后电子、光子的能量和动量分别为 $E'_e,p'_e,E'_\gamma,p'_\gamma$．由能量守恒有

$$E_e+E_\gamma=E'_e+E'_\gamma \quad ①$$

由动量守恒有

$$p_e+p_\gamma=p'_e+p'_\gamma \quad ②$$

光子的能量和动量满足

$$E_\gamma=|p_\gamma|c,E'_\gamma=|p'_\gamma|c \quad ③$$

电子的能量和动量满足

$$E_e^2-p_e^2c^2=m_e^2c^4,E'^2_e-p'^2_ec^2=m_e^2c^4 \quad ④$$

由①、②、③、④式解得

$$E'_\gamma=\frac{E_\gamma(E_e+\sqrt{E_e^2-m_e^2c^4})}{(E_e-\sqrt{E_e^2-m_e^2c^4})+2E_\gamma} \quad ⑤$$

2. 由⑤式可见，为使 $E'_\gamma>E_\gamma$，需有

$$E'_\gamma-E_\gamma=\frac{2E_\gamma(\sqrt{E_e^2-m_e^2c^4}-E_\gamma)}{(E_e-\sqrt{E_e^2-m_e^2c^4})+2E_\gamma}>0$$

即

$$\sqrt{E_e^2-m_e^2c^4}>E_\gamma \text{ 或 } p_e>|p_\gamma| \quad ⑥$$

注意已设 $p_e>0,p_\gamma<0$

3. 由于 $E_e\gg m_ec^2$，因此有

$$\sqrt{E_e^2-m_e^2c^4}\approx E_e-\frac{m_e^2c^4}{2E_e} \quad ⑦$$

将⑦式代入⑤式得

$$E'_\gamma\approx\frac{2E_eE_\gamma}{2E_\gamma+\dfrac{m_e^2c^4}{2E_e}} \quad ⑧$$

代入数据得

$$E'_\gamma \approx 29.7\times10^6\ \text{eV} \quad ⑨$$

2014 年第三十一届全国中学生物理竞赛预赛试题

一、**1.** D **2.** C **3.** AD **4.** A **5.** BCD

二、**6.** 0.022～0.024 3.772～3.774 3.748～3.752(在范围内的答案均可)

7. 1.5m/s^2 $4.5\times10^4\text{J}$

8. (1)右 f 实 倒 1 (2)左 $2f$ 实 倒 1

9. 等压 等容 nR

10. 3.6×10^{-2} 8.8×10^7

三、**11.** 解法一：

由折射定律有

$$\sin\theta_i = n\sin\theta_d \quad ①$$

由几何关系有

$$x_1 = h\tan\theta_i \quad ②$$

$$x_2 = d\tan\theta_d \quad ③$$

$$H = 2(x_1 + x_2)\tan(90° - \theta_i) \quad ④$$

式中 H 为物 A 到像 A' 的距离.

在小角度近似下有

$$\tan\theta_i \approx \sin\theta_i \quad ⑤$$

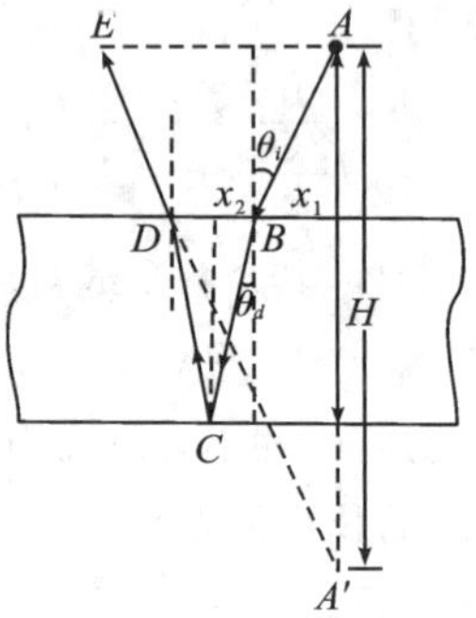

第 11 题图

$$\tan\theta_d \approx \sin\theta_d \quad ⑥$$

所以

$$\tan(90° - \theta_i) \approx \frac{1}{\sin\theta_i} \quad ⑦$$

联立以上各式得

$$H = 2\left(h + \frac{d}{n}\right) \quad ⑧$$

解法二：

由折射定律有

$$\sin\theta_i = n\sin\theta_d \quad ⑨$$

由几何关系有

$$x_1 = h\tan\theta_i \quad ⑩$$

$$x_2 = d\tan\theta_d \quad ⑪$$

$$H - h = (x_1 + 2x_2)\tan(90° - \theta_i) \quad ⑫$$

式中 H 为物 A 到像 A' 的距离.

利用小角度近似关系有

$$\tan\theta_i \approx \sin\theta_i \quad ⑬$$

$$\tan\theta_d \approx \sin\theta_d \quad ⑭$$

$$\tan(90° - \theta_i) \approx 1/\sin\theta_i \quad ⑮$$

故

$$h + \frac{2d}{n} = H - h \quad ⑯$$

即像 A' 与 A 点的距离为

$$H = 2\left(h + \frac{d}{n}\right) \quad ⑰$$

12. (1)等效电路如图所示.

(2)等效电容 C_1 和 C_2 为

$$C_1=\frac{\varepsilon_1 S}{d_1},C_2=\frac{\varepsilon_2 S}{d_2} \quad ①$$

等效电阻 R_1 和 R_2 为

$$R_1=\frac{d_1}{\sigma_1 S},R_2=\frac{d_2}{\sigma_2 S} \quad ②$$

两层电介质所损耗的功率为

$$P=\frac{U^2}{R_1+R_2}=\frac{U^2 S\sigma_1\sigma_2}{d_1\sigma_2+d_2\sigma_1} \quad ③$$

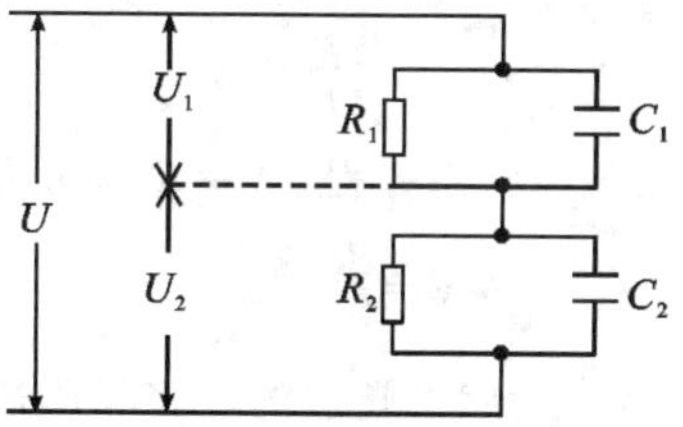

第 12 题图

(3)设两层介质各自上下界面之间的电压分别为 U_1 和 U_2. 上层介质界面上的电荷为

$$Q_1=C_1U_1=\frac{\varepsilon_1 S}{d_1}\cdot\frac{R_1U}{R_1+R_2}=\frac{\varepsilon_1\sigma_2 SU}{d_1\sigma_2+d_2\sigma_1} \quad ④$$

下层介质界面上的电荷为

$$Q_2=C_2U_2=\frac{\varepsilon_2\sigma_1 SU}{d_1\sigma_2+d_2\sigma_1} \quad ⑤$$

两层介质交界面处的净电荷量为

$$Q_1-Q_2=\frac{SU}{d_1\sigma_2+d_2\sigma_1}(\varepsilon_1\sigma_2-\varepsilon_2\sigma_1) \quad ⑥$$

13. 沿着电流强度 I 的方向液柱长度为 a，该液柱受到的安培力大小为

$$F_m=BIa \quad ①$$

液柱两侧面受到的由压强差产生的压力大小为

$$F_p=\rho ghad \quad ②$$

由水平方向上力的平衡条件有

$$F_m=F_p \quad ③$$

由欧姆定律有

$$\delta=I(R+r) \quad ④$$

式中

$$R=\frac{a}{\sigma bd} \quad ⑤$$

联立以上各式解得

$$\sigma=\frac{\rho gha}{b(B\varepsilon-r\rho ghd)} \quad ⑥$$

14. (1)设气体在状态 i($i=1$、2 和 3)下的压强、体积和绝对温度分别为 p_i、V_i 和 T_i，由题设条件有

$$c_1p_2^2+c_2p_2=T_2 \quad ①$$

$$c_1p_3^2+c_2p_3=T_3 \quad ②$$

由此解得

$$c_1=\frac{T_2p_3-T_3p_2}{p_2^2p_3-p_3^2p_2}=\frac{T_2p_3-T_3p_1}{p_1^2p_3-T_3^2p_1} \quad ③$$

$$c_2=\frac{T_2p_3^2-T_3p_2^2}{p_2p_3^2-p_2^2p_3}=\frac{T_2p_3^2-T_3p_1^2}{p_1p_3^2-p_1^2p_3} \quad ④$$

(2)利用气体状态方程 $pV=RT$，以及

$$V_1=R\frac{T_1}{p_1},V_2=R\frac{T_2}{p_2},V_3=R\frac{T_3}{p_3} \quad ⑤$$

可将过程 2-3 的方程改写为

$$\frac{V_2-V_3}{p_2-p_3}p=V+\frac{V_2p_3-V_3p_2}{p_2-p_3} \quad ⑥$$

可见，在 p-V 图示上过程 2-3 是以(p_2,V_2)和(p_3,V_3)为状态端点的直线段，在 p-T图示中，过程 3-1 是通过原点的直线上的一段，因而描述其过程的方程为

$$\frac{p}{T}=c_3 \quad ⑦$$

式中 c_3 是一常量. 利用气体状态方程 $pV=RT$,可将过程 3-1 的方程改写为

$$V=\frac{R}{c_3}=V_3=V_1 \quad ⑧$$

这是以(p_3,V_1)和(p_1,V_1)为状态端点的等容降压过程.

综上所述,过程 1-2-3-1 在 p-V 图示上是一直角三角形,如图所示.

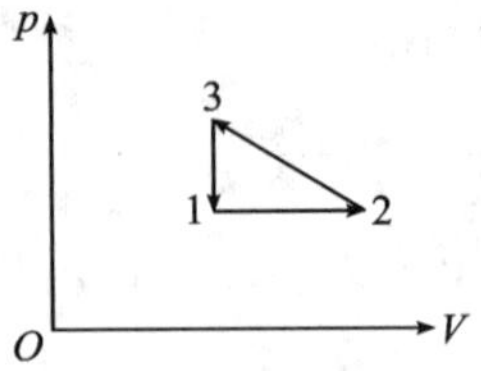

第 14 题图

(3)气体在一次循环过程中对外做的总功为

$$W=-\frac{1}{2}(p_3-p_1)(V_2-V_1) \quad ⑨$$

利用气体状态方程 $PV=RT$ 和⑤式,上式即为

$$W=-\frac{1}{2}R(T_2-T_1)\left(\frac{p_3}{p_1}-1\right) \quad ⑩$$

15. 以第二个 π 介子的飞行方向为 x 轴,以事件平面为 x-y 平面. 设衰变前 ω 介子和衰变后三个 π 介子的动量大小分别为 p_ω、p_1、p_2 和 p_3. 衰变前后粒子在 x 和 y 方向的总动量分别守恒,则有

$$p_\omega\cos\varphi=p_1\cos\theta_1+p_2+p_3\cos\theta_2 \quad ①$$

$$-p_\omega\sin\varphi=-p_1\sin\theta_1+p_3\sin\theta_2 \quad ②$$

衰变前后粒子总能量守恒

$$m_\omega c^2+T_\omega=(mc^2+T_1)+(mc^2+T_2)+(mc^2+T_3) \quad ③$$

式中左端和右端三个圆括弧所示的量分别是衰变前 ω 介子和衰变后三个 π 介子的总能(静能与动能之和). 衰变前 ω 介子和衰变后三个 π 介子的总能可分别由其动量和静质量表示出来,即

$$T_\omega=\frac{p_\omega^2}{2m_\omega} \quad ④$$

$$T_1=\frac{p_1^2}{2m} \quad ⑤$$

$$T_2=\frac{p_2^2}{2m} \quad ⑥$$

$$T_3=\frac{p_3^2}{2m} \quad ⑦$$

分别由⑤、⑥、⑦式得

$$p_1=\sqrt{2mT_1} \quad ⑧$$

$$p_2=\sqrt{2mT_2} \quad ⑨$$

$$p_3=\sqrt{2mT_3} \quad ⑩$$

联立①、②、⑧、⑨、⑩式得

$$\varphi=\arctan\frac{\sqrt{T_1}\sin\theta_1-\sqrt{T_3}\sin\theta_2}{\sqrt{T_1}\cos\theta_1+\sqrt{T_2}+\sqrt{T_3}\cos\theta_2} \quad ⑪$$

$$p_\omega^2=2m(T_1+T_2+T_3)+4m[\sqrt{T_1T_3}\cos(\theta_1+\theta_2)+\sqrt{T_1T_2}\cos\theta_1+\sqrt{T_2T_3}\cos\theta_2] \quad ⑫$$

由③、④、⑫式得

$$2c^2m_\omega^2-2(3mc^2+T_1+T_2+T_3)m_\omega+2m(T_1+T_2+T_3)+$$
$$4m[\sqrt{T_1T_3}\cos(\theta_1+\theta_2)+\sqrt{T_1T_2}\cos\theta_1+\sqrt{T_2T_3}\cos\theta_2]=0 \quad ⑬$$

其解为

$$m_\omega=\frac{3}{2}m+\frac{1}{2c^2}(T_1+T_2+T_3)+\sqrt{\left[\frac{3}{2}m+\frac{1}{2c^2}(T_1+T_2+T_3)\right]^2-\frac{p_\omega^2}{2c^2}} \quad ⑭$$

式中 p_ω^2 由⑫式给出. 另一解 $m_\omega\sim\frac{p_\omega}{c}$,与非相对论近似条件 $m_\omega c^2\ll p_\omega c$ 矛盾,舍去.

16. 解法一：

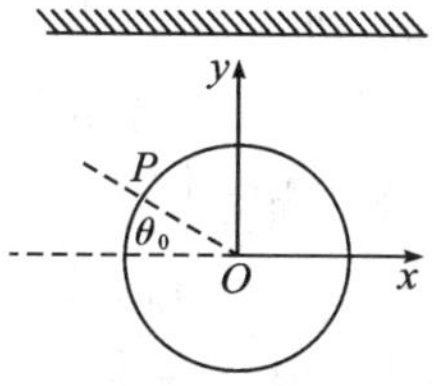

第 16 题图

(1)如图，在圆盘所在平面内建立平面直角坐标系，以盘心 O 为原点，x 轴正方向水平向右，y 轴正方向竖直向上. 按题意，天花板上有水的地方仅仅是一点，该点必定是所有水滴运动轨迹的最高点；只有第二象限的圆盘边缘甩出的水滴才能到达这一最高点. 水滴甩出时的初速度大小是恒定的，即

$$v_0 = r\omega \quad ①$$

以 P 点位于$(-r,0)$处时为计时零点，在 t_0 时刻 O、P 连线与 x 轴负方向的夹角为

$$\theta_0 = \omega t_0 \quad ②$$

这时经过 P 点的水滴的位置(x_0, y_0)和速度(v_{0x}, v_{0y})分别为

$$x_0 = -r\cos\theta_0,\ y_0 = r\sin\theta_0 \quad ③$$

$$v_{0x} = v_0\sin\theta_0,\ v_{0y} = v_0\cos\theta_0 \quad ④$$

在时刻 t_0 被甩出的水滴做抛物运动. 设不存在天花板，该水滴在 t_1 时刻达到最高处，由抛物运动公式得

$$0 = r\omega\cos\theta_0 - g(t_1 - t_0) \quad ⑤$$

$$x_1 = x_0 + v_{0x}(t_1 - t_0) \quad ⑥$$

$$y_1 = y_0 + v_{0y}(t_1 - t_0) - \frac{1}{2}g(t_1 - t_0)^2 \quad ⑦$$

联立①、②、③、④、⑤、⑦式得

$$y_1 = r\sin(\omega t_0) + \frac{(r\omega)^2}{2g}[1 - \sin^2(\omega t_0)] \quad ⑧$$

对变元 $\sin(\omega t_0)$配方后得

$$y_1 = \frac{(r\omega)^2}{2g} + \frac{g}{2\omega^2} - \frac{(r\omega)^2}{2g}\left[\sin(\omega t_0) - \frac{g}{r\omega^2}\right]^2 \quad ⑨$$

于是在

$$\sin(\omega t_0) - \frac{g}{r\omega^2} = 0 \quad ⑩$$

时有

$$y_{1\max} = \frac{(r\omega)^2}{2g} + \frac{g}{2\omega^2} \quad ⑪$$

依题意，上式即天花板相对于圆盘中心轴 O 点的高度. 代入题给数据得

$$y_{\max} = 1.25\ \text{m} \quad ⑫$$

(2)由⑩式和题给数据可知，此时

$$\sin(\omega t_0) = \frac{g}{r\omega^2} = 0.5 \quad ⑬$$

故

$$\theta_0 = 30^\circ \quad ⑭$$

由①、②、③、④、⑤、⑥式得

$$x_1 = -r\cos 30^\circ + \frac{(r\omega)^2\sin 30^\circ\cos 30^\circ}{g} = \frac{\sqrt{3}}{2}\left[\frac{(r\omega)^2}{2g} - r\right] \quad ⑮$$

代入题给数据得

$$x_1 = 0 \quad ⑯$$

所以 y 轴与天花板的交点为天花板上有水的那一点的位置，其坐标值为(0，1.25).

解法二：

(1)在圆盘所在平面内建立平面直角坐标系，以盘心 O 为原点，x 轴正方向水平向右，y 轴正方向竖直向上. 只有第二象限的圆盘边缘甩出的水滴才可能到达天花板上某一固定点；而不是打到天花板上某一区域(不止一个点)，或者打不到天花板上. 水滴甩

出时的初速度大小是恒定的，即

$$v_0=r\omega \tag{17}$$

其 x 方向和 y 方向的分量分别为

$$v_{0x}=r\omega\sin\theta,v_{0y}=r\omega\cos\theta \tag{18}$$

取水滴从 P 点甩出时为计时零点，即 $t=0$ 时 P 的初始坐标为

$$x_0=-r\cos\theta,y_0=r\sin\theta \tag{19}$$

水滴的 x、y 坐标与 t 的关系式为

$$\begin{cases}x=x_0+v_{0x}t & (20)\\ y=y_0+v_{0y}t-\dfrac{1}{2}gt^2 & (21)\end{cases}$$

现在求 θ 的各种可能取值中，y 的最大值. 对某一特定的 θ 值，x_0、y_0、v_{0x}、v_{0y} 均为固定值，先针对这个固定的 θ 值，

求 $(y-y_0)$ 的最大值. 斜抛运动的"最大射高"为

$$(y-y_0)_{\max}=(v_{0y}t-\frac{1}{2}gt^2)_{\max}=\frac{v_{0y}^2}{2g} \tag{22}$$

对应的

$$\begin{aligned}y_{\max}&=y_0+\frac{v_{0y}^2}{2g}=r\sin\theta+\frac{(r\omega\cos\theta)^2}{2g}\\&=r\sin\theta+\frac{(r\omega)^2}{2g}(1-\sin^2\theta)\\&=\frac{(r\omega)^2}{2g}-\left[\frac{(r\omega)^2}{2g}\sin^2\theta-r\sin\theta\right]\\&=\frac{(r\omega)^2}{2g}+\frac{g}{2\omega^2}-\left[\frac{r\omega\sin\theta}{\sqrt{2g}}-\frac{1}{\omega}\sqrt{\frac{g}{2}}\right]^2\end{aligned} \tag{23}$$

这说明不同的 θ 值对应不同的 y 的最大值. 只有上式中的完全平方式为 0 时，才是这些"最大射高"中的最大值.

由此得到天花板的高度为

$$y_{\max}=\frac{(r\omega)^2}{2g}+\frac{g}{2\omega^2}=\frac{(1\times4.43)^2}{2\times9.80}+\frac{9.80}{2\times4.43^2}=1.00+0.25=1.25\text{ m} \tag{24}$$

(2) 当水滴能打到天花板时，

$$\sin\theta=\frac{g}{r\omega^2}=\frac{9.80}{1\times4.43^2}=0.50 \tag{25}$$

即

$$\theta=30^\circ \tag{26}$$

由㉑式可计算出斜抛水滴再次到达抛出高度 $(y=y_0)$ 时的时间为

$$t=\frac{2v_{0y}}{g} \tag{27}$$

y 取最大值时所用的时间是上述值的一半，把该时间代入⑳式得水滴在天花板上的横坐标为

$$\begin{aligned}x&=x_0+v_{0x}t=-r\cos\theta+r\omega\sin\theta\frac{r\omega\cos\theta}{g}\\&=-r\cos\theta+\frac{(r\omega)^2\sin2\theta}{2g}\\&=-1\times\frac{\sqrt{3}}{2}+\frac{(1\times4.43)^2\times\frac{\sqrt{3}}{2}}{2\times9.80}\\&=0\end{aligned} \tag{28}$$

所以 y 轴与天花板的交点为天花板上有水的那一点的位置，其坐标值为 $(0,1.25)$.

2014年第三十一届全国中学生物理竞赛复赛试题

一、(1)球形

(2)液滴的半径 r、密度 ρ 和表面张力系数 σ(或液滴的质量 m 和表面张力系数 σ)

(3)解法一:

假设液滴振动频率与上述物理量的关系式为

$$f=kr^{\alpha}\rho^{\beta}\sigma^{\gamma} \quad ①$$

式中比例系数 k 是一个待定常数. 任一物理量 a 可写成在某一单位制中的单位 $[a]$ 和相应的数值 $\{a\}$ 的乘积 $a=\{a\}[a]$. 按照这一约定,①式在同一单位制中可写成

$$\{f\}[f]=\{k\}\{r\}^{\alpha}\{\rho\}^{\beta}\{\sigma\}^{\gamma}[r]^{\alpha}[\rho]^{\beta}[\sigma]^{\gamma} \quad ②$$

由于取同一单位制,上述等式可分解为相互独立的数值等式和单位等式,因而有

$$[f]=[r]^{\alpha}[\rho]^{\beta}[\sigma]^{\gamma} \quad ③$$

力学的基本物理量有三个:质量 m、长度 l 和时间 t,按照前述约定,在该单位制中有

$$m=\{m\}[m],l=\{l\}[l],t=\{t\}[t] \quad ④$$

于是

$$[f]=[t]^{-1} \quad ⑤$$

$$[r]=[l] \quad ⑥$$

$$[\rho]=[m][l]^{-3} \quad ⑦$$

$$[\sigma]=[m][t]^{-2} \quad ⑧$$

将⑤、⑥、⑦、⑧式代入③式得

$$[t]^{-1}=[l]^{\alpha}([m][l]^{-3})^{\beta}([m][t]^{-2})^{\gamma} \quad ⑨$$

即

$$[t]^{-1}=[l]^{\alpha-3\beta}[m]^{\beta+\gamma}[t]^{-2\gamma} \quad ⑩$$

由于在力学中 $[m]$、$[l]$ 和 $[t]$ 三者之间的相互独立性,有

$$\alpha-3\beta=0 \quad ⑪$$

$$\beta+\gamma=0 \quad ⑫$$

$$2\gamma=1 \quad ⑬$$

解为

$$\alpha=-\frac{3}{2},\beta=-\frac{1}{2},\gamma=\frac{1}{2} \quad ⑭$$

将⑭式代入①式得

$$f=k\sqrt{\frac{\sigma}{\rho r^{3}}} \quad ⑮$$

解法二:

假设液滴振动频率与上述物理量的关系式为

$$f=kr^{\alpha}\rho^{\beta}\sigma^{\gamma} \quad ⑯$$

式中比例系数 k 是一个待定常数. 任一物理量 a 可写成在某一单位制中的单位 $[a]$ 和相应的数值 $\{a\}$ 的乘积 $a=\{a\}[a]$. 在同一单位制中,⑯式两边的物理量的单位的乘积必须相等,即

$$[f]=[r]^{\alpha}[\rho]^{\beta}[\sigma]^{\gamma} \quad ⑰$$

力学的基本物理量有三个:质量 m、长度 l 和时间 t,对应的国际单位分别为千克(kg)、米(m)、秒(s). 在国际单位制中,振动频率 f 的单位 $[f]$ 为 $\mathrm{s^{-1}}$,半径 r 的单位 $[r]$ 为 m,密度 ρ 的单位 $[\rho]$ 为 $\mathrm{kg\cdot m^{-3}}$,表面张力系数 σ 的单位 $[\sigma]$ 为 $\mathrm{N\cdot m^{-1}=kg\cdot(m\cdot s^{-2})\cdot m^{-1}=kg\cdot s^{-2}}$,即有

$$[f]=\mathrm{s^{-1}} \quad ⑱$$

$$[r]=\mathrm{m} \quad ⑲$$

$$[\rho]=\mathrm{kg\cdot m^{-3}} \quad ⑳$$

$$[\sigma]=\mathrm{kg}\cdot\mathrm{s}^{-2} \quad ㉑$$

若要使⑯式成立，必须满足

$$\mathrm{s}^{-1}=\mathrm{m}^{\alpha}(\mathrm{kg}\cdot\mathrm{m}^{-3})^{\beta}(\mathrm{kg}\cdot\mathrm{s}^{-2})^{\gamma}=(\mathrm{kg})^{\beta+\gamma}\cdot\mathrm{m}^{\alpha-3\beta}\cdot\mathrm{s}^{-2\gamma} \quad ㉒$$

由于在力学中质量 m、长度 l 和时间 t 的单位三者之间的相互独立性，所以有

$$\alpha-3\beta=0 \quad ㉓$$

$$\beta+\gamma=0 \quad ㉔$$

$$2\gamma=1 \quad ㉕$$

解为

$$\alpha=-\frac{3}{2},\beta=-\frac{1}{2},\gamma=\frac{1}{2} \quad ㉖$$

将㉖式代入⑯式得

$$f=k\sqrt{\frac{\sigma}{\rho r^{3}}} \quad ㉗$$

二、解法一：

瓶内理想气体经历如下两个气体过程：

$$(p_i,V_0,T_0,N_i)\xrightarrow{\text{放气(绝热膨胀)}}(p_0,V_0,T,N_f)\xrightarrow{\text{等容升温}}(p_f,V_0,T_0,N_f),$$

其中(p_i,V_0,T_0,N_i)、(p_0,V_0,T,N_f)和(p_f,V_0,T_0,N_f)分别是瓶内气体在初态、中间态与末态的压强、体积、温度和摩尔数. 根据理想气体方程 $pV=NkT$，考虑到由于气体初态、末态的体积和温度相等，有

$$\frac{p_f}{p_i}=\frac{N_f}{N_i} \quad ①$$

另一方面，设 V' 是初态气体在保持其摩尔数不变的条件下绝热膨胀到压强为 p_0 时的体积，即

$$(p_i,V_0,T_0,N_i)\xrightarrow{\text{绝热膨胀}}(p_0,V',T,N_i)$$

此绝热过程满足

$$\frac{V_0}{V'}=\left(\frac{p_0}{p_i}\right)^{1/\gamma} \quad ②$$

由状态方程有 $p_0V'=N_ikT$ 和 $p_0V_0=N_fkT$，所以

$$\frac{N_f}{N_i}=\frac{V_0}{V'} \quad ③$$

联立①、②、③式得

$$\frac{p_f}{p_i}=\left(\frac{p_0}{p_i}\right)^{1/\gamma} \quad ④$$

此即

$$\gamma=\frac{\ln\frac{p_i}{p_0}}{\ln\frac{p_i}{p_f}} \quad ⑤$$

由力学平衡条件有

$$p_i=p_0+\rho gh_i \quad ⑥$$

$$p_f=p_0+\rho gh_f \quad ⑦$$

式中 $p_0=\rho gh_0$ 为瓶外的大气压强，ρ 是 U 形管中液体的密度，g 是重力加速度的大小.

联立⑤、⑥、⑦式得

$$\gamma=\frac{\ln(1+\frac{h_i}{h_0})}{\ln(1+\frac{h_i}{h_0})-\ln(1+\frac{h_f}{h_0})} \quad ⑧$$

利用近似关系式：当 $x\ll1$ 时，$\ln(1+x)\approx x$，以及 $h_i/h_0\ll1$，$h_f/h_0\ll1$，有

$$\gamma=\frac{h_i/h_0}{h_i/h_0-h_f/h_0}=\frac{h_i}{h_i-h_f} \tag{9}$$

解法二：

若仅考虑留在容器内的气体：它首先经历了一个绝热膨胀过程 ab，再通过等容升温过程 bc 达到末态

$$(p_i,V_1,T_0)\xrightarrow{\text{绝热膨胀 }ab}(p_0,V_0,T)\xrightarrow{\text{等容升温 }bc}(p_f,V_0,T_0),$$

其中 (p_i,V_1,T_0)、(p_0,V_0,T) 和 (p_f,V_0,T_0) 分别是留在瓶内的气体在初态、中间态和末态的压强、体积与温度．留在瓶内的气体先后满足绝热方程和等容过程方程，即

$$ab: p_i^{\gamma-1}T_0^{-\gamma}=p_0^{\gamma-1}T^{-\gamma} \tag{10}$$

$$bc: p_0/T=p_f/T_0 \tag{11}$$

由⑩、⑪式得

$$\frac{p_f}{p_i}=\left(\frac{p_0}{p_i}\right)^{1/\gamma} \tag{12}$$

此即

$$\gamma=\frac{\ln\dfrac{p_i}{p_0}}{\ln\dfrac{p_i}{p_f}} \tag{13}$$

由力学平衡条件有

$$p_i=p_0+\rho g h_i \tag{14}$$

$$p_f=p_0+\rho g h_f \tag{15}$$

式中 $p_0=\rho g h_0$ 为瓶外的大气压强，ρ 是 U 形管中液体的密度，g 是重力加速度的大小．

联立⑬、⑭、⑮式得

$$\gamma=\frac{\ln\left(1+\dfrac{h_i}{h_0}\right)}{\ln\left(1+\dfrac{h_i}{h_0}\right)-\ln\left(1+\dfrac{h_f}{h_0}\right)} \tag{16}$$

利用近似关系式：当 $x\ll 1$ 时，$\ln(1+x)\approx x$，以及 $h_i/h_0\ll 1$，$h_f/h_0\ll 1$，有

$$\gamma=\frac{h_i/h_0}{h_i/h_0-h_f/h_0}=\frac{h_i}{h_i-h_f} \tag{17}$$

三、1．平板受到重力 F_C、拉力 F_{M_0}、铰链对三角形板的作用力 N_A 和 N_B，各力及其作用点的坐标分别为

$$F_C=(0,-mg\sin\varphi,-mg\cos\varphi),(0,0,h)$$
$$F_{M_0}=(0,F,0),(x_0,0,z_0)$$
$$N_A=(N_{Ax},N_{Ay},N_{Az}),\left(\frac{b}{2},0,0\right)$$
$$N_B=(N_{Bx},N_{By},N_{Bz}),\left(-\frac{b}{2},0,0\right)$$

式中 $h=\frac{1}{3}\sqrt{a^2-\frac{b^2}{4}}$ 是平板质心到 x 轴的距离．

平板所受力和(对 O 点的)力矩的平衡方程为

$$\sum F_x=N_{Ax}+N_{Bx}=0 \tag{1}$$

$$\sum F_y=F+N_{Ay}+N_{By}-mg\sin\varphi=0 \tag{2}$$

$$\sum F_z=N_{Az}+N_{Bz}-mg\cos\varphi=0 \tag{3}$$

$$\sum M_x=mgh\sin\varphi-F\cdot z_0=0 \tag{4}$$

$$\sum M_y=N_{Bz}\frac{b}{2}-N_{Az}\frac{b}{2}=0 \tag{5}$$

$$\sum M_z = F\cdot x_0 + N_{Ay}\frac{b}{2} - N_{By}\frac{b}{2} = 0 \qquad ⑥$$

联立以上各式解得

$$F=\frac{mgh\sin\varphi}{z_0} \qquad ⑦$$

$$N_{Ax}=-N_{Bx} \qquad ⑧$$

$$N_{Ay}=\frac{mg\sin\varphi}{2}\left[1-\frac{h}{b}\left(\frac{b}{z_0}+\frac{2x_0}{z_0}\right)\right],N_{By}=\frac{mg\sin\varphi}{2}\left[1-\frac{h}{b}\left(\frac{b}{z_0}-\frac{2x_0}{z_0}\right)\right] \qquad ⑨$$

$$N_{Az}=N_{Bz}=\frac{1}{2}mg\cos\varphi \qquad ⑩$$

即

$$F_{M_0}=\left(0,\frac{mgh\sin\varphi}{z_0},0\right), \qquad ⑪$$

$$N_A=\left(N_{Ax},\frac{mg\sin\varphi}{2}\left[1-\frac{h}{b}\left(\frac{b}{z_0}+\frac{2x_0}{z_0}\right)\right],\frac{1}{2}mg\cos\varphi\right), \qquad ⑫$$

$$N_B=\left(-N_{Ax},\frac{mg\sin\varphi}{2}\left[1-\frac{h}{b}\left(\frac{b}{z_0}-\frac{2x_0}{z_0}\right)\right],\frac{1}{2}mg\cos\varphi\right) \qquad ⑬$$

2. 如果希望在 $M(x,0,z)$ 点的位置从点 $M_0(x_0,0,z_0)$ 缓慢改变的过程中，可以使铰链支点对板的作用力 N_{By} 保持不变，则需

$$N_{By}=\frac{mg\sin\varphi}{2}\left[1-\frac{h}{b}\left(\frac{b}{z}-\frac{2x}{z}\right)\right]=\text{常量} \qquad ⑭$$

M 点移动的起始位置为 M_0，由⑭式得

$$\frac{b}{z}-\frac{2x}{z}=\frac{b}{z_0}-\frac{2x_0}{z_0} \qquad ⑮$$

或

$$b-2x=\left(\frac{b}{z_0}-\frac{2x_0}{z_0}\right)z \qquad ⑯$$

这是过 $A(\frac{b}{2},0,0)$ 点的直线.

因此，当力 F_M 的作用点 M 的位置沿通过 A 点任一条射线（不包含 A 点）在平板上缓慢改变时，铰链支点 B 对板的作用力 N_{By} 保持不变. 同理，当力 F_M 的作用点 M 沿通过 B 点任一条射线在平板上缓慢改变时，铰链支点 A 对板的作用力 N_{Ay} 保持不变.

四、1. 考虑小球沿径向的合加速度. 如图，设小球下滑至 θ 角位置时，小球相对于圆环的速率为 v，圆环绕轴转动的角速度为 ω. 此时与速率 v 对应的指向中心 C 的小球加速度的大小为

$$a_1=\frac{v^2}{R} \qquad ①$$

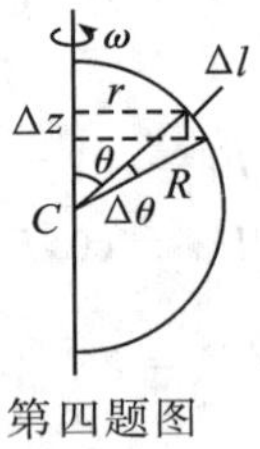

第四题图

同时，对应于圆环角速度 ω，指向 OO' 轴的小球加速度的大小为

$$a_\omega=\frac{(\omega R\sin\theta)^2}{R\sin\theta} \qquad ②$$

该加速度的指向中心 C 的分量为

$$a_2=a_\omega\sin\theta=\frac{(\omega R\sin\theta)^2}{R} \qquad ③$$

该加速度的沿环面且与半径垂直的分量为

$$a_3=a_\omega\cos\theta=\frac{(\omega R\sin\theta)^2}{R}\cot\theta \qquad ④$$

由①、③式和加速度合成法则得小球下滑至 θ 角位置时，其指向中心 C 的合加速度大小为

$$a_R=a_1+a_2=\frac{v^2}{R}+\frac{(\omega R\sin\theta)^2}{R} \qquad ⑤$$

在小球下滑至 θ 角位置时，将圆环对小球的正压力分解成指向环心的方向的分量 N、垂直于环面的方向的分量 T. 值得指出的是：由于不存在摩擦，圆环对小球的正压力沿环的切向分量为零. 在运动过程中小球受到的作用力是 N、T 和 mg. 这些力可分成相互垂直的三个方向上的分量：在径向的分量不改变小球速度的大小，亦不改变小球对转轴的角动量；沿环切向的分量即 $mg\sin\theta$ 要改变小球速度的大小；在垂直于环面方向的分量即 T 要改变小球对转轴的角动量，其反作用力将改变环对转轴的角动量，但与大圆环沿 OO' 轴的竖直运动无关. 在指向环心的方向，由牛顿第二定律有

$$N+mg\cos\theta=ma_R=m\frac{v^2+(\omega R\sin\theta)^2}{R} \quad ⑥$$

合外力矩为零，系统角动量守恒，有

$$L_0=L+2m(R\sin\theta)^2\omega \quad ⑦$$

式中 L_0 和 L 分别为圆环以角速度 ω_0 和 ω 转动时的角动量.

考虑右半圆环相对于轴的角动量，在 θ 角位置处取角度增量 $\Delta\theta$，圆心角 $\Delta\theta$ 所对圆弧 Δl 的质量为 $\Delta m=\lambda\Delta l(\lambda\equiv\frac{m_0}{2\pi R})$，其角动量为

$$\Delta L=\Delta m\omega r^2=\lambda\Delta l\omega rR\sin\theta=\lambda\omega Rr\Delta z=\lambda\omega R\Delta S \quad ⑧$$

式中 r 是圆环上 θ 角位置到竖直轴 OO' 的距离，ΔS 为两虚线间窄条的面积. ⑧式说明，圆弧 Δl 的角动量与 ΔS 成正比. 整个圆环（两个半圆环）的角动量为

$$L=2\sum\Delta L=2\times\frac{m_0}{2\pi R}\omega R\ \frac{\pi R^2}{2}=\frac{1}{2}m_0R^2\omega \quad ⑨$$

或由转动惯量的定义可知圆环绕竖直轴 OO' 的转动惯量 J 等于其绕过垂直于圆环平面的对称轴的转动惯量的一半，即

$$J=\frac{1}{2}m_0R^2 \quad ⑩$$

则角动量 L 为

$$L=J\omega=\frac{1}{2}m_0R^2\omega \quad ⑪$$

同理有

$$L_0=\frac{1}{2}m_0R^2\omega_0 \quad ⑫$$

力 N 及其反作用力不做功，而 T 及其反作用力的作用点无相对移动，做功之和为零，则系统机械能守恒. 故

$$E_{k0}-E_k+2\times mgR(1-\cos\theta)=2\times\frac{1}{2}m[v^2+(\omega R\sin\theta)^2] \quad ⑬$$

式中 E_{k0} 和 E_k 分别为圆环以角速度 ω_0 和 ω 转动时的动能. 圆弧 Δl 的动能为

$$\Delta E_k=\frac{1}{2}\Delta m(r\omega)^2=\frac{1}{2}\lambda\Delta l\omega^2rR\sin\theta=\frac{1}{2}\lambda R\omega^2\Delta S \quad ⑭$$

整个圆环（两个半圆环）的动能为

$$E_k=2\sum\Delta E_k=2\cdot\frac{1}{2}\cdot\frac{m_0}{2\pi R}\cdot R\omega^2\cdot\frac{\pi R^2}{2}=\frac{1}{4}m_0R^2\omega^2 \quad ⑮$$

或圆环的转动动能为

$$E_k=\frac{1}{2}J\omega^2=\frac{1}{4}m_0R^2\omega^2 \quad ⑯$$

同理有

$$E_{k0}=\frac{1}{4}m_0R^2\omega_0^2 \quad ⑰$$

根据牛顿第三定律，圆环受到小球竖直向上作用力的大小为 $2N\cos\theta$，当

$$2N\cos\theta\geqslant m_0g \quad ⑱$$

时，圆环才能沿轴上滑. 由⑥、⑦、⑨、⑫、⑬、⑮、⑯式可知，⑱式可写成

$$6m\cos^2\theta-4m\cos\theta+m_0-\frac{m_0\omega_0^2R\cos\theta}{2g}\left[1-\frac{m_0^2}{(m_0+4m\sin^2\theta)^2}\right]\leqslant 0 \qquad ⑲$$

式中 g 是重力加速度的大小.

2. 此时由题给条件可知当 $\theta=30°$时,⑮式中等号成立,即有

$$\left(\frac{9}{2}-2\sqrt{3}\right)m+m_0=\frac{\sqrt{3}m_0R\omega_0^2}{4g}\left[1-\frac{m_0^2}{(m_0+m)^2}\right] \qquad ⑳$$

或

$$\omega_0=(m_0+m)\sqrt{\frac{(9\sqrt{3}-12)m+2\sqrt{3}m_0}{3(2m_0+m)mm_0}\frac{2g}{R}} \qquad ㉑$$

联立⑦、⑨、⑫、㉑式和题给条件得

$$\omega=\frac{m_0}{m_0+4m\sin^2\theta}\omega_0=\frac{m_0}{m_0+m}\omega_0=\sqrt{\frac{(9\sqrt{3}-12)m+2\sqrt{3}m_0}{3(2m_0+m)}\frac{2m_0g}{mR}} \qquad ㉒$$

由⑬、⑮、⑰、㉑、㉒式和题给条件得

$$v=\sqrt{gR}\sqrt{\frac{2\sqrt{3}m_0^2+(12-\sqrt{3})mm_0+3\sqrt{3}m^2}{6(2m_0+m)m}} \qquad ㉓$$

五、1. 设圆盘像到薄凸透镜的距离为 v. 由题意知 $u=20$ cm, $f=10$ cm,代入透镜成像公式

$$\frac{1}{v}+\frac{1}{u}=\frac{1}{f} \qquad ①$$

得像距为

$$v=20\ \text{cm} \qquad ②$$

其横向放大率为

$$\beta=-\frac{v}{u}=-1 \qquad ③$$

可知圆盘像在凸透镜右边 20 cm,半径为 5 cm,为圆盘状,圆盘与其像大小一样.

2. 如图(1)所示,连接 A、B 两点,连线 AB 与光轴的交点为 C 点,由两个相似三角形 ΔAOC 与 $\Delta BB'C$ 的关系可求得 C 点距离透镜 15 cm.

若将圆形光阑放置于凸透镜后方 6 cm 处,此时圆形光阑在 C 点左侧.

当圆形光阑半径逐渐减小时,均应有光线能通过圆形光阑在 B 点成像,因而圆盘像的形状及大小不变,而亮度变暗.

此时不存在圆形光阑半径 r_a 使得圆盘像大小的半径变为(1)中圆盘像大小的半径的一半.

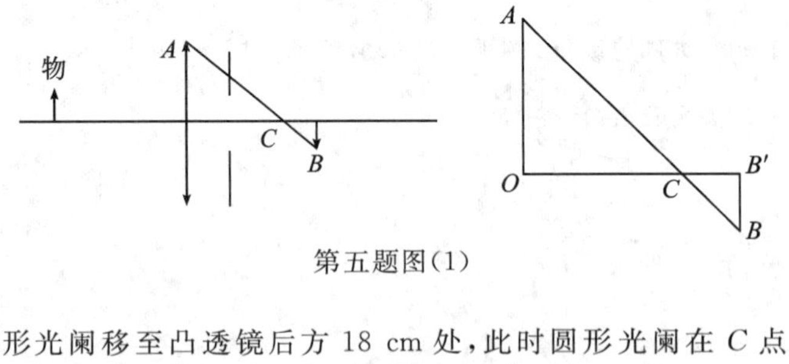

第五题图(1)

3. 若将圆形光阑移至凸透镜后方 18 cm 处,此时圆形光阑在 C 点(距离透镜为 15 cm)的右侧. 由图(2)所示,此时有

$$CB'=BB'=5\ \text{cm},R'B'=2\ \text{cm} \qquad ④$$

利用两个相似三角形 $\Delta CRR'$与 $\Delta CBB'$的关系得

$$r=RR'=\frac{CR'}{CB'}\times BB'=\frac{5-2}{5}\times 5\ \text{cm}=3\ \text{cm} \qquad ⑤$$

可见当圆盘半径 $r=3$ cm(光阑边缘与 AB 相交)时,圆盘刚好能成完整的像,但其亮度变暗.

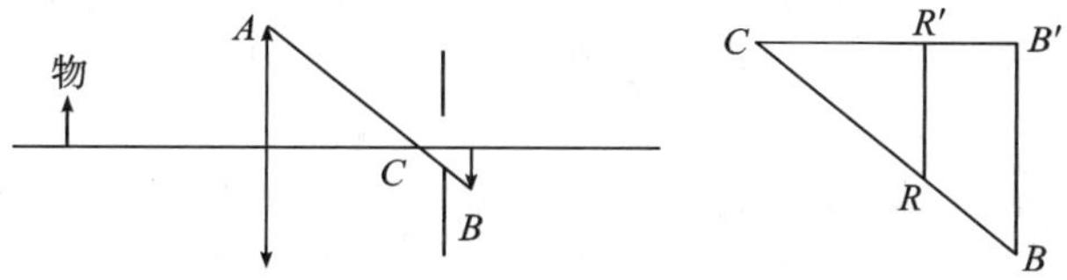

第五题图(2)

若进一步减少光阑半径，圆盘像就会减小. 当透镜上任何一点发出的光都无法透过光阑照在原先像的一半高度处时，圆盘像的半径就会减小为一半，如图(3)所示. 此时光阑边缘与 AE 相交，AE 与光轴的交点为 D，由几何关系算得 D 与像的轴上距离为 $\frac{20}{7}$ cm. 此时有

$$DR'=\frac{6}{7}\text{cm},DE'=\frac{20}{7}\text{cm},EE'=2.5\ \text{cm} \quad ⑥$$

利用两个相似三角形 $\Delta DRR'$ 与 $\Delta DEE'$ 的关系得

$$r_a=RR'=\frac{DR'}{DE'}\times EE'=\frac{20/7-2}{20/7}\times 2.5\ \text{cm}=0.75\ \text{cm} \quad ⑦$$

可见当圆形光阑半径 $r_a=0.75$cm，圆盘像大小的半径的确变为图(1)中圆盘像大小的半径的一半.

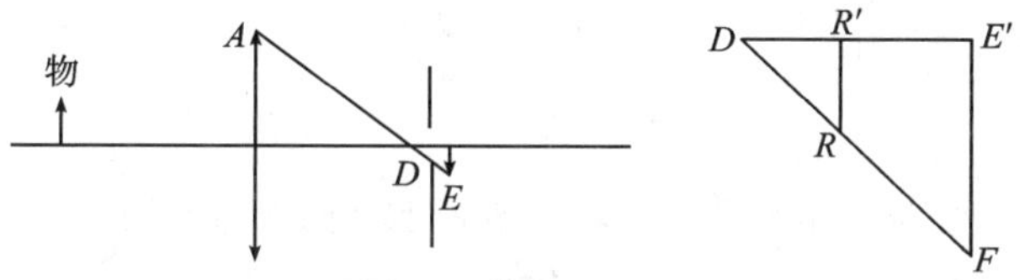

第五题图(3)

4. 只要圆形光阑放在 C 点(距离透镜为 15 cm)和光屏之间，圆盘像的大小便与圆形光阑半径有关.

5. 若将图中的圆形光阑移至凸透镜前方 6 cm 处，则当圆形光阑半径逐渐减小时，圆盘像的形状及大小不变，亮度变暗. 同时不存在圆形光阑半径使得圆盘像大小的半径变为图(1)中圆盘像大小的半径的一半.

六、**1.** 整个电容器相当于 $2N$ 个相同的电容器并联，可旋转金属板的转角为 θ 时

$$C(\theta)=2NC_1(\theta) \quad ①$$

式中 $C_1(\theta)$ 为两相邻正、负极板之间的电容

$$C_1(\theta)=\frac{A(\theta)}{4\pi kS} \quad ②$$

$A(\theta)$ 是两相邻正负极板之间相互重叠的面积，有

$$A(\theta)=\begin{cases}2\times\frac{1}{2}R^2(2\theta_0-\pi) & (-\theta_0\leqslant\theta\leqslant\theta_0-\pi)\\ 2\times\frac{1}{2}R^2(\theta_0+\theta) & (\theta_0-\pi\leqslant\theta\leqslant 0)\\ 2\times\frac{1}{2}R^2(\theta_0-\theta) & (0\leqslant\theta\leqslant\pi-\theta_0)\\ 2\times\frac{1}{2}R^2(2\theta_0-\pi) & (\pi-\theta_0<\theta<\theta_0)\end{cases} \quad ③$$

联立②、③式得

$$C_1(\theta)=\begin{cases}\frac{1}{4\pi kS}R^2(2\theta_0-\pi) & (-\theta_0\leqslant\theta\leqslant\theta_0-\pi)\\ \frac{1}{4\pi kS}R^2(\theta_0+\theta) & (\theta_0-\pi\leqslant\theta\leqslant 0)\\ \frac{1}{4\pi kS}R^2(\theta_0-\theta) & (0\leqslant\theta\leqslant\pi-\theta_0)\\ \frac{1}{4\pi kS}R^2(2\theta_0-\pi) & (\pi-\theta_0<\theta<\theta_0)\end{cases} \quad ④$$

联立①、④式得

$$C(\theta)=\begin{cases}\dfrac{N}{2\pi kS}R^2(2\theta_0-\pi) & (-\theta_0\leqslant\theta\leqslant\theta_0-\pi)\\ \dfrac{N}{2\pi kS}R^2(\theta_0+\theta) & (\theta_0-\pi\leqslant\theta\leqslant 0)\\ \dfrac{N}{2\pi kS}R^2(\theta_0-\theta) & (0\leqslant\theta\leqslant\pi-\theta_0)\\ \dfrac{N}{2\pi kS}R^2(2\theta_0-\pi) & (\pi-\theta_0<\theta<\theta_0)\end{cases} \tag{⑤}$$

2. 当电容器两极板加上直流电势差 E 后，电容器所带电荷为

$$Q(\theta)=C(\theta)E \tag{⑥}$$

当 $\theta=0$ 时，电容器电容达到最大值 C_{max}，由⑤式得

$$C_{max}=\frac{NR^2\theta_0}{2\pi kS} \tag{⑦}$$

充电稳定后电容器所带电荷也达到最大值 Q_{max}，由⑥式得

$$Q_{max}=\frac{NR^2\theta_0}{2\pi kS}E \tag{⑧}$$

断开电源，在转角 θ 取 $\theta=0$ 附近的任意值时，由⑤、⑧式得，电容器内所储存的能量为

$$U(\theta)=\frac{Q_{max}^2}{2C(\theta)}=\frac{NR^2\theta_0^2E^2}{4\pi kS(\theta_0-\theta)}\quad(-\theta_0\leqslant\theta\leqslant\pi-\theta_0) \tag{⑨}$$

设可旋转金属板所受力矩为 $T(\theta)$（它是由若干作用在可旋转金属板上外力 F_i 产生的，不失普遍性，可认为 F_i 的方向垂直于转轴，其作用点到旋转轴的距离为 r_i，其值 F_i 的正负与可旋转金属板所受力矩的正负一致）. 当金属板旋转 $\Delta\theta$（即从 θ 变为 $\theta+\Delta\theta$）后，电容器内所储存的能量增加 ΔU，则由功能原理有

$$T(\theta)\Delta\theta=\left(\sum F_ir_i\right)\Delta\theta=\sum F_i\Delta l_i=\Delta U(\theta) \tag{⑩}$$

联立⑨、⑩式得

$$T(\theta)=\frac{\Delta U(\theta)}{\Delta\theta}=\frac{NR^2\theta_0^2E^2}{4\pi kS(\theta_0-\theta)^2}\quad(-\theta_0\leqslant\theta\leqslant\pi-\theta_0) \tag{⑪}$$

当电容器电容最大时，充电后转动可旋转金属板的力矩为

$$T=\left(\frac{\Delta U}{\Delta\theta}\right)_{\theta=0}=\frac{NR^2E^2}{4\pi kS} \tag{⑫}$$

3. 当 $V=V_0\cos\omega t$ 时，其电容器所储存能量为

$$\begin{aligned}U&=\frac{1}{2}CV^2\\&=\frac{1}{2}\left[\frac{1}{2}(C_{max}+C_{min})+\frac{1}{2}(C_{max}-C_{min})\cos2\omega_mt\right]V_0^2\cos^2\omega t\\&=\frac{1}{4}\left[\frac{1}{2}(C_{max}+C_{min})+\frac{1}{2}(C_{max}-C_{min})\cos2\omega_mt\right]V_0^2(1+\cos2\omega t)\\&=\frac{V_0^2}{8}[(C_{max}+C_{min})+(C_{max}+C_{min})\cos2\omega t+(C_{max}-C_{min})\cos2\omega_mt+\\&\quad(C_{max}-C_{min})\cos2\omega_mt\cos2\omega t]\\&=\frac{V_0^2}{8}\{(C_{max}+C_{min})+(C_{max}+C_{min})\cos2\omega t+(C_{max}-C_{min})\cos2\omega_mt+\frac{1}{2}(C_{max}-C_{min})\cdot\\&\quad[\cos2(\omega_m+\omega)t+\cos2(\omega_m-\omega)t]\}\end{aligned} \tag{⑬}$$

由于边缘效应引起的附加电容远小于 C_{max}，因而可用⑦式估算 C_{max}.

如果 $\omega_m\neq\omega$，利用⑦式和题设条件以及周期平均值公式

$$\overline{\cos2\omega t}=0,\overline{\cos2\omega_mt}=0,\overline{\cos2(\omega_m+\omega)t}=0,\overline{\cos2(\omega_m-\omega)t}=0 \tag{⑭}$$

可得电容器所储存能量的周期平均值为

$$\overline{U}_1=\frac{1}{8}(C_{\max}+C_{\min})V_0^2=\frac{(1+\lambda)NR^2}{32kS}V_0^2 \quad ⑮$$

如果 $\omega_m=\omega$，则利用⑦式和题设条件以及周期平均值公式

$$\overline{\cos 2\omega t}=0,\overline{\cos 2\omega_m t}=0,\overline{\cos 2(\omega_m+\omega)t}=0,\overline{\cos 2(\omega_m-\omega)t}=1 \quad ⑯$$

可得电容器所储存能量的周期平均值为

$$\overline{U}_2=\frac{1}{8}(C_{\max}+C_{\min})V_0^2+\frac{1}{16}(C_{\max}-C_{\min})V_0^2=\frac{1}{16}(3C_{\max}+C_{\min})V_0^2$$
$$=\frac{(3+\lambda)NR^2}{64kS}V_0^2 \quad ⑰$$

由于边缘效应引起的附加电容与忽略边缘效应的电容是并联的，因而 $C_{\max}$ 应比用⑦式估计 $C_{\max}$ 大；这一效应同样使得 $C_{\min}>0$；可假设实际的 $(C_{\max}-C_{\min})$ 近似等于用⑦式估计 $C_{\max}$. 如果 $\omega_m\neq\omega$，利用⑦ 式和⑭式可得电容器所储存能量的周期平均值为

$$\overline{U}_1=\frac{1}{8}(C_{\max}+C_{\min})V_0^2=\frac{(1+2\lambda)NR^2}{32kS}V_0^2 \quad ⑱$$

如果 $\omega_m=\omega$. 则利用⑦式和⑭式可得电容器所储存能量的周期平均值为

$$\overline{U}_2=\frac{1}{8}(C_{\max}+C_{\min})V_0^2+\frac{1}{16}(C_{\max}-C_{\min})V_0^2=\frac{1}{16}(3C_{\max}+C_{\min})V_0^2=\frac{(3+4\lambda)NR^2}{64kS}V_0^2 \quad ⑲$$

因为 $\overline{U}_2>\overline{U}_1$，则最大值为 $\overline{U}_2$，所对应的 ω_m 为

$$\omega_m=\omega \quad ⑳$$

七、1. 通有电流 i 的钨丝(长直导线)在距其 r 处产生的磁感应强度的大小为

$$B=k_m\frac{i}{r} \quad ①$$

由右手螺旋定则可知，相应的磁感线是在垂直于钨丝的平面上以钨丝为对称轴的圆，磁感应强度的方向为该点的切线方向，满足右手螺旋法则.

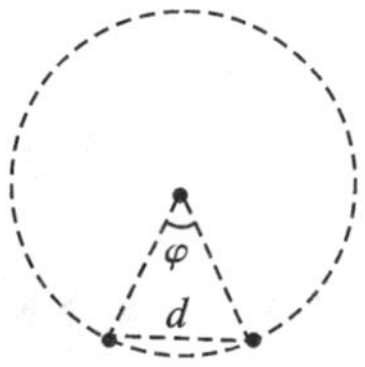

第七题图(1)

如图(1)，两根相距为 d 的载流钨丝间的安培力是相互吸引力，大小为

$$F=B\Delta Li=\frac{k_m\Delta Li^2}{d} \quad ②$$

考虑某根载流钨丝所受到的所有其他载流钨丝对它施加的安培力的合力. 由系统的对称性可知，每根钨丝受到的合力方向都指向轴心；我们只要将其他钨丝对它的吸引力在径向的分量叠加即可. 如图(1)，设两根载流钨丝到轴心连线间的夹角为 φ，则它们间的距离为

$$d=2r\sin\frac{\varphi}{2} \quad ③$$

由②、③式可知，两根载流钨丝之间的安培力在径向的分量为

$$F_r=\frac{k_m\Delta Li^2}{2r\sin(\varphi/2)}\sin\frac{\varphi}{2}=\frac{k_m\Delta Li^2}{2r} \quad ④$$

它与 φ 无关，也就是说虽然处于圆周不同位置的载流钨丝对某根载流钨丝的安培力大小和方向均不同，但在径向方向上的分量大小是一样的；而垂直于径向方向的力相互抵消. 因此，某根载流钨丝所受到的所有其他载流钨丝对它施加的安培力的合力为

$$F=\frac{(N-1)k_m\Delta Li^2}{2r}=\frac{(N-1)k_m\Delta Li_{内}^2}{2rN^2} \quad ⑤$$

其方向指向轴心.

2. 由系统的对称性可知，所考虑的圆柱面上各处单位面积所受的安培力的合力大小相等，方向与柱轴垂直，且指向柱轴. 所考虑的圆柱面，可视为由很多钨丝排布而成，N 很大，但总电流不变. 圆柱面上 $\Delta\varphi$ 角对应的柱面面积为

$$s=r\Delta\varphi\Delta L \quad ⑥$$

圆柱面上单位面积所受的安培力的合力为

$$p=\frac{N\Delta\varphi}{2\pi}\cdot\frac{F}{s}=\frac{N(N-1)k_{\mathrm{m}}\Delta Li^2}{4\pi r^2\Delta L} \qquad ⑦$$

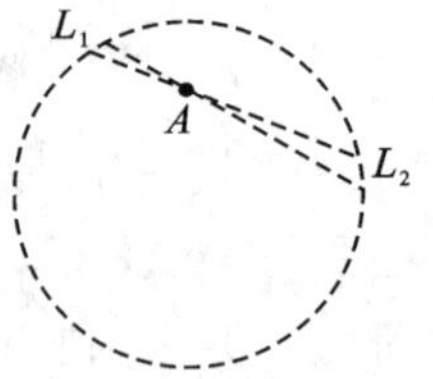

第七题图(2)

由于 $N\gg1$，有

$$N(N-1)i^2=I_{内}^2 \qquad ⑧$$

由⑦、⑧式得

$$p=\frac{k_{\mathrm{m}}I_{内}^2}{4\pi r^2} \qquad ⑨$$

代入题给数据得

$$p=1.02\times10^{12}\ \mathrm{N/m^2} \qquad ⑩$$

1 个大气压约为 $10^5\ \mathrm{N/m^2}$，所以

$$p\approx10^7\ \mathrm{atm} \qquad ⑪$$

即相当于 10^7 大气压.

3. 考虑均匀通电的长直圆柱面内任意一点 A 的磁场强度. 根据对称性可知，其磁场如果不为零，方向一定在过 A 点且平行于通电圆柱的横截面. 在 A 点所在的通电圆柱的横截面(纸面上的圆)内，过 A 点作两条相互间夹角为微小角度 $\Delta\theta$ 的直线，在圆上截取两段微小圆弧 L_1 和 L_2，如图(2)所示. 由几何关系以及钨丝在圆周上排布的均匀性，通过 L_1 和 L_2 段的电流之比 I_1/I_2 等于它们到 A 点的距离之比 l_1/l_2，即

$$\frac{I_1}{I_2}=\frac{L_1}{L_2}=\frac{l_1}{l_2} \qquad ⑫$$

因此有

$$k_{\mathrm{m}}\frac{I_1}{l_1}=k_{\mathrm{m}}\frac{I_2}{l_2} \qquad ⑬$$

即通过两段微小圆弧在 A 点产生的磁场大小相同，方向相反，相互抵消. 整个圆周可以分为许多“对”这样的圆弧段，因此通电的外圈钨丝圆柱面在其内部产生的磁场为零，所以通电外圈钨丝的存在，不改变前述两小题的结果.

4. 由题中给出的已知规律，内圈电流在外圈钨丝所在处的磁场为

$$B=k_{\mathrm{m}}\frac{I_{内}}{R} \qquad ⑭$$

方向在外圈钨丝阵列与其横截面的交点构成的圆周的切线方向，满足右手螺旋法则. 外圈钨丝的任一根载流钨丝所受到的所有其他载流钨丝对它施加的安培力的合力为

$$F_{外}=\frac{(M-1)k_{\mathrm{m}}\Delta LI_{外}^2}{2RM^2}+\frac{I_{外}}{M}\Delta L\frac{k_{\mathrm{m}}I_{内}}{R}=\frac{k_{\mathrm{m}}\Delta L(I_{外}^2+2I_{内}\ I_{外})}{2RM} \qquad ⑮$$

式中第一个等号右边的第一项可直接由⑤式类比而得到，第二项由⑭式和安培力公式得到.

因此圆柱面上单位面积所受的安培力的合力为

$$p_{外}=\frac{M\Delta\varphi}{2\pi}\cdot\frac{F_{外}}{R\Delta\varphi\Delta L}=\frac{k_{\mathrm{m}}(I_{外}^2+2I_{内}\ I_{外})}{4\pi R^2} \qquad ⑯$$

若要求

$$\frac{k_{\mathrm{m}}(I_{外}^2+2I_{内}\ I_{外})}{4\pi R^2}>\frac{k_{\mathrm{m}}I_{内}^2}{4\pi r^2} \qquad ⑰$$

只需满足

$$\frac{R}{r}<\sqrt{\frac{I_{外}^2+2I_{内}\ I_{外}}{I_{内}^2}}=\sqrt{\frac{M^2+2NM}{N^2}} \qquad ⑱$$

5. 考虑均匀通电的长直圆柱面外任意一点 C 的磁场强度. 根据对称性可知，长直圆柱面上的均匀电流在该点的磁场方向一定在过 C 点且平行于通电圆柱的横截面(纸面上的圆)，与圆的径向垂直，满足右手螺旋法则. 在 C 点所在的通电圆柱的横截面内，过 C 点作两条相互间

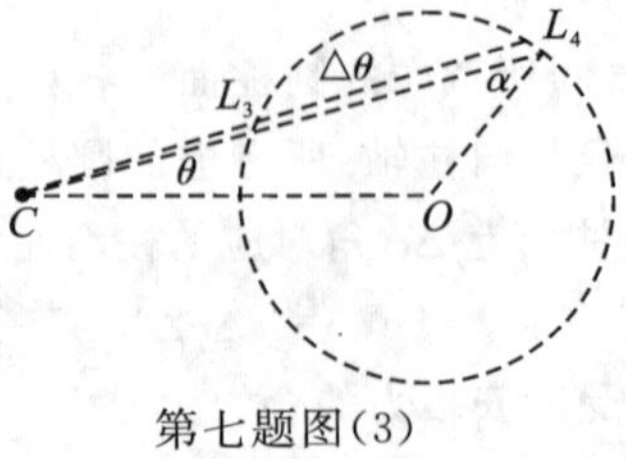

第七题图(3)

夹角为微小角度 $\Delta\theta$ 的直线，在圆上截取两段微小圆弧 L_3 和 L_4，如图(3)所示．由几何关系以及电流在圆周上排布的均匀性，穿过 L_3 和 L_4 段的电流之比 I_3/I_4 等于它们到 C 点的距离之比 l_3/l_4，即

$$\frac{I_3}{I_4}=\frac{L_3}{L_4}=\frac{l_3}{l_4} \tag{19}$$

式中 $CL_3=l_3$，$CL_4=l_4$，$CO=l$．由此得

$$\frac{I_3}{l_3}=\frac{I_4}{l_4}=\frac{I_3+I_4}{l_3+l_4} \tag{20}$$

考虑到磁场分布的对称性，全部电流在 C 点的磁感应强度应与 CO 垂直．穿过 L_3 和 L_4 段的电流在 C 点产生的磁感应强度的垂直于 CO 的分量之和为

$$B_C=k_m\frac{I_3}{l_3}\cos\theta+k_m\frac{I_4}{l_4}\cos\theta=2k_m\frac{I_3+I_4}{l_3+l_4}\cos\theta \tag{21}$$

设过 C 点所作的直线 CL_3L_4 与直线 CO 的夹角为 θ，直线 CL_3L_4 与圆的半径 OL_4 的夹角为 α(此时，将微小弧元视为点)．由正弦定理有

$$\frac{l_3}{\sin(\alpha-\theta)}=\frac{l}{\sin\alpha}=\frac{l_4}{\sin(\alpha+\theta)} \tag{22}$$

式中 $\angle OCL_3=\theta$，$\angle CL_4O=\alpha$．于是

$$B_C=2k_m\frac{I_3+I_4}{l_3+l_4}\cos\theta=2k_m\frac{I_3+I_4}{l[\sin(\alpha+\theta)+\sin(\alpha-\theta)]}\sin\alpha\cos\theta=k_m\frac{I_3+I_4}{l} \tag{23}$$

即穿过两段微小圆弧的电流 I_3 和 I_4 在 C 点产生的磁场沿合磁场方向的投影等于 I_3 和 I_4 移至圆柱轴在 C 点产生的磁场．整个圆周可以分为许多“对”这样的圆弧段，因此沿柱轴通有均匀电流的长圆柱面外的磁场等于该圆柱面上所有电流移至圆柱轴后产生的磁场

$$B=k_m\frac{I_{内}}{l}\quad(l>r) \tag{24}$$

方向垂直于 C 点与圆心 O 的连线，满足右手螺旋法则．

八、1. 由题给条件，观察到星系的谱线的频率分别为 $\nu'_1=4.549\times10^{14}$ Hz 和 $\nu'_2=6.141\times10^{14}$ Hz，它们分别对应于在实验室中测得的氢原子光谱的两条谱线 ν_1 和 ν_2．由红移量 z 的定义，根据波长与频率的关系可得

$$z=\frac{\nu_1-\nu'_1}{\nu'_1}=\frac{\nu_2-\nu'_2}{\nu'_2} \tag{1}$$

式中 ν' 是我们观测到的星系中某恒星发出的频率，而 ν 是实验室中测得的同种原子发出的相应的频率．上式可写成

$$\frac{1}{\nu'_1}=(1+z)\frac{1}{\nu_1} \tag{2}$$

$$\frac{1}{\nu'_2}=(1+z)\frac{1}{\nu_2} \tag{3}$$

由氢原子的能级公式

$$E_n=\frac{E_0}{n^2} \tag{4}$$

得到其巴耳末系的能谱线为

$$h\nu=\frac{E_0}{n^2}-\frac{E_0}{2^2} \tag{5}$$

由于 z 远小于 1，光谱线红移后的频率近似等于其原频率．把 ν'_1 和 ν'_2 分别代入上式，得到这两条谱线的相应能级的量子数

$$n_1\approx\frac{1}{\sqrt{\frac{1}{4}+\frac{h\nu'_1}{E_0}}}\approx3 \tag{6}$$

$$n_2\approx\frac{1}{\sqrt{\frac{1}{4}+\frac{h\nu'_2}{E_0}}}\approx4 \tag{7}$$

从而，证实它们分别由 $n=3$ 和 4 向 $n=2$ 的能级跃迁而产生的光谱，属于氢原子谱线的巴耳末系. 这两条谱线在实验室的频率分别为

$$\nu_1=-\frac{E_0}{h}(\frac{1}{2^2}-\frac{1}{3^2})=4.567\times10^{14}\text{ Hz} \quad ⑧$$

$$\nu_2=-\frac{E_0}{h}(\frac{1}{2^2}-\frac{1}{4^2})=6.166\times10^{14}\text{ Hz} \quad ⑨$$

根据波长与频率的关系可得，在实验室中与之相对应的波长分别是

$$\lambda_1=656.4\text{ nm} \quad ⑩$$

$$\lambda_2=486.2\text{ nm} \quad ⑪$$

2. 由①式可知

$$z=\frac{1}{2}(\frac{\nu_1-\nu'_1}{\nu'_1}+\frac{\nu_2-\nu'_2}{\nu'_2})=0.0040 \quad ⑫$$

由于多普勒效应，观测到的频率

$$\nu'=\sqrt{\frac{1-v/c}{1+v/c}}\nu \quad ⑬$$

因为 $v\ll c$，推导得 $z=v/c$ ⑭

从而，该星系远离我们的速度大小为

$$v=zc=0.0040\times2.998\times10^8\text{ m/s}=1.2\times10^6\text{ m/s} \quad ⑮$$

3. 由哈勃定律，该星系与我们的距离为

$$D=\frac{v}{H}=\frac{1.2\times10^6}{6.780\times10^4}\text{ Mpc}=18\text{ Mpc} \quad ⑯$$

2015 年第三十二届全国中学生物理竞赛预赛试题

一、**1.** D **2.** D **3.** BD **4.** A **5.** C

二、**6.** 6N 0.1 24J

7. (1)2∶1 8N (2)2∶3∶4

8. $\frac{M_s}{(R+x)^2}+\frac{M_E}{x^2}=\frac{M_s}{R^3}(R+x)$ $\left(\frac{M_E}{3M_s}\right)^{1/3}R$

9. (1) $I_1\sim I_2$ 图线为

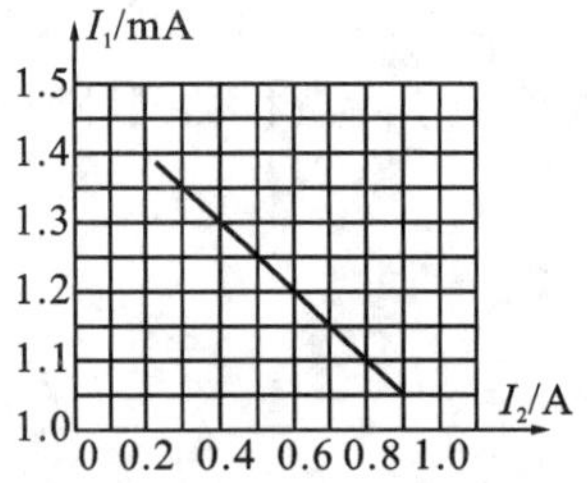

(2)3.0(±0.1) 1.0(±0.1)

10. $\frac{hc(\lambda_0-\lambda)}{\lambda\lambda_0}$ $\frac{Rhc(\lambda_0-\lambda)}{ke\lambda\lambda_0}$

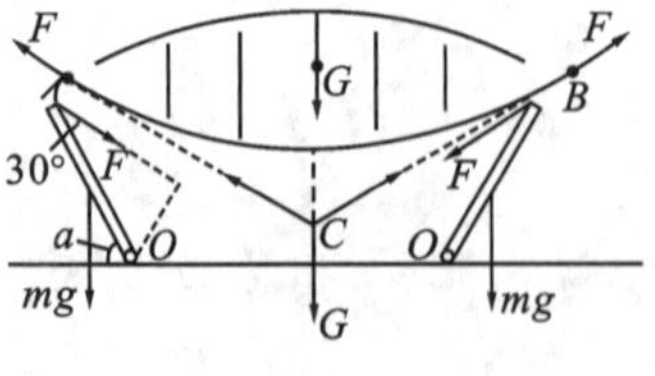

第 10 题图

三、**11.** 设斜壁长度为 l，斜壁对钢索的拉力大小为 F，斜壁与水平地面所夹锐角为 α. 由力矩平衡条件得

$$F\frac{l}{2}=mg\frac{l}{2}\cos\alpha \quad ①$$

钢索与屋面作为一个整体受到三个力：两端的拉力大小均为 F(与水平方向的夹角

为 $\alpha-30°$)，竖直向下的重力$\frac{1}{2}mg$. 由力的平衡条件得

$$2F\sin(\alpha-30°)=\frac{1}{2}mg \qquad ②$$

由①、②式得

$$\cos\alpha\sin(\alpha-30°)=\frac{1}{4} \qquad ③$$

由三角中的积化和差公式有

$$\frac{1}{2}[\sin(\alpha-30°-\alpha)+\sin(\alpha-30°+\alpha)]=\frac{1}{4}$$

即
$$\sin(2\alpha-30°)=1 \qquad ④$$

解得
$$\alpha=60° \qquad ⑤$$

由①、⑤式得
$$F=\frac{1}{2}mg \qquad ⑥$$

12. 以质点 a 的初始位置为原点，向右为 x 轴正向，向上为 y 轴正向. 设 a 的初速度 x 和 y 分量分别为 v_x 和 v_y. 按抛体运动公式，在时刻 t 质点 a、b、c 的坐标分别为

$$(x_a,y_a)=\left(v_xt,v_yt-\frac{1}{2}gt^2\right) \qquad ①$$

$$(x_b,y_b)=\left(l_1,v_0t-\frac{1}{2}gt^2\right) \qquad ②$$

$$(x_c,y_c)=\left(l_1+l_2,v_ct-\frac{1}{2}gt^2\right) \qquad ③$$

a 与 b 相碰的条件是，存在时刻 t_1，使满足

$$v_xt_1=l_1 \qquad ④$$

$$v_yt_1-\frac{1}{2}gt_1^2=v_0t_1-\frac{1}{2}gt_1^2 \qquad ⑤$$

$$v_0t_1-\frac{1}{2}gt_1^2\geqslant 0 \qquad ⑥$$

⑥式来自水平地面对质点 y 坐标的限制. 由④、⑤、⑥式得

$$v_y=v_0 \qquad ⑦$$

$$v_x\geqslant g\frac{l_1}{2v_0} \qquad ⑧$$

由于 a 与 b 碰撞时间极短，可忽略重力的影响. 在 a 与 b 碰撞前后，系统的动量和能量守恒

$$m_av_x=m_av'_x+m_bv'_{bx} \qquad ⑨$$

$$m_av_y(t_1)+m_bv_{by}(t_1)=m_av'_y(t_1)+m_bv'_{by}(t_1) \qquad ⑩$$

$$\frac{1}{2}m_a[v_x^2+v_y^2(t_1)]+\frac{1}{2}m_bv_{by}^2(t_1)=\frac{1}{2}m_a[v_x'^2+v_y'^2(t_1)]+\frac{1}{2}m_b[v_{bx}'^2+v_{by}'^2(t_1)] \qquad ⑪$$

式中，碰后的有关速度用打撇的字母表示. 由题意，可认为 $m_b=0$. 将 $m_b=0$ 代入⑨、⑩、⑪式得

$$v_x=v'_x,v_y(t_1)=v'_y(t_1) \qquad ⑫$$

可见，质点 b 的运动对质点 a 的运动的影响可忽略.

同理，a 与 c 相碰的条件是，存在时刻 t_2，使满足

$$v_xt_2=l_1+l_2 \qquad ⑬$$

$$v_yt_2-\frac{1}{2}gt_2^2=v_ct_2-\frac{1}{2}gt_2^2 \qquad ⑭$$

$$v_ct_2-\frac{1}{2}gt_2^2\geqslant 0 \qquad ⑮$$

由⑬、⑭、⑮式得

$$v_c=v_y \qquad ⑯$$

$$v_x \geqslant g\frac{l_1+l_2}{2v_c} \quad ⑰$$

由⑦、⑧、⑫、⑬式得，质点 c 的初速度 v_c 为

$$v_c = v_0 \quad ⑱$$

质点 a 的初速度应满足的条件为

$$v_x \geqslant g\frac{l_1+l_2}{2v_0} \quad ⑲$$

$$v_y = v_c = v_0 \quad ⑳$$

13. 设此半导体单位体积内有 n 个自由电子(因此也有 n 个空穴)，以 S 表示此半导体的横截面积，v_1 和 v_2 分别表示半导体中空穴和自由电子的定向移动速率，I_1 和 I_2 分别表示半导体中空穴和自由电子定向移动形成的电流，则

$$I_1 = nev_1 S \quad ①$$

$$I_2 = nev_2 S \quad ②$$

半导体中的总电流为

$$I = I_1 + I_2 \quad ③$$

由此得

$$n = \frac{I}{ev_1 S + ev_2 S} \quad ④$$

由题意知，此半导体单位体积内有 n 个硅原子释放出自由电子.

单位体积半导体硅内的原子个数为

$$N = \frac{\rho}{M}N_0 \quad ⑤$$

式中 ρ 和 M 分别为硅的密度和摩尔质量，$N_0 = 6.02\times10^{23}\ \mathrm{mol^{-1}}$ 是阿伏伽德罗常数. 由④、⑤式得

$$\frac{n}{N} = \frac{IM}{\rho e N_0 S(v_1+v_2)} \quad ⑥$$

代入有关数据得

$$\frac{n}{N} = 1\times10^{-5} \quad ⑦$$

即此半导体材料中，平均约 1×10^5 个硅原子释放出一个自由电子.

14. (1)设电子做圆周运动的圆轨道上的磁感应强度大小为 B，方向与环面垂直. 由牛顿第二定律和洛伦兹力公式得

$$evB = m\frac{v^2}{R} \quad ①$$

设在圆轨道切线方向作用在电子上作用力为 F，按照动量定理有

$$F\Delta t = \Delta(mv) \quad ②$$

由①、②式得

$$F = eR\frac{\Delta B}{\Delta t} \quad ③$$

(2)按照法拉第电磁感应定律，在电子运动的圆轨道上的感应电动势为

$$\xi = \frac{\Delta\phi}{\Delta t} \quad ④$$

式中圆轨道所张的面上的磁通量 ϕ 为

$$\phi = \pi R^2 \overline{B} \quad ⑤$$

这里，$\overline{B}$ 为圆轨道所张的面上的平均磁感应强度. 由④、⑤式得

$$\xi = \pi R^2\frac{\Delta\overline{B}}{\Delta t} \quad ⑥$$

考虑电子运行一圈感应电场所做的功，由电动势的定义可得

$$\xi = 2\pi RE \quad ⑦$$

电子在圆轨道切向所受到的力为

$$F=qE \quad ⑧$$

由⑥、⑦、⑧式得，

$$F=\frac{1}{2}eR\frac{\Delta\overline{B}}{\Delta t} \quad ⑨$$

(3)③和⑨式所表示的是同样的力的大小. 联立③⑨式得

$$\frac{\Delta B}{\Delta t}=\frac{1}{2}\frac{\Delta\overline{B}}{\Delta t} \quad ⑩$$

这就是为了使电子在不断增强的磁场中沿着半径不变的圆轨道加速运动，$\frac{\Delta B}{\Delta t}$和$\frac{\Delta\overline{B}}{\Delta t}$之间必须满足的定量关系.

15. (1)平衡时汽缸 A、B 内气体的压强相等，故

$$\frac{m_Ag}{S_A}=\frac{m_Bg}{S_B} \quad ①$$

由①式和题给条件得

$$S_A:S_B=2:1 \quad ②$$

(2)两活塞上各放一质量为 $2m$ 的质点前，气体的压强 p_1 和体积 V_1 分别为

$$p_1=\frac{2mg}{S_A}=\frac{mg}{S_B} \quad ③$$

$$V_1=\frac{3}{2}S_Bh \quad ④$$

两活塞上各放一质量为 $2m$ 的质点后，B 中活塞所受到的气体压力小于它和质点所受重力之和，B 中活塞将一直下降至汽缸底部为止，B 中气体全部进入汽缸 A. 假设此时汽缸 A 中活塞并未上升到汽缸顶部，气体的压强 p_2 为

$$p_2=\frac{4mg}{S_A}=\frac{2mg}{S_B} \quad ⑤$$

设平衡时气体体积为 V_2，由于初态、末态都是平衡态，由理想气体状态方程有

$$\frac{p_1V_1}{T_0}=\frac{p_2V_2}{T_0} \quad ⑥$$

由③、④、⑤、⑥式得

$$V_2=\frac{3}{4}S_Bh=\frac{3}{8}S_Ah \quad ⑦$$

这时气体的体积小于汽缸 A 的体积，与活塞未上升到汽缸顶部的假设一致.

缓慢加热，气体先等压膨胀，B 中活塞不动，A 中活塞上升；A 中活塞上升至顶部后，气体等容升压；压强升至$\frac{3mg}{S_B}$时，B 中活塞开始上升，气体等压膨胀. 设当温度升至 T 时，该活塞恰位于$\frac{h}{2}$处. 此时气体的体积变为

$$V_3=\frac{5}{2}S_Bh \quad ⑧$$

气体压强

$$p_3=\frac{3mg}{S_B} \quad ⑨$$

设此时汽缸内气体的温度为 T，由状态方程有

$$\frac{p_2V_2}{T_0}=\frac{p_3V_3}{T} \quad ⑩$$

由⑤、⑦、⑧、⑨、⑩式得

$$T=5T_0 \quad ⑪$$

(3)升高恒温槽的温度后，加热过程中，A 活塞上升量为

$$h-\frac{3}{8}h=\frac{5}{8}h \quad ⑫$$

气体对活塞所做的总功为

$$W=4mg\cdot\frac{5}{8}h+3mg\cdot\frac{1}{2}h=4mgh \quad ⑬$$

16. (1)容器底部凸面两侧介质的折射率分别是 $n_1=1.56$ 和 $n_0=1.0$. 如图(1),由 B 点发出的经过球心 C 的光线 BA 经过顶点 A 后,方向不变,进入空气中;由 B 点发出的与 BA 成 α 角的另一条光线 BD 在 D 点折射,设折射角为 φ,并与前一条出射光线交于 E 点,E 点即 B 点的像点的位置.

由折射定律和几何关系得

$$n_1\sin\theta=n_0\sin\varphi \quad ①$$

$$\gamma=\alpha+\theta \quad ②$$

$$\varphi=\gamma+\beta \quad ③$$

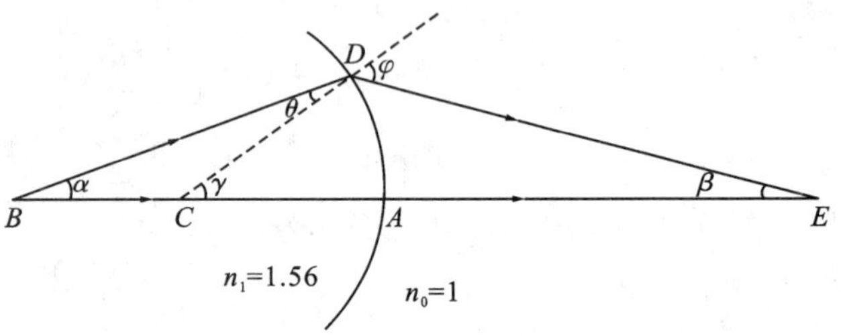

第 16 题图(1)

在三角形 BCD 和三角形 CDE 中,由正弦定理可得

$$\frac{\overline{CD}}{\sin\alpha}=\frac{\overline{BC}}{\sin\theta} \quad ④$$

$$\frac{\overline{CD}}{\sin\beta}=\frac{\overline{CE}}{\sin\varphi} \quad ⑤$$

由于只考虑近轴光线成像,所以 α、β、θ、φ 都是小角度,①、④、⑤式可写为

$$n_1\theta=n_0\varphi \quad ⑥$$

$$\theta\overline{CD}=\alpha\overline{BC} \quad ⑦$$

$$\varphi\overline{CD}=\beta\overline{CE} \quad ⑧$$

由⑥、⑦式可得

$$\alpha+\theta=\varphi\left(1+\frac{\overline{CD}}{\overline{BC}}\right)\frac{n_0}{n_1}=0.82\varphi<\varphi \quad ⑨$$

所考虑的光线是会聚的,故所成的像为实像. 由②、③、⑥、⑦、⑧式可得

$$\overline{CE}=\frac{\varphi}{\beta}\overline{CD}=\frac{1}{1-\frac{n_0}{n_1}-\frac{\overline{CD}}{\overline{BC}}\frac{n_0}{n_1}}\overline{CD}$$

将题给数据代入上式得

$$\overline{CE}=\frac{1}{1-\frac{1}{1.56}-\frac{1.75}{8.0-1.75}\frac{1}{1.56}}1.75\text{ cm}=9.75\text{ cm} \quad ⑩$$

由⑩式和题给数据得

$$\overline{BE}=\overline{BA}-\overline{AC}+\overline{CE}=(8.0-1.75+9.75)\text{cm}=16.0\text{ cm} \quad ⑪$$

B 点发出的光线通过平凸玻璃柱,在玻璃柱对称轴上所成的像点的位置在 C 点正上方 9.75 cm 处或在 B 点正上方 16.0 cm 处.

(2)容器底部凸面两侧介质的折射率分别是 $n_1=1.56$ 和 $n_2=1.30$. 如图(2),由 B 点发出的经过球心 C 的光线 BA 经过顶点 A 后,方向不变,进入液体中;由 B 点发出的与 BA 成 α 角的另一条光线 BD 在 D 点折射,设折射角为 φ,并与前一条出射光线交 E 点,E 点即 B 点发出的光线第一次折射后所成像点的位置.

由折射定律和几何关系可得

$$n_1\sin\theta=n_2\sin\varphi$$ ⑫

$$\gamma=\alpha+\theta$$ ⑬

$$\gamma=\varphi+\beta$$ ⑭

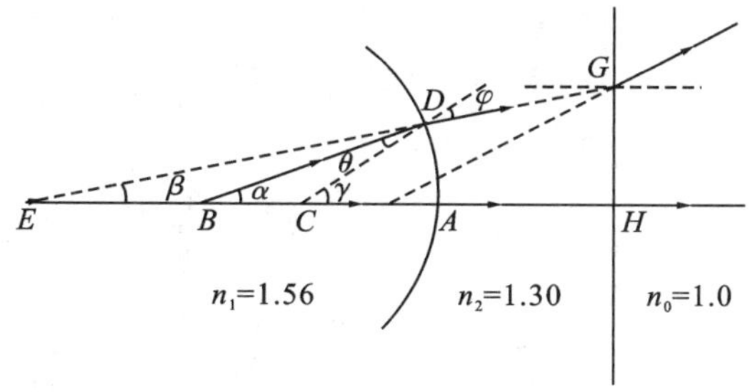

第 16 题图(2)

在三角形 BCD 和三角形 CDE 中,由正弦定理可得

$$\frac{\overline{CD}}{\sin\alpha}=\frac{\overline{BC}}{\sin\theta}$$ ⑮

$$\frac{\overline{CD}}{\sin\beta}=\frac{\overline{CE}}{\sin\varphi}$$ ⑯

只考虑近轴光线,α、β、θ、φ 都是小角度,⑫、⑮、⑯式可写为

$$n_1\theta=n_2\varphi$$ ⑰

$$\theta\overline{CD}=\alpha\overline{BC}$$ ⑱

$$\varphi\overline{CD}=\beta\overline{CE}$$ ⑲

由⑰、⑱式得

$$\alpha+\theta=\varphi\left(1+\frac{\overline{CD}}{\overline{BC}}\right)\frac{n_2}{n_1}=1.07\varphi>\varphi$$ ⑳

所考虑的光线是发散的,故所成的像为虚像. 由⑬、⑭、⑰、⑱、⑲式得

$$\overline{CE}=\frac{\varphi}{\beta}\overline{CD}=\frac{1}{\frac{n_2}{n_1}+\frac{\overline{CD}}{\overline{BC}}\frac{n_2}{n_1}-1}\overline{CD}$$

将有关数据代入上式可得:

$$\overline{CE}=\frac{1}{\frac{1.30}{1.56}+\frac{1.75}{8.0-1.75}\frac{1.30}{1.56}-1}1.75\ \text{cm}=26.25\ \text{cm}$$ ㉑

由⑳式和题给数据得

$$\overline{BE}=\overline{AC}+\overline{CE}-\overline{AB}=(1.75+26.25-8.0)\text{cm}=20.0\ \text{cm}$$ ㉒

B 点发出的光线通过平凸玻璃柱,第一次折射后所成的像点的位置在 C 点正下方 26.25 cm 处或在 B 点正下方 20.0 cm 处.

2015年第三十二届全国中学生物理竞赛复赛试题

一、(1)图中 X 和 Y 代表的核素分别为

$$^{15}\text{O} \text{ 和 } ^{13}\text{C}$$ ①

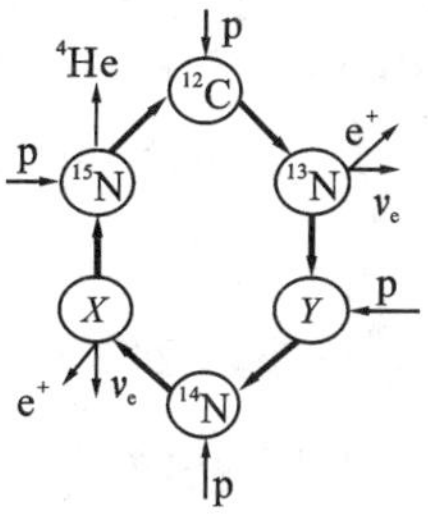

第一题图

(2)一个循环所有的核反应方程式依循环次序为

$$p+{}^{12}\text{C}\to{}^{13}\text{N}$$ ②

$${}^{13}\text{N}\to{}^{13}\text{C}+e^{+}+\nu_e$$ ③

$$p+{}^{13}\text{C}\to{}^{14}\text{N}$$ ④

$$p+{}^{14}\text{N}\to{}^{15}\text{O}$$ ⑤

$${}^{15}\text{O}\to{}^{15}\text{N}+e^{+}+\nu_e$$ ⑥

$$p+{}^{15}\text{N}\to{}^{12}\text{C}+{}^{4}\text{He}$$ ⑦

(3)整个循环的核反应,相当于

$$4p\to{}^{4}\text{He}+2e^{+}+2\nu_e$$ ⑧

完成一个碳循环过程释放的核能为

$$\Delta E=(4m_p-M_{He}-2m_e)c^2$$
$$=[(4\times1.0078-4.0026)\times931.494-2\times0.511]\text{MeV} \quad ⑨$$
$$\approx25.619\text{MeV}$$

二、(1)解法一：取碰前 B 球所在位置 O 为原点，建立坐标系(如图)．碰撞前后系统的动量及其对细杆中心的角动量都守恒，有

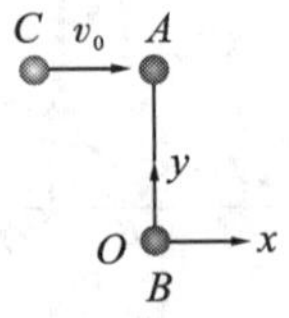

第二题图

$$mv_0=mv_x+MV_{Ax}+MV_{Bx} \quad ①$$
$$0=mv_y+MV_{Ay}+MV_{By} \quad ②$$
$$m\frac{L}{2}v_0=m\frac{L}{2}v_x+M\frac{L}{2}V_{Ax}-M\frac{L}{2}V_{Bx} \quad ③$$

式中，v_x 和 v_y 表示球 C 碰后的沿 x 方向和 y 方向的速度分量．由于轻杆长度为 L，按照图中建立的坐标系有

$$[x_A(t)-x_B(t)]^2+[y_A(t)-y_B(t)]^2=L^2 \quad ④$$

由上式对时间求导得

$$[x_A(t)-x_B(t)][V_{Ax}(t)-V_{Bx}(t)]+[y_A(t)-y_B(t)][V_{Ay}(t)-V_{By}(t)]=0 \quad ⑤$$

在碰撞后的瞬间有

$$x_A(t=0)=x_B(t=0),$$
$$y_A(t=0)-y_B(t=0)=L \quad ⑥$$

利用⑥式，⑤式在碰撞后的瞬间成为

$$V_{Ay}\equiv V_{Ay}(t=0)=V_{By}(t=0)\equiv V_{By} \quad ⑦$$

由①、②、⑦式得

$$V_{Ay}=V_{By}=-\frac{m}{2M}v_y \quad ⑧$$

由①、②、③式得

$$V_{Ax}=\frac{m}{M}(v_0-v_x) \quad ⑨$$
$$V_{Bx}=0 \quad ⑩$$

利用⑧、⑨、⑩式，碰撞后系统的动能为

$$E=\frac{1}{2}m(v_x^2+v_y^2)+\frac{1}{2}M(V_{Ax}^2+V_{Ay}^2)+\frac{1}{2}M(V_{Bx}^2+V_{By}^2)$$
$$=\frac{1}{2}m(v_x^2+v_y^2)+\frac{1}{2}M(v_{Ax}^2+2V_{Ay}^2)$$
$$=\frac{1}{2}mv_x^2+\frac{1}{2}\frac{m^2}{M}(v_0-v_x)^2+\frac{2M+m}{4M}mv_y^2 \quad ⑪$$

解法二：

取碰前 B 球所在位置 O 为原点，建立坐标系(如图)．设碰撞后，小球 C 的运动速率为 v，细杆中心的运动速度为 V_C，细杆绕中心转动的角速度为 ω．碰撞前后系统的动量及其对细杆中心的角动量都守恒，有

$$mv_0=mv_x+2MV_{Cx} \quad ①$$
$$0=mv_y+2MV_{Cy} \quad ②$$
$$m\frac{L}{2}v_0=m\frac{L}{2}v_x+2M\left(\frac{L}{2}\omega\right)\frac{L}{2} \quad ③$$

式中，v_x 和 v_y 表示球 C 碰后的沿 x 方向和 y 方向的速度分量．由①、②、③式得

$$V_{Cx}=\frac{m}{2M}(v_0-v_x) \quad ④$$
$$V_{Cy}=-\frac{m}{2M}v_y \quad ⑤$$
$$\omega=\frac{m}{ML}(v_0-v_x) \quad ⑥$$

碰撞后系统的动能为

$$E=\frac{1}{2}m(v_x^2+v_y^2)+\frac{1}{2}(2M)(V_{Cx}^2+V_{Cy}^2)+2\times\frac{1}{2}M\left(\omega\frac{L}{2}\right)^2 \quad ⑦$$

利用④、⑤、⑥式，系统动能⑦式可表示成

$$E=\frac{1}{2}mv_x^2+\frac{1}{2}\frac{m^2}{M}(v_0-v_x)^2+\frac{2M+m}{4M}mv_y^2 \quad ⑧$$

(2)解法(一)的⑪式或者解法(二)的⑧式即为

$$E=\frac{1}{2}\frac{(M+m)m}{M}\left(v_x-\frac{m}{M+m}v_0\right)^2+\frac{2M+m}{4M}mv_y^2+\frac{1}{2}\frac{m^2}{M+m}v_0^2 \quad ⑨$$

可见，在条件

$$v_x=\frac{m}{M+m}v_0, \quad ⑩$$

$$v_y=0$$

下，碰后系统动能达到其最小值

$$E=\frac{1}{2}\frac{m^2}{M+m}v_0^2 \quad ⑪$$

它是小球仅与球 A 做完全非弹性碰撞后系统所具有的动能.

三、(1)设圆环的质量为 m，它在碰撞过程中受到的地面对它的水平冲量为 I_t；碰撞后圆环质心的速度大小为 v，v 与竖直向上方向的夹角(按如图所示的顺时针方向计算)为 β，圆环的角速度为 ω. 规定水平向右方向和顺时针方向分别为水平动量和角速度的正方向. 在水平方向，由动量定理有

$$mv\sin\beta-mv_0\sin\theta=I_t \quad ①$$

由对质心的动量矩定理有

$$rm(r\omega)-rm(r\omega_0)=-rI_t \quad ②$$

按题意，圆环在弹起前刚好与地面无相对滑动，因而此时圆环上与地面的接触点的水平速度为零，即

$$v\sin\beta-r\omega=0 \quad ③$$

由题意知

$$\frac{0-v\cos\beta}{v_0\cos\theta-0}=k \quad ④$$

联立①、②、③、④式得

$$v=\frac{1}{2}\sqrt{4k^2v_0^2\cos^2\theta+(r\omega_0+v_0\sin\theta)^2} \quad ⑤$$

$$\tan\beta=-\frac{1}{2k}\left(\tan\theta+\frac{r\omega_0}{v_0\cos\theta}\right) \quad ⑥$$

$$\omega=\frac{1}{2r}(r\omega_0+v_0\sin\theta) \quad ⑦$$

(2)若圆环与地面碰后能竖直弹起，则其速度与竖直方向的夹角

$$\beta=0$$

将上式代入⑥式得，使圆环在与地面碰后能竖直弹起的条件为

$$\sin\theta=-\frac{r\omega_0}{v_0} \quad ⑧$$

在此条件下，在与地面刚刚碰后的瞬间有

$$\omega=0, v=-v_0k\cos\theta \quad ⑨$$

即圆环做竖直上抛运动. 圆环上升的最大高度为

$$h=\frac{v^2}{2g}=\frac{v_0^2k^2\cos^2\theta}{2g}=\frac{k^2(v_0^2-r^2\omega_0^2)}{2g} \quad ⑩$$

(3)由于忽略空气阻力，圆环再次弹起后，角速度保持为 ω 不变，质心做以初速度为 v 的斜抛运动. 圆环第二次落地点到首次落地点之间的水平距离 s 随 θ 变化的函数关系式为

$$s=\frac{v^2\sin 2\beta}{g}=-\frac{kv_0\cos\theta}{g}(v_0\sin\theta+r\omega_0) \qquad ⑪$$

s 取最大值时，θ 的取值 $\bar{\theta}$ 满足

$$\left.\frac{\mathrm{d}s}{\mathrm{d}\theta}\right|_{\bar{\theta}}=-\frac{kv_0}{g}(v_0\cos 2\bar{\theta}-r\omega_0\sin\bar{\theta})=0 \qquad ⑫$$

由⑫式得

$$\sin\bar{\theta}=\frac{-r\omega_0\pm\sqrt{r^2\omega_0^2+8v_0^2}}{4v_0} \qquad ⑬$$

将⑬代入⑪式得

$$s_1=\frac{k(\sqrt{r^2\omega_0^2+8v_0^2}+3r\omega_0)\sqrt{8v_0^2-2r\omega_0(r\omega_0-\sqrt{r^2\omega_0^2+8v_0^2})}}{16g} \qquad ⑭$$

$$s_2=-\frac{k(\sqrt{r^2\omega_0^2+8v_0^2}-3r\omega_0)\sqrt{8v_0^2-2r\omega_0(r\omega_0+\sqrt{r^2\omega_0^2+8v_0^2})}}{16g} \qquad ⑮$$

式中 s_1 和 s_2 分别对应于⑬式右端根号前取正号和负号的情形. 由以上两式可知，s 的最大值为

$$s_{\max}=\frac{k(\sqrt{r^2\omega_0^2+8v_0^2}+3r|\omega_0|)\sqrt{8v_0^2-2r|\omega_0|(r|\omega_0|-\sqrt{r^2\omega_0^2+8v_0^2})}}{16g} \qquad ⑯$$

又因为

$$-1<\sin\bar{\theta}<1$$

由上式得，当 s 取最大值时，r、v_0 和 ω_0 应满足

$$v_0>r|\omega_0| \qquad ⑰$$

四、(1)解法一：按照题给坐标系，设待测点 P 的位置为 $(x_P,0,a)$，飞机在 $t=0$ 时所在点 K 的位置为 $(0,h,0)$. 在时刻 t_1，飞机所在位置 A 点的坐标为 $(x_1=x_A,h,0)$，机载雷达此时发出一光信号；该信号到达 P 点，经反射后，于时刻 t_2 返回至飞机的机载雷达被接受，此时飞机的机载雷达的位置为 $(x_2=x_A,h,0)$，如图(1)所示. 由于光速不变，飞机做匀速直线运动，有

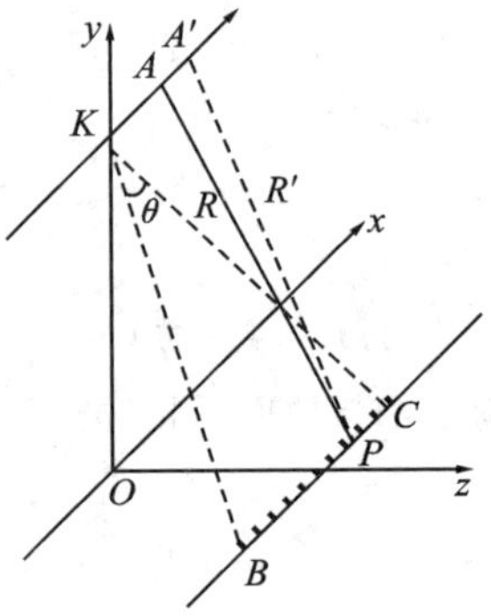

第四题图(1)

$$\sqrt{R_0^2+(x_1-x_P)^2}+\sqrt{R_0^2+(x_2-x_P)^2}=c(t_2-t_1) \qquad ①$$

$$x_2-x_1=v(t_2-t_1) \qquad ②$$

式中 $R_0=\sqrt{h^2+a^2}$. 现设在时刻 t'_1，飞机所在位置 A 点的坐标为 $(x'_1,h,0)$，机载雷达此时发出另一光信号；该信号到达 P 点，经反射后，于时刻 t'_2 返回至飞机的机载雷达被接受，此时飞机的机载雷达的位置为 $(x'_2,h,0)$. 同理有

$$\sqrt{R_0^2+(x'_1-x_P)^2}+\sqrt{R_0^2+(x'_2-x_P)^2}=c(t'_2-t'_1) \qquad ③$$

$$x'_2-x'_1=v(t'_2-t'_1) \qquad ④$$

$$x'_1-x_1=v(t'_1-t_1) \qquad ⑤$$

$$x_2{}'-x_2=v(t'_2-t_2)$$

由①、②式和 $v\ll c$ 得

$$\begin{aligned}t_2-t_1&=\frac{1}{c}[\sqrt{R_0^2+(x_1-x_P)^2}+\sqrt{R_0^2+(x_1-x_P+x_2-x_1)^2}]\\&=\frac{1}{c}[\sqrt{R_0^2+(x_1-x_P)^2}+\sqrt{R_0^2+(x_1-x_P)^2+2(x_2-x_1)(x_1-x_P)+(x_2-x_1)^2}]\\&=\frac{1}{c}[\sqrt{R_0^2+(x_1-x_P)^2}+\sqrt{R_0^2+(x_1-x_P)^2+2v(t_2-t_1)(x_1-x_P)+v^2(t_2-t_1)^2}]\\&\approx\frac{2\sqrt{R_0^2+(x_1-x_P)^2}}{c}+\frac{x_1-x_P}{\sqrt{R_0^2+(x_1-x_P)^2}}\frac{v}{c}(t_2-t_1)\end{aligned} \qquad ⑥$$

上式右端已略去了 $(v/c)^2$ 级的高阶项. 由⑥式解得

$$t_2-t_1\approx\frac{2\sqrt{R_0^2+(x_1-x_P)^2}}{c}\frac{1}{1-\frac{v}{c}\frac{x_1}{\sqrt{R_0^2+(x_1-x_P)^2}}}$$

$$\approx\frac{2\sqrt{R_0^2+(x_1-x_P)^2}}{c}\left(1+\frac{v}{c}\frac{x_1-x_P}{\sqrt{R_0^2+(x_1-x_P)^2}}\right)$$

$$=\frac{2\sqrt{R_0^2+(x_1-x_P)^2}}{c}+\frac{2v}{c^2}(x_1-x_P) \quad ⑦$$

同理,由③、④式和 $v\ll c$ 得

$$t'_2-t'_1\approx\frac{2\sqrt{R_0^2+(x'_1-x_P)^2}}{c}+\frac{2v}{c^2}(x'_1-x_P) \quad ⑧$$

由⑦、⑧式得

$$(t'_2-t_2)-(t'_1-t_1)\approx\frac{2}{c}\left(\sqrt{R_0^2+(x'_1-x_P)^2}-\sqrt{R_0^2+(x_1-x_P)^2}\right)+\frac{2v}{c^2}(x'_1-x_1) \quad ⑨$$

利用⑤式,⑨式成为

$$(t'_2-t_2)-(t'_1-t_1)$$

$$\approx\frac{2}{c}\left(\sqrt{R_0^2+[x_1-x_P+v(t'_1-t_1)]^2}-\sqrt{R_0^2+(x_1-x_P)^2}\right)+\frac{2v^2}{c^2}(t'_1-t_1)$$

$$\approx\frac{2(x_1-x_P)}{\sqrt{R_0^2+(x_1-x_P)^2}}\frac{v}{c}(t'_1-t_1) \quad ⑩$$

上式右端已略去了 $(v/c)^2$ 级的高阶项.令

$$t'_1-t_1=T_0 \quad ⑪$$

式中,T_0 为机载雷达在发射的光信号的周期,则

$$t'_2-t_2=T \quad ⑫$$

是机载雷达接收到相应的光信号的周期.⑪式可写成

$$T-T_0=\frac{2(x_A-x_P)}{\sqrt{R_0^2+(x_A-x_P)^2}}\frac{v}{c}T_0 \quad ⑬$$

或

$$f_D=f-f_0=-\frac{2(x_A-x_P)}{\sqrt{R_0^2+(x_A-x_P)^2}}\frac{v}{c}f_0 \quad ⑭$$

式中 x_1 已用 x_A 替代,而

$$f=\frac{1}{T},f_0=\frac{1}{T_0}$$

是相应的光信号的频率,f_D 是接收到的回波信号的频率与发出信号的频率之差(频移).⑭式也可写为

$$f_D=f-f_0=-2\frac{v}{c}f_0\cos\alpha \quad ⑭'$$

式中

$$\cos\alpha=\frac{x_A-x_P}{\sqrt{R_0^2+(x_A-x_P)^2}}$$

即 α 为从机载雷达射出的光线与飞机航线之间的夹角.

解法二:

取航线 KA 和直线 BC 所构成的平面为新的坐标平面.K 为坐标原点,航线 KA 为 x 轴,从 K 指向 BC 与 Z 轴交点的直线为 y 轴;在时刻 t_1,飞机所在位置 A 点的坐标为 $(x_1=x_A,0)$;目标点 P 的位置 (x_p,R_0) 在这个坐标系里是固定的.

设机载雷达于时刻 t 发出的发射信号的相位为

$$\Phi(t)=\omega_0t+\varphi$$

式中 ω_0 和 φ 分别是相应的角频率和初相位.机载雷达于时刻 t_1 在 A' 点 $[x_2=x_{A'}(t_1),0]$ 接收到的经 P 反射的信号是机载雷达于时刻 $t_1-\tau$ 在 A 点 $[x_1=x_A(t_1-\tau),0]$

发出的，其相位为

$$\Phi'(t_1)=\omega_0(t_1-\tau)+\varphi \tag{①}$$

式中 τ 为信号往返过程所需的时间，它满足

$$\sqrt{R_0^2+(x_1-x_P)^2}+\sqrt{R_0^2+(x_2-x_P)^2}=c\tau \tag{②}$$

$$x_2-x_1=v\tau \tag{③}$$

经过时间间隔 Δt，同理有

$$\Phi'(t_1+\Delta t)=\omega_0(t_1+\Delta t-\tau')+\varphi \tag{④}$$

$$\sqrt{R_0^2+(x'_1-x_P)^2}+\sqrt{R_0^2+(x'_2-x_P)^2}=c\tau' \tag{⑤}$$

$$x'_2-x'_1=v\tau' \tag{⑥}$$

另外，由于同样的原因（飞机做匀速直线运动），还有

$$x'_1-x_1=v\Delta t \tag{⑦}$$

$$x'_2-x_2=v\Delta t$$

设机载雷达收到的信号的圆频率为 ω，则应有

$$\Phi'(t_1+\Delta t)-\Phi'(t_1)=\omega\Delta t \tag{⑧}$$

由②、③式和 $v\ll c$ 得

$$\tau=\frac{1}{c}\left[\sqrt{R_0^2+(x_1-x_P)^2}+\sqrt{R_0^2+(x_1-x_P+x_2-x_1)^2}\right]$$

$$=\frac{1}{c}\left[\sqrt{R_0^2+(x_1-x_P)^2}+\sqrt{R_0^2+(x_1-x_P)^2+2(x_2-x_1)(x_1-x_P)+(x_2-x_1)^2}\right]$$

$$=\frac{1}{c}\left[\sqrt{R_0^2+(x_1-x_P)^2}+\sqrt{R_0^2+(x_1-x_P)^2+2v\tau(x_1-x_P)+v^2\tau^2}\right]$$

$$\approx\frac{2\sqrt{R_0^2+(x_1-x_P)^2}}{c}+\frac{x_1-x_P}{\sqrt{R_0^2+(x_1-x_P)^2}}\frac{v}{c}\tau \tag{⑨}$$

上式右端已略去了 $(v/c)^2$ 级的高阶项. 由⑨式解得

$$\tau\approx\frac{2\sqrt{R_0^2+(x_1-x_P)^2}}{c}\frac{1}{1-\frac{v}{c}\frac{x_1}{\sqrt{R_0^2+(x_1-x_P)^2}}}$$

$$\approx\frac{2\sqrt{R_0^2+(x_1-x_P)^2}}{c}\left(1+\frac{v}{c}\frac{x_1-x_P}{\sqrt{R_0^2+(x_1-x_P)^2}}\right)$$

$$=\frac{2\sqrt{R_0^2+(x_1-x_P)^2}}{c}+\frac{2v}{c^2}(x_1-x_P) \tag{⑩}$$

同理，由⑤、⑥式和 $v\ll c$ 得

$$\tau'\approx\frac{2\sqrt{R_0^2+(x'_1-x_P)^2}}{c}+\frac{2v}{c^2}(x'_1-x_P) \tag{⑪}$$

由①、④、⑧式得

$$\omega\Delta t=\omega_0(\Delta t-\tau')-\omega_0(-\tau) \tag{⑫}$$

将

$$\omega=2\pi f \tag{⑬}$$

代入⑫式，利用⑦、⑩、⑪式，在 Δt 很小的情形下，略去 Δt 的高阶项，得

$$f_D\equiv f-f_0=-\frac{2(x_A-x_P)}{\sqrt{R_0^2+(x_A-x_P)^2}}\frac{v}{c}f_0 \tag{⑭}$$

或

$$f_D\equiv f-f_0=-2\frac{v}{c}f_0\cos\alpha \tag{⑭'}$$

式中

$$\cos\alpha\equiv\frac{x_A-x_P}{\sqrt{R_0^2+(x_A-x_P)^2}}$$

即 α 为从机载雷达射出的光线与飞机航线之间的夹角.

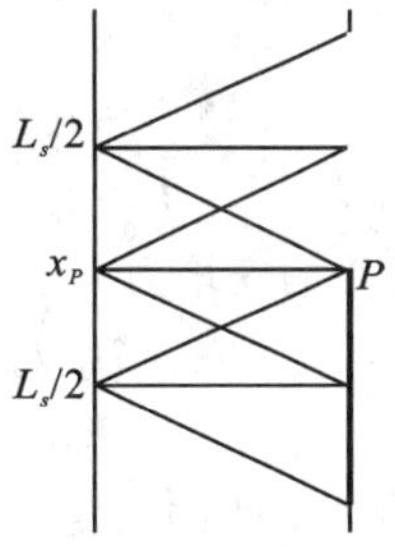

第四题图(2)

(2)由于机载雷达天线发射的无线电波束面的张角的限制[见图(2)],有

$$\frac{\pi}{2}-\frac{L_s/2}{\sqrt{R_0^2+(L_s/2)^2}}\leqslant\alpha\leqslant\frac{\pi}{2}+\frac{L_s/2}{\sqrt{R_0^2+(L_s/2)^2}} \qquad ⑮$$

频移 f_D 分别为正、零或负的条件是：

当 $\alpha<\pi/2(x_A<x_P)$时，频移 $f_D>0$；

当 $\theta=\pi/2(x_A=x_P)$时，即机载雷达发射信号时正好位于 P 点到航线的垂足处，频移

$$f_D=0 \qquad ⑯$$

当 $\theta>\pi/2(x_A>x_P)$时，频移 $f_D<0$.

当 $\alpha=\pi/2-L_s/2\ \sqrt{R_0^2+(L_s/2)^2}(x_A-x_P=-L_s/2)$时，即机载雷达发射信号时正好位于$(x_A=x_P-L_s/2,h,0)$处，正的频移最大

$$f_{D1}=\frac{L_s}{\sqrt{R_0^2+(L_s/2)^2}}\frac{v}{c}f_0 \qquad ⑰$$

当 $\alpha=\pi/2+L_s/2\ \sqrt{R_0^2+(L_s/2)^2}(x_A-x_P=L_s/2)$时，即机载雷达发射信号时正好位于$(x_A=x_P+L_s/2,h,0)$处，负的频移的绝对值最大

$$f_{D2}=-\frac{L_s}{\sqrt{R_0^2+(L_s/2)^2}}\frac{v}{c}f_0 \qquad ⑱$$

(3)在飞机持续发射的无线电波束前沿 BC 全部通过目标 P 点过程中，多普勒频移的带宽为

$$\Delta f_D\equiv|f_{D1}-f_{D2}|=\frac{2L_s}{\sqrt{R_0^2+(L_s/2)^2}}\frac{v}{c}f_0=4\ \frac{v}{c}f_0\sin\frac{\theta}{2} \qquad ⑲$$

由于 $R_0\gg L_s$，有 $\theta\ll1$，故

$$\sin\frac{\theta}{2}\approx\frac{\theta}{2}$$

将上式代入⑲式得

$$\Delta f_D=f_0\ \frac{2v}{c}\theta \qquad ⑳$$

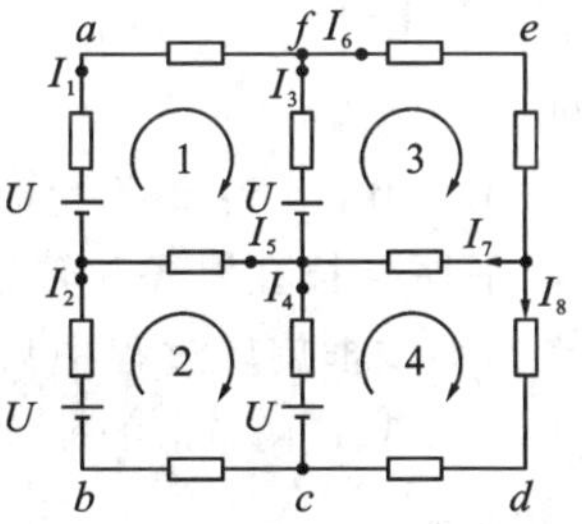

第五题图(1)

五、在 de 边未出磁场的过程中，ab、cf 和 de 三边切割磁力线运动，每条边产生的感应电动势相等，但感应电流为零，故不需要外力做功

$$W_1=0 \qquad ①$$

在 de 边出磁场但 cf 边未出磁场过程中，ab 和 cf 两条边做切割磁力线运动，导线框的等效电路如图(1)所示. 等效电路中每个电阻的阻值 $R=1.0\ \Omega$. 按如图所示电流方向，根据基尔霍夫第一定律可得

$$\begin{cases}I_1+I_3=I_6,\\ I_2+I_5=I_1,\\ I_6=I_7+I_8,\\ I_4+I_7=I_3+I_5.\end{cases} \qquad ②$$

由基尔霍夫第二定律，对 4 个回路可列出 4 个独立方程

$$\begin{cases}U-2I_1R+I_3R-U-I_5R=0,\\ U-2I_2R+I_5R-U+I_4R=0,\\ U-I_3R-2I_6R-I_7R=0,\\ U-I_4R+I_7R-2I_8R=0.\end{cases} \qquad ③$$

式中，感应电动势 U 为

$$U=blv=0.20\ \text{V} \qquad ④$$

联立②、③、④式得：

$$I_1=I_2=0.025\,\text{A} \quad ⑤$$

$$I_3=I_4=0.050\,\text{A} \quad ⑥$$

此时，ab 边和 ed 边所受的安培力大小分别为

$$F_{ab}=BI_1l_{ab}=0.0050\,\text{N} \quad ⑦$$

$$F_{cf}=BI_3l_{cf}=0.010\,\text{N} \quad ⑧$$

式中 l_{ab} 和 l_{ed} 分别为 ab 边和 ed 边的长度. 外力所做的功为

$$W_2=F_{ab}l_{ef}+F_{cf}l_{ef}=0.0015\,\text{J} \quad ⑨$$

式中 l_{ef} 表示 ef 边的长度.

在 cf 边移出磁场后，只有边 ab 切割磁力线运动产生感应电动势. 此时，等效电路如图(2)所示，电路中电动势的大小和电阻阻值不变. 根据基尔霍夫定律可得

$$\begin{cases}I_1+I_3=I_6,\\ I_2+I_5=I_1,\\ I_6=I_7+I_8,\\ I_4+I_7=I_3+I_5.\end{cases} \quad ⑩$$

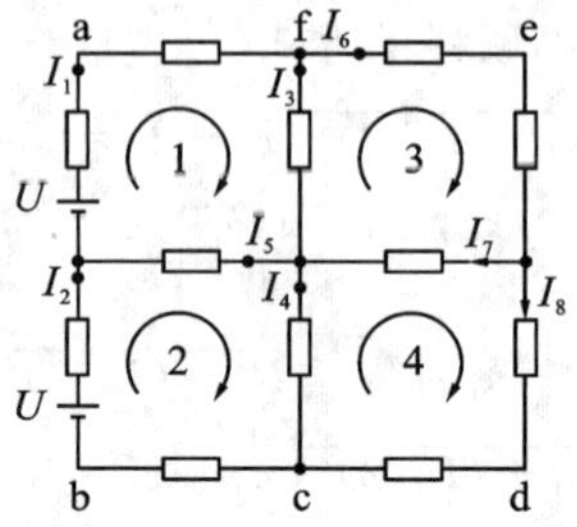

第五题图(2)

和

$$\begin{cases}U-2I_1R+I_3R-I_5R=0,\\ U-2I_2R+I_5R+I_4R=0,\\ -I_3R-2I_6R-I_7R=0,\\ -I_4R+I_7R-2I_8R=0.\end{cases} \quad ⑪$$

联立⑩、⑪式得

$$I_1=I_2=0.075\,\text{A} \quad ⑫$$

此时，ab 边受到的安培力为

$$F_{ab}=BI_1l_{ab}=0.015\,\text{N} \quad ⑬$$

外力所做的功为

$$W_3=F_{ab}l_{af}=0.0015\,\text{J} \quad ⑭$$

整个过程中外力做的功为

$$W=W_1+W_2+W_3=0.0030\,\text{J} \quad ⑮$$

六、(1)设 t 时刻导线框平面与长直导线和转轴组成平面之间的夹角为 θ 的值为 $\theta=\omega t$，如图(1)所示(俯视图)，导线框旋转过程中只有左、右两边(图中分别用 A、B 表示)切割磁力线产生感应电动势. A、B 两条边的速度大小相等，

$$v=\omega a \quad ①$$

A、B 处对应的磁感应强度大小分别为

$$B_1=\frac{\mu_0 I}{2\pi r_1} \quad ②$$

$$B_2=\frac{\mu_0 I}{2\pi r_2} \quad ③$$

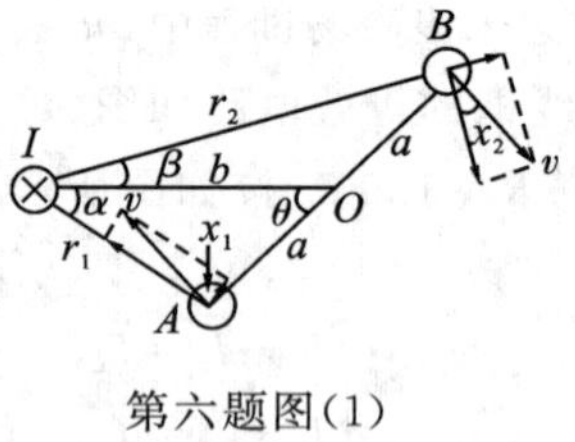

第六题图(1)

其中，μ_0 为真空磁导率，r_1、r_2 分别为 A 和 B 到长直导线的垂直距离. A、B 两边对应的感应电动势分别为

$$E_1=B_1 2av\sin x_1=\frac{\omega a^2\mu_0 I}{\pi r_1}\sin x_1$$

$$E_2=B_2 2av\sin x_2=\frac{\omega a^2\mu_0 I}{\pi r_2}\sin x_2 \quad ④$$

式中 $\frac{\pi}{2}-x_1$、$\frac{\pi}{2}-x_2$ 分别为 A、B 的速度方向与 r_1、r_2 的夹角. 根据几何关系得

$$x_1=\theta+\alpha$$

$$x_2=\theta-\beta \quad ⑤$$

其中 α、β 分别为 r_1、r_2 与 x 方向的夹角. ⑤式代入④式得导线框中的感应电动势为

$$E=E_1+E_2=\frac{\omega a^2\mu_0 I_1}{\pi}\left[\frac{\sin(\theta+\alpha)}{r_1}+\frac{\sin(\theta-\beta)}{r_2}\right] \tag{⑥}$$

根据几何关系及三角形余弦定理得 α、β、r_1、r_2 与 a、b、θ 之间的关系为

$$\begin{cases}\cos\alpha=\dfrac{b-a\cos\theta}{r_1}\\ \sin\alpha=\dfrac{a\sin\theta}{r_1}\end{cases} \tag{⑦}$$

$$\begin{cases}\cos\beta=\dfrac{b+a\cos\theta}{r_2}\\ \sin\beta=\dfrac{a\sin\theta}{r_2}\end{cases} \tag{⑧}$$

$$\begin{cases}r_1^2=a^2+b^2-2ab\cos\theta\\ r_2^2=a^2+b^2+2ab\cos\theta\end{cases} \tag{⑨}$$

将⑦、⑧、⑨式代入⑥式得导线框的感应电动势为

$$\begin{aligned}E&=\frac{\omega a^2\mu_0 Ib\sin\theta}{\pi}\left(\frac{1}{a^2+b^2-2ab\cos\theta}+\frac{1}{a^2+b^2+2ab\cos\theta}\right)\\&=\frac{a^2b\mu_0 I\omega\sin\omega t}{\pi}\left(\frac{1}{a^2+b^2-2ab\cos\omega t}+\frac{1}{a^2+b^2+2ab\cos\omega t}\right)\end{aligned} \tag{⑩}$$

(2)解法一：

导线框在电流 I 的磁场中旋转，受到安培力相对于轴的合力矩 M_0 的作用，要使导线框保持角速度为 ω 的匀速旋转，所加的外力矩 M 必须满足

$$M+M_0=0 \tag{⑪}$$

正方形导线框上、下两边所受安培力的方向与转轴平行，力矩为零，只有导线框左、右两边（分别用 A、B 表示）受到的安培力 F_1 和 F_2 对合力矩有贡献，如图(2)所示（俯视图）. 由②、③式和安培力公式得 F_1 和 F_2 的大小为

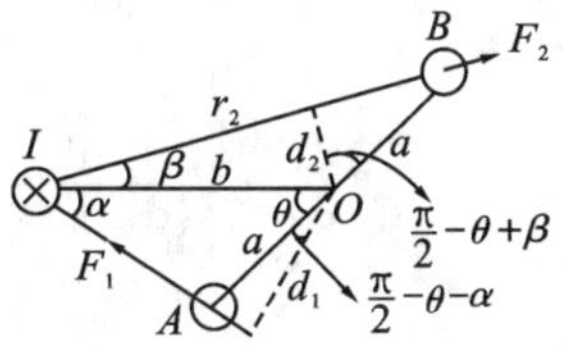

第六题图(2)

$$F_1=2aiB_1=\frac{\mu_0 aIi}{\pi r_1} \tag{⑫}$$

$$F_2=2aiB_2=\frac{u_0 aIi}{\pi r_2} \tag{⑬}$$

式中 i 为导线框中的感应电流. 由欧姆定律有

$$i=\frac{E}{R}=\frac{\omega a^2\mu_0 Ib\sin\omega t}{\pi R}\left(\frac{1}{a^2+b^2-2ab\cos\omega t}+\frac{1}{a^2+b^2+2ab\cos\omega t}\right) \tag{⑭}$$

安培力的合力矩为

$$\begin{aligned}M_0&=F_1d_1+F_2d_2\\&=F_1a\cos\left(\frac{\pi}{2}-\theta-\alpha\right)+F_2a\cos\left(\frac{\pi}{2}-\theta+\beta\right)\\&=F_1a\sin(\theta+\alpha)+F_2a\sin(\theta-\beta)\\&=\frac{\mu_0 a^2 Ii}{\pi}\left[\frac{\sin(\theta+\alpha)}{r_1}+\frac{\sin(\theta-\beta)}{r_2}\right]\end{aligned} \tag{⑮}$$

其中，d_1 和 d_2 分别为 F_1 和 F_2 与转轴之间的垂直距离，$\frac{\pi}{2}-\theta-\alpha$ 和 $\frac{\pi}{2}-\theta+\beta$ 分别为 d_1 和 d_2 与 A、B 连线之间的夹角.

将⑦、⑧、⑨、⑭式代入⑮式得需要加的外力矩为

$$\begin{aligned}M=-M_0&=-\frac{\mu_0 a^2 Iib\sin\omega t}{\pi}\left(\frac{1}{a^2+b^2-2ab\cos\omega t}+\frac{1}{a^2+b^2+2ab\cos\omega t}\right)\\&=-\frac{\mu_0^2a^4b^2I^2\omega\sin^2\omega t}{\pi^2R}\left(\frac{1}{a^2+b^2-2ab\cos\omega t}+\frac{1}{a^2+b^2+2ab\cos\omega t}\right)^2\\&=-\frac{4\mu_0^2a^4b^2I^2\omega}{\pi^2R}\left[\frac{(a^2+b^2)\sin\omega t}{(a^2+b^2)-4a^2b^2\cos^2\omega t}\right]^2\end{aligned} \tag{⑯}$$

解法二：

导线框在电流 I 的磁场中旋转，受到安培力相对于轴的合力矩 M_0 的作用，要使导线框保持角速度为 ω 的匀速旋转，所加的外力矩 M 必须满足

$$M+M_0=0 \qquad ⑪$$

此时，安培力的合力矩的功率 P_0 应与导线框中感应电流的功率 P_i 相等，即

$$P_0=P_i \qquad ⑫$$

式中

$$P_i=\frac{E^2}{R}=\frac{\omega^2a^4\mu_0^2I^2b^2\sin^2\omega t}{\pi^2R}\left(\frac{1}{a^2+b^2-2ab\cos\omega t}+\frac{1}{a^2+b^2+2ab\cos\omega t}\right)^2 \qquad ⑬$$

安培力的合力矩为

$$M_0=\frac{P_0}{\omega}=\frac{P_i}{\omega}=\frac{\omega a^4\mu_0^2I^2b^2\sin^2\omega t}{\pi^3R}\left(\frac{1}{a^2+b^2-2ab\cos\omega t}+\frac{1}{a^2+b^2+2ab\cos\omega t}\right)^2 \qquad ⑭$$

由⑪式可得，外力矩 M 为

$$M=-M_0=-\frac{\omega a^4\mu_0^2I^2b^2\sin^2\omega t}{\pi^2R}\left(\frac{1}{a^2+b^2-2ab\cos\omega t}+\frac{1}{a^2+b^2+2ab\cos\omega t}\right)^2$$

$$=-\frac{4\mu_0^2a^4b^2I^2\omega}{\pi^2R}\left[\frac{(a^2+b^2)\sin\omega t}{(a^2+b^2)-4a^2b^2\cos^2\omega t}\right]^2 \qquad ⑮$$

七、(1)根据热力学第一定律，有

$$dU=\delta Q+\delta W \qquad ①$$

这里，对于1 mol理想气体经历的任一缓慢变化过程中，δQ、δW 和 dU 可分别表示为

$$\delta Q=C_\pi dT,\ \delta W=-p dV,\ dU=C_V dT \qquad ②$$

将理想气体状态方程

$$pV=RT$$

两边对 T 求导，可得

$$p\frac{dV}{dT}+V\frac{dp}{dV}\frac{dV}{dT}=R \qquad ③$$

式中利用了

$$\frac{dp}{dT}=\frac{dp}{dV}\frac{dV}{dT}$$

根据③式有

$$\frac{dV}{dT}=\frac{R}{p+V\dfrac{dp}{dV}} \qquad ④$$

联立①、②、④式得

$$C_\pi=C_V+\frac{pR}{p+V\dfrac{dp}{dV}} \qquad ⑤$$

(2)设 bc' 过程方程为

$$p=\alpha-\beta V \qquad ⑥$$

根据

$$C_\pi=C_V+\frac{pR}{p+V\dfrac{dp}{dV}}$$

可得该直线过程的摩尔热容为

$$C_\pi=C_V+\frac{\alpha-\beta V}{\alpha-2\beta V}R \qquad ⑦$$

式中，C_V 是单原子理想气体的定容摩尔热容，$C_V=\frac{3}{2}R$. 对 $b'c$ 过程的初态$(3p_1, V_1)$和终态$(p_1, 5V_1)$，有

$$\begin{aligned}3p_1&=\alpha-\beta V_1\\ p_1&=\alpha-5\beta V_1\end{aligned} \qquad ⑧$$

由⑧式得

$$\alpha=\frac{7}{2}p_1,\beta=\frac{p_1}{2V_1} \tag{⑨}$$

由⑥、⑦、⑧、⑨式得

$$C_\pi=\frac{8V-35V_1}{4V-14V_1}R \tag{⑩}$$

(3)根据过程热容的定义有

$$C_\pi=\frac{\Delta Q}{\Delta T} \tag{⑪}$$

式中，ΔQ 是气体在此直线过程中，温度升高 ΔT 时从外界吸收的热量. 由⑩、⑪式得

$$\Delta T=\frac{4V-14V_1}{8V-35V_1}R\Delta Q \tag{⑫}$$

$$\Delta Q=\frac{8V-35V_1}{4V-14V_1}\frac{\Delta T}{R} \tag{⑬}$$

由⑫式可知，bc' 过程中的升降温的转折点 A 在 p-V 图上的坐标为

$$A\left(\frac{7}{2}V_1,\frac{7}{4}p_1\right) \tag{⑭}$$

由⑩式可知，bc' 过程中的吸放热的转折点 B 在 p-V 图上的坐标为

$$B\left(\frac{35V_1}{8},\frac{21p_1}{16}\right) \tag{⑮}$$

(4)对于 $abcda$ 循环过程，ab 和 bc 过程吸热，cd 和 da 过程放热

$$\begin{aligned}Q_{ab}&=nC_V(T_b-T_a)=1.5(RT_b-RT_a)=3p_1V_1\\ Q_{bc}&=nC_p(T_b-T_a)=2.5(RT_c-RT_b)=15p_1V_1\end{aligned} \tag{⑯}$$

式中，已利用已知条件 $n=1\,\text{mol}$，单原子理想气体定容摩尔热容 $C_V=\frac{3}{2}R$，定压摩尔热容 $C_p=\frac{5}{2}R$. 气体在 $abcda$ 循环过程的效率可表示为循环过程中对外做的功除以总吸热，即

$$\eta_{abcda}=\frac{W_{abcda}}{Q_{ab}+Q_{bc}}=\frac{4p_1V_1}{18p_1V_1}=0.22 \tag{⑰}$$

对于 $abc'a$ 循环过程，ab 和 bB 过程吸热，Bc' 和 $c'a$ 过程放热. 由热力学第一定律可得，bB 过程吸热为

$$Q_{bc'}=\Delta U_{bB}-W_{bB}=nC_V(T_B-T_b)+\frac{1}{2}(p_B+3p_1)(V_B-V_1)=11.39p_1V_1 \tag{⑱}$$

所以，循环过程 $abc'a$ 的效率为

$$\eta_{abc'a}=\frac{W_{abc'a}}{Q_{ab}+Q_{bc'}}=\frac{4p_1V_1}{14.39p_1V_1}=0.278 \tag{⑲}$$

由⑰、⑲式可知

$$\eta_{abc'a}>\eta_{abcda} \tag{⑳}$$

八、(1)对于光线在波导层和衬底层的折射情况，根据折射定律有

$$n_1\sin\theta_{i1}=n_0\sin\theta_{t0} \tag{①}$$

若要求光线不会折射到衬底中，即发生全反射，应有

$$\theta_{i1}\geqslant\theta_{10C} \tag{②}$$

式中，θ_{10C} 为光线在波导层和衬底层的交界面上发生全反射的临界角

$$\theta_{10C}=\arcsin\left(\frac{n_0}{n_1}\right) \tag{③}$$

同理应有

$$\theta_{i2}\geqslant\theta_{12C} \tag{④}$$

式中，θ_{12C} 为光线在波导层和衬底层的交界面上发生全反射的临界角

$$\theta_{12C}=\arcsin\left(\frac{n_2}{n_1}\right) \tag{⑤}$$

由题设 $n_1>n_0\geqslant n_2$，可知

$$\theta_{10C}\geqslant\theta_{12C} \tag{6}$$

所以，当入射角 $\theta_{i1}\geqslant\arcsin\left(\frac{n_0}{n_1}\right)$时，光被完全限制在波导薄膜里.

(2)考虑光波在波导薄膜中传播时处于临界的全反射状态。此时光波的波长可由光的入射角

$$\theta_{i1}=\arcsin\left(\frac{n_0}{n_1}\right)$$

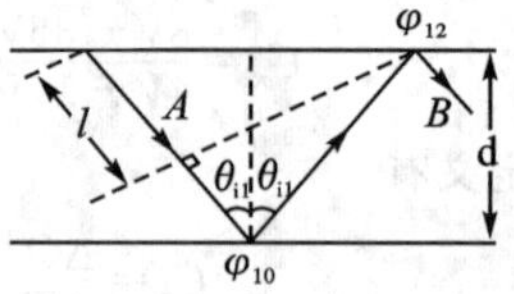

第八题图

决定。此时光在介质 n_1 与 n_0 交界面的反射处于全反射的临界状态，光在介质 n_1 与 n_2 交界面的反射也为全反射. 如图所示，φ_{10} 和 φ_{12} 分别为 1 和 0 界面以及 1 和 2 界面上的反射引入的相位（$r_{10}=e^{-i\varphi_{10}}$ 和 $r_{12}=e^{-i\varphi_{12}}$）. 过 1 和 2 界面上的反射点做直线（虚线）垂直于光线 A，设光线 A 到虚线之前的路程长为 l. 此后，光线 A 与再经过两次反射的光线 B 之间的相位差应该为 2π 的整数倍，以致光可在波导薄膜中传输. 故

$$\begin{aligned}2m\pi&=\frac{2d\sec\theta_{i1}-l}{\lambda}2\pi-\varphi_{10}-\varphi_{12}\\&=\frac{2d\sec\theta_{i1}-2d\tan\theta_{i1}\sin\theta_{i1}}{\lambda}2\pi-\varphi_{10}-\varphi_{12}\\&=\frac{4d\pi\cos\theta_{i1}}{\lambda}-\varphi_{10}-\varphi_{12}\\&=\frac{4d\pi}{\lambda}\sqrt{1-\frac{n_0^2}{n_1^2}}-\varphi_{10}-\varphi_{12}\end{aligned} \tag{7}$$

式中，$m=0,1,2,3,\cdots$，λ 为所传输光波在波导薄膜介质中的波长.

考虑介质 n_1 与 n_0 交界面的反射，由①式得

$$\sin\theta_{t0}=\frac{n_1\sin\theta_{i1}}{n_0}=1 \tag{8}$$

考虑到⑧式，在介质 n_1 与 n_0 交界面的反射系数为

$$r_{10}=\frac{n_1\cos\theta_{i1}-n_0\cos\theta_{t0}}{n_1\cos\theta_{i1}+n_0\cos\theta_{t0}}=\frac{n_1\cos\theta_{i1}}{n_1\cos\theta_{i1}}=1 \tag{9}$$

由上式可以得到介质 n_1 与 n_0 交界面的反射相位

$$\varphi_{10}=0 \tag{10}$$

再考虑介质 n_1 与 n_2 交界面的反射，由①式得

$$\sin\theta_{t2}=\frac{n_1\sin\theta_{i1}}{n_2}=\frac{n_0}{n_2} \tag{11}$$

按照题给的推广的定义，上式右边大于或等于 1 也并不奇怪. 当 $n_0>n_2$ 时，按照题给的推广的正弦和余弦的定义可知，$\cos\theta_{t2}$ 是一个纯虚数，可以写为

$$\cos\theta_{t2}=i\sqrt{\frac{n_0^2}{n_2^2}-1} \tag{12}$$

考虑到⑫式，则在介质 n_1 与 n_2 交界面的反射系数为

$$r_{12}=\frac{n_1\cos\theta_{i1}-n_2\cos\theta_{t2}}{n_1\cos\theta_{i1}+n_2\cos\theta_{t2}}=\frac{n_1\sqrt{1-\frac{n_0^2}{n_1^2}}-n_2 i\sqrt{\frac{n_0^2}{n_2^2}-1}}{n_1\sqrt{1-\frac{n_0^2}{n_1^2}}+n_2 i\sqrt{\frac{n_0^2}{n_2^2}-1}}=\exp\left(-2i\arctan\sqrt{\frac{n_0^2-n_2^2}{n_1^2-n_0^2}}\right) \tag{13}$$

由上式可以得到介质 n_1 与 n_2 交界面的反射相位为

$$\varphi_{12}=2\arctan\sqrt{\frac{n_0^2-n_2^2}{n_1^2-n_0^2}} \tag{14}$$

将⑩和⑭式代入⑦式中得，在给定 m 的情况下能在薄膜波导中传输的光波在该介质中的最长波长（截止波长）为

$$\lambda=\frac{2\pi d\sqrt{1-\frac{n_0^2}{n_1^2}}}{m\pi+\arctan\sqrt{\frac{n_0^2-n_2^2}{n_1^2-n_0^2}}}\qquad ⑮$$

式中，$m=0,1,2,3,\cdots$. 当 $m=0$ 时可得，能在薄膜波导中传输的光波在该介质中的最长波长为

$$\lambda_{\max}=\frac{2\pi d\sqrt{1-\frac{n_0^2}{n_1^2}}}{\arctan\sqrt{\frac{n_0^2-n_2^2}{n_1^2-n_0^2}}}\qquad ⑯$$

2016年第三十三届全国中学生物理竞赛预赛试题

一、**1.** D **2.** C **3.** A **4.** AC **5.** C

二、**6.** 6.0×10^{30} 5.4×10^{47}

7. 6 2.0,4.0,8.0,10,14,16

8. L_1+L_2+2M L_1+L_2-2M

9. $2\pi\sqrt{\frac{LR^2}{MG}}$ $2\pi\sqrt{\frac{R^3}{MG}}$

10. 2530 35.29

三、**11.** (1)记运动员1踢出球的时刻为零时刻. 设运动员2沿着与 A、B 连线夹角为 θ 的方向运动，球在时刻 t 被运动员2拦截. 令球被拦截时球到 A 点和运动员2到出发点的距离分别为 s_1 和 s_2，则

$$s_1=ut\qquad ①$$

$$s_2=vt\qquad ②$$

由几何关系有

$$s_1-s_2\cos\theta=\frac{s}{2}\qquad ③$$

$$s_2\sin\theta=l\qquad ④$$

从③、④式消去 θ，并利用①②式得

$$l^2+\left(ut-\frac{s}{2}\right)^2=(vt)^2\qquad ⑤$$

此即

$$(u^2-v^2)t^2-ust+\left(l^2+\frac{s^2}{4}\right)=0\qquad ⑥$$

这是关于 t 的一元二次方程. 解为

$$t=t_{\pm}=\frac{us\pm\sqrt{u^2s^2-4(u^2-v^2)\left(l^2+\frac{s^2}{4}\right)}}{2(u^2-v^2)}$$

$$=\frac{us\pm\sqrt{4(v^2-u^2)l^2+v^2s^2}}{2(u^2-v^2)}\qquad ⑦$$

由①、②、⑦式得

$$s_1=s_{1\pm}=u\frac{us\pm\sqrt{4(v^2-u^2)l^2+v^2s^2}}{2(u^2-v^2)}\qquad ⑧$$

$$s_2=s_{2\pm}=v\frac{us\pm\sqrt{4(v^2-u^2)l^2+v^2s^2}}{2(u^2-v^2)}\qquad ⑨$$

由④、⑨式得

$$\theta=\theta_{\pm}=\arcsin\frac{2l[us\mp\sqrt{4(v^2-u^2)l^2+v^2s^2}]}{v(s^2+4l^2)}\qquad ⑩$$

(2)方程⑥有实数解的条件是

$$4(v^2-u^2)l^2+v^2s^2\geqslant 0 \quad ⑪$$

或

$$v^2\left(1+\frac{s^2}{4l^2}\right)\geqslant u^2 \quad ⑫$$

依题意有

$$t>0 \quad ⑬$$

条件⑬要求

$$u>v,当\ t=t_+ \quad ⑭$$

$$u\neq v,当\ t=t_- \quad ⑮$$

值得注意的是，利用⑩式条件

$$-1\leqslant\sin\theta_\pm\leqslant 1$$

可写成

$$(s^2+4l^2)\left(v\frac{s}{2l}-u\right)^2\geqslant 0$$

它是自动满足的．综上所述，⑫⑭⑮式即运动员 2 能拦截到球的条件．

当⑫式中大于号成立时，运动员 2 可在两处拦截到球；当⑫式中等号成立时，

$$u=v\sqrt{1+\frac{s^2}{4l^2}}>v \quad ⑯$$

⑦、⑧、⑨、⑩式成为

$$t=\frac{2l^2}{vs}\sqrt{1+\frac{s^2}{4l^2}} \quad ⑰$$

$$s_1=\frac{s}{2}\left(1+\frac{4l^2}{s^2}\right) \quad ⑱$$

$$s_2=l\sqrt{1+\frac{4l^2}{s^2}} \quad ⑲$$

$$\theta=\arcsin\frac{s}{\sqrt{s^2+4l^2}} \quad ⑳$$

运动员 2 只能在一处拦截到球．

12. (1)由于星体是均匀的球体，且山体的高度 h 远小于球体的半径 R．按题设模型有

$$mgh_{max}=mL \quad ①$$

式中，h_{max}是由同样物质构成的山体高度上限，m 是会熔化掉的那一小块物质的质量．

在星球表面由引力产生的加速度大小为

$$g=\frac{GM}{R^2} \quad ②$$

式中 M 是星球的质量．根据本题假设有

$$M=\frac{4}{3}\pi R^3\rho \quad ③$$

由①、②、③式得，半径为 R 的星球上的山体的高度的上限为

$$h_{max}=\frac{3}{4\pi G\rho}\frac{L}{R} \quad ④$$

故该星球上山体的高度应满足

$$h\leqslant\frac{3}{4\pi G\rho}\frac{L}{R} \quad ⑤$$

(2)按题设要求有

$$h_{max}\leqslant\frac{R}{10} \quad ⑥$$

由④、⑥式得

$$R\geqslant\sqrt{\frac{15}{2\pi}\frac{L}{G\rho}} \quad ⑦$$

(3)由⑤式得

$$\frac{h}{R}\leqslant\frac{3L}{4\pi\rho GR^2} \quad ⑧$$

代入题给数据得

$$\frac{h}{R}\leqslant\frac{3}{4\pi 3.34\times10^3}\frac{2.4\times10^5}{6.67\times10^{-11}\times1.7^2\times10^{12}}=0.09 \quad ⑨$$

13. (1)总电容等效为三个电容器,1、2串联,再与3并联.其中电容器1的极板面积为$S/2$,间距设为x;电容器2的极板面积为$S/2$,间距为$d-x-t$;电容器3的极板面积为$S/2$,间距为d.

由平行板电容器电容公式,三个电容的值分别为

$$C_1=\frac{1}{4\pi k}\frac{S}{2x},C_2=\frac{1}{4\pi k}\frac{S}{2(d-x-t)},C_3=\frac{1}{4\pi k}\frac{S}{2d} \quad ①$$

电容器1和2串联后的电容C_{12}满足

$$\frac{1}{C_{12}}=\frac{1}{C_1}+\frac{1}{C_2} \quad ②$$

由①、②式得

$$C_{12}=\frac{1}{4\pi k}\frac{S}{2(d-t)} \quad ③$$

总电容的值C满足

$$C=C_{12}+C_3 \quad ④$$

由①、③、④式得

$$C=\frac{S}{8\pi k}\left(\frac{1}{d}+\frac{1}{d-t}\right) \quad ⑤$$

(2)设电容器1和3极板上的电荷量分别为Q_{12}和Q_3,则

$$\frac{Q_{12}}{Q_3}=\frac{C_{12}}{C_3}=\frac{d}{d-t} \quad ⑥$$

极板上总电荷量为

$$Q=Q_{12}+Q_3 \quad ⑦$$

联立⑥、⑦式得

$$Q_{12}=\frac{d}{2d-t}Q,Q_3=\frac{d-t}{2d-t}Q \quad ⑧$$

由于C_1、C_2串联,所以Q_{12}即等于金属片上表面所带的电量值,电性为负.

(3)设电容器C_1两极板间的电压为U_1,有

$$U_1=\frac{Q_{12}}{C_1} \quad ⑨$$

以E_1表示C_1中的场强,有

$$E_1=\frac{U_1}{x} \quad ⑩$$

由①、⑧、⑨、⑩式得

$$E_1=\frac{8\pi k}{S}\frac{Qd}{2d-t} \quad ⑪$$

同理可得电容器C_2和C_3中的场强

$$E_2=E_1=\frac{8\pi k}{S}\frac{Qd}{2d-t} \quad ⑫$$

$$E_3=\frac{8\pi kQ(d-t)}{S\,2d-t} \quad ⑬$$

(4)插入金属片前,总电容为

$$C_0=\frac{S}{4\pi kd} \quad ⑭$$

所储存的能量为

$$E_{0能量}=\frac{Q^2}{2C_0} \quad ⑮$$

插入金属片后，总电容变为 C，总电量不变. 储存的能量变为

$$E_{能量}=\frac{Q^2}{2C} \quad ⑯$$

插入过程外力做功

$$W=E_{能量}-E_{0能量} \quad ⑰$$

由⑤、⑭、⑮、⑯、⑰式得

$$W=-\frac{2\pi k}{S}\frac{Q^2 dt}{2d-t} \quad ⑱$$

负值表示插入过程中，外力方向与位移方向相反，即电容器对金属片有吸引力.

14. 在撤去磁场(磁感应强度从 B_0 变至零)的时间内，框内产生感应电流. 考虑左框构成的闭合回路 $ABCD$，设在时刻 t 磁场的磁感应强度大小为 $B(t)$，正方形回路的感应电动势为

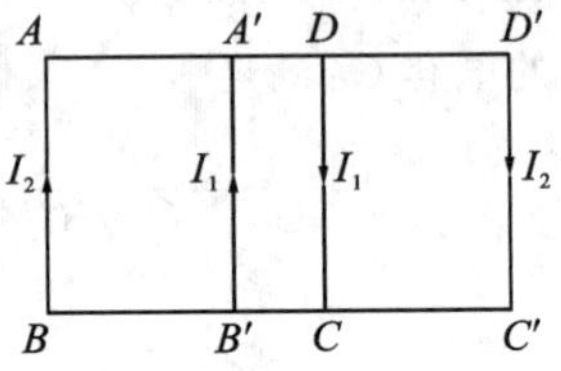

第 14 题图

$$\varepsilon_1=-a^2\frac{\Delta B(t)}{\Delta t} \quad ①$$

由欧姆定律有

$$\varepsilon_1=\frac{a+2(a-l)}{a}RI_2+\frac{2l}{a}\frac{R}{2}(I_1+I_2)+RI_1 \quad ②$$

式中，I_2 和 I_1 分别是时刻 t 流经外框边 BA 和内框边 DC 的电流(如图). 联立①、②式有

$$\left(1+\frac{l}{a}\right)RI_1+\left(3-\frac{l}{a}\right)RI_2=-a^2\frac{\Delta B(t)}{\Delta t} \quad ③$$

考虑由两框内边与上下交叠部分围成的闭合回路 $A'B'CD$，感应电动势为

$$\varepsilon_2=-S\frac{\Delta B(t)}{\Delta t} \quad ④$$

式中 S 为闭合回路 $A'B'CD$ 的面积

$$S=la \quad ⑤$$

由欧姆定律有

$$\varepsilon_2=RI_1+\frac{2l}{a}\frac{R}{2}(I_1+I_2)+RI_1 \quad ⑥$$

联立④、⑤、⑥式得

$$\left(2+\frac{l}{a}\right)RI_1+\frac{l}{a}RI_2=-la\frac{\Delta B(t)}{\Delta t} \quad ⑦$$

联立③、⑦式得

$$I_1=-\frac{(2a-l)l}{3a^2-l^2}\frac{a^2}{2R}\frac{\Delta B(t)}{\Delta t} \quad ⑧$$

$$I_2=-\frac{(2a^2-l^2)}{3a^2-l^2}\frac{a^2}{2R}\frac{\Delta B(t)}{\Delta t} \quad ⑨$$

在从 t 到 $t+\Delta t$ 的时间间隔内，流过框边重叠部分 AD 的横截面的电荷量为

$$\Delta Q=(I_1+I_2)\Delta t \quad ⑩$$

由⑨、⑩式得

$$\Delta Q=-\frac{(a^2+al-l^2)a^2}{(3a^2-l^2)R}\Delta B(t) \quad ⑪$$

在撤去磁场(磁感应强度从 B_0 变至零)的时间内，流过框边重叠部分 $A'D$ 的横截面的总电荷量为

$$Q-0=-\frac{(a^2+al-l^2)a^2}{(3a^2-l^2)R}(0-B_0) \quad ⑫$$

此即

$$Q=\frac{a^2+al-l^2}{3a^2-l^2}\frac{B_0a^2}{R} \quad ⑬$$

15. (1)如图，考虑从光源 L 发出的两条光线(可视为相互平行)：其中一条光线经平板的上表面 Q 点折射后到达下表面的 X 点，反射后(再折射)到达微粒 P，经(漫)反射后射向 O 点；另一条光线经微粒 P (漫)反射后，折射入玻璃到达 Y 点，反射后到达 Z 点，再折射后射向 O 点；两条射向 O 点的光线也可视为相互平行. 作 QM 垂直于从 L 发出的两条光线，分别与之交于 Q、M 点；作 PR 垂直于 QX 并与之交于 R 点；作 PS 垂直于在 Y 点反射后的光线并与之交于 S 点. LQ 和 LM 的长度相等，MP 和 QR 是等光程的，PO 和 SO 也是等光程的. 因此，O 点接收到的两条光线的光程差为

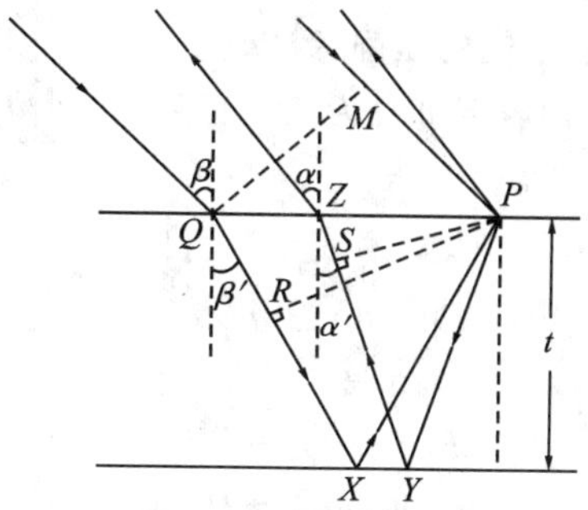

第 15 题图

$$m\frac{\lambda}{n}=|RXP-SYP| \quad ①$$

式中，$RXP=RX+XP$，$SYP=SY+YP$，m 是干涉环纹的级数. 设在反射镜上的 X 点发生反射的光线的入射角和反射角分别为 β'' 和 β'''(图中未标出). 由于平板玻璃上、下两表面平行有

$$\beta'=\beta'' \quad ②$$

按反射定律有

$$\beta''=\beta''' \quad ③$$

据题设，P 点在 N 点附近，且 $\beta(\alpha)$ 很小，因而 $\beta'(\alpha')$ 也很小；由几何关系得

$$RXP=2t\cos\beta'-QP\sin\beta'\approx 2t\cos\beta' \quad ④$$

同理

$$SYP=2t\cos\alpha'-ZP\sin\alpha'\approx 2t\cos\alpha' \quad ⑤$$

由①、④、⑤式得

$$m\frac{\lambda}{n}=2t|\cos\alpha'-\cos\beta'| \quad ⑥$$

按折射定律有

$$\sin\beta=n\sin\beta' \quad ⑦$$

$$\sin\alpha=n\sin\alpha' \quad ⑧$$

由⑦式和题给近似(β 很小)得

$$\cos\beta'=\sqrt{1-\frac{\sin^2\beta}{n^2}}=1-\frac{\beta^2}{2n^2} \quad ⑨$$

同理有

$$\cos\alpha'=\sqrt{1-\frac{\sin^2\alpha}{n^2}}=1-\frac{\alpha^2}{2n^2} \quad ⑩$$

由⑥、⑨、⑩式得

$$m\frac{\lambda}{n}=\frac{t}{n^2}(\beta^2-\alpha^2) \quad ⑪$$

注意到 $\alpha=\frac{r}{b}$ 和 $\beta=\frac{r}{a}$，由⑪式解得

$$r=ba\sqrt{\frac{mn\lambda}{t(b^2-a^2)}} \quad ⑫$$

(2)利用题给数据($n=1.63$，$a=0.0495\ \mathrm{m}$，$b=0.245\ \mathrm{m}$，$t=1.1\times10^{-5}\ \mathrm{m}$，$\lambda=680\ \mathrm{nm}$)和⑬式得，最小亮环($m=1$)的半径为

$$r_0=0.016\ \mathrm{m} \quad ⑬$$

16. (1)设在左管添加水之前左右两个U形管两边水面的高度分别为 h_1 和 h_2，添加水之后左右两个U形管两边水面的高度分别为 h_{1L}、h_{1R} 和 h_{2L}、h_{2R}，如图所示，设被封闭的空气的压强为 P，空气柱的长度为 L_b. 水在常温常压下可视为不可压缩的流体，故

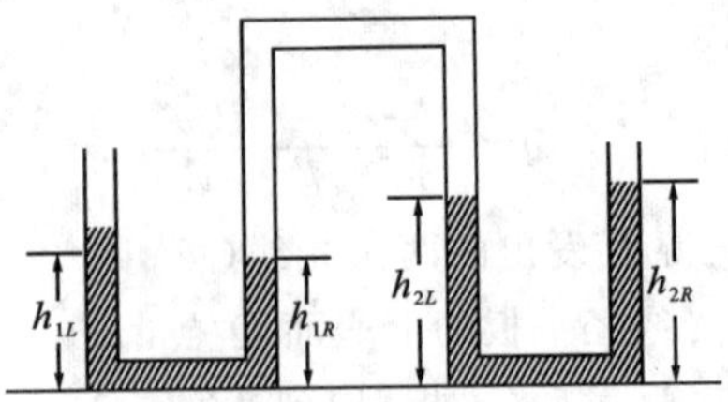

第16题图

$$2h_1+x=h_{1L}+h_{1R} \quad ①$$

$$2h_2=h_{2L}+h_{2R} \quad ②$$

由力学平衡条件有

$$P_0+\rho g h_{1L}=P+\rho g h_{1R} \quad ③$$

$$P_0+\rho g h_{2R}=P+\rho g h_{2L} \quad ④$$

由于连通管中间高度不变，有

$$h_1+h_2+L_a=h_{1R}+h_{2L}+L_b \quad ⑤$$

由玻意耳定律得

$$P_0L_a=PL_b \quad ⑥$$

联立①、②、③、④、⑤、⑥式得 P 满足的方程

$$\frac{L_0}{P_0}P^2+\left(L_a-L_0-\frac{1}{2}x\right)P-P_0L_a=0$$

解得

$$P=\frac{P_0}{2L_0}\left\{L_0-L_a+\frac{x}{2}+\sqrt{\left(L_a-L_0-\frac{x}{2}\right)^2+4L_aL_0}\right\} \quad ⑦$$

将⑦式代入⑥式得

$$L_b=\frac{1}{2}\left\{L_a-L_0-\frac{x}{2}+\sqrt{\left(L_a-L_0-\frac{x}{2}\right)^2+4L_aL_0}\right\} \quad ⑧$$

由①、②、③、④、⑦式得

$$\Delta h_{1L}\equiv h_{1L}-h_1=x-\Delta h_{1R}$$

$$=\frac{x-L_0}{2}+\frac{1}{4}\left\{L_0-L_a+\frac{x}{2}+\sqrt{\left(L_a-L_0-\frac{x}{2}\right)^2+4L_aL_0}\right\}$$

$$=\frac{5x-2L_a-2L_0}{8}+\frac{1}{4}\sqrt{\left(L_a-L_0-\frac{x}{2}\right)^2+4L_aL_0} \quad ⑨$$

$$\Delta h_{1R}\equiv h_{1R}-h_1=\frac{L_0+x}{2}-\frac{P}{2\rho g}$$

$$=\frac{x+L_0}{2}-\frac{1}{4}\left\{L_0-L_a+\frac{x}{2}+\sqrt{\left(L_a-L_0-\frac{x}{2}\right)^2+4L_aL_0}\right\}$$

$$=\frac{3x+2L_a+2L_0}{8}-\frac{1}{4}\sqrt{\left(L_a-L_0-\frac{x}{2}\right)^2+4L_aL_0} \quad ⑩$$

$$\Delta h_{2L}\equiv h_{2L}-h_2=\frac{L_0}{2}-\frac{P}{2\rho g}$$

$$=\frac{L_0}{2}-\frac{1}{4}\left\{L_0-L_a+\frac{x}{2}+\sqrt{\left(L_a-L_0-\frac{x}{2}\right)^2+4L_aL_0}\right\}$$

$$=\frac{2L_a+2L_0-x}{8}-\frac{1}{4}\sqrt{\left(L_a-L_0-\frac{x}{2}\right)^2+4L_aL_0} \quad ⑪$$

$$\Delta h_{2R}\equiv h_{2R}-h_2=-\Delta h_{2L}$$

$$=\frac{x-2L_a-2L_0}{8}+\frac{1}{4}\sqrt{\left(L_a-L_0-\frac{x}{2}\right)^2+4L_aL_0} \quad ⑫$$

(2)在 $x\ll L_0$ 和 $L_a\ll L_0$ 的情形下，由⑧式得

$$L_b\approx L_a \quad ⑬$$

⑦式成为

$$P\approx P_0\left(1+\frac{x}{2L_0}\right) \qquad ⑭$$

由⑨、⑩、⑪、⑫、⑬、⑭式得

$$\Delta h_{1L}\approx\frac{3}{4}x \qquad ⑮$$

$$\Delta h_{1R}\cong-\Delta h_{2L}=\Delta h_{2R}\approx\frac{1}{4}x \qquad ⑯$$

2016年第三十三届全国中学生物理竞赛复赛试题

一、如图(1)所示，光线1在上侧柱面P点处傍轴垂直入射，入射角为θ，折射角为θ_0，由折射定律有

$$n\sin\theta=n_0\sin\theta_0 \qquad ①$$

其中n和n_0分别为玻璃与空气的折射率. 光线在下侧柱面Q点处反射，入射角与反射角分别为i和i'，由反射定律有

$$i=i' \qquad ②$$

光线在下侧柱面Q点的反射线交上侧柱面于P'点，并由P'点向上侧柱面折射，折射光线用$1''$表示；光线$1''$正好与P'点处的入射光线2的反射光线$2'$相遇，发生干涉. 考虑光波反射时的半波损失，光线$1''$与光线$2'$在P'点处光程差ΔL为

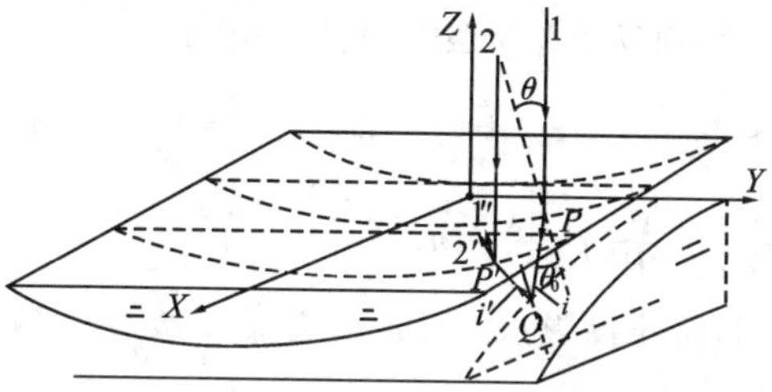

第一题图(1)

$$\Delta L=\left[n(-z_p)+n_0(PQ+P'Q)+\frac{\lambda}{2}\right]-n(-z_{p'})=n_0(PQ+P'Q)-n(z_p-z_{p'})+\frac{\lambda}{2} \qquad ③$$

式中λ为入射光线在真空中的波长，$n_0=1.00$. 由题意，R_1和R_2远大于傍轴光线干涉区域所对应的两柱面间最大间隙；因而在傍轴垂直入射情况下有

$$\theta\approx0,\ i'=i\ll1$$

①式成为

$$n\theta\approx n_0\theta_0 \qquad ④$$

亦即

$$1\gg\theta_0\approx n\theta\approx0 \qquad ⑤$$

在傍轴条件下，柱面上P、Q两处切平面的法线近似平行，因此

$$1\gg i'=i\approx\theta_0\approx0 \qquad ⑥$$

从而，在P、Q两处，不仅切平面的法线近似平行，而且在上下表面的反射光线、折射光线均近似平行于入射线，因而也近似平行于Z轴，从而P'与P点近似重合，即

$$z_{P'}\approx z_P \qquad ⑦$$

且PQ近似平行于Z轴，因而长度

$$P'Q\approx PQ\approx z_P-z_Q \qquad ⑧$$

由③、⑧式得

$$\Delta L=2n_0\cdot PQ+\frac{\lambda}{2}=2n_0(z_P-z_Q)+\frac{\lambda}{2} \qquad ⑨$$

可以将⑨式右端的z-坐标近似用x-或y-坐标表出. 为此，引入一个近似公式. 如图(2)所示，设置于平面上的柱面透镜与平面之间的空气隙的厚度为e，柱面半径为R. 对三边边长分别为R、$R-e$和r的直角三角形有

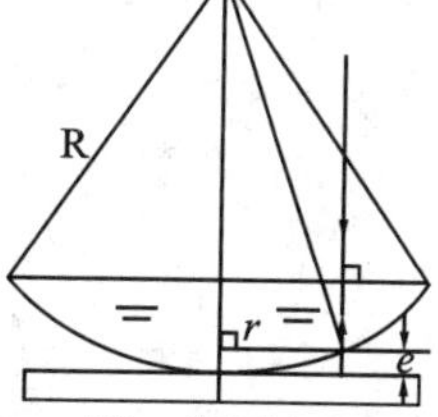

第一题图(2)

$$R^2=(R-e)^2+r^2 \qquad ⑩$$

即

$$2Re-e^2=r^2$$ ⑪

在光线傍轴垂直入射时，$e\ll R$，可略去⑪式左端的 e^2，故

$$e=\frac{r^2}{2R}$$ ⑫

在光线傍轴垂直入射时，前面已证近似有 $PQ/\!/Z$ 轴．故可将上、下两个柱面上的 P、Q 两点的坐标取为 $P(x,y,z_P)$、$Q(x,y,z_Q)$，如图(3)所示．根据⑫式可知，P、Q 两点到 XOY 切平面的距离分别为

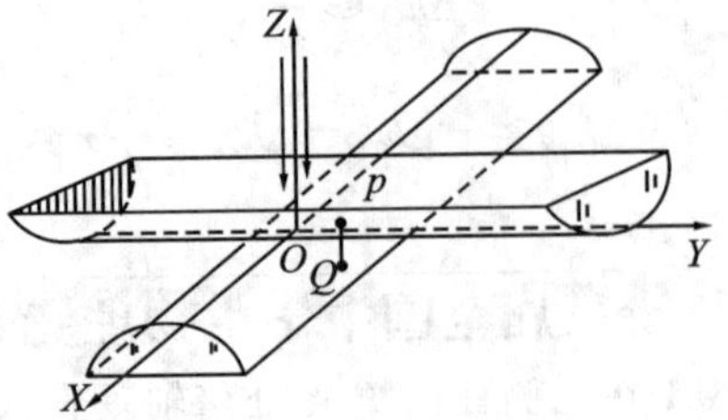

第一题图(3)

$$e_1=z_P=\frac{x^2}{2R_1},e_2=-z_Q=\frac{y^2}{2R_2}$$ ⑬

最后，光线在上、下两个柱面反射并相遇时，其光程差 ΔL 为

$$\Delta L\approx 2n_0(z_P-z_Q)+\frac{\lambda}{2}=2n_0(e_1+e_2)+\frac{\lambda}{2}$$

$$=2n_0\left(\frac{x^2}{2R_1}+\frac{y^2}{2R_2}\right)+\frac{\lambda}{2}=n_0\left(\frac{x^2}{R_1}+\frac{y^2}{R_2}\right)+\frac{\lambda}{2}$$ ⑭

若 P、Q 两点在 XOY 平面的投影点 (x,y) 落在第 k 级亮（暗）纹上，则 ΔL 须满足条件

$$\Delta L=n_0\left(\frac{x^2}{R_1}+\frac{y^2}{R_2}\right)+\frac{\lambda}{2}=\begin{cases}k\lambda,k=1,2,\cdots\text{亮环}\\ \left(k+\frac{1}{2}\right)\lambda,k=0,1,2,\cdots\text{暗环}\end{cases}$$ ⑮

⑮式中亮环条件对应于第 k 级亮纹上的点 (x,y,z) 的 x-、y-坐标满足的方程．

更具体地，不妨假设 $R_1>R_2$，根据⑮式中的亮环条件，可得第 k 级亮纹的方程为

$$\frac{x^2}{A_k^2}+\frac{y^2}{B_k^2}=1,k=1,2,\cdots$$ ⑯

它们是椭圆亮环纹，其半长轴与半短轴分别为

$$A_k=\sqrt{\left(k-\frac{1}{2}\right)R_1\lambda/n_0},k=1,2,\cdots B_k=\sqrt{\left(k-\frac{1}{2}\right)R_2\lambda/n_0},k=1,2,\cdots$$ ⑰

二、(1)清晨加完水封闭后，罐内空气的状态方程为

$$p_0V_0=nRT_0$$ ①

式中 n 为罐内空气的摩尔数，p_0、$V_0=\pi m^3$ 和 $T_0=277.15\text{K}$ 分别是此时罐内空气的压强、体积和温度．

至中午时，由于气温升高，罐内空气压强增大，设此时罐内空气的压强、体积和温度分别为 p_1、V_1 和 T_1，相应的状态方程为

$$p_1V_1=nRT_1$$ ②

式中 $T_1=297.15\text{K}$．空气和水的体积都发生变化，使得观察柱中水位发生变化，此时观察柱内水位和罐内水位之差为

$$\Delta h=\frac{V_1-V_0}{S_1}+\frac{V_1-V_0}{S_2}+\frac{\kappa(T_1-T_0)(S_1+S_2)l_0}{S_2}$$ ③

式中右端第三项是由原罐内和观察柱内水的膨胀引起的贡献，$l_0=1.00\text{ m}$ 为早上加水后观测柱内水面的高度，$S_1=\pi\text{m}^2$、$S_2=4\pi\times10^{-4}\text{ m}^2$ 分别为罐、观察柱的横截面积．由力平衡条件有

$$p_1=p_0+\rho_1 g\Delta h_1$$ ④

式中

$$\rho_1=\frac{\rho_0}{1+\kappa(T_1-T_0)}$$ ⑤

是水在温度为 T_1 时的密度．联立①、②、③、④、⑤式得关于 Δh 的一元二次方程为

$$\rho_1gS'(\Delta h)^2+(\rho_0S_1+\lambda\rho_1gV_0)\Delta h-\left(\frac{T_1}{T_0}-\lambda\right)\rho_0V_0=0$$ ⑥

式中

$$S'=\frac{S_1S_2}{S_1+S_2},\lambda=1-\kappa(T_1-T_0) \quad ⑦$$

解方程⑥得

$$\Delta h=\frac{-(p_0S_1+\lambda\rho_1gV_0)+\sqrt{(p_0S_1+\lambda\rho_1gV_0)^2+4\rho_1gS'\rho_0V_0\left(\frac{T_1}{T_0}-\lambda\right)}}{2\rho_1gS'}=0.812\text{m} \quad ⑧$$

另一解不合题意，舍去.由③、⑤、⑦、⑧式和题给数据得

$$V_1-V_0=S'\Delta h-\kappa(T_1-T_0)S_1l_0=-0.0180\text{m}^3$$

由上式和题给数据得，中午观察柱内水位为

$$l_1=\Delta h-\frac{V_1-V_0}{S_1}+l_0=1.82\ \text{m} \quad ⑨$$

(2)先求罐内空气从清晨至中午对外所做的功.

早上罐内空气压强 $p_0=1.01\times10^5\text{Pa}$；中午观察柱内水位相对于此时罐内水位升高 Δh，罐内空气压强升高了

$$\Delta p=\rho_1g\Delta h=7.913\times10^3\text{Pa}=7.91\times10^3\text{Pa} \quad ⑩$$

由于 $\Delta p\ll p_0$，可认为在准静态升温过程中，罐内空气平均压强为

$$\bar{p}=p_0+\frac{1}{2}\Delta p=1.0495\times10^5\text{Pa}=1.05\times10^5\text{Pa} \quad ⑪$$

罐内空气体积缩小了

$$\Delta V=0.0180\text{m}^3 \quad ⑫$$

可见 $\Delta V/V_0\ll1$，这说明⑪式是合理的.罐内空气对外做功

$$W=\bar{p}\Delta V=-1.889\times10^3\text{J}=-1.9\times10^3\ \text{J} \quad ⑬$$

再计算罐内空气的内能变化.由能量均分定理知，罐内空气中午相对于清晨的内能改变为

$$\Delta U=\frac{5}{2}nR(T_1-T_0)=\frac{5}{2}\frac{p_0V_0}{T_0}(T_1-T_0)=5.724\times10^4\ \text{J}=5.72\times10^4\ \text{J} \quad ⑭$$

式中 5 是常温下空气分子的自由度.由热力学第一定律得，罐内空气的吸热为

$$\Delta Q=W+\Delta U=5.535\times10^4\text{J}=5.54\times10^4\text{J} \quad ⑮$$

从密闭水罐后至中午，罐内空气在这个过程中的热容量为

$$C=\frac{\Delta Q}{T_1-T_0}=2.77\times10^3\text{J}\cdot\text{K}^{-1}. \quad ⑯$$

三、(1)若太阳质量突然变为零，地球和木星围绕太阳转动速度不会突然改变，因而应当等于在太阳质量变为零之前的瞬间地球和木星围绕太阳转动的速度.设在太阳质量变为零之前，地球和木星绕太阳转动速度分别是 v_e 和 v_j.以太阳为原点、地球和木星公转轨道平面为 x-y 平面建立坐标系.由万有引力定律和牛顿第二定律有

$$G\frac{m_sm_e}{r_e^2}=m_e\frac{v_e^2}{r_e} \quad ①$$

由①式得

$$v_e=\sqrt{\frac{Gm_s}{r_e}} \quad ②$$

同理有

$$v_j=\sqrt{\frac{Gm_s}{r_j}} \quad ③$$

现计算地球不被木星引力俘获所需要的最小速率 v_0(不考虑太阳引力).若地球相对木星刚好以速度 v_0 运动，也就是说，当地球在木星的引力场里运动到无限远时，速度刚好为零，此时木星-地球系统引力势能为零，动能也为零，即总机械能为零.按机械能守恒定律，在地球离木星距离为 r_{ej} 时，速度 v_0 满足

$$\frac{1}{2}m_e v_0^2 - G\frac{m_e m_j}{r_{ej}} = 0 \qquad ④$$

即

$$v_0 = \sqrt{\frac{2Gm_j}{r_{ej}}} \qquad ⑤$$

可见，地球不被木星引力俘获所需要的最小速率 v_0 的大小与木星质量和地球离木星的距离有关.

设在太阳质量变为零的瞬间，木星的位矢为

$$\boldsymbol{r}_j = (r_j, 0) \qquad ⑥$$

地球的位矢为

$$\boldsymbol{r}_e = (r_e\cos\theta, r_e\sin\theta) \qquad ⑦$$

式中 θ 为地球此时的位矢与 x-轴的夹角. 此时地球和木星的距离为

$$r_{ej} = \sqrt{r_e^2 + r_j^2 - 2r_e r_j\cos\theta} \qquad ⑧$$

此时地球相对于木星的速度大小为

$$v_{ej} = |\boldsymbol{v}_e - \boldsymbol{v}_j| = \sqrt{v_e^2 + v_j^2 - 2v_e v_j\cos\theta} = \sqrt{Gm_s}\sqrt{\frac{1}{r_e} + \frac{1}{r_j} - \frac{2\cos\theta}{\sqrt{r_e r_j}}} \qquad ⑨$$

式中 $\cos\theta$ 项前面取减号是因为考虑到木星和地球同方向绕太阳旋转的缘故. 由⑤、⑧式得

$$v_0 = \sqrt{\frac{2Gm_j}{r_{ej}}} = \frac{(2Gm_j)^{1/2}}{(r_e^2 + r_j^2 - 2r_e r_j\cos\theta)^{1/4}} \qquad ⑩$$

(2)为了判断地球是否会围绕木星转动，只需比较 v_{ej} 和 v_0 的大小. 由开普勒第三定律有

$$\frac{r_j^3}{T_j^2} = \frac{r_e^3}{T_e^2} \qquad ⑪$$

式中 $T_j = 12y$ 是木星公转周期，而 $T_e = 1y$ 是地球公转周期. 由⑪式得

$$\frac{r_j}{r_e} = \sqrt[3]{\frac{T_j^2}{T_e^2}} = \sqrt[3]{144} \approx 5.2 \qquad ⑫$$

v_{ej} 和 v_0 都是正数，所以，由⑨、⑩、⑫式有

$$\frac{v_{ej}}{v_0} \approx \sqrt{\frac{m_s}{2m_j}}\sqrt{\frac{1}{r_e} + \frac{1}{5.2r_e} - \frac{2\cos\theta}{\sqrt{5.2}r_e}}\sqrt{r_e}\sqrt[4]{1+(5.2)^2 - 2\cos\theta}$$

$$= \sqrt{\frac{m_s}{2m_j}}\sqrt{1 + \frac{1}{5.2} - \frac{2\cos\theta}{\sqrt{5.2}}}\sqrt[4]{1+(5.2)^2 - 2\cos\theta} \qquad ⑬$$

显然，⑬式右端当 $\cos\theta = 1$，即

$$\theta = 0 \qquad ⑭$$

时取最小值，此时太阳、地球、木星共线，且地球和木星在太阳同侧. 由⑬、⑭式和题给数据有

$$\left(\frac{v_{ej}}{v_0}\right)_{\min} = \sqrt{\frac{m_s}{2m_j}}\sqrt{1 + \frac{1}{5.2} - \frac{2}{\sqrt{5.2}}}\sqrt[4]{1+(5.2)^2 - 2} \approx 29 \gg 1 \qquad ⑮$$

也就是说，在任何情况下，

$$v_{ej} \gg v_0 \qquad ⑯$$

即若太阳质量突然变为零，地球必定不会被木星引力俘获，不会围绕木星旋转. 这里考虑的是地球与木星绕太阳运动方向相同的情况. 若地球和木星绕太阳转动方向相反，则地球和木星的相对速度会更大，而 v_0 不变，地球也不会围绕木星旋转.

四、(1)由题意，均匀弹性绳在自重作用下几乎不可伸长，此即其劲度系数非常大. 因而，虽然绳的弹力大小不可忽略，但绳在自重作用下的弹性势能可忽略不计. 取桥面为重力势能零点，系统总的初始能量是绳的初始势能，即

$$E_i = E_{pi} = -mg\frac{L}{4} \quad ①$$

式中，m 是绳的质量，L 是绳的原长．蹦极者下落距离 y 时，系统的动能为

$$E_k = \frac{1}{2}Mv^2 + \frac{1}{2}m\frac{L-y}{2L}v^2 \quad ②$$

式中，M 是蹦极者的质量，v 是蹦极者的速度大小，它等于下落的绳的速度．下落的那段绳的重力势能为

$$E_{p,动} = -m\frac{L-y}{2L}g\left(y+\frac{L-y}{4}\right) \quad ③$$

而此时静止的那段绳的重力势能为

$$E_{p,静} = -m\frac{L+y}{2L}g\frac{L+y}{4} \quad ④$$

由②、③、④式得，此时系统（蹦极者和绳）总的机械能为

$$\begin{aligned} E_f &= E_k + E_{p,动} + E_{p,静} - Mgy \\ &= \frac{1}{2}Mv^2 + \frac{1}{2}m\frac{L-y}{2L}v^2 - m\frac{L-y}{2L}g\left(y+\frac{L-y}{4}\right) - m\frac{L+y}{2L}g\frac{L+y}{4} - Mgy \end{aligned} \quad ⑤$$

按题意，不考虑可能的能量损失，有

$$E_i = E_f \quad ⑥$$

由①、②、③、④、⑤、⑥式得

$$v^2 = gy\frac{4ML+2mL-my}{2ML+mL-my} \quad ⑦$$

将⑦式两边对时间求导得

$$2v\frac{dv}{dt} = g\frac{dy}{dt}\left[2+\frac{my(4ML+2mL-my)}{(2ML+mL-my)^2}\right] \quad ⑧$$

将 $\frac{dy}{dt}=v$ 代入⑧式得，蹦极者加速度大小 $a=\frac{dv}{dt}$ 为

$$a = \frac{g}{2}\left[1+\frac{(2ML+mL)^2}{(2ML+mL-my)^2}\right] \text{或 } a = g\left[1+\frac{my(4ML+2mL-my)}{2(2ML+mL-my)^2}\right] \quad ⑨$$

在所考虑的下落过程中，加速度向下，速度大小的上限为

$$v_{y\to L} = \sqrt{2gL+\frac{1}{2}\frac{m}{M}gL} \quad ⑩$$

由⑨式有

$$\frac{da}{dy} = mg\frac{(2M+m)^2L^2}{(2ML+mL-my)^3} > 0 \quad ⑪$$

加速度大小的上限为

$$a_{y\to L} = g\left[1+\frac{m(4M+m)}{8M^2}\right] \quad ⑫$$

(2)设蹦极者在时刻 t 下落到离起始水平面距离 y 处，在时刻 $t+dt$ 下落到离起始水平面距离 $y+dy$ 处．考虑时刻 t 绳底端右边长度为 $dy/2$ 的一小段绳，它在时刻 $t+dt$ 静止于绳底端左边，如图所示．在这个过程中，在竖直方向上，对这一小段绳应用冲量定理有

$$(F_1+F_2)dt + \frac{m}{L}\frac{dy}{2}gdt = 0 - \frac{m}{L}\frac{dy}{2}v \quad ⑬$$

式中 F_1 和 F_2 分别是绳的弯曲段左、右两端在时刻 t 张力的大小．

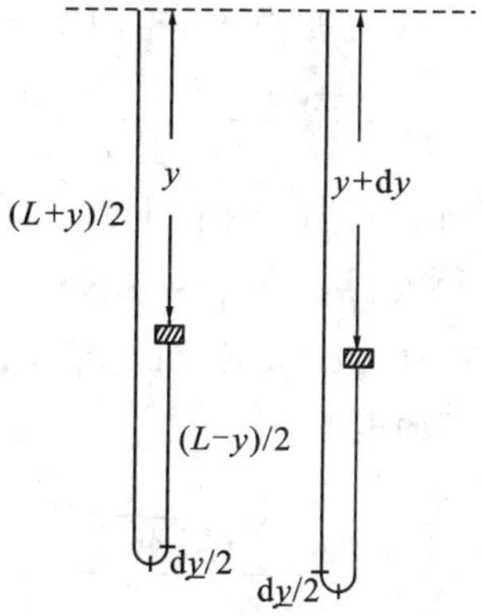

第四题图

另一方面，对于右边正在下落的那段绳，由牛顿第二定律有

$$\left(M+\frac{m}{L}\frac{L-y}{2}\right)\ddot{y} = \frac{m}{L}\frac{L-y}{2}g + Mg + F_2 \quad ⑭$$

联立⑤、⑥、⑬、⑭式得

$$0=\frac{\mathrm{d}E_f}{\mathrm{d}t}=-\frac{1}{2}(F_1-F_2)\dot{y} \tag{⑮}$$

由⑬、⑮式得

$$F_1=F_2=-\frac{1}{2}\frac{m}{L}\frac{\mathrm{d}y}{2}g-\frac{1}{4}\frac{m}{L}v^2 \tag{⑯}$$

取 $\mathrm{d}y\to 0$，绳在其上端悬点 b 处的张力大小为

$$F_b=\frac{m}{L}\frac{L+y}{2}g+\frac{1}{4}\frac{m}{L}v^2 \tag{⑰}$$

由⑩、⑰式得

$$F_b=mg\left(\frac{L+y}{2L}+\frac{y}{4L}\frac{4ML+2mL-my}{2ML+mL-my}\right) \tag{⑱}$$

五、(1)如图(1)所示，由几何关系知，传感器轴向和细绳的横截面之间的夹角也是 θ. 传感器两电极之间的长度(原长)为

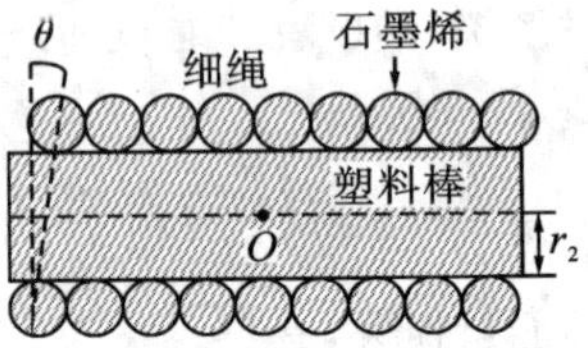

第五题图(1)　未拉伸

$$L_1=N\frac{2r_1}{\cos\theta} \tag{①}$$

每圈绳可看作长半轴为 $r'_2/\cos\theta$、短半轴为 r'_2 的椭圆环，其周长为

$$l=\pi\left(3\frac{\frac{r'_2}{\cos\theta}+r'_2}{2}-\sqrt{\frac{r'^2_2}{\cos\theta}}\right)=\frac{\pi r'_2}{2}\left(\frac{3}{\cos\theta}-\frac{2}{\sqrt{\cos\theta}}+3\right) \tag{②}$$

式中 $r'_2=t+r_1+r_2=r_2$. 拉伸后，传感器的伸长率为 ε，产生了 n 个缝隙，设每个缝隙宽 L，传感器的长度变为

$$L_2=L_1(1+\varepsilon)=L_1+n\left(L-\frac{2r_1}{\cos\theta}\right)=(N-n)\frac{2r_1}{\cos\theta}+nL \tag{③}$$

式中

$$L=l-2\pi r_2+2r_1=\frac{\pi r_2}{2}\left(\frac{3}{\cos\theta}-\frac{2}{\sqrt{\cos\theta}}-1\right)+2r_1 \tag{④}$$

由①、②、③、④式得

$$\varepsilon=\frac{n\left(L-\frac{2r_1}{\cos\theta}\right)}{L_1}=\frac{\pi r_2(3-2\sqrt{\cos\theta}-\cos\theta)+4r_1(\cos\theta-1)}{4r_1}\frac{n}{N}$$

$$\approx\frac{\pi r_2(3-2\sqrt{\cos\theta}-\cos\theta)}{4r_1}\frac{n}{N} \tag{⑤}$$

式中最后一步是因为考虑到 $r_1\ll r_2$ 的缘故.

由电阻定律并利用②式得，每圈椭圆环形细绳沿着塑料棒轴向的电阻为

$$R_1=\frac{1}{2}\rho\frac{\pi r_1}{lt}=\frac{\rho r_1\cos\theta}{(3-2\sqrt{\cos\theta}+3\cos\theta)r_2t} \tag{⑥}$$

式中因子 1/2 是由于细绳内、外半圈的电阻并联的缘故. 未拉伸时传感器的电阻为

$$R_0=NR_1+(N-1)R_c\approx N(R_1+R_c),N\gg 1 \tag{⑦}$$

拉伸后，产生缝隙地方的电阻将由原来的接触电阻 $2R_c$ 和 R_1 之和变为 R_2(R_2 为细绳单独绕圆柱形塑料棒一圈的电阻)

$$R_2=\rho\frac{l}{2\pi r_1t}=\rho\frac{\frac{\pi r_2}{2}\left(\frac{3}{\cos\theta}-\frac{2}{\sqrt{\cos\theta}}+3\right)}{2\pi r_1t}=\frac{(3-2\sqrt{\cos\theta}+3\cos\theta)\rho r_2}{4r_1t\cos\theta} \tag{⑧}$$

传感器在其伸长率为 ε 时的电阻变为

$$R_3=R_0-n(2R_c+R_1)+nR_2 \tag{⑨}$$

由⑥、⑦、⑧、⑨式得，传感器在其伸长率为 ε 时的电阻变化率为

$$\frac{\Delta R}{R_0}=\frac{R_3-R_0}{R_0}=\frac{\dfrac{(3-2\sqrt{\cos\theta}+3\cos\theta)\rho r_2}{4r_1 t\cos\theta}-2R_c-\dfrac{\rho r_1\cos\theta}{(3-2\sqrt{\cos\theta}+3\cos\theta)r_2 t}}{\dfrac{\rho r_1\cos\theta}{(3-2\sqrt{\cos\theta}+3\cos\theta)r_2 t}+R_c}\frac{n}{N}$$

$$=\frac{\dfrac{(3-2\sqrt{\cos\theta}+3\cos\theta)^2\rho r_2^2}{4r_1\cos\theta}-2(3-2\sqrt{\cos\theta}+3\cos\theta)r_2 tR_c-\rho r_1\cos\theta}{\rho r_1\cos\theta+(3-2\sqrt{\cos\theta}+3\cos\theta)r_2 tR_c}\frac{n}{N} \quad ⑩$$

$$=\left[\frac{(3-2\sqrt{\cos\theta}+3\cos\theta)^2\rho r_2^2+4\rho r_1^2\cos^2\theta}{4\rho r_1^2\cos^2\theta+4\cos\theta(3-2\sqrt{\cos\theta}+3\cos\theta)tr_1 r_2 R_c}-2\right]\frac{n}{N}$$

(2)在未拉伸时电流沿着塑料棒轴向，根据毕奥-萨伐尔定律，此时不会产生沿塑料棒轴向的磁场，P 点处沿塑料棒轴向的磁感应强度为零.

同理，只有拉伸后每个缝隙处的细圆环绳中的电流才会产生沿塑料棒轴向的磁场. 现仅考虑一圈中心与 P 点的距离为 r_z 的细圆环绳产生的磁场. 如图(2)所示，在圆环上任一直径 AA' 一端各取电流元 Idl 和 $-Idl$，它在 P 点产生磁场 dB 和 dB'，dB 和 dB' 的垂直于轴线的分量相互抵消，它们的合磁感应强度沿塑料棒轴向，其大小为 $2dB\cos\alpha$（α 是 AP 与 AA' 的夹角）. 将整个圆环电流类似地按各直径两端分割成一个个电流元，P 点沿塑料棒轴向的总磁场即为各元电流在该点产生的磁场的轴向分量 $dB\cos\alpha$ 之和. 注意到 Idl 可以写为 $Ir_2 d\beta$（$d\beta$ 是弧元 dl 所对的圆心角），由毕奥-萨伐尔定律有

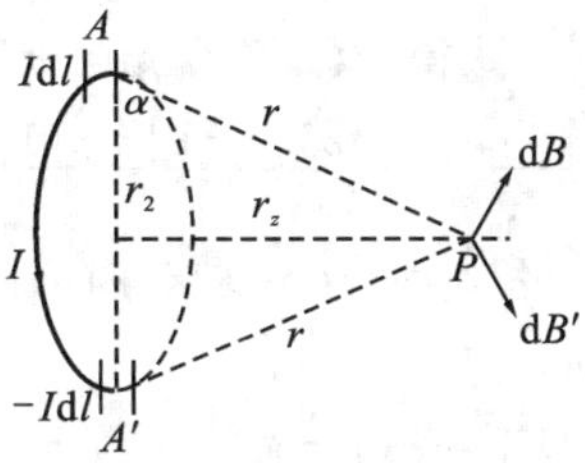

第五题图(2)

$$B=\int_0^{2\pi}dB\cos\alpha=\int_0^{2\pi}\frac{\mu_0}{4\pi}\frac{Ir_2 d\beta}{r^2}\cos\alpha \quad ⑪$$

式中 $r=\dfrac{r_z}{\sin\alpha}$. 对于给定的 P 点，α 是常数，于是有

$$B=\frac{\mu_0}{4\pi}\frac{Ir_2}{r_z^2}\sin^2\alpha\cos\alpha\int_0^{2\pi}d\beta=\mu_0\frac{Ir_2}{2r_z^2}\sin^2\alpha\cos\alpha \quad ⑫$$

式中

$$\cos\alpha=\frac{r_2}{\sqrt{r_2^2+r_z^2}},\ \sin\alpha=\frac{r_z}{\sqrt{r_2^2+r_z^2}} \quad ⑬$$

将⑬式代入⑫式得

$$B=\mu_0\frac{r_2^2 I}{2(r_2^2+r_z^2)^{3/2}} \quad ⑭$$

由题设，D 远大于传感器的长度，故也远大于 r_2，因而 $r_z\approx D\gg r_2$，于是

$$B=\mu_0\frac{r_2^2 I}{2D^3} \quad ⑮$$

传感器伸长后有 n 个缝隙，由⑮式得

$$B_{total}=\mu_0\frac{r_2^2 nI}{2D^3} \quad ⑯$$

六、(1)设从光阴极逸出的电子个数为 n_p，按题述，从第 1 倍增级逸出的电子个数为

$$m_1=\eta n_p\delta$$

可用归纳法得出从第 i 倍增级逸出的电子个数为

$$m_i=\eta n_p\delta(\sigma\delta)^{i-1},i=1,\cdots,n \quad ①$$

光阴极、第 i 倍增级和第 n 倍增级向阳极贡献的电子数 $n_{p\to a}$、$m_{i\to a}$ 和 $m_{n\to a}$ 分别为

$$\begin{cases}n_{p\to a}=n_p(1-\eta),\\ m_{i\to a}=m_i(1-\sigma),i=1,\cdots,n-1,\\ m_{n\to a}=m_n\end{cases} \quad ②$$

光阴极与阳极间电势差 V_{pa}、第 i 倍增级与阳极之间的电势差 V_{ia} 分别为

$$\begin{cases} V_{pa}=(1+n)V, \\ V_{ia}=(n-i+1)V, i=1,\cdots,n \end{cases} \tag{3}$$

从光阴极溢出的电子被电势差加速所消耗的能量 E_p、从第 i 倍增级溢出到阳极的电子被电势差加速所消耗的能量 E_{ia}、第 i 倍增级溢出到第 $i+1$ 倍增级的电子被电势差加速所消耗的能量 $E_{i\to i+1}$ 分别为

$$\begin{cases} E_p=en_p\eta V+en_{p\to a}V_{pa}, \\ E_{ia}=em_{i\to a}V_{ia}, i=1,\cdots,n, \\ E_{i\to i+1}=em_i\sigma V, i=1,\cdots,n-1 \end{cases} \tag{4}$$

消耗的总电能为

$$E=E_p+\sum_{i=1}^{n}E_{ia}+\sum_{i=1}^{n-1}E_{i\to i+1} \tag{5}$$

将①、②、③、④式代入⑤式得，放大单个光阴极逸出的电子消耗的平均能量为

$$\frac{E}{n_p}=\left\{(1-\eta)n+\frac{\eta(1-\sigma)\delta\{\sigma\delta[(\sigma\delta)^n-1]+n(1-\sigma\delta)\}}{(\sigma\delta-1)^2}+\frac{\eta[(\sigma\delta)^n-\sigma\delta]}{\sigma\delta-1}+1\right\}eV \tag{6}$$

当 $\delta\sigma>1$、$n\gg1$ 时，上式各项中含 $(\delta\sigma)^n$ 因子的部分的贡献远大于其他部分，因此可仅保留含 $(\delta\sigma)^n$ 级因子的项，有

$$\frac{E}{n_p}=\eta\frac{\delta\sigma(1-\delta\sigma)+(\delta^2\sigma-1)}{(\delta\sigma-1)^2}(\delta\sigma)^n eV \tag{7}$$

(2)所加磁场应当垂直纸面向里.

磁场提供洛伦兹力，且忽略重力和电场力，电子在匀强磁场中做匀速圆周运动. 由于电子的逃逸速度垂直于电极，电子运动轨迹的圆心将在电极所在的直线上. 运动轨迹如右图所示.

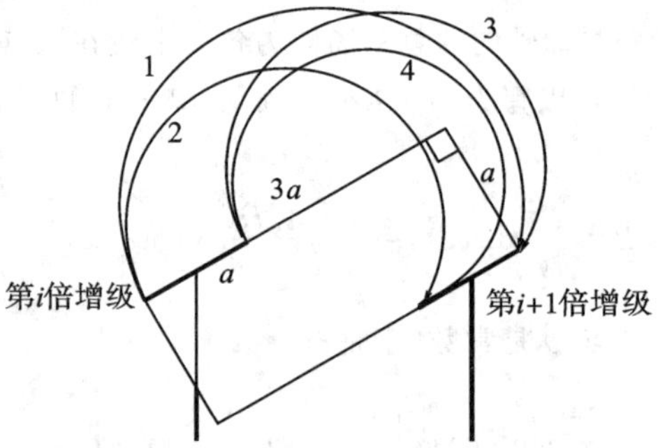

第六题图

当第 i 倍增级最左端的电子到达第 $i+1$ 倍增级最右端时，轨迹为1，圆心在第 i 倍增级的延长线上，由几何关系知，对应的半径 r_1 满足

$$r_1=\sqrt{(3a-r_1)^2+a^2} \tag{8}$$

当第 i 倍增级最左端的电子到达第 $i+1$ 倍增级最左端时，轨迹为2，对应的轨道半径 r_2 满足

$$r_2=\sqrt{(2a-r_2)^2+a^2} \tag{9}$$

当第 i 倍增级最右端的电子到达第 $i+1$ 倍增级最右端时，轨迹为3，对应的轨道半径 r_3 满足

$$r_3=\sqrt{(2a-r_3)^2+a^2} \tag{10}$$

当第 i 倍增级最右端的电子到达第 $i+1$ 倍增级最左端时，轨迹为4，对应的轨道半径 r_4 满足

$$r_4=\sqrt{(a-r_4)^2+a^2} \tag{11}$$

由⑧、⑨、⑩、⑪式分别解得

$$r_1=\frac{5}{3}a, r_2=\frac{5}{4}a, r_3=\frac{5}{4}a, r_4=a \tag{12}$$

设电子在磁场中做匀速圆周运动的速率为 v，由洛伦兹力公式和牛顿第二定律有

$$evB=\frac{mv^2}{r} \tag{13}$$

由⑬式得

$$r=\frac{mv}{eB}=\frac{\sqrt{2mE_e}}{eB} \tag{14}$$

式中 $E_e=\frac{1}{2}mv^2$ 是速率为 v 的电子的动能. 由⑫、⑭式可解出相应的 B_1、B_2、B_3、B_4 的大小为

$$B_1=\frac{3}{5}\frac{\sqrt{2mE_e}}{ea},B_2=\frac{4}{5}\frac{\sqrt{2mE_e}}{ea},B_3=\frac{4}{5}\frac{\sqrt{2mE_e}}{3a},B_4=\frac{\sqrt{2mE_e}}{ea} \qquad ⑮$$

当 $B=B_1$ 时,第 i 倍增级释放的电子中只有最左边的被收集;若 $B<B_1$,则一个电子都不会被收集. 因此为使第 $i+1$ 倍增级能收集到电子,应当有 $B\geqslant B_1$.

当 $B=B_2=B_3$ 时,所有电子都被第 $i+1$ 倍增级收集.

当 $B=B_4$ 时,第 i 倍增级释放的电子中只有最右边的被收集到;若 $B>B_4$,则一个电子都不会被收集. 因此为使第 $i+1$ 倍增级能收集到电子,应当有 $B\leqslant B_4$.

因此,当

$$B=\frac{4}{5}\frac{\sqrt{2mE_e}}{ea} \qquad ⑯$$

时,第 $i+1$ 倍增级收集到的电子最多;当

$$\frac{3}{5}\frac{\sqrt{2mE_e}}{ea}\leqslant B\leqslant\frac{\sqrt{2mE_e}}{ea} \qquad ⑰$$

时,第 $i+1$ 倍增级会有电子被收集.

七、(1)(i)两杆 AB 和 BC 对于 A 点的转动惯量分别为

$$I_1=\frac{1}{3}ml^2 \qquad ①$$

$$I_2=\frac{1}{12}ml^2+m\left(\frac{\sqrt{3}}{2}l\right)^2 \qquad ②$$

两杆固结在一起,因而两杆可视为一个刚体绕 A 点做定轴转动,总的转动惯量为

$$I=I_1+I_2=\frac{7}{6}ml^2 \qquad ③$$

撤去外力作用后,两杆所受到的重力相对于 A 点的总力矩为

$$M=\frac{1}{4}mgl+\frac{3}{4}mgl \qquad ④$$

两杆的角加速度相同,设为 α(以顺时针方向为正方向),则由刚体转动定理得

$$M=I\alpha \qquad ⑤$$

联立①、②、③、④、⑤式得,两杆的角加速度为

$$\alpha=\frac{6g}{7l} \qquad ⑥$$

(ii)考虑 AB 杆从初始位置到与水平线 AD 的夹角为 θ 位置这一过程,两杆重力势能的变化量为

$$\Delta E_p=-mg\frac{l}{2}\sin\theta-mg\frac{\sqrt{3}l}{2}\sin\left(\theta-\frac{\pi}{6}\right)-2\left(-mg\frac{l}{2}\sin\frac{\pi}{3}\right) \qquad ⑦$$

两杆动能的变化量为

$$\Delta E_k=\frac{1}{2}I\omega^2-0 \qquad ⑧$$

式中,ω 为 AB 杆与水平线 AD 的夹角为 θ 时绕 A 点转动的角速度. 整个过程中机械能守恒定律

$$\Delta E_k+\Delta E_p=0 \qquad ⑨$$

联立③、⑦、⑧、⑨式得

$$\omega=\sqrt{\frac{3g}{7l}(5\sin\theta-\sqrt{3}\cos\theta-2\sqrt{3})} \qquad ⑩$$

(2)两杆在 B 点由光滑铰链连接,因而杆 AB 和 BC 不能整体视为一个刚体,其角加速度不相等,分别设为 α_1、α_2(以顺时针方向为正方向);取 B 点为原点,x、y 轴正方向分别水平向右、竖直向下,设 BC 杆对 AB 杆的作用力沿 x、y 轴的分量分别为 F_x、F_y. 对

于 AB 杆，相对于 A 点，由刚体转动定理得

$$\left(\frac{1}{3}ml^2\right)\alpha_1=\frac{1}{4}mgl+\frac{1}{2}F_yl-\frac{\sqrt{3}}{2}F_xl \qquad ⑪$$

对于 BC 杆，AB 杆对 BC 杆的作用力沿 x、y 轴的分量分别为 $-F_x$、$-F_y$，设 BC 杆质心的加速度沿 x、y 轴的分量分别为 a_x、a_y，由刚体质心运动定理得

$$ma_x=-F_x \qquad ⑫$$

$$ma_y=mg-F_y \qquad ⑬$$

BC 杆同时还绕其质心转动，由刚体转动定理得

$$\left(\frac{1}{12}ml^2\right)\alpha_2=\frac{1}{4}F_yl+\frac{\sqrt{3}}{4}F_xl \qquad ⑭$$

两杆连接点 B 的加速度沿 x、y 轴的分量 a_{Bx}、a_{By} 为

$$a_{Bx}=-\frac{\sqrt{3}}{2}l\alpha_1=a_x-\frac{\sqrt{3}}{4}l\alpha_2 \qquad ⑮$$

$$a_{By}=\frac{1}{2}l\alpha_1=a_y-\frac{1}{4}l\alpha_2 \qquad ⑯$$

联立⑪、⑫、⑬、⑭、⑮、⑯式得

$$\alpha_1=\frac{9g}{11l},\alpha_2=\frac{15g}{11l} \qquad ⑰$$

$$F_x=\frac{3\sqrt{3}}{44}mg,F_y=\frac{1}{4}mg \qquad ⑱$$

两杆间相互作用力的大小为

$$F=\sqrt{F_x^2+F_y^2}=\frac{\sqrt{37}}{22}mg\approx0.276mg \qquad ⑲$$

设 BC 杆对 AB 杆的作用力与竖直方向夹角为 ϕ，则

$$\tan\phi=\frac{F_x}{F_y}=\frac{3\sqrt{3}}{11}\approx0.472 \qquad ⑳$$

八、(1)部分子 a、b 的动能分别为

$$E_a=x_aE,E_b=x_bE \qquad ①$$

它们远大于其静能，所以部分子 a、b 的质量可忽略，其动量大小分别为

$$p_a=\frac{E_a}{c},p_b=-\frac{E_b}{c} \qquad ②$$

负号表明部分子 a、b 的动量方向相反，在同一条直线上. 部分子 a、b 对撞湮灭产生新粒子 S，根据能量守恒定律，S 的能量为

$$E_S=E_a+E_b \qquad ③$$

根据动量守恒定律，S 的动量大小为

$$p_S=p_a+p_b \qquad ④$$

由自由粒子的动量和能量关系有

$$E_S^2-p_S^2c^2=m_S^2c^4 \qquad ⑤$$

由①、②、③、④、⑤式得

$$x_ax_b=\frac{m_S^2c^4}{4E^2} \qquad ⑥$$

由⑥式和题给数据得

$$x_ax_b=0.0051 \qquad ⑦$$

(2)在新粒子 S 静止的参考系中，设 S 衰变成的两光子的频率分别为 ν_1 和 ν_2，它们的能量和动量大小分别为

$$E_1=h\nu_1,E_2=h\nu_2 \qquad ⑧$$

$$P_1=\frac{h\nu_1}{c},P_2=-\frac{h\nu_2}{c} \qquad ⑨$$

负号表明两光子的动量方向相反，在同一条直线上. S 衰变前后能量和动量守恒，有

$$E_1+E_2=m_S c^2 \quad ⑩$$

$$p_1+p_2=0 \quad ⑪$$

由⑧、⑨、⑩、⑪式得

$$\nu_1=\nu_2=\frac{m_S c^2}{2h} \quad ⑫$$

由⑫式和题给数据得

$$\nu_1=\nu_2=\frac{1.0\times10^{12}\times1.60\times10^{-19}\,\mathrm{C\cdot V}}{2\times6.63\times10^{-34}\,\mathrm{J\cdot s}}\approx1.2\times10^{26}\,\mathrm{Hz} \quad ⑬$$

(3)在 S 产生时静止的参照系中，对于 S 衰变到两个粒子 A 的过程，设两个粒子 A 的能量、动量大小分别为 E_{A1}、E_{A2} 和 p_{A1}、p_{A2}，由能量守恒定律 $m_S c^2=E_{A1}+E_{A2}$、动量守恒定律 $0=p_{A1}-p_{A2}$ 以及自由粒子的动量和能量关系

$$E_{Ai}^2=p_{Ai}^2c^2+m_A^2c^4,\ i=1,2 \quad ⑭$$

可知，每个粒子 A 的动量大小相等 $p_A\equiv p_{A1}\equiv p_{A2}$，因而每个粒子 A 的能量为

$$E_A\equiv E_{A1}=E_{A2}=\frac{1}{2}(m_S c^2)=5.0\times10^2\,\mathrm{GeV}\gg m_A c^2 \quad ⑮$$

在粒子 A 衰变到两个同频率光子的过程中，由能量守恒得

$$2h\nu=E_A \quad ⑯$$

式中 ν 是每个光子的频率. 设两光子动量之间夹角为 θ，由动量守恒定律知，在平行和垂直于粒子 A 运动方向上分别有

$$\frac{h\nu}{c}\cos\frac{\theta}{2}+\frac{h\nu}{c}\cos\frac{\theta}{2}=p_A$$

$$\frac{h\nu}{c}\sin\frac{\theta}{2}-\frac{h\nu}{c}\sin\frac{\theta}{2}=0 \quad ⑰$$

由⑭、⑮、⑯、⑰式得

$$\sin\frac{\theta}{2}=\sqrt{1-\left(\cos\frac{\theta}{2}\right)^2}=\frac{2m_A}{m_S}=0.0020\ll1 \quad ⑱$$

可见，两光子夹角非常小，利用 $\sin\frac{\theta}{2}\approx\frac{\theta}{2}$，由⑱式得

$$\theta\approx\frac{4m_A}{m_S}=\frac{4\times1.0}{1.0\times10^3}=0.0040 \quad ⑲$$

2017 年第三十四届全国中学生物理竞赛预赛试题

一、**1.** BCD **2.** D **3.** ACD **4.** C **5.** D

二、**6.** 2.2 **7.** 3:2 **8.** $3\mu C$ **9.** $(20,-\frac{20}{2}\sqrt{3},0)$或$(20,-\frac{20}{2}\sqrt{3})$

10. 不守恒 墙壁对弹簧有作用力(外力)，且在运动参考系中，该力的作用点有位移，所做的功不为零

三、**11.** (1)若没有火柴棍 B 和 C，则挂重物时在过 A 的竖直平面内的情景如图(1)所示. 因棉线直径 $d\neq0$，棉线的中心轴线到 O 点的距离为 $\frac{d}{2}$，重物相对于支撑点 O 有一力矩

$$L=\frac{d}{2}Mg \quad ①$$

式中 M 为重物的质量，g 为重力加速度的大小，此力矩会使火柴棍转动直至掉下.

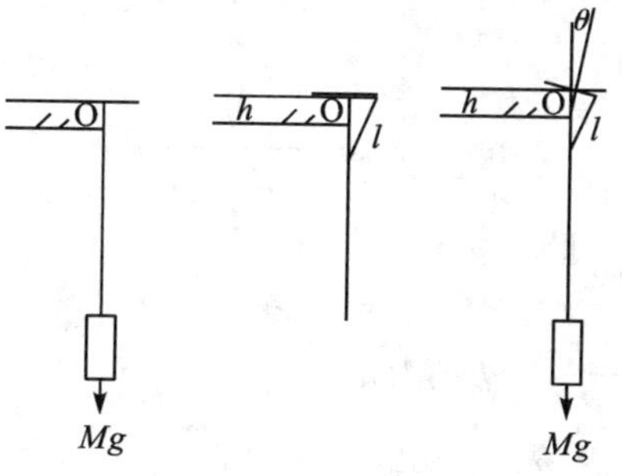

图(1) 图(2)a 图(2)b

第 11 题图

(2)如题图所示的结构可以稳定地悬挂起重物，当重物和火柴棍的质量趋于零(未挂重物)时，在过火柴棍 A 的竖直平面内的情景应如图(2)a 所示. 由题设，火柴棍与桌沿、火柴

棍与棉线以及火柴棍之间都足够粗糙(可以没有滑动),可形成一个稳定的三脚架结构.由于火柴棍A水平,火柴棍B的下端正好在A的中点的正下方,由几何关系知,火柴棍A和B之间的夹角为

$$\alpha=60^\circ \quad ②$$

(由于$d\ll l$,此时忽略了棉线的粗细),桌面上表面边沿O点到火柴棍B的下端(即火柴棍C的中点)的距离为

$$L=\frac{\sqrt{3}}{2}l \quad ③$$

又由于火柴棍C水平,由几何关系知,从O点到火柴棍C两端的距离均为l.

值得指出的是,根据题意,前面提及的三脚架结构在重物质量逐渐增大时是稳定的:因为根据题意,火柴棍与棉线之间是足够粗糙的,以至于跨过火柴棍A的棉线与它所连接的火柴棍C形成的正三角形得以保持,且火柴棍C也继续保持水平,因而火柴棍B与A之间的夹角也得以保持不变,从而在图(2)b中,火柴棍A和B之间的夹角仍然为60°.

小心地挂上重物,在过火柴棍A的竖直平面内的情景如图(2)b所示.这时,火柴棍A受到四个力的作用:火柴棍B对它的头部的斜向上的推力、跨过火柴棍A的中部的细棉线对它的竖直向下的压力、桌面上边沿O点对它的正压力和静摩擦力.火柴棍A与桌面之间静摩擦力在一定范围内可以保证火柴棍A所受合力为零.同时,由于力矩L的作用,火柴棍A会绕O点转动,通过火柴棍B的带动,绕过A连接火柴棍C两端的棉线将绕桌面下表面的边沿转过一小角度,使重物向左平移;当重物向左平移的距离达到$\frac{d}{2}$时,重物处于桌沿O的正下方,重力作用线恰好过支点D[图(3)],因而对D点的力矩为零,整个系统不会转动,从而达到稳定平衡.设此时过A连接火柴棍C两端的棉线绕桌面下表面的边沿转过的角度$\angle DW'D'=\theta$,如示意图3所示;图中D是桌面下表面边沿,

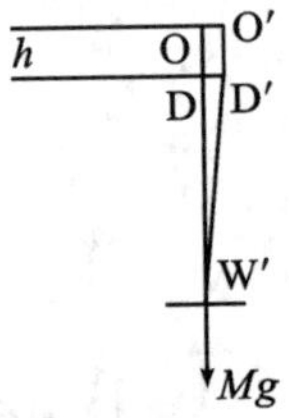

第11题图(3)

且

$$OO'=DD'=\frac{d}{2},$$

$$OD=O'D'=h$$

W'是火柴棍C的中点,显然

$$D'W'=L-h=\frac{\sqrt{3}}{2}l-h \quad ④$$

在直角△DW'D'中,由几何关系得

$$\sin\theta=\frac{\frac{d}{2}}{\frac{\sqrt{3}}{2}l-h} \quad ⑤$$

或

$$\theta=\arcsin\frac{d}{\sqrt{3}l-2h} \quad ⑥$$

12. (1)该方形线框的质量

$$m=4L\pi r_0^2\rho \quad ①$$

方形线框的重力相对于AB边的力矩为

$$L_g=mg\frac{L}{2}\cos\theta$$

$$=4L\pi r_0^2\rho g\frac{L}{2}\cos\theta=2L^2\pi r_0^2\rho g\cos\theta \quad ②$$

(2)拉力F的力矩为

$$L_F=FL\cos\theta \quad ③$$

对于线圈 $abcd$ 四条边来说，ab 边为转轴，bc 和 da 边产生的安培力相互抵消，力矩之和为零，只有 cd 边产生安培力的力矩. 设 cd 边受到的安培力为 F_A，有

$$L_A=F_AL\sin\theta \quad ④$$

该系统稳定，所以重力 F_g 的力矩 L_g、安培力 F_A 的力矩 L_A 和拉力 F 的力矩 L_F 平衡. 有两种情况（受力图分别如图 a 和图 b 所示，图中虚线是线框 ab 边和 cd 边中点的连线）；

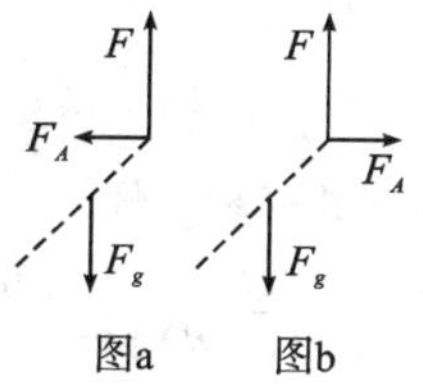

第 12 题图

$$L_A=L_g-L_F \quad ⑤$$

或

$$L_A=L_F-L_g \quad ⑥$$

所以安培力 F_A 的力矩为

$$L_A=2L^2\pi r_0^2\rho g\cos\theta-FL\cos\theta \quad ⑦$$

或

$$L_A=FL\cos\theta-2L^2\pi r_0^2\rho g\cos\theta \quad ⑧$$

由④、⑦、⑧式得

$$F_A=(2L\pi r_0^2\rho g-F)\cot\theta \quad ⑨$$

或

$$F_A=(F-2L\pi r_0^2\rho g)\cot\theta \quad ⑩$$

(3)这时通过线框的磁通量为

$$\phi(\theta)=L^2B\cos\theta \quad ⑪$$

感应电动势为

$$\varepsilon=\frac{\Delta\phi}{\Delta t}=L^2\cos\theta\left|\frac{\Delta B}{\Delta t}\right| \quad ⑫$$

设该方形线框的电阻为 R，由电阻定律有

$$R=\frac{4L}{\sigma\pi r_0^2} \quad ⑬$$

由⑫、⑬式得，该方形线框上的感应电流为

$$i=\frac{\varepsilon}{R}=\frac{L}{4}\sigma\pi r_0^2\sin\theta\left|\frac{\Delta B}{\Delta t}\right| \quad ⑭$$

cd 边所受到的安培力的大小为

$$F_A=iBL=\frac{L^2}{4}\sigma\pi r_0^2B\cos\theta\left|\frac{\Delta B}{\Delta t}\right| \quad ⑮$$

由⑨、⑩、⑮及 $F=0$ 式得

$$\left|\frac{\Delta B}{\Delta t}\right|=\frac{8\rho g}{BL\sigma\sin\theta} \quad ⑯$$

13. (1)设大气压强为 p_0. 初态：Ⅰ室内气体压强为 p_1；Ⅲ室内气体压强为 p_1'，气柱的长度为 l'. 末态：Ⅰ室内气体压强为 p_2；Ⅲ室内气体压强为 p_2'. 由初态到末态：活塞左移距离为 d. 对初态应用气体状态方程，对Ⅰ室内气体有

$$p_1lS=vRT_1 \quad ①$$

对Ⅱ室内气体有

$$p_0\left(\frac{l}{2}\times S+\frac{l}{2}\times 2S\right)=\frac{3}{2}v_0RT_1 \quad ②$$

对Ⅲ室内气体有

$$p_1'l'(2S)=(2v)RT_1 \quad ③$$

由力学平衡条件有

$$p_1'(2S)=p_1S+p_0(2S-S) \quad ④$$

由题给条件和①、②、③、④式得

$$l'=\frac{v_2}{v_1+v_0}l=\frac{2v}{v+v_0}l \quad ⑤$$

(2)对末态应用气体状态方程，对Ⅰ室内气体有

$$p_2(l-d)S=vRT_2=vR2T_1 \quad ⑥$$

对Ⅲ室内气体有

$$p_2'(l'+d)(2S)=(2v)RT_2' \quad ⑦$$

由力学平衡条件有

$$p_2'(2S)=p_2S+p_0(2S-S) \quad ⑧$$

联立②、⑤、⑥、⑦、⑧式和题给条件得

$$T_2'=\frac{2vl+(v+v_0)d}{(l-d)(v+v_0)}\left(1+\frac{v_0}{2v}\,\frac{l-d}{l}\right)T_1 \quad ⑨$$

(3)大气对密闭气体系统做的功为

$$W=p_0(2S-S)(-d)=-p_0Sd=-\frac{d}{l}v_0RT_1 \quad ⑩$$

已利用②式.系统密闭气体内能增加量为

$$\Delta U=vC(T_2-T_1)+(2v)C(T_2'-T_1)=vC(2T_2'-T_1) \quad ⑪$$

由⑨、⑪式得

$$\Delta U=\frac{2vl+(v+v_0)d}{(l-d)(v+v_0)}\left(2v+\frac{l-d}{l}v_0\right)CT_1-vCT_1$$

$$=\left[\frac{2vl+(v+v_0)d}{(l-d)(v+v_0)}\left(2+\frac{l-d}{l}\,\frac{v_0}{v}\right)-1\right]vCT_1 \quad ⑫$$

密闭气体系统吸收的热量为

$$Q=\Delta U-W=\left[\frac{2vl+(v+v_0)d}{(l-d)(v+v_0)}\left(2+\frac{l-d}{l}\,\frac{v_0}{v}\right)-1\right]vCT_1+\frac{d}{l}v_0RT_1 \quad ⑬$$

14. 为确定起见，取坐标系如图所示，磁场沿 z 方向，通电电流密度 J_x 沿 x 方向.设半导体材料中的载流子空穴和电子沿 x 方向的平均速率分别为 $(v_p)_x$ 和 $(v_n)_x$，沿 x 方向的电流密度为

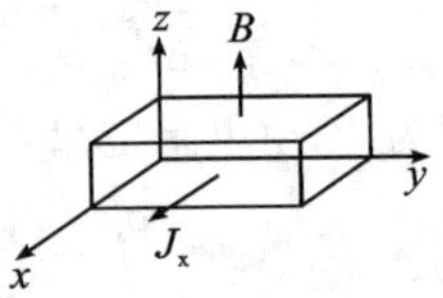

第 14 题图

$$J_x=ep(v_p)_x+(-e)n(-v_n)_x \quad ①$$

式中

$$(v_p)_x=\mu_pE_x \quad ②$$

$$(-v_n)_x=-\mu_nE_x \quad ③$$

如果沿 x 方向的电流中只有一种载流子，则当作用于载流子的洛伦兹力与霍尔电场的作用力平衡时，霍尔电场达到稳定，如金属导体.在半导体中，存在两种载流子，两种载流子受到的外磁场的洛伦兹力方向相同，受到的霍尔电场力方向相反，两种载流子受到的洛伦兹力不可能同时与霍尔电场力平衡，所以在半导体样品内存在载流子的横向流动，当任何时刻流向样品同一侧面的空穴数与电子数相等时，霍尔电场便达到稳定.设两种载流子的横向平均速率分别为 $(v_p)_y$ 和 $(v_n)_y$ 则横向电流密度为

$$J_y=ep(-v_p)_y+(-e)n(-v_n)_y \quad ④$$

这时，空穴在横向受到的作用力的大小为

$$F_{py}=e[E_y-(v_p)_xB_z] \quad ⑤$$

电子在横向受到的作用力的大小为

$$F_{ny}=(-e)[E_y-(v_n)_xB_z] \quad ⑥$$

故两种载流子的横向平均速度为

$$(-v_p)_y=\mu_p[E_y-(v_p)_xB_z] \quad ⑦$$

$$(-v_n)_y=-\mu_n[E_y+(v_n)_xB_z] \quad ⑧$$

霍尔电场达到稳定时有

$$J_y=0 \quad ⑨$$

由④、⑦、⑧、⑨及②、③式得

$$E_y=\frac{p\mu_p^2-n\mu_n^2}{(p\mu_p+n\mu_n)}E_xB_z \quad ⑩$$

根据霍尔系数的定义以及①、②、③、⑩式得

$$R_H=\frac{1}{e}\,\frac{p\mu_p^2-n\mu_n^2}{(p\mu_p+n\mu_n)^2} \quad ⑪$$

15. (1)为普遍起见,设两个物质质量分别为 m_1 和 m_2,初速度分别为 v_1 和 0,发生完全非弹性碰撞后共同速度为 v,则碰前的动能

$$E=\frac{1}{2}mv_1^2 \quad ①$$

由于细绳拉紧前后时间间隔极短,可以忽略摩擦阻力,故前后动量守恒,有

$$m_1v_1=(m_1+m_2)v \quad ②$$

碰后的动能之和(即系统剩余动能)为

$$E'=\frac{1}{2}(m_1+m_2)v^2 \quad ③$$

由①、②、③式得

$$E'=\frac{m_1}{m_1+m_2}E \quad ④$$

损失的动能为

$$\Delta E=E-E'=\frac{m_1}{m_1+m_2}E$$

设第 1 个滑扣以速度 v_{10} 开始运动

$$E_0=\frac{1}{2}mv_{10}^2 \quad ⑤$$

在第 1 个滑扣滑动距离 L、第 1 个与第 2 个滑扣之间的细绳刚拉紧前的瞬间,系统剩余动能为

$$E_{1f}=E_0-\mu mgL \quad ⑥$$

在第 1 个滑扣与第 2 个滑扣之间的细绳刚拉紧后的瞬间,系统剩余动能为(根据④式)

$$E_{20}=\frac{1}{1+1}E_{1f}=\frac{1}{2}E_{1f} \quad ⑦$$

在第 1、2 个滑扣共同滑动距离 L、第 2 个与第 3 个滑扣之间的细绳刚拉紧前的瞬间,系统剩余动能为

$$\begin{aligned}E_{2f}&=E_{20}-2\mu mgL\\&=\frac{1}{2}(E_0-\mu mgL)-2\mu mgL\\&=\frac{1}{2}E_0-\frac{1}{2}(1^2+2^2)\mu mgL\end{aligned} \quad ⑧$$

在第 2 个与第 3 个滑扣之间的细绳刚拉紧后的瞬间,系统剩余动能为(根据④式)

$$E_{30}=\frac{2}{2+1}E_{2f}=\frac{2}{3}E_{2f} \quad ⑨$$

在第 1、2、3 个滑扣共同滑动距离 L、第 3 个与第 4 个滑扣之间的细绳刚拉紧前的瞬间,系统剩余动能为

$$\begin{aligned}E_{3f}&=E_{30}-3\mu mgL\\&=\frac{2}{3}\left[\frac{1}{2}E_0-\frac{1}{2}(1^2+2^2)\mu mgL\right]-3\mu mgL\\&=\frac{1}{3}E_0-\frac{1}{3}(1^2+2^2+3^2)\mu mgL\end{aligned} \quad ⑩$$

依次类推,在第 k 个与第 $k+1$ 个滑扣之间的细绳刚拉紧前的瞬间,系统剩余动能为

$$\begin{aligned}E_{kf}&=\frac{1}{k}E_0-\frac{1}{k}(1^2+2^2+\cdots+k^2)\mu mgL\\&=\frac{1}{k}E_0-\frac{1}{k}\frac{k(k+1)(2k+1)}{6}\mu mgL\\&=\frac{1}{k}E_0-\frac{(k+1)(2k+1)}{6}\mu mgL,1\leqslant k\leqslant n-2\end{aligned}$$

于是，在第$(n-2)$个与第$(n-1)$个滑扣之间的细绳刚拉紧前的瞬间，系统剩余动能为

$$E_{(n-2)f}=\frac{1}{n-2}E_0-\frac{(n-1)(2n-3)}{6}\mu mgL \quad ⑪$$

在第$(n-2)$与第$(n-1)$个滑扣之间的细绳刚拉紧后的瞬间，系统剩余动能为

$$E_{(n-1)0}=\frac{n-2}{n-1}E_{(n-2)f}=\frac{1}{n-1}E_0-\frac{(n-2)(2n-3)}{6}\mu mgL \quad ⑫$$

由⑪、⑫式可知，若

$$\frac{(n-1)(n-2)(2n-3)}{6}\mu mgL<E_0<\frac{n(n-1)(2n-1)}{6}\mu mgL \quad ⑬$$

则从第1个滑扣开始的$(n-1)$个滑扣都依次拉紧，且可继续滑行距离$l(0<l<L)$后静止．因而有

$$E_{(n-1)0}=\frac{1}{n-1}E_0-\frac{(n-2)(2n-3)}{6}\mu mgL=(n-1)\mu mgl \quad ⑭$$

由⑤、⑭式得

$$v_{10}=\sqrt{\left[\frac{(n-2)(2n-3)}{3}L+2(n-1)l\right](n-1)\mu g} \quad ⑮$$

(2)整个过程中克服摩擦力所做的功为

$$\begin{aligned}W&=\mu mgL+\mu(2m)gL+\mu(2m)gL+\cdots+\mu[(n-2)m]gL+\mu[(n-1)m]l\\&=\mu mgL[1+2+3+\cdots+(n-2)]+\mu(n-1)mgl\\&=\left[\frac{(n-2)}{2}L+l\right](n-1)\mu mg\end{aligned} \quad ⑯$$

(3)在整个过程中仅仅由于细线拉紧引起的总能量损失为

$$\begin{aligned}\Delta E&=\frac{1}{2}mv_{10}^2-W\\&=\frac{1}{2}\left[\frac{(n-2)(2n-3)}{3}L+2(n-1)l\right](n-1)\mu mg-\left[\frac{(n-2)}{2}L+l\right](n-1)\mu mg\\&=\left[\frac{(n-2)(2n-3)}{6}L+(n-1)l\right](n-1)\mu mg-\left[\frac{(n-2)}{2}L+l\right](n-1)\mu mg\\&=\left[\frac{(n-2)(n-3)}{3}L+(n-2)l\right](n-1)\mu mg\end{aligned} \quad ⑰$$

16. (1)取小物块的平衡位置为原点O，y轴的方向竖直向下，如图所示．由牛顿第二定律可知：

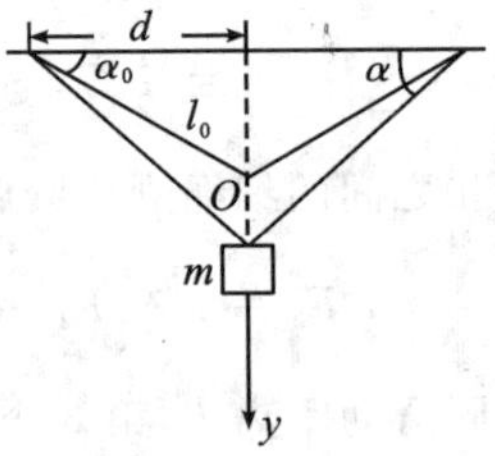

第16题图

$$ma=mg-2k(l-L)\sin\alpha \quad ①$$

式中a为物块的加速度，L为弹性绳的原长，l和α分别为物块离开平衡位置的位移为y时弹性绳的长度和弹性绳与水平面的夹角．由几何关系有

$$l=\sqrt{d^2+(l_0\sin\alpha_0+y)^2} \quad ②$$

$$\sin\alpha=\frac{l_0\sin\alpha_0+y}{l} \quad ③$$

式中$d=l_0\cos\alpha_0$．由于y很小，y^2可略去，利用近似计算公式，当$x\ll1$时，$\sqrt{1+x}\approx1+\frac{1}{2}x$，注意到$l_0=\sqrt{d^2+(l_0\sin\alpha_0)^2}$，②式可简化为

$$l=l_0+y\sin\alpha_0 \quad ④$$

将④式代入③式，利用近似计算公式当$x\ll1$时，$\frac{1}{1+x}\approx1-x$，并忽略y^2项，③式可简化为

$$l_0\sin x=l_0\sin\alpha_0+y\cos^2\alpha_0 \quad ⑤$$

当小物块处在平衡位置时有

$$mg=2k(l_0-L)\sin\alpha_0 \quad ⑥$$

即

$$L=l_0-\frac{mg}{2k\sin\alpha_0} \quad ⑦$$

将⑤、⑥、⑦式代入①式，略去 y^2 项，可将①式化成

$$ma=-\left(2k\sin^2\alpha_0+\frac{mg}{l_0}\ \frac{\cos^2\alpha_0}{\sin\alpha_0}\right)y \quad ⑧$$

上式右端括号中的量是大于零的常量，⑧式可表示为

$$ma=-m\omega^2 y \quad ⑨$$

式中

$$\omega^2=\frac{2k}{m}\sin^2\alpha_0+\frac{g}{l_0}\ \frac{\cos^2\alpha_0}{\sin\alpha_0} \quad ⑩$$

⑨式是简谐振动的动力学方程. 因此，当 y 很小时，小物块做简谐振动.

(2)小物块做简谐振动的周期为：

$$T=\frac{2\pi}{\omega}=\frac{2\pi}{\sqrt{\frac{2k}{m}\sin^2\alpha_0+\frac{g}{l_0}\ \frac{\cos^2\alpha_0}{\sin\alpha_0}}} \quad ⑪$$

将题给数据代入⑪式得

$$T=1.8\text{s} \quad ⑫$$

(3)因将小物块拉开距离 $y_0=0.010\text{m}$ 时从静止松手，故小物块做简谐振动的振幅为

$$A=0.010\text{m} \quad ⑬$$

初始时，小物块速度为零，小物块位于最大振幅处，其初相位为

$$\varphi_0=0 \quad ⑭$$

圆频率为

$$\omega_0=\frac{2\pi}{T}=3.5\text{rad/s} \quad ⑮$$

故在国际单位制中，小物块做简谐振动的方程为

$$y=0.010\times\cos(3.5\times t) \quad ⑯$$

2017 年第三十四届全国中学生物理竞赛复赛试题

一、(1)如图，θ 为在某时刻小圆柱质心在其横截面上到圆筒中心轴的垂线与竖直方向的夹角. 小圆柱受三个力作用：重力、圆筒对小圆柱的支持力和静摩擦力. 设圆筒对小圆柱的静摩擦力大小为 F，方向沿两圆柱切点的切线方向(向右为正). 考虑小圆柱质心的运动，由质心运动定理得

$$F-mg\sin\theta=ma \quad ①$$

式中，a 是小圆柱质心运动的加速度. 由于小圆柱与圆筒间做无滑滚动，小圆柱绕其中心轴转过的角度 θ_1(规定小圆柱在最低点时 $\theta_1=0$)与 θ 之间的关系为

$$R\theta=r(\theta_1+\theta) \quad ②$$

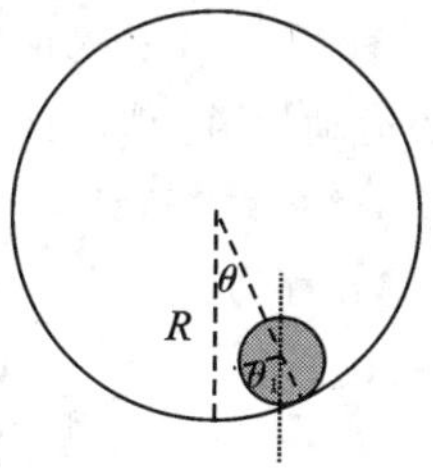

第一题图

由②式得，a 与 θ 的关系为

$$a=r\frac{d^2\theta_1}{dt^2}=(R-r)\frac{d^2\theta}{dt^2} \quad ③$$

考虑小圆柱绕其自身轴的转动，由转动定理得

$$-rF=I\frac{d^2\theta_1}{dt^2} \quad ④$$

式中，I 是小圆柱绕其自身轴的转动惯量

$$I=\frac{1}{2}mr^2 \quad ⑤$$

由①、②、③、④、⑤式及小角近似

$$\sin\theta\approx\theta \qquad ⑥$$

得

$$\frac{d^2\theta}{dt^2}+\frac{2g}{3(R-r)}\theta=0 \qquad ⑦$$

由⑦式知，小圆柱质心在其平衡位置附近的微振动是简谐振动，其振动频率为

$$f=\frac{1}{\pi}\sqrt{\frac{g}{6(R-r)}} \qquad ⑧$$

(2)用 F 表示小圆柱与圆筒之间的静摩擦力的大小，θ_1 和 θ_2 分别为小圆柱与圆筒转过的角度(规定小圆柱相对于大圆筒向右运动为正方向，开始时小圆柱处于最低点位置 $\theta_1=\theta_2=0$). 对于小圆柱，由转动定理得

$$-Fr=\left(\frac{1}{2}mr^2\right)\frac{d^2\theta_1}{dt^2} \qquad ⑨$$

对于圆筒，同理有

$$FR=(MR^2)\frac{d^2\theta_2}{dt^2} \qquad ⑩$$

由⑨、⑩式得

$$-F\left(\frac{2}{m}+\frac{1}{M}\right)=r\frac{d^2\theta_1}{dt^2}-R\frac{d^2\theta_2}{dt^2} \qquad ⑪$$

设在圆柱横截面上小圆柱质心到圆筒中心轴的垂线与竖直方向的夹角 θ，由于小圆柱与圆筒间做无滑滚动，有

$$R\theta=r(\theta_1+\theta)-R\theta_2 \qquad ⑫$$

由⑫式得

$$(R-r)\frac{d^2\theta}{dt^2}=r\frac{d^2\theta_1}{dt^2}-R\frac{d^2\theta_2}{dt^2} \qquad ⑬$$

设小圆柱质心沿运动轨迹切线方向的加速度为 a，由质心运动定理得

$$F-mg\sin\theta=ma \qquad ⑭$$

由⑫式得

$$a=(R-r)\frac{d^2\theta}{dt^2} \qquad ⑮$$

由⑪、⑬、⑭、⑮式及小角近似 $\sin\theta\approx\theta$，得

$$\frac{d^2\theta}{dt^2}+\frac{2M+m}{3M+m}\frac{g}{R-r}\theta=0 \qquad ⑯$$

由⑯式可知，小圆柱质心在其平衡位置附近的微振动是简谐振动，其振动频率为

$$f=\frac{1}{2\pi}\sqrt{\frac{2M+m}{3M+m}\frac{g}{R-r}} \qquad ⑰$$

二、(1)由题设，彗星的运动轨道为抛物线，故

$$\varepsilon=1,\quad E=0 \qquad ①$$

彗星绕太阳运动的轨道方程为：

$$r=\frac{k}{1+\cos\theta} \qquad ②$$

彗星绕太阳运动过程中，机械能守恒

$$\frac{1}{2}mv^2+\frac{L^2}{2mr^2}+V(r)=E=0 \qquad ③$$

式中

$$V(r)=-G\frac{Mm}{r} \qquad ④$$

当彗星运动到近日点 A 时，其径向速度为零，设其到太阳的距离为 $r_{\min}$，由③式得

$$\frac{L^2}{2mr_{\min}^2}=-V(r_{\min})=G\frac{Mm}{r_{\min}} \qquad ⑤$$

由⑤式和题给条件得

$$\frac{L^2}{2GMm^2}=r_{\min}=\frac{R_E}{3} \quad ⑥$$

由③式得

$$\frac{dr}{dt}=\sqrt{\frac{2GM}{r}-\frac{L^2}{m^2r^2}}$$

或

$$dt=\frac{dr}{\sqrt{\frac{2GM}{r}-\frac{L^2}{m^2r^2}}} \quad ⑦$$

设彗星由近日点 A 运动到与地球轨道的交点 C 所需的时间为 Δt，对⑦式两边积分，并利用⑥式得

$$\Delta t=\int_{r_{\min}}^{R_E}\frac{dr}{\sqrt{\frac{2GM}{r}-\frac{L^2}{m^2r^2}}}=\frac{1}{\sqrt{2GM}}\int_{\frac{R_E}{3}}^{R_E}\frac{rdr}{\sqrt{r-\frac{R_E}{3}}} \quad ⑧$$

对⑧式应用题给积分公式得

$$\Delta t=\frac{1}{\sqrt{2GM}}\int_{\frac{R_E}{3}}^{R_E}\frac{rdr}{\sqrt{r-\frac{R_E}{3}}}$$

$$=\frac{1}{\sqrt{2GM}}\left[\frac{2}{3}\left(R_E-\frac{R_E}{3}\right)^{3/2}+\frac{2R_E}{3}\left(R_E-\frac{R_E}{3}\right)^{1/2}\right]$$

$$=\frac{10\sqrt{3}}{27}\frac{R_E^{\frac{3}{2}}}{\sqrt{GM}} \quad ⑨$$

由对称性可知，彗星两次穿越地球轨道所用的时间间隔为

$$T=2\Delta t=\frac{20\sqrt{3}}{27}\frac{R_E^{\frac{3}{2}}}{\sqrt{GM}} \quad ⑩$$

将题给数据代入⑩式得

$$T\approx 6.40\times 10^6\ \text{s} \quad ⑪$$

(2)彗星在运动过程中机械能守恒

$$\frac{1}{2}mv^2-\frac{GMm}{r}=E=0 \quad ⑫$$

式中 v 是彗星离太阳的距离为 r 时的运行速度的大小. 由⑫式有

$$v=\sqrt{\frac{2GM}{r}} \quad ⑬$$

当彗星经过 C、D 处时

$$r_C=r_D=R_E \quad ⑭$$

由⑬、⑭式得，彗星经过 C、D 两点处的速度的大小为

$$v_C=v_D=\sqrt{\frac{2GM}{R_E}} \quad ⑮$$

由⑮式和题给数据得

$$v_C=v_D=4.22\times 10^4\ \text{m/s} \quad ⑯$$

三、(1)若重物和车厢前壁不发生碰撞.

卡车在水平直公路上做匀减速运动，设其加速度大小为 a_1. 由牛顿第二定律有

$$\mu_1(M+m)g-\mu_2 mg=Ma_1 \quad ①$$

由①式得

$$a_1=\frac{\mu_1 M+(\mu_1-\mu_2)m}{M}g$$

由匀减速运动公式，卡车从制动开始到静止时所用的时间 t_1 和移动的距离 s_1 分别为

$$t_1=\frac{v_0}{a_1}=\frac{M}{\mu_1 M+(\mu_1-\mu_2)m}\frac{v_0}{g} \quad ②$$

$$s_1=\frac{v_0^2}{2a_1}=\frac{M}{\mu_1 M+(\mu_1-\mu_2)m}\frac{v_0^2}{2g}$$

重物B在卡车A的车厢底板上做匀减速直线运动，设B相对于地面的加速度大小为 a_2. 由牛顿第二定律有

$$\mu_2 mg=ma_2 \quad ③$$

由③式得

$$a_2=\frac{\mu_2 mg}{m}=\mu_2 g$$

从卡车制动开始到重物对地面速度为零时所用的时间 t_2 和重物移动的距离 s_2 分别为

$$t_2=\frac{v_0}{a_2}=\frac{v_0}{\mu_2 g}, \quad ④$$

$$s_2=\frac{v_0^2}{2a_2}=\frac{v_0^2}{2\mu_2 g}$$

由于 $\mu_2<\mu_1$，由②、④二式比较可知，$t_2>t_1$，即卡车先停，重物后停.

若 $s_2\leqslant s_1+L$，重物B与车厢前壁不会发生碰撞，因此不发生碰撞的条件是

$$L\geqslant s_2-s_1=\frac{v_0^2}{2a_2}-\frac{v_0^2}{2a_1}=\frac{(\mu_1-\mu_2)(M+m)}{\mu_2[\mu_1 M+(\mu_1-\mu_2)m]}\frac{v_0^2}{2g} \quad ⑤$$

(2)由⑤式知，当满足条件

$$L<s_2-s_1=\frac{(\mu_1-\mu_2)(M+m)}{2\mu_2[\mu_1 M+(\mu_1-\mu_2)m]}\frac{v_0^2}{g}$$

时，重物B与车厢前壁必定发生碰撞.

设从开始制动到发生碰撞时的时间间隔为 t，此时有几何条件

$$s_2(t)=s_1(t)+L \quad ⑥$$

这里又可分为两种情况：$t_2>t>t_1$（重物在卡车停下后与车厢前壁发生碰撞）和 $t\leqslant t_1$（重物在卡车停下前与车厢前壁发生碰撞）.

（ⅰ）$t_2>t>t_1$，即卡车A在 t_1 时停下，重物B继续运动，在 t 时与车厢前壁发生碰撞.

卡车停下的时间和向前滑动的距离是②给出的 t_1 和 s_1，同时重物相对于地面向前滑动的距离是

$$\begin{aligned}s'_2&=v_0 t_1-\frac{1}{2}a_2 t_1^2\\&=\frac{M[M(2\mu_1-\mu_2)+2m(\mu_1-\mu_2)]}{[\mu_1 M+(\mu_1-\mu_2)m]^2}\frac{v_0^2}{2g}\end{aligned} \quad ⑦$$

重物相对于车厢向前滑动的距离是

$$\begin{aligned}s'_2-s_1&=\frac{M[M(2\mu_1-\mu_2)+2m(\mu_1-\mu_2)]}{[\mu_1 M+(\mu_1-\mu_2)m]^2}\frac{v_0^2}{2g}-\frac{M}{\mu_1 M+(\mu_1-\mu_2)m}\frac{v_0^2}{2g}\\&=\frac{(\mu_1-\mu_2)(M+m)M}{[\mu_1 M+(\mu_1-\mu_2)m]^2}\frac{v_0^2}{2g}\end{aligned}$$

如果

$$s'_2-s_1<L<s_2-s_1,$$

即当

$$\frac{(\mu_1-\mu_2)(m+M)Mv_0^2}{2[\mu_1 M+(\mu_1-\mu_2)m]^2 g}<L<\frac{(\mu_1-\mu_2)(M+m)}{2\mu_2[\mu_1 M+(\mu_1-\mu_2)m]}\frac{v_0^2}{g}$$

满足时，在车已停稳后重物仍会向前运动并且撞上车厢前壁.

从制动到重物B与车厢前壁碰撞前，重物B克服摩擦力做功. 设在碰撞前的瞬间重物B相对地面的速度为 v_2，由动能定理有

$$\frac{1}{2}mv_2^2=\frac{1}{2}mv_0^2-\mu_2 mg(s_1+L) \quad ⑧$$

由⑧式得

$$v_2=\sqrt{v_0^2-2\mu_2 g(s_1+L)}=\sqrt{\frac{(\mu_1-\mu_2)(M+m)v_0^2}{\mu_1 M+(\mu_1-\mu_2)m}-2\mu_2 gL}$$

设碰撞后瞬间重物 B 与卡车 A 的速度均为 v，由于碰撞时间极短，碰撞前后动量守恒

$$mv_2=(m+M)v \quad ⑨$$

由⑨式得

$$v=\frac{m}{m+M}v_2=\frac{m}{m+M}\sqrt{\frac{(\mu_1-\mu_2)(M+m)v_0^2}{\mu_1 M+(\mu_1-\mu_2)m}-2\mu_2 gL}$$

碰撞过程中重物 B 对车厢前壁的冲量为

$$I=Mv-0=\frac{mM}{m+M}\sqrt{\frac{(\mu_1-\mu_2)(M+m)v_0^2}{\mu_1 M+(\mu_1-\mu_2)m}-2\mu_2 gL} \quad ⑩$$

碰撞后，卡车和重物又一起运动了一段时间

$$t'=\frac{v}{\mu_1 g}=\frac{m}{\mu_1(m+M)}\frac{v_2}{g} \quad ⑪$$

再移动了一段路程

$$s'_1=\frac{v^2}{2\mu_1 g}=\frac{m^2}{2\mu_1(m+M)^2 g}\left[\frac{(\mu_1-\mu_2)(M+m)v_0^2}{\mu_1 M+(\mu_1-\mu_2)m}-2\mu_2 gL\right] \quad ⑫$$

才最终停止下来（对于卡车而言，这是第二次停下来）.

重物撞上车厢前壁的时间是

$$t'_2=\frac{v_0-v_2}{\mu_2 g} \quad ⑬$$

所以，从卡车制动到车和重物都停下所用的总时间为

$$t^{(\mathrm{i})}=t'_2+t'=\frac{v_0-v_2}{\mu_2 g}+\frac{mv_2}{\mu_1 g(M+m)}=\frac{v_0}{\mu_2 g}-\left[\frac{1}{\mu_2 g}-\frac{m}{\mu_1 g(M+m)}\right]v_2$$

$$=\frac{v_0}{\mu_2 g}-\frac{\mu_1 M+(\mu_1-\mu_2)m}{\mu_1\mu_2 g(m+M)}\sqrt{\frac{(\mu_1-\mu_2)(M+m)v_0^2}{\mu_1 M+(\mu_1-\mu_2)m}-2\mu_2 gL} \quad ⑭$$

卡车移动的总路程则为

$$s_1^{(\mathrm{i})}=s_1+s'_1=\frac{[\mu_1 M(m+M)+(\mu_1-\mu_2)m^2]v_0^2}{2\mu_1(m+M)[\mu_1 M+(\mu_1-\mu_2)m]g}-\frac{\mu_2 m^2 L}{\mu_1(m+M)^2} \quad ⑮$$

（ⅱ）$t\leqslant t_1$，即卡车还未停下，重物就与车厢前壁发生碰撞

由⑨式的推导可知，条件 $t\leqslant t_1$ 可写成

$$L\leqslant\frac{(\mu_1-\mu_2)(m+M)Mv_0^2}{2[\mu_1 M+(\mu_1-\mu_2)m]^2 g}$$

由匀减速运动学公式，⑥式成为

$$v_0 t-\frac{1}{2}a_2 t^2=(v_0 t-\frac{1}{2}a_1 t^2)+L$$

解得碰撞发生的时间

$$t=\sqrt{\frac{2L}{a_1-a_2}}=\sqrt{\frac{2LM}{(\mu_1-\mu_2)(m+M)g}}$$

在碰撞前的瞬间，卡车 A 的速度 v'_1 和重物 B 的速度 v'_2 分别为

$$v'_1=v_0-a_1 t=v_0-a_1\sqrt{\frac{2LM}{(\mu_1-\mu_2)(m+M)g}}$$

$$v'_2=v_0-a_2 t=v_0-a_2\sqrt{\frac{2LM}{(\mu_1-\mu_2)(m+M)g}} \quad ⑯$$

由碰撞前后动量守恒，可得碰撞后重物 B 和卡车 A 的共同速度 v' 为

$$v'=\frac{mv'_2+Mv'_1}{m+M}=v_0-\frac{ma_2+Ma_1}{m+M}\sqrt{\frac{2LM}{(\mu_1-\mu_2)(m+M)g}}$$

$$=v_0-\mu_1\sqrt{\frac{2LMg}{(\mu_1-\mu_2)(m+M)}} \quad ⑰$$

由冲量定理和以上两式得碰撞过程中重物B对车厢前壁的冲量为

$$I'=M(v'-v'_1)=\frac{Mm}{m+M}\sqrt{2(a_1-a_2)L}=m\sqrt{\frac{2(\mu_1-\mu_2)M}{m+M}gL} \quad ⑱$$

卡车运动时间为碰撞前后的两段时间之和，由 $t=\sqrt{\frac{2LM}{(\mu_1-\mu_2)(m+M)g}}$ 与⑰式可得

$$t^{(\text{ii})}=t+\frac{v'}{\mu_1 g}=\frac{v_0}{\mu_1 g} \quad ⑲$$

卡车总路程等于碰前和碰后两段路程之和

$$s_1^{(\text{ii})}=v_0t+\frac{1}{2}a_1t^2+\frac{v'^2}{2\mu_1 g}=\frac{v_0^2}{2\mu_1 g}-\frac{mL}{M+m} \quad ⑳$$

另解，将卡车和重物视为一个系统，制动过程中它们之间的摩擦力和碰撞时的相互作用力都是内力，水平外力只有地面作用于卡车的摩擦力 $(M+m)\mu_1 g$. 在此力作用下系统质心做加速度大小为 $\mu_1 g$ 的匀减速运动，从开始到卡车和重物都停止时所经历的时间为

$$t^{(\text{ii})}=\frac{v_0}{\mu_1 g} \quad ⑲'$$

系统质心做匀减速运动的路程为

$$\Delta x_c=\frac{v_0^2}{2\mu_1 g}$$

设制动前卡车和重物的质心分别位于 x_1 和 x_2；制动后到完全停下卡车运动了路程 $s_1^{(\text{ii})}$，两个质心分别位于 $x'_1=x_1+s_1^{(\text{ii})}$ 和 $x'_2=x_2+s_1^{(\text{ii})}+L$. 于是有

$$\Delta x_c=\frac{Mx'_1+mx'_2}{M+m}-\frac{Mx_1+mx_2}{M+m}=\frac{(M+m)s_1^{(\text{ii})}+mL}{M+m}=\frac{v_0^2}{2\mu_1 g}$$

由此解得

$$s_1^{(\text{ii})}=\frac{v_0^2}{2\mu_1 g}-\frac{mL}{M+m} \quad ⑳'$$

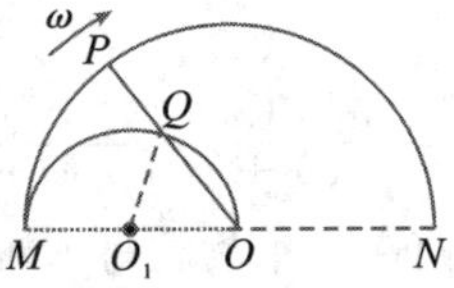

第四题图

四、(1)考虑从初始时刻 $t=0$ 至时刻 $0\leqslant t\leqslant\frac{\pi}{2\omega}$，金属棒 OP 扫过的磁场区域的面积为

$$S=S_{扇形OPM}-S_{扇形O_1QM}-S_{\triangle O_1QO} \quad ①$$

式中，$S_{扇形OPM}$、$S_{扇形O_1QM}$ 和 $S_{\triangle O_1QO}$ 分别是扇形 OPM、扇形 O_1QM 和 $\triangle O_1QO$ 的面积. 由几何关系得

$$S_{扇形OPM}=\frac{1}{2}(\omega t)(2a)^2 \quad ②$$

$$S_{扇形O_1QM}=\frac{1}{2}(2\omega t)a^2 \quad ③$$

$$S_{\triangle O_1QO}=(a\sin\omega t)(a\cos\omega t) \quad ④$$

由①、②、③、④式得

$$S=\frac{1}{2}(2\omega t-\sin 2\omega t)a^2 \quad ⑤$$

通过面积 S 的磁通量为

$$\phi=BS \quad ⑥$$

由法拉第电磁感应定律得，沿回路 $QPMQ$ 的感应电动势为

$$\varepsilon=-\frac{\mathrm{d}\phi}{\mathrm{d}t} \quad ⑦$$

式中，负号表示感应电动势沿回路逆时针方向(即沿回路 $QPMQ$). 由⑤、⑥、⑦式得

$$\varepsilon=-(1-\cos 2\omega t)\omega a^2 B,\quad 0\leqslant\omega t\leqslant\frac{\pi}{2} \quad ⑧$$

当 $\frac{\pi}{2\omega}\leqslant t\leqslant\frac{\pi}{\omega}$ 时，沿回路 $QPMQ$ 的感应电动势与 $t=\frac{\pi}{2\omega}$ 时的一样，即

$$\varepsilon=-2\omega a^2 B,\quad \frac{\pi}{2}\leqslant\omega t\leqslant\pi \tag{9}$$

(2)在 t 时刻流经回路 $QPMQ$ 的电流为

$$i=\frac{\varepsilon}{R_1} \tag{10}$$

式中

$$R_1=R\frac{L}{2a} \tag{11}$$

这里,L 为 PQ 的长.由几何关系得

$$L=2a-2a\cos\omega t,\quad 0\leqslant\omega t\leqslant\frac{\pi}{2} \tag{12}$$

$$L=2a,\quad \frac{\pi}{2}\leqslant\omega t\leqslant\pi \tag{13}$$

半径 OP 所受到的原磁场 B 的作用力的大小为

$$F=iLB \tag{14}$$

由⑧、⑩、⑪、⑫、⑭式得

$$F=(1-\cos2\omega t)\frac{2\omega a^3B^2}{R},\quad 0\leqslant\omega t\leqslant\frac{\pi}{2} \tag{15}$$

由⑨、⑩、⑪、⑬、⑭式得

$$F=\frac{4\omega a^3B^2}{R},\quad \frac{\pi}{2}\leqslant\omega t\leqslant\pi. \tag{16}$$

五、(1)设离子从 O 点射入磁场时的速率为 v,由能量守恒得

$$qU=\frac{1}{2}mv^2 \tag{1}$$

由①式得

$$v=\sqrt{\frac{2qU}{m}} \tag{2}$$

设离子在磁场中做匀速圆周运动的轨迹半径为 r,有

$$qBv=m\frac{v^2}{r} \tag{3}$$

由②、③式得

$$r=\frac{1}{B}\sqrt{\frac{2mU}{q}} \tag{4}$$

若

$$r>\frac{bD}{2}\quad 或\quad \frac{D}{2}<r<\frac{bD}{2}$$

则离子只能打到器壁或离子源外壁被吸收,不能从 P 射出.若离子从 O 射出后只运动半个圆周即从 P 射出,则

$$r=\frac{bD}{2} \tag{5}$$

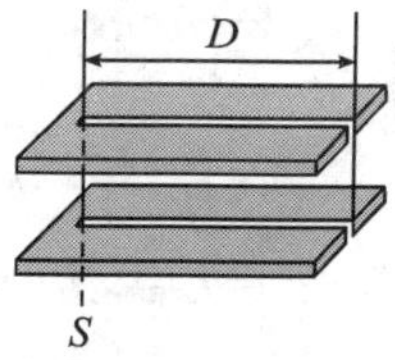

第五题图

将⑤式代入④式得,电子能够从 P 出射,可能的磁感应强度 B 的最小值为

$$B_{\min}=\frac{2}{bD}\sqrt{\frac{2mU}{q}} \tag{6}$$

(2)若

$$r<\frac{D}{2}$$

则离子将穿过上极板进入电场区域,被减速到零后,又重新反向加速至进入时的速率,从进入处再回到磁场区域.设这样的过程进行了 k 次,然后离子将绕过两极板右端从下极板进入电场区域被加速,再穿过上极板进入磁场时能量增加到 $2qU$,运动半径增

加到

$$r_1=\sqrt{2}r=\sqrt{1+1}r \qquad ⑦$$

这样加速 n 次后，离子做圆周运动的半径 r_n 为

$$r_n=\sqrt{n+1}r \qquad ⑧$$

当满足条件

$$kr+r_n=(\sqrt{n+1}+k)r=\frac{bD}{2} \qquad ⑨$$

或

$$r=\frac{bD}{2(\sqrt{n+1}+k)}$$

时，离子可从 P 处射出.另一方面，显然有 $k\geqslant 1$，且

$$2kr\leqslant D<2(k+1)r \qquad ⑩$$

解得

$$\frac{D}{2(k+1)}<r\leqslant\frac{D}{2k} \qquad ⑪$$

由⑨、⑩、⑪式有

$$(\sqrt{n+1}+k)\frac{D}{2(k+1)}<\frac{bD}{2}\leqslant(\sqrt{n+1}+k)\frac{D}{2k} \qquad ⑫$$

解得

$$(b-1)^2k^2-1\leqslant n<[(b-1)k+b]^2-1 \qquad ⑬$$

由④、⑪式得

$$k\leqslant\frac{D}{2r_{\max}}=\frac{DB_{\max}}{2}\sqrt{\frac{q}{2mU}}\equiv\frac{a}{2} \qquad ⑭$$

式中 $r_{\max}$ 是当 $B=B_{\max}$ 时由④式定出的.因此 k 为不大于 $\frac{a}{2}$ 的最大自然数 $\left[\frac{a}{2}\right]$

$$k\leqslant\left[\frac{a}{2}\right] \qquad ⑮$$

由④、⑨式知，磁感应强度 B 的其他所有可能值为

$$B=\frac{1}{r}\sqrt{\frac{2mU}{q}}=\frac{2(\sqrt{n+1}+k)}{bD}\sqrt{\frac{2mU}{q}} \qquad ⑯$$

式中

k			n		
1	$(b-1)^2-1$	$(b-1)^2$	$(b-1)^2+1$	…	$\{2b-1\}^2-2$
2	$(b-1)^2 2^2-1$	$(b-1)^2 2^2$	$(b-1)^2 2^2+1$	…	$\{2(b-1)+b\}^2-2$
3	$(b-1)^2 3^2-1$	$(b-1)^2 3^2$	$(b-1)^2 3^2+1$	…	$\{3(b-1)+b\}^2-2$
⋮	⋮	⋮	⋮	⋮	⋮
$\left[\frac{a}{2}\right]$	$(b-1)^2\left[\frac{a}{2}\right]^2-1$	$(b-1)^2\left[\frac{a}{2}\right]^2$	$(b-1)^2\left[\frac{a}{2}\right]^2+1$	…	$\left\{\left[\frac{a}{2}\right](b-1)+b\right\}^2-2$

⑰

(3)离子被电场加速了 $n+1$ 次后，其出射能量为

$$E=(n+1)qU \qquad ⑱$$

对于满足⑮式的 k，n 可以取到最大值为 $[(b-1)k+b]^2-2$，再由⑱式，可得出射离子的能量最大值为

$$E_{\max}=(n_{\max}+1)qU=\left\{\left[(b-1)\frac{a}{2}+b\right]^2-1\right\}qU \qquad ⑲$$

六、(1)由氢原子的能级公式

$$E_n=-\frac{13.6\text{eV}}{n^2},\quad n=1,2,\cdots \qquad ①$$

可得氢原子的能级图如图所示.

可见光光子能量的上限 E'_1 和下限 E'_2 分别为

$$E'_1=\frac{hc}{\lambda_1}=\frac{1240\text{nm}\cdot\text{eV}}{400\text{nm}}=3.10\text{eV} \quad ②$$

$$E'_2=\frac{hc}{\lambda_2}=\frac{1240\text{nm}\cdot\text{eV}}{760\text{nm}}=1.63\text{eV} \quad ③$$

要能观察到可见光范围内的光谱线，发生跃迁的两能级的能量之差应在可见光的能量范围

$$1.63\sim3.10\text{eV} \quad ④$$

内.要仅能观察到一条可见光范围内的光谱线，由氢原子的能级图可知，只能将氢原子激发到第二激发态，即能级

$$n=3 \quad ⑤$$

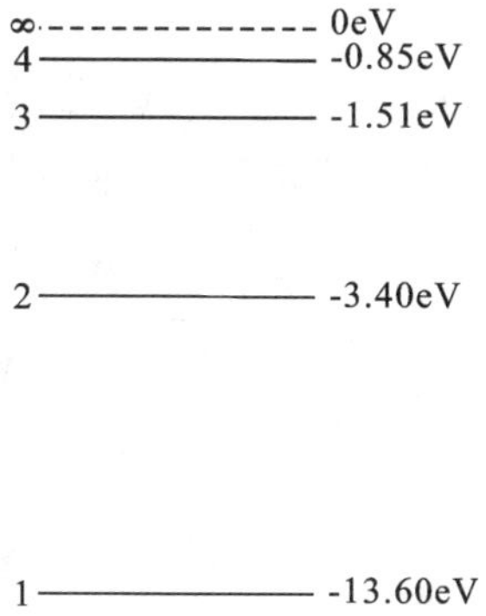

第六题图

氢原子第二激发态($n=3$)到第一激发态($n=2$)的能量差为

$$E_{32}=E_3-E_2=(-1.51\text{eV})-(-3.4\text{eV})=1.89\text{eV} \quad ⑥$$

氢原子从第二激发态跃迁到第一激发态所发出的可见光的波长为

$$\lambda=\frac{hc}{E_{32}}=656\text{nm} \quad ⑦$$

(2)要使氢原子能激发到能级 $n=3$，需要提供的能量至少为

$$E_{31}=E_3-E_1=(-1.51\text{eV})-(-13.60\text{eV})=12.09\text{eV} \quad ⑧$$

设电子质量为 m_e，电子碰撞前后的速度分别为 v_1 和 v_2，氢原子碰撞前后的速度分别为 $u_1\approx0$(由题意)和 u_2，电子因激发氢原子而损失的能量为 ΔE(被氢原子吸收为激发能).由动量和能量守恒有

$$m_ev_1=m_ev_2+Mu_2 \quad ⑨$$

$$\frac{1}{2}m_ev_1^2=\frac{1}{2}m_ev_2^2+\frac{1}{2}Mu_2^2+\Delta E \quad ⑩$$

由⑨、⑩式消去 u_2，得

$$m_e(M+m_e)v_2^2-2m_e^2v_1v_2+m_e(m_e-M)v_1^2+2M\Delta E=0 \quad ⑪$$

此式是关于 v_2 的一元二次方程.注意到 v_2 为实的常量，故方程⑪的系数应满足条件

$$(-2m_e^2v_1)^2-4m_e(M+m_e)[m_e(m_e-M)v_1^2+2M\Delta E]\geqslant0 \quad ⑫$$

化简得

$$E_k\equiv\frac{1}{2}m_ev_1^2\geqslant(1+\frac{m_e}{M})\Delta E \quad ⑬$$

要使原子从基态仅激发到第二激发态，ΔE 应满足

$$E_{31}\leqslant\Delta E<E_{41} \quad ⑭$$

式中 E_{31} 已由⑧式给出，而

$$E_{41}=E_4-E_1=(-0.85\text{eV})-(-13.60\text{eV})=12.75\text{eV} \quad ⑮$$

由⑬、⑭、⑮式得

$$(1+\frac{m_e}{M})E_{31}\leqslant E_k<(1+\frac{m_e}{M})E_{41} \quad ⑯$$

由⑯式和题给条件得

$$12.10\text{eV}\leqslant E_k<12.76\text{eV} \quad ⑰$$

(3)如果将电子改为质子，⑯式成为

$$(1+\frac{m_p}{M})E_{31}\leqslant E_k<(1+\frac{m_p}{M})E_{41} \quad ⑱$$

式中 m_p 为质子的质量.由⑱式和题给条件得

$$24.17\text{eV}\leqslant E_k<25.49\text{eV} \quad ⑲$$

设加速质子的加速电压为 V.由

$$eV=E_k\text{(}e\text{ 为质子电荷)}$$

和⑲式得

$$24.17\text{V} \leqslant V < 25.49\text{V} \qquad ⑳$$

七、(1)直线 AB 过程中任一平衡态的气体压强 p 和体积 V 满足方程

$$\frac{P-P_0}{P_0-\frac{P_0}{2}}=\frac{V-\frac{V_0}{2}}{\frac{V_0}{2}-V_0}$$

此即

$$P=\frac{3}{2}P_0-\frac{P_0}{V_0}V \qquad ①$$

根据理想气体状态方程有

$$PV=\upsilon RT \qquad ②$$

式中 T 是相应的绝对温度.由①、②式得

$$T=\frac{1}{\upsilon R}\left(-\frac{P_0}{V_0}V^2+\frac{3}{2}P_0V\right)=\frac{-P_0}{\upsilon RV_0}\left(V-\frac{3}{4}V_0\right)^2+\frac{9}{16}\frac{P_0V_0}{\upsilon R} \qquad ③$$

由③式知,当

$$V=\frac{3}{4}V_0 \qquad ④$$

时,气体达到直线 AB 过程中的最高温度

$$T_{\max}=\frac{9P_0V_0}{16\upsilon R} \qquad ⑤$$

(2)由直线 AB 过程的摩尔热容量 C_m 的定义有

$$dQ=\nu C_m dT \qquad ⑥$$

由热力学第一定律有

$$dU=dQ-PdV \qquad ⑦$$

由理想气体内能公式和题给数据有

$$dU=\upsilon C_V dT=\nu\frac{5R}{2}dT \qquad ⑧$$

由①、⑥、⑦、⑧、⑨式得

$$C_m=C_V+\frac{P}{\nu}\frac{dV}{dT}=\frac{5}{2}R+\left(\frac{3}{2}P_0-\frac{P_0}{V_0}V\right)\frac{1}{\nu}\frac{dV}{dT} \qquad ⑨$$

由③式两边微分得

$$\frac{dV}{dT}=\frac{2\nu RV_0}{P_0(3V_0-4V)} \qquad ⑩$$

由⑩式代入⑨式得

$$C_m=\frac{21V_0-24V}{3V_0-4V}\frac{R}{2} \qquad ⑪$$

由⑥、⑩、⑪式得,直线 AB 过程中,

在 V 从 $\frac{V_0}{2}$ 增大到 $\frac{3}{4}V_0$ 的过程中,$C_m>0$,$\frac{dT}{dV}>0$,故$\frac{dQ}{dV}>0$,吸热 ⑫

在 V 从 $\frac{3}{4}V_0$ 增大到$\frac{21V_0}{24}$的过程中,$C_m<0$,$\frac{dT}{dV}<0$,故$\frac{dQ}{dV}>0$,吸热 ⑬

在 V 从$\frac{21V_0}{24}$增大到 V_0 的过程中,$C_m>0$,$\frac{dT}{dV}<0$,故$\frac{dQ}{dV}<0$,放热 ⑭

由⑫、⑬、⑭式可知,系统从吸热到放热转折点发生在

$$V=V_c=\frac{21}{24}V_0$$

处.由③式和上式得

$$T_c=\frac{1}{\nu R}\left(-\frac{P_0}{V_0}V^2+\frac{3}{2}P_0V\right)=\frac{35}{64}\frac{P_0V_0}{\nu R} \qquad ⑮$$

(3)对于直线 AB 过程,由⑥、⑩式得

$$dQ=\nu C_m\frac{dT}{dV}dV=\frac{21V_0-24V}{4V_0}P_0dV=\left(\frac{21}{4}-\frac{6V}{V_0}\right)P_0dV \quad ⑯$$

将上式两边对直线过程积分得，整个直线 AB 过程中所吸收的净热量为

$$Q_{直线}=\int_{V_0/2}^{V_0}\left(\frac{21}{4}-\frac{6V}{V_0}\right)P_0dV=P_0\left(\frac{21}{4}V-\frac{3V^2}{V_0}\right)\Bigg|_{V_0/2}^{V_0}=\frac{3}{8}P_0V_0 \quad ⑰$$

直线 AB 过程中气体对外所做的功为

$$W_{直线}=\frac{1}{2}(P_0+\frac{P_0}{2})(V_0-\frac{V_0}{2})=\frac{3}{8}P_0V_0 \quad ⑱$$

等温过程中气体对外所做的功为

$$W_{等温}=\int_{V_0}^{V_0/2}PdV=\int_{V_0}^{V_0/2}P_0\frac{V_0}{2}\frac{dV}{V}=-\frac{P_0V_0}{2}\ln 2 \quad ⑲$$

一个正循环过程中气体对外所做的净功为

$$W=W_{直线}+W_{等温}=(\frac{3}{8}-\frac{\ln 2}{2})P_0V_0 \quad ⑳$$

八、(1)考虑单个球面的折射．如图，设某一与光轴距离为 h 的光线平行于光轴 Z 从折射率为 n 的介质中射向半径为 R、球心位于 C 点的球面，入射点为球面上的 A 点，CA 为球面半径，入射角为 α，球面外是空气，折射角为 β，折射线与 Z 轴交点为 F．由 A 作 Z 轴的垂线，垂足为 O．由折射定律，有

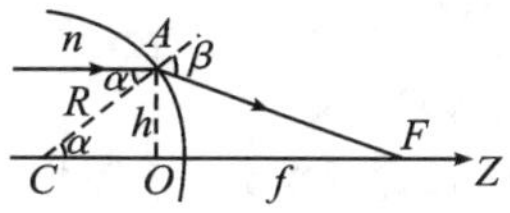

第八题图

$$\sin\beta=n\sin\alpha \quad ①$$

在△ACF 中，由正弦定理有

$$\frac{CF}{\sin\beta}=\frac{AF}{\sin\alpha} \quad ②$$

在△AOF 中，由勾股定理有

$$AF=\sqrt{AO^2+OF^2} \quad ③$$

$$R=CA=\sqrt{CO^2+AO^2} \quad ④$$

又

$$CO=CF-OF, AO=h, OF=f \quad ⑤$$

由①、②、③、④、⑤式得

$$CF=n\sqrt{h^2+f^2} \quad ⑥$$

$$R=\sqrt{(n\sqrt{h^2+f^2}-f)^2+h^2}=\sqrt{(n^2+1)(h^2+f^2)-2nf\sqrt{h^2+f^2}} \quad ⑦$$

在制作给定焦点和焦距的菲涅尔透镜时，应按⑥⑦式来确定各环带球面的球心位置和球半径，即对第 $k(k=0,1,2,\cdots)$ 个环带球台，其球心在光轴上与焦点的距离应为

$$C_kF=n\sqrt{h_k^2+f^2}=n\sqrt{k^2d^2+f^2} \quad ⑧$$

球半径则为

$$R_k=\sqrt{(n^2+1)(h_k^2+f^2)-2nf\sqrt{h_k^2+f^2}}=\sqrt{(n^2+1)(k^2d^2+f^2)-2nf\sqrt{k^2d^2+f^2}} \quad ⑨$$

特别地，位于透镜中心的环带($k=0$)球心与焦点距离为

$$C_0F=nf \quad ⑩$$

球半径为

$$R_0=(n-1)f \quad ⑪$$

(2)当 f 不变而 h 取某一值 h_m 时，图中∠CAF 成为直角，这意味着光线的入射角达到全反射的临界角 α_C．在此情况下有

$$\sin\alpha_C=\frac{1}{n}=\frac{f}{\sqrt{h_m^2+f^2}} \quad ⑫$$

由⑫式得

$$h_m=\sqrt{n^2-1}f \qquad ⑬$$

这就是透镜能够达到的最大有效半径. 透镜的最大有效环带数 k_m 则为不大于 $\frac{\sqrt{n^2-1}f}{d}$ 的最大整数

$$k_m=\left[\frac{\sqrt{n^2-1}f}{d}\right] \qquad ⑭$$

2018年第三十五届全国中学生物理竞赛预赛试题

一、**1.** B **2.** D **3.** D **4.** CD **5.** C

二、**6.** $\frac{v_0}{g}\sqrt{2gH+v_0^2}$ $\arccos\sqrt{\frac{2gH+v_0^2}{2(gH+v_0^2)}}$ (或 $\arcsin\frac{v_0}{\sqrt{2(gH+v_0^2)}}$, 或 $\arctan\frac{v_0}{\sqrt{2gH+v_0^2}}$) **7.** $\frac{3\pi h}{r}$ $\frac{4\pi}{3hR}\sqrt{\frac{r^3}{g}}$ **8.** $\frac{L}{d}\geqslant1+\frac{\tan\theta}{\mu}$ $\frac{L}{d}\geqslant2$ **9.** 0.34 0.73 **10.** 5.5×10^3 15

三、**11.** (1)系统在竖直方向上受力平衡,有

$$F_1+F_2-mg=0 \qquad ①$$

式中, F_1 和 F_2 分别是后轮和前轮与地面之间的正压力的大小. 系统相对于其质心没有转动,由力矩平衡(以逆时针方向为力矩正方向)有,

$$-x_Cmg+lF_2=0 \qquad ②$$

由①、②式得

$$F_1=\frac{l-x_C}{l}mg \qquad ③$$

$$F_2=\frac{x_C}{l}mg \qquad ④$$

(2)设骑车人开始蹬踏自行车时,在保证安全的条件下自行车的加速度为 a(朝前为正). 设地面给车后轮施加的静摩擦力大小为 f_0,按照牛顿第二定律,由题意有

$$f=ma \qquad ⑤$$

系统相对于其质心没有转动,由力矩平衡有

$$y_Cf-x_CF_1+(l-x_C)F_2=0 \qquad ⑥$$

由①、⑤、⑥式得

$$F_1=\left(\frac{l-x_C+\frac{a}{g}y_C}{l}\right)mg \qquad ⑦$$

$$F_2=\left(\frac{x_C}{l}-\frac{y_C}{l}\frac{a}{g}\right)mg \qquad ⑧$$

由⑤式和关于加速度正方向的约定,

$$a>0$$

⑦、⑧式表明,随着加速度 a 增大,后轮与地面间的正压力 F_1 增大,同时前轮与地面间的正压力 F_2 减小. 一旦 $F_2=0$,系统就失去平衡. 为了保证安全,应有

$$F_2\geqslant0 \qquad ⑨$$

由⑧、⑨式知,在保证安全的条件下自行车可达到的最大加速度大小为

$$a_{max}=\frac{x_C}{y_C}g \qquad ⑩$$

12. (1)在小物块相对于平板向右滑动过程中,平板受到的滑动摩擦力为

$$f=\mu mg \qquad ①$$

方向向右. 对平板,由牛顿第二定律有

$$f-kx=Ma \qquad ②$$

式中, x 为弹簧的伸长, a 为平板的加速度(向右为正). 令

$$x'=x-\frac{\mu mg}{k} \qquad ③$$

由①、②、③式得

$$-kx'=Ma \qquad ④$$

可见，平板在弹簧伸长

$$x=\frac{\mu mg}{k}$$

即

$$x'=0$$

时处于平衡位置，平板在该位置附近做简谐运动.

初始时，弹簧没有伸长

$$x=0$$

由③式知，这时

$$x'=-\frac{\mu mg}{k}$$

此时平板的运动速度为零.故平板做简谐运动的振幅 A 为

$$A=\frac{\mu mg}{k} \qquad ⑤$$

由④式可知，平板做简谐运动的频率 υ(周期 T)为

$$\upsilon=\frac{\omega}{2\pi}=\frac{1}{2\pi}\sqrt{\frac{k}{M}} \quad \left(T=2\pi\sqrt{\frac{M}{k}}\right) \qquad ⑥$$

(2)(ⅰ)平板开始时相对于地面静止，平板在 t 时刻相对于地面的速度为

$$V_M=A\omega\sin\omega t \qquad ⑦$$

设小物块相对于地面的初速度为 v_0，小物块在平板对它的滑动摩擦力的作用下，做匀减速直线运动，加速度大小为 μg.小物块在 t 时刻相对于地面的速度为

$$v_m=v_0-\mu gt \qquad ⑧$$

在时刻 $t=\frac{T}{4}$，平板第一次经过其平衡位置，速度达到最大值

$$V_{\max}=A\omega=\mu mg\sqrt{\frac{1}{kM}} \qquad ⑨$$

此时小物块的运动速度为

$$v_m\left(\frac{T}{4}\right)=v_0-\frac{\mu gT}{4} \qquad ⑩$$

由题意，此时小物块相对于平板静止，故有

$$v_m\left(\frac{T}{4}\right)=V_{\max} \qquad ⑪$$

由⑥、⑨、⑩、⑪式得

$$v_0=\mu g\sqrt{\frac{M}{k}}\left(\frac{\pi}{2}+\frac{m}{M}\right) \qquad ⑫$$

(ⅱ)小物块相对平板运动，小物块与平板之间的滑动摩擦力做负功，消耗系统的机械能而转化成热能.由能量守恒，在平板从静止开始运动四分之一周期的过程中产生的热量为

$$Q=\frac{1}{2}mv_0^2-\left[\frac{1}{2}(m+M)A^2\omega^2+\frac{1}{2}kA^2\right] \qquad ⑬$$

由⑤、⑥、⑫、⑬式得

$$Q=\frac{\mu^2g^2mM}{2k}\left[\frac{\pi^2}{4}+(\pi-2)\frac{m}{M}\right] \qquad ⑭$$

13. (1)小球的受力情况如图所示(为清楚起见，对于题图放大了尺寸)：向下的重力 mg，向上的电场力 qE，管壁对小球的正压力 N_1(垂直于管壁向下为正)，滑动摩擦力 μ_1N_1.小球从 A 点到 B 点做初速度为零的匀加速直线运动，设加速度大小为

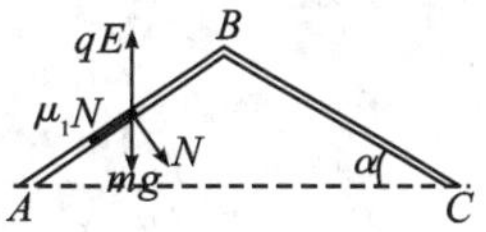

第 13 题图

a_1. 由牛顿第二定律有

$$qE\sin\alpha - mg\sin\alpha - \mu_1 N = ma_1 \quad ①$$

$$qE\cos\alpha = mg\cos\alpha + N \quad ②$$

由①、②式和题给数据得

$$a_1 = \frac{(qE-mg)(\sin\alpha - \mu_1\cos\alpha)}{m} = 2.0\text{m/s}^2 \quad ③$$

由运动学公式有

$$v_B^2 = 2a_1 l \quad ④$$

由③、④式得

$$v_B = 2\sqrt{2}\text{m/s} = 2.8\text{m/s} \quad ⑤$$

(2)小球从B点沿BC管向下(远离B点)做匀减速直线运动直至速度为零,设加速度大小为 a_2. 由牛顿第二定律得

$$qE\sin\alpha - mg\sin\alpha + \mu_2 N = ma_2$$

$$qE\cos\alpha = mg\cos\alpha + N$$

与①、②式相比,只是 $\mu_1 \to -\mu_2$, $a_1 \to a_2$. 由上述两式和题给数据得

$$a_2 = \frac{(qE-mg)(\sin\alpha + \mu_2\cos\alpha)}{m} = 8.0\text{m/s}^2 \quad ⑥$$

由运动学公式 $v_B^2 = 2a_2 S_1$,以及③、④式和题给数据得

$$S_1 = \frac{a_1}{a_2} l = 0.50\text{m} \quad ⑦$$

(3)小球在BC管中速度第一次减为零后返回B点过程中,滑动摩擦力方向反向,小球做匀加速直线运动,设加速度大小为 a_3. 由牛顿第二定律得

$$qE\sin\alpha - mg\sin\alpha - \mu_2 N = ma_3$$

$$qE\cos\alpha = mg\cos\alpha + N$$

与①、②相比,只是 $\mu_1 \to \mu_2$, $a_1 \to a_3$. 由上述两式和题给数据得

$$a_3 = \frac{(qE-mg)(\sin\alpha - \mu_2\cos\alpha)}{m} = 4.0\text{m/s}^2 \quad ⑧$$

此过程中,小球走过的路程仍为 S_1.

继而,小球远离B点在AB管中做匀减速直线运动,设加速度大小为 a_4. 由牛顿第二定律可得

$$qE\sin\alpha - mg\sin\alpha + \mu_1 N = ma_4$$

$$qE\cos\alpha = mg\cos\alpha + N$$

与①、②式相比,只是 $\mu_1 \to -\mu_1$, $a_1 \to a_3$. 由上述两式和题给数据得

$$a_4 = \frac{(qE-mg)(\sin\alpha + \mu_1\cos\alpha)}{m} = 10\text{m/s}^2 \quad ⑨$$

设此过程中,小球走过的路程为 S_2,类似于⑦式有

$$S_2 = \frac{a_3}{a_4} S_1 \quad ⑩$$

设小球在AB管和BC管中第 n 次的远离B点的最大距离分别为 S_{2n} 和 S_{2n-1},类似于⑦、⑩式有

$$S_{2n} = \frac{a_3}{a_4} S_{2n-1} \quad ⑪$$

$$S_{2n+1} = \frac{a_1}{a_2} S_{2n} \quad ⑫$$

注意到 $S_0 \equiv l = 2.0\text{m}$,小球分别在AB管和BC管中第 n 次远离B点的最大距离为

$$S_{2n} = \left(\frac{a_1 a_3}{a_2 a_4}\right)^n S_0 \quad ⑬$$

$$S_{2n-1} = \left(\frac{a_1}{a_2}\right)^n \left(\frac{a_3}{a_4}\right)^{n-1} S_0 \quad ⑭$$

小球分别在AB管和BC管中运动的总路程为

$$S_{AB}=S_0+2(\sum_n S_{2n})=S_0+2S_0\sum_n\left(\frac{a_1}{a_2}\right)^n\left(\frac{a_3}{a_4}\right)^n \quad ⑮$$

$$S_{BC}=2(\sum_n S_{2n-1})=2S_0\sum_n\left(\frac{a_1}{a_2}\right)^n\left(\frac{a_3}{a_4}\right)^{n-1} \quad ⑯$$

将加速度值③、⑥、⑧、⑨代入，取极限 $n\to\infty$ 得

$$S_{AB}=\frac{11}{9}l=\frac{22}{9}\text{m} \quad ⑰$$

$$S_{BC}=\frac{5}{9}l=\frac{10}{9}\text{m} \quad ⑱$$

14. (1)金属棒在导轨上做匀加速直线运动，开始运动后，在时刻 t，棒的速度为

$$v_t=at \quad ①$$

棒相对于起始位置的位移为

$$s_t=\frac{1}{2}at^2 \quad ②$$

由法拉第电磁感应定律，棒在时刻 t 的感应电动势为

$$\varepsilon_t=BLv_t \quad ③$$

由欧姆定律得，棒在时刻 t 的电流为

$$i_t=\frac{\varepsilon_t}{R_1} \quad ④$$

式中 R_1 是在时刻 t 由棒和导轨构成的闭合电路的总电阻.

设棒经过时间 t_1 运动到C、D处，有

$$s_{t_1}=l \quad ⑤$$

由②、⑤式和题给数据得

$$t_1=3.0\text{s} \quad ⑥$$

由②、⑤、⑥式和题给条件有

$$R_1=R+2s_t\frac{r}{l},t\leqslant t_1 \quad ⑦$$

$$R_1=R+2r,\quad t>t_1 \quad ⑧$$

由②、⑤、⑥、⑦、⑧式和题给数据得，通过棒的电流与时间 t 的关系为

$$i_1=\frac{2.0\times t}{4.0+t^2}\text{A},t\leqslant t_1 \quad ⑨$$

$$i_1=\frac{2.0\times t}{13}\text{A},t>t_1 \quad ⑩$$

⑨、⑩式中，t 取以秒为单位的数值，电流单位为A.

(2)从金属棒开始运动直至到达CD位置的过程中，棒受到的安培力为

$$F_A=Bi_1L \quad ⑪$$

由牛顿第二定律得

$$F-F_A-mg\sin\theta=ma$$

或

$$F=F_A+mg\sin\theta+ma \quad ⑫$$

由⑨、⑩、⑪、⑫式和题给数据得

$$F=\left(1.2+\frac{2.0}{\frac{4.0}{t}+t}\right)\text{N} \quad ⑬$$

在⑬式及其下一式中，t 取以s为单位的数值. 因

$$\frac{1}{2}\left(\frac{4.0}{t}+t\right)\geqslant\sqrt{\frac{4.0}{t}t}=2.0$$

拉力 F 的最大值为

$$F_{max}=1.7\text{N} \quad ⑭$$

15. (1)由题给条件，对于被封住的理想气体的初态，其体积和温度为

$$V_1=60.0\text{cm}\cdot S, T_1=300.0\text{K}$$

式中 S 为左边试管的横截面积. 由力平衡条件和题给数据知，其压强 p_1 满足

$$p_1=p_0+24.0\text{cmHg} \quad ①$$

式中，p_0 为大气压强.

当被封闭的理想气体温度升高到 T_2 时，一部分水银通过小孔溢出到右边试管中，以至于左边试管中所乘水银柱的长度为 x. 由力平衡条件，此时气体的压强 p_2 为

$$p_2=p_0+x \quad ②$$

$$V_2=[(60.0+24.0+16.0)\text{cm}-x]\cdot S \quad ③$$

式中 x 是以 cmHg 为单位的数值(当它表示压强时)或以 cm 为单位的数值(当它表示长度时)，下同. 由理想气体状态方程有

$$\frac{p_1V_1}{T_1}=\frac{p_2V_2}{T_2} \quad ④$$

由①、②、③、④式和题给数据得

$$T_2=\frac{(76.0+x)(100.0-x)}{20.0}$$

式中 T_2 是以 K 为单位的数值(下同)，或

$$T_2=387.2-\frac{(x-12.0)^2}{20.0} \quad ⑤$$

由⑤式可知，当

$$x=12.0\text{cm} \quad ⑥$$

时，温度 T_2 达到最高，此最高温度为

$$T_{2\max}=387.2\text{K} \quad ⑦$$

(2)当气体的温度为 384.0K 时，由⑤式得

$$(x-12.0)^2=64.0 \quad ⑧$$

其解为

$$x_a=20.0\text{cm} \quad ⑨$$

$$x_b=4.0\text{cm} \quad ⑩$$

16. (1)根据两平面镜夹角为 72°和平面镜反射成像规律，P 和 P 的像的中心恰是一正五边形的顶点，在原题图 b 中标出的 P 的所有像的方位示意图如题图(1)所示.

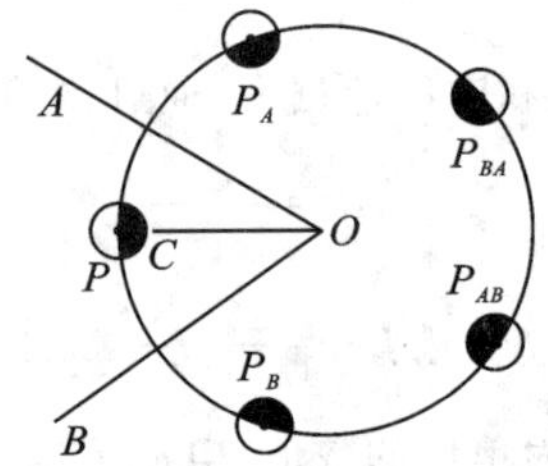

第 16 题图(1)

P 的像共有

$$n=4 \quad ①$$

个，即

$$P_A, P_B, P_{AB}, P_{BA}$$

且 P_A 是 P 在镜 A 中的像，因而

P 与 P_A 对镜面 A 镜面对称. ②

P_B 是 P 在镜 B 中的像，因而

P 与 P_B 对镜面 B 镜面对称； ③

P_{AB} 是 P_A 在镜 B 中的像，因而

P_A 与 P_{AB} 对镜面 B 镜面对称； ④

且 P_{BA} 是 P_B 在镜 A 中的像，因而

P_B 与 P_{BA} 对镜面 A 镜面对称. ⑤

(2)照相机沿 CO 方向拍摄到的像是

$$P_A, P_{BA}, P, P_{AB}, P_B$$

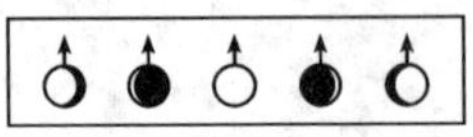

第 16 题图(2)

面向 CO 方向的头像表面的形象，如题图(2)所示.

2018 年第三十五届全国中学生物理竞赛复赛试题

一、(1)解法(一)

假设小物体初始速度大小为 v_0,在地球引力场中其能量为

$$E=\frac{1}{2}mv_0^2-G\frac{Mm}{R+h}$$

式中 m 是小物体的质量.小物体相对于地球中心的角动量为

$$L=mv_0(R+h)$$

该物体能绕地球做周期运动,其能量应

$$E<0$$

由此条件以及 E 的表达式,得

$$v_0^2<\frac{2GM}{R+h},\text{即 } v_0<\sqrt{\frac{2GM}{R+h}} \quad ①$$

物体能绕地球做持续的周期运动,不能坠落到地球表面.当物体初始速度 v_0 降低到某个值 $v_{0\min}$ 时,物体运动的椭圆轨道将与地球表面相切,设这种情况下物体在与地球表面相切时的运动速度为 v,由角动量守恒定律

$$mv_{0\min}(R+h)=mvR,\text{即 } v=v_{0\min}\frac{R+h}{R} \quad ②$$

由能量守恒定律有

$$\frac{1}{2}mv_0^2-G\frac{Mm}{R+h}=\frac{1}{2}mv^2-G\frac{Mm}{R} \quad ③$$

将②式代入③式得

$$v_{0\min}=\sqrt{\frac{2GMR}{(R+h)(2R+h)}} \quad ④$$

当物体初速度 v_0 低于 $v_{0\min}$ 时,其轨道都将与地球表面相交,因此会坠落到地面上.所以物体绕地球做椭圆或圆形轨道运动,但不会坠落到地球表面的条件是

$$\sqrt{\frac{2GMR}{(R+h)(2R+h)}}<v_0<\sqrt{\frac{2GM}{R+h}} \quad ⑤$$

解法(二)

该物体能绕地球做周期运动,其运动轨迹应为椭圆(圆被视为椭圆的特殊情形),设其近或远地点之一与地心的距离和速度大小分别为 r_1 和 v_1,另一近或远地点与地心的距离和速度大小分别为 r_2 和 v_2.由角动量守恒和能量守恒有

$$r_1v_1=r_2v_2 \quad ①$$

$$\frac{1}{2}mv_1^2-G\frac{Mm}{r_1}=\frac{1}{2}mv_2^2-G\frac{Mm}{r_2} \quad ②$$

式中 m 是小物体的质量.消去 v_2 得

$$\frac{1}{r_2^2}-\frac{2GM}{r_1^2v_1^2}\frac{1}{r_2}-\frac{1}{r_1^2v_1^2}\left(v_1^2-\frac{2GM}{r_1}\right)=0$$

将 r_1 和 v_1 视为已知,上式是 $\frac{1}{r_2}$ 满足的一个一元二次方程.$r_2=r_1$ 显然满足方程①、②,因而 $\frac{1}{r_1}$ 是一元二次方程的解.利用韦达定理,另一解是

$$\frac{1}{r_2}=\frac{1}{r_1}\left(\frac{2GM}{r_1v_1^2}-1\right) \quad ③$$

显然,$r_2>R$,且有限,故有

$$0<\frac{1}{r_2}<\frac{1}{R} \quad ④$$

由③、④式得,当 r_1 给定时,v_1 必须满足

$$\sqrt{\frac{2GMR}{r_1(r_1+R)}}<v_1<\sqrt{\frac{2GM}{r_1}}$$

由题意知

$$r_1=R+h,v_1=v_0$$

故有

$$\sqrt{\frac{2GMR}{(R+h)(2R+h)}}<v_0<\sqrt{\frac{2GM}{R+h}} \qquad ⑤$$

(2)如果

$$v_0<\sqrt{\frac{2GMR}{(R+h)(2R+h)}} \qquad ⑥$$

则物体会落到地球上.根据能量守恒,它落到地面时的速度大小 v 满足方程

$$\frac{1}{2}mv^2-G\frac{Mm}{R}=\frac{1}{2}mv_0^2-G\frac{Mm}{R+h} \qquad ⑦$$

由⑦式得
$$v=\sqrt{v_0^2+\frac{2GM}{R}-\frac{2GM}{R+h}}=\sqrt{v_0^2+\frac{2GMh}{R(R+h)}} \qquad ⑧$$

设物体落地点相对于地心的矢径与物体初始位置相对于地心的矢径之间的夹角为 θ.根据角动量守恒,物体落到地面时的水平速度 v_θ 满足方程

$$Rv_\theta=(R+h)v_0$$

上式即

$$v_\theta=\frac{R+h}{R}v_0 \qquad ⑨$$

物体的速度方向与水平面的夹角是

$$\alpha=\arccos\frac{v_\theta}{v}=\arccos\frac{(R+h)v_0}{\sqrt{R^2v_0^2+\frac{2GMRh}{R+h}}} \qquad ⑩$$

将物体的运动用极坐标 $\theta(t),r(t)$ 描写,角动量守恒和能量守恒可分别表示为

$$r^2\frac{\mathrm{d}\theta}{\mathrm{d}t}=(R+h)v_0 \qquad ⑪$$

和

$$\frac{1}{2}m\left(\frac{\mathrm{d}r}{\mathrm{d}t}\right)^2\ \frac{1}{2}r^2\left(\frac{\mathrm{d}\theta}{\mathrm{d}t}\right)^2-G\frac{Mm}{r}=\frac{1}{2}mv_0^2-G\frac{Mm}{R+h} \qquad ⑫$$

消去$\frac{\mathrm{d}\theta}{\mathrm{d}t}$得

$$\frac{\mathrm{d}r}{\mathrm{d}t}=-\sqrt{-\frac{(R+h)^2v_0^2}{r^2}+\frac{2GM}{r}+v_0^2-\frac{2GM}{R+h}} \qquad ⑬$$

物体从开始发射直至落地需要的时间为

$$\begin{aligned}t&=\int_R^{R+h}\frac{\mathrm{d}r}{\sqrt{-\frac{(R+h)^2v_0^2}{r^2}+\frac{2GM}{r}+v_0^2-\frac{2GM}{R+h}}}\\&=\int_R^{R+h}\frac{r\,\mathrm{d}r}{\sqrt{\left(v_0^2-\frac{2GM}{R+h}\right)r^2+2GMr-(R+h)^2v_0^2}}\end{aligned} \qquad ⑭$$

取参量 $a=-(R+h)^2v_0^2,b=2GM,c=v_0^2-\frac{2GM}{R+h}<0$,有

$$\begin{aligned}\Delta&=b^2-4ac\\&=(2GM)^2+4(R+h)^2v_0^2\left(v_0^2-\frac{2GM}{R+h}\right)\\&=4(R+h)^2\left(v_0^2-\frac{2GM}{R+h}\right)^2>0\end{aligned}$$

利用题给积分公式,完成积分得

$$\begin{aligned}t=&\frac{R+h}{2GM-v_0^2(R+h)}\sqrt{\frac{2GMRh}{R+h}-v_0^2(2R+h)h}\\&+GM\left[\frac{R+h}{2GM-v_0^2(R+h)}\right]^{\frac{3}{2}}\left[\frac{\pi}{2}+\arcsin\frac{v_0^2R(R+h)-GM(R-h)}{GM(R+h)-v_0^2(R+h)^2}\right]\end{aligned} \qquad ⑮$$

当初始速度大小为临界值 $v_0=\sqrt{\frac{2GMR}{(R+h)(2R+h)}}$ 时，下落时间为

$$t=\frac{\pi}{\sqrt{GM}}\left(\frac{2R+h}{2}\right)^{\frac{3}{2}}$$

二、(1)若

$$kA_0\leqslant\mu mg \quad 或 \quad 0<A_0\leqslant\frac{\mu mg}{k} \qquad ①$$

小球静止于其初始位置

$$x=-A_0<0 \qquad ②$$

若

$$A_0>\frac{\mu mg}{k} \quad 或 \quad kA_0>\mu mg$$

小球能向右运动.设小球第一次向右运动到速度为零时弹簧的伸长量为 x(其符号暂未确定)，根据功能原理有

$$\frac{1}{2}kA_0^2-\frac{1}{2}kx^2=\mu mg(A_0+x)$$

由此得

$$x=A_0-\frac{2\mu mg}{k} \qquad ③$$

当 $x\leqslant0$，即

$$\frac{\mu mg}{k}<A_0\leqslant\frac{2\mu mg}{k} \qquad ④$$

弹簧处于压缩或自由状态，且小球所受向右的弹力

$$F=k|B_1|=2\mu mg-kA_0\leqslant\mu mg$$

故小球最终静止于原点左边或原点

$$x=A_0-\frac{2\mu mg}{k}\leqslant0 \qquad ⑤$$

④式中取等号时，⑤式也取等号.

当 $x>0$，即

$$A_0>\frac{2\mu mg}{k}$$

弹簧处于伸长状态，小球所受向左的弹力

$$kx=kA_0-2\mu mg$$

若 $kx\leqslant\mu mg$，即

$$\frac{2\mu mg}{k}<A_0\leqslant\frac{3\mu mg}{k} \qquad ⑥$$

小球最终静止于原点右边

$$x=B_1=A_0-\frac{2\mu mg}{k}>0 \qquad ⑦$$

(2)解法(一)

设在小球完成第一次向右运动后的瞬间，记弹簧的伸长为 B_1.按题意，此后小球至多只能向左运动.若

$$B_1>\frac{\mu mg}{k} \quad 或 \quad A_0>\frac{3\mu mg}{k}$$

小球能向左运动.设小球第一次向左运动到速度为零时弹簧的伸长量为 x(其符号暂未确定)，根据功能原理有

$$\frac{1}{2}KB_1^2-\frac{1}{2}kx^2=\mu mg(B_1-x)$$

由此得

$$x=\frac{2\mu mg}{k}-B_1=\frac{4\mu mg}{k}-A_0$$

当 $x\geqslant 0$，即

$$\frac{3\mu mg}{k}<A_0\leqslant\frac{4\mu mg}{k} \quad ⑧$$

弹簧处于伸长或自由状态，小球所受向左的弹力

$$kx=4\mu mg-kA_0\leqslant\mu mg$$

小球最终静止于原点右边或原点

$$x=\frac{4\mu mg}{k}-A_0\geqslant 0 \quad ⑨$$

⑨式中取等号时，⑩式也取等号.

当 $x<0$，即

$$A_0>\frac{4\mu mg}{k}$$

弹簧处于压缩状态，且小球所受向右的弹力

$$k|x|=kA_0-4\mu mg$$

如果 $k|x|\leqslant\mu mg$，即当

$$\frac{4\mu mg}{k}<A_0\leqslant\frac{5\mu mg}{k} \quad ⑩$$

小球最终静止于

$$x\equiv -A_1=\frac{4\mu mg}{k}-A_0<0 \quad ⑪$$

解法(二)

设在小球完成第一次向右运动后的瞬间，记弹簧的伸长为 B_1. 按题意，此后小球至多只能向左运动. 将 B_1 视为 A_0，利用(1)的结果①、②、④、⑤以及 B_1 的表达式⑦可知，当

$$\frac{3\mu mg}{k}<A_0\leqslant\frac{4\mu mg}{k} \quad ⑧$$

时，小球最终静止于

$$x=\frac{4\mu mg}{k}-A_0\geqslant 0 \quad ⑨$$

⑧式取等号时，⑨式也取等号. 当

$$\frac{4\mu mg}{k}<A_0\leqslant\frac{5\mu mg}{k} \quad ⑩$$

时，小球最终静止于

$$x\equiv -A_1=\frac{4\mu mg}{k}-A_0<0 \quad ⑪$$

(3)设小球第 1 次向右运动至速度为零的位置为 $B_1(B_1>0)$，第 1 次返回至速度为零的位置为 $-A_1(A_1>0)$，…，第 n 次向右运动至速度为零的位置为 $B_n(B_n>0)$，第 n 次返回至速度为零的位置为 $-A_n(A_n>0)$. 由⑦、⑪式并类推有

$$A_0-B_1=\frac{2\mu mg}{k},$$

$$B_1-A_1=\frac{2\mu mg}{k},$$

$$A_1-B_2=\frac{2\mu mg}{k},$$

$$\cdots,$$

$$A_{n-1}-B_n=\frac{2\mu mg}{k},$$

$$B_n-A_n=\frac{2\mu mg}{k}$$

由此得

$$A_n=A_0-\frac{4n\mu mg}{k} \quad ⑫$$

将 A_n 视为初始压缩量 A_0，利用(1)、(2)的结果①、②、④、⑤、⑥、⑦、⑧、⑨、⑩、⑪式以及 A_n 的表达式⑫可知，小球最终静止于

$$x=\frac{4n\mu mg}{k}-A_0<0，当\frac{4n\mu mg}{k}<A_0\leqslant\frac{(4n+1)\mu mg}{k}， \quad ⑬$$

$$x=A_0-\frac{2(2n+1)\mu mg}{k}\leqslant0，当\frac{(4n+1)\mu mg}{k}<A_0\leqslant\frac{2(2n+1)\mu mg}{k}， \quad ⑭$$

$$x=A_0-\frac{2(2n+1)\mu mg}{k}>0，当\frac{2(2n+1)\mu mg}{k}<A_0\leqslant\frac{(4n+3)\mu mg}{k}， \quad ⑮$$

$$x=\frac{4(n+1)\mu mg}{k}-A_0\geqslant0，当\frac{(4n+3)\mu mg}{k}<A_0\leqslant\frac{4(n+1)\mu mg}{k}， \quad ⑯$$

⑭、⑯式中当后式取等号时前式也取等号.

(4)设小球在由开始运动直至静止整个过程中通过的总路程为 s，设由功能原理有

$$\frac{1}{2}kA_0^2-\frac{1}{2}kx^2=\mu mgs$$

式中，x 的值如⑬、⑭、⑮、⑯式所示. 由此得

$$s=\frac{k}{2\mu mg}(A_0^2-x^2) \quad ⑰$$

即

$$s=4n\left(A_0-\frac{2n\mu mg}{k}\right)，当\frac{4n\mu mg}{k}<A_0\leqslant\frac{(4n+1)\mu mg}{k} \quad ⑱$$

$$s=2(2n+1)\left(A_0-\frac{(2n+1)\mu mg}{k}\right)，当\frac{(4n+1)\mu mg}{k}<A_0\leqslant\frac{(4n+3)\mu mg}{k} \quad ⑲$$

$$s=4(n+1)\left(A_0-\frac{2(n+1)\mu mg}{k}\right)，当\frac{(4n+3)\mu mg}{k}<A_0\leqslant\frac{4(n+1)\mu mg}{k} \quad ⑳$$

三、(1)设打击中心位置距转轴距离为 L，水平外力 F 作用于打击中心后杆的角加速度为 β. 由刚体定轴转动的动力学方程有

$$FL=\frac{1}{3}Ml^2\beta \quad ①$$

式中 $\frac{1}{3}Ml^2$ 是杆绕过其端点 A(即 O 点)的水平轴转动的转动惯量. 由①式得

$$\beta=\frac{3FL}{Ml^2}$$

在弹丸撞击杆后的瞬间，杆的质心加速度的水平分量为

$$a_x=\frac{l}{2}\beta=\frac{3FL}{2Ml} \quad ②$$

设轴对杆的作用力的水平分量为 F_x，由质心运动定理有

$$F-F_x=Ma_x \quad ③$$

将②式代入③式，水平外力打击到杆的打击中心处，轴对杆的作用力的水平分量应为零

$$F_x=\left(1-\frac{3L}{2l}\right)F=0$$

由此得，杆的打击中心到 O 点的距离为

$$L=\frac{2}{3}l \quad ④$$

(2)弹丸与杆的碰撞过程满足动量守恒

$$mv_0=(M+m)v$$

解得

$$v=\frac{mv_0}{M+m} \quad ⑤$$

设碰撞后带弹丸的杆的质心位置与 O 点的距离为 L_c，则

$$(M+m)L_c=\frac{1}{2}Ml+mL$$

即

$$L_c=\frac{4m+3M}{6(M+m)}l \quad ⑥$$

在碰撞后的瞬间，杆转动的角速度为

$$\omega_0=\frac{v}{L_c}=\frac{6mv_0}{(4m+3M)l} \quad ⑦$$

带弹丸的杆的转动惯量为

$$I=\frac{1}{3}Ml^2+m\left(\frac{2}{3}l\right)^2=\frac{1}{9}(3M+4m)l^2$$

在杆从垂直位置转过 $\theta(0\leqslant\theta<\pi)$ 角的过程中，系统的机械能守恒，有

$$\frac{1}{2}I\omega_0^2=\frac{1}{2}I\omega^2+(M+m)gL_c(1-\cos\theta) \quad ⑧$$

解得

$$\omega^2=\omega_0^2-\frac{2(M+m)gL_c(1-\cos\theta)}{I}$$

将⑤、⑥、⑦式以及转动惯量 I 的表达式代入上式得

$$\omega=\sqrt{\frac{36m^2v_0^2}{(4m+3M)^2l^2}-\frac{3g}{l}(1-\cos\theta)} \quad ⑨$$

另一方面，杆由初始位置转过 θ 角时，由刚体定轴转动的动力学方程有

$$(M+m)gL_c\sin\theta=I\beta'$$

式中 β' 是重力矩产生的角加速度. 由此得

$$\beta'=\frac{(M+m)gL_c\sin\theta}{I}=\frac{3g}{2l}\sin\theta \quad ⑩$$

此时质心加速度的 x 分量 a_{cx} 和 y 分量 a_{cy} 分别为

$$a_{cx}=L_c\beta'\cos\theta+L_c\omega^2\sin\theta$$

$$a_{cy}=L_c\omega^2\cos\theta-L_c\beta'\sin\theta$$

其中角速度 ω 由⑨式给出. 设撤除转轴前，杆被撞击后转过 θ 角时转轴对杆的作用力的 x 分量和 y 分量分别为 N_x 和 N_y，由质心运动定理有

$$N_x=(M+m)a_{cx}=(M+m)L_c(\beta'\cos\theta+\omega^2\sin\theta) \quad ⑪$$

$$N_y=(M+m)(g+a_{cy})=(M+m)[g+L_c(\omega^2\cos\theta-\beta'\sin\theta)] \quad ⑫$$

将⑥、⑨、⑩式代入⑪、⑫式得

$$N_x=\frac{(4m+3M)g}{4}(3\sin\theta\cos\theta-2\sin\theta)+\frac{6m^2v_0^2}{(4m+3M)l}\sin\theta \quad ⑬$$

$$N_y=(M+m)g+\frac{6m^2v_0^2}{(4m+3M)l}\cos\theta+\frac{(4m+3M)g}{4}(3\cos^2\theta-2\cos\theta-1) \quad ⑭$$

(3)当杆转到竖直位置即 $\theta=\pi$ 时，由⑨式得，角速度 ω' 为

$$\omega'=\sqrt{\frac{36m^2v_0^2}{(4m+3M)^2l^2}-\frac{6g}{l}} \quad ⑮$$

撤除转轴后，带弹丸的杆的质心做平抛运动，同时杆绕其质心以角速度 ω' 在竖直平面内做顺时针转动. 以撤除转轴的瞬间为计时零点，在 t 时刻的质心坐标为

$$x_c=v_ct=(L_c\omega')t$$

$$y_c=L_c-\frac{1}{2}gt^2$$

建立如图所示的质心坐标系，由于杆同时绕质心以角速度 ω' 在竖直平面内顺时针转动，在 t 时刻杆的 B 端相对于其质心的坐标为

$$x'_B=(l-L_c)\sin\omega't \qquad y'_B=(l-L_c)\cos\omega't$$

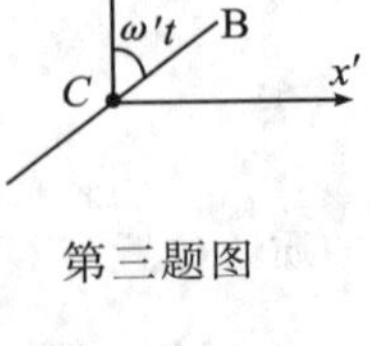

第三题图

在地面参考系中，t 时刻杆的 B 端的坐标为

$$x_B(t)=x_c+x'_B=(L_c\omega')t+(l-L_c)\sin\omega't \quad ⑯$$

$$y_B(t)=y_c+y'_B=L_c-\frac{1}{2}gt^2+(l-L_c)\sin\omega't \quad ⑰$$

(4)撤除转轴后,经过时间 t_1,杆再转了半圈,即

$$\omega' t_1=\pi$$

设此时 O、B 两点的高度差为 h,即此时杆 B 端的 y 坐标的绝对值. 由⑰式得

$$y=|y_B(t_1)|=\left|2L_c-l-\frac{1}{2}g\left(\frac{\pi}{\omega'}\right)^2\right| \quad ⑱$$

将⑥、⑮式代入⑱式得

$$h=\left|\frac{\pi^2 g}{2}\left[\frac{36m^2v_0^2}{(4m+3M)^2l^2}-\frac{6g}{l}\right]^{-1}-\frac{ml}{3(M+m)}\right| \quad ⑲$$

或

$$h=\left|\frac{\pi^2 g(4m+3M)^2l^2}{12[6m^2v_0^2-g(4m+3M)^2l]}-\frac{ml}{3(M+m)}\right| \quad ⑳$$

四、(1)四根通有直流电流 I 的导线在 x-y 平面内的空间坐标依次是

$$(-a,a),(a,a),(a,-a),(-a,-a)$$

取 x 轴和 y 轴方向单位矢量为 $\boldsymbol{i}$ 和 $\boldsymbol{j}$,考虑通电导线外任一点 (x,y). 导线 1、2、3、4 上的电流在点 (x,y) 产生的磁场 $\boldsymbol{B}_1$、$\boldsymbol{B}_2$、$\boldsymbol{B}_3$、$\boldsymbol{B}_4$ 为

$$\boldsymbol{B}_1=\frac{\mu_0(-I)}{2\pi}\frac{-(y-a)\boldsymbol{i}+(x+a)\boldsymbol{j}}{(x+a)^2+(y-a)^2} \quad ①$$

$$\boldsymbol{B}_2=\frac{\mu_0 I}{2\pi}\frac{-(y-a)\boldsymbol{i}+(x-a)\boldsymbol{j}}{(x-a)^2+(y-a)^2} \quad ②$$

$$\boldsymbol{B}_3=\frac{\mu_0(-I)}{2\pi}\frac{-(y+a)\boldsymbol{i}+(x-a)\boldsymbol{j}}{(x-a)^2+(y+a)^2} \quad ③$$

$$\boldsymbol{B}_4=\frac{\mu_0 I}{2\pi}\frac{-(y+a)\boldsymbol{i}+(x+a)\boldsymbol{j}}{(x+a)^2+(y+a)^2} \quad ④$$

导线电流在通电导线外产生的总磁场的空间分布为

$$\boldsymbol{B}=\boldsymbol{B}_1+\boldsymbol{B}_2+\boldsymbol{B}_3+\boldsymbol{B}_4$$

$$=\frac{\mu_0 I}{2\pi}\left\{\left[\frac{y-a}{(x+a)^2+(y-a)^2}-\frac{y-a}{(x-a)^2+(y-a)^2}+\frac{y+a}{(x-a)^2+(y+a)^2}-\frac{y+a}{(x+a)^2+(y+a)^2}\right]\boldsymbol{i}+\right.$$
$$\left.\left[\frac{x+a}{(x+a)^2+(y-a)^2}+\frac{x-a}{(x-a)^2+(y-a)^2}-\frac{x-a}{(x-a)^2+(y+a)^2}+\frac{x+a}{(x+a)^2+(y+a)^2}\right]\boldsymbol{j}\right\} \quad ⑤$$

(2)对于原点 O 附近的任一点 (x,y),有

$$|x|\ll a,|y|\ll a$$

保留至 $\frac{x}{a}$、$\frac{y}{a}$ 的一次项,$\boldsymbol{B}_1$、$\boldsymbol{B}_2$、$\boldsymbol{B}_3$、$\boldsymbol{B}_4$ 可近似为

$$\boldsymbol{B}_1\approx\frac{\mu_0 I}{4\pi a^2}[-(a-x)\boldsymbol{i}-(a+y)\boldsymbol{j}] \quad ⑥$$

$$\boldsymbol{B}_2\approx\frac{\mu_0 I}{4\pi a^2}[(a+x)\boldsymbol{i}-(a+y)\boldsymbol{j}] \quad ⑦$$

$$\boldsymbol{B}_3\approx\frac{\mu_0 I}{4\pi a^2}[(a+x)\boldsymbol{i}+(a-y)\boldsymbol{j}] \quad ⑧$$

$$\boldsymbol{B}_4\approx\frac{\mu_0 I}{4\pi a^2}[-(a-x)\boldsymbol{i}-(a-y)\boldsymbol{j}] \quad ⑨$$

电流在原点附近任一点 (x,y) 产生的总磁场可近似为

$$\boldsymbol{B}\approx\frac{\mu_0 I}{\pi a^2}(x\boldsymbol{i}-y\boldsymbol{j}) \quad ⑩$$

(3)在原点附近的总磁感应强度为

$$\boldsymbol{B}_{tot}\approx\frac{\mu_0 I}{\pi a^2}(x\boldsymbol{i}-y\boldsymbol{j})+B_0\boldsymbol{k} \quad ⑪$$

在原点 O 附近总磁感应强度的大小为

$$|\boldsymbol{B}_{tot}|=\sqrt{B_0^2+\left(\frac{\mu_0 I}{\pi a^2}\right)^2(x^2+y^2)}\approx B_0+\frac{1}{2B_0}\left(\frac{\mu_0 I}{\pi a^2}\right)^2(x^2+y^2) \quad ⑫$$

原子在原点 O 附近所受的磁作用的束缚势能为

$$V=\mu|\boldsymbol{B}_{\text{tot}}|\approx\mu B_0+\frac{1}{2}\frac{\mu}{B_0}\left(\frac{\mu_0 I}{\pi a^2}\right)^2(x^2+y^2) \qquad ⑬$$

除开常数项外，这是二维(x-y 平面)简谐振子势能，因此该原子在原点 O 附近所受磁场的作用力应是 x-y 平面上沿径向指向原点 O 的力

$$\boldsymbol{F}=-\frac{\mu}{B_0}\left(\frac{\mu_0 I}{\pi a^2}\right)^2(x\boldsymbol{i}+y\boldsymbol{j}) \qquad ⑭$$

(4)原子在磁阱中所受的磁作用的束缚势能为

$$V=\mu|\boldsymbol{B}_{\text{tot}}|=\mu\sqrt{B_0^2+|\boldsymbol{B}|^2} \qquad ⑮$$

式中 $\boldsymbol{B}$ 如⑤式所示.

由系统的电流分布可以断定，在 x-y 平面内磁感线最稀疏的位置应该在 x 轴或 y 轴上，或者说束缚势能高度最小的位置应该在 x 轴或 y 轴上，这也是原子在 x-y 平面内最容易逸出的方向. 由⑤式，当 $y=0$ 时，在 x 轴上束缚势能为

$$V(x,y=0)=\mu\sqrt{B_0^2+\left(\frac{\mu_0 Ia}{\pi}\right)^2\left[\frac{1}{(x-a)^2+a^2}-\frac{1}{(x+a)^2+a^2}\right]^2} \qquad ⑯$$

由极值条件 $\frac{\mathrm{d}V(x)}{\mathrm{d}x}=0$ 得

$$x(3x^4-4a^4)=0$$

解为

$$x_1=\left(\frac{4}{3}\right)^{\frac{1}{4}}a,x_2=-\left(\frac{4}{3}\right)^{\frac{1}{4}}a,x_3=0 \qquad ⑰$$

其中，极值点 $x_3=0$，即原点位置对应于势能最小值位置；而极值点 x_1 和 x_2 对应于 x 轴上势能极大值位置. 在 y 轴方向也有类似结果.

因此，运动原子在 x-y 平面内最容易沿 x 轴或 y 轴方向，在下述空间位置

$$\left(\left(\frac{4}{3}\right)^{\frac{1}{4}}a,0\right)、\left(0,\pm\left(\frac{4}{3}\right)^{\frac{1}{4}}a\right) \qquad ⑱$$

从磁阱中逸出.

由⑯式知，在 $\left(x=\pm\left(\frac{4}{3}\right)^{\frac{1}{4}}a,0\right)$ 处，原子的束缚势能为

$$V\left(x=\pm\left(\frac{4}{3}\right)^{\frac{1}{4}}a,y=0\right)=\mu\sqrt{B_0^2+\frac{3\sqrt{3}}{8}\left(\frac{\mu_0 I}{\pi a}\right)^2} \qquad ⑲$$

类似的，在 $\left(x=0,y=\pm\left(\frac{4}{3}\right)^{\frac{1}{4}}a\right)$ 处，原子的束缚势能也为⑲式所示. 由⑤式，在磁阱中心($x=0,y=0$)原子所受磁作用的束缚势能为

$$V_O=\mu B_0$$

所以刚好能够逸出磁阱的原子的动能为

$$\begin{aligned}E_{\mathrm{k}}&=V\left(x=\pm\left(\frac{4}{3}\right)^{\frac{1}{4}}a,y=0\right)-V_0\\&=V\left(x=0,y=\pm\left(\frac{4}{3}\right)^{\frac{1}{4}}a\right)-V_0\\&=\mu B_0\left[\sqrt{1+\frac{3\sqrt{3}}{8}\left(\frac{\mu_0 I}{\pi aB_0}\right)^2}-1\right]\end{aligned} \qquad ⑳$$

五、解法(一)

(1)以正离子中心为原点 O 的实验室参考系 $Oxyz$ 与以角速度 ω 绕 z 轴放置的参考系 $O'x'y'z'$ 如图所示，z 轴和 z' 轴重合，沿磁场方向. 记两参考系坐标轴正向单位矢量分别为 $\boldsymbol{i}$、$\boldsymbol{j}$、$\boldsymbol{k}$ 和 $\boldsymbol{i}'$、$\boldsymbol{j}'$、$\boldsymbol{k}'$. 旋转系中，价电子除受线性回复力 $-m\omega_0^2\boldsymbol{r}$ 和洛伦兹力 $-e\boldsymbol{v}\times\boldsymbol{B}$ 外，还受惯性离心力 $-m\boldsymbol{\omega}\times(\boldsymbol{\omega}\times\boldsymbol{r})$ 和科里奥利力 $-2m\boldsymbol{\omega}\times\boldsymbol{v}'$ 作用，其合力为

$$\boldsymbol{F}'=-m\omega_0^2\boldsymbol{r}-e\boldsymbol{v}\times\boldsymbol{B}-m\boldsymbol{\omega}\times(\omega\times\boldsymbol{r})-2m\boldsymbol{\omega}\times\boldsymbol{v}' \qquad ①$$

或写成等价的分量形式

$$\begin{cases}F'_{z'}=-m\omega_0^2 z'\\F'_{x'}=-m\omega_0^2 x'-ev_{y'}B+m\omega^2 x'+2m\omega v'_{y'}\\F'_{y'}=-m\omega_0^2 y'+ev_{x'}B+m\omega^2 y'-2m\omega v'_{x'}\end{cases}\quad ①$$

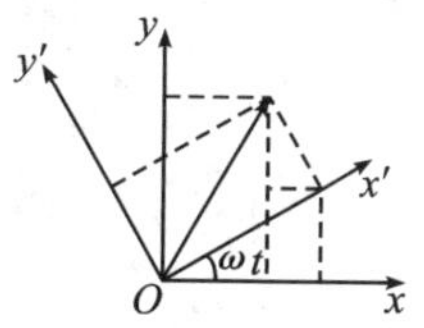

第五题图

式中 $v_{x'}$ 和 $v_{y'}$ 是实验室参考系中价电子速度 v 在 x' 和 y' 坐标轴上的分量，而 $v'_{x'}$ 和 $v'_{y'}$ 是旋转系中价电子速度 $\boldsymbol{v}'$ 在 x' 和 y' 坐标轴上的分量. 两参考系位矢之间和速度之间的变换关系为

$$\begin{cases}\boldsymbol{r}=\boldsymbol{r}'\\\boldsymbol{v}=\boldsymbol{\omega}\times\boldsymbol{r}'+\boldsymbol{v}'\end{cases}\quad ②$$

速度之间的变换关系可写成等价的分量形式

$$v_{x'}=v'_{x'}-\omega y'$$
$$v_{y'}=v'_{y'}+\omega x'\quad ②$$

①式可写为

$$\boldsymbol{F}'=-m\omega_0^2\boldsymbol{r}+m(2\boldsymbol{\omega}_L-\boldsymbol{\omega})\times(\boldsymbol{\omega}\times\boldsymbol{r})+2m(\boldsymbol{\omega}_L-\boldsymbol{\omega})\times\boldsymbol{v}'\quad ③$$

式中，$\boldsymbol{\omega}_L=\omega_L\boldsymbol{k}'$，$\boldsymbol{\omega}=\omega\boldsymbol{k}'$，而

$$\omega_L=\frac{eB}{2m}$$

③式也可写成等价的分量形式

$$\begin{cases}F'x=-m[\omega_0^2+(2\omega_L-\omega)\omega]x'-2m(\omega_L-\omega)v'_{y'}\\F'y=-m[\omega_0^2+(2\omega_L-\omega)\omega]y'+2m(\omega_L-\omega)v'_{x'}\end{cases}\quad ③$$

令

$$\omega=\omega_L\quad ④$$

在

$$\boldsymbol{F}'=-m\omega_0^2\boldsymbol{r}'+m\boldsymbol{\omega}_L\times(\boldsymbol{\omega}_L\times\boldsymbol{r})=-m[(\omega_0^2+\omega_L^2)(x'\boldsymbol{i}'+y'\boldsymbol{j}')+\omega_0^2 z'\boldsymbol{k}']\quad ⑤$$

这是各向异性的线性回复力. 旋转系中价电子运动的动力学方程为

$$m\boldsymbol{a}'=\boldsymbol{F}'\quad ⑥$$

利用④式，⑥式的分量形式为

$$\begin{cases}\ddot{x}'=-(\omega_0^2+\omega_L^2)x'\\\ddot{y}'=-(\omega_0^2+\omega_L^2)y'\\\ddot{z}'=-\omega_0^2 z'\end{cases}\quad ⑦$$

这是三维简谐振动的动力学方程，其解为

$$\begin{cases}x'=A_1\cos(\sqrt{\omega_0^2+\omega_L^2}t+\varphi_1)\\y'=A_2\sin(\sqrt{\omega_0^2+\omega_L^2}t+\varphi_2)\\z'=A_3\cos(\omega_0^2 t+\varphi_3)\end{cases}\quad ⑧$$

式中，常量 A_1、A_2、A_3 和 φ_1、φ_2、φ_3 分别是相应的振幅和相位，它们由价电子的初始位置与初始速度决定.

(2)由几何关系，可得两参考系之间的坐标变换关系为

$$\begin{cases}x=x'\cos\omega t-y'\sin\omega t\\y=x'\sin\omega t+y'\cos\omega t\\z=z'\end{cases}\quad ⑨$$

将⑧式代入⑨式，利用积化和差公式，并注意到④式，可得实验室参考系中的解为

$$\begin{cases}x=\left[\frac{A_1}{2}\cos(\omega_+t+\varphi_1)+\frac{A_2}{2}\cos(\omega_+t+\varphi_2)\right]+\left[\frac{A_1}{2}\cos(\omega_-t+\varphi_1)-\frac{A_2}{2}\cos(\omega_-t+\varphi_2)\right]\\y=\left[\frac{A_1}{2}\sin(\omega_+t+\varphi_1)+\frac{A_2}{2}\sin(\omega_+t+\varphi_2)\right]-\left[\frac{A_1}{2}\sin(\omega_-t+\varphi_1)-\frac{A_2}{2}\sin(\omega_-t+\varphi_2)\right]\\z=A_3\cos(\omega_0t+\varphi_3)\end{cases}\quad ⑩$$

式中

$$\omega_\pm=\sqrt{\omega_0^2+\omega_L^2}\pm\omega_L\quad ⑪$$

(3)根据同方向同频率简谐振动合成的振幅矢量法，可令

$$\begin{cases}\dfrac{A_1}{2}\cos(\omega_+t+\varphi_1)+\dfrac{A_2}{2}\cos(\omega_+t+\varphi_2)=A_+\cos(\omega_+t+\varphi_+)\\\dfrac{A_1}{2}\sin(\omega_+t+\varphi_1)+\dfrac{A_2}{2}\sin(\omega_+t+\varphi_2)=A_+\sin(\omega_+t+\varphi_+)\\\dfrac{A_1}{2}\cos(\omega_-t+\varphi_1)-\dfrac{A_2}{2}\cos(\omega_-t+\varphi_2)=A_-\cos(\omega_-t+\varphi_-)\\\dfrac{A_1}{2}\sin(\omega_-t+\varphi_1)-\dfrac{A_2}{2}\sin(\omega_-t+\varphi_2)=A_-\sin(\omega_-t+\varphi_-)\end{cases}\quad⑫$$

而⑩式化为

$$\begin{cases}x=A_+\cos(\omega_+t+\varphi_+)+A_-\cos(\omega_-t+\varphi_-)\\y=A_+\sin(\omega_+t+\varphi_+)-A_-\sin(\omega_-t+\varphi_-)\\z=A_3\cos(\omega_0t+\varphi_3)\end{cases}\quad⑬$$

可见,处于磁场中的原子的价电子参与三个频率的振动,发出三种圆频率分别为

$$\omega_+、\omega_0、\omega_-\quad⑭$$

的光.

对弱磁场(即 $\omega_L\ll\omega_0$)情形,由⑪式,略去二阶小量得,圆频率可近似为

$$\omega_\pm\approx\omega_0\pm\omega_L\quad⑮$$

三条谱线的圆频率间隔为

$$\omega_+-\omega_0=\omega_0-\omega_-=\omega_L\quad⑯$$

解法(二)

(1)牛顿第二定律可写成

$$m\boldsymbol{a}=-m\omega_0^2\boldsymbol{r}-e\boldsymbol{v}\times\boldsymbol{B}\quad①$$

在直角坐标系中,该运动方程为

$$\begin{cases}\ddot{x}=-\omega_0^2x-2\omega_L\dot{y}\\\ddot{y}=-\omega_0^2y+2\omega_L\dot{x}\\\ddot{z}=-\omega_0^2z\end{cases}\quad②$$

对方程②做变换

$$\begin{cases}x=x'\cos\omega t-y'\sin\omega t\\y=x'\sin\omega t+y'\cos\omega t\\z=z'\end{cases}\quad③$$

对上式关于时间求导得

$$\begin{cases}\dfrac{dx}{dt}=\left(\dfrac{dx'}{dt}-\omega y'\right)\cos\omega t-\left(\dfrac{dy'}{dt}+\omega y'\right)\sin\omega t\\\dfrac{dy}{dt}=\left(\dfrac{dx'}{dt}-\omega y'\right)\sin\omega t+\left(\dfrac{dy'}{dt}+\omega y'\right)\cos\omega t\end{cases}$$

再对上式关于时间求一次求导得

$$\begin{cases}\dfrac{d^2x}{dt^2}=\left(\dfrac{d^2x'}{dt^2}-2\omega\dfrac{dy'}{dt}-\omega^2x'\right)\cos\omega t-\left(\dfrac{d^2y'}{dt^2}+2\omega\dfrac{dx'}{dt}-\omega^2y'\right)\sin\omega t\\\dfrac{d^2y}{dt^2}=\left(\dfrac{d^2x'}{dt^2}-2\omega\dfrac{dy'}{dt}-\omega^2x'\right)\sin\omega t-\left(\dfrac{d^2y'}{dt^2}+2\omega\dfrac{dx'}{dt}-\omega^2y'\right)\cos\omega t\end{cases}$$

将以上三式代入②式得

$$\begin{cases}\left[\dfrac{d^2x'}{dt^2}-2(\omega-\omega_L)\dfrac{dy'}{dt}-(\omega^2-\omega_0^2-2\omega\omega_L)x'\right]\cos\omega t-\\\left[\dfrac{d^2y'}{dt^2}+2(\omega-\omega_L)\dfrac{dx'}{dt}-(\omega^2-\omega_0^2-2\omega\omega_L)y'\right]\sin\omega t=0\\\left[\dfrac{d^2x'}{dt^2}-2(\omega-\omega_L)\dfrac{dy'}{dt}-(\omega^2-\omega_0^2-2\omega\omega_L)x'\right]\sin\omega t+\\\left[\dfrac{d^2y'}{dt^2}+2(\omega-\omega_L)\dfrac{dx'}{dt}-(\omega^2-\omega_0^2-2\omega\omega_L)y'\right]\cos\omega t=0\end{cases}\quad④$$

⑤式对于任意时间 t 时刻成立,应有

$$\begin{cases}\dfrac{d^2x'}{dt^2}-2(\omega-\omega_L)\dfrac{dy'}{dt}-(\omega^2-\omega_0^2-2\omega\omega_L)x'=0\\ \dfrac{d^2y'}{dt^2}+2(\omega-\omega_L)\dfrac{dx'}{dt}-(\omega^2-\omega_0^2-2\omega\omega_L)y'=0\end{cases} \quad ⑤$$

如果选择

$$\omega=\omega_L \quad ⑥$$

则上式化简为

$$\begin{cases}\dfrac{d^2x'}{dt^2}+(\omega_0^2+\omega_L^2)x'=0\\ \dfrac{d^2y'}{dt^2}+(\omega_0^2+\omega_L^2)y'=0\end{cases}$$

与 z' 满足的方程合并,得转动参考系中的动力学方程为

$$\begin{cases}\dfrac{d^2x'}{dt^2}=-(\omega_0^2+\omega_L^2)x'\\ \dfrac{d^2y'}{dt^2}=-(\omega_0^2+\omega_L^2)y'\\ \dfrac{d^2z'}{dt^2}=-\omega_0^2z'\end{cases} \quad ⑦$$

其解为

$$\begin{cases}x'=A_1\cos(\sqrt{\omega_0^2+\omega_L^2}\,t+\varphi_1)\\ y'=A_2\cos(\sqrt{\omega_0^2+\omega_L^2}\,t+\varphi_2)\\ z'=A_3\cos(\omega_0t+\varphi_3)\end{cases} \quad ⑧$$

(2)、(3)的解法与解法(一)相同.

六、(1)根据斯特藩定律(下同),由球壳外表面单位时间向外界辐射的热量为

$$Q'=4\pi R_2^2\sigma(T_2^4-T^4) \quad ①$$

在热稳定情形下有

$$Q=Q' \quad ②$$

联立①、②式得

$$T_2=\left(\frac{Q}{4\pi R_2^2\sigma}+T^4\right)^{1/4} \quad ③$$

将题给数据代入③式得

$$T_2=88.6\text{K} \quad ④$$

(2)在热稳定状态下,球壳中不同半径的球面上在单位时间内通过的热量相同,故单位时间球壳中不同半径球面上传导的热量也为 Q. 由傅立叶热传导定律得

$$Q=-4\pi R^2\kappa\frac{dT}{dR} \quad ⑤$$

⑤式可写成

$$Q\frac{dR}{R^2}=-4\pi\kappa dT$$

对上式两边积分

$$\int_{R_1}^{R_2}Q\frac{dR}{R^2}=-\int_{T_1}^{T_2}4\pi\kappa dT$$

得

$$Q\left(\frac{1}{R_1}-\frac{1}{R_2}\right)=4\pi\kappa(T_1-T_2)$$

此即

$$Q=4\pi\kappa R_1R_2\frac{T_1-T_2}{R_2-R_1} \quad ⑥$$

由⑥式有

$$T_1=\frac{(R_2-R_1)Q}{4\pi\kappa R_1R_2}+T_2 \quad ⑦$$

将题给数据代入⑦式，并利用④式得

$$T_1=128\text{K} \tag{8}$$

(3)记内球表面为Ⅰ，其表面积

$$S_{\text{I}}=4\pi r^2$$

壳内表面为Ⅱ，其表面积

$$S_{\text{II}}=4\pi R_1^2$$

根据斯特藩定律(下同)，由Ⅰ在单位时间内发射的热量为

$$Q_{\text{I}_0}=e\sigma T_0^4 S_{\text{I}} \tag{9}$$

由于在热平衡状态下，物体的吸收比恒等于该物体在同温度下的比辐射率(下同)，Q_{I_0}被Ⅱ在单位时间内吸收的热量为

$$Q_{\text{II}a}^{(1)}=EQ_{10}=Ee\sigma T_0^4 S_{\text{I}} \tag{10}$$

Q_{I_0}被Ⅱ在单位时间内反射的热量为

$$Q_{\text{II}r}^{(1)}=(1-E)Q_{\text{I}_0}=(1-E)e\sigma T_0^4 S_{\text{I}} \tag{11}$$

$Q_{\text{II}r}^{(1)}$被Ⅰ在单位时间内反射的热量为

$$Q_{\text{I}r}^{(1)}=(1-e)Q_{\text{II}r}^{(1)}=(1-e)(1-E)e\sigma T_0^4 S_{\text{I}} \tag{12}$$

$Q_{\text{I}r}^{(1)}$被Ⅱ在单位时间内吸收的热量为

$$Q_{\text{II}a}^{(2)}=EQ_{\text{I}r}^{(1)}=E(1-e)(1-E)e\sigma T_0^4 S_{\text{I}} \tag{13}$$

如此等等．不断反射、吸收后，被Ⅱ在单位时间内吸收的总热量为

$$\begin{aligned}Q_{\text{II}a}&=Q_{\text{II}a}^{(1)}+Q_{\text{II}a}^{(2)}+\cdots\\&=Ee\sigma T_0^4 S_{\text{I}}[1+(1-e)(1-E)+(1-e)^2(1-E)^2+\cdots]\end{aligned} \tag{14}$$

同理可得由Ⅱ发射的热量$Q_{\text{II}_0}=e\sigma T_1^4 S_{\text{II}}$被Ⅰ在单位时间内吸收的总热量为

$$Q_{\text{I}a}=Ee\sigma T_1^4 S_{\text{II}}[1+(1-e)(1-E)+(1-e)^2(1-E)^2+\cdots] \tag{15}$$

内球与球壳内表面之间在单位时间内交换的热量为

$$\begin{aligned}Q''&=Q_{\text{I}a}-Q_{\text{II}a}\\&=Ee\sigma(T_0^4 S_{\text{I}}-T_1^4 S_{\text{II}})[1+(1-e)(1-E)+(1-e)^2(1-E)^2+\cdots]\end{aligned} \tag{16}$$

完成⑰式右边的求和得，单位时间内从内球传递给球壳内表面的净热量为

$$\begin{aligned}Q''&=4\pi Ee\sigma(T_0^4 r^2-T_1^4 R_1^2)\left.\frac{1-(1-e)^n(1-E)^n}{1-(1-e)(1-E)}\right|_{n\to\infty}\\&=4\pi Ee\sigma\frac{T_0^4 r^2-T_0^4 R_1^2}{1-(1-e)(1-E)}\end{aligned} \tag{17}$$

由热稳定条件

$$Q''=Q \tag{18}$$

和⑰式有

$$T_0=\frac{1}{\sqrt{r}}\left\{\frac{1-(1-e)(1-E)}{4\pi Ee\sigma}Q+R_1^2T_1^4\right\}^{1/4} \tag{19}$$

将题给数据代入⑲式，并利用⑧式得

$$T_0=296\text{K} \tag{20}$$

七、(1)平行激光束照射弹簧可先、后照到两小段倾斜的细丝，沿光束方向看，两段细丝呈现交叉状．根据题给说明，两者分别产生与单缝衍射相同的条纹．通过图a右图测量可得，各组单缝衍射条纹中点连线之间的夹角为

$$\varphi=30° \tag{1}$$

细丝直径和两根相邻的平行细丝间距可通过衍射条纹的细节结构计算得到．可以看到，原题图5a右图中的衍射条纹有一种长的空间周期和一种短的空间周期，分别对应细丝的衍射条纹和相邻细丝间空隙的衍射条纹．设第n级暗纹在屏上的位置为x_n，由于光屏远离细丝，衍射角θ_n可视为很小的角，即对第n级暗纹近似有

$$d\sin\theta_n\approx d\theta_n=d\frac{x_n}{L}=n\lambda \tag{2}$$

式中λ是激光的波长．相邻暗纹间距为

$$X \equiv x_{n+1} - x_n = \lambda \frac{L}{d} \quad ③$$

通过原题图 5a 右图进行测量,可得到长的空间周期为

$$X_1 = 7.9\text{mm} \quad ④$$

由③式可得细丝直径为

$$d_1 = \lambda \frac{L}{X_1} = 0.34\text{mm} \quad ⑤$$

通过原题图 5a 右图进行测量,可得到短的空间周期为

$$X_2 = 1.7\text{mm} \quad ⑥$$

由③式可得相邻平行细丝的间距为

$$d_2 = \lambda \frac{L}{X_2} = 1.6\text{mm} \quad ⑦$$

如右图所示,螺旋线在平面上展开即成为一直角三角形的斜边,两条直角边的长度分别为螺距 p 和圆周长 $2\pi R$,E 点为斜边中点. 由相邻平行细丝间距 d_2 和两交叉细丝夹角 φ 可算出螺旋结构的螺距

$$p = \frac{d_2}{\cos\frac{\varphi}{2}} = \frac{\lambda L}{X_2 \cos\frac{\varphi}{2}} \quad ⑧$$

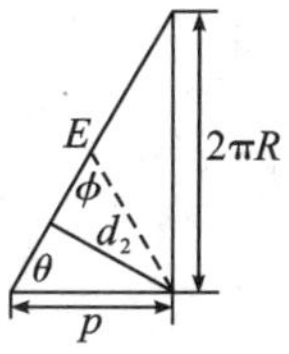

第七题图

将已得到的数据(见①、⑦式)代入⑧式得

$$p = 1.6\text{mm} \quad ⑨$$

由题图中几何关系得

$$\frac{2\pi R}{p} = \tan\theta = \cot\frac{\varphi}{2}$$

将⑧式代入上式得,螺旋结构俯视圆的半径为

$$R = \frac{d_2}{2\pi\sin\frac{\varphi}{2}} = \frac{\lambda L}{2\pi X_2 \sin\frac{\varphi}{2}} \quad ⑩$$

将已得到的数据代入⑩式得

$$R = 0.96\text{mm} \quad ⑪$$

(2)由原题图 5b 可测出,各组衍射条纹中心的连线之间的夹角 ϕ' 为

$$\phi' = 84^\circ \quad ⑫$$

测出条纹的空间周期 X' 为

$$X' = 4.7\text{mm} \quad ⑬$$

利用③式,相邻分子链间距为

$$d' = \lambda' \frac{L'}{X'} = 2.9\text{nm} \quad ⑭$$

根据分子链间距 d'(见⑭式)和夹角 ϕ'(见⑫式),由类似⑧式,可算出螺距 p'

$$p' = \frac{d'}{\cos\frac{\phi'}{2}} = \frac{\lambda' L'}{X' \cos\frac{\phi'}{2}} = 3.9\text{nm} \quad ⑮$$

由类似⑩式,可算出俯视半径 R'

$$R' = \frac{d'}{2\pi\sin\frac{\phi'}{2}} = \frac{\lambda' L'}{2\pi X' \sin\frac{\phi'}{2}} = 0.68\text{nm} \quad ⑯$$

八、(1)设该原子核从静止的第一激发态 $^{57}Fe^*$ 跃迁到基态 ^{57}Fe,发出一频率为 υ_e 的光子,同时基态 ^{57}Fe 获得一反冲速度 v(发射过程). 由能量、动量守恒有

$$E_0 = h\upsilon_e + \frac{1}{2} m_{Fe} v^2 \quad ①$$

$$0 = \frac{h\upsilon_e}{c} - m_{Fe} v \quad ②$$

将②式代入①式得,在考虑核反冲的情形下,从激发态跃迁到基态发出的光子的频率为

$$\upsilon_e=\frac{E_0}{h}-\frac{h\upsilon_e^2}{2m_{Fe}c^2}=\upsilon_0-\frac{h\upsilon_e^2}{2m_{Fe}c^2} \quad ③$$

式中

$$\upsilon_0=\frac{E_0}{h} \quad ④$$

是在不考虑核反冲情形下^{57}Fe从第一激发态跃迁到基态发出的光子的频率，或从基态跃迁到第一激发态吸收的光子的频率.

注意到$\frac{h\upsilon_e}{m_{Fe}c^2}\ll 1$，③式右边的$\upsilon_e$可以用$\upsilon_0$代替，于是有

$$\upsilon_e\approx\upsilon_0-\frac{h\upsilon_0^2}{2m_{Fe}c^2}=\upsilon_0\left(1-\frac{E_0}{2m_{Fe}c^2}\right)$$

在考虑核反冲和不考虑核反冲的情况下，从第一激发态跃迁到基态发出的光子的频率之差为

$$\upsilon_e-\upsilon_0\approx-\upsilon_0\ \frac{E_0}{2m_{Fe}c^2}=-4.7\times10^{11}\ \text{Hz} \quad ⑤$$

由①、⑤式得，核反冲能量$E_R=\frac{1}{2}m_{Fe}v^2$为

$$E_R=E_0-h\upsilon_e=\frac{E_0}{2m_{Fe}c^2}=3.1\times10^{-22}\ \text{J} \quad ⑥$$

(2)设该原子核从静止的基态^{57}Fe吸收一频率为υ_e的光子，跃迁到激发态$^{57}Fe^*$，并同时获得一反冲速度v'(吸收过程). 由能量、动量守恒有

$$h\upsilon_a=E_0+\frac{1}{2}m_{Fe}v'^2 \quad ⑦$$

$$\frac{h\upsilon_a}{c}=m_{Fe}v' \quad ⑧$$

由⑦、⑧式解得

$$\upsilon_a=\frac{E_0}{h}+\frac{h\upsilon_a^2}{2m_{Fe}c^2}\approx\upsilon_0+\upsilon_0\ \frac{E_0}{2m_{Fe}c^2}$$

这里也利用了$\frac{h\upsilon_a}{m_{Fe}c^2}\ll 1$，将上式右边的$\upsilon_a$用$\upsilon_0$代替. 于是

$$\upsilon_a-\upsilon_0=\upsilon_0\ \frac{E_0}{2m_{Fe}c^2}=4.7\times10^{11}\ \text{Hz} \quad ⑨$$

由⑦、⑨式得，核反冲能量$E'_R=\frac{1}{2}m_{Fe}v'^2$为

$$E'_R=h\upsilon_a-E_0=\frac{E_0^2}{2m_{Fe}c^2}=E_R=3.1\times10^{-22}\ \text{J} \quad ⑩$$

(3)由⑤、⑨式有

$$\upsilon_e<\upsilon_0<\upsilon_a \quad ⑪$$

由题设条件知，处于第一激发态$^{57}Fe^*$能级的宽度为Γ. 静止的处于第一激发态原子核$^{57}Fe^*$跃迁到基态时发出的光子的频率υ处于频率范围

$$\left[\upsilon_e-\frac{\Gamma}{h},\upsilon_e+\frac{\Gamma}{h}\right] \quad ⑫$$

内，能够被另一个静止的基态原子核^{57}Fe吸收而跃迁到第一激发态$^{57}Fe^*$的光子的频率υ'处于频率范围

$$\left[\upsilon_a-\frac{\Gamma}{h},\upsilon_a+\frac{\Gamma}{h}\right] \quad ⑬$$

内. 共振吸收能够发生的条件是频率范围⑫和⑬有重叠. 频率范围⑫和⑬有重叠时应有

$$\upsilon_e-\frac{\Gamma}{h}<\upsilon_a-\frac{\Gamma}{h}\leqslant\upsilon_e+\frac{\Gamma}{h}<\upsilon_a+\frac{\Gamma}{h}$$

考虑到⑪式可知，频率范围⑫和⑬有重叠的条件(即共振吸收能够发生的条件)是

$$\upsilon_a-\frac{\Gamma}{h}\leqslant\upsilon_e-\frac{\Gamma}{h} \quad ⑭$$

由⑥、⑩、⑭式得，⑭式等价于

$$\Gamma > E_R \qquad ⑮$$

这与题给数据矛盾. 实际上

$$\frac{E_R}{\Gamma}=\frac{\frac{E_0}{2m_{Fe}c^2}E_0}{3.2\times10^{-13}E_0}=4.2\times10^5$$

即

$$E_R \gg \Gamma \quad (\text{大了 5 个数量级}) \qquad ⑯$$

因此不可能发生共振吸收.

(4)当原子核处于晶体中时，发射和吸收光子时晶体作为一个整体反冲，但因晶体的质量远大于原子核的质量，其反冲能量可视为零. 考虑到激发能级具有一定的宽度，发射的光子和能够吸收的光子的能量都应在

$$[E_0-\Gamma, E_0+\Gamma] \qquad ⑰$$

范围内，或光子频率应在上下限

$$\left[\upsilon_0-\frac{\Gamma}{h}, \upsilon_0+\frac{\Gamma}{h}\right] \qquad ⑰$$

之内的范围内. 设晶体 A 相对于另一静止的晶体 B 以速度 V(V 的正负对应于两块晶体相互接近或相互远离)运动时，当 A 发射频率为 υ(在相对于 A 静止的参考系中)的光子，由于多普勒效应，B 所接收到的该光子的频率 υ' 为

$$\upsilon'=\upsilon\sqrt{\frac{1+\beta}{1-\beta}}\approx\upsilon(1+\beta)=\left(1+\frac{V}{c}\right)\upsilon$$

式中 $\beta=\frac{V}{c}$. 由此得

$$V=\left(\frac{\upsilon'}{\upsilon}-1\right)c=\left(\frac{E'}{E}-1\right)c \qquad ⑱$$

式中 $E'=h\upsilon'$，$E=h\upsilon$.

在相互接近的情形下，接收到的光子频率增加，当发射的最低频率光子(对应于 $E=E_0-\Gamma$)的频率因多普勒效应增加到超过最高频率(对应于 $E=E_0+\Gamma$)时，共振吸收条件便无法满足. 由⑱式得，V 的上限为

$$V_{max}=\left(\frac{E_0+\Gamma}{E_0-\Gamma}-1\right)c$$

在相互远离的情形下，接收到的光子频率减小，当发射的最高频率光子(对应 $E=E_0+\Gamma$)的频率因多普勒效应减小到低于最低频率(对应于 $E=E_0-\Gamma$)时，共振吸收条件便无法满足. 由⑱式得，V 的下限为

$$V_{min}=\left(\frac{E_0-\Gamma}{E_0+\Gamma}-1\right)c$$

因此，为使共振吸收发生，V 应处于下述范围内

$$|V|\leqslant\frac{2\Gamma}{E_0-\Gamma}c\approx\frac{2\Gamma}{E_0}c=0.19\text{mm}\cdot\text{s}^{-1} \qquad ⑲$$

上述分析表明，通过使吸收晶体以一定速度运动可补偿待测光子频率的变化：当速度合适时，恰好可实现共振吸收. 只要不断地改变速度并测量吸收，就能通过达到共振吸收时速度的改变量来判断频率的变化，从而达到测量光子频率微小变化的目的. 假设由于某种原因，到达吸收晶体处的光子频率 υ 相对于 υ_0 发生了相对变化 $\frac{\upsilon-\upsilon_0}{\upsilon_0}=\pm1\times10^{-10}$，可让吸收晶体以一定的速度 V'(V' 的正负表示晶体速度方向与光子运动方向相反或相同)运动，以补偿光子频率的上述变化，从而实现共振吸收，以精确测量光子频率的微小变化. 为了使待测光子的频率 υ 在吸收晶体自身参考系中变为 υ_0，由多普勒效应公式⑱，所需的吸收晶体的运动速度为

$$V'=-\frac{\upsilon-\upsilon_0}{\upsilon}c\approx\frac{\upsilon-\upsilon_0}{\upsilon_0}c=\mp1\times10^{-10}c=\mp3\text{cm}\cdot\text{s}^{-1} \qquad ⑳$$

通过测量达到共振吸收时吸收晶体的速度，就能够测出光子频率的改变量.

2019年第三十六届全国中学生物理竞赛复赛试题

一、(1)以凳面中心 O 为坐标原点,以过 O 点向上的竖直线为 y 轴,茶杯(包括茶水在内)的质心位置 y_{CM} 为

$$y_{CM}=\frac{\frac{4m}{5}\frac{H}{2}+\rho(\pi r^2h)\frac{h}{2}}{m+\rho(\pi r^2h)} \quad ①$$

式中 h 是杯中茶水的高度.令 $\lambda=\rho\pi r^2$,(1)式即

$$y_{CM}=\frac{\frac{4m}{5}\frac{H}{2}+\lambda\frac{h^2}{2}}{m+\lambda h}$$

事实上,考虑在茶杯中茶水的水平面从杯底逐渐缓慢上升的过程,茶水杯整体的质心先是逐渐降低,然后再逐渐上升.为了使茶水杯盛尽可能多的茶水并保持足够稳定,茶水杯整体的质心应尽可能接近凳面,处于最低点的位置 $y_{CM}(h=h_{max})=(y_{CM})_{min}$,故有

$$\left.\frac{dy_{CM}}{dh}\right|_{h=h_{max}}=0 \quad ②$$

由①、②式得

$$h_{max}=\frac{m}{\lambda}\left[-1\pm\sqrt{1+\frac{4}{5}\frac{H\lambda}{m}}\right] \quad ③$$

舍弃负值(不合题意),杯中茶水的最佳高度为

$$h_{max}=\frac{m}{\lambda}\left(\sqrt{1+\frac{4}{5}\frac{\lambda H}{m}}-1\right)=\frac{m}{\rho\pi r^2}\left(\sqrt{1+\frac{4\pi}{5}\frac{\rho r^2H}{m}}-1\right) \quad ④$$

另一解法:

事实上,考虑在茶杯中的茶水的水平面从杯底逐渐缓慢上升的过程,茶水杯整体的质心先是逐渐降低,然后再逐渐上升.为了使茶水杯盛尽可能多的茶水并保持足够稳定,茶水杯整体的质心应尽可能接近凳面,处于最低点的位置 $y_{CM}(h=h_{max})=(y_{CM})_{min}$. ①′式即

$$y_{CM}=\frac{\frac{2mH}{5}+\frac{m^2}{2\lambda}}{m+\lambda h}+\frac{m+\lambda h}{2\lambda}-\frac{m}{\lambda}$$

它满足代数不等式

$$y_{CM}\geqslant 2\sqrt{\frac{\frac{2mH}{5}+\frac{m^2}{2\lambda}}{m+\lambda h}\frac{m+\lambda h}{2\lambda}}-\frac{m}{\lambda}=2\sqrt{\frac{\frac{2mH}{5}+\frac{m^2}{2\lambda}}{2\lambda}}-\frac{m}{\lambda}=(y_{CM})_{min} \quad ②'$$

式中当 h 满足

$$\frac{m+\lambda h}{2\lambda}=\frac{\frac{2mH}{5}+\frac{m^2}{2\lambda}}{m+\lambda h} \quad ③'$$

即

$$h=h_{max}=\frac{m}{\lambda}\left(\sqrt{1+\frac{4}{5}\frac{\lambda H}{m}}-1\right)=\frac{m}{\rho\pi r^2}\left(\sqrt{1+\frac{4\pi}{5}\frac{\rho r^2H}{m}}-1\right) \quad ④'$$

时取等号,h_{max} 即杯中茶水的最佳高度.

(2)记凳子质量为 M.该茶水杯的底面边缘刚好滑移到与圆凳的边缘内切于 D 点静止后,坐标系及三脚圆凳的受力分析分别如题图 a 和题图 b 所示,其中 N_A、N_B 和 N_C 分别是车内底板对凳脚 A、B 和 C 的支持力.由几何关系有

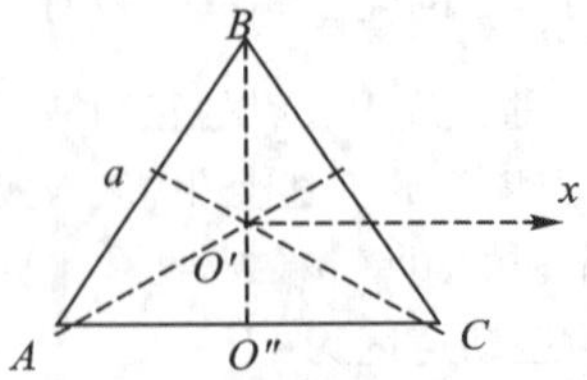

第一题图 a

$$\overline{O'A}=\overline{O'B}=\frac{a/2}{\cos 30^\circ}=\frac{a}{\sqrt{3}} \quad ⑤$$

$$\overline{O'O''}=\frac{a}{2}\tan30°=\frac{a}{2\sqrt{3}} \qquad ⑥$$

三脚圆凳处于力平衡状态，竖直方向合力为零

$$N_A+N_B+N_C-Q-P=0 \qquad ⑦$$

$$N_A=N_C \qquad ⑧$$

式中，$Q=mg+\lambda h_{\max}g$，$P=Mg$. 由⑦、⑧式得

$$2N_A+N_B-Q-P=0$$

以 x 轴为转动轴，力矩平衡

$$Q(R-r)+N_B\overline{O'B}-(N_A+N_C)\overline{O'O''}=0 \qquad ⑨$$

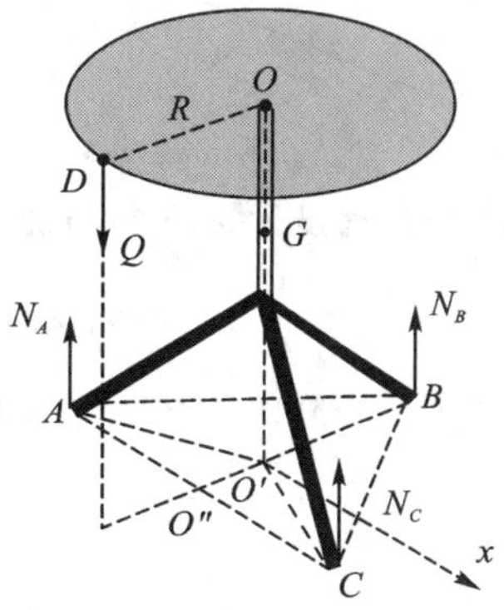

第一题图 b

记 $R'=R-r$，由⑤、⑥、⑨式有

$$QR'+N_B\frac{a}{\sqrt{3}}-2N_A\frac{a}{2\sqrt{3}}=0$$

联立以上各式得

$$N_B=\frac{(a-2\sqrt{3}R')Q+aP}{3a}$$

$$=\left[\left(1-2\sqrt{3}\frac{R-r}{a}\right)\sqrt{1+\frac{4\pi}{5}\frac{\rho r^2H}{m}}m+M\right]\frac{g}{3} \qquad ⑩$$

$$N_A=N_C=\frac{(a+\sqrt{3}R')Q+aP}{3a}$$

$$=\left[\left(1+\sqrt{3}\frac{R-r}{a}\right)\sqrt{1+\frac{4\pi}{5}\frac{\rho r^2H}{m}}m+M\right]\frac{g}{3} \qquad ⑪$$

值得指出的是，解⑩满足 $N_B>0$，即

$$M>\frac{2\sqrt{3}(R-r)-a}{a}\sqrt{1+\frac{4\pi}{5}\frac{\rho r^2H}{m}}m \qquad ⑫$$

这已由题给条件保证了.

由⑦、⑩、⑪式得，此时旅行车内底板对各凳脚的支持力相对于茶水杯滑移前的改变为

$$\Delta N_B=\frac{(a-2\sqrt{3}R')Q+aP}{3a}-\frac{P+Q}{3}$$

$$=-\frac{2\sqrt{3}}{3}\frac{R-r}{a}\sqrt{1+\frac{4\pi}{5}\frac{\rho r^2H}{m}}mg \qquad ⑬$$

$$\Delta N_A=\Delta N_C=\frac{(a+\sqrt{3}R')Q+aP}{3a}-\frac{P+Q}{3}$$

$$=\frac{\sqrt{3}}{3}\frac{R-r}{a}\sqrt{1+\frac{4\pi}{5}\frac{\rho r^2H}{m}}mg \qquad ⑭$$

二、(1)车轮被一装置卡住而不能前后移动，但仍可绕轮轴转动. 把手绕车轴的转动惯量为

$$J_1=2\left[\frac{1}{12}m(2l)^2+m\left(\frac{1}{2}l\right)^2\right]=2\left(\frac{4}{12}m^2+\frac{1}{4}ml^2\right)=\frac{7}{6}ml^2$$

平板绕车轴的转动惯量为

$$J_2=\frac{1}{12}2ml^2=\frac{1}{6}ml^2$$

平板与把手整体绕车轴的转动惯量为

$$J=J_1+J_2=\frac{7}{6}ml^2+\frac{1}{6}ml^2=\frac{4}{3}ml^2 \qquad ①$$

把手和平板整体的质心位置到车轴的距离 r_C（题图 a）为

$$r_C=\frac{2m\frac{l}{2}}{4m}=\frac{l}{4} \qquad ②$$

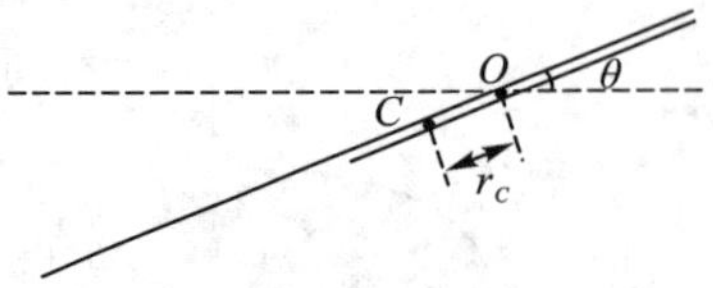

第二题图 a

设把手与地面碰撞前的瞬间的角速度为 ω，由机械能守恒有

$$\frac{1}{2}J\omega^2=4mgh \quad ③$$

式中 h 是把手和平板整体的质心下降的距离(题图 b)

$$\frac{h}{r_C}=\frac{r}{3l/2}$$

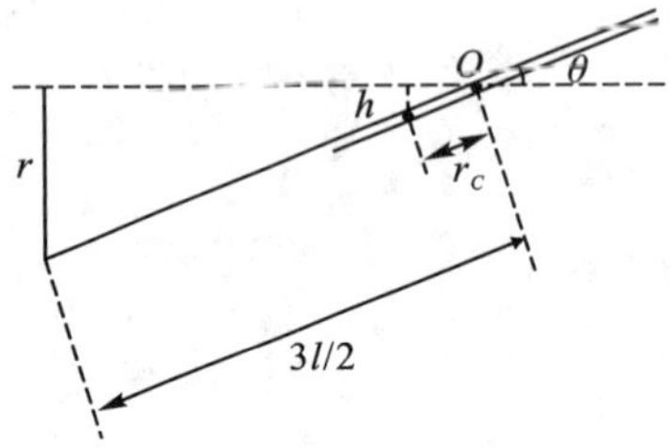

第二题图 b

将②式代入上式得

$$h=\frac{2r}{3l}\frac{l}{4}=\frac{r}{6}$$

由上式和①、③式得

$$\omega=\frac{\sqrt{gr}}{l} \quad ④$$

(2)在把手与地面碰撞前的瞬间，把手和平板整体的质心的速度大小为

$$v_{C1}=\omega r_C=\frac{\sqrt{gr}}{l}\frac{l}{4}=\frac{\sqrt{gr}}{4}$$

由几何关系有

$$\sin\theta=\frac{2r}{3l},\cos\theta=\frac{\sqrt{9l^2-4r^2}}{3l}$$

碰前瞬间把手和平板质心速度的水平与竖直分量(从把手末端朝向把手前端为正)分别为

$$v_{C1x}=v_{C1}\sin\theta=\frac{\sqrt{gr}}{4}\frac{2r}{3l}=\frac{r\sqrt{gr}}{6l} \quad ⑤$$

$$v_{C1y}=-v_{C1}\cos\theta=-\frac{\sqrt{gr}}{4}\frac{\sqrt{9l^2-4r^2}}{3l}=-\frac{\sqrt{gr(9l^2-4r^2)}}{12l} \quad ⑥$$

记碰撞时间间隔为 Δt，由题设，把手、平板与车轮组成的系统在碰撞过程中可视为一个物体. 刚碰时，由于把手末端与地面之间有相对速度，把手末端与地面之间在碰撞过程中水平方向的相互作用力是滑动摩擦力. 设碰撞过程中地面对系统在竖直方向上总的支持力为 N'，在碰撞后的瞬间系统的水平速度为 v_0($v_0\geqslant 0$). 在水平和竖直方向上分别对此系统应用动量定理有

$$\int_0^{\Delta t}(-\mu N')\mathrm{d}t=6mv_0-4mv_{C1x} \quad ⑦$$

$$\int_0^{\Delta t}N'\mathrm{d}t=0-(-4mv_{C1y}) \quad ⑧$$

值得注意的是，⑧式左端的冲量不可能等于零，因而⑦式左端的冲量也不可能等于零. 由⑦、⑧式得

$$6mv_0=4mv_{C1x}-\mu 4mv_{C1y}=4mv_{C1}\sin\theta-\mu 4mv_{C1}\cos\theta$$

即

$$v_0=\frac{2}{3}(\sin\theta-\mu\cos\theta)v_{C1}=\frac{2}{3}(\sin\theta-\mu\cos\theta)\frac{\sqrt{gr}}{4}=(\sin\theta-\mu\cos\theta)\frac{\sqrt{gr}}{6}$$

当

$$\mu\geqslant\tan\theta=\frac{2r}{\sqrt{9l^2-4r^2}}$$

系统静止,故

$$s=0 \quad ⑨$$

当

$$\mu<\tan\theta=\frac{2r}{\sqrt{9l^2-4r^2}}$$

系统开始运动.下面分两阶段讨论系统开始运动后直至停止的过程:

阶段Ⅰ　车轮又滑又滚阶段

两车轮的受力如题图 c 所示,图中 N_{01} 是地面对两车轮的正压力,N_{Ox} 和 N_{Oy} 是把手和平板通过轴对两车轮分别在水平方向和竖直方向的作用力,地面对车轮的滑动摩擦力 $f_1=\mu N_{01}$.把手和平板作为一个整体的受力如题图 d 所示,图中 N 是地面对把手末端的正压力.

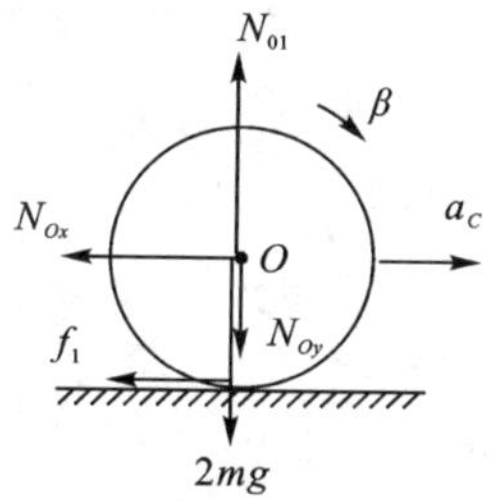

第二题图 c

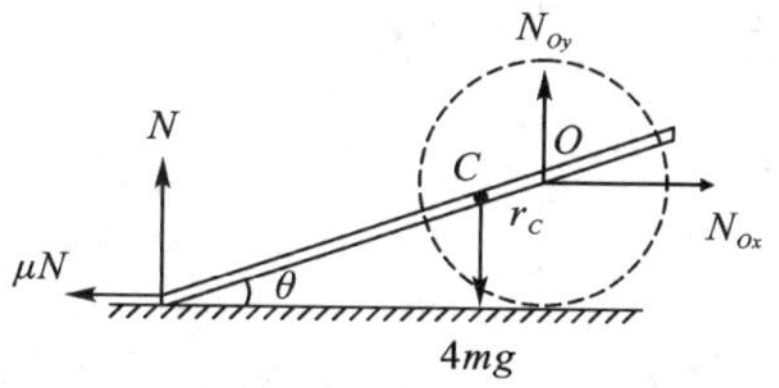

第二题图 d

地面与车之间的总滑动摩擦力为

$$f=-\mu(N+N_{01})=-\mu(6mg) \quad ⑩$$

把手、平板和车轮组成的系统的质心加速度 a_C 为

$$a_C=\frac{f}{6m}=-\mu g \quad ⑪$$

对把手和平板系统应用质心运动定理有

$$N_{Ox}-\mu N=4ma_c \quad ⑫$$

$$N+N_{Oy}-4mg=0 \quad ⑬$$

对把手和平板系统应用相对于过质心的水平轴的转动定理有

$$\mu N\frac{5l}{4}\sin\theta+N\frac{5l}{4}\cos\theta+N_{Ox}\frac{l}{4}\sin\theta-N_{Oy}\frac{l}{4}\cos\theta=0 \quad ⑭$$

由⑪、⑫、⑬式得

$$N_{Ox}=\mu N+4m(-\mu g)=\mu N-4\mu mg$$

$$N_{Oy}=4mg-N$$

将以上两式代入⑭式得

$$\mu N\frac{5l}{4}\sin\theta+N\frac{5l}{4}\cos\theta+(\mu N-4\mu mg)\frac{l}{4}\sin\theta-(4mg-N)\frac{l}{4}\cos\theta=0$$

于是

$$N=\frac{2}{3}mg$$

因而

$$N_{Ox}=\mu\frac{2}{3}mg-4\mu mg=-\frac{10}{3}\mu mg$$

$$N_{Oy}=4mg-\frac{2}{3}mg=\frac{10}{3}mg$$

对两车轮在竖直方向上应用质心运动定理有

$$N_0-2mg-N_{Oy}=0 \quad ⑮$$

对两车轮应运用转动定理有

$$\mu N_0 r=2mr^2\beta \quad ⑯$$

由⑮式得

$$N_0=2mg+N_{Oy}=2mg+\frac{10}{3}mg=\frac{16}{3}mg$$

再由⑯式得

$$\beta=\frac{\mu N_0 r}{2mr^2}=\frac{\mu}{2mr}\ \frac{16}{3}mg=\frac{8\mu g}{3r}$$

设车轮经历时间间隔 t 后开始纯滚动，由纯滚动条件有

$$\omega r=\beta tr=v=v_0+a_C t \quad ⑰$$

此即

$$(\beta r-a_C)t=v_0$$

由此得

$$t=\frac{v_0}{(\beta r-a_C)}=\frac{(\sin\theta-\mu\cos\theta)}{22\mu}\sqrt{\frac{r}{g}}$$

车轮开始做纯滚动时的速度为

$$v_1=v_0+a_C t=(\sin\theta-\mu\cos\theta)\frac{\sqrt{gr}}{6}-\mu g\ \frac{(\sin\theta-\mu\cos\theta)}{22\mu}\sqrt{\frac{r}{g}}$$

$$=\frac{4\sqrt{gr}}{33}(\sin\theta-\mu\cos\theta) \quad ⑱$$

在整个又滑又滚阶段，车轴移动的距离 s_1 为

$$v_1^2-v_0^2=2a_C s_1$$

于是有

$$s_1=\frac{v_1^2-v_0^2}{2a_C}=\frac{\left[\frac{4\sqrt{gr}}{33}(\sin\theta-\mu\cos\theta)\right]^2-\left[(\sin\theta-\mu\cos\theta)\frac{\sqrt{gr}}{6}\right]^2}{-2\mu g}$$

$$=\frac{57r}{8712\mu}(\sin\theta-\mu\cos\theta)^2=\frac{57r}{78408\mu l^2}(2r-\mu\sqrt{9l^2-4r^2})^2 \quad ⑲$$

阶段Ⅱ　车轮纯滚动阶段

两车轮的受力如题图 e 所示，图中 N_{02} 是地面对两车轮的正压力，N_{ox2} 和 N_{oy2} 分别是把手和平板通过轴对两车轮在水平方向和竖直方向的作用力，f_2 是地面对车轮的作用力(静摩擦力).把手和平板作为一个整体的受力如题图 f 所示，图中 N_2 是地面对把手末端的正压力.

对两车轮运用质心运动定理有

$$f_2-N_{ox2}=2ma_{C2} \quad ⑳$$

对两车轮运用转动定理有

$$-f_2 r=2mr^2\beta_2 \quad ㉑$$

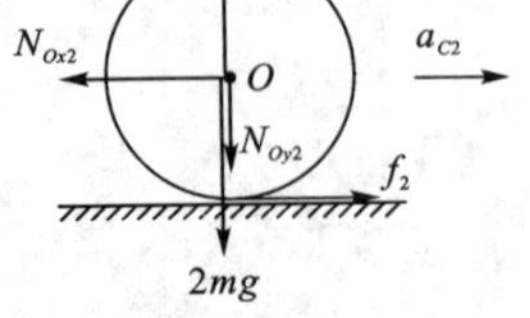

第二题图 e

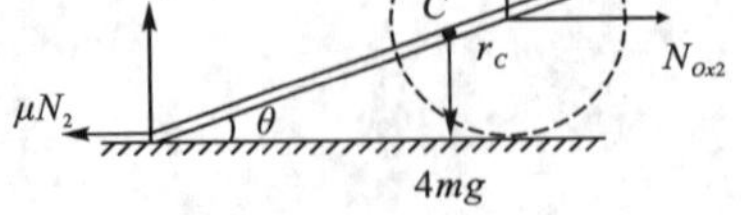

第二题图 f

由纯滚动条件有

$$a_{C2}=\beta_2 r \quad ㉒$$

由⑳、㉑、㉒式得

$$N_{Ox2}=-4ma_{C2}$$

对把手和平板系统在水平方向上应用质心运动定理有

$$N_{Ox2}-\mu N_2=4ma_{C2}$$

联立以上两式有

$$a_{C2}=-\frac{\mu N_2}{8m}$$

$$N_{Ox2}=\frac{\mu N_2}{2}$$

对把手和平板系统在竖直方向上应用质心运动定理有

$$N_{Oy2}=4mg-N_2$$

对把手和平板系统应用相对于过质心 C 的水平轴的转动定理有

$$\mu N_2\frac{5l}{4}\sin\theta+N_2\frac{5l}{4}\cos\theta+N_{Ox2}\frac{l}{4}\sin\theta-N_{Oy2}\frac{l}{4}\cos\theta=0$$

联立以上三式消去 N_{Ox2} 和 N_{Oy2} 得

$$\mu N_2\frac{5l}{4}\sin\theta+N_2\frac{5l}{4}\cos\theta+\frac{\mu N_2}{2}\frac{l}{4}\sin\theta-(4mg-N_2)\frac{l}{4}\cos\theta=0$$

解得

$$N_2=\frac{8mg}{11\mu\tan\theta+12}$$

于是

$$N_{Ox2}=\frac{4\mu mg}{11\mu\tan\theta+12}$$

$$N_{Oy2}=\frac{4(11\mu\tan\theta+10)mg}{11\mu\tan\theta+12}$$

$$a_{C2}=-\frac{\mu N_2}{8m}=-\frac{\mu g}{11\mu\tan\theta+12} \quad ㉓$$

在整个纯滚动阶段，车轴移动的距离 s_2 满足

$$0-v_1^2=2a_{C2}s_2$$

于是

$$\begin{aligned}s_2&=\frac{-v_1^2}{2a_{C2}}=\frac{(11\mu\tan\theta+12)}{2\mu g}\left[\frac{4\sqrt{gr}}{33}(\sin\theta-\mu\cos\theta)\right]^2\\&=\frac{8gr}{1089\mu g}(\sin\theta-\mu\cos\theta)^2(11\mu\tan\theta+12)\\&=\frac{16r}{9801\mu l^3}(2r-\mu\sqrt{9l^2-4r^2})^2\frac{11\mu r+6\sqrt{9l^2-4r^2}}{\sqrt{9l^2-4r^2}}\end{aligned} \quad ㉔$$

在车轮从开始运动直至静止的整个过程中，车轴移动的距离为

$$\begin{aligned}s&=s_1+s_2\\&=\frac{57r}{78408\mu l^2}(2r-\mu\sqrt{9l^2-4r^2})^2+\frac{16r}{9801\mu l^3}(2r-\mu\sqrt{9l^2-4r^2})^2\frac{11\mu r+6\sqrt{9l^2-4r^2}}{\sqrt{9l^2-4r^2}}\\&=\left[\frac{57}{78408}+\frac{16(11\mu r+6\sqrt{9l^2-4r^2})}{9801\sqrt{9l^2-4r^2}}\right]\frac{(2r-\mu\sqrt{9l^2-4r^2})^2r}{\mu l^2}\end{aligned} \quad ㉕$$

三、(1)由于弹丸直径 d 很小，每根载流导轨均可视为无限长载流直导线，弹丸上离某导轨轴线距离为 r' 处的磁场的磁感应强度大小为

$$B=\frac{\mu_0 I}{4\pi r'}+\frac{\mu_0 I}{4\pi(d+2b-r')} \quad ①$$

方向垂直于两导轨对称轴所在平面斜向下. 弹丸长为 $\mathrm{d}r'$ 的一段所受到的磁场作用力(安培力)为

$$\mathrm{d}F=IB\mathrm{d}r'=\left[\frac{\mu_0 I}{4\pi r'}+\frac{\mu_0 I}{4\pi(d+2b-r')}\right]I\mathrm{d}r' \quad ②$$

方向平行于导轨轴线斜向上．弹丸所受到的安培力大小为

$$F=\int \mathrm{d}F=\int_{b}^{d+b}\left[\frac{\mu_0 I}{4\pi r'}+\frac{\mu_0 I}{4\pi(d+2b-r')}\right]I\mathrm{d}r'$$

$$=\frac{\mu_0 I^2}{4\pi}\ln\frac{d+b}{b}+\frac{\mu_0 I^2}{4\pi}\ln\frac{(d+2b-b)}{(d+2b-c-b)}$$

$$=\frac{\mu_0 I^2}{4\pi}\ln\frac{d+b}{b}-\frac{\mu_0 I^2}{4\pi}\ln\frac{d+b}{b}$$

$$=\frac{\mu_0 I^2}{2\pi}\ln\frac{d+b}{b}. \qquad ③$$

方向平行于导轨轴线斜向上．

(2)设弹丸的加速度大小为 a．由牛顿第二定律有

$$F-mg\sin\theta=ma \qquad ④$$

由③、④式得，弹丸的加速度大小为

$$a=\frac{\mu_0 I^2}{2\pi m}\ln\frac{d+b}{b}-g\sin\theta \qquad ⑤$$

方向平行于导轨轴线斜向上．

弹丸做匀加速直线运动，弹丸的出射速度 $v_{\max}$ 满足

$$v_{\max}^2-v_0^2=2aL \qquad ⑥$$

由⑤、⑥式得

$$v_{\max}=\sqrt{2L\left(\frac{\mu_0 I^2}{2\pi m}\ln\frac{d+b}{b}-g\sin\theta\right)} \qquad ⑦$$

方向平行于导轨轴线斜向上．

(3)两导轨之间离某导轨轴线距离为 r 处(不一定是弹丸上一点)的磁场为

$$B_r=\frac{\mu_0 I}{2\pi r}+\frac{\mu_0 I}{2\pi(d+2b-r)} \qquad ⑧$$

通过两导轨各自从下端开始长为 l 的一段以及弹丸长为 $\mathrm{d}r$ 的一段组成平面回路的磁通量为

$$\mathrm{d}\Phi=B_r l\,\mathrm{d}r=\left(\frac{\mu_0 I}{2\pi r}+\frac{\mu_0 I}{2\pi(d+2b-r)}\right)l\mathrm{d}r \qquad ⑨$$

通过两导轨各自从下端开始长为 l 的一段以及弹丸组成平面回路的磁通量为

$$\Phi=\int_{b}^{a+b}\left(\frac{\mu_0 I}{2\pi r}+\frac{\mu_0 I}{2\pi(d+2b-r)}\right)l\mathrm{d}r=\frac{\mu_0 Il}{\pi}\ln\frac{d+b}{b} \qquad ⑩$$

根据法拉第电磁感应定律，回路中的感应电动势为

$$\varepsilon=-\frac{\mathrm{d}\Phi}{\mathrm{d}t}=-\frac{\mu_0 Iv}{\pi}\ln\frac{d+b}{b} \qquad ⑪$$

式中 $v=\dfrac{\mathrm{d}l}{\mathrm{d}t}$ 是弹丸沿导轨的运动速度．由全电路欧姆定律得

$$U+\varepsilon=2\lambda lI+IR \qquad ⑫$$

式中 U 为恒流源两端的电压．弹丸做匀加速直线运动，在通电后任意时刻 t 有

$$v=at \qquad ⑬$$

$$l=\frac{1}{2}at^2 \qquad ⑭$$

由⑪、⑫、⑬、⑭式得，在时刻 t 恒流源两端的电压为

$$U=2\lambda I\,\frac{1}{2}at^2+IR+\frac{\mu_0 I}{\pi}\ln\frac{d+b}{b}at$$

即

$$U=\lambda I\left(\frac{\mu_0 I^2}{2\pi m}\ln\frac{d+b}{b}-g\sin\theta\right)t^2+IR+\frac{\mu_0 I}{\pi}\ln\frac{d+b}{b}\left(\frac{\mu_0 I^2}{2\pi m}\ln\frac{d+b}{b}-g\sin\theta\right)t \qquad ⑮$$

由⑦、⑬式得，弹丸的加速时间为

$$T=\frac{v_{\max}}{a}=\sqrt{2L}\left(\frac{\mu_0 I^2}{2\pi m}\ln\frac{d+b}{b}-g\sin\theta\right)^{-1/2} \qquad ⑯$$

由⑮、⑯式得，弹丸出射时电源两端的电压

$$U_T=2\lambda IL+IR+\frac{\sqrt{2L}\mu_0 I}{\pi}\ln\frac{d+b}{b}\left(\frac{\mu_0 I^2}{2\pi m}\ln\frac{d+b}{b}-g\sin\theta\right)^{1/2} \quad ⑰$$

(4)在弹丸的整个加速过程中，恒流源所做的功为

$$\begin{aligned}W&=\int_0^T UI\,\mathrm{d}t\\&=\int_0^T \lambda I^2\left(\frac{\mu_0 I^2}{2\pi m}\ln\frac{d+b}{b}-g\sin\theta\right)t^2\,\mathrm{d}t+\int_0^T I^2R\,\mathrm{d}t\\&\quad+\int_0^T\frac{\mu_0 I^2}{\pi}\ln\frac{d+b}{b}\left(\frac{\mu_0 I^2}{2\pi m}\ln\frac{d+b}{b}-g\sin\theta\right)t\,\mathrm{d}t\end{aligned} \quad ⑱$$

下面依次计算⑱式右端的第一项 W_1、第二项 W_2 和第三项 W_3：

$$\begin{aligned}W_1&=\int_0^T\lambda I^2\left(\frac{\mu_0 I^2}{2\pi m}\ln\frac{d+b}{b}-g\sin\theta\right)t^2\,\mathrm{d}t\\&=\frac{\lambda I^2}{3}\left(\frac{\mu_0 I^2}{2\pi m}\ln\frac{d+b}{b}-g\sin\theta\right)T^3\\&=\frac{2\sqrt{2}\lambda I^2}{3}L^{3/2}\left(\frac{\mu_0 I^2}{2\pi m}\ln\frac{d+b}{b}-g\sin\theta\right)^{-1/2}\end{aligned}$$

$$W_2=I^2RT=I^2R\sqrt{2L}\left(\frac{\mu_0 I^2}{2\pi m}\ln\frac{d+b}{b}-g\sin\theta\right)^{-1/2}$$

$$W_3=\frac{\mu_0 I^2}{2\pi}\ln\frac{d+b}{b}\left(\frac{\mu_0 I^2}{2\pi m}\ln\frac{d+b}{b}-g\sin\theta\right)T^2=\frac{\mu_0 I^2L}{\pi}\ln\frac{d+b}{b}$$

于是

$$\begin{aligned}W&=W_1+W_2+W_3\\&=\frac{2\sqrt{2}\lambda I^2}{3}L^{3/2}\left(\frac{\mu_0 I^2}{2\pi m}\ln\frac{d+b}{b}-g\sin\theta\right)^{-1/2}\\&\quad+I^2R\sqrt{2L}\left(\frac{\mu_0 I^2}{2\pi m}\ln\frac{d+b}{b}-g\sin\theta\right)^{-1/2}+\frac{\mu_0 I^2L}{\pi}\ln\frac{d+b}{b}\\&=\sqrt{2L}I^2\left(\frac{2\lambda L}{3}+R\right)\left(\frac{\mu_0 I^2}{2\pi m}\ln\frac{d+b}{b}-g\sin\theta\right)^{-1/2}+\frac{\mu_0 I^2L}{\pi}\ln\frac{d+b}{b}\end{aligned} \quad ⑲$$

(5)弹丸出射时的动能为：

$$\begin{aligned}E_{k\max}&=\frac{1}{2}mv_{\max}^2=mL\left(\frac{\mu_0 I^2}{2\pi m}\ln\frac{d+b}{b}-g\sin\theta\right)\\&=\frac{\mu_0 I^2L}{2\pi}\ln\frac{d+b}{b}-mgL\sin\theta\end{aligned} \quad ⑳$$

在 $\theta=0^\circ$ 的条件下，弹丸出射时的动能为

$$E_{k\max}=\frac{\mu_0 I^2L}{2\pi}\ln\frac{d+b}{b} \quad ㉑$$

若导轨和弹丸的电阻可忽略，恒流源所做的功为

$$W=\frac{\mu_0 I^2L}{\pi}\ln\frac{d+b}{b} \quad ㉒$$

弹丸出射时的动能与恒流源所做的功之比

$$\eta=\frac{E_{k\max}}{W}=50\% \quad ㉓$$

四、(1)由理想气体状态方程有

$$pV=\frac{M}{M_{\mathrm{mol}}}RT \quad ①$$

式中，p、V 和 T 分别为空气的压强、体积和(绝对)温度，M 和 M_{mol} 分别为空气总质量和摩尔质量．由①式得空气密度为

$$\rho=\frac{M}{V}=\frac{M_{\mathrm{mol}}p}{RT}$$

在标准状态下(以下标“标”表示)有

$$\rho_{标}=\frac{M_{mol}p_{标}}{RT_{标}}=\frac{29.0\times10^{-3}\text{kg/mol}\times1.01\times10^{5}\text{Pa}}{8.31\text{J(K}\cdot\text{mol)}\times273\text{K}}=1.29\text{kg/m}^3 \quad ②$$

理想气体的绝热过程满足

$$PV^{\gamma}=常量$$

式中 γ 是热容比. 对上式两边微分得

$$\Delta pV^{\gamma}+\gamma pV^{\gamma-1}\Delta V=0 \quad ③$$

由③式可得,空气的体积弹性模量为

$$\kappa=-V\frac{\Delta p}{\Delta V}=\gamma p \quad ④$$

声波在空气中的传播速度为

$$v_s=\sqrt{\frac{K}{\rho}}=\sqrt{\frac{\gamma p}{\rho}}$$

在标准状态下有

$$v_{s标}=\sqrt{\frac{\gamma p_{标}}{\rho_{标}}}=\sqrt{\frac{7}{5}\times\frac{1.01\times10^5\text{Pa}}{1.29\text{kg/m}^3}}=331\text{m/s} \quad ⑤$$

(2)细管内的空气柱的质量为

$$m=\rho Sl \quad ⑥$$

细管中的空气柱的运动是由外界压力与容器内的压力之差所引起的. 设这部分空气柱运动的位移 x(向外为正),容器内的空气体积的改变为

$$\Delta V=Sx \quad ⑦$$

容器内气体压力的变化满足绝热过程,由③式有

$$\Delta p=-\frac{\gamma p\Delta V}{V} \quad ⑧$$

相应地,对于细管内运动着的空气柱的作用力为

$$F=S\Delta p=-\frac{\gamma pS^2x}{V} \quad ⑨$$

从而,细管内空气柱的运动方程可写为

$$-\frac{\gamma pS^2}{V}x=m\ddot{x}=\rho Sl\ddot{x} \quad ⑩$$

⑩式可写成

$$\ddot{x}=-\omega^2x \quad ⑪$$

这是简谐振动的方程,ω 是简谐振动的圆频率

$$\omega=\sqrt{\frac{\gamma pS}{\rho lV}} \quad ⑫$$

将 $v_s=\sqrt{\frac{\gamma p}{\rho}}$ 代入⑩式得,所述亥姆霍兹共振器吸收声波的频率为

$$f_0=\frac{\omega}{2\pi}=\frac{v_s}{2\pi}\sqrt{\frac{S}{lV}}=\frac{v_s}{2\pi}\sqrt{\frac{S}{lV_0}} \quad ⑬$$

上式最后一步利用了单个微孔后的空气腔体体积为 $V=V_0$.

(3)按题设,两种需要通过所述亥姆霍兹共振器吸收声波的频率 f_{01} 和 f_{02} 之比为

$$\frac{f_{01}}{f_{02}}=\frac{120\text{Hz}}{200\text{Hz}}=0.60 \quad ⑭$$

由⑬式得

$$f_{01}=\frac{v_s}{2\pi}\sqrt{\frac{S_1}{lV_0}},f_{02}=\frac{v_s}{2\pi}\sqrt{\frac{S_2}{lV_0}} \quad ⑮$$

式中,S_1 和 S_2 是相应的上述亥姆霍兹共振器的微孔的横截面积. 由⑮式有

$$\frac{\sqrt{S_1}}{\sqrt{S_2}}=\frac{f_{01}}{f_{02}} \quad ⑯$$

即

$$\frac{S_1}{S_2}=\left(\frac{f_{01}}{f_{02}}\right)^2=0.36 \qquad ⑰$$

五、(1)进入光纤芯的光束只有在光纤芯与包层界面满足全反射条件，才能使得光束在光纤中长距离传输.设光线最大入射角为θ,相应的折射角为α,如题图a所示.由折射定律和全反射条件有

$$n_0\sin\theta=n_1\sin\alpha \qquad ①$$

$$n_1\sin(90°-\alpha)=n_2 \qquad ②$$

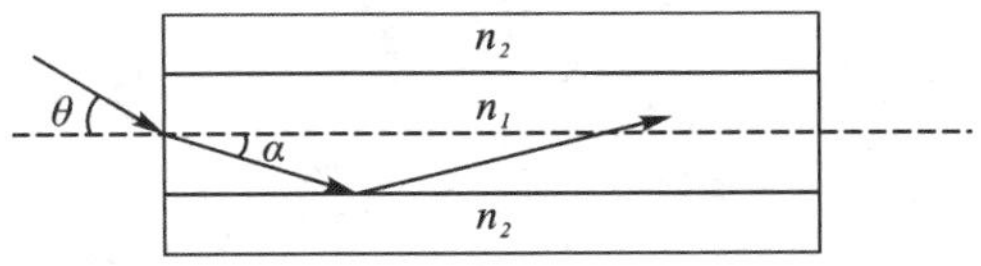

第五题图a

由①、②式得

$$\sin\theta=\frac{n_1\sin\alpha}{n_0}=\sqrt{\left(\frac{n_1}{n_0}\right)^2-\left(\frac{n_2}{n_0}\right)^2}=\sqrt{1.46^2-1.45^2}=0.17 \qquad ③$$

由③式得

$$\theta=\arcsin0.17=9.8° \qquad ④$$

(2)平行激光束首先在微球透镜前表面一次成像，其成像位置i_1(相对于微球透镜前表面顶点)可利用球面镜折射成像公式得到

$$\frac{n_0}{o_1}+\frac{n}{i_1}=\frac{n-n_0}{r} \qquad ⑤$$

式中，o_1为物距，由于是平行光束$o_1=\infty$，i_1是一次成像位置，n是微球透镜玻璃材料折射率$n=1.50$，r是微球前表面曲率半径，$r=\frac{D}{2}$.由⑤式得

$$i_1=\frac{nD}{2(n-n_0)}=\frac{1.50\times3.00\text{ mm}}{2(1.50-1.00)}=4.5\text{ mm} \qquad ⑥$$

光束在微球透镜后表面第二次成像位置i_2(相对于微球透镜后表面顶点O)可由球面镜折射成像公式得到

$$\frac{n}{o_2}+\frac{n_0}{i_2}=\frac{n_0-n}{r_2} \qquad ⑦$$

式中，o_2为相对于微球透镜后表面顶点O的物距

$$o_2=i_1-D=\frac{(2n_0-n)D}{2(n-n_0)}=\frac{(2\times1.00-1.50)\times3.00\text{ mm}}{2(1.50-1.00)}=1.50\text{ mm} \qquad ⑧$$

由于此时是虚物，o_2应取负值，即

$$o_2=\frac{(n-2n_0)D}{2(n-n_0)}=-1.50\text{ mm}$$

而r_2是微球后表面曲率半径

$$r_2=-\frac{D}{2}$$

将以上数据代入⑦式可得二次成像位置i_2为

$$i_2=\frac{(2n_0-n)D}{4(n-n_0)}=0.75\text{ mm} \qquad ⑨$$

即微球透镜后表面中心顶点O与光纤端面距离应为0.75 mm.

(3)微球透镜的等效主点与球心重合，而等效焦距为

$$f_e=\frac{(2n_0-n)D}{4(n-n_0)}+\frac{D}{2}=\frac{nD}{4(n-n_0)}=\frac{1.50\times3.00\text{ mm}}{4(1.50-1.00)}=2.25\text{ mm} \qquad ⑩$$

为了使进入光纤的全部光束能在光纤内长距离传输，平行入射激光束的直径d最大时，光束在光纤端面上的入射角应满足最大入射角条件：

$$\frac{\frac{d}{2}}{\sqrt{\left(\frac{d}{2}\right)^2+\left(\frac{nD}{4(n-n_0)}\right)^2}}=\frac{1}{\sqrt{1+\left(\frac{nD}{2d(n-n_0)}\right)^2}}=\sin\theta \qquad ⑪$$

注意到

$$\frac{1}{\sqrt{1+\left(\frac{nD}{2(n-n_0)d}\right)^2}}=\frac{2(n-n_0)}{n}\frac{d}{D}\frac{1}{\sqrt{1+\left(\frac{2(n-n_0)}{n}\frac{d}{D}\right)^2}}$$

$$\approx\frac{2(n-n_0)}{n}\frac{d}{D}\left[1-\frac{1}{2}\left(\frac{2(n-n_0)}{n}\frac{d}{D}\right)^2\right]\approx\frac{2(n-n_0)}{n}\frac{d}{D}$$

上式已略去$\left(\frac{d}{D}\right)^3$项，将上式结果代入⑪式，结合③式和题给数据得

$$d=\frac{n}{2(n-n_0)}D\sin\theta=0.76\text{ mm} \qquad ⑫$$

平行入射激光束的直径最大不能超过 0.76 mm.

解法二：

(2)如题图 b，O'是微球球心，入射光束边缘的一根光线入射到微球面上的 A 点，入射角为 α，折射角为$\angle O'AB=\beta$；在微球的大圆内射到微球面上的 B 点，由于 $O'A=O'B$，光线在 B 点的入射角$\angle O'BA=\beta$，折射角必定为 α；折射出的光线与光轴交于 F 点(按题意，F 点恰好在光纤端面上)，而 AB 的延长线与光轴交于 C 点.

由题给条件有

$$n_0=1.00, n=1.50$$

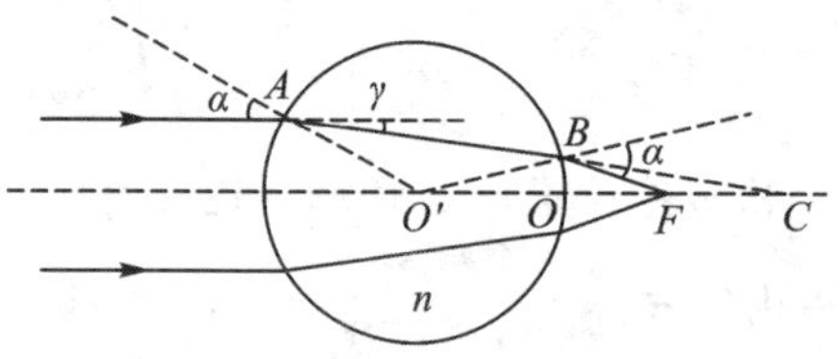

第五题图 b

由折射定律有

$$n_0\alpha=n\beta$$

即

$$\beta=\frac{2}{3}\alpha \qquad ⑤'$$

于是

$$\gamma=\frac{1}{3}\alpha, \theta'=2\gamma \qquad ⑥'$$

式中，$\theta'=\angle BFO'$是光线在光纤端面上的入射角. 而

$$\angle CBF=\gamma=\angle FCB \qquad ⑦'$$

$$\angle BO'C=\alpha-\theta'=\gamma \qquad ⑧'$$

因而，$\triangle BO'C$ 和$\triangle FCB$ 均为等腰三角形. 于是

$$\overline{O'O}=\overline{OC}$$

$$\overline{OF}=\overline{FC}=\frac{D}{4}=0.75\text{ mm} \qquad ⑨'$$

这里由于小角度近似，可近似认为 O 点为线段 $O'C$ 的中点.

(3)为了使进入光纤的全部光束能在光纤内长距离传输，平行入射激光束的直径取最大值 d 时，光束在光纤端面上的入射角$\angle BFO'$应满足最大入射角条件，即

$$\theta'=\theta=0.17 \qquad ⑩'$$

由几何关系和⑥′⑩′式得

$$\alpha=\frac{d}{D}=\frac{3}{2}\theta \qquad ⑪'$$

由⑩′⑪′式得

$$d=\frac{3}{2}D\times0.17=0.76\text{ mm} \qquad ⑫'$$

平行入射激光束的直径最大不能超过 0.76 mm.

六、(1)在相对于 π 介子静止的参照系 S′(π 介子的质心系)中,由动量守恒有

$$p'_{\mu}+p'_{\nu}=0 \quad ①$$

式中 p'_{μ} 和 p'_{ν} 分别是 μ 子和 μ 型反中微子 $\bar{\nu}_{\mu}$ 在 S′系中的动量

$$p'_{\mu}=\frac{m_{\mu}u'_{\mu}}{\sqrt{1-\left(\frac{u'_{\mu}}{c}\right)^{2}}} \quad ②$$

由能量守恒有

$$E'_{\mu}+E'_{\nu}=m_{\pi}c^{2} \quad ③$$

式中 E'_{μ} 和 E'_{ν} 分别是 μ 子和 μ 型反中微子 $\bar{\nu}_{\mu}$ 在 S′系中的能量

$$E'_{\mu}=\frac{m_{\mu}c^{2}}{\sqrt{1-\left(\frac{u'_{\mu}}{c}\right)^{2}}},E'_{\nu}=(-p'_{\nu})c \quad ④$$

将②、④式代入①、③式得

$$\frac{1+\frac{u'_{\mu}}{c}}{1-\frac{u'_{\mu}}{c}}=\frac{m_{\pi}^{2}}{m_{\mu}^{2}} \quad ⑤$$

即 $$u'_{\mu}=\frac{m_{\pi}^{2}-m_{\mu}^{2}}{m_{\pi}^{2}-m_{\mu}^{2}}c=\frac{139.57061^{2}-105.65837^{2}}{139.57061^{2}+105.65837^{2}}c=0.2714c \quad ⑥$$

假设在实验室系 S 中,π 介子以及衰变后的 μ 子的飞行方向之间的夹角为 θ,这一夹角在 S′系中对应于夹角 θ′. 按相对论速度变换规则,在实验室系 S 中,μ 子的飞行速度的大小 u 满足

$$u_{\mu}=\frac{\sqrt{u_{\mu}'^{2}+v^{2}+2u'_{\mu}v\cos\theta'-\left(\frac{u'_{\mu}v}{c}\right)^{2}\sin^{2}\theta'}}{1+\frac{u'_{\mu}v}{c^{2}}\cos\theta'}$$

此即

$$u_{\mu}=c\sqrt{1-\frac{\left(1-\frac{u_{\mu}'^{2}}{c^{2}}\right)\left(1-\frac{v^{2}}{c^{2}}\right)}{\left(1+\frac{u'_{\mu}v}{c^{2}}\cos\theta'\right)^{2}}}$$

由上式可知,从 π 介子衰变得到的 μ 子的最大速率 $u_{\min}$ 和最小速率 $u_{\max}$ 分别出现在 $\theta'=0$ 和 $\theta'=\pi$ 的情形,正好分别相应于 $\theta=0$ 和 $\theta=\pi$ 的情形. 于是由

$$u_{\mu}\cos\theta=\frac{u'_{\mu}\cos\theta'+v}{1+\frac{u'_{\mu}v}{c^{2}}\cos\theta'}$$

可知,从 π 介子衰变得到的 μ 子的最小速率 $u_{\min}$ 和最大速率 $u_{\max}$ 分别为

$$u_{\mu\min}=\frac{-u'_{\mu}+v}{1+\frac{(-u'_{\mu})v}{c^{2}}}=\frac{-0.2714+0.9650}{1+(-0.2714)\times0.9650}c=0.940c=2.82\times10^{8}\ \text{m/s} \quad ⑦$$

$$u_{\mu\max}=\frac{u'_{\mu}+v}{1+\frac{u'_{\mu}v}{c^{2}}}=\frac{0.2714+0.9650}{1+0.2714\times0.9650}c=0.980c=2.94\times10^{8}\ \text{m/s} \quad ⑧$$

(2)根据放射性衰变规律,μ 子的衰变率 ρ 满足

$$\rho=\frac{N_{t}}{N_{0}}=2^{-\frac{\Delta t}{T_{1/2}}} \quad ⑨$$

式中,N_0 为初始 μ 子数,N_t 为 t 时刻的 μ 子数,Δt 为 μ 子走完 h=10000 m 路程所需的时间间隔. Δt 在 $u_{\mu}=u_{\mu\max}$ 情形下最短,从而在地面附近出现的概率最大,即

$$(\Delta t)_{\min}=\frac{h}{u_{\mu\max}}=\frac{10000\ \text{m}}{0.980\times3.00\times10^{8}\ \text{m/s}}=3.40\times10^{-5}\ \text{s} \quad ⑩$$

由于时间膨胀效应,其半衰期在地面参照系中为

$$T_{\frac{1}{2}}=\frac{T_{\frac{1}{2}}^{(0)}}{\sqrt{1-\frac{u_{\mu}^{2}}{c^{2}}}}=\frac{1.523\times 10^{-6}\ \mathrm{s}}{\sqrt{1-0.980^{2}}}=0.765\times 10^{-5}\ \mathrm{s} \quad ⑪$$

从而，在地面上观测到这个 μ 子的概率为

$$\rho_{\max}=2^{-\frac{(\Delta t)_{\min}}{T_{1/2}}}=2^{\frac{3.40\times 10^{-5}}{-0.765\times 10^{-5}}}=0.0459=4.59\% \quad ⑫$$

七、(1)该圆柱形雷电云空域的电荷分布可近似认为是一个平行板电容器，其电容为

$$C=\frac{\varepsilon_0 S}{d} \quad ①$$

式中 $S=\pi r^2$，$r=2.5$ km，$d=1.0$ km. 该区域上下两端的电势差为

$$U=Ed=150\ \mathrm{MV} \quad ②$$

式中 $E=0.15$ MV/m. 所带正电荷总量为

$$Q=CU=\frac{\varepsilon_0 \pi r^2 U}{d}=26\ \mathrm{C} \quad ③$$

携带的总电能为

$$W=\frac{1}{2}QU=2.0\times 10^{9}\ \mathrm{J} \quad ④$$

(2)将地面考虑为平面导体，应用镜像电荷法，可得高度为 h 的点电荷 Q 产生的地面电场为

$$E=2\times\frac{1}{4\pi\varepsilon_0}\frac{Q}{h^2}=\frac{Q}{2\pi\varepsilon_0 h^2} \quad ⑤$$

雷电云正负电荷产生的总地表电场为

$$\begin{aligned}E&=\frac{Q}{2\pi\varepsilon_0(h+d)^2}+\frac{(-Q)}{2\pi\varepsilon_0 h^2}\\&=\frac{Q}{2\pi\varepsilon_0}\left[\frac{1}{(h+d)^2}-\frac{1}{h^2}\right]=-3.5\ \mathrm{kV/m}\end{aligned} \quad ⑥$$

已利用③式和题给数据 $h=6.0$ km，$d=1.0$ km，$r=2.5$ km. 结果为负，说明电场方向垂直于地面朝上.

(3)闪电通道的线电荷密度为

$$\eta=\frac{Q}{h}=4.2\times 10^{-4}\ \mathrm{C/m} \quad ⑦$$

式中 $Q=2.5$ C，$h=6.0$ km. 利用高斯定理得，圆柱电荷体系外的电场为

$$E_{r'}=\frac{\eta}{2\pi\varepsilon_0 r'} \quad ⑧$$

式中 r' 为到圆柱中轴线的距离. 闪电通道的表面(柱面)电场应为击穿电场，故其直径为

$$D\approx\frac{\eta}{\pi\varepsilon_0 E_{击穿}}=5.0\ \mathrm{m} \quad ⑨$$

式中 $E_{击穿}=3.0$ MV/m.

由题设，闪电通道的长度远大于其直径，闪电通道的直径远大于中心放电细路径的直径，闪电通道可视为无穷长的直圆柱体. 在该直圆柱体上下两端面的电场通量(边缘效应)可忽略. 在闪电通道内部，取与闪电通道同轴的圆柱形封闭面(包含中心放电细路径)，应用高斯定理得

$$2\pi rLE_{击穿}=\frac{\int_0^r 2\pi r' L\,\mathrm{d}r'\rho(r')}{\varepsilon_0} \quad ⑩$$

此即

$$r\varepsilon_0 E_{击穿}=\int_0^r r'\mathrm{d}r'\rho(r')$$

将上式两边对 r 求导得

$$\varepsilon_0 E_{击穿}=r\rho(r) \qquad ⑪$$

于是，闪电通道内(中心放电细路径除外)电荷密度分布为

$$\rho(r)=\varepsilon_0 E_{击穿} r^{-1} \qquad ⑫$$

(4)气球在高空悬浮的条件是

$$m_{负载}g+\rho_{He}V_0 g=\rho_1 V_0 g \qquad ⑬$$

式中 $m_{负载}$ 为气球及载荷的总质量，ρ_1 为高空的大气密度，V_0 是此气球在此高度悬浮时的体积. 由⑱式得

$$V_0=\frac{m_{负载}}{\rho_1-\rho_{He}} \qquad ⑭$$

求出 ρ_1 即可得气球体积.

按题意，空气温度随高度的变化关系为

$$T=T_0-\alpha z \qquad ⑮$$

其中 $\alpha=5.0\times10^{-3}$ K/m，空气压强随高度的变化满足

$$\mathrm{d}p=-\rho g\mathrm{d}z \qquad ⑯$$

由理想气体状态方程

$$pV=\frac{m}{M}RT$$

可得空气密度

$$\rho=\frac{m}{V}=\frac{Mp}{RT} \qquad ⑰$$

式中 m 和 V 分别为空气质量和体积，M 为空气摩尔质量，ρ 为空气密度，R 为普适气体常量，将⑰式代入⑯式得

$$\mathrm{d}p=-\frac{Mg}{RT}\rho\mathrm{d}z=-\frac{Mg}{R}\frac{p}{T_0-\alpha z}\mathrm{d}z \qquad ⑱$$

由⑱式得

$$\frac{\mathrm{d}p}{p}=-\frac{Mg}{R}\frac{\mathrm{d}z}{T_0-\alpha z}=\frac{Mg}{\alpha R}\frac{\mathrm{d}(T_0-\alpha z)}{T_0-\alpha z} \qquad ⑲$$

两边积分得

$$\ln\left(\frac{p}{p_0}\right)=\frac{Mg}{\alpha R}\ln\left(\frac{T_0-\alpha z}{T_0}\right) \qquad ⑳$$

于是

$$p=p_0\left(1-\frac{\alpha z}{T_0}\right)^{\frac{Mg}{\alpha R}} \qquad ㉑$$

相应的空气密度为

$$\rho=\frac{Mp_0}{RT}\left(1-\frac{\alpha z}{T_0}\right)^{\frac{Mg}{\alpha R}}=\rho_0\frac{T_0}{T}\left(1-\frac{\alpha z}{T_0}\right)^{\frac{Mg}{\alpha R}}=\rho_0\left(1-\frac{\alpha z}{T_0}\right)^{\frac{Mg}{\alpha R}} \qquad ㉒$$

推导中用到了

$$\rho_0=\frac{Mp_0}{RT_0} \qquad ㉓$$

由㉒式和题给数据得，离地高度 $z=12$ km 处的空气密度为

$$\rho_1=0.31\ \mathrm{kg/cm^3} \qquad ㉔$$

将㉔式代入⑭式得

$$V_0=3.8\times10^2\ \mathrm{m^3} \qquad ㉕$$

2020 年第三十七届全国中学生物理竞赛预赛试题

一、**1.** B **2.** C **3.** CD **4.** CD **5.** D

二、**6.** 1.2 2.0 **7.** 低于 正负号和大小都不变

8. 3.1×10^2 16 **9.** 72 2.3 **10.** 3.74 3.74

三、**11.** 漏电大气层可视为高度为 50 km、横截面积为地球表面积的物质，漏电电流为

$$I=\frac{q}{t}$$ ①

根据欧姆定律，漏电大气层的电阻为

$$R=\frac{U}{I}$$ ②

由电阻定律，漏电大气层的电阻率 ρ 满足

$$R=\rho\frac{l}{S}=\frac{\rho l}{4\pi r^2}$$ ③

由此得

$$\rho=\frac{4\pi r^2 R}{I}\approx 1.7\times 10^{12}\ \Omega\cdot\text{m}$$ ④

向地球的平均漏电功率为

$$P=UI=3\times 10^5\times 1800\ \text{W}=5.4\times 10^8\ \text{W}$$ ⑤

12. (1)由牛顿第二定律，潜艇刚“掉深”时加速度 a_1 满足

$$mg-F=ma_1$$ ①

式中，按题给数据，此时潜艇所受浮力 $F=2.4\times 10^7$ N. 解得

$$a_1=2.0\ \text{m/s}^2\text{，方向竖直向下}$$ ②

“掉深”历时 $t_1=10$ s 时，潜艇下落高度为

$$h_1=\frac{1}{2}a_1 t_1^2=1.0\times 10^2\ \text{m}$$ ③

潜艇速度为

$$v_1=a_1 t_1=20\ \text{m/s}$$ ④

减重后，潜艇以加速度 $a_2=1.0$ m/s^2 匀减速下落，直至其速度为零，潜艇下落的距离为

$$h_2=\frac{v_1^2}{2a_2}=2.0\times 10^2\ \text{m}$$ ⑤

潜艇“掉深”达到的最大深度为

$$h=h_0+h_1+h_2=5.0\times 10^2\ \text{m}$$ ⑥

(2)潜艇在减重后减速下降过程中，由牛顿第二定律有

$$F-m_1 g=m_1 a_2$$ ⑦

解得

$$m_1\approx 2.2\times 10^6\ \text{kg}$$ ⑧

设潜艇从水面下 200 m 处升到水面的过程中加速度为 a_3，按运动学公式有

$$v^2 h=h_0=2a_2(h_1+h_2)=2a_3 h_0$$ ⑨

解得

$$a_3=1.5\ \text{m/s}^2\text{，方向竖直向下}$$ ⑩

在潜艇从水面下 200 m 处升到水面的过程中，由牛顿第二定律有

$$m_2 g-F=m_2 a_3$$ ⑪

解得

$$m_2\approx 2.8\times 10^6\ \text{kg}$$ ⑫

13. (1)由近轴条件下单球面的成像公式有

$$\frac{n}{s}-\frac{n_0}{s'}=\frac{n-n_0}{r}$$ ①

式中，n_0 和 n 分别是空气和水的折射率，s 是小鱼到球面的距离，s' 是小鱼的像离球面的距离. 依题意，

$$s=r$$

将上式代入①式得

$$s'=r=50\ \text{cm}$$ ②

即观察者看到的鱼的像(虚像)与鱼所在处重合. 像的横向放大率为

$$\beta=\frac{ns'}{n_0 s}=\frac{n}{n_0}=\frac{4}{3}=1.33 \qquad ③$$

(2)如题图 a,设与水球球心 O 距离为 a 处有一小鱼 M. 从 M 点发出任一光线 MB 与 OM 的延长线 OO' 的夹角为 γ,从 M 点发出的另一光线 MA 与 OO' 垂直,光线 MA、MB 在玻璃球壳上的入射点分别为 A、B,入射角分别为 α、β. 在△OBM 中,由正弦定理有

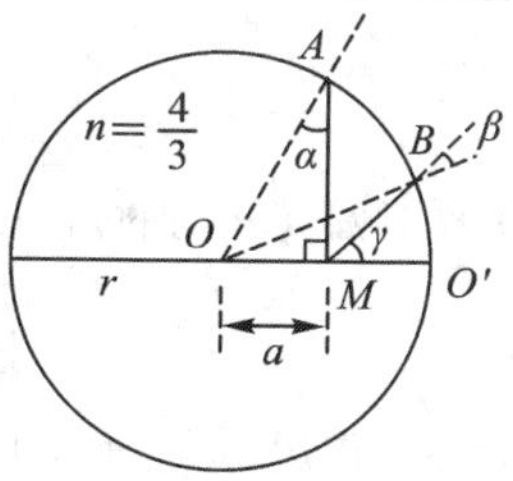

第 13 题图 a

$$\frac{a}{\sin\beta}=\frac{r}{\sin\gamma} \qquad ④$$

在直角△OAM 中有

$$\sin\alpha=\frac{a}{r} \qquad ⑤$$

又

$$\sin\gamma\leqslant 1 \qquad ⑥$$

由④、⑤、⑥式得

$$\beta\leqslant\alpha \qquad ⑦$$

为了保证从 M 点发出的光线有发生全反射的可能,至少要求

$$\sin\alpha\geqslant\sin C \qquad ⑧$$

式中 C 是水的全反射临界角

$$\sin C=\frac{1}{n} \qquad ⑨$$

由⑤、⑧、⑨式和题给数据得

$$a\geqslant\frac{1}{n}r=\frac{3}{4}r \qquad ⑩$$

值得指出的是:⑨式中的 n 是水相对于空气的折射率. 这时从 M 发出的光线一定可以折射入玻璃内部;但由于题设,玻璃球壁很薄,光线穿过等厚的薄壁玻璃(对于某根光线,该处玻璃可视为一小平面)前后(只要光线能穿过),其方向实际上没有发生偏折(即使玻璃与水的折射率不一样);相当于从 M 发出的光线直接入射到与水的交界面上.

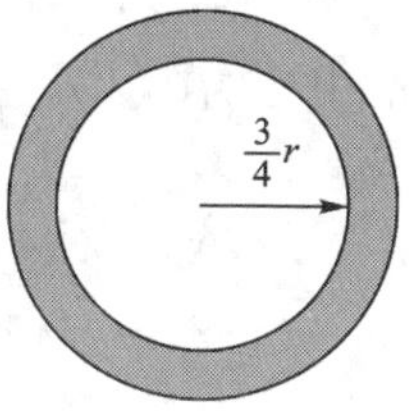

第 13 题图 b

考虑到球的旋转对称性,则处于题图 b 所示的阴影区内的鱼发出的光线都有可能出现全反射,也就是说,鱼可能"消失"的位置范围是

第 13 题图 b 所示的阴影区 ⑪

现考虑观察者的观测位置范围. 在第 13 题图 c 中,假设鱼所在位置 N 到球心的距离 b 满足

$$r>b>\frac{3}{4}r=37.5\text{cm} \qquad ⑫$$

即在题图的阴影之内. 由以上讨论知,从 N 发出的垂直于 ON 的光线 NA 的入射角必大于水相对于空气的全反射临界角 C;且该入射角为极大值,光线 NA 两侧的入射光线 NB、ND 等的入射角都小于 NA 的入射角.

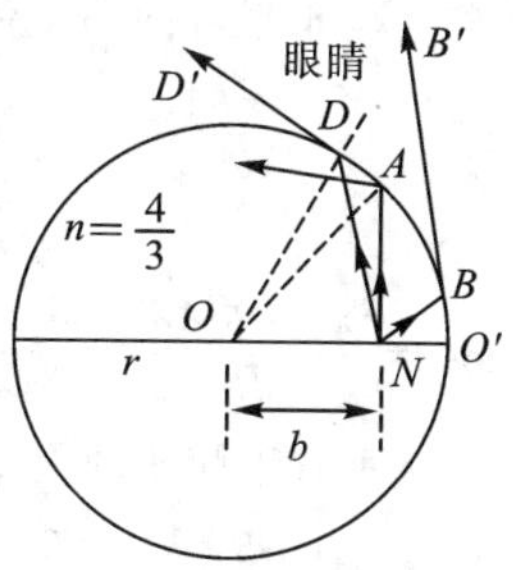

第 13 题图 c

进而,当 NB、ND 的入射角都等于全反射临界角 C 时,NB、ND 之间的所有入射光线的入射角都大于全反射临界角,而发生全反射. NB、ND 分别对应临界的折射光线 BB'、DD'. 所以,当观察者的眼睛处于题图 c 所示的 BB'、DD'之间的阴影区域时,就看不到位于 N 点的鱼. 再考虑球的对称性,将第 13 题图 c 绕 ON 轴旋转一周,则眼睛看不到 N 点的鱼时应选取的观测位置范围是

第 13 题图 c 的阴影区域的集合 ⑬

由以上讨论可知,鱼在鱼缸中"消失"需要两个条件:一是鱼要相对靠近鱼缸内壁,

二是要选择合适的观察位置.

14. (1)由题意知，为使球磨机正常工作，钢球不能处于离心状态. 即在钢球上升至其最高点处满足

$$mg>m\omega^2 R \quad ①$$

由此得，球磨机正常工作时圆筒转动的角速度范围为

$$0<\omega<\sqrt{\frac{g}{R}} \quad ②$$

(2)为使钢球对矿石的冲击作用最大，钢球应在圆筒某横截面上处于抛落状态. 假设钢球被提升至 O 点时，小球刚好脱离筒壁做抛体运动. 此时，筒壁对钢球的正压力为零，由牛顿第二定律有

$$mg\cos\alpha=m\frac{V^2}{R} \quad ③$$

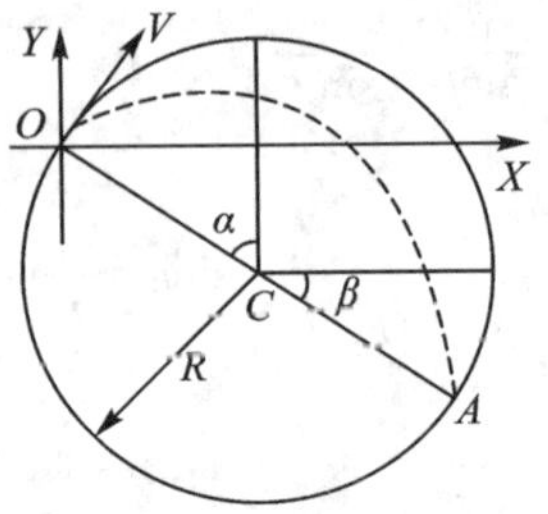

第 14 题图

式中，α 是 O 点相对于它所在横截面中心 C 的矢径与竖直方向的夹角，V 是钢球在 O 点抛落时的速度(见题图 a). 由③式得

$$V=\sqrt{gR\cos\alpha} \quad ④$$

球脱离筒壁做抛体运动，在以 O 为原点坐标系中有

$$Y=X\tan\alpha-\frac{gX^2}{2V^2\cos^2\alpha}$$

$$=X\tan\alpha-\frac{X^2}{2R\cos^3\alpha} \quad ⑤$$

钢球所在的圆筒截面的圆周方程为

$$(X-R\sin\alpha)^2+(Y+R\cos\alpha)^2=R^2 \quad ⑥$$

方程组⑤、⑥有两个解，其一为(0,0)，这是抛出点 O 的坐标；其二是球的落点 A 的坐标

$$X_A=4R\sin\alpha\cos^2\alpha \quad ⑦$$

$$Y_A=-4R\cos\alpha\sin^2\alpha$$

钢球在 A 点的速度为

$$v_x=V\cos\alpha \quad ⑧$$

$$v_y=\sqrt{2gH}=3V\sin\alpha$$

式中，H 是钢球做抛体运动的最高点相对于 A 点的高度

$$H=\frac{V^2\sin^2\alpha}{2g}-Y_A=\frac{9}{2}R\cos\alpha\sin^2\alpha \quad ⑨$$

设 A 点相对于 C 点的矢径与水平方向的夹角为 β，则由几何关系有

$$\sin\beta=\frac{|Y_A|-R\cos\alpha}{R}=(4\sin^2\alpha-1)\cos\alpha \quad ⑩$$

同理有

$$\cos\beta=\frac{X_A-R\sin\alpha}{R}=(4\cos^2\alpha-1)\sin\alpha \quad ⑪$$

由⑧、⑩式得，钢球在 A 点垂直于筒壁的速度(打击附在筒壁上的矿粉的速度)为

$$V_n=V_x\cos\beta+V_y\sin\beta=8V\sin^3\alpha\cos\alpha$$

由④、⑪式得

$$v_n=8\sqrt{gR}[\sin^4\alpha(1-\sin^2\alpha)]^{3/4}$$

$$=16\sqrt{2gR}\left[\sqrt[3]{\frac{\sin^2\alpha}{2}\frac{\sin^2\alpha}{2}(1-\sin^2\alpha)}\right]^{9/4}$$

$$\leqslant16\sqrt{2gR}\left[\frac{\frac{\sin^2\alpha}{2}+\frac{\sin^2\alpha}{2}+(1-\sin^2\alpha)}{3}\right]^{9/4}$$

$$=16\times 3^{-\frac{1}{4}}\sqrt{2gR}$$ ⑫

⑪式中的符号当且仅当

$$\frac{\sin^2\alpha}{2}=(1-\sin^2\alpha)$$

时成立，于是有

$$\alpha=\arcsin\frac{\sqrt{6}}{3}$$ ⑬

这时，由⑫式知，小球的径向速度最大，即小球对矿石的冲击作用最大.

此时，圆筒的角速度为

$$\omega=\sqrt{\frac{g\cos\alpha}{R}}=3^{-1/4}\sqrt{\frac{g}{R}}=0.7598\sqrt{\frac{g}{R}}$$ ⑭

钢球对矿石的冲击功为

$$W=\frac{1}{2}mv_n^2=32mV^2\sin^6\alpha\cos^2\alpha=32mgR\sin^6\alpha\cos^3\alpha$$ ⑮

将⑬式代入⑮式得，钢球对矿石的最大冲击功为

$$W_{\max}=\frac{256\sqrt{3}}{243}mgR=1.8247mgR$$ ⑯

15. (1)对 b 棒，由能量守恒，可得弹簧的弹性势能为

$$E_p=\frac{1}{2}Mv_0^2$$ ①

由右手定则知，a 棒中电流的方向：

从上端流向下端 ②

(2)b 棒与 a 棒相碰撞前后，由动量守恒知

$$Mv_0=(M+m)v$$ ③

由题意，系统的总动能全部转化为电路产生的总的焦耳热 $Q_总$

$$\frac{1}{2}(M+m)v^2=Q_总$$ ④

$Q_总$ 和 a 棒产生的焦耳热 Q 满足

$$Q_总\propto r+R,Q\propto r$$

因而

$$Q=\frac{r}{r+R}Q_总$$ ⑤

联立③、④、⑤式得

$$Q=\frac{rM^2v_0^2}{2(r+R)(M+m)}$$ ⑥

(3)若 a 棒向左滑行的距离 Δx 通过定值电阻的电量为

$$\Delta q=I\Delta t$$ ⑦

式中 I 是时刻 t 的回路电流

$$I=\frac{BLv'}{R+r}$$ ⑧

式中，v' 是 t 时刻 a 棒的滑行速度.由⑦、⑧式得

$$\Delta q=\frac{BL}{R+r}v'\Delta t=\frac{BL}{R+r}\Delta x$$ ⑨

因此，将⑨式两边求和得，a 棒向左滑行的距离 x 的过程中通过定值电阻的电量为

$$q=\frac{BLx}{R+r}$$ ⑩

16. (1)设电磁铁磁场的磁感应强度达到最大时，模型车的速度为 v_1，电磁铁的 L_1 边切割磁力线产生的感应电动势 E_1 和感应电流 I_1 分别为

$$E_1=B_1L_1v_1$$ ①

$$I_1=\frac{E_1}{R_1}$$ ②

电磁铁受到的安培力 $F_{安}$ 产生的加速度 a 满足

$$F_{安}=B_1 I_1 L_1=m_1 a \quad ③$$

由①、②、③式和题给数据得，模型车的速度为

$$v_1=\frac{R_1 m_1 a}{B_1^2 L_1^2}=5.00\ \mathrm{m/s} \quad ④$$

(2)模型车由 v_0 减速到 v_1 过程中，做匀减速运动，由运动学公式有

$$x_1=\frac{v_0^2-v_1^2}{2a}=93.8\ \mathrm{m} \quad ⑤$$

在磁感应强度达到最大后，模型车速度为 v 时，其所受到的安培力的大小为：

$$F=\frac{B_1^2 L_1^2 v}{R_1} \quad ⑥$$

对模型车从速度为 v_1 开始减速至停止运动的制动过程，应用动量定理得

$$\sum F\Delta t=m_1 v_1 \quad ⑦$$

由⑥、⑦式得

$$\sum\frac{B_1^2 L_1^2 v}{R_1}\Delta t=m_1 v_1 \quad ⑧$$

由⑧式和题给数据得

$$x_2=\sum v\Delta t=\frac{m_1 R_1 v_1}{B_1^2 L_1^2}=12.5\ \mathrm{m} \quad ⑨$$

模型车的制动距离为

$$x=x_1+x_2=106.3\ \mathrm{m} \quad ⑩$$

2020 年第三十七届全国中学生物理竞赛复赛试题

一、(1)依题意，空气弹簧主气室对簧上负载竖直向上的作用力为

$$F=(p_1-p_0)A_e \quad ①$$

式中，p_1 是主气室内空气的压强.

当空气弹簧承受的负载发生变化时，主气室内气体的压强 p_1 和体积 V_1 均会发生变化. 为了统一处理题给的两种情形，考虑气体压强和体积变化的过程方程为

$$p_1 V_1^n=常量 \quad ②$$

式中，n 是常数. ①式左右两边对空气弹簧承载面的竖直位移 y 微商，可知空气弹簧的劲度系数 K 满足

$$K=\frac{\mathrm{d}F}{\mathrm{d}y}=(p_1-p_0)\frac{\mathrm{d}A_e}{\mathrm{d}y}+\frac{\mathrm{d}p_1}{\mathrm{d}y}A_e \quad ③$$

②式左右两边对 y 微商得

$$\frac{\mathrm{d}p_1}{\mathrm{d}y}V_1^n+np_1V_1^{n-1}\frac{\mathrm{d}V_1}{\mathrm{d}y}=0 \quad ④$$

由题意知，空气弹簧主气室内体积 V 和有效承载面积 A_e 相对于平衡位置的竖直位移的变化率为

$$\frac{\mathrm{d}p_1}{\mathrm{d}y}=-\alpha,\ \frac{\mathrm{d}A_e}{\mathrm{d}y}=\beta \quad ⑤$$

联立①、③、④、⑤式得，空气弹簧的劲度系数 K 与其有效承载面积 A_e 之间的关系为

$$K=\alpha\frac{np_{10}V_{10}^n}{V_1^{n+1}}A_e+\beta\left[p_{10}\left(\frac{V_{10}}{V_1}\right)^n-p_0\right] \quad ⑥$$

在高铁上下乘客的情形下，主气室内气体压强和体积变化满足等温过程

$$n=1 \quad ⑦$$

由⑥、⑦式得

$$K=\alpha\frac{p_{10}V_{10}}{V_1^2}A_e+\beta\left[p_{10}\frac{V_{10}}{V_1}-p_0\right] \quad ⑧$$

在列车行进中遇到强烈颠簸的情形下，主气室内气体压强和体积变化满足绝热过程

$$n=\gamma \quad ⑨$$

式中，γ 是空气的定压摩尔热容 C_p 与定容摩尔热容 C_V 之比

$$\gamma=\frac{C_p}{C_V}=\frac{C_V+R}{C_V}=\frac{\frac{7}{2}R}{\frac{5}{2}R}=\frac{7}{5} \quad ⑩$$

由⑥、⑨式得

$$K=\alpha\frac{7p_{10}V_{10}^{\frac{7}{5}}}{5V_1^{\frac{12}{5}}}A_e+\beta\left[p_{10}\left(\frac{V_{10}}{V_1}\right)^{\frac{7}{5}}-p_0\right] \quad ⑪$$

(2)主气室连通附加气室后，如果车辆振动频率较低，例如情形(ⅰ)，空气弹簧变形较慢，可认为在任意瞬间，空气弹簧主气室的压强与附加气室的压强相同，两气室间的压强差可视为零。两气室的空气作为一个整体，经历等温过程。空气弹簧的劲度系数 K 与其有效承载面积 A_e 之间的关系

$$K=\alpha\frac{p_{10}(V_{10}+V_2)}{(V_1+V_2)^2}A_e+\beta\left[p_{10}\frac{V_{10}+V_2}{V_1+V_2}-p_0\right] \quad ⑫$$

对于情形(ⅱ)，车辆系统的振动频率较高，空气弹簧主气室内部的压力和体积变化较快，主气室与附加气室之间来不及进行气体流动，此时空气弹簧的容积相当于主气室容积单独作用，经历绝热过程。空气弹簧的劲度系数 K 与其有效承载面积 A_e 之间的关系为

$$K=\alpha\frac{7p_{10}V_{10}^{\frac{7}{5}}}{5V_1^{\frac{12}{5}}}A_e+\beta\left[p_{10}\left(\frac{V_{10}}{V_1}\right)^{\frac{7}{5}}-p_0\right] \quad ⑬$$

二、(1)对击球过程应用刚体质心运动的动量定理，有

$$p=mu_0-0 \quad ①$$

式中，u_0 是击打结束后的瞬间母球质心的速度(与冲量 P 同向)．母球受到的相对于其质心的冲量矩为

$$J=P\frac{R}{2} \quad ②$$

对击球过程应用刚体转动的角动量定理有

$$J=I\omega_0-0 \quad ③$$

式中，ω_0 是在击打结束后的瞬间母球的转动角速度。母球的转动惯量为

$$I=\frac{2}{5}mR^2 \quad ④$$

在击球结束后的瞬间，母球上与桌面相接触的点 A 的速度为

$$v_A=u_0-R\omega_0 \quad ⑤$$

由①、②、③、④、⑤式可知，在击球结束的瞬间，母球上 A 点的速度为

$$v_A=\frac{P}{4m}<0 \quad ⑥$$

A 点沿着 x 轴(取 x 轴正向与 P 同向)负方向滑动。小球受到沿 x 轴正方向的摩擦力 F_f 为

$$F_f=\mu mg \quad ⑦$$

在击球结束后的时刻 t，应用刚体的质心运动定理和相对于质心的动量矩定理有

$$m\dot{u}=F_f \quad ⑧$$

$$I\dot{\omega}=-\mu mgR \quad ⑨$$

式中，取 ω 与 ω_0 同向为正。由①②③④⑧⑨式可知，t 时刻母球质心的速度和绕质心转动的角速度分别为

$$u(t)=u_0+\dot{u}t=u_0+\mu gt \quad ⑩$$

$$\omega(t)=\omega_0+\dot{\omega}t=\frac{PR}{2I}-\frac{\mu mgRt}{I} \quad ⑪$$

在 t 时刻,A 点的速度为

$$v_A(t)=u(t)+R\omega(t)=\frac{7}{2}\mu gt-\frac{P}{4m} \qquad ⑫$$

由⑫式可知,接触点 A 的速度随时间的增加逐渐由负值变为

$$v_A(t_0)=0$$

时,母球开始做纯滚动.由上式和⑫式得,母球被击打后经过时间

$$t_0=\frac{P}{14\mu mg} \qquad ⑬$$

开始做纯滚动,此时母球球心 C 的速度为

$$u_C=\mu gt_0+u_0=\frac{15P}{14m} \qquad ⑭$$

(2)由纯滚动条件知,在任意时刻 $t'>0$,水平滚动距离等于 B 点(此点就是在击球结束后的瞬间母球上与桌面相接触的点 A)从时刻 $t'=0$ 到时刻 t'经过的弧长,该弧长对应的圆心角为

$$\theta=\frac{u_C}{R}t' \qquad ⑮$$

B 点在时刻 t'的位置为

$$x_B=u_Ct'-R\sin\theta=\frac{15P}{14m}t'-R\sin\frac{u_Ct'}{R}=\frac{15Pt'}{14m}-R\sin\frac{15Pt'}{14mR} \qquad ⑯$$

$$y_B=R(1-\cos\theta)=R\left(1-\cos\frac{u_Ct'}{R}\right)=R\left(1-\cos\frac{15Pt'}{14mR}\right) \qquad ⑰$$

这里,以 B 点在 $t'=0$ 的位置为坐标原点,x 轴与 P 同向,y 轴正向竖直向上.⑯、⑰式两边对时间求导得,B 点速度分量为

$$v_{Bx}=u_C(1-\cos\theta)=u_C\left(1-\cos\frac{u_Ct'}{R}\right)$$

$$v_{By}=u_C\sin\theta=u_C\sin\frac{u_Ct'}{R}$$

B 点速度的大小为

$$v_B=\sqrt{v_x^2+v_y^2}=2u_C\sin\frac{u_Ct'}{2R}=\frac{15P}{7m}\sin\frac{15Pt'}{28mR} \qquad ⑱$$

设 B 点速度的方向与水平方向的夹角为 α,则

$$\tan\alpha=\frac{v_{By}}{v_{Bx}}=\frac{\sin\frac{u_Ct'}{R}}{1-\cos\frac{u_Ct'}{R}}=\frac{2\sin\frac{u_Ct'}{2R}\cos\frac{u_Ct'}{2R}}{2\sin^2\frac{u_Ct'}{2R}}=\cot\frac{u_Ct'}{2R}$$

故

$$\alpha=\frac{\pi}{2}-\frac{u_Ct'}{2R}=\frac{\pi}{2}-\frac{15Pt'}{28mR} \qquad ⑲$$

将 B 点速度分量对时间求导得,B 点的加速度分量为

$$a_{Bx}=\frac{u_C^2}{R}\sin\frac{u_Ct'}{R}$$

$$a_{By}=\frac{u_C^2}{R}\cos\frac{u_Ct'}{R}$$

加速度大小为

$$a_B=\frac{u_C^2}{R}=\left(\frac{15}{14}\right)^2\frac{P^2}{m^2R} \qquad ⑳$$

方向指向母球球心 C.

三、(1)左侧回路电势之和为零,有

$$Ri(t)+L\dot{i}(t)+\frac{1}{C}\int_0^t i(t')\mathrm{d}t'+(-R_0)i(t)=0 \qquad ①$$

题给的 $i(t)$的一般形式是

$$i(t)=\alpha_1e^{\beta_1t}+\alpha_2e^{\beta_2t} \qquad ②$$

由初始条件有

$$\begin{cases} i(0)=\alpha_1+\alpha_2=0 \\ i'(0)=\alpha_1\beta_1+\alpha_2\beta_2=\beta \end{cases} \quad ③$$

由③式知

$$\alpha_1\neq 0,\alpha_2\neq 0 \quad ④$$

将②式代入①式得

$$(R-R_0)(\alpha_1 e^{\beta_1 t}+\alpha_2 e^{\beta_2 t})+L\frac{\mathrm{d}}{\mathrm{d}t}(\alpha_1 e^{\beta_1 t}+\alpha_2 e^{\beta_2 t})+\frac{1}{C}\int_0^t(\alpha_1 e^{\beta_1 t'}+\alpha_2 e^{\beta_2 t'})\mathrm{d}t'=0$$

得

$$\alpha_1\left[(R-R_0)+L\beta_1+\frac{1}{C\beta_1}\right]e^{\beta_1 t}+\alpha_2\left[(R-R_0)+L\beta_2+\frac{1}{C\beta_2}\right]e^{\beta_2 t}=\frac{1}{C}\left(\frac{\alpha_1}{\beta_1}+\frac{\alpha_2}{\beta_2}\right)$$

两边对 t 微商得

$$\alpha_1\left[L\beta_1^2+(R-R_0)\beta_1+\frac{1}{C}\right]e^{\beta_1 t}+\alpha_2\left[L\beta_2^2+(R-R_0)\beta_2+\frac{1}{C}\right]e^{\beta_2 t}=0$$

不失普遍性，可设 $\beta_1\neq\beta_2$（因为 $\beta_1=\beta_2$ 可视为 $\beta_1\neq\beta_2$ 但 $\beta_1\to\beta_2$ 的极限情形）. 上式对任意的时刻 t 都等于零；因而，各指数项的系数均应为零，即

$$\begin{cases} L\beta_1^2+(R-R_0)\beta_1+\dfrac{1}{C}=0 \\ L\beta_2^2+(R-R_0)\beta_2+\dfrac{1}{C}=0 \end{cases} \quad ⑤$$

解得

$$\begin{cases} \beta_1=\beta_+=-\dfrac{R-R_0}{2L}+\sqrt{\left(\dfrac{R-R_0}{2L}\right)^2-\dfrac{1}{LC}} \\ \beta_2=\beta_-=-\dfrac{R-R_0}{2L}-\sqrt{\left(\dfrac{R-R_0}{2L}\right)^2-\dfrac{1}{LC}} \end{cases} \quad ⑥$$

另一种选择 $\beta_1=\beta_-$、$\beta_2=\beta_+$，导致同样的结果。由③、⑥式得

$$\alpha_1=\frac{\beta}{2\sqrt{\left(\dfrac{R-R_0}{2L}\right)^2-\dfrac{1}{LC}}},\alpha_2=\frac{-\beta}{2\sqrt{\left(\dfrac{R-R_0}{2L}\right)^2-\dfrac{1}{LC}}}, \quad ⑦$$

由②、⑥、⑦式得

$$i(t)=\frac{\beta}{2\sqrt{\left(\dfrac{R-R_0}{2L}\right)^2-\dfrac{1}{LC}}}\left[\mathrm{e}^{\left(-\frac{R-R_0}{2L}+\sqrt{\left(\frac{R-R_0}{2L}\right)^2-\frac{1}{LC}}\right)t}-\mathrm{e}^{\left(-\frac{R-R_0}{2L}-\sqrt{\left(\frac{R-R_0}{2L}\right)^2-\frac{1}{LC}}\right)t}\right] \quad ⑧$$

(2)要在左侧回路中产生谐振，即电流 $i(t)$ 持续等幅振荡，须使电路的能量不随时间耗损，同时电流随时间期性变化. 因而有

$$\begin{cases} R-R_0=0 \\ \left(\dfrac{R-R_0}{2L}\right)^2-\dfrac{1}{LC}<0 \end{cases} \quad ⑨$$

注意，⑨式第一式直接导致⑨式第二式。所以，⑨式第一式是此电路发生谐振的条件. 由⑧式和⑨式第一式得

$$i_B(t)=\beta\sqrt{LC}\frac{e^{j\frac{t}{\sqrt{LC}}}-e^{-j\frac{t}{\sqrt{LC}}}}{2j}=\beta\sqrt{LC}\sin\left(\frac{t}{\sqrt{LC}}\right) \quad ⑩$$

谐振频率为

$$f_H=\frac{1}{2\pi\sqrt{LC}} \quad ⑪$$

(3)要在左侧回路中产生 RLC 阻尼振荡，即电流 $i(t)$ 振幅随时间 t 衰减，须使电路的能量不断随时间耗损，同时电流随时间周期性变化。因而有

$$R-R_0>0 \quad ⑫$$

$$\left(\frac{R-R_0}{2L}\right)^2-\frac{1}{LC}<0 \quad ⑬$$

由⑫、⑬式得

$$R_0<R<R_0+2\sqrt{\frac{L}{C}} \tag{⑭}$$

这是电路发生阻尼振荡的条件。由⑧⑭式得

$$i_D(t)=\frac{\beta}{\sqrt{\frac{1}{LC}-\left(\frac{R-R_0}{2L}\right)^2}}\frac{e^{\left(-\frac{R-R_0}{2L}+j\sqrt{\left(\frac{1}{LC}-\frac{R-R_0}{2L}\right)^2}\right)t}-e^{\left(-\frac{R-R_0}{2L}-j\sqrt{\left(\frac{1}{LC}-\frac{R-R_0}{2L}\right)^2}\right)t}}{2j}$$

$$=\frac{\beta}{\sqrt{\frac{1}{LC}-\left(\frac{R-R_0}{2L}\right)^2}}e^{-\frac{R-R_0}{2L}t}\sin\left[\sqrt{\frac{1}{LC}-\left(\frac{R-R_0}{2L}\right)^2}t\right]$$

振荡频率

$$f_D-\frac{1}{2\pi}\sqrt{\frac{1}{LC}-\left(\frac{R-R_0}{2L}\right)^2}$$

(4)若要使得隧道二极管上交流部分的平均功率最大，同时又要确保隧道二极管始终工作在负电阻区域，则须使隧道二极管上的直流偏置电压处在工作电压范围的中间位置

$$\overline{V}=\frac{V_{\max}+V_{\min}}{2}$$

此时的交流部分电压可达到最大振幅

$$V_{D\max}=\frac{V_{\max}-V_{\min}}{2}$$

考虑到右侧回路中电压源为理想恒压电源，且理想的高频扼流圈 RFC 的直流电阻为 0，由回路电势之和为 0 可知

$$V_0=\overline{V}=\frac{V_{\max}+V_{\min}}{2}$$

此时，隧道二极管交流部分的最大平均功率为

$$\overline{P}_{\max}=\frac{1}{2}\cdot\frac{V_{D\max}^2}{R_0}=\frac{(V_{\max}-V_{\min})^2}{8R_0}$$

四、(1)设带电粒子运动的速度为 v，均匀磁场的磁感应强度为 $\boldsymbol{B}$，由相对论粒子运动方程有

$$\frac{\mathrm{d}\boldsymbol{p}_{\mathrm{p}}}{\mathrm{d}t}=e\boldsymbol{v}\times\boldsymbol{B} \tag{①}$$

式中 $\boldsymbol{p}_{\mathrm{p}}$ 是质子的动量，e 为质子的电量

$$\boldsymbol{p}_{\mathrm{p}}=\frac{m_{\mathrm{p}}\boldsymbol{v}}{\sqrt{1-\frac{v^2}{c^2}}} \tag{②}$$

不计辐射能量损失，质子仅受到磁场作用，有

$$\left|\frac{\mathrm{d}\boldsymbol{v}}{\mathrm{d}t}\right|=\frac{v^2}{R} \tag{③}$$

将②式代入①式，有

$$\frac{m_{\mathrm{p}}v}{\sqrt{1-\frac{v^2}{c^2}}}\left|\frac{\mathrm{d}\boldsymbol{v}}{\mathrm{d}t}\right|=evB \tag{④}$$

将③式代入④式得

$$B=\frac{m_{\mathrm{p}}v}{\sqrt{1-\frac{v^2}{c^2}}}\frac{v}{eR}=\frac{p_{\mathrm{p}}}{eR} \tag{⑤}$$

Tevatron 加速器中粒子运行轨道的半径 R 满足

$$R\geqslant\frac{L_{\max}}{2\pi} \tag{⑥}$$

由⑤、⑥式得

$$B=\frac{p_{\mathrm{p}}}{eR}\geqslant\frac{2\pi p_{\mathrm{p}}}{eL_{\max}} \quad ⑦$$

由狭义相对论中粒子的能量－动量关系有

$$E_{\mathrm{p}}^2=p_{\mathrm{p}}^2c^2+m_{\mathrm{p}}^2c^4 \quad ⑧$$

于是，将质子 p 加速到 $E_{\mathrm{p.max}}^{\mathrm{tevatron}}=1.00\times10^6$ MeV 所需要的最小磁感强度 $B_{\min}$ 为

$$B_{\min}=\frac{2\pi}{eL_{\max}}\sqrt{(E_{\mathrm{p.max}}^{\mathrm{tevatron}})^2-(m_{\mathrm{p}}c)^2}$$

$$=\frac{2\pi}{3.00\times10^8\times6436}\sqrt{(1.00\times10^{12})^2-(938.3\times10^6)^2}\mathrm{T}$$

$$\approx3.26\mathrm{T} \quad ⑨$$

(2)考虑多粒子系统洛伦兹不变质量 M 的平方. 对于反应前(相应的量不带撇)实验室参考系中的粒子体系

$$M^2\equiv\left(\frac{E_1+m_{\mathrm{p}}c^2}{c^2}\right)^2-\left(\frac{p_1}{c}\right)^2=2\frac{E_1}{c^2}m_{\mathrm{p}}+2m_{\mathrm{p}}^2 \quad ⑩$$

式中，E_1 和 p_1 分别表示实验室参考系中反应前入射质子的能量和动量；对于反应后(相应的量带撇)质心参考系中的粒子体系

$$M^2\equiv E_1^{r(\mathrm{cm})}-0\geqslant(4m_{\mathrm{p}})^2 \quad ⑪$$

式中 $E_1^{r(\mathrm{cm})}$ 是反应后质心参考系中的粒子体系的总能量，已利用质心参考系中总动量等于零的事实.

由相对论能量－动量关系，有

$$E_1^2=p_1^2c^2+(m_{\mathrm{p}}c^2)^2 \quad ⑫$$

由⑩、⑪、⑫式得

$$E_1\geqslant\frac{(4m_{\mathrm{p}})^2-2m_{\mathrm{p}}^2}{2m_{\mathrm{p}}}c^2=7m_{\mathrm{p}}c^2\approx6568.1\ \mathrm{MeV} \quad ⑬$$

入射质子的动能为

$$E_{1k}\geqslant7m_{\mathrm{p}}c^2-m_{\mathrm{p}}c^2=6m_{\mathrm{p}}c^2\approx5629.8\ \mathrm{MeV} \quad ⑭$$

能产生反质子时入射质子的最小动能 $E_{1k,\min}=5629.8$ MeV，相应于入射质子的最小能量 $E_{1,\min}=6568.1$ MeV. Tevatron 能加速质子的最大能量

$$E_{\mathrm{p.max}}^{\mathrm{tevatron}}=1.00\times10^6\ \mathrm{MeV}>E_{1,\min}\approx6568.1\ \mathrm{MeV} \quad ⑮$$

即 Tevatron 可以通过加速质子轰击静止的靶质子而产生反质子.

五、(1)光信号从飞行器甲发出到返回甲，从惯性系Σ中的观测者来看，所需时间为

$$(\Delta t_{光信号})_{\Sigma}=\frac{(\Delta t_{光信号})_{甲}}{\sqrt{1-\frac{v_{甲}^2}{c^2}}}=\frac{3\sqrt5}{5}(\Delta t_{光信号})_{甲}=\frac{3\sqrt5}{5}T \quad ①$$

根据狭义相对论速度合成法则，飞行器甲相对于飞行器乙的速度为

$$v_{甲乙}=\frac{v_{甲\Sigma}+v_{\Sigma乙}}{1+\frac{v_{甲\Sigma}v_{\Sigma乙}}{c^2}}=\frac{v_{甲\Sigma}+(-v_{乙\Sigma})}{1+\frac{v_{甲\Sigma}(-v_{乙\Sigma})}{c^2}}=\frac{-\frac{2c}{3}+\frac{c}{3}}{1+\left(-\frac{2}{3}\right)\frac{1}{3}}=\frac{-\frac{c}{3}}{1-\frac{2}{9}}=-\frac{3}{7}c \quad ②$$

式中，最后的等号右边的负号表示飞行器甲相对于乙的速度沿 y 轴负方向，其余类推，从飞行器乙上的观测者来看，光信号从飞行器甲发出到返回甲所需时间为

$$(\Delta t_{光信号})_{乙}=\frac{(\Delta t_{光信号})_{甲}}{\sqrt{1-\frac{v_{甲乙}^2}{c^2}}}=\frac{7\sqrt{10}}{20}(\Delta t_{光信号})_{甲}=\frac{7\sqrt{10}}{20}T \quad ③$$

从飞行器甲上的观测者来看，飞行器甲收到返回的光信号时，飞行器甲和乙间的距离为

$$l=\frac12\left[c(\Delta t_{光信号})_{甲}-|v_{乙甲}|(\Delta t_{光信号})_{甲}\right]=\frac27c(\Delta t_{光信号})_{甲}=\frac27cT \quad ④$$

从甲收到返回的光信号到甲追上乙所需的时间为

$$(\Delta t_{光信号})=\frac{l}{|v_{乙甲}|}=\frac{2}{3}(\Delta t_{光信号})_{甲}=\frac{2}{3}T \tag{5}$$

(2)考虑小货物在惯性系Σ中的速度，为了让小货物能被飞行器丙收到，小货物速度的 y 分量应该与飞行器丙相同，即

$$(v_{货\Sigma})_y=v_{丙\Sigma}=\frac{2}{3}c \tag{6}$$

据题意，小货物在惯性系Σ中的速度大小为 $v_{货\Sigma}=\frac{3}{4}c$，小货物速度的 x 分量为

$$(v_{货\Sigma})_x=\sqrt{v_{货\Sigma}^2-(v_{货\Sigma})_y^2}=\sqrt{\left(\frac{3}{4}c\right)^2-\left(\frac{2}{3}c\right)^2}=\frac{\sqrt{17}}{12}c \tag{7}$$

由题意，这里取正号.

惯性系Σ相对于飞行器甲的速度为

$$(v_{\Sigma甲})_x=0,(v_{\Sigma甲})_y=-(v_{甲\Sigma})_y=\frac{2}{3}c \tag{8}$$

根据狭义相对论速度合成法则，从飞行器甲上的观察者来看，小货物速度的两个分量分别为

$$(v_{货甲})_x=\frac{(v_{货\Sigma})_x\sqrt{1-\frac{v_{\Sigma甲}^2}{c^2}}}{1+\frac{(v_{货\Sigma})_y v_{\Sigma甲}}{c^2}}=\frac{\frac{\sqrt{17}}{12}c\sqrt{1-\left(\frac{2}{3}\right)^2}}{1+\left(\frac{2}{3}\right)^2}=\frac{\sqrt{85}}{52}c \tag{9}$$

$$(v_{货甲})_y=\frac{(v_{货\Sigma})_y+v_{\Sigma甲}}{1+\frac{(v_{货\Sigma})_y v_{\Sigma甲}}{c^2}}=\frac{\frac{2}{3}c+\frac{2}{3}c}{1+\left(\frac{2}{3}\right)^2}=\frac{12}{13}c \tag{10}$$

从飞行器甲上的观测者来看，小货物发射速度的大小为

$$v_{货甲}=\sqrt{(v_{货甲})_x^2+(v_{货甲})_y^2}=\frac{\sqrt{2389}}{52}c \tag{11}$$

发射方向与飞行器甲的运动方向之间的夹角 θ 为

$$\theta=\frac{\pi}{2}+\arctan\frac{(v_{货甲})_y}{(v_{货甲})_x}=\frac{\pi}{2}+\arctan\frac{48}{\sqrt{85}}=2.95\ \text{rad}=169^\circ \tag{12}$$

回到参考系Σ，货物从发送到接收所用的时间为

$$(\Delta t_{货})_\Sigma=\frac{d}{(u_{货\Sigma})_x}=\frac{12d}{\sqrt{17}c} \tag{13}$$

货物在 y 方向上的位移为

$$(\Delta y_{货})_\Sigma=(v_{货\Sigma})_x(\Delta t_{货})_\Sigma=\frac{2}{3}c\times\frac{12d}{\sqrt{17}c}=\frac{8d}{\sqrt{17}} \tag{14}$$

从飞行器乙上的观测者来看，设货物从发送到接收的时间为$(\Delta t_{货})_乙$，由洛伦兹变换公式得

$$(\Delta t_{货})_乙=\frac{(\Delta t_{货})_\Sigma-\frac{v_{乙\Sigma}}{c^2}(\Delta y_{货})_\Sigma}{\sqrt{1-\left(\frac{v_{乙\Sigma}}{c^2}\right)^2}}=\frac{11\sqrt{34}}{17}\frac{d}{c} \tag{15}$$

六、(1)设光在光纤端口以角度 i 入射到内层介质，折射角为 i'，进而以入射角 i'' 入射到内外层分界面上，如图所示

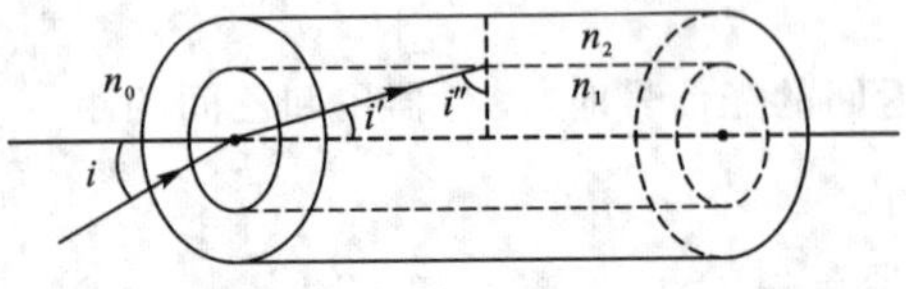

第六题图

由折射定律得

$$n_0 \sin i = n_1 \sin i' \quad ①$$

为了使光能在光纤内传输(全反射),应有

$$i'' \geqslant i_C \quad ②$$

式中,i_C 是内层介质(相对外层介质)的全反射的临界角,应该满足

$$\sin i_C = \frac{n_2}{n_1} \quad ③$$

由几何关系有

$$i' + i'' = \frac{\pi}{2} \quad ④$$

由①、②、③、④式得

$$n_0 \sin i = n_1 \cos i'' \leqslant n_1 \cos i_C = \sqrt{n_1^2 - n_2^2}$$

即

$$i \leqslant \arcsin \frac{\sqrt{n_1^2 - n_2^2}}{n_0} \quad ⑤$$

(2)当圆环形陀螺仪沿逆时针以角速度 Ω 转动时,其环路切向线速率为 ΩR,由狭义相对论速度变换公式知,沿逆时针和顺时针方向传播的光相对实验室参照系的线速度分别为

$$v_{\mathrm{CCW}} = \frac{\frac{c}{n_1} + \Omega R}{1 + \frac{\frac{c}{n_1}\Omega R}{c^2}} = \frac{c^2 + n_1 \Omega R c}{n_1 c + \Omega R} \quad ⑥$$

$$v_{\mathrm{CW}} = \frac{\frac{c}{n_1} - \Omega R}{1 - \frac{\frac{c}{n_1}\Omega R}{c^2}} = \frac{c^2 - n_1 \Omega R c}{n_1 c - \Omega R} \quad ⑦$$

式中,n_1 为光传播所通过的介质的折射率,沿逆时针和顺时针方向传播的光绕 N 周回到出发点所需要的时间为 t_{CCW} 和 t_{CW},它们分别由以下方程决定

$$v_{\mathrm{CCW}} t_{\mathrm{CCW}} = N 2\pi R + \Omega R t_{\mathrm{CCW}} \quad ⑧$$

$$v_{\mathrm{CW}} t_{\mathrm{CW}} = N 2\pi R + \Omega R t_{\mathrm{CW}} \quad ⑨$$

由上可以解得

$$t_{\mathrm{CCW}} = \frac{N 2\pi R}{v_{\mathrm{CCW}} - \Omega R} = \frac{N 2\pi R (n_1 c + \Omega R)}{c^2 - (\Omega R)^2} \quad ⑩$$

$$t_{\mathrm{CW}} = \frac{N 2\pi R}{v_{\mathrm{CCW}} - \Omega R} = \frac{N 2\pi R (n_1 c + \Omega R)}{c^2 - (\Omega R)^2} \quad ⑪$$

沿逆时针和顺时针方向传播的这两束光的相差为

$$\Delta\varphi = \frac{2\pi c}{\lambda_0}(t_{\mathrm{CCW}} - t_{\mathrm{CW}}) = \frac{2\pi c}{\lambda_0} \cdot \frac{N 4\pi R^2 \Omega}{c^2 - (\Omega R)^2} \quad ⑫$$

可知

相差与介质的折射率无关. ⑬

(3)在旋转的环形腔中,存在沿逆时针方向和顺时针方向传播的共振模式,沿顺时针和逆时针方向传播的共振光波的波长满足以下条件(m 表示谐振波的级次)

$$L_{\mathrm{CW}} = m \lambda_{\mathrm{CW}} \quad ⑭$$

$$L_{\mathrm{CCW}} = m \lambda_{\mathrm{CCW}} \quad ⑮$$

这里,L_{CW}、L_{CCW} 分别表示在环形腔旋转的情况下沿顺时针和逆时针方向传播的共振光波的波前从分束器 A 发出又回到 A 所经过的路程,即

$$L_{\mathrm{CW}} = v_{\mathrm{CW}} t_{\mathrm{CW}} \quad ⑯$$

$$L_{\mathrm{CCW}} = v_{\mathrm{CCW}} t_{\mathrm{CCW}} \quad ⑰$$

取 $N=1$ 及 $n_1 = n$,由⑥、⑦、⑧、⑨、⑩、⑪式可得

$$v_{CW}t_{CW}=\frac{2\pi R(c^2-n\Omega R)}{c^2-(\Omega R)^2} \qquad ⑱$$

$$v_{CCW}t_{CCW}=\frac{2\pi R(c^2-n\Omega R)}{c^2-(\Omega R)^2} \qquad ⑲$$

由⑭、⑮、⑯、⑰、⑱、⑲式可得，沿顺时针和逆时针方向传播的同一能次(m 相同)的两个共振模式之间的频率差为

$$\Delta f=f_{CW}-f_{CCW}=\frac{c}{n}\left(\frac{1}{\lambda_{CW}}-\frac{1}{\lambda_{CCW}}\right)=\frac{mc}{n}\left(\frac{1}{L_{CW}}-\frac{1}{L_{CCW}}\right)$$

$$=\frac{m\Omega}{\pi}\ \frac{c^2-(\Omega R)^2}{c^2-(n\Omega R)^2}\approx\frac{m\Omega}{\pi}(\text{或}\frac{2R\Omega}{\lambda_{m0}})$$

即

$$\Omega=\frac{\pi}{m}\Delta f(\text{或}\frac{\lambda_{m0}}{2R})\Delta f$$

七、(1)引力波辐射功率的表达式

$$P=\alpha GI^{\lambda}\omega^{\xi}c^{\sigma} \qquad ①$$

式中 α 是无量纲的比例系数，λ,ξ,σ 是待定幂次，比较①式两边的物理量纲，有

$$[P]=ML^2T^{-3}=M^{\lambda-1}L^{2\lambda+\sigma+3}T^{-\xi-\sigma-2} \qquad ②$$

由上式得

$$\begin{cases}\lambda-1=1\\2\lambda+\sigma+3=2\\\xi+\sigma+2=3\end{cases} \qquad ③$$

由方程组解得

$$\lambda=2\ ,\xi=6,\sigma=-5 \qquad ④$$

④式代入①式解得

$$P=\frac{\alpha GI^2\omega^6}{c^5} \qquad ⑤$$

(2)两黑洞绕质心做近似圆周运动，设质量为 M 和 m 的两黑洞相距 L，到系统质心的距离分别为 R 和 r，由牛顿引力定律得

$$G\frac{Mm}{L^2}=m\omega^2r \qquad ⑥$$

$$G\frac{Mm}{L^2}=M\omega^2R \qquad ⑦$$

由⑥、⑦式联立得

$$\omega^2=\frac{G(M+m)}{L^3} \qquad ⑧$$

则系统总能量

$$E=-\frac{GMm}{2L}=-\frac{G^{2/3}Mm}{2(M+m)^{1/3}}\omega^{2/3} \qquad ⑨$$

则引力波辐射功率 P 满足

$$P=-\frac{\mathrm{d}E}{\mathrm{d}t}=\frac{G^{2/3}Mm}{3(M+m)^{1/3}}\omega^{-1/3}\frac{\mathrm{d}\omega}{\mathrm{d}t} \qquad ⑩$$

系统对其质心的转动惯量为

$$I=\frac{Mm}{M+m}L^2 \qquad ⑪$$

由⑤、⑧、⑪式联立得

$$P=\frac{\alpha G^{7/3}\omega^{10/3}}{c^5}\ \frac{M^2m^2}{(M+m)^{2/3}} \qquad ⑫$$

比较⑩、⑫式得

$$\omega^{-11/3}\frac{\mathrm{d}\omega}{\mathrm{d}t}=\frac{3\alpha G^{5/3}}{c^5}\ \frac{Mm}{(M+m)^{1/3}}$$

对上式两边积分

$$\int_{\omega_0}^{\omega}\omega^{-11/3}\mathrm{d}\omega'=\int_0^t\frac{3\alpha G^{5/3}}{c^5}\frac{Mm}{(M+m)^{1/3}}\mathrm{d}t' \quad ⑬$$

得

$$\omega=\left[\omega_0^{-8/3}-\frac{8\alpha G^{5/3}}{c^5}\frac{Mmt}{(M+m)^{1/3}}\right]^{-3/8} \quad ⑭$$

由 $\omega=\dfrac{\mathrm{d}\theta}{\mathrm{d}t}$得

$$\theta=\theta_0+\int_0^t\omega'\mathrm{d}t'$$

$$=\theta_0+\frac{c^5(M+m)^{1/3}\omega_0^{-5/3}}{5\alpha G^{5/3}Mm}-\frac{c^5(M+m)^{1/3}}{5\alpha G^{5/3}Mm}\left[\omega_0^{-8/3}-\frac{8\alpha G^{5/3}}{c^5}\frac{Mmt}{(M+m)^{1/3}}\right]^{5/8} \quad ⑮$$

式中 $\theta_0=\theta(t=0)$两黑洞从 $t=0$ 时刻开始绕质心旋转一圈

$$\theta=\theta_0+2\pi$$

代入上式得

$$t=\frac{c^5L_0^4}{8\alpha G^3Mm(M+m)}\left[1-\left(1-\frac{10G^{5/2}Mm\pi\alpha\sqrt{M+m}}{c^5L_0^{5/2}}\right)^{8/5}\right] \quad ⑯$$

(3)由⑧、⑭式得

$$L=G^{1/3}(M+m)^{1/3}\left[\omega_0^{-8/3}-\frac{8\alpha G^{5/3}}{c^5}\frac{Mmt}{(M+m)^{1/3}}\right]^{1/4} \quad ⑰$$

当 $L=\dfrac{1}{2}L_0$ 时，由⑧、⑰式

$$t=\frac{15c^5L_0^4}{128\alpha G^3Mm(M+m)} \quad ⑱$$

由⑮、⑱式，对应的旋转系数为

$$\Delta\theta=\theta-\theta_0=\frac{\left(1-\frac{\sqrt{2}}{8}\right)c^5L_0^{5/2}}{5\alpha G^{5/2}Mm\sqrt{M+m}}\frac{180^\circ}{\pi}$$

八、(1)当一束偏振光线沿 x_3 轴进入晶体，且沿 x_1 方向偏振时，进入晶体后可以分解为沿 x_1'和 x_2'方向的两个垂直偏振分量。据题给的折射率与电场强度的关系，相应的相位变化量为

$$\phi_{nx_1'}=\frac{2\pi}{\lambda_0}n_{x_1'}l=\frac{2\pi l}{\lambda_0}\left(n_0-\frac{1}{2}n_0^3\gamma E\right) \quad ①$$

$$\phi_{nx_2'}=\frac{2\pi}{\lambda_0}n_{x_2'}l=\frac{2\pi l}{\lambda_0}\left(n_0+\frac{1}{2}n_0^3\gamma E\right) \quad ②$$

这两束光穿过晶体后的相位差为

$$\Delta\phi=\phi_{nx_2'}-\phi_{nx_1'}=\frac{2\pi}{\lambda_0}ln_0^3\gamma E=\frac{2\pi}{\lambda_0}n_0^3\gamma V \quad ③$$

式中 $V=El$. 入射光强为

$$I_i=k|\boldsymbol{E}|^2=k(|\boldsymbol{E}_{x_1'}|^2+|\boldsymbol{E}_{x_2'}|^2)=2kE_0^2 \quad ④$$

式中 k 是与电场强度无关的常量. 当光通过长度为 l 的晶体后，在输出面的 x_1'与 x'_2方向上的电场为

$$\begin{cases}E_{x_1'}(l)=E_0\cos(\omega t+\varphi_{nx_1'})\\E_{x_2'}(l)=E_0\cos(\omega t+\varphi_{nx_2'})\end{cases} \quad ⑤$$

出射光强为

$$I_i=k|\boldsymbol{E}(l)|^2=k[|\boldsymbol{E}_{x_1'}(l)|^2+|\boldsymbol{E}_{x_2'}(l)|^2)]=2kE_0^2=I_1 \quad ⑥$$

可见，当光通过长度为 l 的晶体后，光强未变.

由半波电压 V_π 的定义有

$$\Delta\phi=\frac{2\pi}{\lambda_0}n_0^3\gamma V_\pi=\pi \quad ⑦$$

由⑦式得

$$V_\pi=\frac{\lambda_0}{2n_0^3\gamma} \quad ⑧$$

(2)不经过1/4波片，从 P_2 射出的光场强度为 x_1' 与 x_2' 的 x_2 分量之和

$$\begin{aligned}E_{x2}&=-E_{x_1'}(l)\cos45°+E_{x_2'}(l)\cos45°\\&=\frac{E_0}{\sqrt{2}}[-\cos(\omega_0t+\phi_{nx_1'})+\cos(\omega_0t+\phi_{nx_2'})]\\&=-\frac{2E_0}{\sqrt{2}}\sin\left(\frac{\Delta\phi}{2}\right)\sin\left(\omega_0t+\frac{\phi_{nx_1'}+\phi_{nx_2'}}{2}\right)\end{aligned} \quad ⑨$$

输出光强为

$$I_f=k\left(\frac{2E_0}{\sqrt{2}}\sin\frac{\Delta\phi}{2}\right)^2=2kE_0^2\sin^2\frac{\Delta\phi}{2} \quad ⑩$$

由③、④、⑧、⑩式得，当 $\frac{\pi V_m}{2V_\pi}\ll1$，光强的透过率为

$$T\leqslant\frac{I_f}{I_1}=\sin^2\left(\frac{\Delta\phi}{2}\right)=\sin^2\left(\frac{\pi V}{2V_\pi}\right)=\sin^2\frac{\pi(V_m\sin\omega_mt)}{2V_\pi}\approx\left[\frac{\pi(V_m\sin\omega_mt)}{2V_\pi}\right]^2 \quad ⑪$$

T 与 $V^2=(V_m\sin\omega_mt)^2$ 成正比.

加上1/4波片，x_1' 与 x_2' 传输的光波分量之间有一个固定的 $\pi/2$ 相位差，由⑪式有

$$\begin{aligned}T&=\sin^2\frac{\Delta\phi+\frac{\pi}{2}}{2}=\sin^2\left[\frac{\pi}{4}+\frac{\pi}{2V_\pi}(V_m\sin\omega_mt)\right]\\&=\frac{1}{2}\left\{1-\cos\left[2\left(\frac{\pi}{4}+\frac{\pi V_m\sin\omega_mt}{2V_\pi}\right)\right]\right\}\\&=\frac{1}{2}\left(1+\sin\frac{\pi V_m\sin\omega_mt}{V_\pi}\right)\\&\approx\frac{1}{2}\left(1+\frac{\pi}{V_\pi}V_m\sin\omega_mt\right)\end{aligned} \quad ⑫$$

T 与 $V=V_m\sin\omega_mt$ 呈线性关系.

可见，未加1/4波片时，光强的透过率与调制电压信号 $V=V_m\sin\omega_mt$ 呈非线性关系；添加1/4波片的作用是保证系统的工作电压处于线性工作区域，使得光强的透过率和调制电压信号 $V=V_m\sin\omega_mt$ 呈线性关系.

(3)实际加载至电光晶体上的电压 V_C 为

$$V_C=\frac{\left(\frac{1}{1/R+i\omega_mC}\right)}{R_m+\frac{1}{1/R+i\omega_mC}}V \quad ⑬$$

由⑬式得，V_C 的模为

$$|V_C|=\frac{R}{\sqrt{(R_m+R)^2+R_m^2R^2C^2\omega_m^2}}|V|\approx\frac{1}{\sqrt{1+C^2R_m^2\omega_m^2}}|V| \quad ⑭$$

当 $\omega_m\gg(R_mC)^{-1}$ 时，

$$|V_C|\ll|V|$$

电压基本上落在 R_m 上，电光晶体调制效率极低.

(4)并联电感 L 和分流电阻 R_L（即将图6b中的开关都闭合）后，调制器系统的有效阻抗满足

$$\frac{1}{Z}=\frac{1}{R_L}+\frac{1}{i\omega_mL}+\frac{1}{-i/(\omega_mC)}=\frac{1}{R_L}-i\left(\frac{1}{\omega_mL}-\omega_mC\right) \quad ⑮$$

由⑮式得

$$|Z|=\frac{1}{\sqrt{\frac{1}{R_L^2}+\left(\omega_mC-\frac{1}{\omega_mL}\right)^2}} \quad ⑯$$

由⑯式可知，当 $\omega_m=1/\sqrt{LC}$，调制器阻抗为最大值

$$Z_{max}=R_L \quad ⑰$$

因此,可通过调节电感来使得调制器阻抗达到最大值. 特别的,当 $R_L \gg R_m$ 时有

$$|V_C| \approx |V| \quad ⑱$$

调制电压绝大部分加在晶体上,从而保证了调制效率.

2021年第三十八届全国中学生物理竞赛预赛试题

一、1. D　2. C　3. C　4. CD　5. B

二、6. 1.7km/s　2.4km/s　7. $1:\sqrt{3}$　$\sqrt{3}:2$　8. $\frac{2P}{7\mu mg}$　$\frac{5P}{7m}$

9. $\frac{4}{5}V$　$\frac{273}{298}\left(\frac{4}{5}p-p_1\right)+p_2$　10. $\frac{\lambda}{2\sin\theta}$或$\frac{\lambda}{2\theta}$或$\frac{\theta}{2\tan\theta}$　上凸

三、11. 设物块 a、b 之间的正压力大小为 N_1,物块 b、c 之间的正压力大小为 N_2,物块 a 的加速度方向向下,大小为 a_a;物块 c 的加速度方向向右,大小为 a_c;物块 b 沿竖直向下的加速度大小为 $a_{b竖直}$,沿水平向左的加速度大小为 $a_{b水平}$. 三个物块的质量均为 m. 由牛顿第二定律有

$$mg-N_1=ma_a \quad ①$$

$$mg+N_1-N_2\cos\theta=ma_{b竖直} \quad ②$$

$$N_2\sin\theta=ma_{b水平} \quad ③$$

$$N_2\sin\theta=ma_c \quad ④$$

物块运动的加速度大小满足约束条件

$$a_a=a_{b竖直} \quad ⑤$$

$$\tan\theta=\frac{a_{b竖直}}{a_{b水平}+a_c} \quad ⑥$$

联立以上各式得

$$a_a=a_{b竖直}=\frac{4}{4+\cot^2\theta}g \quad ⑦$$

$$a_c=a_{b水平}=\frac{2}{4\tan\theta+\cot\theta}g \quad ⑧$$

$$N_1=\frac{\cot^2\theta}{4+\cot^2\theta}mg \quad ⑨$$

$$N_2=\frac{2\cos\theta}{3\sin^2\theta+1}mg \quad ⑩$$

12. (1)由能量守恒得

$$mg\frac{L}{2}\sin60^\circ=mg\frac{L}{2}\sin30^\circ+\frac{1}{2}mv_C^2+\frac{1}{2}I\omega^2 \quad ①$$

式中 I 为杆绕其质心的转动惯量

$$I=\frac{1}{12}mL^2 \quad ②$$

v_C 为杆的质心 C 的速度,ω 为杆的转动角速度

$$v_C=\omega\frac{L}{2} \quad ③$$

联立以上各式,解得

$$v_C=\sqrt{\frac{3(\sqrt{3}-1)}{8}gL} \quad ④$$

(2)整个杆在恒磁场的横截面内运动,且可视为整个杆以其质心 C 的速度 v_C 平动与以角速度 ω 绕其质心 C 的转动,后者对感应电动势的贡献相互抵消. 因此仅考虑杆的平动即可.

取直角绝缘导轨的交点为原点,水平与竖直方向的导轨分别为 x 轴和 y 轴. 杆的质心的坐标为

$$x_C=\frac{L}{2}\sin\theta \quad ⑤$$

$$y_C=\frac{L}{2}\cos\theta \qquad ⑥$$

式中 θ 为杆在时刻 t 与竖直导轨所成的角度. 于是有

$$v_{Cx}=\omega\frac{L}{2}\cos\theta \qquad ⑦$$

$$v_{Cy}=-\omega\frac{L}{2}\sin\theta \qquad ⑧$$

即杆的质心 C 的速度方向由下式确定

$$\tan\alpha\equiv\frac{v_{Cy}}{v_{Cx}}=-\tan\theta \qquad ⑨$$

即杆的质心 C 的速度方向斜向下,且与水平方向夹角为 θ,对于本题有 $\theta=60°$. 于是杆两端的感应电动势为

$$\xi=BLv_C\cos60°=\frac{BLv_C}{2}=\frac{BL}{4}\sqrt{\frac{3(\sqrt{3}-1)}{2}gL} \qquad ⑩$$

电动势的方向从杆的上端指向下端(即下端为正极).

13. 由对称性知,每个小朋友运动情况是一样的,以小朋友 1 为例.

(1)在从小朋友 1 到小朋友 2 的连线方向上,小朋友 1 相对于小朋友 2 的速度分量为

$$v_r=v-v\cos60°=\frac{v}{2} \qquad ①$$

小朋友 1 追上小朋友 2 的时间为

$$t=\frac{l}{v_r}=\frac{2l}{v} \qquad ②$$

(2)从 t_0 时刻开始,直至追上前面的小朋友,每个小朋友所跑的路程为

$$s=vt=2l \qquad ③$$

(3)取小朋友 1 的运动轨迹为自然坐标系,其切向加速度为

$$a_\tau=\frac{dv}{dt}=0 \qquad ④$$

如图所示,设经 dt 时间小朋友 1 运动到 $1'$点,小朋友 2 运动到 $2'$点,小朋友 1 的速度方向变为从 $1'$点指向 $2'$点,转过的角度为 $d\theta$. 由余弦定理得

$$\begin{aligned}l_{1'2'}&=\sqrt{l_{1'2}^2+(vdt)^2-2l_{1'2}vdt\cos120°}\\&=\sqrt{(l-vdt)^2+(vdt)^2-2(l-vdt)vdt\cos120°}\\&=\sqrt{(l-vdt)^2+(vdt)^2+(l-vdt)vdt}\\&=\sqrt{l^2-2lvdt+2(vdt)^2+lvdt-(vdt)^2}\\&=\sqrt{l^2-lvdt+(vdt)^2}\\&\approx l-\frac{1}{2}vdt\end{aligned} \qquad ⑤$$

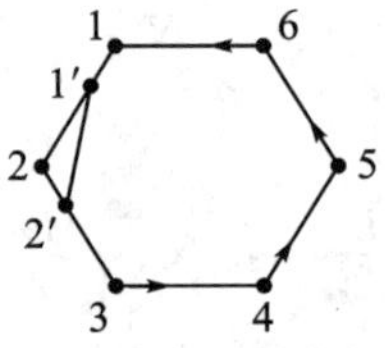

第 13 题图

由正弦定理得

$$\frac{l_{1'2'}}{\sin120°}=\frac{vdt}{\sin(d\theta)}=\frac{vdt}{d\theta} \qquad ⑥$$

式中 $d\theta$ 为 $\Delta 1'22'$中两边 $l_{1'2}$ 与 $l_{1'2'}$之间的夹角. 小朋友 1 运动的角速度为

$$\omega=\frac{d\theta}{dt}=\frac{v\sin120°}{l_{1'2'}}=\frac{\sqrt{3}v}{2\left(l-\frac{1}{2}vdt\right)}\approx\frac{\sqrt{3}v}{2l} \qquad ⑦$$

小朋友 1 运动的法向加速度为

$$a_n=\frac{v^2}{\rho}=\omega v=\frac{\sqrt{3}v^2}{2l} \qquad ⑧$$

则小朋友 1 的加速度大小为

$$a=\sqrt{a_\tau^2+a_n^2}=\frac{\sqrt{3}v^2}{2l} \qquad ⑨$$

14. 点 P 到主光轴的距离为 $h=0.30\text{cm}$. 点 P 经凹透镜成像在点 P_2，物距(即点 P 到主光轴的投影 P_1 到点 O 的距离) $s_1=-32.00\text{cm}$，像方焦距 $f'_1=-20.00\text{cm}$，设像距为 s'_1，由成像公式有

$$\frac{1}{s'_1}-\frac{1}{s_1}=\frac{1}{f'_1} \quad ①$$

可得

$$s'_1=-12.31\text{cm} \quad ②$$

横向放大率

$$\beta_1=\frac{s'_1}{s_1}=0.3847 \quad ③$$

P_2 点经凹面镜成像在点 P_3，物距 $s_2=s'_1-40.00\text{cm}=-52.31\text{cm}$，曲率半径 $r=-10.00\text{cm}$，物距设为 s'_2，由成像公式有

$$\frac{1}{s'_2}+\frac{1}{s_2}=\frac{2}{r} \quad ④$$

可得

$$s'_2=-5.53\text{cm} \quad ⑤$$

横向放大率

$$\beta_2=-\frac{s'_2}{s_2}=-0.1057 \quad ⑥$$

如解题图，点 P_3 经凹透镜成像在点 P'，物距 $s_3=s'_2+40.00\text{cm}=34.47\text{cm}$，像方焦距 $f'_3=20.00\text{cm}$，像距设为 s'_3，由成像公式有

$$\frac{1}{s'_3}-\frac{1}{s_3}=\frac{1}{f'_3} \quad ⑦$$

可得

$$s'_3=12.66\text{cm} \quad ⑧$$

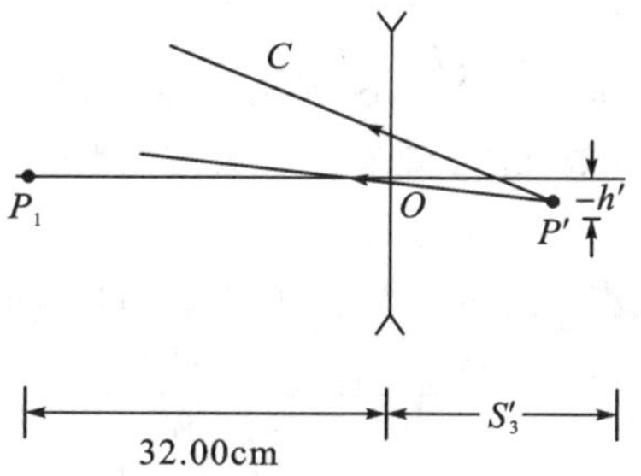

第 14 题图

横向放大率

$$\beta_3=\frac{s'_3}{s_3}=0.3673 \quad ⑨$$

点 P' 到主光轴的距离为

$$h'=h\beta_1\beta_2\beta_3=-0.0045\text{cm} \quad ⑩$$

即像点 P' 在 P 点右方 44.66cm，光轴下方 0.0045cm 处，所成像为虚像. ⑪

15. (1)考虑 A 室. 在竖直状态下，由状态方程得，

$$p_A V_1=\frac{m}{\mu_1}RT \quad ①$$

式中 R 为普适气体常量. 由力学平衡条件得

$$p_A+\frac{Mg}{S}=p \quad ②$$

根据题意，这里的 p 实际上是水蒸气在温度 T 下的饱和蒸汽压.

在水平状态下，由状态方程得，

$$p'_A V'_1=\frac{m}{\mu_1}RT \quad ③$$

式中 p'_A 和 V'_1 分别为 A 室在水平状态下的压强和容积. 由力学平衡条件得

$$p'_A=p \quad ④$$

由以上各式得，A 室容积减少了

$$\Delta V\equiv V_1-V'_1=V_1-\frac{mRT}{\mu_1 p}=V_1-\frac{p_A}{p}V_1=\frac{Mg}{pS}V_1 \quad ⑤$$

(2)考虑 B 室. 在竖直情况下，由状态方程得，

$$pV_2=\frac{m_1}{\mu_2}RT \qquad ⑥$$

式中 m_1 为水蒸气的质量.在水平情况下,由状态方程得,

$$p(V_2+\Delta V)=\frac{m_2}{\mu_2}RT \qquad ⑦$$

式中 m_2 为水蒸气的质量.联立以上三个方程得

$$m_1=\frac{\mu_2 pV_2}{RT} \qquad ⑧$$

$$m_2=\frac{\mu_2 p(V_2+\Delta V)}{RT}=\frac{\mu_2 p(V_2+\frac{Mg}{pS}V_1)}{RT} \qquad ⑨$$

由能量守恒得,B 室从外界吸收的热量(汽化热)满足

$$Q=L(m_2-m_1)+p\Delta V \qquad ⑩$$

将⑤、⑧、⑨式代入⑩式得

$$Q=\left(\frac{\mu_2 L}{RT}+1\right)\frac{Mg}{S}V_1 \qquad ⑪$$

由①、②式得

$$T=\frac{\mu_1 V_1}{mR}\left(p-\frac{Mg}{S}\right) \qquad ⑫$$

由⑪、⑫式得

$$Q=\left(\frac{\mu_2}{\mu_1}\frac{mL}{pS-Mg}+\frac{V_1}{S}\right)Mg \qquad ⑬$$

16. (1)考虑图 10b.由运算放大器两个输入端的电势相等以及正向输入端接地,有

$$U_+=U_-=0 \qquad ①$$

由于没有电流流入或流出运算放大器,通过 R_1 和 R_f 的电流 I 应相等

$$\frac{U_{in}-U_-}{R_1}=\frac{U_- -U_{out}}{R_f} \qquad ②$$

由①、②式得

$$U_{out}=-\frac{R_f}{R_1}U_{in} \qquad ③$$

(2)考虑图 10c.U_+ 和 U_- 分别满足

$$U_+=\frac{R_3}{R_2+R_3}U_{in2} \qquad ④$$

$$U_-=\frac{U_{in1}-U_{out}}{R_1+R_f}R_f+U_{out}=\frac{R_f}{R_1+R_f}U_{in1}+\frac{R_1}{R_1+R_f}U_{out} \qquad ⑤$$

由④、⑤式和 $U_+=U_-$ 得,输出电压 U_{out} 与输入信号 U_{in1} 和 U_{in2} 之间的关系为

$$\frac{R_1}{R_1+R_f}U_{out}=\frac{R_3}{R_2+R_3}U_{in2}-\frac{R_f}{R_1+R_f}U_{in1}$$

或

$$U_{out}=\frac{R_1+R_f}{R_2+R_3}\frac{R_3}{R_1}U_{in2}-\frac{R_f}{R_1}U_{in1} \qquad ⑥$$

将题给条件

$$U_{out}=U_{in2}-U_{in1}$$

代入⑥式有

$$\frac{R_1}{R_1+R_f}(U_{in2}-U_{in1})=\frac{R_3}{R_2+R_3}U_{in2}-\frac{R_f}{R_1+R_f}U_{in1}$$

输入电压 U_{in1} 和 U_{in2} 相互独立,故

$$\frac{R_1}{R_1+R_f}=\frac{R_3}{R_2+R_3}$$

$$\frac{R_1}{R_1+R_f}=\frac{R_f}{R_1+R_f}$$

或

$$R_1 = R_f \quad ⑦$$

$$R_2 = R_3 \quad ⑧$$

(3)考虑图 10b.由运算放大器两个输入端的电势相等以及正向输入端接地,有

$$U_+ = U_- = 0 \quad ⑨$$

由于没有电流流入或流出运算放大器,所以通过 R_1 和 C 的电流 I 相等:

$$\frac{U_{in} - U_-}{R_1} = C\left(\frac{dU_-}{dt} - \frac{dU_{out}}{dt}\right) \quad ⑩$$

由以上两式得

$$\frac{dU_{out}}{dt} = -\frac{U_{in}}{CR_1} = -\frac{U_0}{CR_1}\text{sign}(U_{in}) \quad ⑪$$

式中

$$\text{sign}(x) = \begin{cases} +1, & 当\ x > 0 \\ -1, & 当\ x < 0 \end{cases}$$

可见,$t - U_{out}$ 是斜率分段为常数的折线,即下图所示的三角波形电压

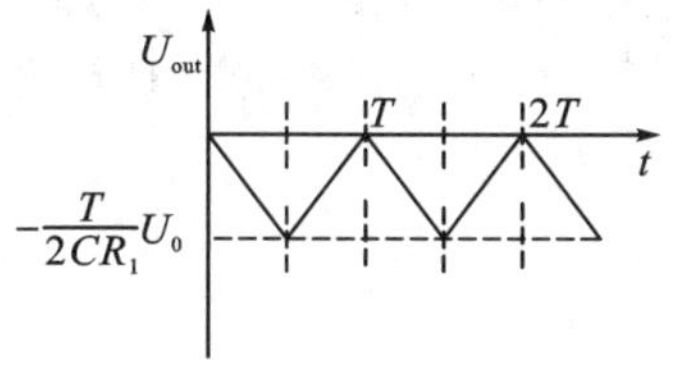

第 16 题图

2021 年第三十八届全国中学生物理竞赛复赛试题

一、(1)一束平行光入射到平凸透镜左侧平面上,会聚于透镜主轴上的 F 点.假设系统具有相对于主轴的旋转对称性,则只需在过主轴的平面上进行分析.如图 a,考虑任一条离轴的光线 NMF 和 POF,它们从等相位的起始点(平凸透镜左侧平面上的入射点)至点 F 的光程相等,考虑到 NM=PH(点 H 是点 M 在 PO 上的垂足),

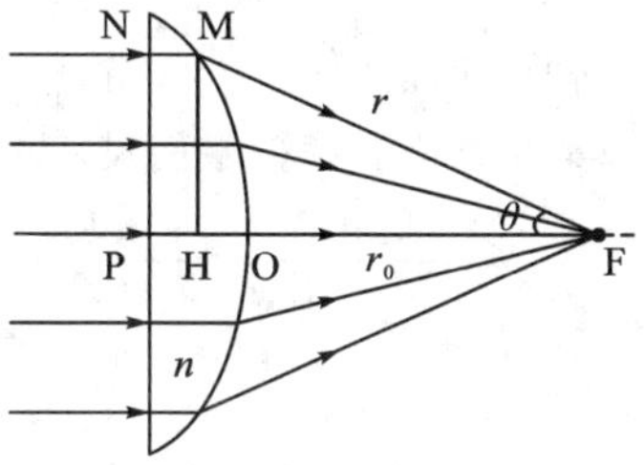

第 1 题图 a

有

$$MF = n \times HO + OF$$

式中 n 是透镜的折射率;以焦点 F 作为极坐标的原点,即

$$r = n(r\cos\theta - r_0) + r_0 \quad ①$$

由①式得

$$r = \frac{(1-n)r_0}{1 - n\cos\theta} \quad ②$$

在直角坐标系(以从点 F 朝点 O 的射线为 x 轴,从点 F 竖直向下的轴为 y 轴)中有

$$r = \sqrt{x^2 + y^2} \quad ③$$

$$\cos\theta = \frac{x}{\sqrt{x^2 + y^2}} \quad ④$$

由①、③、④式得

$$\frac{\left(x - \frac{n}{n+1}r_0\right)^2}{\left(\frac{r_0}{n+1}\right)^2} - \frac{y^2}{\left(\frac{\sqrt{n^2-1}}{n+1}r_0\right)^2} = 1 \quad ⑤$$

这是直角坐标系中双曲线的标准形式

$$\frac{(x-g)^2}{a^2} - \frac{(y-h)^2}{b^2} = 1$$

平凸透镜的凸面为旋转双曲面.

(2)(Ⅰ)由于光线进入凹透镜后，其传播方向平行于主轴，因此可以将凹透镜的厚度加厚，如图 b 所示，不影响对问题的分析. 考虑任一条离轴的光线 NMM′和 PHOO′，它们从等相位的起始点(平凸透镜左侧平面上的入射点)至相对于 F 点的垂直平面的光程(等相位点)相等，考虑到 NM＝PH(点 H 是点 M 在 PO 上的垂足)，有

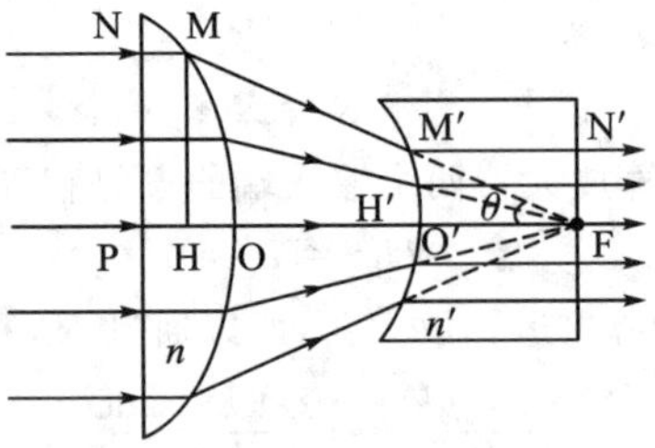

第 1 题图 b

$$MM'+n'M'N'=nHO+OO'+n'O'F$$

即

$$(r-r')+n'r'\cos\theta=n(r\cos\theta-r_0)+(r_0-r'_0)+n'r'_0 \qquad ⑥$$

由①、⑥式得

$$r'+n'r'\cos\theta=-r'_0+n'r'_0 \qquad ⑦$$

这说明，在光线入射到平凹透镜虚焦点 F 然后平行于主轴从平凹透镜的平面侧射出的情形下，从 F 点反向(相对于光的传播方向)追溯到入射的界面(凹透镜表面)，然后顺着光线传播方向平行于主轴向右传播至主轴的任一垂直面上的两条光线是等光程的. 由⑦式得

$$r'=\frac{(1-n')r'_0}{1-n'\cos\theta} \qquad ⑧$$

它在直角坐标系中的形式为

$$\frac{\left(x-\frac{n'}{n'+1}r'_0\right)^2}{\left(\frac{r'_0}{n'+1}\right)^2}-\frac{y^2}{\left(\frac{\sqrt{n'^2-1}}{n'+1}r'_0\right)^2}=1 \qquad ⑨$$

平凹透镜的凹面也是旋转双曲面.

(Ⅱ)入射平行光束与出射平行光束的横截面尺寸之比为

$$k=\frac{MH|_{max}}{M'N'|_{max}}=\frac{r\sin\theta_{max}}{r'\sin\theta_{max}} \qquad ⑩$$

此即

$$\frac{(1-n)r_0}{1-n\cos\theta_{max}}\sin\theta_{max}=k\frac{(1-n')r'_0}{1-n'\cos\theta_{max}}\sin\theta_{max} \qquad ⑪$$

于是

$$k=\frac{(1-n)(1-n'\cos\theta_{max})r_0}{(1-n')(1-n\cos\theta_{max})r'_0} \qquad ⑫$$

二、(1)过程 A 中封闭气体初态体积为

$$V_1=Sh \qquad ①$$

温度为

$$T_1=T_0 \qquad ②$$

初始压强为

$$p_1=p_0+\rho gh=4\rho gh \qquad ③$$

末态压强为

$$p_2=p_1 \qquad ④$$

末态体积为

$$v_2=2Sh \qquad ⑤$$

根据理想气体物态方程得

$$\frac{p_1V_1}{T_1}=\frac{p_2V_2}{T_2} \qquad ⑥$$

由以上各式得

$$T_2=2T_0 \qquad ⑦$$

过程 A 是等压过程，此过程中封闭气体对外所做的功为

$$W_1=p_1(V_2-V_1)=4\rho ghSh=33.3\text{J} \quad ⑧$$

(2)设过程B中水银柱的高度为 x，若该过程可以缓慢稳定地发生，则要求水银柱高度在不断减小的过程中，满足气体状态方程的 x 始终有解. 设对应于 x 的封闭气体压强为 p，体积为 V，温度为 T，则

$$p=p_0+\rho gx=3\rho gh+\rho gx \quad ⑨$$

$$V=S(l-x)=S(3h-x) \quad ⑩$$

根据理想气体状态方程有

$$\frac{pV}{T}=\frac{p_1V_1}{T_1} \quad ⑪$$

即

$$\frac{(3\rho gh+\rho gx)S(3h-x)}{T}=\frac{4\rho ghSh}{T_0} \quad ⑫$$

或

$$9h^2-x^2=4h^2\frac{T}{T_0}$$

解为

$$x=h\sqrt{9-4\frac{T}{T_0}} \quad ⑬$$

当 $T=2T_0$ 时，$x=h$ 是过程B的初始状态；当 $T=9T_0/4$ 时，$x=0$ 是过程B的末状态. 由⑬式知，x 随 T 单调递减，所以

过程B可以缓慢稳定地发生 ⑭

根据热力学第一定律，过程B中总的吸热 Q 等于气体内能的增加 ΔU 和气体对外做的功 W_2，即

$$Q=\Delta U+W_2 \quad ⑮$$

该理想气体的摩尔数为

$$\mu=\frac{p_1V_1}{RT_1}=\frac{4\rho ghSh}{RT_0}\approx 1.00\times 10^{-2}\text{mol} \quad ⑯$$

理想气体内能只是其温度的函数，其增加量为

$$\Delta U=\mu C_v\left(\frac{9T_0}{4}-2T_0\right)\approx 20.8\text{J} \quad ⑰$$

此过程中气体对外做功等于水银重力势能的增加以及克服大气压所做的功，即

$$\begin{aligned}W_2&=\rho Shg\frac{h}{2}+p_0(V_3-V_2)\\&=\rho Shg\frac{h}{2}+3\rho ghSh=29.2\text{J}\end{aligned} \quad ⑱$$

式中 V_3 是过程B中封闭气体的末态体积. 总的吸热为

$$Q=20.8\text{J}+29.2\text{J}=50.0\text{J} \quad ⑲$$

三、(1)由动量定理和角动量定理知

$$m(v_{1x}-v_{0x})=-\int_{t_0}^{t_1}f_x\text{d}t \quad ①$$

$$m(v_{1y}-v_{0y})=-\int_{t_0}^{t_1}f_y\text{d}t \quad ②$$

$$J_z(\omega_{1z}-\omega_{0z})=r\int_{t_0}^{t_1}f_x\text{d}t \quad ③$$

式中，m 是超球的质量，f_x 是下板对球的摩擦力，f_y 是下板对球的正压力，它们对球作用时间 $\Delta t=t_1-t_0$ 极短，而 J_z 是球绕过球心的轴（平行于 z 轴）的转动惯量. 利用①、③式消去 f_x 得

$$m(v_{1x}-v_{0x})=-\frac{J_z}{r}(\omega_{1z}-\omega_{0z}) \quad ④$$

由 f_y 引起的弹性径向形变的保守性质有

$$\frac{1}{2}mv_{1y}^2=\frac{1}{2}mv_{0y}^2$$

球的竖直速度必定在 f_y 的作用下反向

$$v_{1y}=-v_{0y} \quad ⑤$$

由 f_x 引起的弹性切向形变的保守性质(亦即无滑动),有

$$\frac{1}{2}I_z\omega_{1z}^2+\frac{1}{2}mv_{1x}^2=\frac{1}{2}J_z\omega_{0z}^2+\frac{1}{2}mv_{0x}^2$$

可见,能量只在球的水平运动与旋转运动之间进行交换;竖直运动的能量保持不变,仅竖直速度在碰撞前后方向相反.上式即

$$m(v_{1x}-v_{0x})(v_{1x}+v_{0x})=-J_z(\omega_{1z}-\omega_{0z})(\omega_{1z}+\omega_{0z}) \quad ⑥$$

④、⑤、⑥式是超球反跳运动的动力学方程 它的解是

$$v_{1x}=v_{0x},\omega_{1z}=\omega_{0z}$$

和

$$v_{1x}+v_{0x}=r(\omega_{1z}+\omega_{0z}) \quad ⑦$$

前者对应于 $f_x=0$,仅与光滑球相关;后者适合于超球的反跳运动.⑦式即

$$(v_{1x}-r\omega_{1z})=-(v_0x-r\omega_{0z}) \quad ⑧$$

这里$(v_x-r\omega_z)$即为球上与平板相接触的点在碰撞前后的水平速度.由④、⑧式和

$$J_z=\frac{2}{5}mr^2$$

得

$$v_{1x}=\frac{3}{7}v_{0x}+\frac{4}{7}r\omega_{0z} \quad ⑨$$

$$\omega_{1z}=\frac{10}{7}\frac{v_{0x}}{r}-\frac{3}{7}\omega_{0z} \quad ⑩$$

(2)现考虑球从下板向上板射出与上板相碰(第 2 次碰撞),碰撞前后由动量定理和角动量定理知

$$m(v_{2x}-v_{1x})=-\int_{t_1}^{t_2}f_x\mathrm{d}t \quad ⑪$$

$$J_z(\omega_{2z}-\omega_{1z})=-r\int_{t_1}^{t_2}f_x\mathrm{d}t \quad ⑫$$

y 方向的动量定理表达式与②式类似(未表出).注意:此次由于静摩擦力的力矩反号,使得⑫式右边与③式相比多了一个因子(−1).类似推理得

$$v_{2x}=\frac{3}{7}v_{1x}-\frac{4}{7}r\omega_{1z} \quad ⑬$$

$$\omega_{2z}=-\frac{10}{7}\frac{v_{1x}}{r}-\frac{3}{7}\omega_{1z} \quad ⑭$$

联立⑨、⑩、⑬、⑭式得

$$v_{2x}=\frac{-31}{49}v_{0x}+\frac{24}{49}r\omega_{0z} \quad ⑮$$

$$\omega_{2z}=-\frac{60}{49}\frac{v_{0x}}{r}-\frac{31}{49}\omega_{0z} \quad ⑯$$

值得指出的是仍有

$$v_{2y}=-v_{1y}=v_{0y}$$

(3)最后,考虑球从上板向下板射出与下板相碰(第 3 次碰撞),类似于⑨、⑩式有

$$v_{3x}=\frac{3}{7}v_{2x}+\frac{4}{7}r\omega_{2z} \quad ⑰$$

$$\omega_{3z}=\frac{10}{7}\frac{v_{2x}}{r}-\frac{3}{7}\omega_{2z} \quad ⑱$$

y 方向的动量定理表达式与②式类似(未表出).联立⑮、⑯、⑰、⑱式得

$$v_{3x}=-\frac{333}{343}v_{0x}-\frac{52}{343}r\omega_{0z} \qquad ⑲$$

$$\omega_{3z}=-\frac{130}{343}\frac{v_{0x}}{r}+\frac{333}{343}\omega_{0z} \qquad ⑳$$

值得指出的是仍有

$$v_{3y}=-v_{2y}=-v_{0y}$$

四、(1)计算 A(中心为 O)在 z 轴上坐标为 $z(z\gg R)$ 处(记为点 P)的磁场. 如图,A 的电流环(位于 yz 平面)上 Q 处的电流元为

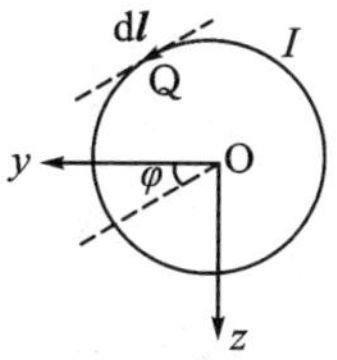

第四题图

$$I\mathrm{d}\boldsymbol{l}=IR\mathrm{d}\varphi(\boldsymbol{j}\cos\varphi+\boldsymbol{k}\sin\varphi)$$

这里,φ 为电流元与 y 轴正方向的夹角,x 轴垂直于纸面向外. 电流元 Q 到点 P 的矢径为

$$\boldsymbol{d}=-\boldsymbol{j}R\sin\varphi+\boldsymbol{k}R\cos\varphi+\boldsymbol{k}z=-\boldsymbol{j}R\sin\varphi+\boldsymbol{k}(z+R\cos\varphi)$$

由此知 $d=[(R\sin\varphi)^2+(z+R\cos\varphi)^2]^{1/2}$. 根据毕奥-萨伐尔定律有

$$\begin{aligned}\mathrm{d}\boldsymbol{B}&=\frac{\mu_0}{4\pi d^3}I\mathrm{d}\boldsymbol{l}\times\boldsymbol{d}=\frac{\mu_0 IR}{4\pi d^3}\mathrm{d}\varphi(\boldsymbol{j}\cos\varphi+\boldsymbol{k}\sin\varphi)\times[-\boldsymbol{j}R\sin\varphi+\boldsymbol{k}(z+R\cos\varphi)]\\&=\boldsymbol{i}\frac{\mu_0 IR}{4\pi d^3}d\varphi(R+z\cos\varphi)\end{aligned} \qquad ①$$

由题给条件,电流环的半径很小,故有

$$\frac{1}{d^3}=[(R\sin\varphi)^2+(z+R\cos\varphi)^2]^{-\frac{3}{2}}\approx\frac{1}{z^3}\left(1-\frac{3}{2}\cdot 2\frac{R}{z}\cos\varphi\right)=\frac{1}{z^3}\left(1-3\frac{R}{z}\cos\varphi\right) \qquad ②$$

所以,

$$\begin{aligned}\mathrm{d}\boldsymbol{B}&\approx\boldsymbol{i}\frac{\mu_0 IR}{4\pi}\mathrm{d}\varphi(R+z\cos\varphi)\frac{1}{z^3}\left(1-3\frac{R}{2}\cos\varphi\right)\\&\approx\boldsymbol{i}\frac{\mu_0 IR}{4\pi z^3}\mathrm{d}\varphi(R+z\cos\varphi-3R\cos^2\varphi)\\&\approx\boldsymbol{i}\frac{\mu_0 IR}{4\pi z^3}\mathrm{d}\varphi\left(-\frac{R}{2}-\frac{3}{2}R\cos 2\varphi+z\cos\varphi\right)\end{aligned} \qquad ③$$

积分得

$$\boldsymbol{B}=\int_0^{2\pi}\mathrm{d}\boldsymbol{B}\approx-\boldsymbol{i}\frac{\mu_0 IR}{4\pi z^3}\frac{R}{2}\int_0^{2\pi}\mathrm{d}\varphi=-\boldsymbol{i}\frac{\mu_0 IR^2\pi}{4\pi z^3}=-\frac{\mu_0\boldsymbol{\mu}_{\mathrm{A}}}{4\pi z^3} \qquad ④$$

可见,A 在$(0,0,)z$ 处的磁场的磁感应强度 $\boldsymbol{B}$ 沿 x 轴负方向. 取 B 的磁矩与磁场垂直时为势能零点,A 与 B 之间的相互作用势能为

$$E_p=-\boldsymbol{\mu}_{\mathrm{B}}\cdot\boldsymbol{B}=\frac{\boldsymbol{\mu}_{\mathrm{B}}\cdot\boldsymbol{\mu}_{\mathrm{A}}\mu_0}{4\pi z^3}=\frac{\mu_0\mu^2\cos\theta}{4\pi z^3} \qquad ⑤$$

(2)考虑重力后,系统的势能为

$$V=E_{\mathrm{p}}-mgz=\frac{\mu_0\mu^2\cos\theta}{4\pi z^3}-mgz \qquad ⑥$$

它只与 z 有关. 由于 z 不变,B 受到磁场的外力矩大小为

$$M=\frac{\mathrm{d}V}{\mathrm{d}\theta}=\frac{\mu_0\mu^2\sin\theta}{4\pi z^3} \qquad ⑦$$

方向朝着 θ 减小的方向. 可见,只有 $\theta=0$ 或 π 时,外力矩才为零,此即力矩平衡条件

$$M(\theta)=0,当\ \theta=0\pi \qquad ⑧$$

由

$$\frac{\mathrm{d}^2V}{\mathrm{d}\theta^2}\left(=\frac{\mathrm{d}M}{\mathrm{d}\theta}\right)=-\frac{\mu_0\mu^2\cos\theta}{4\pi z^3}.$$

可知 $\theta=0$ 对应的平衡状态是不稳定的. 因此,在 z 不变的条件下,B 处于稳定平衡的条件为

$$\theta=\theta_{稳}=\pi \qquad ⑨$$

(3)$\theta=\theta_{稳}=\pi$ 时 B 在竖直方向受到的外力为

$$F=\frac{dV}{dz}=-\frac{3\mu_0\mu^2}{4\pi z^4}+mg \qquad ⑩$$

$F>0$. 相当于指向 z 轴正方向. 由 $F=0$ 求得平衡位置 z 满足

$$z=\left(\frac{3\mu_0\mu^2}{4\pi mg}\right)^{1/4} \qquad ⑪$$

进而由

$$\frac{d^2V}{dz^2}=-\frac{3\mu_0\mu^2}{\pi z^5}<0 \qquad ⑪$$

可知,

该位置是不稳定的. ⑬

五、(1)根据能量按自由度均分定理,任一自由度的能量的平均值都是$\frac{1}{2}k_BT$。因此准直后的原子速率平方的平均值 v_0^2 满足

$$\frac{1}{2}mv_0^2=\frac{1}{2}k_BT \qquad ①$$

式中 m 是^{40}K 原子的质量

$$m=40\times1.66\times10^{-27}\text{kg}=6.64\times10^{-26}\text{kg} \qquad ②$$

而

$$T=(350+273)\text{K}=623\text{K} \qquad ③$$

是^{40}K 原子气体的温度. 由①②③式与题给常量 k_B 得,原子方均根速率为

$$v_0=360\text{m/s} \qquad ④$$

(2)按照牛顿第二定律,^{40}K 原子做减速运动时的加速度 a 大小满足

$$a=\frac{F}{m} \qquad ⑤$$

式中 F 是^{40}K 原子所受到的激光对它的作用力的大小

$$F=\frac{\Delta p}{\Delta t} \qquad ⑥$$

这里,Δp 是^{40}K 原子在受到激光照射 Δt 时间间隔内其动量的减少. 这种减少源自^{40}K 原子在 Δt 时间间隔内共振吸收了与原子初速度 v_0 反向运动的 N 个光子

$$N=\frac{\Delta p}{p_{\text{single}}}=\Gamma\Delta t \qquad ⑦$$

式中 p_{single}是单个光子动量

$$p_{\text{single}}=\frac{h}{\lambda} \qquad ⑧$$

联立⑤、⑥、⑦、⑧式得

$$a=\Gamma\frac{h}{\lambda m}=7.45\times10^4\text{m/s}^2 \qquad ⑨$$

将初速度为 v_0 的^{40}K 原子减速直至静止,该原子所通过的距离是

$$s=\frac{v_0^2}{2a}=0.87\text{m} \qquad ⑩$$

(3)设激光的频率为 f;当^{40}K 原子以速度 v 与激光光子相向运动时它所感受到的激光的频率为 f',此即该原子在其静止的参考系中所接受到的激光的频率. 根据多普勒效应公式

$$f'=f\sqrt{\frac{1+\frac{v}{c}}{1-\frac{v}{c}}}$$

当 $v\ll c$ 时,可得

$$\frac{\Delta f}{f'}\equiv\frac{f'-f}{f'}=\frac{v}{c} \qquad ⑪$$

设^{40}K 原子的跃迁频率为 f_0. 当

$$f'=f_0 \quad ⑫$$

时，^{40}K 原子与激光达到共振散射. 由此得激光应该减小的频率为

$$\Delta f \equiv f_0-f=\frac{v}{c}f_0=\frac{v}{\lambda} \quad ⑬$$

式中 λ 是激光的波长. 当 $v=v_0$ 时有

$$\Delta f=\frac{v_0}{\lambda}=\frac{360\text{m/s}}{670\text{nm}}=537\text{MHz} \quad ⑭$$

(4)在原子与激光处处共振的条件下，原子做减速运动的加速度 a 为常值. 在 z 处的原子的速度 $v(z)$ 满足

$$v^2(z)-v^2(z=0)=2(-a)z \quad ⑮$$

由此得

$$v(z)=\sqrt{v^2(z=0)-2az} \quad ⑯$$

由⑬式可知，在 $z=0$ 处有

$$\Delta f \equiv f_0(z=0)-f=\frac{v(z=0)}{c}f_0=\frac{v(z=0)}{\lambda}$$

同理，在 z 处有

$$\Delta f(z) \equiv f_0(z)-f=\frac{v(z)}{\lambda}=\frac{\sqrt{v^2(z=0)-2az}}{\lambda} \quad ⑰$$

于是

$$f_0(z=0)-f_0(z)=\frac{v(z=0)}{\lambda}-\frac{\sqrt{v^2(z=0)-2az}}{\lambda} \quad ⑱$$

塞曼减速装置的设计目的是应用塞曼效应让原子处处与冷却激光共振，按题给条件有

$$f_0(B)=f_0(B=0)+\beta B$$

注意到 $B(z=0)=0$，上式可写为

$$f_0(z)=f_0(z=0)+\beta B(z)$$

与⑱式比较并利用⑨式得

$$B(z)=\frac{v(z=0)-\sqrt{v^2(z=0)-2az}}{\beta\lambda}$$

$$=\frac{v(z=0)}{\beta\lambda}\left[1-\sqrt{1-\frac{2\Gamma hz}{\lambda m v^2(z=0)}}\right] \quad ⑲$$

将 $v(z=0)v_0$，$\beta=-1.00\text{MHz/Gs}=-1.00\times10^{10}\text{ Hz/T}$ 以及其他量的题给数据代入⑲式得

$$B(z)=\frac{360}{10^{10}\times670\times10^{-9}}\left[1-\sqrt{1-\frac{2\times5\times10^6\times6.626\times10^{-34}z}{670\times10^{-9}\times6.664\times10^{-26}\times360^2}}\right]=0.0537\times(1-\sqrt{1-1.15z})(\text{T}) \quad ⑳$$

其中，B 的单位是 T，B 的取值范围为 0～0.0537T；z 的单位是 m，z 的取值范围是 0～0.869m(或 0～0.870m).

六、(1)由对称性及高斯定理可知静电场方向沿径向，且大小仅与 r 有关，故

$$\begin{cases}2\pi\varepsilon_0 rE=q, & r_1<r<r_2\\ E=0, & \text{其他}\end{cases}$$

即

$$\begin{cases}E=\dfrac{q}{2\pi\varepsilon_0 r}, & r_1<r<r_2\\ E=0, & \text{其他}\end{cases} \quad ①$$

(2)由对称性及磁场的环路定理可知，磁场的方向沿轴向，且大小仅与 r 有关. 内圆筒在旋转时等效的电流密度(轴向单位长度的电流)为

$$I=\frac{q\omega}{2\pi} \quad ②$$

内、外圆筒的电流大小相同，方向相反.应用安培环路定理有

$$\boldsymbol{B}=\begin{cases}\dfrac{\mu_0 q\boldsymbol{\omega}}{2\pi}, r_1<r<r_2\\ 0, \qquad \text{其他}\end{cases} \tag{③}$$

(3)点电荷在运动过程中受到由①、③式所得电场和磁场共同作用，设其在运动过程中径向运动速度为 $v=\dot{r}$. 点电荷运动的角动量随时间的变化满足

$$\frac{\mathrm{d}l}{\mathrm{d}t}=QvBr=QBr\dot{r} \tag{④}$$

其中 l 为点电荷绕筒轴运动的角动量，$B=\frac{\mu_0 q\omega}{2\pi}$ 为 Q 所受磁感应强度大小. 由④式积分得

$$l=\frac{1}{2}QBr^2+C$$

式中 C 为积分常数，利用初始条件：点电荷从 $r=r_1$ 释放时静止，即

$$l(r=r_1)=0$$

可得

$$l=\frac{1}{2}QB(r^2-r_1^2) \tag{⑤}$$

由动能定理并利用①式得，

$$\mathrm{d}E_k=\frac{qQ}{2\pi\varepsilon_0 r}\mathrm{d}r \tag{⑥}$$

积分得，当粒子位于半径 r 处时动能为

$$E_k=\frac{qQ}{2\pi\varepsilon_0}\ln\frac{r}{r_1} \tag{⑦}$$

注意，粒子动能也可表示为

$$E_k=\frac{1}{2}\left(\mu v^2+\frac{l^2}{\mu r^2}\right) \tag{⑧}$$

若粒子能到达 $r=r_2$ 处，则当 $r=r_2$ 时应有

$$\frac{1}{2}\mu v^2\geqslant 0,$$

由⑦、⑧式，此条件即

$$\frac{l^2}{2\mu r_2^2}\leqslant\frac{qQ}{2\pi\varepsilon_0}\ln\frac{r_2}{r_1}$$

将③、⑥式代入上式得

$$\omega^2\leqslant\frac{16\pi\mu r_2^2}{\varepsilon_0\mu_0^2 qQ(r_2^2-r_1^2)^2}\ln\frac{r_2}{r_1} \tag{⑨}$$

(4)(Ⅰ)利用(2)中结论，内筒在以角速度 $\boldsymbol{\omega}$ 旋转时，在其内部产生的磁感应强度为

$$\boldsymbol{B}_1=\frac{\mu_0 q\boldsymbol{\omega}}{2\pi} \tag{⑩}$$

外筒在以角速度 $\boldsymbol{\Omega}$ 旋转时，在其内部产生的磁感应强度为

$$\boldsymbol{B}_2=\frac{\mu_0 q\boldsymbol{\Omega}}{2\pi} \tag{⑪}$$

由法拉第电磁感应定律得，$\boldsymbol{B}_1$ 和 $\boldsymbol{B}_2$ 变化时在 $r=r_1$ 处产生的沿切向的感应电场为

$$E_1=-\frac{\pi r_1^2}{2\pi r_1}\frac{\mathrm{d}}{\mathrm{d}t}(B_1+B_2)=-\frac{\mu_0 q r_1}{4\pi}\frac{\mathrm{d}}{\mathrm{d}t}(\omega-\Omega) \tag{⑫}$$

对内筒的转动有

$$mr_1^2\frac{\mathrm{d}\omega}{\mathrm{d}t}=qE_1 r_1 \tag{⑬}$$

将⑫式代入⑬式得

$$\mathrm{d}\omega=\frac{\mu_0 q^2}{4\pi m+\mu_0 q^2}\mathrm{d}\Omega$$

对上式两边积分，并利用初态时内、外筒均静止的条件，得

$$\omega=\frac{\mu_0 q^2}{4\pi m+\mu_0 q^2}\Omega \tag{14}$$

（Ⅱ）由法拉第电磁感应定律得，$\boldsymbol{B}_1$ 和 $\boldsymbol{B}_2$ 变化时在 $r=r_2$ 处产生的沿切向的感应电场为

$$E_2=\frac{1}{2\pi r_2}\left(\pi r_1^2\frac{\mathrm{d}B_1}{\mathrm{d}t}+\pi r_2^2\frac{\mathrm{d}B_2}{\mathrm{d}t}\right) \tag{15}$$

单位长度的外筒受到的感应电场的力矩为

$$M_2=(-q)E_2 r_2=\frac{\mu_0 q^2}{4\pi}\left(r_1^2\frac{\mathrm{d}\omega}{\mathrm{d}t}-r_2^2\frac{\mathrm{d}\Omega}{\mathrm{d}t}\right) \tag{16}$$

这里应用了⑩、⑪式．将⑯式两边对 t 积分并利用由 ω 与 Ω 的关系⑭可得，感应电场的力矩的冲量矩为

$$J_{电场}=\int_0^t M_2\,\mathrm{d}t'=\frac{\mu_0 q^2}{4\pi}\left(\frac{\mu_0 q^2}{4\pi m+\mu_0 q^2}r_1^2-r_2^2\right)\Omega \tag{17}$$

沿轴向单位长度的外圆筒的角动量为

$$L_2=mr_2^2\Omega \tag{18}$$

设外力（不包括两圆筒感应电磁场的作用力）对外圆筒的冲量矩为 J，由角动量定理有

$$J+J_{电场}=L_2$$

故

$$J=L_2-J_{电场}=\left[mr_2^2-\frac{\mu_0 q^2}{4\pi}\left(\frac{\mu_0 q^2}{4\pi m+\mu_0 q^2}r_1^2-r_2^2\right)\right]\Omega \tag{19}$$

（Ⅲ）沿轴向单位长度的内、外圆筒总的角动量为

$$L=L_1+L_2=m(r_1^2\omega+r_2^2\Omega)=m\Omega\left[\frac{\mu_0 q^2}{4\pi m+\mu_0 q^2}r_1^2+r_2^2\right]\Omega \tag{20}$$

七、(1)取 x 轴沿坡面向上，y 轴垂直于坡面向上，前后轮轴处向车身提供的 x 方向合力满足

$$F_x=Ma+Mg\sin\theta \tag{1}$$

前、后轮轴处对车身提供的 y 方向支撑力大小分别为

$$F_{y前}=N_{前}-mg\cos\theta \tag{2}$$

$$F_{y后}=N_{后}-mg\cos\theta \tag{3}$$

其中，$N_{前}$ 和 $N_{后}$ 分别表示前轮和后轮受到的支持力大小．车身在 y 方向受力平衡条件为

$$F_{y前}+F_{y后}=Mg\cos\theta \tag{4}$$

或

$$(N_{前}-mg\cos\theta)+(N_{后}-mg\cos\theta)=Mg\cos\theta$$

车身相对于其质心没有转动加速度，力矩平衡条件为

$$F_{y前}\frac{L}{2}+F_x h-F_{y后}\frac{L}{2}=0 \tag{5}$$

或

$$(N_{前}-mg\cos\theta)\frac{L}{2}+(Ma+Mg\sin\theta)h-(N_{后}-mg\cos\theta)\frac{L}{2}=0$$

联立以上各式得

$$N_{前}=mg\cos\theta+\frac{1}{2}Mg\cos\theta-\frac{h}{L}M(a+g\sin\theta) \tag{6}$$

$$N_{后}=mg\cos\theta+\frac{1}{2}Mg\cos\theta+\frac{h}{L}M(a+g\sin\theta) \tag{7}$$

令 $N_{前}=0$，得

$$a_{安全}=\frac{(2m+M)L}{2Mh}g\cos\theta-g\sin\theta \tag{8}$$

(2)对角速度、角加速度、力矩等量，统一设逆时针方向为正方向. 假定前后轮均与地面不发生滑动，则前、后轮的角加速度 $\alpha_{前}$、$\alpha_{后}$ 与车身的加速度 a 满足

$$\alpha_{前}=\alpha_{后}=-\frac{a}{r}$$

设前、后轮与地面的摩擦力分别为 $F_{x前}$、$F_{x后}$，前轮相对于其轮轴的转动满足

$$F_{x前}r=J\alpha_{前} \quad ⑨$$

由以上两式与 $J=\frac{1}{2}mr^2$ 得

$$F_{x前}=-\frac{m}{2}a \quad ⑩$$

汽车整体的质心运动方程为

$$F_{x前}+F_{x后}-(M+2m)g\sin\theta-(M+2m)a \quad ⑪$$

由⑩、⑪式得

$$F_{x后}=(M+2m)(a+g\sin\theta)+\frac{m}{2}a \quad ⑫$$

后轮相对于轮轴的转动方程为

$$-\tau_{轮}+F_{x后}r=J\alpha_{后} \quad ⑬$$

由⑨、⑫、⑬式与 $J=\frac{1}{2}mr^2$ 得

$$a=\frac{\tau_{轮}/r-(M+2m)g\sin\theta}{M+3m} \quad ⑭$$

(3)由于变速器的机械效率为 100%，车轮与地面之间不发生滑动，没有传递功率损失，传递到车轮的力矩为

$$\tau_{轮}=\frac{\tau\omega}{\omega_{轮}}=\tau r_i \quad ⑮$$

将题给 A 型汽车参数值代入⑭式，分别对于 $\theta=0°$、$30°$得

$$a(0°)=\frac{\frac{400\times10}{0.4}}{1800}\mathrm{m\cdot s^{-2}}\approx5.6\mathrm{m\cdot s^{-2}}$$

$$a(30°)=\frac{\frac{400\times10}{0.4}-1800\times9.8\times0.5}{1800}\mathrm{m\cdot s^{-2}}\approx0.66\mathrm{m\cdot s^{-2}}$$

前后轮与地面不发生滑动的条件分别为

$$|F_{x前}|\leqslant\mu N_{前},\ |F_{x后}|\leqslant\mu N_{后}$$

A 型汽车车轮质量 m 相对于车身质量可忽略，由⑩式得

$$F_{x前}=0$$

前轮无滑动的条件总是满足的. 将题给 A 型汽车参数值代入⑦、⑫式，对于 $\theta=0°$有

$$N_{后}|_{\theta=0}=M\left[\frac{g}{2}+\frac{h}{L}a(0°)\right]\approx9.2\times10^3\mathrm{N}, \quad ⑯$$

$$F_{x后}|_{\theta=0}=Ma(0°)=1.0\times10^4\mathrm{N}; \quad ⑰$$

对于 $\theta=30°$有

$$N_{后}|_{\theta=30°}=M\left\{\frac{g}{2}\cos30°+\frac{h}{L}[a(30°)+g\sin30°]\right\}\approx8.0\times10^3\mathrm{N}, \quad ⑱$$

$$F_{x后}|_{\theta=30°}=M[a(30°)+g\sin30°]=1.0\times10^4\mathrm{N} \quad ⑲$$

由前后轮与地面不发生滑动的条件得，摩擦系数应满足的条件

$$\mu(0°)\geqslant\mu_{\min}(0°)=\left.\frac{|F_{x后}|}{N_{后}}\right|_{\theta=0}=1.09,\ \mu(30°)\geqslant\mu_{\min}(30°)=\left.\frac{|F_{x后}|}{N_{后}}\right|_{\theta=30°}=1.25 \quad ⑳$$

八、(1)设通过线圈电流为 I，则线圈所受磁场的力矩为

$$\tau=BIlr_{线圈} \quad ①$$

当线圈转速为 ω 时，感应电动势为

$$\varepsilon=B\omega r_{线圈}l \quad ②$$

线圈电流为

$$I=\frac{V-\varepsilon}{R_{总}} \tag{③}$$

式中

$$R_{总}=R_{内}+R_{线圈}$$

由①、②、③式得，电机输出力矩 τ 与电机转速 ω 之间的关系为

$$\tau=\tau(\omega)=Br_{线圈}l\frac{V-Br_{线圈}l\omega}{R_{总}} \tag{④}$$

可见，电机输出力矩 τ 与电机转速 ω 呈线性关系. 电机输出功率满足

$$P=\tau\omega=Br_{线圈}l\omega\frac{V-Br_{线圈}l\omega}{R_{总}} \tag{⑤}$$

它当

$$Br_{线圈}l\omega=\frac{V}{2}$$

时达到最大值

$$P_{\max}=\frac{V^2}{4R_{总}} \tag{⑥}$$

由②、③式知，感应电动势 ε 随线圈转速 ω 增大而增大，直至 ε 完全抵消供电池的开路电压 V 为止. 这时线圈转速 ω 最大

$$\omega_{\max}=\frac{V}{Br_{线圈}l} \tag{⑦}$$

由④式知，当 $\omega=0$ 时电机输出力矩 τ 达到最大值

$$\tau_{\max}=\tau(\omega=0)=Br_{线圈}l\frac{V}{R_{总}}=4\frac{P_{\max}}{\omega_{\max}} \tag{⑧}$$

由④、⑥、⑦、⑧式知，电机输出力矩 τ 可表为

$$\tau=\tau(\omega)=\frac{4P_{\max}}{\omega_{\max}}\left(1-\frac{\omega}{\omega_{\max}}\right)=\tau_{\max}\left(1-\frac{\omega}{\omega_{\max}}\right) \tag{⑨}$$

(2)当汽车行驶速度为 v 时，车轮转速为

$$\omega_{轮}=\frac{v}{r}$$

电机转速为

$$\omega=\omega_{轮}r_i=\frac{v}{r}r_i \tag{⑩}$$

电机输出力矩为

$$\tau=\tau_{\max}\left(1-\frac{r_iv}{r\omega_{\max}}\right) \tag{⑪}$$

由于变速器的机械效率为 100%，车轮与地面之间不发生滑动，没有传递功率损失，传递到车轮的力矩为

$$\tau_{轮}=\frac{\tau\omega}{\omega_{轮}}=\tau r_i=\tau_{\max}\left(1-\frac{r_iv}{r\omega_{\max}}\right)r_i \tag{⑫}$$

由题给信息和⑫式得

$$\frac{\mathrm{d}v}{\mathrm{d}t}=a=\frac{\tau_{轮}/r}{M+3m}=\frac{\tau_{\max}}{(M+3m)r}r_i-\frac{\tau_{\max}}{(M+3m)r}r_i^2\frac{1}{r\omega_{\max}}v \tag{⑬}$$

初值

$$v(t=0)=0$$

解为

$$v(t)\frac{r\omega_{\max}}{r_i}\left[1-\exp\left(-\frac{\tau_{\max}r_i^2}{(M+3m)r^2\omega_{\max}}t\right)\right]=v_{\max}\left(1-e^{-\frac{a_{\max}}{v_{\max}}t}\right) \tag{⑭}$$

式中

$$v_{\max}=\frac{r\omega_{\max}}{r_i} \tag{⑮}$$

为汽车在平地上行驶时最高车速，而

$$a_{\max}=\frac{\tau_{\max}}{(M+3m)r}r_i \tag{⑯}$$

为汽车在平地上行驶时最大加速度.

(3)对 A 型汽车有

$$\omega_{\max}=4\frac{P_{\max}}{\tau_{\max}}=4\times\frac{2.5\times10^5}{400}\text{rad}\cdot\text{s}^{-1}=2.0\times10^3\text{rad}\cdot\text{s}^{-1}$$

于是

$$v_{\max}=\frac{r\omega_{\max}}{r_i}=\frac{0.4\times2.0\times10^3}{10}\text{m}\cdot\text{s}^{-1}=80\text{ms}\cdot\text{s}^{-1}$$

$$a_{\max}=\frac{\tau_{\max}}{Mr}r_i=\frac{400}{1800\times0.4}\times10\text{m}\cdot\text{s}^{-2}=5.6\text{m}\cdot\text{s}^{-2}$$

A 型汽车从静止加速到 v_f 所需时间为

$$t_f=-\frac{v_{\max}}{a_{\max}}\ln\left(1-\frac{v_f}{v_{\max}}\right)=-\frac{80}{5.6}\ln\left(1-\frac{\frac{100}{3.6}}{80}\right)\text{s}\approx6.1\text{s}$$

根据(1)中的结果,电池提供的瞬时功率为

$$P_{电池}=IV=4P_{\max}\left(1-\frac{v}{v_{\max}}\right)$$

加速过程消耗的电池能量为

$$\Delta E_{电池}=\int_{t=0}^{t_f}4P_{\max}\left(1-\frac{v(t)}{v_{\max}}\right)\text{d}t-4P_{\max}\frac{v_{\max}}{a_{\max}}\left(1-e^{-\frac{a_{\max}}{v_{\max}}t_f}\right)=4P_{\max}\frac{v_f}{a_{\max}} \quad ⑰$$

由于机械部分没有摩擦损耗,加速过程所增加的机械能为

$$\Delta E_{机械能}=\frac{1}{2}(M+2m)v_f^2+2\times\frac{1}{2}J\left(\frac{v_f}{r}\right)^2=\frac{1}{2}(M+3m)v_f^2 \quad ⑱$$

电池能量转化为机械能的效率为

$$\eta=\frac{\Delta E_{机械能}}{\Delta E_{电池}}=\frac{(M+3m)a_{\max}v_f}{8P_{\max}} \quad ⑲$$

代入 A 型汽车参数值得

$$\Delta E_{电池}\approx4\times2.0\times10^5\times\frac{\frac{100}{3.6}}{5.6}\text{J}\approx4.0\times10^6\text{J}\approx1.1\text{kWh}$$

于是

$$\eta=\frac{1800\times5.6\times\frac{100}{3.6}}{8.2\times2.0\times10^5}=18\%(或 17\%) \quad ⑳$$

2022 年第三十九届全国中学生物理竞赛预赛试题

一、**1.** D　**2.** BC　**3.** D　**4.** C　**5.** B

二、**6.** $\sqrt{\frac{F-\mu mg}{b-\mu c}}$　$\frac{bmg-cF}{b-\mu c}$　**7.** $\frac{RT_0}{3V_0^2}(4V_0-V)$　$\frac{4}{3}RT_0$　**8.** $\frac{1}{8}$　$\frac{5}{8}$

9. (380052∶2043　380052∶2043)或(42251∶227　42251∶227)或(186.0∶1　186.0∶1)或(186.1∶1　186.1∶1)

10. $\sqrt{Y_1Y_2}$　$\frac{\sqrt{Y_1Y_2}}{(\sqrt{Y_1}+\sqrt{Y_2})^2}L$

三、**11.** (1)一套平凸-平板透镜相切式干涉装置如第 11 题图 a 所示,在平行于系统光轴 OA 的光线傍轴垂直(垂直于平板)入射的条件下,即 $e\ll R$ 时,在直角三角形 OAB 中,运用勾股定理得

$$(R-e)^2+r^2=R^2 \quad ①$$

式中,r 是入射光线到系统光轴 OA 的距离,e 是该光线在平板上反射光线所走过的距离.略去 e^2 项(二阶小量),由①式得

$$e=\frac{r^2}{2R} \quad ②$$

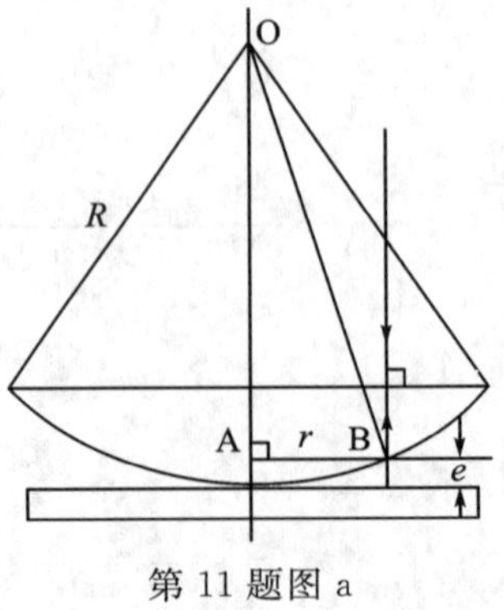

第 11 题图 a

后文的讨论都基于此傍轴垂直入射时的公式.

对于第 11 题图 a 所示的平凸-平凹内切结构的干涉装置. 在平行于系统光轴的光线(与光轴相距 r)傍轴入射的条件下,利用公式②得

$$e_1=\frac{r^2}{2R_1} \tag{3}$$

$$e_2=\frac{r^2}{2R_2} \tag{4}$$

这里,e_1、e_2 是入射光线的延长线分别与两球面的交点到该光线与过两球面内切点的切平面的交点之间的距离,如第 11 题图 b 所示.

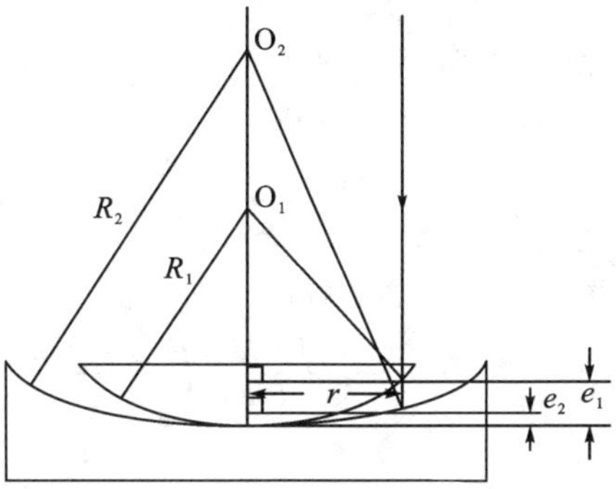

第 11 题图 b

光线在下、上两个球面反射并相遇时,其光程差为

$$\Delta L=2(e_1-e_2)+\frac{\lambda}{2} \tag{5}$$

式中右侧的 $\frac{\lambda}{2}$ 是由于考虑到光线在下面的凹球面上反射时有半波损失的缘故. 干涉图案中第 k 级亮环、暗环分别满足条件

$$\Delta L=k\lambda,k=1,2,\cdots,\text{亮环} \tag{6}$$

$$\Delta L=(2k+1)\frac{\lambda}{2},k=0,1,2,\cdots,\text{暗环(或暗斑)} \tag{7}$$

由③、④、⑤、⑥、⑦式可得,第 k 级亮环半径为

$$r_k=\sqrt{\left(k-\frac{1}{2}\right)\lambda\frac{R_1R_2}{R_2-R_1}}=\sqrt{\frac{(2k-1)\lambda}{2\left(\frac{1}{R_1}-\frac{1}{R_2}\right)}},k=1,2,\cdots,\text{亮环} \tag{8}$$

第 k 级暗环的半径为

$$r_k=\sqrt{k\lambda\frac{R_1R_2}{R_2-R_1}}=\sqrt{\frac{k\lambda}{\left(\frac{1}{R_1}-\frac{1}{R_2}\right)}},k=0,1,2,\cdots.\text{暗环(或暗斑)} \tag{9}$$

(2)由⑨式(或⑧式)得,第 $k+m$ 级与第 k 级暗(或亮)环半径之平方差为(m 为任一正整数)

$$r_{k+m}^2-r_k^2=m\lambda\left(\frac{1}{R_1}-\frac{1}{R_2}\right)^{-1} \tag{10}$$

这一分布规律与 k 无关. 由⑩式得

$$\lambda=\frac{(r_{k+m}^2-r_k^2)}{m}\left(\frac{1}{R_1}-\frac{1}{R_2}\right) \tag{11}$$

此即测量入射单色光波长的公式.

(3)只要制定出关于 R_2 的一套符号法则,即可将第(1)问的结果推广到两凸透镜在顶点外切的平凸-平凸外切结构(第 11 题图 c)和平凸-平板外切干涉装置(第 11 题图 a). 对 R_2 作符号规定如下:

当下侧透镜的球心与平凸透镜的球心在公切面同一侧时,规定 $R_2>0$(即下侧为平凹透镜,如第 11 题图 b 所示); ⑫

当下侧透镜的球心与平凸透镜的球心在公切面不同侧时,规定 $R_2<0$;(即下侧为平凸透镜,如第 11 题图 c 所示); ⑬

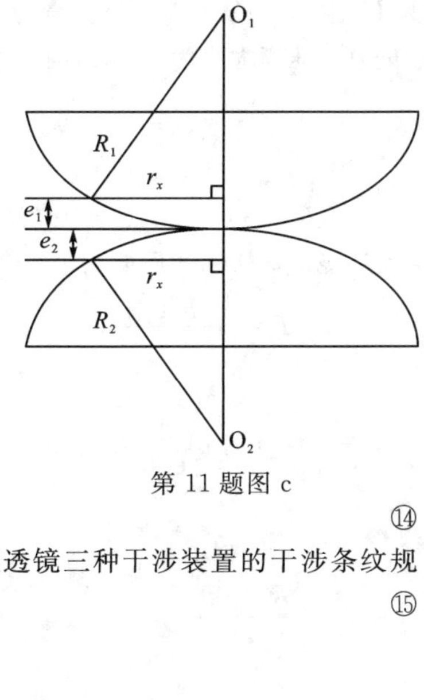

第 11 题图 c

当下侧相切的透镜为平板玻璃时,规定 $R_2=\infty$;(即下侧为平板玻璃,第 11 题图 a 所示). ⑭

这样,平凸-平凹透镜、平凸-平凸透镜、平凸-平板透镜三种干涉装置的干涉条纹规律,均可用公式⑧、⑨、⑩、⑪表示. ⑮

12. (1)活塞所受重力为

$$G=\rho shg \quad ①$$

活塞上表面所受到的向下的压力为

$$F_w=[\rho_w g(H-h)+P_{atm}]s \quad ②$$

设管下部充的气体为 $n$mol，气柱高度为 h_a，气体压强为 P. 管下部所充气体下表面所受的向上的压强为

$$P=\rho_w(H+h_a)g+P_{atm} \quad ③$$

对于管下部所充气体，由理想气体状态方程知

$$Psh_a=nRT \quad ④$$

当活塞刚好开始上浮时，活塞受力平衡

$$G+F_w=Ps \quad ⑤$$

将①、②式代入⑤式，并与③、④式联立解得

$$n=\frac{\rho-\rho_w}{\rho_w}\frac{\{[\rho h+\rho_w(H-h)]g+P_{atm}\}sh}{RT} \quad ⑥$$

由⑥式和题给数据得

$$n=3.9\times10^2 \quad ⑦$$

(2)先不考虑额外的压力. 当活塞顶跟水面齐平时，活塞上表面所受到的向下的压力为

$$F'_w=P_{atm}s \quad ⑧$$

设此时气柱高度为 h'_a，气体压强为 P'. 管下部所充气体下表面所受的向上的压强为

$$P'=\rho_w g(h+h'_a)+P_{atm} \quad ⑨$$

对于管下部所充气体，由理想气体状态方程知

$$P'sh'_a=nRT \quad ⑩$$

此时活塞受到的向上的合外力为

$$\Delta F=P's-G-F'_w \quad ⑪$$

联立⑨、⑩式解得

$$P'=\frac{1}{2}\left[P_{atm}+\rho_w gh+\sqrt{(P_{atm}+\rho_w gh)^2+\frac{4\rho_w gnRT}{s}}\right] \quad ⑫$$

将①、⑧、⑫式代入⑪式得

$$\Delta F=\frac{1}{2}\left[-P_{atm}+(\rho_w-2\rho)gh+\sqrt{(P_{atm}+\rho_w gh)^2+\frac{4\rho_w gnRT}{s}}\right]s \quad ⑬$$

由力平衡条件、⑬式和题给数据得，

$$F_{外}=\Delta F=5000(\sqrt{505}-19)\text{N}=1.7\times10^4\text{N} \quad ⑭$$

13. (1)设空间站高度为 H，地球半径为 R，地球质量为 M，空间站质量为 m，空间站绕地心 O 转动的周期为 T. 重力加速度大小为 g. 由万有引力定律有

$$G\frac{M}{R_2}=g \quad ①$$

$$G\frac{Mm}{(R+H)^2}=m\frac{v^2}{(R+H)} \quad ②$$

式中 G 是引力常量. 空间站绕地球转动的周期满足

$$T=\frac{2\pi(R+H)}{v} \quad ③$$

由①、②式得

$$\frac{g}{v^2}R^2-R-H=0$$

由此解得

$$R=\frac{v^2+\sqrt{v^4+4gv^2H}}{2g} \quad ④$$

由③、④式得

$$T=2\pi\left[\frac{v+\sqrt{v^2+4gH}}{2g}+\frac{H}{v}\right] \quad ⑤$$

由⑤式和题给数据解得

$$T=5.6\times10^3\,\mathrm{s} \quad ⑥$$

(2)记空间站轨道平面与赤道面的交线的一段为 OB，点 B 在地面赤道上. 连接空间站轨道平面与北纬 42°线的交点 A 和地心点 O. 穿过 A 的经线与赤道交于点 C，如图 a 所示. 由题意可知，空间站从北纬 A 的正上方到赤道正上方走过 1/4 个周期. 因此

$$\angle AOB=\angle COB=\frac{\pi}{2} \quad ⑦$$

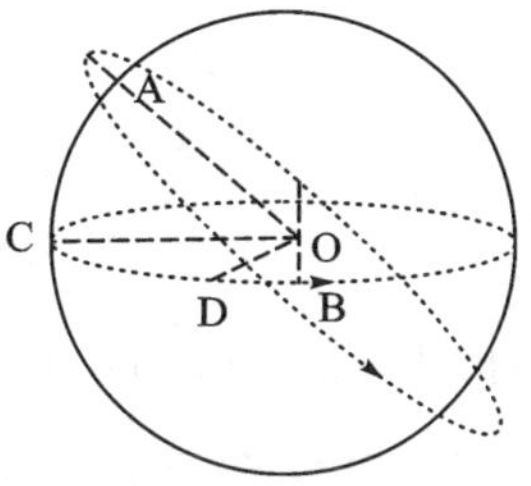

第 13 题图 a

式中，∠AOB 为空间站从北纬 42°线正上方的位置到赤道所转过的角度，∠COB 为点 A 与点 B 的经度差. 空间站从北纬 A 的正上方到赤道正上方所花时间为

$$\Delta t=\frac{1}{4}T \quad ⑧$$

设地球自转角速度为 ω_0，在空间站绕转的时间 Δt 内，地球转动的角度为

$$\Delta\theta=\omega_0\Delta t \quad ⑨$$

而

$$\omega_0=\frac{2\pi}{T_0} \quad ⑩$$

B、A 两点的经度之差为(用弧度表示)：

$$\Delta\theta'=\angle COB-\Delta\theta \quad ⑪$$

由⑦、⑧、⑨、⑩、⑪式得：

$$\Delta\theta'=\frac{\pi}{2}\left(1-\frac{T}{T_0}\right) \quad ⑫$$

由⑥、⑫式和题给数据 $T_0=24\mathrm{h}$，得

$$\Delta\theta'\approx0.47\pi\approx84° \quad ⑬$$

14. (1)在 xOy 系中，由题图 8a、8b 所示速度图线 v_x-t、v_y-t 可知，在阶段Ⅰ($0\leqslant t<5\mathrm{s}$)，物块 A 做匀加速直线运动，它在 x、y 方向的加速度分别为

$$a_{\mathrm{I}x}=8.0\,\mathrm{cm/s^2} \quad ①$$

$$a_{\mathrm{I}y}=4.0\,\mathrm{cm/s^2} \quad ②$$

在阶段Ⅱ($5\mathrm{s}\equiv t_1\leqslant t<10\mathrm{s}\equiv t_2$)，A 做匀速直线运动. 在阶段Ⅲ($10\mathrm{s}\leqslant t<15\mathrm{s}\equiv t_3$)，A 做类斜抛运动，它在 y 方向做匀速直线运动，在 x 方向做匀加速直线运动，加速度为

$$a_{\mathrm{III}x}=-16\,\mathrm{cm/s^2} \quad ③$$

由速度图线 v_x-t、v_y-t 可知，在 xOy 系中，物块 A 在 $0\leqslant t\leqslant15\mathrm{s}$ 内时间段沿 x、y 方向的位移分别为

$$x=\left(\frac{1}{2}\times40\times5+40\times5\right)\mathrm{cm}=3.0\,\mathrm{m} \quad ④$$

$$y=\left(\frac{1}{2}\times20\times5+20\times10\right)\mathrm{cm}=2.5\,\mathrm{m} \quad ⑤$$

在 $t=15\mathrm{s}$ 时，物块 A 在 xOy 系中的位置为(3.0m，2.5m).

(2)设车厢相对于水平地面在 x'方向的加速度为 a'_x. 设在某一时刻物块 A 速度方向与 y 轴夹角为 θ. 物体 A 在 xOy 系中 x 方向上受到摩擦力和惯性力的作用，由牛顿第二定律有

$$-ma'_x=\mu mg\sin\theta=ma_x \quad ⑥$$

同理，在 $x'O'y'$ 系中，车厢在 x'方向所受到的合力满足

$$F'_{合x}(t)=Ma'_x(t) \quad ⑦$$

车厢在 x'方向所受到的合力在整个过程中的冲量为

$$I'_{合x}=\int_0^{t_3}F'_{合x}(t)\,\mathrm{d}t=M\int_0^{t_3}a'_x(t)\,\mathrm{d}t \qquad ⑧$$

利用⑥式，⑧式可写成

$$I'_{合x}=-M\int_0^{t_3}a_x(t)\,\mathrm{d}t-\mu Mg\left(\int_0^{t_1}\sin\theta\mathrm{d}t+\int_{t_1}^{t_2}\sin\theta\mathrm{d}t+\int_{t_2}^{t_3}\sin\theta\mathrm{d}t\right) \qquad ⑨$$

由加速度的定义有

$$\int_0^{t_3}a_x(t)\,\mathrm{d}t=v_{t_3}-0 \qquad ⑩$$

在阶段Ⅰ、Ⅱ，物体A相对车厢做初速度为零的直线运动，因此角度θ保持不变，其值为

$$\sin\theta_{Ⅰ,Ⅱ}=\left.\frac{v_y}{\sqrt{v_x^2+v_y^2}}\right|_Ⅰ=\frac{2}{\sqrt{1^2+2^2}}=\frac{2\sqrt{5}}{5} \qquad ⑪$$

在阶段Ⅲ，在xOy系中，有

$$v_Ⅱ(t)=v_{Ⅱy}(t_2)$$

$$v_{Ⅱx}(t)=v_{Ⅱx}(t_2)+a_{Ⅲx}(t-t_2)$$

考虑到$a_{Ⅲx}<0$，物块A在阶段Ⅲ做类斜抛运动，θ随时间改变，但在抛物线顶点两侧的对称点上θ恰好反号. 于是有

$$\int_{-t_2}^{\bar{t}}\sin\theta\mathrm{d}t=-\int_{\bar{t}}^{t_3}\sin\theta\mathrm{d}t$$

或

$$\int_{t_2}^{t_3}\sin\theta\mathrm{d}t=0 \qquad ⑫$$

这意味着在阶段Ⅲ滑动摩擦力在x方向上的冲量为零，实际上滑动摩擦力与物块速度方向相反；在阶段Ⅲ的前一半和后一半，物块在x方向上的速度方向相反，因此，作用在物块上的滑动摩擦力方向相反；再由运动轨迹的对称性可知，在阶段Ⅲ的前一半和后一半，滑动摩擦力在x方向上的冲量正好相互抵消. 由⑤、⑥、⑦、⑧、⑨、⑩、⑪、⑫式得

$$I'_x=-Mv_{t_3}-\mu M\frac{2\sqrt{5}}{5}gt_2=-M\left(v_{t_3}+\frac{2\sqrt{5}}{5}\mu gt_2\right) \qquad ⑬$$

由⑬与题给数据得

$$\begin{aligned}I'_x&=-1000\times\left(-0.4+\frac{2\sqrt{5}}{5}\times0.2\times10\times10\right)\mathrm{N\cdot s}\\&=-1.7489\mathrm{N\cdot s}=-1.7\times10^4\mathrm{N\cdot s}\end{aligned} \qquad ⑭$$

方向沿x'轴负方向.

15. (1)由于每次出射为一个电子，而动量被通道壁完全反射，故电子沿轴向（纵向）的运动是初速度不为零的匀加速运动，电子的纵向运动加速度为

$$a=\frac{eE}{m} \qquad ①$$

设从入口到出口的总时间为t，由运动学公式得

$$(v_0\cos\theta)t+\frac{1}{2}at^2=h \qquad ②$$

由①、②式解得

$$t=\frac{m}{eE}\left(\sqrt{v_0^2\cos^2\theta+2\frac{eE}{m}h}-v_0\cos\theta\right) \qquad ③$$

电子沿横向的运动为匀速运动和完全弹性碰撞. 每碰撞一次用时

$$T=\frac{d}{v_0\sin\theta} \qquad ④$$

总共碰撞次数为

$$n=\left[\frac{t}{T}\right]=\left[\frac{mv_0\sin\theta}{eEd}\left(\sqrt{v_0^2\cos^2\theta+2\frac{eE}{m}h}-v_0\cos\theta\right)\right] \quad ⑤$$

这里最外的方括号表示取整操作.

(2)设电子自入射开始直至第1次撞击通道壁的过程中,电子沿横向做匀速运动,沿纵向做匀加速运动;电子飞行时间

$$t_0=\frac{d}{v_0\sin\theta} \quad ⑥$$

轴向飞行距离为

$$h_{0\to1}=(v_0\cos\theta)t_0+\frac{1}{2}at_0^2=d\cot\theta+\frac{1}{2}\frac{eE}{m}\left(\frac{d}{v_0\sin\theta}\right)^2 \quad ⑦$$

第1次撞击后此电子的纵向动量被吸收,横向动量被垂直出射的2个电子均分,则撞出的每个电子的出射横向速度$v_{\perp,1}$和纵向速度$v_{\parallel,1}$分别为

$$v_{\perp,1}=\frac{1}{2}v_0\sin\theta,v_{\parallel,1}=0 \quad ⑧$$

此后每次撞击时,新次级电子的纵向速度重置为零,而横向速度减半,故从撞击开始直至下一次撞击前的运动时间加倍.即在第$i(i>0)$次和第$i+1$次撞击之间,电子沿轴向运动的距离为

$$h_{i\to i+1}=\frac{1}{2}\frac{eE}{m}t_i^2 \quad ⑨$$

电子沿轴向运动的时间为

$$t_{i\to i+1}=\frac{d}{v_{\perp,i}} \quad ⑩$$

而在第$i(i>0)$次、第$i+1$次撞击后的横向速度满足

$$v_{\perp,i}=\frac{v_{\perp,i-1}}{2} \quad ⑪$$

每次撞击产生的电子加倍,故欲使信号电量被放大到至少2^p倍,则应至少撞击p次.故通道长度至少为

$$h=\sum_{i=0}^{p-1}h_{i\to i+1} \quad ⑫$$

由⑦、⑨、⑩、⑪、⑫式得

$$\begin{aligned}h&=d\cot\theta+\frac{1}{2}\frac{eE}{m}\left(\frac{d}{v_0\sin\theta}\right)^2[4^0+4^1+\cdots+4^{p-1}]\\&=d\cot\theta+\frac{1}{2}\frac{eE}{m}\left(\frac{d}{v_0\sin\theta}\right)^2\frac{4^p-1}{3}\end{aligned} \quad ⑬$$

(3)在第1次撞击之前,⑥、⑦、⑧式的分析当把E置零后仍适用于此问.特别的,在第1次撞击前轴向飞行距离为

$$h'_{0\to1}=d\cot\theta \quad ⑭$$

由于每次撞击前后,出射电子垂直孔壁方向的速度均减半,故⑧、⑪式仍成立.撞击后电子在匀强磁场中电子做圆周运动,圆周的圆心在出射点正下侧孔壁上.洛伦兹力提供向心力.设第i次撞击后电子运动半圆半径为r_i,则有

$$ev_{\perp,i}B=\frac{mv_{\perp,i}^2}{r_i} \quad ⑮$$

为了使电子射出通道,电子纵向运动距离满足

$$h<h'_{0\to1}+\sum_{i=1}^{\infty}(2r_i) \quad ⑯$$

由⑧、⑪、⑮式得

$$r_i=\frac{mv_0\sin\theta}{eB}\left(\frac{1}{2}\right)^i. \quad ⑰$$

由⑭、⑯、⑰式得

$$h<h'_{0\to1}+2\frac{mv_0\sin\theta}{eB}\sum_{i=1}^{\infty}\left(\frac{1}{2}\right)^i=d\cot\theta+\frac{2mv_0\sin\theta}{eB2\left(1-\frac{1}{2}\right)}=d\cot\theta+\frac{2mv_0\sin\theta}{eB} \quad ⑱$$

16. (1)按照玻尔模型,氢原子中电子在分立的定态圆轨道上运动.按照玻尔量子化条件,在第 n 个定态圆轨道上(或称为氢原子处于第 n 能级上),电子的角动量为

$$L_n=r_n m_e v_n=n\hbar,n=1,2,3,\cdots. \quad ①$$

式中 r_n、v_n 是第 n 定态圆轨道上电子运动的轨道半径和的速率.按照库仑定律和牛顿第二定律有

$$\frac{1}{4\pi\varepsilon_0}\frac{e^2}{r_n^2}=m_e\frac{v_n^2}{r_n} \quad ②$$

联立①、②式解得

$$r_n=\frac{4\pi\varepsilon_0\hbar^2 n^2}{m_e e^2} \quad ③$$

$$v_n=\frac{e^2}{4\pi\varepsilon_0 n\hbar} \quad ④$$

环电流大小为

$$I_n=\frac{ev_n}{2\pi r_n} \quad ⑤$$

由③、④、⑤式得

$$I_n=\frac{m_e e^5}{32\pi^3\varepsilon_0^2\hbar^3 n^3} \quad ⑥$$

(2)设通电流的矩形长为 a、宽为 b.依题意,矩形上、下边导线处的磁感应强度 B_1、B_2 满足

$$B_1=B_2+B'_z b \quad ⑦$$

矩形左、右两导线所受安培力相互抵消,上、下两导线所受安培力分别为

$$F_1=B_1 Ia \quad ⑧$$

$$F_2=B_2 Ia \quad ⑨$$

矩形电流所受合力为

$$F=F_1-F_2=B'_z Iab=B'_z IS \quad ⑩$$

若电流为逆时针方向,则所受合力方向向上;若电流顺时针方向,则所受合力方向向下.

(3)环形电流和矩形电流在梯度磁场中受力规律相同,因此,氢原子的环电流在梯度磁场中受力为

$$F_n=B'_z I_n S_n \quad ⑪$$

氢原子环电流面积为

$$S_n=\pi r_n^2=\frac{16\pi^3\varepsilon_0^2\hbar^4 n^4}{m_e^2 e^4} \quad ⑫$$

由⑥、⑪、⑫式得

$$F_n=\frac{ne\hbar B'_z}{2m_e} \quad ⑬$$

氢原子在磁场区做平抛运动,设在磁场区运动时间为 t,则出磁场区时有

$$d=v_0 t \quad ⑬$$

$$z_{1n}=\frac{1}{2}\frac{F_n}{m_H}t^2=\frac{F_n d^2}{2m_H v_0^2} \quad ⑭$$

其中 z_{1n} 为出磁场区时处于第 n 能级的氢原子在 z 方向的位移,此时速度方向与水平方向夹角为 α 满足

$$\tan\alpha=\frac{\frac{F_n}{m_H}t}{v_0}=\frac{F_n d}{m_H v_0^2}=\frac{z_{1n}}{d/2} \quad ⑮$$

由⑬、⑭、⑮式得,出磁场区时速度方向的反方向指向磁场区域中心.氢原子击打在接收屏上的位置在 z 方向偏移为

$$z_{2n}=\left(D+\frac{d}{2}\right)\tan\alpha=\left(D+\frac{d}{2}\right)\frac{F_n d}{m_H v_0^2}=\frac{ne\hbar B'_z d}{2m_H m_e v_0^2}\left(D+\frac{d}{2}\right) \quad ⑯$$

若氢原子的环电流方向反向,则接收屏上位置的偏移相反.故逆时环电流沿针与顺

时针方向的原子击打在接收屏上位置之间的距离为

$$z_n = 2z_{2n} = \frac{ne\hbar B'_z d}{m_H m_e v_0^2}\left(D + \frac{d}{2}\right) \quad ⑰$$

2022年第三十九届全国中学生物理竞赛复赛试题

一、(1)迈克尔逊干涉等效于薄膜干涉，照明光为发散光束，反射镜与臂垂直，所以等效于等倾干涉.设开始时两个臂的光学长度差为d，中心为亮条纹：

$$\frac{2\pi}{\lambda}2d + \Delta\varphi = 2k\pi \quad ①$$

其中k为整数.一共20个亮条纹，故对于干涉场最外侧的亮条纹：

$$\frac{2\pi}{\lambda}2d\cos\gamma_M + \Delta\varphi = 2(k-19)\pi \quad ②$$

其中γ_M为薄膜干涉的最大倾角，由①、②式得：

$$\frac{2\pi}{\lambda}2d(1-\cos\gamma_M) = 19\times 2\pi \quad ③$$

移动反射镜，条纹变稀疏，说明两臂间光学长度差变小，设反射镜移动了Δd.

中心的变化：

$$\frac{2\pi}{\lambda}2\Delta d = 23\times 2\pi \quad ④$$

最外侧的变化：

$$\frac{2\pi}{\lambda}2\Delta d\cos\gamma_M = 20\times 2\pi \quad ⑤$$

于是得：

$$\cos\gamma_M = \frac{20}{23} \text{和} \ \Delta d = \frac{23}{2}\lambda \quad ⑥$$

代入③式得：

$$\frac{2\pi}{\lambda}2d\left(1-\frac{20}{23}\right) = 19\times 2\pi \quad ⑦$$

由此得：

$$2d - \frac{23\times 19}{3}\lambda = 145\ \frac{2}{3}\lambda \quad ⑧$$

代入①式：

$$\frac{2\pi}{\lambda}\left(145\ \frac{2}{3}\lambda\right) + \Delta\varphi = 2k\pi \quad ⑨$$

即：

$$145\times 2\pi + \frac{2}{3}\times 2\pi + \Delta\varphi = 2k\pi \quad ⑩$$

所以应该为：

$$\Delta\varphi = \frac{2\pi}{3} \quad ⑪$$

(2)反射镜移动后，中心为亮斑、干涉场最外侧为亮条纹，设一共有m条亮条纹，于是：

$$\frac{2\pi}{\lambda}2(d-\Delta d)(1-\cos\gamma_M) = (m-1)2\pi \quad ⑫$$

由此得：

$$m = 17 \quad ⑬$$

(3)设液体的折射率为n，如图所示.图中，θ、i分别是光线的入射角、折射角.由折射定律有

$$\sin\theta = n\sin i$$

当石英槽相对于与透射臂垂直方向改变θ时，光线往返通过石英槽的光程在槽内

有、无液体两种情形下的值之差为：

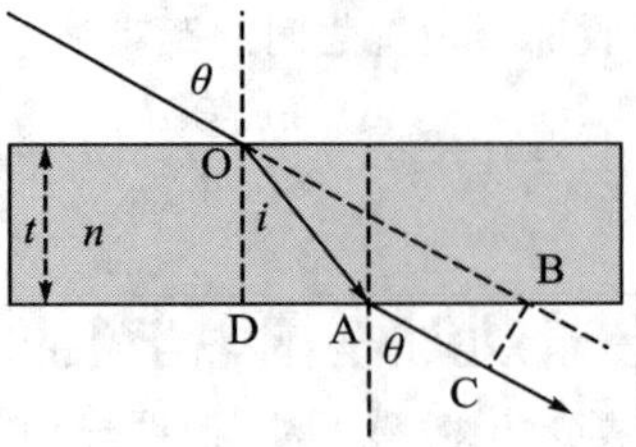

第1题图

$$\Delta L(\theta)=2(n\,\overline{OA}+\overline{AC}-\overline{OB})$$

$$=2\left[\frac{nt}{\cos i}+t\left(\frac{\sin\theta}{\cos\theta}-\frac{\sin i}{\cos i}\right)\sin\theta-\frac{t}{\cos\theta}\right]$$

$$=2t\left[\left(\frac{n}{\cos i}-\frac{n\sin^2 i}{\cos i}\right)-\left(\frac{1}{\cos\theta}-\frac{\sin^2\theta}{\cos\theta}\right)\right] \quad ⑭$$

$$=2nt\sqrt{1-\frac{\sin^2\theta}{n^2}}-2t\cos\theta$$

于是，上述光程差与 $\theta=0$ 时的值相比较，有

$$\Delta L(0)-\Delta L(\theta)=2nt\left(1-\sqrt{1-\frac{\sin^2\theta}{n^2}}\right)-2t(1-\cos\theta)=-\lambda\Delta N \quad ⑮$$

因为角度 θ 比较小，$\frac{\sin^2\theta}{n^2}\ll1$，将上式对 θ 作小量展开并保留至一阶小量：

$$t\frac{\sin^2\theta}{n}-2t(1-\cos\theta)=-\lambda\Delta N \quad ⑯$$

得

$$n=\frac{t\sin^2\theta}{2t(1-\cos\theta)=-\lambda\Delta N} \quad ⑰$$

将题给数据 $t=2.00\text{mm}$，$\theta=5.00°$，$\Delta N=N_2-N_1=7$，代入⑰式得：

$$n=1.41 \quad ⑱$$

二、(1)(Ⅰ)不计边缘效应和漏磁．记螺线管长度为 l、通电电流为 I，则管内磁感应强度为

$$B=\mu_0 nI=\frac{\mu_0 NI}{l} \quad ①$$

螺旋管的磁通匝链数为

$$\Psi=NB\pi r^2=\frac{\mu_0 N^2\pi r^2 I}{l} \quad ②$$

螺线管的电感为

$$L=\frac{\Psi}{I}=\frac{\mu_0 N^2\pi r^2}{l} \quad ③$$

弹簧的弹性势能为

$$W_k=\frac{1}{2}k(l-l_0)^2 \quad ④$$

当 $I=I_0$ 时，电感存储的磁场能量为

$$W_B=\frac{1}{2}LI_0^2=\frac{\mu_0 N^2\pi r^2 I_0^2}{2l} \quad ⑤$$

考虑一缓慢、微小形变过程，记 Δl 为过程中的弹簧的微小伸长量(可正可负，视为无穷小量)．加载于弹簧两端以维持弹簧平衡的外力设为 F(以拉伸方向为力的正方向)，则依功能原理有

$$F\Delta l+\Delta A_S=\Delta W_k+\Delta W_B \quad ⑥$$

其中 ΔA_S．是恒流源克服自感电动势所做的功．按照法拉第电磁感应定律，维持电流 $I=I_0$ 不变，螺线管所在电流回路的自感电动势为(沿电流的反方向)

$$U=\frac{\Delta\Psi}{\Delta t}=\frac{\Delta(LI_0)}{\Delta t}$$

恒流源克服自感电动势做的功 ΔA_S 为

$$\Delta A_S=UI_0\Delta T=\frac{\Delta(LI_0)}{\Delta t}I_0\Delta t=I_0^2\Delta L=-\Delta W_S \quad ⑦$$

式中

$$W_S=-LI_0^2$$

将④、⑤、⑦式代入⑥式，并与下式

$$F\Delta l=\Delta W \tag{8}$$

比较得

$$W=W_k+W_b+W_S=\frac{1}{2}k(l-l_0)^2-\frac{\mu_0 N^2\pi r^2 I_0^2}{2l} \tag{9}$$

由⑧、⑨式得

$$F=\frac{\Delta W}{\Delta l}=k(l-l_0)+\frac{1}{2}\frac{\mu_0\pi N^2 r^2}{l^2}I_0^2 \tag{10}$$

缓慢撤除外力后，弹簧达到新的平衡位置时的长度 l_p；换言之，当 $l=l_p$ 时 $F=0$. 由⑩式得

$$k(l_p-l_0)+\frac{1}{2}\frac{\mu_0\pi N^2 r^2}{l_p^2}I_0^2=0 \tag{11}$$

此即为所求的 l_p 需满足的代数方程.

若 $l=l_p+\delta l$，对⑩式做小量 δl 展开得

$$F=\left(k-\frac{\mu_0\pi N^2 r^2}{l_p^3}I_0^2\right)\delta l+\cdots=k_{\text{eff}}\delta l+\cdots \tag{12}$$

式中，…是比 δl 更高阶的小量，k_{eff}是通电弹簧在平衡长度 l_p 附近发生小幅度形变时的等效弹性系数. 由⑪、⑫式得

$$k_{\text{eff}}=k-\frac{\mu_0\pi N^2 r^2}{l_p^3}I_0^2=\frac{\mu_0\pi N^2 r^2(3l_p-2l_0)}{2l_p^3(l_0-l_p)}I_0^2 \tag{13}$$

（Ⅱ）由⑪式得

$$I_0^2=\frac{k}{\mu_0\pi N^2 r^2}(2l_0-2l_p)l_p l_p \tag{14}$$

由平均值不等式

$\sqrt[3]{abc}\leqslant\dfrac{a+b+c}{3}$，当 $a>0,b>0,c>0$；当且仅当 $a=b=c$ 时取等号知

$$I_0^2\leqslant\frac{k}{\mu_0\pi N^2 r^2}\left(\frac{2l_0}{3}\right)^3=\frac{8}{27}\frac{kl_0^3}{\mu_0\pi N^2 r^2} \tag{15}$$

等号仅对应于 $l_p=\dfrac{2}{3}l_0$ 的情况. 于是

$$I_0\leqslant\sqrt{\frac{8}{27}\frac{kl_0^3}{\mu_0\pi N^2 r^2}} \tag{16}$$

(2)忽略边缘效应和漏磁. 由于整个通电回路电阻为零，弹簧拉伸或者压缩时，回路自感电动势为零，此即自感磁通不变，故

$$LI=L_0 I'_0=\frac{\mu_0\pi N^2 r^2}{l_0}I'_0 \tag{17}$$

其中长度为 l 的弹簧螺线管自感系数 L 由③式给出，其对应的电流为 I；而

$$L_0=\frac{\mu_0\pi N^2 r^2}{l_0}$$

故电感磁能为

$$W_B=\frac{1}{2}LI^2=\frac{(L_0 I'_0)^2}{2L}=\frac{(L_0 I'_0)^2}{2\mu_0 N^2\pi r^2}l=\frac{\mu_0 N^2\pi r^2 I'^2_0}{2l_0^2}l \tag{18}$$

由④、⑱式得系统总能量为

$$W=W_k+W_B=\frac{1}{2}k(l-l_0)^2+\frac{\mu_0 N^2\pi r^2 I'^2_0}{2l_0^2}l \tag{19}$$

考虑缓慢、微小形变过程，记 Δl 为过程中的弹簧的微小伸长量(可正可负，视为无穷小量). 加载于弹簧两端以维持平衡的外力设为 F(以拉伸方向为正向)，则过程中按功能原理有

$$F\Delta l=\Delta W$$

其中 W 由⑲式给出. 由上式得

$$F=\frac{\Delta W}{\Delta l}=k(l-l_0)+\frac{1}{2}\frac{\mu_0\pi N^2r^2}{l_0^2}I'^2_0 \qquad ⑳$$

缓慢撤除外力后，弹簧达到新的平衡位置时的长度 l'_p. 此即当 $l=l'_p$时 $F=0$，由⑳式得

$$k(l'_p-l_0)+\frac{1}{2}\frac{\mu_0\pi N^2r^2}{l_0^2}I'^2_0=0 \qquad ㉑$$

解得

$$l'_p=l_0-\frac{1}{2}\frac{\mu_0\pi N^2r^2}{kl_0^2}I'^2_0 \qquad ㉒$$

若 $l=l'_p+\delta l$，由⑱式得 $F=k\delta l=k'_{\rm eff}\delta l$

故通电弹簧在平衡位置附近发生小幅度形变时的等效弹性系数为

$$k'_{\rm ffk}=k \qquad ㉓$$

三、(1)设重力加速度大小为 g. 由质心运动定理得到

$$a_x=g\sin\theta,a_y=-g\cos\theta \qquad ①$$

球从出射到落下期间做抛体运动，球心在时刻 t 的速度为(以球抛出瞬间为时间零点)

$$v_x=gt\sin\theta,v_y=V-gt\cos\theta \qquad ②$$

相对于其初始位置的位移为

$$x=\frac{1}{2}gt^2\sin\theta,y=Vt-\frac{1}{2}gt^2\cos\theta$$

设球从出射到再次落到斜面所需时间为 T，有

$$y(T)=0$$

由此得

$$T=\frac{2V}{g\cos\theta} \qquad ③$$

再次落到斜面时($t=T$)球心的速度则为

$$v_x=Tg\sin\theta=2V\tan\theta,v_y=-V \qquad ④$$

即垂直于斜面的速度大小不变、方向相反，而沿着斜面的速度的增加为

$$w=2V\tan\theta$$

球在空中运动时，只受重力作用，由于相对于球心的力矩为零，因而由质心系中以质心为参考点的角动量定理知，球在空中运动时角速度不变，仍为零. ⑤

(2)设球的角速度和球心在 x 方向的速度在某次碰撞前分别为 ω_i. 和 v_i，碰撞后则分别变为了 ω_f 和 v_f，这里角速度均以顺时针转动为正. 设碰撞过程中摩擦力沿着负 x 轴方向投影的时间平均值为 $\overline{F}$. 由动量定理

$$-\overline{F}\Delta t=mv_f-mv_i \qquad ⑥$$

以及质心角动量定理

$$R\,\overline{F}\Delta t=I(\omega_f-\omega_i) \qquad ⑦$$

可得

$$v_f=v_i=-\frac{2}{5}R(\omega_f-\omega_i) \qquad ⑧$$

由弹性碰撞过程中动能前后不变

$$\frac{1}{2}mv_f^2+\frac{1}{2}I\omega_f^2=\frac{1}{2}mv_i^2+\frac{1}{2}I\omega_i^2 \qquad ⑨$$

可得

$$v_f^2-v_i^2=-\frac{2}{5}R^2(\omega_f^2-\omega_i^2) \qquad ⑩$$

联立⑧、⑩得

$$v_f=\frac{3}{7}v_i+\frac{4}{7}R\omega_i,R\omega_f=\frac{10}{7}v_i-\frac{3}{7}R\omega_i \qquad ⑪$$

(因为碰撞过程中有静摩擦,故去掉了增根 $v_f=v_i,\omega_f=\omega_i$). 根据(1)问结果,第 1 次碰撞前有

$$v_{1i}=2V\tan\theta,\omega_{1i}=0$$

将其代入⑪式得,第 1 次碰撞后有

$$v_{1f}=\frac{6V\tan\theta}{7},\omega_{1f}=\frac{20V\tan\theta}{7R} \quad ⑫$$

即第 1 次碰撞后,球心速度为

$$v_{1f}\hat{\boldsymbol{x}}+V\hat{\boldsymbol{y}}=V\left(\frac{6}{7}\tan\theta\hat{\boldsymbol{x}}+\hat{\boldsymbol{y}}\right)$$

这里 $\hat{\boldsymbol{x}}$ 和 $\hat{\boldsymbol{y}}$ 分别表示沿 x 轴正向和 y 轴正向的单位矢量.

(3)设第 n 次碰后的角速度和球心在 x 方向的速度分别为 ω_n 和 v_n(略去下标 f,下同),从第 $n-1$ 次碰撞后到第 n 次碰撞前,小球绕球心的角速度不变,为 ω_{n-1},沿着 x 方向的速度由 v_{n-1} 增加为 $v_{n-1}+w$. 将⑪式应用于第 n 次碰撞得

$$v_n=\frac{3}{7}(v_{n-1}+w)+\frac{4}{7}R\omega_{n-1} \quad ⑬$$

$$R\omega_n=\frac{10}{7}(v_{n-1}+w)-\frac{3}{7}R\omega_{n-1} \quad ⑭$$

将⑭式乘某个常数 α 再与⑬式相加得

$$v_n+\alpha R\omega_n=\frac{3+10\alpha}{7}\left(v_{n-1}+\frac{4-3\alpha}{3+10\alpha}R\omega_{n-1}+w\right) \quad ⑮$$

选取 α 满足

$$\frac{4-3\alpha}{3+10\alpha}=\alpha \quad ⑯$$

符合条件的 α 有两个,分别为

$$\alpha_1=-1,\alpha_2=\frac{2}{5} \quad ⑰$$

分别将其代入⑮式,给出

$$v_n-R\omega_n=-(v_{n-1}-R\omega_{n-1})-w \quad ⑱$$

$$v_n+\frac{2}{5}R\omega_n=\left(v_{n-1}+\frac{2}{5}R\omega_{n-1}\right)+w \quad ⑲$$

由此解得

$$v_n-R\omega_n+\frac{1}{2}w=(-1)^{n-1}\left(v_1-R\omega_1+\frac{1}{2}w\right) \quad ⑳$$

$$v_n+\frac{2}{5}R\omega_n=\left(v_1+\frac{2}{5}R\omega_1\right)+(n-1)w \quad ㉑$$

将⑫式代入⑳、㉑式,给出

$$v_n-R\omega_n=\frac{(-1)^n-1}{2}w,v_n+\frac{2}{5}R\omega_n=nw \quad ㉒$$

由此得

$$v_n=\frac{5}{7}\left[n-\frac{1-(-1)^n}{5}\right]w,\omega_n=\frac{5}{7}\left[n+\frac{1-(-1)^n}{2}\right]\frac{w}{R} \quad ㉓$$

因此当 n 为偶数时,

$$v_n=\frac{10}{7}nV\tan\theta,\omega_n=\frac{10}{7}\frac{nV\tan\theta}{R} \quad ㉔$$

当 n 为奇数时,

$$v_n=\frac{2}{7}(5n-2)V\tan\theta,\omega_n=\frac{10}{7}(n+1)\frac{V\tan\theta}{R} \quad ㉕$$

(4)第 k 次碰撞前后,球心在 x 方向的速度分别为 $v_{k-1}+w$ 和 v_k,因而前 n 次碰撞过程中斜面对球提供的 x 方向的总冲量为

$$J_x=\sum_{k=1}^{n}m[v_k-(v_{k-1}+w)]=mv_n-nmw \quad ㉖$$

求和利用了初始条件

$$v_0=0$$

此外每次碰撞过程中斜面给球的 y 方向的冲量相同，均为 $2mV$，故

$$J_y=\sum_{k=1}^{n}2mV=2nmV \tag{27}$$

因此总冲量为

$$\boldsymbol{J}=m(v_n-nw)\hat{\boldsymbol{x}}+2nmV\hat{\boldsymbol{y}} \tag{28}$$

将㉓式和 $w=2V\tan\theta$ 代入㉘式得

$$\boldsymbol{J}=\frac{2}{7}mV\{-[2n+1-(-1)^n]\tan\theta\hat{\boldsymbol{x}}+7n\hat{\boldsymbol{y}}\} \tag{29}$$

当 n 为偶数时，

$$\boldsymbol{J}=\frac{2}{7}nmV(-2\tan\theta\hat{\boldsymbol{x}}+7\hat{\boldsymbol{y}}) \tag{30}$$

当 n 为奇数时，

$$\boldsymbol{J}=\frac{2}{7}nmV\left[-2\left(1+\frac{1}{n}\right)\tan\theta\hat{\boldsymbol{x}}+7\hat{\boldsymbol{y}}\right] \tag{31}$$

四、(1)(Ⅰ)在 L 系中：

杆的运动可以分解为质心的运动和杆绕质心的转动.质心的运动是随点 P 绕点 O 轴做角速度为 ω 的匀速圆周运动和随杆绕点 P 做圆周运动的合运动.因此杆质心的平动动能为

$$E_{\mathrm{LCk}}=\frac{1}{2}m[\omega^2(R+a\sin\theta)^2+a^2\dot{\theta}^2] \tag{①}$$

杆绕质心的转动可以看成两个正交的定轴转动的合成：一个是杆以倾角 θ 绕过其质心的竖直轴的转动，角速度为 ω；另一个是杆绕过其质心、且与杆垂直的水平轴以角速度 $\dot{\theta}$ 转动.对于前者，可以将 ω 正交分解成沿杆方向和垂直于杆的方向，沿杆方向对动能没有贡献，因此只需计及垂直于杆的方向的分量；或者不对 ω 进行分解，而是计算其转动惯量时将杆对 C1 轴（过杆质心的竖直轴）的质量分布投影到与轴垂直的方向上.杆绕质心的转动动能可表示为

$$E'_{\mathrm{Lk}}=\frac{1}{2}I_{\mathrm{C}}(\omega^2\sin\theta+\dot{\theta}^2) \tag{②}$$

或

$$E'_{\mathrm{Lk}}=\frac{1}{2}(I_{\mathrm{C1}}\omega^2+I_{\mathrm{C}}\dot{\theta}^2) \tag{②′}$$

其中 I_{C1} 为杆对 C1 轴的转动惯量

$$I_{\mathrm{C1}}=\frac{1}{12}m(2a\sin\theta)^2=\frac{1}{3}ma^2\sin^2\theta \tag{③′}$$

②式和②′式中 I_{C} 为杆对过质心且与杆垂直的轴的转动惯量

$$I_{\mathrm{C}}=\frac{1}{12}m(2a)^2=\frac{1}{3}ma^2 \tag{③}$$

杆的动能为其质心的平动动能和杆绕质心的转动动能之和

$$\begin{aligned}E_{\mathrm{Lk}}&=E_{\mathrm{LCk}}+E'_{\mathrm{Lk}}\\&=\frac{1}{2}m[\omega^2(R+a\sin\theta)^2+a^2\dot{\theta}^2]+\frac{1}{6}ma^2(\omega^2\sin^2\theta+\dot{\theta}^2)\\&=\frac{1}{2}m\left[(R+a\sin\theta)^2+\frac{1}{3}a^2\sin^2\theta\right]\omega^2+\frac{2}{3}ma^2\dot{\theta}^2\end{aligned} \tag{④}$$

以圆环平面为重力势能零点，杆的势能为

$$E_{\mathrm{Lp}}=mga\cos\theta \tag{⑤}$$

杆的机械能为

$$E_L = E_{Lk} + E_{Lp}$$
$$= mga\cos\theta + \frac{2}{3}ma^2\dot{\theta}^2 + \frac{1}{2}m\left[(R+a\sin\theta)^2 + \frac{1}{3}a^2\sin^2\theta\right]\omega^2 \quad ⑥$$
$$= mga\cos\theta + \frac{2}{3}ma^2\dot{\theta}^2 + m\left[\left(\frac{2}{3}a\sin\theta + R\right)a\sin\theta + \frac{1}{2}R^2\right]\omega^2$$

(Ⅱ)在随 OP 矢径转动的转动参考系 S 中:

杆只做在过点 P 的矢径所在的竖直平面内绕点 P 的转动. 杆的动能为

$$E_{Sk} = \frac{1}{2}I_p\dot{\theta}^2 \quad ⑦$$

式中,I_p 是杆绕过其端点、且与杆垂直的轴的转动惯量. 按照平行轴定理有

$$I_p = I_C + ma^2 = \frac{4}{3}ma^2 \quad ⑧$$

由⑦、⑧式得

$$E_{Sk} = \frac{1}{2}I_p\dot{\theta}^2 = \frac{2}{3}ma^2\dot{\theta}^2 \quad ⑨$$

在转动参考系中除重力势能外,还要考虑离心势能. 以圆环中心为势能零点,可以写出杆的势能

$$E_{Sp} = mga\cos\theta - \frac{1}{2}I_O\omega^2 \quad ⑩$$

式中,I_O 是杆对过点 O 的竖直轴的转动惯量

$$I_O = \frac{1}{3}m(a\sin\theta)^2 + m(R+a\sin\theta)^2 \quad ⑪$$

这里已利用了平行轴定理. 杆的机械能为

$$E_S = E_{Sk} + E_{Sp}$$
$$= \frac{2}{3}ma^2\dot{\theta}^2 + mga\cos\theta - \frac{1}{2}\left[\frac{1}{3}m(a\sin\theta)^2 + m(R+a\sin\theta)^2\right]\omega^2 \quad ⑫$$
$$= mga\cos\theta + \frac{2}{3}ma^2\dot{\theta}^2 - m\left[\left(\frac{2}{3}a\sin\theta + R\right)a\sin\theta + \frac{1}{2}R^2\right]\omega^2$$

(2)在随 OP 矢径转动的转动参考系 S 中. 杆处于平衡位形的条件是其所受合力矩 $L_合$(指向圆环在 P 的切向)为

$$L_合 = mga\sin\theta + \int_0^{2a}\omega^2(R + l\sin\theta)l\cos\theta\,\frac{m}{2a}\mathrm{d}l$$
$$= mga\sin\theta + ma\omega^2\left(R + \frac{4}{3}a\sin\theta\right)\cos\theta = 0 \quad ⑬$$

或等价地,其势能取极值,即

$$\frac{\mathrm{d}E_{Sp}}{\mathrm{d}\theta} = -mga\sin\theta - ma\omega^2\left(R + \frac{4}{3}a\sin\theta\right)\cos\theta = 0 \quad ⑬'$$

可得杆处于平衡位形的条件是,θ 必须满足

$$\tan\theta + \frac{4a\omega^2}{3g}\sin\theta + \frac{R\omega^2}{g} = 0 \quad ⑭$$

或

$$\cot\theta + \frac{4a}{3R}\cos\theta + \frac{g}{R\omega^2} = 0 \quad ⑭'$$

(3)⑭式可化成关于 $\sin\theta$ 的四次方程,难于给出解析解. 采用图解法比较容易求解. 为此将⑭式写为

$$-\tan\theta = A\sin\theta + B \quad ⑮$$

其中 $A = \frac{4a\omega^2}{3g}$,$B = \frac{R\omega^2}{g}$,均为正值.

在坐标图上画出⑮式左右两边随 θ 变化的曲线,两曲线的交点即为所求的平衡位形,即满足⑮式的 θ 值. ⑮式左边可直接画出 $y = -\tan\theta$ 的曲线. 右边 $y = A\sin\theta + B$ 则按

照系数来考虑.基本的曲线是正弦形,A 决定了它的幅度,而 B 为其基线,决定了其上移的程度.

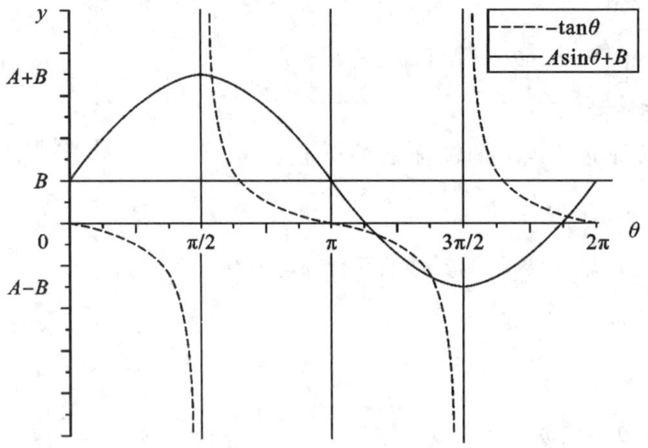

第 14 题图 a　方程⑮的图示 ⑯

按题意,有 $R>0$,即 $B>0$,正弦曲线的基线处于横轴上方.

从图中看出,不论各已知量取值如何,两条线在第Ⅰ象限不可能有交点,即平衡位形不可能出现在第Ⅰ象限. ⑰

在第Ⅱ、Ⅳ象限两条线有且仅有 1 个交点,即在这两个象限各有 1 个平衡位形. ⑱

第Ⅲ象限的情况较为复杂,与各参数取值相关,可能出现 0～2 个交点.如果 A 较小而 B 较大,两曲线可能不相交;反之则可能有两个交点;A、B 满足一定关系则两线相切,只有一个交点.两曲线相切意味着在切点有共同的切线,即⑮式两边对 θ 的导数相等.有

$$-\frac{1}{\cos^2\theta_0}=A\cos\theta_0 \tag{19}$$

即

$$\cos^3\theta=-\frac{1}{A}=-\frac{3g}{4\omega^2 a} \tag{20}$$

这里,θ_0 是切点所对应的角度.将其代入平衡位形下 θ 满足的关系式或⑭或⑮,可知在第Ⅲ象限存在单一平衡位形所需要的条件是

$$B=\tan^3\theta_0=-A\sin^3\theta_0 \tag{21}$$

由⑳、㉑式得

$$A^{\frac{2}{3}}=B^{\frac{2}{3}}+1 \tag{22}$$

此即

$$\left(\frac{4}{3}a\right)^{\frac{2}{3}}-R^{\frac{2}{3}}=\left(\frac{g}{\omega^2}\right)^{\frac{2}{3}} \tag{23}$$

㉓式是在第Ⅲ象限出现一个平衡位形应满足的条件.由题图 a 和式㉓可知,对任意给定的 ω,若杆较短,环半径较大,使得

$$\left(\frac{4}{3}a\right)^{\frac{2}{3}}-R^{\frac{2}{3}}<\left(\frac{g}{\omega^2}\right)^{\frac{2}{3}}\text{,杆在第Ⅲ象限没有平衡位形;} \tag{24}$$

反之,对任意给定的 ω,若杆较长,环半径较小,使得

$$\left(\frac{4}{3}a\right)^{\frac{2}{3}}-R^{\frac{2}{3}}>\left(\frac{g}{\omega^2}\right)^{\frac{2}{3}}\text{,杆在第Ⅲ象限会有两个平衡位形.} \tag{25}$$

(4)各象限杆位形的受力示意图如解题图 4b 所示:由于惯性离心力是分布力,这里仅示意性画出其对 P 点有力矩的等效力.(前两图每图 2 分,后三图每图 3 分)

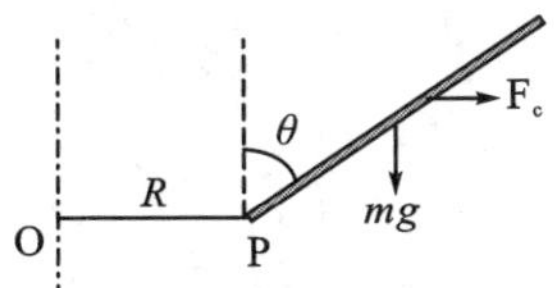

第Ⅰ象限不可能有平衡位形 ㉖

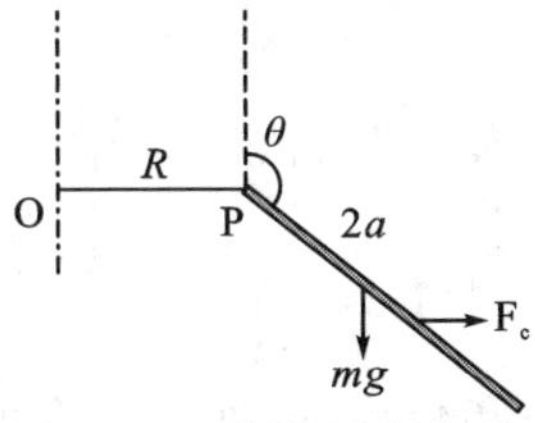

第Ⅱ象限不可能有平衡位形 ㉗

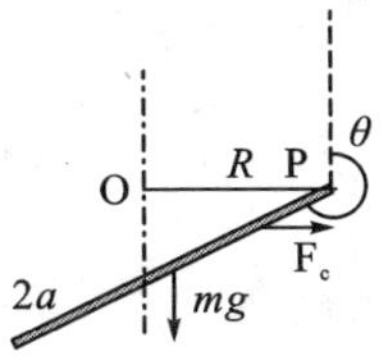

第Ⅲ象限$\left(\frac{4}{3}a\right)^{\frac{2}{3}}-R^{\frac{2}{3}}<\left(\frac{g}{\omega^2}\right)^{\frac{2}{3}}$

时，没有平衡位形 ㉘

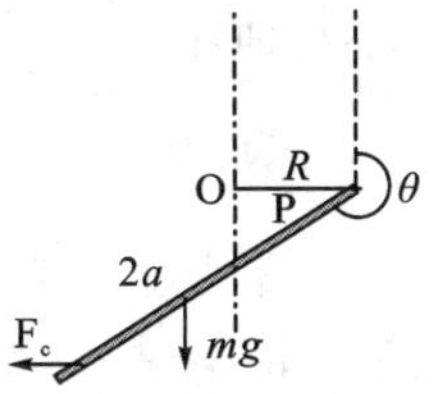

第Ⅲ象限$\left(\frac{4}{3}a\right)^{\frac{2}{3}}-R^{\frac{2}{3}}\geqslant\left(\frac{g}{\omega^2}\right)^{\frac{2}{3}}$

时，没有平衡位形 ㉙

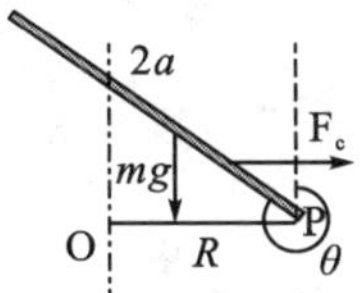

第Ⅳ象限可以有平衡位形 ㉚

第四题图 4b 杆在各象限受力分析

(5)各平衡位形稳定性分析

将平衡位形的θ值记为θ_E.

在平衡位形附近$\theta=\theta_E+\Delta\theta(|\Delta\theta|\ll 1)$，对 S 系中⑬式给出的合力矩$L_{合}(\theta_E+\Delta\theta)$做小量$\Delta\theta$展开，有

$$\begin{aligned}L_{合}(\theta_E+\Delta\theta)&=mga\sin(\theta_E+\Delta\theta)+ma\omega^2\left[R\cos(\theta_E+\Delta\theta)+\frac{2}{3}a\sin(2\theta_E)+2\Delta\theta\right]\\&\approx mga\left[\cos\theta_E-\frac{\omega^2 R}{g}\sin\theta_E+\frac{4a\omega^2}{3g}\cos(2\theta_E)\right]\Delta\theta\end{aligned} \quad ㉛$$

则有

$$\frac{L_{合}(\theta_E+\Delta\theta)}{\Delta\theta}=\begin{cases}<0, & 恢复性力矩，稳定平衡\\=0, & 拐点，不稳定平衡\\>0, & 破坏性力矩，不稳平衡\end{cases}$$

将平衡位形条件⑮(将满足这两式的θ记为θ_E)代入㉛式，得出在平衡位形下：

$$\begin{aligned}\left.\frac{d^2E_{Sp}}{d\theta^2}\right|_{\theta=\theta_E}&=\frac{L_{合}(\theta_E)+\Delta\theta)}{\Delta\theta}\\&=mga\cos^2\theta_E\left[-\frac{1}{\cos\theta_E}-\frac{\tan^2\theta_E}{\cos\theta_E}-A\right]\\&=\frac{mga\cos^2\theta_E}{\sin\theta_E}(B-\tan^3\theta_E)\\&=\frac{mga\cos^2\theta_E}{\sin\theta_E}\left(\frac{R\omega^2}{g}-\tan^3\theta_E\right)\end{aligned} \quad ㉜$$

在第Ⅱ象限，$\tan\theta<0$，$\sin\theta<0$，故$\frac{L_{合}(\theta_E+\Delta\theta)}{\Delta\theta}<0$，$\left.\frac{d^2E_{Sp}}{d\theta^2}\right|_{\theta=\theta_E}>0$，为势能极小值点，是稳定平衡。 ㉝

在第Ⅳ象限，$\tan\theta<0$，$\sin\theta<0$，故$\frac{L_{合}(\theta_E+\Delta\theta)}{\Delta\theta>0}$，$\left.\frac{d^2E_{Sp}}{d\theta^2}\right|_{\theta=\theta_E}<0$，为势能极大值点，是不稳定平衡。 ㉞

在第Ⅲ象限，$\tan\theta>0$，$\sin\theta<0$，无法用㉗式判断正负. 但有$\cos\theta<0$，因此将㉗式改

写为

$$\left.\frac{d^2E_{Sp}}{d\theta^2}\right|_{\theta=\theta_E}=-mga\cos\theta_E-\frac{4}{3}ma^2\omega^2\cos^2\theta_E-mga\tan\theta_E\sin\theta_E$$

$$=-\frac{mga}{\cos\theta_E}(1+A\cos^3\theta_E) \quad ㉟$$

从题图 a 可以看出，当有两个平衡位形时，两个 θ_E 会位于 θ_0 两侧. 从㉚式可以得出，若 $\cos\theta_E>-A^{-\frac{1}{3}}=-\left(\frac{3g}{4\omega^2 a}\right)^{\frac{1}{3}}=\cos\theta$，即在 $\theta_E>\theta_0$ 的平衡位形，$\frac{L_合(\theta_E+\Delta\theta)}{\Delta\theta}<0$，$\left.\frac{d^2E_{Sp}}{d\theta^2}\right|_{\theta=\theta_E}>0$，为势能极小值点，是稳定平衡； ㊱

对 $\theta_E<\theta_0$ 的平衡位形，$\frac{L_合(\theta_E+\Delta\theta)}{\Delta\theta}>0$，$\left.\frac{d^2E_{Sp}}{d\theta^2}\right|_{\theta=\theta_E}=0$，为势能极大值点，是不稳定平衡； ㊲

在各参数满足只有一个平衡位形的情况下，$\theta_E=\theta_0$，$\left.\frac{d^2E_{Sp}}{d\theta^2}\right|_{\theta=\theta_0}=0$，为势能曲线拐点，是不稳定平衡. ㊳

验证 $\left.\frac{d^2E_{Sp}}{d\theta^2}\right|_{\theta=\theta_0}=0$ 是拐点：

$$\frac{d^3E_p}{d\theta^3}=mga[\sin\theta+(B+A\sin\theta)\cos\theta+A\sin\theta\cos\theta+2A\sin\theta\cos\theta]$$

$$=mga(\sin\theta+B\cos\theta+4A\sin\theta\cos\theta) \quad ㊴$$

将⑯式代入㉞，在 $\theta=\theta_0$ 有

$$\left.\frac{d^3E_p}{d\theta^3}\right|_{\theta=\theta_0}=3Amga\sin\theta_0\cos\theta_0\neq0 \quad ㊵$$

故 $\theta=\theta_0$ 是势能曲线的拐点.

五、(1)根据牛顿第二定律和胡克定律，弹簧 1 的长度 $x_1(t)$ 及小球加速度 $\ddot{x}_1(t)$ 满足的运动方程为

$$m\ddot{x}=-kx_1+mg+F(t) \quad ①$$

(2)这是一个振动方程. 解此方程可以得到 $x_1(t)$（包含两个待定常量).

设小球在某时刻 t 位于平衡位置，此刻的 $\bar{x}_1(t)$ 满足

$$-k\bar{x}_1(t)+mg+F(t)=0 \quad ②$$

将 $F(t)=at$ 代入方程②得

$$\bar{x}_1(t)=\frac{mg}{k}+\frac{a}{k}t \quad ③$$

小球相对于此平衡位置的位移

$$\Delta x(t)\equiv x_1(t)-\bar{x}_1(t) \quad ④$$

满足微分方程

$$\Delta\ddot{x}+\omega^2\Delta x=0 \quad ⑤$$

其解为

$$\Delta x=A\cos(\omega t+\varphi) \quad ⑥$$

式中 A 和 φ 为待定常量. 于是

$$x_1(t)=A\cos(\omega t+\varphi)+\frac{a}{k}t+\frac{mg}{k} \quad ⑦$$

初始条件为

$$x_1(0)=\frac{mg}{k},\dot{x}_1(0)=0 \quad ⑧$$

由⑧第 1 式有

$$x_1(0)=A\cos\varphi+\frac{mg}{k}=\frac{mg}{k}$$

即

$$\varphi=\pm\frac{\pi}{2} \tag{9}$$

由⑧第2式有

$$\dot{x}_1(0)=A\omega\sin\varphi+\frac{a}{k}=0$$

即

$$A=\frac{a}{\omega k\sin\varphi}=\pm\frac{a}{\omega k} \tag{10}$$

A 为振幅，取为非负值，且 a、k、ω 均为正，因此

$$\sin\varphi=\frac{a}{A\omega k}=1$$

可以定出

$$A=\frac{a}{\omega k}=\frac{a}{k}\sqrt{\frac{m}{k}},\varphi=\frac{\pi}{2} \tag{11}$$

因此有

$$x_1(t)=-\frac{a}{\omega k}\sin\omega t+\frac{a}{k}t+\frac{mg}{k} \tag{12}$$

由胡克定律有

$$F(t)=kx_2(t)$$

有

$$x_2(t)=\frac{a}{k}t \tag{13}$$

(3)为了判断哪个弹簧先被拉断，考虑任意时刻两弹簧长度之差：

$$\Delta x=x_1-x_2=-\frac{a}{\omega k}\sin\omega t+\frac{mg}{k}=\frac{a}{\omega k}\left(\frac{mg\omega}{a}-\sin\omega t\right) \tag{14}$$

(Ⅰ)若弹簧1先被拉断，应有

$$\Delta x>0,$$

即

$$\sin\omega t_0<\frac{mg\omega}{a} \tag{15}$$

若要求必先拉断弹簧1，则⑮式对任意 t_0 均需成立，因此

$$a<mg\omega=g\sqrt{km} \tag{16}$$

(Ⅱ)若 $a\geqslant mg\omega=g\sqrt{km}$，则在不同的时刻 Δx 的正负不同. 仍要保证弹簧1先被拉断，t_0 需要落在满足⑮式的时间范围内. 即

$$2n\pi\leqslant\omega t_0<\arcsin\frac{mg\omega}{a}+2n\pi,\text{或}(2n+1)\pi-\arcsin\frac{mg\omega}{a}<\omega t_0\leqslant 2(n+1)\pi \tag{17}$$

式中 n 为非负整数. 不等式⑰是对振动相位的限制. 但对应于 n 的多个取值，数学上 $x_1(t)$ 可能出现多个达到临界长度的时刻. 但实际上弹簧1只可能断一次，所以我们需要找到它首次达到临界长度的时刻所在的时间段. ⑱

考察 $x_1(t)$ 随时间的增长趋势，发现始终有

$$\dot{x}_1(t)=\frac{a}{k}(1-\cos\omega t)\geqslant 0 \tag{19}$$

也就是说 $x_1(t)$ 随时间是单调增长的，意味着相位与长度一一对应，不可能出现 x_1 在多个时间段内都达到临界长度的情况. 因此可以判断，拉断弹簧1确实可能发生在上述任意一个相位区间. ⑳

综上所述，若 $a\geqslant g\sqrt{km}$，弹簧1被拉断的时刻 t_0 一定落在下述时间段内：

$$2n\pi\sqrt{\frac{m}{k}}\leqslant t_0<\sqrt{\frac{m}{k}}\arcsin\left(\frac{g}{a}\sqrt{km}\right)+2n\pi\frac{m}{k},\text{或}$$

$$(2n+1)\pi\sqrt{\frac{m}{k}}-\sqrt{\frac{m}{k}}\arcsin\left(\frac{g}{a}\sqrt{km}\right)<t_0\leqslant 2(n+1)\pi\sqrt{\frac{m}{k}}. \quad ㉑$$

式中 n 为非负整数.

(Ⅲ)若先拉断弹簧 2,必有 $\Delta x<0$,这要求

$$\sin\omega t_0>\frac{mg\omega}{a} \quad ㉒$$

由(Ⅰ)(Ⅱ)的讨论可知首先必有

$$a>g\sqrt{km},$$

且由⑰式可得,拉断弹簧 2 的时刻 t_0 需使得相位落在下式范围内:

$$\arcsin\frac{mg\omega}{a}+2n\pi<\omega t_0<(2n+1)\pi-\arcsin\frac{mg\omega}{a}, n \text{ 为非负整数} \quad ㉓$$

由㉓可以发现,a 越大,$\arcsin\frac{mg\omega}{a}$越小,使弹簧 2 先断的相位所覆盖的区间越大;当 $a\to\infty$时,拉断弹簧 2 的相位区间接近于覆盖整个第Ⅰ、Ⅱ象限.也就是说,a 越大,对应的力的加载速度越快,拉断下弹簧 2 的可能性越大. ㉔

上述讨论说明 a 较小时会拉断上弹簧,a 较大时有可能拉断下弹簧,印证了题述实验现象.

(4)要确保弹簧 2 被拉断,由⑬式知必有

$$t_0=\frac{kL}{a} \quad ㉕$$

代入㉒式得

$$\sin\frac{\omega kL}{a}>\frac{\omega mg}{a} \quad ㉖$$

将 $\omega=\sqrt{\frac{k}{m}}$代入㉖式,可知要确保弹簧 2 被拉断,$a$ 应满足的关系式为

$$\sin\left(\frac{kL}{a}\sqrt{\frac{k}{m}}\right)>\frac{mg}{a}\sqrt{\frac{k}{m}} \quad ㉗$$

要弹簧 1 和弹簧 2 同时被拉断,需要

$$\Delta x=\frac{a}{\omega k}\left(\frac{mg\omega}{a}-\sin\omega t_0\right)=0 \quad ㉘$$

而该时刻也满足式㉕,将其代入㉘可得,a 应满足的关系式为

$$\sin\left(\frac{kL}{a}\sqrt{\frac{k}{m}}\right)=\frac{mg}{a}\sqrt{\frac{k}{m}} \quad ㉙$$

六、(1)净电流为零的条件是

$$-ej_x(x)+\frac{1}{\rho}E_x(x)=0 \quad ①$$

因此

$$E_x(x)=-e\rho c\frac{\sqrt{T(x)}}{n(x)}\frac{\mathrm{d}}{\mathrm{d}x}n(x) \quad ②$$

(2)对 $-L<x<L$ 区域,由静电场高斯定理有

$$\varepsilon_0\frac{\mathrm{d}}{\mathrm{d}x}E_x(x)=-e[n(x)-n_0] \quad ③$$

此即

$$\varepsilon_0\rho c\frac{\mathrm{d}}{\mathrm{d}x}\left[\frac{\sqrt{T(x)}}{n(x)}\frac{\mathrm{d}}{\mathrm{d}x}n(x)\right]=n(x)-n_0 \quad ④$$

边界条件为(注意$|x|>L$ 真空区域电场为零)

$$\varepsilon_0E_x(-L-0)=\sigma_- \quad ⑤$$

$$\varepsilon_0E_x(L-0)=\sigma_+ \quad ⑥$$

此即

$$-\varepsilon_0 e\rho c\frac{\sqrt{T(x)}}{n(x)}\frac{\mathrm{d}}{\mathrm{d}x}n(x)\Big|_{x=-L}=\sigma_-$$ ⑦

$$-\varepsilon_0 e\rho c\frac{\sqrt{T(x)}}{n(x)}\frac{\mathrm{d}}{\mathrm{d}x}n(x)\Big|_{x=+L}=-\sigma_+$$ ⑧

σ_+、σ_-和 n_0 还应当满足电中性条件

$$\sigma_-+\sigma_++(-e)\int_{-L}^{L}[n(x)-n_0]\mathrm{d}x=0$$

的约束.(这一点由题给的边界条件加以保证)

(3)线性化的方程为

$$\varepsilon_0\rho c\frac{\sqrt{T_0}}{n_0}\frac{\mathrm{d}^2}{\mathrm{d}x^2}[\delta n(x)]=\delta n(x)$$ ⑨

或

$$\frac{\mathrm{d}^2}{\mathrm{d}x^2}[\delta n(x)]=\left(\frac{1}{\lambda}\right)^2\delta n(x)$$

式中

$$\lambda\equiv\sqrt{\varepsilon_0\rho c\frac{\sqrt{T_0}}{n_0}}$$

是具有长度量纲的常量.

线性化的边界条件为

$$-\varepsilon_0 e\rho c\frac{\sqrt{T_0}}{n_0}\frac{\mathrm{d}}{\mathrm{d}x}[\delta n(x)]\Big|_{x=-L}=\sigma_-$$ ⑩

$$-\varepsilon_0 e\rho c\frac{\sqrt{T_0}}{n_0}\frac{\mathrm{d}}{\mathrm{d}x}[\delta n(x)]\Big|_{x=+L}=-\sigma_+$$ ⑪

或

$$-\frac{\mathrm{d}}{\mathrm{d}x}[\delta n(x)]\Big|_{x=-L}=\frac{\sigma_-}{\lambda^2 e}$$

$$-\frac{\mathrm{d}}{\mathrm{d}x}[\delta n(x)]\Big|_{x=+L}=-\frac{\sigma_+}{\lambda^2 e}$$

类比于简谐振子运动方程

$$\frac{\mathrm{d}^2}{\mathrm{d}t^2}[x(t)]=-\omega^2x(t)$$

及其通解

$$x(t)=A\cos(\omega t)+B\sin(\omega t),$$

方程⑨对应的 $\delta n(x)$的通解应为

$$\delta n(x)=A_1\cosh\left(\frac{x}{\lambda}\right)+B_1\sinh\left(\frac{x}{\lambda}\right)$$ ⑫′

其中 A_1、B_1 为待定常量.

由于 $\cosh\left(\frac{x}{\lambda}\right)$、$\sinh\left(\frac{x}{\lambda}\right)$皆为 $\mathrm{e}^{x/\lambda}$、$\mathrm{e}^{-x/\lambda}$的线性组合,方程⑨的一般解 $\delta n(x)$也可写为

$$\delta n(x)=A\mathrm{e}^{x/\lambda}+B\mathrm{e}^{-x/\lambda}$$ ⑫

式中 A、B 为待定常量.

显然,⑫式与⑫′式是相互等价的,对应的待定常量关系为

$$A_1=A+B, B_1=A-B$$

下面由边界条件定出解中的待定常量:

将⑫式分别代入⑩、⑪式,微分方程的边界条件化为

$$A\mathrm{e}^{-L/\lambda}-B\mathrm{e}^{L/\lambda}=-\frac{\sigma_-}{\lambda e}$$ ⑬

$$Ae^{L/\lambda}-Be^{-L/\lambda}=\frac{\sigma_+}{\lambda e} \tag{14}$$

由以上两式解得

$$A=\frac{1}{\lambda e}\frac{\sigma_+ e^{L/\lambda}+\sigma_- e^{-L/\lambda}}{e^{2L/\lambda}-e^{-2L/\lambda}}$$

$$B=\frac{1}{\lambda e}\frac{\sigma_- e^{L/\lambda}+\sigma_+ e^{-L/\lambda}}{e^{2L/\lambda}-e^{-2L/\lambda}}$$

于是

$$\delta n(x)=\frac{1}{\lambda e}\left[\frac{\sigma_+ e^{L/\lambda}+\sigma_- e^{-L/\lambda}}{e^{2L/\lambda}-e^{-2L/\lambda}}e^{x/\lambda}+\frac{\sigma_- e^{L/\lambda}+\sigma_+ e^{-L/\lambda}}{e^{2L/\lambda}-e^{-2L/\lambda}}e^{-x/\lambda}\right] \tag{15}$$

等价表达式为

$$\delta n(x)=\frac{1}{\lambda e}\left[\frac{\sigma_+ +\sigma_-}{2\sinh\left(\frac{L}{\lambda}\right)}\cosh\left(\frac{x}{\lambda}\right)+\frac{\sigma_+ -\sigma_-}{2\cosh\left(\frac{L}{\lambda}\right)}\sinh\left(\frac{h}{\lambda}\right)\right] \tag{15'}$$

(4)由题意知，任意 x 处的电子气处于局域热平衡状态，满足理想气体状态方程

$$p(x)=n(x)k_B T(x)=\frac{dN}{dV}k_B T(x) \tag{16}$$

式中 $dV=dxdydz$ 是 x 处的体积元，而 dN 是 dV 内的电子数. 单个电子受到该处电场的作用力

$$f(x)=-eE_x(x) \tag{17}$$

考虑 x 处厚度为 dx、面积为 $dydz$ 的薄层体积元内的电子气，该电子气整体处于宏观力学平衡状态，故

$$f(x)dN=[p(x+dx)-p(x)]dydz=\frac{dp(x)}{dx}dxdydz$$

式中，$f(x)dN$ 是该电子气所受到的电场力，$p(x)$、$p(x+dx)$ 分别是该电子气层左面和右面电子气对它的压强. 由此得

$$\frac{d}{dx}p(x)=n(x)f(x) \tag{18}$$

由以上各式得

$$\frac{d}{dx}[n(x)k_B T(x)]=-eE_x(x)n(x) \tag{19}$$

线性化后得

$$T_0\frac{d}{dx}[\delta n(x)]+n_0\frac{d}{dx}[\delta T(x)]=-\frac{en_0}{k_B}E_x(x) \tag{20}$$

$E_x(x)$线性化后成为

$$E_x(x)=-e\rho c\frac{\sqrt{T(x)}}{n(x)}\frac{d}{dx}n(x)\simeq-\frac{e\lambda^2}{\varepsilon_0}\frac{d}{dx}[\delta n(x)] \tag{21}$$

代入前一方程得

$$n_0\frac{d}{dx}[\delta T(x)]=\left(\frac{en_0}{k_B}\frac{e\lambda^2}{\varepsilon_0}-T_0\right)\frac{d}{dx}[\delta n(x)]=\left(\frac{e^2\rho c\sqrt{T_0}}{k_B}-T_0\right)\frac{d}{dx}[\delta n(x)] \tag{22}$$

其解为

$$\frac{\delta T(x)}{T_0}=\left(\frac{e^2\rho c}{k_B\sqrt{T_0}}-1\right)\frac{\delta n(x)}{n_0}+C$$

式中 C 是与 x 无关的常数. 由于 δTx. 和 $\delta n(x)$都是小量，且依题意当 $\delta T(x)=0$ 时有 $\delta n(x)=0$，所以

$$C=0$$

于是

$$\delta T(x)=\frac{T(0)}{n_0}\left(\frac{e^2\rho c}{k_B\sqrt{T_0}}-1\right)\frac{1}{\lambda e}\left[\frac{\sigma_+ e^{L/\lambda}+\sigma_- e^{-L/\lambda}}{e^{2L/\lambda}-e^{-2L/\lambda}}e^{x/\lambda}+\frac{\sigma_- e^{L/\lambda}+\sigma_+ e^{-L/\lambda}}{e^{2L/\lambda}-e^{-2L/\lambda}}e^{-x/\lambda}\right] \tag{23}$$

(5)将(4)中线性化方程写为

$$E_x(x)=-\left(\frac{e}{k_B}-\frac{\sqrt{T_0}}{e\rho c}\right)^{-1}\frac{\mathrm{d}}{\mathrm{d}x}T(x) \quad ㉔$$

可读出 Seebeck 系数为

$$S=\frac{\mathrm{d}U}{\mathrm{d}T}=\frac{-E_x(x)\mathrm{d}x}{\mathrm{d}T}=-\frac{E_x(x)}{\mathrm{d}T/\mathrm{d}x}=\left(\frac{e}{k_B}-\frac{\sqrt{T_0}}{e\rho c}\right)^{-1} \quad ㉕$$

七、(1)对夸克物质中的夸克按其速度进行分组,设第 i 组夸克数密度为 n_i,速度为 v_i,能量为 E_i,动量为 $\boldsymbol{p}_i$.因其速度大小极其接近于光速 c,故近似有

$$\hat{\boldsymbol{p}}_i\cdot v_i\approx E_i(\text{或 } p_i\approx\frac{E_i}{c}\hat{\boldsymbol{p}}_i) \quad ①$$

式中 $\hat{\boldsymbol{p}}_i$ 表示 p_i 的方向矢量.

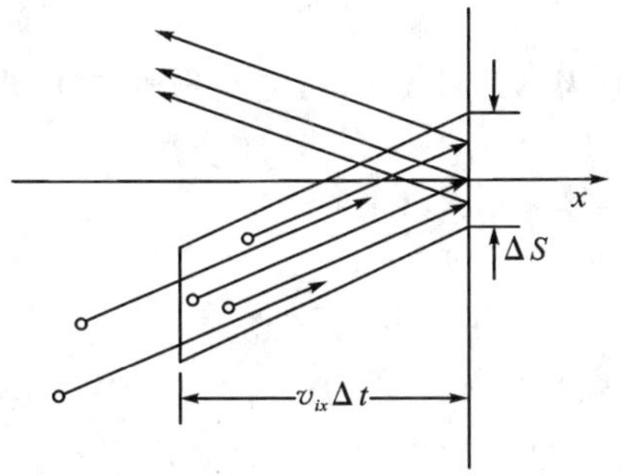

第七题图

如题图,为了求出压强与其他物理量之间的关系,可以设想取假想器壁截面的 ΔS 面元,Δt 时间内的撞壁粒子数为

$$N_i=n_i^{(+)}v_{ix}\Delta t\Delta S \quad ②$$

其中 v_{ix} 为第 i 组粒子速度的 x 分量,而

$$n_i^{(+)}=\begin{cases}n_i,v_{ix}>0\\0,v_{ix}<0\end{cases}$$

粒子与假想器壁截面发生弹性碰撞时,单粒子与壁交换动量 $2p_{ix}$.

第 i 组粒子贡献的压强为

$$P_i=\frac{2p_{ix}N_i}{\Delta t\Delta S}\bigg|_{v_{ix}>0}=2n_i^{(+1)}p_{ix}v_{ix}\,|\,v_{ix>0} \quad ③$$

利用粒子速度(动量)分布的各向同性,总压强为

$$P=\sum_i 2n_i^{(+)}p_{ix}v_{ix}\,|\,v_{ix>0}=\sum_i n_ip_{ix}v_{ix}=\frac{1}{3}\sum_i n_i\boldsymbol{p}_i\cdot\boldsymbol{v}_i \quad ④$$

将①式代入④式,得

$$P=\frac{1}{3}\sum_i n_iE_i=\frac{1}{3}n\overline{E}=\frac{1}{3}u \quad ⑤$$

其中 $\overline{E}=(\sum\limits_i n_iE_i)/n$ 为夸克的平均能量,$n\overline{E}$ 为单位体积内夸克的平均能量,即平均能量密度 u.⑤式即是夸克物质以 P 与 u 之间的关系表示的状态方程.

(2)依题意,夸克物质中的夸克的平均能量可以表示为

$$\overline{E}=\frac{\int_0^\infty E(p)\mathrm{e}^{-\frac{E(p)}{k_BT}}4\pi p^2\mathrm{d}p}{\int_0^\infty \mathrm{e}^{-\frac{E(p)}{k_BT}}4\pi p^2\mathrm{d}p} \quad ⑥$$

其中夸克能量 $E(p)\approx pc$,因此

$$\overline{E}=\frac{\int_0^\infty E(p)\mathrm{e}^{-\frac{E(p)}{k_BT}}4\pi p^2\mathrm{d}p}{\int_0^\infty \mathrm{e}^{-\frac{E(p)}{k_BT}}4\pi p^2\mathrm{d}p}\approx\frac{\int_0^\infty E^3\mathrm{e}^{-\frac{E}{k_BT}}\mathrm{d}E}{\int_0^\infty E^2\mathrm{e}^{-\frac{E}{k_BT}}\mathrm{d}E} \quad ⑦$$

可令 $\beta=(k_BT)^{-1}$,并令

$$\int_0^\infty \mathrm{e}^{-\frac{T}{k_BT}}dE=\beta^{-1}=g(\beta) \quad ⑧$$

则有

$$\overline{E}\approx\frac{(-1)^3g'''(\beta)}{(-1)^2g''(\beta)} \quad ⑨$$

将⑧式代入得

$$\overline{E} \approx 3\beta^{-1} = 3k_B T \tag{⑩}$$

将⑩式代入⑤式得

$$P \approx \frac{1}{3} n \overline{E} \approx n k_B T \tag{⑪}$$

此即夸克物质以压强 P、粒子数密度 n 和温度 T 之间的关系表述的状态方程，与非相对论理想气体状态方程形式相同.

(后文中，“≈”均记为“=”)

(3)设阿伏伽德罗常数为 N_A. 考虑 1mol 夸克物质，其内能为

$$U_m = N_A \overline{E} = 3RT \tag{⑫}$$

由热力学第一定律，定体摩尔热容为

$$C_V = \left(\frac{\mathrm{d}U_m}{\mathrm{d}T}\right)_{\text{固定}V} = 3R \tag{⑬}$$

令夸克物质的摩尔体积为 $V_m (= N_A/n)$，由热力学第一定律，定压摩尔热容为

$$C_P = \left(\frac{\mathrm{d}U_m + P\mathrm{d}V_m}{\mathrm{d}T}\right)_{\text{固定}P} = \left(\frac{\mathrm{d}U_m + PV_m}{\mathrm{d}T}\right)_{\text{固定}P} \tag{⑭}$$

将⑪、⑫式代入⑭式，

$$C_P = \left(\frac{\mathrm{d}(3RT + nk_B TV_m)}{\mathrm{d}T}\right)_{\text{固定}P} = 4R \tag{⑮}$$

故热容比为

$$\gamma = \frac{C_P}{C_V} = \frac{4}{3} \tag{⑯}$$

(4)依题意，“火球”的膨胀降温过程可近似为准静态的绝热过程，即

$$TV^{\gamma-1} = \text{常量} \tag{⑰}$$

⑯式代入⑰式，得

$$TV^{1/3} = \text{常量} \tag{⑱}$$

设“火球”半径为半径为 r，则 $V = \frac{4}{3}\pi r^3$，代入⑱式得

$$Tr = \text{常量} \tag{⑲}$$

故所求“火球”半径为

$$r = \frac{400}{150} \times 3.0 \times 10^{-15}\,\mathrm{m} = 8.0 \times 10^{-15}\,\mathrm{m} \tag{⑳}$$